U0894332

宋史研究丛书·第四辑

宋代两浙经济文化史论

兼及浙江古代经济文化研究

方如金 著

河北大学出版社
·保定·

出 版 人：耿金龙
责任编辑：李丽华
装帧设计：王占梅
责任校对：穆光烜
责任印制：靳云飞

SONGDAI LIANGZHE JINGJI WENHUA SHILUN
JIANJI ZHEJIANG GUDAI JINGJI WENHUA YANJIU

图书在版编目（CIP）数据

宋代两浙经济文化史论：兼及浙江古代经济文化研究 / 方如金著 . -- 保定：河北大学出版社，2019.6
ISBN 978-7-5666-1501-5

Ⅰ . ①宋… Ⅱ . ①方… Ⅲ . ①区域经济 - 经济史 - 研究 - 浙江 - 宋代②文化史 - 研究 - 浙江 - 宋代 Ⅳ . ① F129.44 ② K295.5

中国版本图书馆 CIP 数据核字（2019）第 130810 号

出版发行：河北大学出版社
地址：河北省保定市七一东路 2666 号　邮编：071000
电话：0312-5073033　0312-5073029
邮箱：hbdxcbs818@163.com　网址：www.hbdxcbs.com
经　　销：全国新华书店
印　　刷：保定市北方胶印有限公司
幅面尺寸：148 mm × 210 mm
印　　张：19.875
字　　数：529 千字
版　　次：2019 年 6 月第 1 版
印　　次：2019 年 6 月第 1 次印刷
书　　号：ISBN 978-7-5666-1501-5
定　　价：56.00 元

《宋史研究丛书》（第四辑）编辑委员会

顾　问：（按姓氏笔画为序）

王曾瑜　乔幼梅　朱瑞熙　李锡厚　陈　振

胡昭曦　高树林　郭东旭　黄宽重　裴汝诚

主　编：王菱菱

副主编：王晓薇　王晓龙

编　委：（按姓氏笔画为序）

王善军　邓小南　包伟民　刘秋根　李华瑞

张希清　杜建录　肖爱民　杨　果　杨倩描

汪圣铎　陈　峰　姜锡东　程民生

本书由教育部省属高校人文社科重点研究基地河北大学宋史研究中心基地建设经费、河北省人文社科重点研究基地建设经费、河北大学历史学强势特色学科建设经费、河北大学中国史学科“双一流”建设经费、河北大学燕赵文化学科群建设经费资助出版。

说　明

本书四十余篇学术论文、五十余万字，是著者半个世纪以来对宋代两浙路及浙江古代政治、经济、文化的部分研究成果。重点是对宋代两浙地区政治、经济、文化、社会、生活等方面的论述，揭示了宋代两浙地区经济、文化的高度发展和全面繁荣在中国封建社会中是空前的。两浙之富，国用所恃，岁漕都下米百五十万石，其他财富供馈不可悉数。朝廷经费之源，实本于此。到南宋时，宋室南渡，虽失旧物之半，犹席东南地产之饶，足以裕国。当时，两浙地区的经济文化不仅在全国处于领先地位，其中的许多方面还处于世界前列。

同时，本书又兼论浙江在宋以前的春秋战国、秦汉、隋唐五代时期经济文化的起始、开发及发展，以及宋以后乃至元、明、清时期经济文化在两宋经济发展基础上的继续向前发展，并且在全国占有重要地位。

序

乙未岁末，读完方如金教授的《陈亮研究论稿》（河北大学出版社 2015 年版）。丙申伊始，又收到了如金教授寄来的即将付梓的《宋代两浙经济文化史论——兼及浙江古代经济文化研究》（以下简称《史论》）书稿。著者长期潜心宋史研究，对宋代两浙经济及浙江古代经济文化研究尤为执着，《史论》就是这一领域研究成果的结集；多篇论文在《历史研究》《中国水运史研究》《史学集刊》《中国粮食市场研究》《社会科学辑刊》《浙江学刊》《浙江社会科学》《山东社会科学》《晋阳学刊》《社会科学战线》等知名刊物和《清华大学学报》《广西民族大学学报》《杭州大学学报》及韩国忠南大学《人文学杂志》、韩国宋辽金史元史研究会主办的《宋辽金元史研究》等国内外知名高校学报上刊发，多篇论文被《新华文摘》《中国社会科学文摘》《高等学校文科学术文摘》和中国人民大学《复印报刊资料》全文转载或论点摘编，我都曾拜读过。独特的见识，诱人沉醉；说理之谛当，令人折服。如今再次读来，如饮清泉，如啖甘饴，是又一次学术之共享。

宋代两浙是指宋代两浙路。自秦代纳入大一统王朝版图以来，浙江大地一直归属两个以上的地方政府管辖。在北宋时期，两浙路包括浙江和江苏长江以南地区，在南宋初期分为浙东、浙西两路，管辖范围与北宋基本相同。

两浙路的富庶，在全国首屈一指。北宋时，两浙路的面积是

122622 平方千米，在全国 19 个路中列第十三位。元丰年间（1078—1085 年），两浙路拥有田地 36344198 亩（约为 24229.47 平方千米），位居全国第五；人口有 1778953 户，位居全国第一。在此土地资源和人力资源丰富的基础上，两浙人凭借聪明才智，战天斗地，通过辛勤劳动使本地区的社会经济发展水平不断向前推进，成为全国经济最发达的地区之一。

从北宋中期开始，两浙路向朝廷提供的粮食、布帛和赋税都已跃居全国第一位。苏轼曰："两浙之富，国用所恃，岁漕都下米百五十万石，其他财赋供馈不可悉数。"① 当时全国诸路每年向京城输送的漕粮总数为 600 万石（合 60000 万升），两浙路上供大米 150 万石（合 15000 万升），占漕粮总数的四分之一，两浙地区自此成了国家的主粮仓。南宋定都杭州以后，随着浙江成为全国政治中心地位的确立，更使全国经济中心南移，两浙地区成为全国的经济中心和文化中心。

《史论》中就经济而言，有总论性的文章，阐述两浙路经济的发展及其在全国的领先地位；有专文就农业、手工业、商业、水运事业及对外贸易等，以翔实、细致的史料探讨其发展状况，分析其繁荣原因。

宋代两浙路更是人文昌盛，冠于全国。永嘉学派、永康学派、金华学派，先后崛起，各领风骚。以叶适、陈傅良为代表的永嘉学派，推崇学以致用，倡导义理与功利并举，治学重在"实事实理"，提出了反对重农抑商、保护和扶持商贾、流通货币、发展商品经济等思想。南宋状元、思想家陈亮，针对朱熹、陆九渊等理学家"皆谈性命而辟功利"的弊端，创立永康学派，主张事功之学，提倡实事实功，注重政治措施的实际效果。金华学派的创始人吕祖谦，与大儒张载、朱熹并称"东南三贤"，在金华、武义等地的书院里聚徒讲学，博取众说，熔于一炉，因其活动范

---

① 苏轼：《苏轼文集》卷三十二《进单锷吴中水利书状》，916—917 页，北京，中华书局，1986。

围主要集中在婺州，故又称婺州学派。辛弃疾、陈亮、李清照、陆游等诗人、词家，生活在“靖康之变”后偏安东南一隅的南宋时期，直面故国半壁江山陷于异族统治的现实，赋诗言志，填词抒情，倾诉国破之恨，抒发爱国之情，在中国诗词史上留下了无数千古绝唱。号称“永嘉四灵”的诗人徐照、徐玑、赵师秀、翁卷，行走江湖，以清新刻露之词写野逸清瘦之趣，与称霸诗坛的江西诗派反其道而行之，给南宋诗坛注入一股清新自然之气。

《史论》中对人文昌盛的论述胜于对经济繁华的论述。荦荦大者仅举《陈亮研究十大误区考论》一文而窥见一斑。

陈亮是永康学派的代表人物，也是南宋浙东学派的杰出代表。八百多年来，学界对陈亮的生平著作、学术思想及永康学派、浙东学派研究出了不少学术成果，但是有些问题陷入似是而非、众说纷纭的境地。作者从梳理研究中存在诸多分歧入手进行考辨，写出长达近三万言的论文，凸显作者知识之渊博、治史之功力。此文的学术价值在于正本清源，究源发新：一是陈亮和永康学派的学术史之总述；二是对学术观点之分辨；三是发掘史料之考论；四是对出现分歧原因之分析。写作这样的长文，要读几多书，花几多时。《陈亮研究十大误区考论》一文原载于《河北大学学报（哲学社会科学版）》（2014 年第 6 期），《新华文摘》（2015 年第 6 期）进行转载，足见其学术价值之高和学术反响之大。学足以名家，文足以传后，可谓声闻显著。

尤为难能可贵的是由于如金教授在陈亮研究及浙江古代经济文化研究上在国内外的影响，2003 年 11 月应邀赴美国哈佛大学东亚语言文明系做学术交流与讲学，分别做了《近百年来南宋浙东学派与陈亮研究的有关问题》和《金华地区古村落、古建筑概况及特色》的学术报告，受到与会者的好评。

如金教授是个爱好思考、勤于思考、善于思考的史学家，他的论著一经出版、刊发，就获得了史学界的高度评价。其中，专著《陈亮与南宋浙东学派研究》，朱瑞熙教授认为“推出了一些新的观点，在总体上取得了创造性、突破性的进展，从而把陈亮和南宋浙东学派的研究提高到新的水平”。邓广铭教授读了《陈亮与南宋浙东学派研究》后，觉得“新意甚多，深致钦佩，附录中所收录陈亮的几篇佚作可以补我所增加的《陈亮集》之不足，更是一件极大的好事”。《中国社会科学》《史学史研究》《浙江学刊》等杂志，刊文称其为“综合研究的开拓性著作”，开创了“宋代人物学派综合研究的新途径”。

《史论》中涉及的主题，就内容及内容的广度、深度而言，达到了新的高度，不仅为未来更为广博深入的研究奠定了基础，还为区域史研究树立了典范。

我和如金教授相识半个多世纪，他是我的学生。尤其是在20世纪80年代初，他在我系师从徐规教授研究宋史，我又在他执教的学校做兼职教授，接触与交流更多，在做人、做事、做学问上有许多共同语言。他聪颖、憨厚、才高、气锐，是我的学生、同事、好朋友。静心品读他的论著之后，我掩卷而思，欢愉与钦佩之感充盈心间，遂写下上述文字，权充为序。

金普森

2016年3月5日于杭州颐景园兰苑寓所

目　　录

越楚关系述略①

春秋时期，在长江流域可以称为大国的主要是三个：楚国、越国和吴国。公元前473年，越王勾践灭吴。在此以后的二百多年中，长江流域出现了越楚对峙的局面。本文将分别从政治、经济、文化三个方面论述越楚两国关系的概貌，从中我们可以看出，越楚两国从产生直至灭亡，双方的交往一直未曾中断，双方相互影响，互相渗透，为中华民族的古代文明做出了巨大的贡献。

一、越楚政治关系

有关越国早期越楚政治关系研究的历史文献或专著无论在古代还是现代，都不在少数，而且比较清楚，倒是关于越国后期的越楚政治关系的研究存在较多争议。在本文中，为保证文章的完整性及有针对性，只对越楚前期和平共处的政治关系做一简要介绍，而把重点放在越楚后期相互征伐的政治关系研究上。

（一）越楚和平共处时期

在整个春秋时期，越与楚两国基本上是和平共处的，特别是在越楚两国的共同邻国——吴国强大之后。吴国位于太湖以北，

① 原载《广西民族学院学报》2001年第23卷第5期，与熊锡洪同志合撰。

隔湖与越国相望。《越绝书》谓：“吴、越为邻，同俗并土，西洲大江，东绝于海，相亚门户。”① 《国语·越语上》说：“夫吴之与越也，仇雠敌战之国也，三江环之，民无所移。”故吴越常“争三江、五湖之利”②，以致《国语·越语》及《吴语》和《史记·越王勾践世家》的主要篇幅都是阐述吴越构兵的情况。

而在此时的楚晋争霸中，晋联吴以制楚，楚则联越以抗晋，落后的越国为对付吴国的威胁，积极投靠楚国。楚国为了争霸，也极力支持越国。如当时越国的重臣范蠡和文种都为楚国人。《吴越春秋·勾践入臣外传》注：“《吕氏春秋》高诱解：‘范蠡，楚三户人也，字少伯。大夫种，姓文氏，字会，楚为邹人。’”③

当然，越楚两国关系是不平等的，越国要以钱币、玉帛、子女贡献于楚。如《韩诗外传》卷八载：“越王勾践使廉稽献民于荆王。”④ 《吴越春秋·勾践伐吴外传》载，越王勾践对申包胥说：“邦国南则距楚，西则薄晋，北则望齐，春秋奉币玉帛以贡献焉，未尝敢绝，求以报吴。”⑤ 可见，越为对付吴国，对楚贡献人与物是未曾中断的。

但是，客观地说，越国与楚国的这种关系是有利于越国的。对越国而言，由于吴国早期把主要力量用以对付楚国，使越国趁机得到发展。当越被吴击溃后，越大夫逢同为勾践谋划说：“为越计，莫若结齐，亲楚，附晋，以厚吴。吴之志广，必轻战。是我连其权，三国伐之，越承其弊，可克也。”勾践曰：“善。”⑥ 事情果然不出所料，楚惠王十三年，“吴王夫差疆，陵齐、晋来

---

① 李步嘉：《越绝书校释》，134页，武汉，武汉大学出版社，1992。

② 左丘明：《国语》卷二十一《越语下》，238页，上海，上海书店出版社，1987。

③ 赵晔：《吴越春秋》，89页，南京，江苏古籍出版社，1986。

④ 韩婴：《韩诗外传集释》，许维遹校释，271页，北京，中华书局，1980。

⑤ 赵晔：《吴越春秋》，136—137页，南京，江苏古籍出版社，1986。

⑥ 司马迁：《史记》卷四十一《越王勾践世家》第十一，1743页，北京，中华书局，1982。

伐楚。十六年，越灭吴”[①]。正是由于楚对吴的牵制，使越得以顺利灭吴。

（二）越楚相互征伐时期

公元前473年，越国灭吴。从此以后，越楚关系开始出现转折，双方的矛盾逐渐上升，相互征伐开始代替了和平共处。勾践在灭吴之后，“乃以兵北渡淮，与齐、晋诸侯会于徐州（今山东滕州市境内），致贡于周。周元王使人赐勾践胙，命为伯。勾践已去，渡淮南，以淮上地与楚，归吴所侵宋地于宋，与鲁泗东方百里。当是时，越兵横行于江、淮东，诸侯毕贺，号称霸王。”[②]不久，勾践将越都北迁于琅琊（今山东胶南市或诸城东南）。越国成为春秋末期的五霸之一，此时也是越国最为强盛的时期。

由于越国当时争霸的最主要的对手是齐国，因此勾践为了提高声誉，笼络诸侯，把“淮上地”归楚，目的是为了暂且缓和越、楚矛盾，重点对付齐国。但是，这个目的并没有达到，因为楚国也有吞噬泗上之意，更不甘屈居越人之下。当越王勾践“以淮上地与楚”后，楚遂乘势“东侵，广地至泗上”[③]。时隔不久，昔日的盟友变为仇敌，此后楚越进行了长达两百多年的交锋。

公元前445年，楚师插入泗东，北上齐鲁之间“灭杞”[④]。公元前431年，楚师进入杞以东的沂、沭之间，兼并了齐境以南越都琅琊西北的莒国[⑤]。越人则针锋相对地重返泗上，根据《竹

---

① 司马迁：《史记》卷四十《楚世家》第十，1719页，北京，中华书局，1982。

② 司马迁：《史记》卷四十一《越王勾践世家》第十一，1746页，北京，中华书局，1982。

③ 司马迁：《史记》卷四十《楚世家》第十，1719页，北京，中华书局，1982。

④ 司马迁：《史记》卷四十《楚世家》第十，1719页，北京，中华书局，1982。

⑤ 司马迁：《史记》卷四十《楚世家》第十，1719页，北京，中华书局，1982。

书记年》记载，于公元前414年灭滕，次年又灭郯，意图阻止楚人东犯琅琊。齐师也不甘落后，于公元前412年南下，占领鲁国西南境内的莒和安阳[①]。齐、楚、越三国遂在淮北泗上展开角逐。《墨子·非攻中》评述当时的形势说：南有荆（楚）、吴（当为越，因为吴国已灭）之王，北则齐晋之君，始封于天下之时，其土地之方，未至有数百里也；人徒之众，未至有数十万人也。以攻战之故，土地之博，至有数千里也；人徒之众，至有数百万人。"[②] 由此可见战国早期越国势力之强。

但是，后兴之越毕竟逊于强楚。越人西征滕、郯之后，楚人不仅没有退出泗、沂流域，反而进一步挥师东征，进逼越都。据《史记·越王勾践世家》"索隐"引《竹书纪年》说："翳三十三年迁于吴。"从《竹书纪年》推算，越国从琅琊迁都于吴应在公元前379年。由此可见，越国的霸主地位已开始逐渐减弱。就越国的国力而言，它的主要基地是原来的吴国和越国的地区，与楚国国力相比，明显处于劣势。同时，在越王勾践之后，越国发生了一系列的内乱，使越国元气大伤。但是，越国并非从此一蹶不振，至公元前356年越王无疆即位之后，经过二十余年整顿，越国又逐渐强盛起来。越王无疆是越国历史上继勾践、朱勾之后又一位颇有名气并企图有所作为的君主。《史记·越王勾践世家》载："王无疆时，越兴师北伐齐，西伐楚，与中国争强。"但在齐人的挑动下，"齐威王（《史记志疑》一书认为"当作齐宣王"）使人说越王曰：'此时不攻楚，臣以是知越大不王，小不伯。……臣闻之，图王不王，其敝可以伯。然而不伯者，王道失也。故愿大王之转攻楚也。'于是越遂释齐而伐楚。"[③] 无疆之所以敢于"北伐齐，西伐楚"，是由于越国国力仍较强。《墨子》载："越王

---

① 杨宽：《战国史》（第七章），129页，上海，上海人民出版社，1955。

② 孙诒让：《墨子间诂》卷五《非攻中》第十八，133页，北京，中华书局，2001。

③ 司马迁：《史记》卷四十一《越王勾践世家》第十一，1749、1751页，北京，中华书局，1982。

翳亏（即无余）出自有遽，始邦于越，唐叔与吕尚邦齐晋，此皆地方数百里，今以并国之故，四分天下而有之。”① 又说：“南有楚越之王，北有齐晋之君，此皆砥砺其卒伍，以攻伐并兼为政于天下。”② 无疆伐楚给越国带来了灾难性的后果。“楚威王兴兵而伐之，大败越，杀王无疆，尽取故吴地至浙江，北破齐于徐州。而越以此散，诸族子争立，或为王，或为君，滨于江南海上，服朝于楚。”③ 但《史记》的这段记载是不符合历史事实的。越国虽战败于楚，但并没有因此而散，仍有相当的实力，这已为众多史学家及文献记载所印证。

蒙文通先生就认为“无强以后之越事，载籍之可考者非止一二，且多与楚关涉，皆非‘服朝于楚’也。然世之学者，习闻《越世家》之说，并多持之以论越事，甚且讹误相附，去实益远”④。除蒙文通先生外，范文澜、蒋天枢、李学勤、杨善群等学者均认为越国之未为楚灭，主要的论据有以下几点：

1. 无疆被杀后，楚越之间仍不断相互征伐

《史记·六国年表》载：楚怀王十年，“城广陵”。从《左传》等史籍的“城巢”“城州来”等记述来看，这一类修筑城郭的事多在边远地区，而且是多因军事需要进行的。广陵在今江苏江都市东北，地处楚、越边界。这一方面说明越、楚之间时有争战，故楚人于近越境之处“城广陵”，以加强防御；另一方面也说明，楚境还未达于“吴”（今江苏苏州市），楚人并未如《越王勾践世家》所说的“尽取故吴地至浙江”⑤。

---

① 张纯一：《墨子集解》卷五《非攻下》，143—144页，成都，成都古籍书店，1988。

② 张纯一：《墨子集解》卷六《节葬下》，163页，成都，成都古籍书店，1988。

③ 司马迁：《史记》卷四十一《越王勾践世家》第十一，1751页，北京，中华书局，1982。

④ 蒙文通：《越史丛考·越人迁徙考》，31页，北京，人民出版社，1983。

⑤ 司马迁：《史记》卷四十一《越王勾践世家》第十一，1751页，北京，中华书局，1982。

越国与楚国的战争，是一场漫长而艰苦的战争。《墨子·鲁问》载："越人迎流而进，顺流而退，见利而进，见不利则其退速。越人因此若执，亟败楚人。"[①] 越国凭借其强大的水军，常常打败楚军。又根据《战国策·楚策》载，魏、赵、韩、燕、楚五国伐秦败退后，杜赫谓楚昭阳说："魏为子先战，折兵之半，谒病不听，请和不得，魏折而入齐、秦，子何以救之？（楚）东有越累，北无晋，而交未定于齐、秦，是楚孤也。"[②] 据《史记·楚世家》，合纵攻秦是楚怀王十一年的事，即公元前 318 年。由此可见，在楚怀王十一年以前，越楚之间常有争战，"城广陵"显因"东有越累"。

越王无疆伐楚虽然失败，但楚国也损失惨重。《战国策·楚策一》载张仪对楚怀王说："且大王尝与吴（当为"越"，因为吴早在公元前 473 年就为越所灭）人五战而三胜而亡之，阵卒尽矣，有偏守新城而居民苦矣。臣闻之，攻大者易危，而民弊者怨于上。"[③] 这里所说的"五战三胜""阵卒尽""民苦"和"怨于上"，都说明楚国的损失惨重，以致民怨沸腾。

2. 越国的外交、军事等活动仍在文献中出现

《水经注·河水四》引《竹书纪年》：魏襄王七年四月，越王使公师隅来献乘舟，始罔及舟三百，箭五百万，犀角、象齿焉。魏襄王七年正当楚怀王十七年，这年正是秦、韩、魏三国和齐、楚两国发生激烈战争的关键时刻。齐、楚两国原是越国的主要敌人，越国在此时派人赠送乘舟、战舟和箭给魏国，很明显是支援魏国对齐、楚战争的。乘舟是君王乘坐指挥水战的大船，如春秋时期吴王的"乘舟始罔"，始罔可能为舟名。越国支援给魏国乘舟及战舟三百艘，箭五百万支，是很重要的一批军需物资，要从越国运送到魏国大梁，必须编成船队，通过长江，沿着邗沟北

---

① 孙诒让：《墨子间诂》卷十三《鲁问》，440 页，北京，中华书局，2001。

② 刘向：《战国策》卷十六《楚三》，321 页，上海，上海古籍出版社，2015。

③ 刘向：《战国策》卷十四《楚一》，296 页，上海，上海古籍出版社，2015。

上，沿淮水，再经鸿沟而直达大梁。一路上还必须用兵护送，以免劫夺的危险。足见当时越的国力仍能控制境内长江、邗沟及淮水的航行，因此《越世家》所说的楚威王“尽取故吴地”，看来并不正确。此时，越国能向魏赠送如此众多而贵重的礼品，证明其经济实力还相当雄厚。

在军事斗争方面，越国的力量更不容小视。《战国策·齐策五》载苏秦在公元前 288 年对齐泯王说：“且天下遍用兵矣，齐燕战而赵氏兼中山，齐楚战韩魏不休，而宋越专用其兵。此十国者，皆以相敌为意。”① 越到此时还被列为十大强国之一。《韩非子·孤愤》也载：“越虽富兵强，中国之王，皆知无益于己也。曰：‘非吾所得制也。’”② 也就是说，越很富强，中原各大国难以制服，而且由于地处偏远地带，制服越国对各国在中原的争霸不能带来什么好处。这也从另一方面说明了越国一直独立存在的原因。

关于越国军事活动的文献记载很多。如《史记·春申君列传》载，楚考烈王十五年，春申君黄歇“请封于江东，考烈王许之”③。春申君“因城故吴墟”。原吴都已成吴墟，这应该是由于楚军数次攻“吴”而造成的。“城故吴墟”与筑城备越不无关系。据陆广微《吴地纪》记载，“春申君造以御越军”，他为了防范越军，筑城自守。又据《后汉书·郡国志》吴郡“安县”下，刘昭注引《越绝书》说：“（安县）有西岑冢，越王孙开所立，以备春申君，使其子守之。子死，遂葬城中。”蒙文通指出：安地无考，惟属吴郡则无疑也。春申君封吴十年被杀，而越则于是时犹有王孙开与之对峙并居于吴，是春申君于楚考烈王十五年（公元前 248 年）徙封于吴之后，越尚未尽失吴地也。此王孙开宜即继亲

---

① 刘向：《战国策》卷十二《齐五》，249 页，上海，上海古籍出版社，2015。

② 王先慎：《韩非子集解》卷四《孤愤》，82 页，北京，中华书局，1998。

③ 司马迁：《史记》卷七十八《春申君列传》，2394 页，北京，中华书局，1982。

而立者。且既名王孙开，则越是时或犹称王也。[1] 这个分析是十分有道理的。

战国末期，关东诸国共同面临着为秦国并灭的危险局面。楚国自公元前 256 年灭鲁之后，已成强弩之末，只能尽力应付“虎狼之秦”，完全停止了对他国侵扰，楚越也因此再度成为盟友，虽然这只是一次短暂的未收实效的结盟。

《战国策·秦策五》载：“四国为一，将以攻秦。”[2] 秦始皇为此召集群臣、宾客商议对策，决定由姚贾携带重金，游说拟联合攻秦的楚、越、燕、代四国。后来，韩非指责说：“贾以珍珠重宝，南使荆吴，北使燕代之间三年，四国之交未必合，而珍珠重宝尽于内，是贾以王之权、国之宝，外自交于诸侯，愿王察之。”经姚贾辩解后，秦始皇“复始姚贾而诛韩非”。按《六国年表》所记，韩非死于始皇十四年。此前姚贾游说四国已三年，则“四国为一，将以攻秦”之年为始皇十一年，即公元前 236 年。《韩诗外传集释》卷八亦载：“昔吴（越）楚燕代，谋为一举而欲伐秦。”[3] 此事有力地证明在秦统一前夕，越仍独立存在且筹划反秦。

公元前 223 年，秦灭楚。据《越绝书·记吴地传》记载，“百越叛去”[4]。此叛秦之“百越”，当有越国在内。《史记·秦始皇本纪》又载：“二十五年……王翦遂定荆江南地；降越，置会稽郡。”[5] 始皇二十五年为公元前 222 年。由此可见，直至楚灭国，越国君统未绝，境土尚存。虽然进入战国以来，楚国占领过琅琊与吴，迫使越人一再迁都，又诛杀过越王无疆，侵夺过大量越地（主要是故吴地），但始终未能灭越。越亡于秦而非亡于楚。

---

① 蒙文通：《越史丛考·越人迁徙考》，38 页，北京，人民出版社，1983。
② 刘向：《战国策》卷七《秦五》，168 页，上海，上海古籍出版社，2015。
③ 韩婴：《韩诗外传集释》，许维遹校释，295 页，北京，中华书局，1980。
④ 李步嘉：《越绝书校释》卷二，36 页，武汉，武汉大学出版社，1992。
⑤ 司马迁：《史记》卷六《秦始皇本纪》，234 页，北京，中华书局，1982。

二、越楚经济来往

越、楚两国境土相接，玉帛相通，因此双方的经济来往一直持续不断。从总体而言，楚国的经济实力要明显强于越国，但越国在农业、手工业、建筑技术等方面仍具有一定的传统优势，因此双方之间的经济来往是双向的，而非单向的一味输出。

（一）农业方面

据考古发掘，在距今7000年位于宁绍平原的河姆渡第四文化层出土了大量的栽培稻谷遗存，堆积厚度平均为40—50厘米，最厚处达70—80厘米。据学者推算，此人工栽培的稻谷，总储量当在百吨以上，其稻谷数量之大、保存之完好，不仅堪称全国第一，就是在世界史前遗址中亦属罕见。同时，河姆渡遗址中还出土了许多骨耜。同国内外相关骨耜相比，河姆渡骨耜年代最早，制作最精，数量也最多，堪称世界第一。目前虽然关于骨耜的用途存在较多争议，有些学者认为这是于越地区进入耜耕农业的表现之一，也有人认为当时仍是刀耕火种的阶段，骨耜并非翻耕土地之用。但有一个结论是无疑的，那就是当时于越地区的农业发展水平处于全国先进地位。

这种稻作文化传统一直延续下来，并且向周边地区传播。稻作农业在吴越地区相当发达，稻谷已成为当时最重要的战略物资。《吴越春秋·勾践阴谋外传》记载，吴、越两国借贷粮食，“吴王乃与越王粟万石”，二年后越还于吴，吴王称赞“越地肥沃，其种甚嘉”①。借贷稻谷达到上万石，而越国在两年之内就还清，水稻种植的规模之大可以想见。据考古发掘，出土的越国

① 赵晔：《吴越春秋》卷九《勾践阴谋外传》，125页，南京，江苏古籍出版社，1986。

金属农具有“犁”“锄”“铲形器”和“锯镰”等稻作工具①，为我国其他地区所少见。这就表明越国的稻作农业在春秋战国时期仍居我国的领先地位。宁绍平原再次成为我国稻作农业的中心之一，并且向周边地区延伸，这其中当然包括楚国。

（二）手工业方面

以金属冶铸为例，吴越地区的金属冶铸技术在春秋战国时期水平较高。早在春秋末年，楚国就曾向越国学习金属冶铸技术。《越绝书》卷十一记载：“楚王召风胡子而问之，曰：‘寡人闻吴有干将，越有欧冶子，此二人甲世而生，天下未尝有。精诚上通天，下为烈士。寡人顾赍邦之重室，皆以奉子，因吴王请此二人作铁剑，可乎？’风胡子曰：‘善。’于是乃命风胡子之吴，见欧冶子、干将，使之作铁剑。”② 在原楚国境内，出土了大量的越王的宝剑。1973 年，江陵藤店楚墓出土一件越王州勾剑③。1965 年 12 月，湖北江陵望山一号墓出土一件越王勾践的青铜剑④。其剑首向外翻卷成圆箍形，内铸有十一道圆圈；圆茎中空；剑格正面用蓝色琉璃，背面用绿松石镶嵌成美丽的花纹；剑身长 47.3 厘米，两面都满饰黑色的菱形几何优美图案，刃薄而锋利；在剑身近格处有两行八字鸟篆铭文——“越王鸠浅（勾践）自作用剑”。越王勾践的青铜剑深埋于地下二千四百多年而未锈，现仍保持着耀眼的光泽，令人叹为观止，被誉为精美的青铜剑之首。

---

① 沈作霖：《古代越国的农耕工具》，载《农业考古》，1984（2），100—103 页。

② 袁康，吴平：《越绝书》卷十一《越绝外传记宝剑第十三》，266 页，上海，上海古籍出版社，1985。

③ 荆州博物馆：《湖北江陵藤店一号墓发掘简报》，载《文物》，1973（9），8 页。

④ 湖北省文化局文物工作队：《湖北江陵三座楚墓出土大批重要文物》，载《文物》，1966（5），33—39 页。

在越、吴两国的帮助下，楚国的青铜冶铸业在战国时出现了突飞猛进的发展，终于赶上或超过了吴、越两国的水平。考古发掘资料也证实了这一点，从楚地出土的大量铜剑来看，当时楚国的铜剑铸造完全是仿照吴、越双箍剑和空首剑的做法。

再如，在陶瓷制造上，最明显的事实则是战国时期越式鼎对楚式罐形铜鼎和陶鼎的形态演变产生了极大的影响。据有关学者统计，在江陵雨台山558号楚墓中出土铜鼎18件，内有8件纯系越式风格（扁圆腹，高足外撇），所占比例达44.5%。如果按时代计，则在战国中期出5件，所占比例为27.8%；晚期3件，占16.7%。这种鼎在湘、鄂、赣诸省及湘桂交界地带的战国墓中多次出土。由此可以推知，在战国中晚期的小中型楚墓中，扁圆腹、高足外撇的附耳形铜鼎已成为楚式鼎的一个主要支系，越与楚之间在陶瓷制造上的文化交融由此可见一斑。

（三）建筑方面

越国采用干栏式建筑，因为其所处的地区天气潮湿。于越人一般为楼居，保存着木构建筑遗址和有榫卯的木结构房屋。楚国的“层台累榭”中的“累榭”，就或多或少受到了越人干栏式建筑的启发。

楚国的建筑风格对越国的建筑风格也产生了很大影响。在宫殿的建筑方向上，越王宫台应该是一种融合了越、楚两种地区风格的大型宫殿建筑。这种建筑的台基是高台，如当时越王勾践造燕台，“因地制宜”利用种山东南高阜坡地作为宫殿台基。这符合当时越国国情、民力和勾践心态并适应南方沼泽地环境。

当时，许多楚人进入越国，带来了大量的楚国先进的建筑技术。如今日绍兴城市的建筑格局就起源于楚人范蠡所建的“山阳大城”，故清代屈大均在《广东新语》一文中就明确认为“越宫室始于楚廷”。

（四）商业方面

春秋战国时期，伴随着农业和手工业的发展，商业经营取得长足进步。其时，在全国范围内逐渐形成了手工业产品的地区差别，发展商业成为争战激烈的各国谋富图强的一项主要政策，并且出现了专业性的自由商人阶层，如越国的商人计倪、范蠡均曾游于吴、楚、越三地，“取三邦之利”。城市和集市逐渐形成，越都会稽已沟通了吴、越以至中原各国，成为钱塘江下游地区的重要经济都会。

关于越、楚之间的商业活动，见诸历史文献的主要是计倪和范蠡的从商活动。《越绝书·记范伯》载，范蠡邀文种入吴，由于逢同的劝阻才入越，后遭到越大夫石买的反对，“于是范蠡退而不言，游于楚、越之间”①，从事商业活动。《越绝书·计倪内经》载，计倪本楚国公子，游于吴、楚、越之间，从事商业活动，“以鱼三邦之利”②。后定居越国，帮助勾践兴越灭吴，主持商业生产和交换活动，并且为越国制定了一套兴农利商的政策。由此可见，正是计倪、范蠡等楚人的入越，给越国带来了先进的商业思想和方法，从而促进了越国的商业与外贸发展，也加强了越、楚两国的经济联系。

越、楚之间的交通有水、陆两种。陆路方面是西南干道，由越都经诸稽、乌伤（义乌）、长山（金华）、太末（衢州）、定阳（常山）至鄱阳湖东部地区与楚国相联结。水路方面是在越胜吴之后，利用吴国战俘兴建的吴塘（今湖塘），沟通了由山阳小城出水偏门经三山，出湖塘，向西边接固陵的通道，从而到达楚国。水陆交通的方便，促进了越、楚之间的商业来往，为越国的强大做出了贡献。

---

① 袁康，吴平：《越绝书》卷七《越绝外传记范伯第八》，153页，上海，上海古籍出版社，1985。

② 袁康，吴平：《越绝书》卷四《越绝计倪内经第五》，97页，上海，上海古籍出版社，1985。

三、越楚文化渗透

越国和楚国是春秋战国时期长江流域的两个伟大国家，他们各自以丰富而灿烂的文化建构了长江流域的文明。在这个建构中，两支文化不断地相互交流，取长补短。战国以前，楚文化更多的是受着越文化的影响。

在文学上，西汉刘向所著的《说苑校证·善说》中有一篇《越人歌》，记载了这样一件事：有一天，楚国的王子鄂君子皙在越溪玩耍，船家女拥楫而歌。歌词曰："滥兮抃草滥予，昌枑泽予，昌州州，谌州焉乎，秦胥胥，缦予乎，昭坛秦逾渗随河湖。"鄂君子皙曰："吾不知越歌，子试为我楚说之。"于是乃召越译，乃楚说之曰："今夕何夕兮搴中洲流，今日何日兮得与王子同舟。蒙羞被女子兮不訾垢耻，心几顽而不绝兮得知王子，山有木兮木有枝，心悦君兮君不知。"① 关于本诗创作的年代，著名楚辞专家游国恩先生在其《楚辞的起源》一文中曾有较为详尽的考证，定为公元前500年的作品。从这篇《越人歌》的记载来看，越国民歌在当时颇受楚国人士的喜爱。

《越人歌》对后来成为一代绝响的楚辞的影响十分重大。以屈原作品为代表的《楚辞》，使中国古典文学跃上了世界文学的峰峦，但它发源于越国的民间文学。我们可以将《越人歌》与同一时代的楚辞《子文》《楚人》等做一个比较，分析它们与《楚辞》的渊源关系。《子文》载："子文之族，犯国法程。廷理释之，子文不听，恤顾怨萌，方正公平。"全诗所用的语言风格是极其平实的，虽然有着严谨的条理、庄重的音节，但缺少曲折的情感、抑扬顿挫的韵律，因而从总体而言它更接近于中原华夏的语言风格，而与《楚辞》风格相去甚远。而《越人歌》则与此截然相反。它瑰丽的想象、清丽的语言、深挚的情感，都与《楚

① 刘向：《说苑校证》卷十一《善说》，278—279页，北京，中华书局，1987。

辞》的境界十分吻合。游国恩先生对《越人歌》有很高的评价：“虽是寥寥短章，在《九歌》中，除了《少司命》《山鬼》等篇，恐怕没有哪篇赶得上它。”①

从形制上而言，《越人歌》不似《诗经》那样是比较拘谨的四言诗，而是逐渐由四言发展为多言的长句，并且是一种言数可以长短错落、在句中或句尾加“兮”“焉”“也”和“乎”之类的感叹虚词的新形式。它是越国民间创造的具有地方特色的文学。越国的民间诗歌富于幻想，多用譬喻，辞采婉丽，情感纯真而曲折，节奏鲜明而流畅，与中原“风”“雅”诗的典雅质朴不同。而越国诗歌的这些特征都为楚辞所吸收，说明了越国文学对楚文学的深刻影响。关于这一方面的研究还有很多，如张正明先生在《屈原赋的民族学考察》一文中认为，《楚辞》中的《九歌》是屈原在越人之地仿越人之歌而作的。② 而刘玉堂先生更认为，《离骚》也与越歌，至少是与越人有某种瓜葛。③

在绘画艺术上，楚国更是受到越国文化的影响。现流传于世的楚国的《人物夔凤帛画》所体现的天人观念与于越文化中凤鸟崇拜直接相关。因为在宗教观念方面，越人的宗教观念中最具特色的是他们对凤鸟的崇拜。在越人看来，鸟似乎是那长生欢乐的精灵，是能够进入一个他们所未曾见识又十分向往的极乐世界的天使。现实世界是这样的庸陋、偏狭、窘迫，而天堂又是那样的遥远、缥缈，人们感到只有鸟才能把天堂的大门叩开，因而乞求于鸟神，希望它能引渡自己的灵魂飞向那琼楼玉宇的天堂。这种通过鸟来超度灵魂升入自由天堂的观念，对中国思想文化产生了很大的影响，往以崇实戒虚为主导的国民心里注入了超越自我、超越现实的文化特质。这种观念不仅在绘画艺术上对楚国产生了

① 游国恩：《楚辞的起源》，载《国学月报》；转引自朱自清的《古诗歌笺释三种》，44页，上海，上海古籍出版社，1981。

② 张正明：《屈原赋的民族学考察》，载《民族研究》，1986（2），15页。

③ 刘玉堂：《试论楚文化对越文化的吸收》，见彭适凡主编：《百越民族研究》，282页，南昌，江西教育出版社，1990。

很大的影响，而且对楚国屈原的文学创作产生了很大的影响。如屈原的《离骚》《远游》等，从中吸取了思想营养，创造了与天地进行精神往来的人格形象。

刘玉堂先生认为，湖北随州曾侯乙墓墓主内棺上彩绘的头生双角、肩长羽翼、手持双戈、身着甲胄、面目狰狞的神像，便是楚化的越神羽人。同样，曾侯乙墓棺画中出现的五首龙蛇图像和1973 年湖南长沙东子弹库战国楚墓中出土的一幅以龙凤为主题的升天导引帛画，均包含了浓厚的越国文化色彩。

在雕刻方面，楚文化对越文化的吸收也不无反映。如楚墓中流行的虎头状镇墓兽，其领部往往绘有龙纹。这种装饰艺术的出现，很可能就是越俗在楚国木雕艺术中的渗透。而彩绘龙座凤架鼓的出现，更表明楚人对越国民俗风情的珍视。

在民俗方面，越国也同样受到了楚文化的感染。以葬俗为例，春秋早期的越国流行土墩墓和石室墓，但春秋晚期以后，这种传统的葬俗已濒于绝迹，取代它的是受楚俗或中原文化影响的坚穴土坑墓。战国早期和中期的越墓所出土的文物都存在着楚文化的烙印。绍兴市出土的属战国时代的绍兴坡塘乡狮子山 306 号墓，里面就曾出土楚式的汤鼎、圆底鼎和锥番等器皿。至于这一时期越国墓葬中椁四周填有膏泥，则无疑是仿效楚人的习俗。

战国中期以后，越国文化开始与楚国文化逐渐融合，逐渐由一种具有相对的地方民族特色的文化变为统一的中华民族和国家内的一种区域性文化。《史记·货殖列传》说：“越楚同有三俗。”而《汉书·地理志》亦云：其“民俗略同”。

于越文化形成原因探析①

——驳越文化乃“外来文化”说

要研究于越文化的形成原因，首先就应对于越民族的来源有清楚的认识。

关于于越民族的来源，学术界对此有不同的看法，目前最有代表性的一种观点认为于越民族来源于中原的夏民族，即“越为禹后”说。此外，还有其他一些观点，如“楚越同源说”“越为南方三苗集团后裔说”“越为江淮徐族后裔说”等。这些观点虽然看法不一，但有一个共同点，就是都认为越文化是在外来文化的直接影响下形成的，即“外来的”。但是，当用文献及考古实证来分析这些观点时，我们认为这些观点都是经不起推敲的。因为于越文化与夏、楚、苗、徐文化无论是其源流还是在表现特征、历史进程上，都有明显的差异性，具有自己鲜明的地域特色。

我们这里讨论的于越文化，从地域上看，指古时越国的范围，即“南至于句元，北至于御儿，东至于鄞，西至于姑蔑”②。也就是说，于越民族的地域是以会稽为中心，其居住地集中于今天浙江省境内的杭嘉湖平原、宁绍平原、金衢丘陵地带。因此，

---

① 原载《浙江学刊》2001年第5期，与熊锡洪同志合撰。

② 左丘明：《国语》卷二十《越语上》，230页，上海，上海书店出版社，1987。

要研究于越文化的起源，我们就不能脱离这部分地区特定的历史环境。我们主要从以下几个方面对于越文化的成因做一些尝试性的探索：

一、长久以来各种关于于越文化外来的观点一直受到质疑

关于越族成员与夏禹有没有血缘关系，汉代的思想家王充是主张没有的，因为他对夏禹是否巡狩会稽之举，采取了彻底否定的态度。他说："君高能说会稽，不能辨定方名。会计之说，未可从也。"① 到了唐代，颜师古对此也保持了谨慎的态度。他在《汉书·地理志》注引臣瓒的话说："越之为号，其来尚矣。少康封庶子主禹祠，君于越地耳。故此志云其君禹后，岂谓百越之人皆禹苗裔?"② 已故学者蒙文通先生认为"颜氏以统治者与被统治者未必同族为说，此意至明至善"③。

清人梁玉绳也怀疑"越为禹后"说。他在《史记志疑》一书中说："禹葬会稽之妄，说在《夏纪》。夏、商称帝之妄，说在《殷纪》。而少康封庶子一节，即缘禹葬于越伪撰，盖六国时有此谈，史公缪取入史，后之著书者相因成实，《史》并谓闽越亦禹苗裔，岂不诞哉!《墨子·非攻下》篇：'越王翳亏，出自有遽，始邦于越。'……韦昭《吴语》注：'句践，祝融之后。'然则越非禹后明矣。《越语》范蠡言：'吾先君，周室之不成子也。'《韩诗外传八》曰：'越亦周室之列封也。'然则越非夏封明矣。"④

近代学者林惠祥也说："《史记》言越王勾践为夏禹之后，此

① 王充：《论衡》卷四《书虚篇》，60 页，长沙，岳麓书社，1991。

② 班固：《汉书》卷二十八《地理志》，1669 页，北京，中华书局，1962。

③ 蒙文通：《越史丛考》，11 页，北京，人民出版社，1983。

④ 梁玉绳：《史记志疑》卷二十二《越句践世家》，1028 页，北京，中华书局，1981。

不过越于托古之辞。”① 近代学者卫聚贤在《吴越民族》一文中也说：“夏是北方民族，越是南方民族，两不相干。”②

总之，这些学者怀疑的理由主要是两条：一是夏与越的经济文化差异很大，没有明显的统一性。二是在当时的社会条件下，夏的经济军事力量不可能直接到达江南地区。

二、于越地区本身文明的发展进程完全具有连续性

从考古学上看，我国南方的新石器文化应是于越先民最早创造的。早在五万年前，浙江就有“建德人”的存在。到了新石器时代，在浙江境内又出现了河姆渡文化。河姆渡文化分布在浙江宁绍平原和杭州湾一带，距今6000—7000年，前后延续约一千年。从于越先民创造的河姆渡文化看，其年代上限比起华北仰韶文化，时间相当或更早。过去一般认为黄河流域是中华民族的摇篮，祖国文明是从黄河流域发源的。由于于越先民创造的河姆渡文化和仰韶文化一样或更加古老，从而纠正了过去认为中华民族只发源于一个地方、文明只有一个中心的传统错误说法，证实了中华民族早在远古时候便有多个中心和发源地。

随后，在杭嘉湖一带又发现了马家浜文化、崧泽文化和良渚文化等遗址。马家浜文化以浙江嘉兴马家浜遗址为代表，距今5000—6000年，在地层和年代上基本是衔接河姆渡文化。崧泽文化以青浦崧泽遗址为代表，距今5200—5800年。崧泽文化是一种承前启后的文化，介于马家浜文化与良渚文化之间，在发展中形成了自己的特色，在马家浜文化的基础上又有了发展。良渚文化主要分布在杭州湾和太湖附近，距今4300—5200年。良渚

① 林惠祥：《中国民族史》上册，112页，上海，上海文艺出版社，1990。

② 卫聚贤：《吴越民族》，见吴越史地研究会编：《吴越文化论丛》，329页，上海，上海文艺出版社，1990。

文化是一种以稻作农业为主、多业为辅（特别是具有发达的制玉业）的新石器时代文化，它已跨入阶级社会的门槛。良渚文化在继承马家浜文化、崧泽文化用玉的传统的基础上，又有了很大的发展。良渚文化遗址中出土的玉器数量之巨、种类之多、制作之精是十分罕见的。尤其是一些大型礼器的出现，说明良渚文化时期的社会形态已发生了深刻的变革，已“隐现国家的雏形”，露出了文明时代的曙光。

从社会性质分析，考古学界认为河姆渡文化和马家浜文化属母系社会文化，良渚文化属父系社会文化，并且开始向阶级社会过渡。良渚文化继承马家浜文化，马家浜文化则源于桐乡罗家角遗址。良渚文化层与印纹陶遗存可以说是连续发展，没有中断。由此可见，这支根植于杭嘉湖平原的原始文化，是由当地新石器时代文化孕育而成的，并且随着生产力的发展，氏族部落瓦解，进入阶级社会。

总而言之，河姆渡文化、马家浜文化、崧泽文化、良渚文化是于越地区史前文化的主要源头。从这些文化遗址的特征来看，这几种文化之间在经济形态、生活习俗等各方面都存在着明显的共同性及进程上的连续性。

三、于越民族的语言具有明显区别于其他地区的独特地方特色

根据周振鹤、游汝杰先生的研究，说古越语的居民大致分布在今山东、江苏、安徽、浙江一带。

越语不同于汉语，罗香林曾从《方言》《越绝书》等古文献记载的有关资料分析，认为越语的特点具体表现为以下几个方面：

（一）古越语的发音是轻利急速

“胡人有知利者，而人谓之驻；越人有重迟者，而人谓之

讷，以多者名之。”“讷，轻利急，亦以多者言。讷，读燕人言躁操善趋者谓之讷同也。”① 就是说，越人语言一般是轻利急速的，所以偶有出言重迟的人，而外人仍然称之为讷。

（二）有些词同汉语不同

如“大”，越语称“濯”“硕、沈、巨、濯、讦、敦、夏、于、大也。……荆吴扬瓯之郊曰濯。”② 广大，越语称“葠绥”或“羞绎纷毋”，“恒概、葠绥、羞绎纷毋，言既广又大也。荆扬之间，凡言广大者，谓之恒概，东瓯之间，谓之葠绥。”③ 热，越人叫“煦煆”。“煦煆，热也，吴越曰‘煦煆’。”④ 短，越语称“短矲”。“呰矲，短也。……桂林之中，谓短矲。”⑤ 鸡，越语称“割鸡”。“鸡，……桂林之中，为之割鸡。”⑥ 盐和盐官，越语称“余”和“朱余”。《越绝书·越绝外传纪地传》中说：“朱余者，盐官也，越人谓盐曰余……。”船，越语称“须虑”。

（三）名词类的音缀，有复辅音和连音成分

“勾践乃被赐甲，带步光之剑，杖物卢之矛，出死士三百人，为关阵下。”物卢，在《方言杂录》中引作“勃卢”。“物卢”与“勃卢”应为一词，罗香林在《百越源流与文化》一文中认为“勃卢”是复辅音词类。在左丘明《左传》哀公元年中有这样一句：越“使大夫种，因吴太宰嚭成行”。而在韦昭注《国语·吴语》中记载：“乃命诸稽郢行成于吴。”种乃文种，越语称“诸稽郢”，系为连音。此外，再如前面所说的，船，越人称“须虑”，

---

① 刘文典：《淮南鸿烈集解》卷十九《修务训》，641页，北京，中华书局，1989。

② 钱绎：《方言笺疏》卷一，88—89页，上海，上海古籍出版社，1984。

③ 钱绎：《方言笺疏》卷二，168页，上海，上海古籍出版社，1984。

④ 钱绎：《方言笺疏》卷七，450页，上海，上海古籍出版社，1984。

⑤ 钱绎：《方言笺疏》卷十，582—583页，上海，上海古籍出版社，1984。

⑥ 钱绎：《方言笺疏》卷八，462页，上海，上海古籍出版社，1984。

广大越语称为“羞绎纷毋”，也都是以复辅音和连音为音缀的。

古代越族曾有统一的语言，与古代汉语是不同的，有着自己的特点。从语言类型上，于越语属于一种复音胶着语，一字多音，与一字一音的“雅言”（即中原夏、周民族的语言）不同。梁启超认为古越语是“多复音语系，与诸夏之纯用单音语者不同也”①。而林惠祥认为古越语是一种胶着语。他说：“越语在古时确是大异于北方诸族语言，而且其性质也确实不像一字一音的孤立语，而像多音拼合的胶着语。”②

随着历史的发展，楚人逐渐放弃楚言而改操夏言，战国时代的楚言已经成为夏言的一种方言，而于越人仍操越言，越言与楚言、夏言有质的不同。于越人和其他越人这种多音节胶着语的特点，至今仍保留在我国南方一些少数民族中。

四、于越地区具有独特的经济生活习俗

从社会经济生活角度来看，于越民族已经具有了独特的经济生活习俗，我们可以从以下几个方面来分析：

（一）饮食方面

由于于越地区气候温暖湿润，极有利于水稻的生长。就目前已有资料来看，于越地区无疑是世界上最早栽培稻谷的地方。在河姆渡文化遗址所有遗存的发现中，当以人工栽培的稻谷为最重要且占有特殊的地位。河姆渡文化遗址的稻谷主要发现于第四文化堆积层中，其堆积数量之巨、保存程度之完好在同时代遗址的考古史上是极为罕见的。河姆渡时代的稻作已经形成原始农业规模阶段，大米已成为氏族居民的主粮。到了良渚文化时期，农业

① 梁启超：《中国历史上民族之研究》，《梁任公近著》第一辑卷下，60页，上海，商务印书馆，1923。

② 林惠祥：《南洋马来族与华南古民族的关系》，载《厦门大学学报（社会科学版）》，1958（1），208页。

又有了新的发展，使人类获得了更广泛的食物来源。钱山漾遗址中发现的植物遗存，除稻谷外，还有芝麻、花生、菱、蚕豆、毛核桃、酸枣核、甜瓜子等。[①] 由此可见，于越地区的农业发展就全世界范围而言，应该是处于较先进的水平。

（二）纺织方面

众所周知，中国是世界上最早养蚕缫丝的国家，而且在相当长的时期内是唯一的这样一个地区。从现有的考古资料来判断，中原养蚕最早只能追溯到商代。而根据这些考古资料所反映的殷代丝织技术的成熟而言，在它以前应该有一段发展过程。对于这段“发展过程”，在中原还没有任何物证，这种物证在早于殷代二三千年的太湖地区却找到了。太湖地区养蚕缫丝的直接物证出现于良渚文化时期。浙江吴兴钱山漾遗址出土了绢片、丝带和丝线。[②] 经鉴定，原料是家蚕丝，绢片的经纬密度为每平方厘米48根，是先缫后织的。江苏吴县（1995年撤销）草鞋山遗址下层也发现了三块织物残片。其原料是野生葛麻纤维，这是我国目前已知年代最早的以葛为原料的织物。值得注意的是，这三块织物织成“山”字形和菱形斜纹，纺织技术较高，表明当时可能已经使用原始织机。古代织物原料以蚕丝最为高贵，按常理推测，丝织的技术与工具也应高于葛麻织物，至少不会低于葛麻织物。

由此可见，无论从丝织的出现还是从技术水平来看，于越地区都要比中原地区更早、更先进，从而影响了夏、商、周丝织技术的出现和提高。

（三）建筑方面

由于天气潮湿，于越人一般为木构楼居，房屋保存着榫卯的

① 浙江省文物管理委员会：《吴兴钱山漾遗址第一、二次发掘报告》，载《考古学报》，1960（2），74页。

② 浙江省文物管理委员会：《吴兴钱山漾遗址第一、二次发掘报告》，载《考古学报》，1960（2），86页。

木结构，在上古亦称“干栏（阑）”。如河姆渡居民的建筑是栽桩架板的干栏式建筑。这类建筑遗迹构件十分丰富，可分为高干栏和低干栏。这种高于地表的建筑是为了适应湿热的气候和湖沼满布的地形而营建的。而马家浜文化时期的居住建筑是一种长方形的木架草舍。马家浜、邱城等地的房屋遗址，均采用了先挖洞、后垫木板、再立柱的栽桩方法。这种木架草舍的四周挖有水沟，便于排水。良渚文化的居房以干栏式建筑为主，偶见地面建筑。其中，干栏式建筑的房顶以芦苇覆盖，其上又覆泥土，居住面用介壳末和泥抹平经烧烤而成。总之，以上几种建筑类型虽然有所不同，每种建筑类型在不同的历史阶段也各有不同的特点，但它们都是木结构的，都具有抗雨防潮的特点。这与中原和楚国等地区的建筑风格有明显的差异性，这种差异性是由各地区不同气候和其他自然条件决定的。

（四）交通方面

由于宁绍、杭嘉湖地区河流纵横、湖泊遍布，为水网地带，因此于越人平日习知水性，善于舟楫的使用，而且也善于泅涉。由于于越民族居住于水网地带，因此船是最主要的交通工具。河姆渡文化遗址出土了六支木桨，这些七千多年前的木桨不但在我国是首次发现，迄今在世界上也是首例。

随着生产力的发展，于越地区的造船技术进一步提高。良渚文化时期，木桨形制得到改进，有宽翼、窄翼等式样。进入青铜时代，造船技术日臻进步，周成王时有“于越献舟”①，说明当时于越已能造海船。

越国在对吴和中原各国的作战中，大都用舟船作为运载兵粮的工具。《越绝书》中说：“勾践伐吴，霸关东，从琅琊起观台……

① 欧阳询：《艺文类聚》卷七十一，1230页，上海，上海古籍出版社，1982。

以望东海，死士七八千人，戈船三百艘。”① 以如此之大规模的船队航行于汹涌浪涛中，其技术之高是可以想见的。如果说中原地区的人们以车打破了地理的界限，促进了诸国的融合，那么于越人正是以船征服了水堑，扩大了文化的交流。正如《吕氏春秋·慎大览》所说：“如秦者，立而至，有车也；适越者，坐而至，有舟也。”并且，舟船对于越人的性格也产生了巨大的冶铸作用。

总而言之，正如《越绝书》所说：“以船为本，以楫为马，往若飘风，去则难从。”这就清楚地表明，于越文化在交通方面是一种以船为主体的文化。

五、于越民族的精神境界、文化典制和宗教信仰也有特点

社会心理、宗教信仰的形成，既是人类主体活动的智慧结晶，同时也是客观产物，它的形成受到地理环境、生态条件、生产生活方式、社会制度等的影响。由于于越民族所生活的区域的各种自然和社会条件与中原大不相同，因此就形成了与中原不同的独特精神文化结构。

于越之地，三江烟雾弥漫，助长了人们那种飘逸的神思，形成了一种空灵流动的文化氛围。于越民族盛行凤鸟崇拜。在于越居民看来，鸟似乎是自由与快乐的象征，是能够进入一个人类所未能见识但十分向往的极乐世界的天使。现实世界是这样的庸陋、偏狭、窘迫，而天堂又显得那样的遥远、缥缈，人们感到只有鸟才能把天堂的大门打开。因此，人们乞求鸟神，希望它能引度自己的灵魂，飞向那自由的天堂。这种以鸟为超度灵魂、升入自由天堂的使者的观念，对中国思想文化产生了很大的影响，在

① 袁康，吴平：《越绝书》卷八《越绝外传记地传》，196 页，上海，上海古籍出版社，1985。

以崇实为主导的国民心里注入了超越自我、超越现实的文化特质。于越地区这种以凤鸟为崇拜对象的浪漫主义风气是与中国中原和北方民族的"重礼""求实"的传统差距很大的。

与楚文化相比，于越文化也不同于中原地区。在礼制典章文物方面，如乐器，楚国的乐器主要是编钟和编磬，与中原相同，而于越地区主要的乐器是勾铫，也有錞于，晚期才引入了编钟。在法制方面，楚国有多种成文法，而于越地区多为习惯法。在官制方面，楚国虽多变，但源流清楚且等级严整，而春秋战国时期的越国则混沌不明。

除了对凤鸟的崇拜外，于越民族还存在着对太阳神的崇拜。于越民族很早就把凤鸟与太阳视作同质同构的事物，甚至认为凤鸟是太阳的一个组成部分，所以在河姆渡文化、良渚文化时期都出现了凤、日复合的艺术形象。

由于太阳代表了热量、光芒与温暖，因此就天气而言，表明河姆渡人希望通过太阳崇拜，乞求天气晴朗。而在与河姆渡文化同时期的中国北方和中原地区，作为行云布雨的主要神灵——龙的形象已经在一些文化遗址中被发现。而在于越文化区内，直到良渚文化时期才有玉雕龙纹的出现。这种情况也就清楚地表明，于越地区龙的形象的出现比北方和中原地区晚，而太阳神崇拜最早则是在于越地区出现的。据有关专家的推测，这可能与南方多雨常涝、北方少雨易旱这一总的地理气象因素有关。不管这种猜测有无道理，但有一个结论应该是可以成立的，即在宗教观念和鬼神崇拜方面，于越文化区与北方和中原有着各自不同的起源。

综上所述，我们有充分的理由认为，于越民族文化的来源及其构成完全是当地的土著居民经过长期辛勤劳动创造起来的。于越文化是在这块土地上独立生长起来的文化，而不是像许多人认为的是在外来文化的直接影响下形成的。

当然，我们说于越文化主要是独立发展起来的文化，并不否认它受到其他文化的影响，因为文化从来都是在相互影响、相互促进中发展起来的。我们只是认为，于越文化的形成动因主要是来自其自身，这是内因，是主要的；而外来文化的影响只是外因，是次要的。任何一种民族文化必然有一个文化的主要来源，在其文化的发展进程中必有一个传承和延续的主流。而对于越民族文化而言，这个主要来源就是其自身。

浙江武义县始置县时间新考①

随着全国第二次修志工作的开展，各方志办公室投入大量的人力、物力修纂地方志，其中包括对历史沿革的重新审查。武义县地方志办公室对武义原县志中关于武义县始置县时间提出质疑，推翻其始置于唐武则天天授二年（691年）的说法，明确提出武义县的初始建置时间为三国吴赤乌八年（245年）②，《武义县建制时间再考》一文作为重要的新成果编入2010年出版的《武义县志（1986—2005）》。本文将对武义县建县时间重新考订，指出武义始置县既不是吴赤乌八年，也不是唐天授二年，而是南朝时的陈永定三年（559年）。

一、关于武义县始置时间的两种不同说法

关于武义县的最早建置时间存在两种鲜明的观点，其一为唐武则天天授二年，其二为吴大帝赤乌八年。究其两说（以下简称

---

① 原载《温州大学学报》2015年第6期，与赵瑶丹同志合撰。

② 《金华日报》2009年2月15日刊发蒋中意关于《武义建县时间早了447年》的报道，武义新闻网2009年5月6日又刊发古梁《论武义始置县应在吴赤乌八年即公元245年》一文，武义县方志办黄寿高、何胜云皆持此说。这一论点作为新的研究成果编入新出版的《武义县志（1986—2005）》，影响不断扩大，继而出现了2012年4月6日《金华日报》第九版《武义：三国时已有县》的报道。武义于吴赤乌八年始置县似成定论。

"唐置说"与"吴置说"），武义县建置时间相距447年。

关于"唐置说"，据《旧唐书》记载："武成，（唐）天授二年，分永康置武义县，又改为武成。"[①] "天授二年，又置武义县。"[②]《新唐书》记载："武成，上。本武义，天授二年析永康置，更名，天祐中复曰武义。"[③] 从新旧唐书的记载看，武义虽然曾经更名，但设置时间为唐天授二年是没有争议的。唐人李吉甫的《元和郡县志》记载："天授二年，分永康西界以为武义县。"[④] 宋代王溥的《唐会要》亦载："武义县，天授二年置。"[⑤] 清人顾祖禹的《读史方舆纪要》承袭前说，指出：武义"本永康县地，唐天授二年分置武义县，属婺州。寻更名武城（新旧唐书作"成"），天祐末复名武义。宋因之。"[⑥] 依据以上诸多史料的记载，我们可以得出唐天授二年始置武义县的结论。

《浙江通志》也认定武义县始置在唐朝，"（小字注）谨按《太平寰宇记》云：吴赤乌八年，分乌伤永康置武义县。考赤乌八年，始分乌伤置永康县，不应是年即分永康又置县（指武义县），且《晋书·地理志》，并宋、齐《州郡志》并无武义一县，则县自唐始置无疑也。"[⑦] 由此可见，《浙江通志》也否定武义县始建于赤乌八年的观点，认定武义县"自唐始置"。

由于府、县级志书隶属的关系，其说因袭。如《浙江分县简

---

① 刘昫等：《旧唐书·地理志三》卷四十，1593页，北京，中华书局，1975。

② 欧阳修，宋祁：《新唐书·地理志五》卷四十五，1592页，北京，中华书局，1975。

③ 欧阳修，宋祁：《新唐书·地理志五》卷四十五，1063页，北京，中华书局，1975。

④ 李吉甫：《元和郡县志·江南道》卷二十七，文渊阁四库全书本。

⑤ 王溥：《唐会要·州县改置下》卷七十一，1272页，北京，中华书局，1985。

⑥ 顾祖禹：《读史方舆纪要》卷九十三，贺次君、施和金点校，4303页，北京，中华书局，2005。

⑦ 嵇曾筠监修，沈翼机编纂：《浙江通志·建置四·武义县》卷七，文渊阁四库全书本。

志》《金华府志》及《武义县志》(清嘉庆版和1990年版),均认定唐“天授二年”为武义县始置时间,否定“吴置说”,而明嘉靖版和清康熙版《武义县志》则均采用“两说”并存的方式记之,虽然记述中提出质疑,有所考证,但均未贸然确定孰是孰非。《浙江通志》的记述被各地方志沿用,因而武义县始置于唐天授二年就成为较普遍、较常用的说法。

关于“吴置说”,北宋乐史的《太平寰宇记》指出,武义县“吴赤乌八年分乌伤、永康县置,隋废,唐天授二年析永康西境又置”①。其依据是南朝梁陈之际的训诂学家顾野王(519—581年)的《舆地志》(已佚)。唐代杜佑的《通典》记载:“吴赤乌八年置武义县。”② 宋代欧阳忞的《舆地广记》云,武义县“吴赤乌八年置,后废。唐天授二年分永康复置,属婺州,后改曰‘武城’,天祐中复曰‘武义’”③。清代谢钟英的《三国疆域表》则指出东阳郡领十县,其中“武义县,权赤乌八年立,地缺”④。洪亮吉又在《补〈三国疆域志补注〉(十一)》中指出其材料来源:“今据《通典》补武义为十县。”⑤ 因而有武义乃“吴赤乌八年立”之说,而东阳郡亦有领十县之说。陈健梅的《孙吴政区地理研究》则引用《通典》《舆地广记》的记载,自然得出“武义,吴赤乌八年置,后废”⑥ 的结论。2009年2月15日,《金华日报》刊发了蒋中意的《武义建县时间早了447年》一文,2009年5月6日武义新闻网又刊出古梁的《论武义始置县应在吴赤乌八年即公元245年》一文,明确宣扬“吴置说”。而考究“吴置

---

① 乐史:《太平寰宇记·婺州》卷九十七,1953页,北京,中华书局,2007。

② 杜佑:《通典·州郡十二》卷一百八十二,文渊阁四库全书本。

③ 欧阳忞:《舆地广记》卷二十二,李勇先、王小红校注,645页,成都,四川大学出版社,2003。

④ 二十五史刊行委员会:《二十五史补编·三国疆域表》,2989页,北京,中华书局,1998。

⑤ 二十五史刊行委员会:《二十五史补编·补三国疆域志补注》卷十一,3122页,北京,中华书局,1998。

⑥ 陈健梅:《孙吴政区地理研究》,90页,长沙,岳麓书社,2008。

说”的史源都来自于早已佚失的《舆地志》，现已无从考证。因顾野王生活在南朝，同时又专长于训诂考据，因而《通典》中的州郡志、《太平寰宇记》《舆地广记》等几部重要的地理志都毫不怀疑地沿承“武义始置于吴赤乌八年”的说法，包括清代《三国疆域表》都持此说法，以至于众多后人也持“吴置说”。

二、“两说”存在的问题与矛盾

关于武义始置县时间的两种说法，都有古代地理志和正史作为依据，各执一端。“吴置说”依据较早的史源做出推断：武义始置于吴赤乌八年，隋平陈时遂废，而唐天授二年又重置。根据《隋书·地理志》记载：（隋）平陈，置婺州。统县四：金华（隋平陈时改为吴宁县，十二年改名曰东阳，十八年改名曰金华）、永康、乌伤、信安。[①] 隋朝行政区划中无武义县，它在隋平陈时废置，这一点无疑义。而诸多史料证明，在唐天授二年置武义县亦无疑义。但是，据《旧唐书》和《太平寰宇记》的记载，唐天授二年是“又”置武义县，自然就不是武义县的始置县时间。因此，“唐置说”不辨自明。但是，否定了“唐置说”，未必就可以武断地认为“吴置说”必然成立。

武义县是析永康县（今浙江永康市）所置，那么查实永康县的设置时间成为关键线索。据《宋书》记载：“永康令，赤乌八年分乌伤上浦立。”[②]《水经注》亦云：“（永康）县，赤乌中分乌伤上浦立。”[③] 而宋人欧阳忞的《舆地广记》则对永康县在宋以后的沿承做了论述：“紧，永康县。吴赤乌中分乌伤县上浦置。自晋至隋皆属东阳郡，唐武德四年置丽州，八年州废来属。”[④]

---

① 魏徵等：《隋书》卷三十一《地理下》，878 页，北京，中华书局，1973。

② 沈约：《宋书》卷三十五《州郡一》，1036 页，北京，中华书局，1974。

③ 郦道元：《水经注》卷四十《浙江水》，938 页，北京，中华书局，2007。

④ 欧阳忞：《舆地广记》卷二十二，李勇先、王小红校注，645 页，成都，四川大学出版社，2003。

清代顾祖禹在《读史方舆纪要》中亦指出：永康县“汉乌伤县之上浦地，三国吴赤乌八年置永康县，属会稽郡，宝鼎初属东阳郡。晋以后因之”[①]。《浙江通志》根据《资治通鉴注》记载：“吴大帝赤乌八年分上虞、乌伤立永康县，属东阳郡。”[②] 谢钟英的《三国疆域表》亦指出：“永康县，权赤乌八年分乌伤上浦立。”[③] 由上述诸多史书记载可见，永康县于吴赤乌八年始置，无疑。若能看到吴赤乌永康县分置的史料，那么武义县的建置时间就一目了然。但是，历代史书并无直接记载。诚如《浙江通志》指出，“赤乌八年始分乌伤置永康县，不应是年即分永康又置武义县”。当时的编修者已经看到了“吴置说”的不当之处，而这一质疑是依据历代地方行政区划设置的常规做出的推断。吴赤乌八年置永康，同时又置武义，几乎是不可能的；换言之，如若置永康同时又置武义，史书应当继而记之，而且遗漏的可能性极小。

如果吴赤乌八年置武义县，那么正如《浙江通志》中提出的，按常识推论在后世的晋、宋、齐、梁、陈等朝代的诸多史书中应该有关于武义县的记载；如果吴赤乌八年置武义县，即使是短暂的存在，之后被废置，理应也会留下记载痕迹。二十五史中的 17 部地理志，并不齐备；而 17 部地理志或因编修的疏忽，或因后世传刻的错误，存在种种问题。《宋书》《南齐书》《魏书》虽有地理志，但东晋十六国以来，多侨置郡县，朝南暮北，旋生旋亡，建置沿革极难推求。诚然，正如人们通常意义上所说的，从三国之后的西晋、东晋十六国，直至南朝宋、齐、梁、陈，国家真正统一的时期很短，由于政权更替频繁，造成典章制度不

① 顾祖禹：《读史方舆纪要》卷九十三，贺次君、施和金点校，4301 页，北京，中华书局，2005。

② 嵇曾筠监修，沈翼机编纂：《浙江通志·建置四·武义县》，文渊阁四库全书本。

③ 二十五史刊行委员会：《二十五史补编·三国疆域表》，2989 页，北京，中华书局，1998。

全、文档不齐，史书难免遗漏较多，是很自然的。但是，如果以这笼统的说法来解释武义县记载的遗漏似乎理不服人。

据“吴置说”的观点，吴置永康县，分乌伤、永康县置武义，属东阳郡，那么查东阳郡统县史料，亦有可能发现武义县的建置情况。据《晋书》记载：东阳郡“吴置。统县九，……长山、永康、乌伤、吴宁、太末、信安、丰安、定阳、遂昌”①。《宋书》记载：东阳郡领九县，分别为长山、太末、乌伤、永康、信安、吴宁、丰安、定阳、遂昌。②《南齐书》记载：东阳郡领“长山、太末、乌伤、永康、信安、吴宁、丰安、定阳、遂昌”③诸县。倪士毅《浙江古代史》、胡阿祥《六朝疆域与政区研究》综合了各家异说，经过考证皆指出：孙吴时东阳郡领九县，治所在长山，辖长山、太末（吴赤乌三年更名龙邱）、乌伤、永康、新安、吴宁、丰安、定阳、平昌（晋武帝太康元年更名遂昌）。④无论是历代史书，还是当今学者论著，吴置东阳郡，无疑，但东阳郡所领诸县均未出现武义县。正如《浙江通志》中所指出的，从晋、宋、齐等史书中，未发现有武义县，很难证明“吴赤乌八年置武义县”之说。显然，吴置武义县这一观点确实引起过许多人的质疑。例如，清末何德润在其光绪二十六年（1900 年）成书的《武川备考》中指出“（武义）吴赤乌八年置，不为无据”，但建言“俟博雅者正之”⑤。言外之意，他对武义县始置于吴赤乌八年的观点处于存疑状态。

---

① 房玄龄等：《晋书》卷十五《地理下》，461 页，北京，中华书局，1974。

② 沈约：《宋书》卷三十五《州郡一》，1035—1036 页，北京，中华书局，1974。

③ 萧子显：《南齐书》卷十四《州郡上》，246 页，北京，中华书局，1972。

④ 倪士毅：《浙江古代史·东吴时期的浙江》，44 页，杭州，浙江人民出版社，1985。胡阿祥：《六朝疆域与政区研究（增订本）·孙吴政区建置表》，411 页，北京，学苑出版社，2005。按，两位学者皆是立足于区域分时段的考察，遂成为考察吴时期武义建县问题的最重要的今人论著。

⑤ 何德润：《武川备考》卷二《地舆考上》，8 页，浙江，武义县志办公室，1987。

综上，武义县始置于吴赤乌八年的说法疑点重重、矛盾丛生，缺乏足够令人信服的证据，而且所列论据与推断在相关史料中没有得到证实，不能成立。

三、武义县最可能始置在陈朝永定三年

既然“唐置说”和“吴置说”都不能成立，那么武义县的始置时间则有待进一步考证。

西晋维持五十多年后，南北分裂，之后的东晋历一百多年，被刘裕所夺，改国号为宋，此后齐灭宋、梁灭齐、陈灭梁。自晋武帝太康元年（280 年）吴主孙皓向晋投降，今浙江地界归属西晋版图。当时，郡、县大抵沿东吴旧制，属于扬州。根据《晋书·地理志》和《晋书·地理志新补正》记载，东晋时期的东阳郡领长山等九县①，并无武义县。根据《宋书》记载，东阳郡领九县，即长山、太末、乌伤、永康、信安、吴宁、丰安、定阳、遂昌②。据《南齐书》记载，东阳郡亦领九县，即长山、太末、乌伤、永康、信安、吴宁、丰安、定阳、遂昌③。两书记载没有出入，宋和南齐两朝的东阳郡均领九县，可就是没有武义县。可见，朝代更替并没有给东阳郡带来行政建置上的较大变革。到梁朝，东阳郡领十县，根据清人洪齮孙《补梁疆域志》记载，有“长山、太末、乌伤、永康、信安、吴宁、丰安、定阳、遂昌、建德”④，增领建德县（今浙江建德市）。由此可见，根据《宋

① 毕沅：《晋书·地理志新补正》，二十五史刊行委员会编《二十五史补编》，3555 页，北京，中华书局，1998。倪士毅：《浙江古代史·东晋南朝时期的浙江》，55 页，杭州，浙江人民出版社，1985。胡阿祥：《六朝疆域与政区研究（增订本）·东晋实州郡县（含实郡领侨县）建置表》，425 页，北京，学苑出版社，2005。

② 沈约：《宋书》卷三十五《州郡一》，1035—1036 页，北京，中华书局，1974。

③ 萧子显：《南齐书》卷十四《州郡上》，246 页，北京，中华书局，1972。

④ 二十五史刊行委员会：《二十五史补编·补梁疆域志》，4371 页，北京，中华书局，1998。

书》《南齐书》《补梁疆域志》记载，南朝宋、齐、梁时期，东阳郡所领诸县中都未出现武义县①。

而到了陈朝，据臧励龢《补陈疆域志》记载，金华郡，领县七，即长山、太末、乌伤、永康、武义、建德、丰安②。由此，在历史文献的记载中首次出现了武义县，倪士毅《浙江古代史》亦采用此记载③。但是，胡阿祥在《六朝疆域与政区研究》中指出，陈朝时东阳郡领九县，即“长山、太末、乌伤、永康、武义、建德、丰安、信安、定阳”④，其统计时间定格在陈祯明二年（588年）年底。据臧励龢的《补陈疆域志》考证，按《明一统志》记载，梁改置金华郡，陈兼置缙州；按《大清一统志》记载，东阳郡于梁末置缙州⑤；据《东阳记》，时间是在陈永定三年，此时改东阳郡置金华郡，设信安郡，两郡统属于晋州。胡氏称陈朝时的婺州为“东阳郡”，失考，而且将信安、定阳划入东阳郡，自然有误。但抛开这一点，其史料来源于臧励龢《补陈疆域志》是没有问题的。据此，我们找到了武义县作为单独的县名出现的确凿史料，因而可以断定陈朝时有武义县的设置。

如果说武义县在陈朝时设置成立，按理应在《陈书》中有记载。可因为《陈书》体例中缺志，各地区划设置失于记载，因而也就不会有武义县设置的记载。直至民国年间臧励龢的《补陈疆域志》问世，才弥补了《陈书》的这一缺憾。但遗憾的是《补陈疆域志》记载武义县设置是根据《太平寰宇记》引《东阳记》云“吴赤乌八年，分乌伤永康置”，而笔者查《太平寰宇记》引《东阳记》则云“赤乌八年，分乌伤之上浦置为永康县，属会稽郡，

---

① 倪士毅的《浙江古代史》（第56、57页）和胡阿祥《六朝疆域与政区研究》（增订本）（第444、460、483页）皆持此说。

② 二十五史刊行委员会：《二十五史补编·补陈疆域志》，4447页，北京，中华书局，1998。

③ 倪士毅：《浙江古代史》，58页，杭州，浙江人民出版社，1987。

④ 胡阿祥：《六朝疆域与政区研究（增订本）·陈政区建置表》，494页，北京，学苑出版社，2005。

⑤ 《太平寰宇记》引《东阳记》作“晋州”，故下文皆用“晋州”。

隋平陈废之，唐武德八年又置”①，而《太平寰宇记》中对武义县的记载则如前文所指出的，依据的是《舆地志》的记载，即“赤乌八年，分乌伤永康县置”②，而不是引《东阳记》的记载。由此可见，《补陈疆域志》在引用时脱漏了《太平寰宇记》中的“之上浦置为”这几个字，在句首加了一个“吴”字，句尾加了一个“置”字，将永康县的记载误注成武义县的设置、沿革，这种张冠李戴式的错误造成永康、武义演变记载的混乱，以至于错误地得出武义乃“吴赤乌八年分乌伤永康置”的结论。虽然《补陈疆域志》在引用时出现本不应该出现的讹误，但这并不能说明陈朝时有武义县设置的记载存在错误。

“武义”作为单独的县名，首次出现在《补陈疆域志》中。按这一史料，武义在陈朝时就设县了。如果武义始置县在陈朝，那么必然有确切的设置时间。《补陈疆域志》对金华郡（梁之前称东阳郡）的变迁情况做了列举，如“本吴东阳郡。陈芳绩《历代地理沿革表》：梁大同六年（541年）改金华郡，寻复；《通典》：梁、陈置金华郡；《太平寰宇记》：吴，东阳郡；梁、陈曰“金华”；《大清一统志》：东阳郡，梁末置缙州，陈改置金华郡。诸书建置抵牾莫可详考”，因而最终得出“梁曾改东阳为金华，寻复旧，至陈又改金华也”③ 的结论。而《太平寰宇记》引郑缉之《东阳记》云：“此境为会稽西部，尝置都尉理于此。吴宝鼎元年始分会稽置东阳郡。属扬州。晋、宋、齐皆因之不改。梁武

---

① 乐史：《太平寰宇记·婺州》卷九十七，1952页，北京，中华书局，2007。

② 乐史：《太平寰宇记·婺州》卷九十七，1952页，北京，中华书局，2007。

③ 二十五史刊行委员会：《二十五史补编·补陈疆域志》，4447页，北京，中华书局，1998。洪齮孙在《补梁疆域志》（《二十五史补编》，第4371页）中亦有记载：东阳郡，吴置，梁时尝改名为金华郡。《通典》载：梁、陈置金华郡。《太平寰宇记》载：东阳郡，梁武置金华郡于此。陈芳绩的《历代地理沿革表》载：梁大同六年（541年）改金华郡，寻复。

帝①又置金华郡于此。陈永定三年于此置晋州。寻又改信安县为信安郡。”② 如果说武义县在陈朝时置县，而武义县隶属于金华郡，那么理清金华郡的沿革变迁就成为考证武义县始置时间的关键。

据洪齮孙的《补梁疆域志》记载，东阳郡领十县，即长山、太末、乌伤、永康、信安、吴宁、丰安、定阳、遂昌、建德③，但没有出现武义，因而可以断定梁朝没有设置武义县。根据《补陈疆域志》记载，晋州下设金华郡和信安郡。金华郡，领县七，即长山、太末、乌伤、永康、武义、建德、丰安④，那么最大的可能是武义县在陈设置晋州并在改置金华郡之时始设。而且，当时信安县置郡，领信安、定阳两县，说明此时陈朝对政区做了较大的调整，从部分县中析出另外的县并升格改置部分县为郡。因此，根据《太平寰宇记》引《东阳记》中关于晋州之设的确切时间推断，武义县应该是在陈朝永定三年设晋州时始置。即使不是在永定三年设置，根据《补陈疆域志》的记载，武义县在陈朝永定三年至陈末祯明二年时作为单独的县存在也是毫无疑问的。

《补陈疆域志》成书在《浙江通志》之后，因而其成果不可能被《浙江通志》所采用，而自明清中经民国直至 1990 年十六次⑤武义县志修撰时又失于考证，自然而然地承袭了《浙江通

---

① 梁武帝萧衍分别于 502 年、535 年登帝位，此处虽然记载不明，但“又置”从某种程度上说明是在第二次登帝位之时，据陈芳绩的《历代地理沿革表》记载，应该是指梁大同六年（541 年）改金华郡。

② 乐史：《太平寰宇记·婺州》卷九十七，1948 页，北京，中华书局，2007。

③ 二十五史刊行委员会：《二十五史补编·补梁疆域志》，4371 页，北京，中华书局，1998。

④ 二十五史刊行委员会：《二十五史补编·补陈疆域志》，4447 页，北京，中华书局，1998。

⑤ 据 1990 年版《武义县志·考略·武义县历代修志情况》统计，明代修《武义县志》六次，即正统初年、正统十六年、嘉靖三年、万历十四年、万历十八年、万历三十七年；清代六次，即顺治三年、顺治十一年、康熙十二年、康熙三十七年、嘉庆九年、光绪二十年（《武川备考》）；民国三次，即民国二十年（1931 年）、民国二十六年（1937 年）、民国三十八年（1949 年）；中华人民共和国成立后一次，即 1990 年。

志》的说法，因而使武义县的始置时间千余年来一直处于悬而未决、模糊不清的状态。

综上所论，武义县在南朝陈（559—588 年）时始置，最可能为陈永定三年，隋平陈时（589 年）遂废，而到唐天授二年又置。我们知道，对于地方行政区划建置的考证不仅关涉一方历史，亦是牵涉一朝政治变动的重要关节点，因而其历史意义不容忽视。通过解析历代地理志及学者论著中关于武义县设置莫衷一是的记载和说法，进一步查找史料线索，经过缜密推论，本文使武义始置县时间之谜得到拨云见日，而这一结论亦顺理成章地化解了“吴置说”与“唐置说”之间的争论焦点，找到了出现论点分歧与史料讹误的内在逻辑。总之，本文重新考证了武义县始置时间，并且指出武义县的设置是在陈朝地方行政区划改制的大背景下完成的，大胆提出新论点，以求方家批评指正。

六朝时期长三角地区的经济开发及特点①

六朝时期（东吴、东晋、宋、齐、梁、陈），长三角地区大致相当于当时所谓江东地区，具体指今安徽芜湖以东的长江南岸广大地区，包括今天的江苏省、安徽省的江南部分和浙江省的全境。这一地区，一方面承接了秦汉以来尤其是东汉以来社会经济发展和经济地理、政域地理的开拓业绩，再加上六朝时期为历朝都城所在地，人口的加速集聚和大幅度增加，铁制农具及牛耕技术的广泛推广，水利工程的兴修，总体上开发速度和规模不仅超过历史上的任何时期，同时还超过了同时代的其他地区，为全国经济重心的南移打下了基础，以至于唐代后期至两宋时期，长三角地区成了全国著名的经济区和经济中心。

一、农业的发展

六朝时，由于汉末和西晋永嘉之乱两次大的北民南移，人口快速增加，劳动力不仅得到了较大的充实，还带来了当时北方的先进生产技术，使这一地区的农业及整个区域经济得到了迅速的发展。

---

① 原载《社会科学战线》2005年第6期，与陈剑峰同志合撰。曾收入《新华文摘·论点摘编》2006年第5期、《中国社会科学文摘》2006年第6期、人民大学《复印报刊资料·经济史》2006年第6期。

（一）人口的集聚和增长

东吴时期，长三角地区人口的增长方式主要是北方人民自发流入和通过武力掠夺等。由于东汉末期北方军阀纷争，战乱频繁，黄河流域出现了“千里无人烟”“白骨蔽平原”的惨象。人口大量流失，生产、生存环境进一步恶化。相反，南方相对稳定，从而引发广大北方民众南迁，为本地区的持续开发提供了大量劳动力资源。如建安十八年（213 年），淮南民众因不愿迁淮北，“庐江、九江、蕲春、广陵户十余万，皆东渡江”，“江西遂虚，合肥以南，惟有皖城”。① 其中，许多北方士人就南迁至长三角地区。在孙吴立国之前，就已有许多大姓迁居本地区，他们对孙吴立国起了很大的作用。另外，通过武力掠夺，也获得了大量的劳动力资源。如孙权连续两次西征黄祖，前后掠夺荆州民众数万之多。② 建安十九年（214 年），孙吴又破皖城，将数万人口迁居江东。③ 除了掠夺区外人口充实劳动力外，还驱掠本地山区“山越”人出山，增加劳动力，实行“强者为兵，羸者补户”的政策。“山越”人是古越人后裔，分布在本地区山区等地。④ 自孙策至孙皓约七十年间，东吴先后出兵征伐“山越”。孙吴驱使“山越”人参与屯田，开发荒地，解决了劳动力不足的问题。

东晋南朝时期，伴随本地区的深入开发，劳动力资源需求更加突出，而大量北方移民的涌入填补了这一空缺。可以说，六朝时期长三角地区土地开发的深层动力，主要源自西晋末年以来北方人口南迁带来的充足劳动力及北方农耕技术的大规模传入。从晋怀帝永嘉年（307—312 年）到宋文帝元嘉年（424—453 年），

---

① 陈寿：《三国志》卷四十七《吴书》，1119 页，北京，中华书局，1959。

② 陈寿：《三国志》卷四十七《吴书》，1116—1117 页，北京，中华书局，1959。

③ 陈寿：《三国志》卷四十七《吴书》，1119 页，北京，中华书局，1959。

④ “山越”人是因为居住在浙江山区，所以叫“山越”人。“民多果劲”，“高尚气力”，大多从事农业，而且善于战斗。

共有四次北人南迁高潮，南迁人口约有 90 万人，其中渡江约 50 万人，占长三角地区迁入人口的一半以上。东晋南朝时期，长三角地区的劳动力增幅较大，已由西晋时的 1293417 口增长到 2028377 口。[①] 人口的快速增加，加速了本地区农业的发展、商业的繁荣、经济地理和政域地理的开拓。

（二）水利建设和农业生产的发展

六朝时期，现长三角之浙北地区，尤其是湖州地区的水利建设事业尤为突出。吴兴郡“衿带重山，地多污泽，泉流归集，疏决迟壅，时雨未过，已至漂没。或方春辍耕，或开秋沈稼”[②]。孙吴永安年间（258—263 年），孙休在乌程县北三里（1500 米）迎禧门外筑青塘（梁太守柳恽重浚，又称柳塘）。青塘西至长兴，数十里，遏太湖之水以卫农田，是浙北地区吴兴至长兴的太湖障水堤岸，所谓以绝水势之奔溃，以卫沿堤之良田，以通往来之行旅。由此，太湖东南水患困扰得到缓解，土地得到开发，对浙北地区经济发展起了很重要的作用。赤乌八年（245 年），陈勋率领屯田兵开挖句容中道，不但改善了建康与会稽之间的水运条件，还给两岸地区带来了充足的水源，促进了当地农业的发展。孙皓时，在乌程西筑皋塘，县南筑孙塘。[③] 孙吴时期的青塘、皋塘、孙塘三大水利工程的兴建，对浙北苕溪流域下游地区社会经济的发展起了巨大的推动作用。

两晋南朝时期，本地区水利建设进一步发展。西晋永嘉乱后，中原士人大量南迁，掀起了大规模的水利兴建。东晋水利建设业绩尤为突出。东晋咸和年间（326—334 年），郄鉴在乌程开漕渎、官渎。“漕渎在府州治南，晋咸和中都督郄鉴开。”[④] “官

---

① 秦冬梅：《六朝时期江东农业开发述略》，载《古今农业》，1998（3），1—9 页。

② 沈约：《宋书》卷九十九《二凶传》，2435 页，北京，中华书局，1974。

③ 谈钥：《嘉泰吴兴志》卷十九《塘》，825 页，台北，成文出版社，1984。

④ 谈钥：《嘉泰吴兴志》卷五《河渎》，133 页，台北，成文出版社，1984。

渎在乌程县西二十七里，晋咸和中都督郄鉴开。”① 东晋时，殷康任吴兴太守，在吴兴开筑荻塘。荻塘“连袤东北，出迎春门外百余里。今在城者谓之横塘，城外谓之官塘。晋太守殷康所筑，围千余顷。”荻塘引余不溪、苕溪之水，自乌程县东“合流而东过旧馆，至南浔镇，入江南界，又东经震泽、平望二镇，与嘉兴之运河合”。后吴兴太守沈嘉重修荻塘，人获其利，改名为吴兴塘，灌田二千余顷。② 此外，东晋咸安年间（371—372 年），吴兴太守谢安在城西四里（2000 米）开谢塘，在长兴南筑官塘，后人称谢公塘。③ 在修筑荻塘的同时，已开始拓疏太湖溇港，向太湖排泄。

六朝时期，长三角其他地区的水利事业虽不能和浙北湖州地区相比，但也有较快的发展。

相对落后的皖南等地区，尤其是傍江沿岸地区，河湖较多。大规模开垦农田，水利兴修是关键。综合文献记载，三国时，孙吴招徕流民十余万人，其中有不少被安置在丹阳湖附近的沼泽地上，参加围湖造田。西晋末年，陈敏修筑练塘，灌田数百顷，④ 而且平原地区的开发已向低洼地拓展。东晋大兴四年（321 年）修筑了新丰塘，灌田八百顷。南朝梁期间，建有“当涂堰”等。⑤ 皖南内地山区，地势高亢，当地民众因地制宜，修筑“土堨”，这是皖南山区一种较为普遍的水利工程。水利工程的建设，扩大了农田的灌溉范围，调节了水量的季节变化，为发展山区农业提供了保证，有力地促进了该地区社会经济发展。

在今浙东宁绍平原地区，兴修水利也普遍得到重视，收到了

---

① 谈钥：《嘉泰吴兴志》卷五《河渎》，133 页，台北，成文出版社，1984。

② 谈钥：《嘉泰吴兴志》卷十九《塘》，821—823 页，台北，成文出版社，1984。

③ 谈钥：《嘉泰吴兴志》卷十九《塘》，823 页，台北，成文出版社，1984。

④ 李吉甫：《元和郡县图志》卷二十五《润州丹阳县》，592 页，北京，中华书局，1983。

⑤ 姚思廉：《梁书》卷四十一《萧治传》，589 页，北京，中华书局，1973。

显著的效果。晋孔愉曾修复会稽句章县汉旧堰，“溉田二百余顷，皆成良业”。宋孔灵苻为会稽太守，上书迁山阴县“无赀之家于余姚、鄞、鄮三县界，垦起湖田”①。当时，会稽郡“带海傍湖，良畴亦数十万顷”②，水利灌溉事业已很发达。到南齐时，兴修水利被广泛重视。尤其是从孙权赤乌八年）开始开凿人工运河——破岗渎，大大缩短了会稽至京城建康的行程，极大地便利了与建康之间的交通往来，具有非常重要的经济意义。

在浙南地区，农田水利事业也有很好的开展和突破。丽水城西南的通济堰，是浙江省历史悠久的水利工程，也是浙西南最大的水利工程，人称浙江的都江堰。该工程建于南朝梁武帝天监四年（505年），由詹、南二司马创建。通济堰“灌田二十万亩。又蓄为陂湖，以备旱涝，自宋至元、明皆修葺之”③。它不仅对丽水碧湖平原的农业生产起着重要的灌溉作用，还是研究我国古代水利的重要参考对象。

由于大兴水利，土地得以大量开辟，特别是平原沼泽湖田和山区河谷的开垦，使耕地面积大大增加，农业生产取得长足发展。六朝时期，长三角地区的农业已逐渐赶上了黄河流域的水平。

二、手工业的兴盛

农业的发展为手工业的发展创造了有利条件，再加上各个历史时期手工业发展的经验和技术积累，六朝时期长三角地区的手工业生产和水平也有了很大提高。

---

① 沈约：《宋书》卷五十四《孔季恭传》，1533页，北京，中华书局，1974。

② 沈约：《宋书》卷五十四《沈昙庆传》，1540页，北京，中华书局，1974。

③ 顾祖禹：《读史方舆纪要》卷九十四《浙江》，3925页，上海，商务印书馆，1937。

（一）葛、麻纺织业

魏文帝曾称赞吴国生产的葛、麻布“江东为葛，宁比罗纨绮”①。据《太平御览》卷八百二十《布帛部七·布》引《魏略》载：“代郡黄布为细，乐浪练为精，太末布为白。”其中，太末（今浙江龙游）属于东阳郡，在六朝统治范围内。可见，六朝时期长三角地区的葛、麻纺织业技术水平之高。

（二）丝织业

东晋南朝时期，长三角地区蚕丝业已相当发达。据山谦之《吴兴记》载，吴郡、吴兴等地山区丘陵一带，普遍种植桑树。东阳、新安、乌伤（今浙江金华）等地山区、丘陵一带也普遍种植桑树。六朝时期，长三角地区的丝织业也有了一定的发展。吴国统治区域的诸暨、永安一带，以出产优质的蚕丝出名，成为宫廷御丝取给之处，即所谓“诸暨、永安出御丝”②。东晋南朝时期，因大量北方移民南迁，对丝织业发展提出了新的要求，不仅中央政府提倡，地方政府也极力推动。同时，这一时期在养蚕技术方面也有了很大进步。浙江永嘉（今浙江温州）地区的八辈蚕③经过低温催青能控制其孵化时间。蚕丝业成为民间普遍的家庭副业，为唐宋长三角地区的丝织业发展打下了基础。另外，马均发明的先进的纺织工具“绫机”也已经传入。这一切都有力地促进了本地区丝织业的发展。

---

① 李昉：《太平御览》卷八百一十六《布帛部三·罗》，3627页，北京，中华书局，1960。

② 李昉：《太平御览》卷八百一十四《布帛部一·丝》，3617页，北京，中华书局，1960。

③ 据郑缉之《永嘉郡记》载，八辈蚕就是一年内饲养八批蚕。北魏贾思勰的《齐民要术》中有一节专论“种桑柘”。他写道：“永嘉有八辈蚕：蚖珍蚕（三月绩）、柘蚕（四月初绩）、蚖蚕（四月初绩）、爱珍（五月绩）、爱蚕（六月末绩）、寒珍（七月末绩）、四出蚕（九月初绩）、寒蚕（十月绩）。”

（三）制瓷业

六朝时期，长三角地区制瓷业发展水平也较高，而且分布已相当广泛。长三角浙江地区是我国瓷器生产最重要的发源地区和主要产区之一，境内的早期越窑、瓯窑、婺州窑、德清窑等都是具有独特风格的制瓷中心。如越窑的主要产区是今浙江上虞、余姚、绍兴一带。[①] 据统计，仅上虞一地，孙吴时期的瓷窑已发现的就有 30 多处，比东汉时期同一地区存在的窑场多四至五倍。两晋时期，这一地区的窑场更多达六十余处。六朝时期，长三角地区质量较高的瓷窑遍布浙江、苏南各地，瓷业制作工艺精湛，为其进入流通领域、商品化打下了基础。

（四）制纸业

西汉时虽已发明制纸和用纸，但是因质量差、产量低，使用并不普遍。但到了两晋时，长三角地区情况已全面改观，出现了不少制纸基地。在今浙江地区，会稽有麻纸的生产，剡县剡溪（今浙江嵊州曹娥江上游）有较大的滕皮纸生产作坊，纸产量十分可观。

（五）产茶业

魏晋南朝时期，长三角地区许多地方产茶，尤其是浙江地区和皖南地区，是产茶业的最主要基地之一，浙北湖州地区尤其著名。

（六）制盐业

我国的海盐生产在春秋时就已达到相当规模。东晋以后，浙

---

① “越窑”之名称从史料看最早出现于唐代，但是在绍兴、上虞等地出土的早期瓷制品与唐宋以来的越窑产品因为属同一连贯的越窑体系，所以习惯上将其也称“越窑”。

江地区盐业生产更见发达。如在浙江海盐一带，海滨广斥，盐田相望。吴煮海为盐，即盐官县境也”①。此时，海盐地名亦已改称为盐官。盐场产量巨大，政府日益重视盐税征收。海盐远销各地，丰富了商贸活动的内涵。

（七）矿冶业

这一时期该地区的矿冶业也是很有特色的。政府设有专门官吏进行管理，冶铸技术中水排鼓风应用已很普遍。会稽盛产铜、铁，是当时冶炼技术出名的地区。会稽所属的剡县（今浙江嵊州）三白山是南朝声名远扬的制造兵器的冶炼所。

三、城市和商贸的发展

六朝时期的长三角地区伴随着水利交通事业的发展及农业经济、手工业的快速发展，城市化发展态势也由以前的迟滞状态逐步呈现加速发展的趋势。城市化的主要动因源自州、郡、县的大量新增，需设立治所，从而形成城市；水上通道的开设和迅速发展，在一些关津、渡口、码头等形成的商业交易场所，也向商业性城市发展。

六朝时期，建康（今江苏南京）凭据其政治中心的优势及三吴地区发达的腹地经济基础，成为长三角地区最主要的商业大都会和中心城市。长三角地区尤其是苏南地区、浙东地区和浙北地区，城市化发展水平已达到较高的水平。其他如“宣城（今在安徽省境内）、毗陵（今江苏常州）、吴郡（今江苏苏州）、会稽（今浙江绍兴）、余杭（今浙江杭州）、东阳（今浙江金华），其俗亦同，然数郡川泽沃野，有海陆之饶，珍异所聚，故商贾并凑”②。三吴地区的京口、广陵、宣城、毗陵、乌程、山阴、余

① 徐坚：《初学记》卷八《江南道十》，187页，北京，中华书局，1962。

② 魏徵等：《隋书》卷三十一《地理下》，887页，北京，中华书局，1973。

杭、东阳等地，都是该区域内的重要城市。东晋时，长三角地区的浙江境内又增设了永嘉郡，下设永宁、安固、横阳、松阳四县，① 还在同年修建郡城。城垣请郭璞规划设计，郡城形状如北斗，又称“斗城”。可见六朝时期长三角地区城市经济已有了较好的发展，已基本形成了以建康为中心的相对独立的经济区和城市经济圈雏形，初步构成了城市网络和奠定了现今长三角城市经济圈的基本格局。

六朝时期，长三角地区贸易非常发达。从贸易主体来看，可分为民间经商贸易、官僚经商贸易和地主经商贸易，甚至还有寺院经商贸易；从交易范围来看，可分为区内城乡贸易、城际贸易、区际长距离贸易和海外贸易等。

所谓民间商贸，是指小商贩即行商的商品贩卖活动。有许多史实对此进行了记载，如晋宋时郭世道云：“家贫无产业……与人共于山阴市货物。”② 其子郭原平，除生产木器产品外，还以种瓜为业，经常于市邑出卖自己生产的产品。史载：“以种瓜为业，世祖大明七年（463 年）大旱，瓜渎不复通船……乃步从他道，往钱唐货卖。”③ 他们自己生产产品，自己出售，既是商品生产者，又是商品经营者。可见，六朝时期长三角地区的个体农民和手工业者经商普遍，民间商业已有一定的发展，甚至还有民间私下进行海外贸易的活动。当时，长三角地区外贸港口主要是宁波、温州等。据《晋书·林邑传》等记载，海外贸易主要以官府间的“朝贡”贸易为主，但民间贸易也呈现不断扩展的趋势。出口商品主要是土特产、丝绸、纺织品、瓷器、茶叶、药材、铁器、手工艺品等，进口商品主要是金、银、珍珠、犀角、象牙、珊瑚、翡翠、玳瑁、香料、玻璃、铜器等。

六朝时期，除大量民间商业贸易外，官僚地主利用特权经商

---

① 房玄龄等：《晋书》卷十五《地理下》，257 页，长春，吉林出版社，1995。又一说为永嘉郡领县五：永宁、安固、松阳、乐成、横阳。

② 沈约：《宋书》卷九十一《郭世道传》，2243 页，北京，中华书局，1974。

③ 沈约：《宋书》卷九十一《郭世道传》，2245 页，北京，中华书局，1974。

之风也很盛行，这也是六朝时期经济发展史的一个重要标志。官僚经商之风逐渐盛行，始于三国时。其中，浙江地区的会稽郡，商品经济最为发达，官僚经商活动也格外活跃。如经营邸舍，以之作为旅馆，或出租牟利，或作为仓储以聚集及批发货物。会稽郡邸舍之多，令人咂舌，所谓“王公妃主，邸舍相望，扰乱所在，尤为民患”①。拥有“邸舍”就意味着拥有土地房产，同时又用其作为资本经商并兼营高利贷，是典型的官僚经商之例。官僚地主经商的目的是为了攫取更多的财富和暴利，但客观上也对当时商业发展起了推波助澜的作用。

由于产品在长三角内外不同地区种植结构的差异及城市化发展所带来的产品需求空间的扩大，在平原和山区之间、城乡之间存在着较大的价格差异和赢利空间，经济利益的驱动推动了商品贸易的发展。

四、经济开发的特点

六朝时期，长三角地区社会经济发展与前相比，总体水平有了显著提高，其发展的基本特点可主要概括为如下五个方面：

（一）发展快，但区域内部发展仍不平衡

六朝时期的长三角地区，就整体情况而言，比秦汉时期有了很大的发展和进步，但地区内社会经济发展不平衡的趋势并没改变，相反还进一步扩大了。尤其是苏南、浙北和浙东平原地区，无论是经济发展水平和速度，还是城市化水平，都远远高于其他地区。如浙北湖州地区，无论从农田水利建设、农业、手工业发展，还是从商业发展、城市化水平和政域地理开拓来看，在同期的长三角地区开发中，均处于突出的位置。长三角地区中心部分

① 李延寿：《南史》卷二十九《蔡兴宗传》，440页，长春，吉林出版社，1995。

太湖流域的东、西两个中心城市——吴兴郡治乌程（湖州）和吴郡郡治吴城（苏州），这是长三角地区区域开发、发展的重要标志事件，为长三角地区的深入开发增加了新的“增长极”，使长三角地区发展的空间格局日趋合理，长三角内部各区域基本上形成了自身的区域性“极化”中心。

（二）农田水利和交通运输条件显著改善，在区域经济开发中作用突出

六朝时期，长三角地区经济的迅速发展与水运交通的不断完善密切相关。同时，水利建设也有着突出的地位，不仅表现在灌溉水网的日趋完善，对长三角经济区的整体发展来说，更重要的是浙北湖州地区荻塘、浙东平原破岗渎开凿和浙东运河修通，对促进长三角内部各地社会经济的发展，尤其是加强区域内部之间的社会经济联系有着极其重要的意义。荻塘开凿，第一次以水路把浙北苕溪流域纳入太湖流域经济圈，并且经江南古运河，使浙北湖州地区与镇江、丹阳、常州、无锡、苏州、平望、嘉兴连为一体，沟通苕溪流域与太湖流域东部平原的经济文化交往，加速了浙北地区包括现嘉兴地区在内的开发进程；浙东运河开凿，沟通姚江、甬江、钱清江、曹娥江等几条主要河流的运输通道；而孙吴立国后于赤乌八年始开凿的人工运河破岗渎，自（句容）小其（今江苏江宁）至云阳（今江苏丹阳），通会（稽）市，大大缩短了会稽至京城建康的行程，极大地便利了两地间的交通往来，是沟通整个浙东地区及太湖流域的重要通道，也是隋代江南运河的前身。

（三）城市经济发展迅速，在区域经济开发中的扩散、带动作用明显

城市经济发展和商业繁荣中值得注意的是长三角地区城市间经济联系的加强，以及由此引发的地区市场的逐渐形成。引发六朝时期长三角地区开发热潮的主要因素是有了新的政治中心和城

市网络。城市群的崛起、城市经济的发展和商业的繁荣，以及随之而来的城际贸易发展和联系加强，已成为长三角地区区域经济开发和经济联系加强的凝聚源。

（四）制度和政策在六朝时期长三角地区区域经济开发中意义重大

六朝时期的统治者比之以往历朝的统治者更重视江南经济的发展，其政策的支持和鼓励对长三角地区的经济发展客观上起到了很好的推动作用，政府在区域经济开发中的作用得到了显现。秦汉时期，由于政治地理相对边缘化等，统治者不够重视或忽略江南的开发。自孙吴立国江东始，长三角地区及广大长江以南地区进入了较快的开发期，其中长三角地区作为腹心地区，开发和发展速度尤快。一方面是制度推动，主要表现为设立侨州郡和推行土断法等。这些制度的推行，使地方行政划一，消除了北来侨民与南方人民的待遇差别，调动了当地民众的开发积极性，并且增加了国家财政收入。另一方面是政策和措施的带动。自东吴始，随着区域性政治中心的建立，必然要求营造与之相适应的区域性经济基础，随之各种积极政策和措施相继出台，有力地促进了腹地长三角地区等的经济开发。

（五）商业贸易的繁盛是推动六朝时期长三角地区经济开发和发展的又一个重要动因

六朝时期，商人队伍结构发生了重大变化，从秦汉时的单一商人社会阶层结构发展为官僚、地主、商人三位一体的复合结构，甚至寺院也参与经商，商人队伍开始复杂化。兴盛的民间商人资本、强劲的官僚商业资本和大地主、寺院资本投入商品流通市场，基本完成了社会对商业的整合，使六朝时期长三角地区的经济发展尤其是商品经济发展有了一个畅通的渠道，产品与市场之间有了很好的链接，极大地推动了城乡经济的联动发展、区内经济的协调发展和区际贸易的兴盛，使手工产品、农产品商品化、市场化程度大大加深，促进了农村经济的发展、城市经济繁荣和商业的兴盛，加强了区域内各地社会经济的联系，对整个区域经济开发水平提升起到了很好的促进作用。

总的说来，六朝时期长三角地区的经济开发在承接东汉良好发展势头的基础上，又有了长足发展。它为唐宋时期全国经济重心的逐渐南移打好了基础。经唐、五代的发展，长三角地区腹地以太湖流域为中心的环太湖经济区形成，封建经济重心开始南移。这是长三角地区开发进程中的一个重要转折，不仅为两宋时期的深入发展奠定了基础，也开启了以环太湖流域为中心的长三角地区区域社会经济一体化发展的新的历史进程。

认识和探索长三角地区经济开发的历史轨迹，把握长三角地区区域经济圈形成的历史规律，有三个方面特别值得关注：首先，区域经济发展必须重视“增长极”问题。六朝时期及以后长三角地区经济开发史表明，城市化是引领区域经济发展的重要“增长极”，繁荣市场、发展贸易是区域经济一体化、区域经济发展力不断提升的动力源。其次，制度、政策在区域经济发展中扮演着至关重要的角色，有时往往起着关键性的作用，有着极其重要的地位。只有创新制度、创新政策，才能更好引领区域经济发展，为区域经济发展提供强劲动力。最后，开放是区域经济发展的必要条件。既要注重发展区域内部的贸易，加强区域内部的经济联系和交往，更要大力发展区际贸易、对外贸易，增强区域经济发展的活力，进一步开拓区域经济发展的广阔空间。

佛教的儒家化与和尚娶妻①

和尚，是佛教名词，又名僧，在中国则常用来称呼佛教的僧侣，是指出家修行的男佛教徒。欲成佛，起码必须遵守佛教的清规戒律。佛教的清规戒律很多，有二百五十条戒相、三百四十八条戒相，但最重要的是四重戒，即戒淫、戒杀、戒盗、戒妄，其余一切戒相都是从四重戒派生出来的。四重戒中的戒淫又最为关键。因此，欲出家，首先必须戒淫，而且不能结婚。僧尼不娶妻结婚是天经地义、人所共知的事情。但是，历史发展到了宋代，出现了怪现象——和尚娶妻。

关于宋代和尚娶妻，史书记载极少，现将我们所见到的主要资料摘要如下："广南风俗，市井坐估，多僧人为之，率皆致富。又例有室家，故其妇女多嫁于僧。"② "岭南僧婚嫁悉同常俗。"③ "邕、容、桂、广，诸州"，有"僧置妻孥等事"。④ "诸僧道辄娶妻并嫁之者，各以奸论，加一等，送五百里编管，其本师寺观主首及同居尊长知而听之者，各杖一百，厢耆邻保知而不举者，杖

① 原载《晋阳学刊》1992年第4期，与季必平同志合撰。

② 庄绰：《鸡肋编》卷上，36页，北京，中华书局，1983。庄绰：《鸡肋编》卷中，65页，北京，中华书局，1983。

③ 蔡绦：《铁围山丛谈》卷五，93页，北京，中华书局，1983。

④ 司义祖：《宋大诏令集》卷一百九十八，733页，北京，中华书局，1962。

八十，不减二等。"① 从这些散见于笔记、条例中的零星记载，可以证明宋代存在和尚娶妻这一事实，尤其在岭南地区较为盛行。为什么在宋代尤其岭南地区较为盛行和尚娶妻这一奇特现象呢？一般世俗女子又为什么敢担"恶名"，遭受社会舆论强烈谴责的风险，嫁给和尚呢？

佛教产生于印度，两汉之际传入中国。对中国来说，佛教是一种外来文化，它的"出世"哲学与中国传统儒家思想（特别是伦理原则）和民族心理是格格不入的。因此，佛教要想在中国生根、发展，必须儒家化、世俗化，即中国化。初传入中国的佛教开始时是依附于传统文化的道术，后来与魏晋玄学合流，至南北朝才走上独立发展的道路。随着佛教势力的发展、壮大，外来文化与本土文化的矛盾冲突日益明显。这种文化冲突早在魏晋南北朝就时有发生（夷夏的区别和佛道的先后等）。到隋唐，这种文化冲突显得更为激烈、尖锐，达到了势不两立的程度。

隋唐佛教是中国佛教发展史上的黄金时代。无论是教派的众多、教团势力的壮大，还是寺院经济的发达、佛教艺术的繁荣，在中国历史上都是无与伦比的。但是，佛教势力的壮大与封建国家政府、儒家传统思想的矛盾日益激化。如佛教认为沙门可以不敬王，也没有孝敬父母的义务，这对儒家正统的伦理道德来说，是不忠不孝，是无法忍受的。为了捍卫儒家思想，必须对佛教加以挞伐。唐初首先起来反佛的健将是傅奕。他大骂佛教僧侣"不忠不孝"，"逾城出家，逃背其父，以匹夫而抗天子，以继体而悖所亲"②，并且指责佛教徒"窃人主之权，擅造化之力，其为害政，良可悲矣"③，请求朝廷让"胡佛邪教，退还天竺，凡是沙

---

① 薛允升等：《唐明律合编》卷五十一《庆元条法事类》，385页，北京，中国书店，1990。

② 刘昫：《旧唐书》卷七十九《傅奕传》，2716页，北京，中华书局，1975。

③ 刘昫：《旧唐书》卷七十九《傅奕传》，2715页，北京，中华书局，1975。

门，放归桑梓”。“勿度小秃，长揖国家。”① 唐朝另一反佛猛将是韩愈。他指出：“夫佛本夷狄之人，与中国言语不通，衣服殊制，口不言先王之法言，身不服先王之法服，不知君臣之义，父子之情。”② 在其著名的论文《原道》里，指责佛教徒“弃而君臣，去而父子，禁而相生相养之道，以求其所谓清净寂灭者”，结果是“灭其天常，子焉而不父其父，臣焉而不君其君，民焉而不事其事”。③ 傅奕、韩愈等人的反佛，主要是从夷夏之辨、忠孝原则、国家利益出发的。他们反佛的理论指导是儒家思想，反佛的重要原因是佛教“出世”哲学与儒家“入世”哲学的矛盾、对抗。高宗曾颁布诏令说：“僧尼之徒，自云离俗，先自尊高，父母之亲，人伦以极，整容端坐，受其礼拜，自余尊属，莫不皆然，有伤名教。”④ 规定今后僧尼不得受父母及尊长礼拜，儒佛矛盾之尖锐可见一斑。北宋以儒家正统自居的王禹偁在《应诏言事疏》中主张“沙汰僧尼，使疲民无耗”，更是具有反佛的积极意义。他认为汉以后佛教传入中国，寺庙兴建，僧尼大增，而僧尼“不蚕而衣，不耕而食”，纯粹是消耗者。“假使天下有僧万人，每日食米一升，岁用绢一匹，是至俭也，而月有三千斛之费，岁有一万匹之耗，何况五七万辈哉！”至于那些“富僧巨髡穷极口腹”，他们“一斋之食，一袭之衣，贫民百家未能供给，此（辈）既不能治民，又不能力战，不造器用，不通货财，而高堂邃宇丰衣饱食而已”。所以，王禹偁大声疾呼：“国家度人众矣，造寺多矣，计其费耗，何啻亿万。”加上“先朝不豫，舍施又多，佛若有灵，岂不蒙福？事佛无效，断可知矣”！王禹偁强

① 释道宣：《广弘明集》卷十一《箴傅奕上废省佛僧表》，531页，上海，上海书店出版社，1989。

② 韩愈：《昌黎先生文集》卷三十九《论佛骨表》，833页，上海，上海古籍出版社，1994。

③ 韩愈：《昌黎先生文集》卷十一《原道》，285页，上海，上海古籍出版社，1994。

④ 王溥：《唐会要》卷四十七《议释教上》，836页，北京，中华书局，1955。

调应迅速采取断然措施，僧尼“亟宜沙汰，以厚生民”，是拯救时弊之大事。“沙汰僧尼，使疲民无耗”的改革主张，不仅反映了王禹偁减少国家财政开支、关心百姓疾苦的改革精神，还充分说明王禹偁不信神佛道释和因果报应的唯物史观。李觏也是一个无神论者。他对佛道二教更是大张挞伐，极力排斥。北宋在宋真宗的倡导下，更是山林遍布寺观，僧尼充斥天下。李觏尖锐地指出，崇信佛道有“十害”，排除则有“十利”。他认为排除佛道是使人民乐业、国家富强的“万世之策”，并且提出“止度人而禁寺观”的主张，表现了朴素唯物主义的战斗精神。

佛教在儒家思想和世俗观念的猛烈冲击下，为了能在中国发展壮大，不得不改弦更张，使之尽量适合中国封建士大夫的口味和要求。在这种客观要求的形势下，佛教的一个新宗派——禅宗应运而生。据传禅宗是由南印度僧人达摩在北魏时创立的。不过，此时的“禅宗”与中唐以后的“禅宗”根本不同。唐朝武则天时，禅宗分为南北两派，北派以神秀为代表，称“渐教”；南派以惠能为代表，称“顿教”。北派主要在北方发展，南派主要在岭南发展。到晚唐，南派终于战胜北派，取代了佛教的其他教派，垄断了中国佛坛。

原始的佛教认为，凡夫成佛，到达极乐世界，享尽荣华富贵，是极其艰难的，必须通过长期苦修，排除杂念，才能渐悟成佛，而且不一定能成佛。以惠能为代表的南派禅宗主张心即佛，佛在心内，不在心外，菩提只向心觅，何劳向外求玄。进入佛国的门票、路程、方法，极为便宜、捷近、简单。惠能说：心平何劳持戒，行直何用修禅。即不用静坐，不用遵守清规戒律。他甚至还说：“若欲修行，在家亦得，不由在寺。”① 只要自悟、平心、净心，没有必要经过旷日持久的苦修，一旦醒悟，刹那间即可成佛，到达彼岸。禅宗这种由“众生”到“佛”、由“此岸”

① 惠能著，徐文明注译：《六祖坛经·释功德净土第二》，37页，郑州，中州古籍出版社，2004。

至“彼岸”的关键只是一念之差，而不要“持戒”“修禅”“出家”的顿教非常适合中国人（不管是劳动大众，还是封建士大夫）的口味。

惠能涅槃后，禅宗在法达、志诚等十大弟子的弘扬下，进入离奇古怪、荒诞不经的境界。对佛教自身来说，甚至到了反常规、反理性的地步，这就更加世俗化。这样，佛教就比较容易被儒家传统思想所接受、容纳。惠能六世法孙宣鉴曾大骂佛祖。① 这种和尚痛骂、诅咒佛祖的现象在晚唐屡屡可见。如惠能六世法孙义玄就主张“向里向外，逢者便杀，逢佛杀佛，逢祖杀祖，逢罗汉杀罗汉”，只有这样才“始得解脱，不与物拘，透脱自在”。② 由于佛教戒律束缚了僧侣们的自由，加上儒家传统思想的冲击、世俗生活的影响，致使他们对佛极表憎恨，也敢于憎恨。放弃“选官”而“选佛”的天然和尚就说：“佛之一字，永不喜闻。”③ 他还烧佛像来取暖。智闲也发誓说：“此生不学佛法也。”④ 晚唐佛的威信，在禅僧眼里真是一落千丈。但是，他们还不敢公然娶妻纳妾。

五代十国时期，北方烽烟四起，战争连年不断，社会动荡不安，封建政府对佛教采取严格的限制政策；而南方则战争较少，各国相对安定，社会经济得到一定的发展，各国帝王热心佛教。如南汉王刘鋹在广州建立的千佛铁塔，至今仍然存在。又如吴越国为了巩固统治，大力提倡佛教以麻醉人民，因此佛教特别盛行。吴越国时，杭州创建或扩建的寺庙日增月益，不可计数。事实充分说明，南北方的佛教（主要是指禅宗），北方是维持，南

---

① 普济：《五灯会元》卷七《德山宣鉴禅师》，372 页，北京，中华书局，1984。

② 赜藏：《古尊宿语录》卷四《镇州临济慧照禅师语录》，45 页，上海，上海古籍出版社，1991。

③ 道原：《景德传灯录》卷十四《邓州丹霞天然禅师》，261 页，成都，成都古籍书店，2000。

④ 道原：《景德传灯录》卷十一《邓州香严寺智闲禅师》，189 页，成都，成都古籍书店，2000。

方则是大发展。这一时期的禅宗除了继续肆无忌惮地骂祖呵佛外，还热衷于政治，积极攀附权贵，世俗味道更浓了。禅宗之一的云门宗开山祖文偃临死前，考虑的不是怎样弘扬佛法，而是念念不忘对皇帝的奉承及山门庄业的发达，没有一点出世脱俗的味道。另一禅宗支派沩仰宗推行的“家风”，是“父慈子孝，上令下从”①。这种家风与儒家思想还有什么两样？五代十国时期，禅宗儒家化已很深了。

到了宋代，在禅僧的心目中，皇帝成了“佛”，而且已经超越了“观音菩萨”，说明世俗势力完全战胜了宗教势力，皇权绝对压倒教权。宋代皇帝一般对佛教采取宽容和扶植政策，使宗教势力为巩固赵宋皇朝统治服务，令禅宗有了一定的发展。

宋代禅宗的世俗化、儒家化与前代相比，显得更为深化、突出。杨岐派的禅僧方会在“升座拈香”时，第一是“祝延今上皇帝圣寿无穷”，第二是“奉为知府龙图，驾部诸官，伏愿常居禄位”，第三才“奉酧石霜山慈明禅师法乳之恩”。② 皇帝、官僚比自己的恩师更为重要，“世法”比“佛法”更有魔力。宋哲宗生日时，法演上堂不说佛事，规定只能高呼“皇帝万岁！皇帝万岁”；③ 甚至在端午节上堂时，也闭口不谈佛事，只说“一要今上皇帝，太皇太后，圣躬万岁；二要合朝卿相，文武百官，州县采寮，常居禄位；三要万民乐业，雨顺风调”④。更有甚者，在“升座拈香”时，有只对皇帝、大臣祝贺而不管佛祖的，充分反映了禅僧们受世俗观念的影响是何等之深刻。

宋代禅宗在发展过程中，也曾遭到抵制。但是，宋代禅僧对

---

① ［日］小野玄妙等：《人天眼目》卷四，《大正新修大藏经》第 48 册诸宗部五，323 页，台北，佛陀教育基金会，1934。

② 赜藏主：《古尊宿语录》卷十九《杨岐会语录》，222 页，上海，上海古籍出版社，1991。

③ 赜藏主：《古尊宿语录》卷二十二《黄梅东山演和尚语录》，259 页，上海，上海古籍出版社，1991。

④ 赜藏主：《古尊宿语录》卷二十一《舒州白云山海会演和尚语录》，254 页，上海，上海古籍出版社，1991。

于排佛不采取对抗的态度，而是采取调和的态度，主张儒佛一致。宋代著名禅僧契嵩就把佛教的“五戒”与儒家的“五常”相提并论：“夫不杀，仁也；不盗，义也；不邪淫，礼也；不饮酒，智也；不妄言，信也”；“吾之喜儒也，盖取其于吾道有所合而为之耳”。[①] 契嵩在《辅教编》里对儒家提倡的“孝道”“中庸”推崇备至，提高到无以复加的高度。宋代另一禅僧智圆对儒学也看得很重，认为“非仲尼之教，则国无以治，家无以宁，身无以安”，主张“修身以儒，治心以释”，[②] 把儒佛融为一体，宋代禅宗儒家化进一步加深。

宋代禅宗儒家化程度的加深，也可从儒学家对禅宗采取调和、肯定、赞赏的态度，以及愿意与禅僧交往中得到证明。儒学家们在宋代禅僧三教一致思想的影响下，也有主张三教调和的，如张商英的《护法论》、刘谧的《三教平心论》、宋孝宗的《原道论》等，都主张三教调和。儒学家们不仅主张三教调和，还对宋代禅宗极表赞赏。二程说：“佛、老，其言近理。”[③] 有一次，程颐到一个寺院游览，正好碰上和尚们吃午饭，看到和尚们吃饭时的那种谦让礼节，竟然感慨地说：“三代威仪，尽在是矣。”[④] 当有人问：“佛当敬否?”他毫不犹豫地回答：“佛亦是胡人之贤智者，安可慢也?”[⑤] 理学集大成者朱熹称誉禅宗：“其克己，往往吾儒之所不及。”[⑥] 他同时指出：“今之不为禅学者，只是未曾到

---

① 契嵩：《镡津文集》卷八《寂子解》，326页，上海，商务印书馆，1936。

② 石峻等：《中国佛教思想资料选编》第3卷第1册，125页，北京，中华书局，1987。

③ 程颢，程颐：《二程集》第一册卷十三《河南程氏遗书》，138页，北京，中华书局，1931。

④ 程颢，程颐：《二程集》第二册卷十二《河南程氏外书》，443页，北京，中华书局，1931。

⑤ 程颢，程颐：《二程集》第一册卷十八《河南程氏遗书》，216页，北京，中华书局，1931。

⑥ 黎靖德：《朱子语类》卷第四十一《论语二十三·颜渊篇上》，1048页，北京，中华书局，1986。

那深处，才到那深处，定走入禅去也。”① 这也充分说明了宋代禅宗儒家化的程度。否则，理学家们就不可能对禅宗如此赞赏、推崇。由于宋代禅僧有丰富的学识、优雅的风度，使得许多名流学士都乐意与之交游，甚至信佛。苏东坡曾说：“吴、越多名僧，与予善者常十九。”② 禅宗的世俗化、儒家化，意味着佛教戒律松动，成佛由烦琐、艰涩变为简单、易懂。儒家传统思想和世俗观念都强调、推崇“孝”。不孝有三，无后为大。宋代禅宗极力赞誉推崇儒家的“孝道”，促进了宋代和尚娶妻。

为什么世俗女子敢于冒着被人耻笑的风险公然嫁给和尚呢？原因在于这广南风俗，市井坐估，多僧人为之，率皆致富。又例有室家，故其妇女多嫁于僧。也就是说，世俗女子之所以嫁给和尚，主要的原因是和尚大多很富裕。宋代的寺院不仅拥有大量的田园、山林，经营商业、手工业，发放高利贷，还享有免除赋税徭役的特权。如南宋两浙路吴兴城南的千金无为寺，就“有房居僧几二百人，良田千余顷”③。总之，和尚娶妻这一奇特现象最早可能始于五代，但兴于宋代是毋庸置疑的。宋代和尚娶妻主要流行于岭南地区，但有全国化的趋势。之所以如此，与宋代禅宗完全世俗化、儒家化有极大的关系。

---

① 黎靖德：《朱子语类》卷第十八《大学五·或问下》，415页，北京，中华书局，1986。

② 苏轼：《东坡志林》卷二《付僧惠诚游吴中代书十二》，《唐宋史料笔记丛刊》，41页，北京，中华书局，1981。

③ 佚名：《鬼董》卷三，见《丛书集成初编》，68页，北京，中华书局，1991。

论 钱 镠[①]

一

钱镠，字具美（852—932年），杭州临安人，出身于贫贱家庭，世代以务农为业。他所处的时代，正是唐末至五代十国兵燹战伐的动乱时期，各地藩镇纷纷独立，割据一方，称王建国。钱镠因参加镇压和阻击浙江的黄巢起义军有功，得到了唐朝统治者的赏识而擢迁为杭州刺史、镇海军节度使，从此开始掌控军事实权。以后在军阀的纷争中，他又先后诛灭了浙东观察使刘汉宏、威胜军节度使董昌，实力更加雄厚，先后被封为镇海、镇东两军节度使及越王、吴王。梁龙德三年（923年），他被封为吴越国王，据有两浙十三州一军之地（今浙江全部，江苏苏州、福建福州一带），建都杭州，号称吴越国。

钱镠建立吴越国以后，为了使百姓安居乐业，巩固政治地位，他把发展经济放在首位，同时在政治上实行了保境安民、网罗人才等措施。在他统治的数十年中，吴越各方面都取得了显著的成绩。这些成就的取得，固然主要是因为广大劳动人民的辛勤劳动，但与钱镠所推行的一系列政策、措施是分不开的。

---

① 原载《杭州大学学报》1981年第11卷第3期，与倪士毅先生合撰。

二

（一）兴筑海塘　治理潮患

吴越国在钱镠统治时期，钱塘江潮水成患，严重地威胁着人民的身家生计，阻碍着吴越国农业生产的发展，影响了政府的财政收入。因此，如何防治潮患就成为吴越统治者与大自然斗争的主要课题。在五代，由于军阀混战，百姓颠沛流离，海塘年久失修，潮患更加严重。当时的情况是“自秦望山东南十八堡，数千万亩田地，悉成江面，民不堪命”①。因此，钱镠在建国之初就着手治理潮患。开平四年（910 年）八月，钱塘江怒涛巨浪昼夜冲击沿江堤塘，两岸百姓人心惶惶，不可终日。于是，钱镠“筑捍海塘，怒潮急湍，版筑不就，乃采山阳之竹，法矢人造为箭三千支，羽以鸿鹭之羽，饰以丹朱，炼刚火之铁为镞，命强弩五百人以射涛头，人用六支，每潮一至，射以一支，射及五支，潮乃退，东趋西陵”②。这虽然是一个神话式的传说，但可以说明钱镠用“射潮”的壮举来显示他治理潮患的决心和信心。继射潮之后，钱镠随即调动大批人力、物力和财力正式动工建筑捍海塘。从梁开平四年八月动工到十月竣工，这就是历史上有名的“钱氏捍海塘”或称“钱氏石塘”。在建造中所创造的“石囤木桩法”，是一种很先进、科学的方法，固堤效果良好。所以，堤塘筑成后，泥沙渐积，堤岸益固。此后在钱氏统治的近百年间，杭州及其附近属县基本上免除了潮患。当时，钱镠写了一首《筑塘与海神》诗：“天分浙水应东溟，日夜波涛不暂停。千尺巨堤冲欲裂，万人力御势须平。吴都地窄兵师广，罗刹名高海众狞。为报龙王

① 钱文选：《钱氏家乘》卷八《武肃王筑塘疏》，186 页，上海，上海书店出版社，1996。

② 吴任臣：《十国春秋》卷七十八《吴越二·武肃王世家下》，1086 页，北京，中华书局，1983。

及水府，钱塘借取作钱城。”① “钱氏捍海塘”的建成为以后历代浙江海塘的修筑奠定了良好的基础。

（二）经营水利　发展农业

钱镠在兴建水利工程方面采取了许多行之有效的措施，取得了显著的成效。

钱镠建立了“都水营田司”，作为统一规划水利事业的专门机构，并且派专员负责，同时又由士兵组成“撩浅军”，或称之为“撩清”，专门从事水利事业。当时在西湖和太湖都设有“撩浅军”，“以钱塘湖（西湖）葑草蔓合，置撩兵千人芟草浚泉”②。“于太湖旁置撩清卒四部，凡七八千人，常为田事，治河筑堤，一路径下吴淞江，一路自急水港下淀山湖入海，居民旱则运水种田，涝则引水出田。”③ 这些“撩浅军”的任务就是负责西湖、太湖的修治和疏浚工作，对杭州地区和太湖流域农业生产的发展起了很大的作用。

从钱塘江两岸到太湖周围的江南水乡，河渠港汊、湖泊池塘犬牙交错，纵横密布。钱镠在全面调查研究的基础上，大规模兴修水利。他组织了大批人力疏浚了许多河堤湖塘，又为阻遏江湖入河冲地，防咸蓄淡，或引水拒涝，或广置堰闸，“自松江而东至于海，又导海而北，至于扬子江，又沿江而西，至于江阴界，一河一浦，大者皆有闸，小者皆有堰”④。这样用人工来控制水利，使其蓄泄有时、旱涝有备，对农业生产也很有好处。

公元915年，钱镠还组织大批人力在绍兴开鉴湖。其具体做

---

① 钱文瀚：《捍海塘志》，见《丛书集成续编》，648页，台北，新文丰出版公司，1989。

② 吴任臣：《十国春秋》卷七十八《吴越二·武肃王世家下》，1101页，北京，中华书局，1983。

③ 吴任臣：《十国春秋》卷七十八《吴越二·武肃王世家下》，1090页，北京，中华书局，1983。

④ 徐光启：《农政全书》卷十四《水利》，268页，北京，中华书局，1956。

法是使湖高于田丈余，湖高海低，田居其中。这样，水少之时，可以泄湖水以溉田；水多之时，可把田中之水泄放入海，做到旱涝兼备，确保农业丰收。所以，曾巩在《开鉴湖》一文中对钱镠开鉴湖的功绩做了高度的评价：“南湖（指鉴湖），历钱王钱镠父子，立法甚详。”①

同时，他又在鉴湖周围三百五十八里筑塘，溉田九千余顷；在鄞县（今浙江宁波市鄞州区）东钱湖周围八十里筑塘，溉田五十万亩；在武义筑长安堰，溉田万余亩。②

此外，为了防止江河、湖泊在涨潮和暴雨时溢聚成灾，钱镠还组织人力，采取了多开支流、小泾，密设池塘、横浦等防护措施。如在桐乡，“沿塘有泾，通于支港，盖塘以行水，泾以均水、塍以御水，坞以储水”③。这就是说，在建成防洪网的同时，达到了建成灌溉网的目的，真可谓事半功倍、一举两得。所以，徐光启对此也做了高度评价：“钱氏有国……七里为一纵浦，十里为一横塘，（或作五里一纵浦）田连阡陌，位位相承，悉为膏腴之产。”④

吴越地区的农民在长期从事农业生产过程中，为了获得粮食丰收，修造了很多圩田。他们利用水乡田面较低的地势，在河渠两岸的农田周围筑起堤坝，内以围田，外以隔水。有的圩田面积达几十里，像大城一样。圩田是吴越劳动人民与自然做斗争的重要创造，是农业发展史上的一大进步。钱镠为了确保这些圩田不受洪水的侵蚀冲击，保产丰收，特地分拨了一部分军队去屯驻，又在圩岸上遍植树木，以提高圩岸的强度。“古来圩岸护堤防，

---

① 吴任臣：《十国春秋》卷七十八《吴越二·武肃王世家下》，1090页，北京，中华书局，1983。

② 脱脱等：《宋史》卷九十七《河渠志》，2406页、2403页，北京，中华书局，1977。

③ 严辰：《光绪桐乡县志》卷二《疆域志下·水利》，63页，台湾，成文出版社，1970。

④ 徐光启：《农政全书》卷十三《水利》，249页，北京，中华书局，1956。

岸岸行行种绿杨。”[1]“凡圩岸皆如长堤，植榆柳成行，望之如画云。”[2] 同时，圩田内修筑有堤和路，利用开沟挖出来的土随地形修筑。内堤较圩岸略低，作用是防止内涝和作为圩岸的第二道防线，遇到某一面圩岸损坏时，可藉以及时抢救，不致危及全圩田亩。这些大规模水利工程的修建，是在钱镠的支持、组织下进行的。他曾专门派出部分军队经营水利，如苏州就有营田军七八千人，“专为田事，导河筑堤”[3]。

由于钱镠大规模经营农田水利工程，江浙地区水旱灾明显减少了，农业生产有了较快的发展。当时，“民间钱五十文，籴白米一石”[4]；“钱氏有国百余年，止长兴间一次水灾”[5]。据《旧五代史》记载，“两浙里俗咸云‘海龙王’”。这是浙江人民对钱镠治水功绩的公正评价。

此外，钱镠在兴修农田水利上还总结、推广和发展了历代劳动人民的治水经验，为五代以后的水利建设提供了一定的科技知识。乃至今天，有许多知识仍然值得我们借鉴。

（三）奖励蚕桑　振兴越瓷

浙江丝织业在唐代已相当发达，越州（今浙江绍兴）在唐玄宗开元时，献品有交梭白绫一种，但自唐德宗贞元以后，“凡贡之外，别进异文吴绫及花鼓歇单丝吴纱、吴朱纱等纤丽之物，凡

---

① 杨万里：《诚斋集》卷三十四《圩田二首》，1页，上海，中华书局，1936。

② 李心传：《建炎以来朝野杂记》甲集卷十六《圩田》，230页，上海，商务印书馆，1936。

③ 范仲淹：《政府奏议》卷上《答手诏条陈十事》，见《范文正公集》，310页，上海，商务印书馆，1937。

④ 范仲淹：《政府奏议》卷上《答手诏条陈十事》，见《范文正公集》，310页，上海，商务印书馆，1937。

⑤ 许瑶光：《（光绪）嘉兴府志》卷二十九《水利》，光绪四年鸳湖书院刻本，2页。

数十品”①。杭、嘉、湖一带的丝织业也有所发展。杭州在开元以后，不但生产绯绫、白编绫、纹纱等贡品，而且柿蒂花纹的绫更是精妙无双。白居易的有名诗句——“红袖织绫夸柿蒂”② 就是对它的赞语。及至晚唐褚遂良的九世孙褚载，因其家广陵（今江苏扬州），得机杼之巧，归杭传里人，从此杭州丝织业有了显著的进展。到了五代十国吴越时期，当时各个割据势力互相争夺火并，给中国广大地区造成混乱，但钱镠实行“保境安民”的国策，使吴越社会比较安定，使得北方各地劳动人口大量流入吴越境内。此外，钱镠还积极推行奖励蚕桑、发展经济的政策，为吴越丝织业的发展提供了较好的条件。正如袁枚在《重修钱武肃王庙记》所说的：“世方喋血以事干戈，我且闭关而修蚕织。”所以，在当时的十国割据势力中，吴越的丝织业发展得最为迅速。钱镠一方面鼓励民间百姓从事丝织业，另一方面十分重视官营丝织业。当时，官府集中了全国的大批能工巧匠进行丝绸生产，出现了“精缣皆制于官”的现象。当时的西府（今浙江杭州）就有锦工二百余人③，规模也不算小，这是杭州历史上官营织造的开端。由于钱镠积极发展丝织业，当时丝织品的产量很大。宝大元年（924 年）九月，钱镠献唐就有大量的越绫、吴绫等丝织品。到钱俶时，丝织业有了更大的发展，有一次“贡锦绮二十八万余匹，色绢七十九万七千余匹”④。吴越统治者因献媚中朝，大量进贡，加上本身奢侈生活的需要，所以对丝织业职工和民间百姓的剥削和榨取是非常残酷的，如钱镠时的贯休所作的《偶作》诗云：“尝闻养蚕妇，未晓上桑树。下树畏蚕饥，儿啼亦不顾。一

---

① 李吉甫：《元和郡县志》卷二十七《江南道·越州贡赋》，文渊阁四库全书本，第 468 册，444 页。

② 白居易：《白氏长庆集》卷二十《杭州春望》，四部丛刊集部，第 7 册，上海涵芬楼借江南图书馆藏日本翻宋大字本影印，15 页。

③ 范坰，林禹：《吴越备史》卷一，四部丛刊续编史部，上海涵芬楼影印吴枚菴手抄本，51 页。

④ 袁褧：《枫窗小牍》卷上，14 页，北京，中华书局，1985。

春膏血尽，岂止应王赋。如何酷吏酷，尽为搜将去。”① 又如吴越僧处默的《织妇》诗云：“蓬鬓蓬门积恨多，夜阑灯下不停梭。成缣犹自陪钱纳，未直青楼一曲歌。”② 这两首诗揭露了吴越统治者对人民的苛刻榨取，反映了养蚕妇、织丝妇所遭遇的痛苦生活，但从侧面也可以让我们看出吴越国丝织业发展的盛况，它已成为民间普遍经营的家庭副业。

吴越的瓷器以越州窑烧造的越器最著名。唐代的越器，除了为民间一般需要外，曾设置官窑，烧造一种专为统治者享用的秘色瓷器。到了吴越钱镠时，仍继续烧造，由于在制作技巧方面已经积累了相当丰富的经验，并且不断改进与提高，因此比唐代的秘色瓷器更为精美。吴越时，除了越州盛产越器外，余姚上林湖也烧制瓷器，称余姚窑。一方面，由于吴越统治者为了讨好中朝（北方朝廷），每年都要烧制大批的越器，北上朝贡；另一方面，由于钱镠积极发展对外贸易，越器已成为当时对日本、朝鲜、伊朗等国的大宗出口商品，动辄以万计，所以吴越出产的越器不仅数量很多，质量也比较好，特别是秘色瓷器，无论在胎质、釉色还是在图案、花纹方面，都比前代有了长足的进步，具有高度的艺术价值，在中国瓷器史上是大放异彩的。

（四）海上贸易　互通中外

随着农业、手工业的发展，商品交换随之发展起来。为了有利于南北经济的交流，钱镠还积极发展交通事业，组织民力，修筑了钱塘江石堤，凿平江中滩石（五代以前，江中有罗刹石横截江涛，舟楫往来经此多为碰撞所坏，故钱塘江又名罗刹江），大大便利了水路航行。

---

① 李调元编，何光清点校：《全五代诗》卷四十七，1001页，成都，巴蜀书社，1991。

② 李调元编，何光清点校：《全五代诗》卷七十四，1507页，成都，巴蜀书社，1991。

五代十国时期，由于各地割据势力纷争不歇，烽烟四起，南北陆路交通常受战争阻挠。从吴越国来说，就受到吴及南唐的阻隔，北上中原贸易皆需泛海至山东蓬莱而达开封，“梁时江淮道梗，吴越泛海通中国，于是沿海置博易务，听南北贸易”①。由于钱镠采取各种措施，千方百计发展内河交通和海上贸易，所以当时尽管战争频繁，但海上贸易仍络绎不绝，没有受到大的影响。僧契盈“广顺初，游戏钱塘。一日，陪吴越王（钱俶）游碧浪亭，时潮水初满，舟楫辐辏，望之不见其首尾。王喜曰：‘吴越地去京师三千余里，而谁知一水之利有如此耶！’契盈对曰：‘可谓三千里外一条水，十二时中两度潮。’时江南（指南唐）未通，两浙贡赋自海路而至青州，故云三千里也”②，生动而形象地反映了这种情况。

钱镠还积极发展同日本、朝鲜、伊朗等国家的友好往来和贸易关系。他称吴越王后，尝“遣使册新罗、渤海王，海中诸国，皆封拜其君长”③。十一月，又“遣尚书班阙为通和使，如高丽及后百济甄萱”④。钱镠这样多次派遣使臣与上述这些国家建立友好往来的关系并开展贸易活动，促进了相互之间经济的交流。钱镠时，其地有椤木营、椤木桥。考之前史，椤木，日本国所献。这些事实说明了吴越和日本在经济上有频繁的往来。此外，吴越国还同远在西南亚的伊朗建立了密切的贸易关系，“火油得之海南大食国，以铁筒发之，水沃，其焰弥盛”⑤。钱镠为发展

① 吴任臣：《十国春秋》卷一百一十五《拾遗·吴越》，1743页，北京，中华书局，1983。

② 薛居正等：《旧五代史》卷一百三十三《钱镠传》，1775页，北京，中华书局，1976。

③ 欧阳修：《新五代史》卷六十七《吴越世家》，840页，北京，中华书局，1974。

④ 吴任臣：《十国春秋》卷七十八《吴越二·武肃王世家下》，1100页，北京，中华书局，1983。

⑤ 范坰，林禹：《吴越备史》卷二，四部丛刊续编史部，上海涵芬楼影印吴枚菴手抄本，4页。

中日、中朝、中伊等传统友谊和经济文化的交流做出了一定的贡献。

三

（一）保境安民　不事兵革

“保境安民”是钱镠统治吴越国的基本国策。他实行这个政策，是根据国情所决定的。吴越国地处东南沿海，疆域小而国力弱。北方和西方是吴国，南方是闽国，一旦发动战争，就要三面受敌，非常危险。钱镠的父亲钱宽就郑重地告诫过他：“吾家世田渔为事，未尝有贵达如此，尔今为十三州主，三面受敌，与人争利，恐祸及吾家，所以不忍见汝。”① 这对钱镠的政治思想产生了很大的影响。再加上吴越民风文弱，如欧阳修所说——“钱氏兼有两浙几百年，其人比诸国号为怯弱，而俗喜淫侈，偷生工巧”②，不善战斗。所以，钱镠既不敢发动战争，又怕别人进攻自己，因此确立“保境安民”的国策，这样可以安稳地巩固自己的统治。这是他有自知之明之处，也是他比同时代的其他军阀高明的地方。钱镠面对这种客观现实，处事十分谨慎小心，对内力求自保、安民。他在自己的房间里特备有粉盘，想到要办的事情就随时写在上面，作为备忘录。他很少安卧，用小圆木作枕以防熟睡，叫作警枕。有时，他还把铜丸弹到城墙外面，试探值更守夜的士卒是否警觉。一次，他深夜着便服去敲北门，守门士卒说就是大王来了也不能开门。第二天，他把守门士卒叫去，不仅不怪他，还说守门士卒谨慎尽职并给予重赏。天复四年（904 年）

① 薛居正等：《旧五代史》卷一百三十三《钱镠传》，1768 页，北京，中华书局，1976。

② 欧阳修：《新五代史》卷六十七《吴越世家》，843 页，北京，中华书局，1974。

十月，大雪丈余，民多压毙，王加意抚恤，开仓以赈，贫民赖之。[①] 后唐明宗天成四年（929 年）七月，台州大水，王以军储三十万斛，赈济贫民。[②] 这样就使吴越境内得到了相对的安定。所以，苏轼说："其民至于老死不识兵革，四时嬉游，歌鼓之声相闻，至于今不废。"[③] 叶适也说："夫吴、越之地，自钱氏时独不被兵，又以四十年都邑之盛，四方流徙尽集于千里之内，而衣冠贵人不知其几族，故以十五州（实十三州一军）之众当今天下之半。"[④] 吴越社会安定，没有遭受战争的破坏，这为吴越国经济文化的发展无疑创造了有利的条件。

钱镠坚持"保境安民"的国策，这与他同时代的一些军阀推行扩张、兼并、掠夺的黩武政策是迥然不同的。他反对董昌称帝，曾写信劝他："与其闭门作天子，与九族百姓俱陷涂炭，岂若开门作节度使，终身富贵?"[⑤] 当时的军阀如吴国的杨行密、前蜀的王建、南汉的刘龚、闽国的王审知等都纷纷割据一方，建国称帝。不仅如此，他们还劝钱镠作天子。可是，钱镠一概拒绝了，还批评他们说："此儿辈自坐炉炭之中，又踞吾于上邪!"[⑥] 梁太祖即位，封钱镠为吴越王兼淮南节度使。他的臣下劝他抗拒梁王的命令，钱镠笑着说："吾岂失为孙仲谋耶!"[⑦]

---

① 钱文选：《钱氏家乘》卷五《武肃王年表》，120 页，上海，上海书店出版社，1996。

② 钱文选：《钱氏家乘》卷五《武肃王年表》，125 页，上海，上海书店出版社，1996。

③ 苏轼：《苏东坡集》卷三十三《表忠观碑》，40 页，北京，商务印书馆，1933。

④ 叶适：《水心别集》卷二《民事中》，见《叶适集》第三册，654 页，北京，中华书局，1961。

⑤ 吴任臣：《十国春秋》卷七十七《吴越一·武肃王世家上》，1056 页，北京，中华书局，1983。

⑥ 吴任臣：《十国春秋》卷七十八《吴越二·武肃王世家下》，1114—1115 页北京，中华书局，1983。

⑦ 欧阳修：《新五代史》卷六十七《吴越世家》，839 页，北京，中华书局，1974。

如果说钱镠在受封吴越王之初是因为国力弱、兵革衰而无力发动兼并战争的话，那么到后期，由于经过几十年的休养生息，社会生产力发展了，实力雄厚了，军力也强大起来了，“吴越国珠宝之富，兵甲之盛，谋人战士，咸集于庭”①，要对邻国发动掠夺战争完全是有力量的。所以，钱镠的旧交罗隐鉴于吴越国富兵强的现实也劝他举兵讨伐朱梁：“王唐臣，义当称戈北响，纵无成功，犹可退保杭、越，自为东帝。”② 钱镠认为他的意见表现了对自己的忠诚，但仍然没有采纳，并且说：“吾若外讨，彼必乘虚滋扰，百姓必遭荼毒，吾以有土有民为主，故不忍兴兵杀戮耳。”③ 以吴越当时的兵力、财力是完全可以与梁争一时之雄的，但钱镠没有发动战争，忍辱屈居人之下。“保境安民”是他一贯的国策，不但他自己一生始终奉行不渝，甚至临死前他还谆谆嘱咐他的继承人钱元瓘要好好侍奉中国（指北方朝廷），不要搞独立，勿以易姓废事大之礼。所以，苏轼说：“吴越地方千里，带甲十万，铸山煮海，象犀珠玉之富，甲于天下，然终不失臣节，贡献相望于道。”④ 欧阳修也说：“独钱塘自五代时，知尊中国，效臣顺，及其亡也，顿首请命，不烦干戈，今其民幸富完安乐。”⑤ 钱镠对中原朝廷忠心耿耿、贡奉无阙，所以博得了他们的欢心和称赞，而且使百姓免受兵革之苦、战争之害。

① 刘基：《武肃王传》，见钱文选辑：《钱氏家乘》卷七，145页，上海，上海书店出版社，1996。

② 吴任臣：《十国春秋》卷八十四《拾遗·吴越》，1219页，北京，中华书局，1983。

③ 钱文选：《钱氏家乘》卷五《武肃王年表》，121页，上海，上海书店出版社，1996。

④ 苏轼：《苏东坡集》卷三十三《表忠观碑》，40页，北京，商务印书馆，1933。

⑤ 欧阳修：《欧阳文忠公集》，《居室集》卷四十《有美堂记》，190页，上海，上海书店出版社，1989。

（二）礼贤下士　网罗人才

钱镠虽是武人出身，但他认识到要巩固自己的统治基础，就非广开才路、重用人才不可。他对有才学的人是很尊重的。他名其居为“握发殿”，表示自己像周公一样“礼贤下士”①。事实上，他确是为网罗人才而不遗余力的。罗隐是当时的一个“江东才子”，他在淮、润等地都是龃龉不合，得不到重用。回到杭州以后，钱镠却很赏识、器重他，给他钱塘县令等官职。罗隐擅长文学，当时的朝廷书檄多出自他手。他的诗尤闻名海内，钱镠经常同他唱和。钱镠还能倾听采纳臣下的正确意见和主张。有一次，罗隐在《磻溪垂钓图》上题了一首诗：“吕望当年展庙谟，直钩钓国更何如。若教生在西湖上，也是须供使宅鱼。”② 钱镠看了以后认为很有道理，就免去了住在西湖附近百姓应交的“使宅鱼”的苛捐杂税。为了网罗人才，钱镠还派画工数十人住在淞江，叫作“鸾手校尉”，凡北方流徙到南方来的人，画其容貌，选择清俊的加以任用。当时有一个叫胡岳的，被召去做幕客，③还有一个叫林鼎的被钱镠任为观察押牙④。由于钱镠大力网罗人才，吴越国内人才济济，武将如杜棱、阮结、顾全武等，文臣如罗隐、林鼎、沈崧、皮光业等。这些文臣武将都受到了钱镠的重用，并且在他的奖掖之下，各施其才，到钱俶时“浙右富庶登丰之久，上下无事，惟以文艺相高”⑤。而钱氏子孙也有很多是擅

---

① 吴任臣：《十国春秋》卷七十八《吴越二·武肃王世家下》，1115 页，北京，中华书局，1983。

② 吴任臣：《十国春秋》卷八十四《吴越八·罗隐传》，1219 页，北京，中华书局，1983。

③ 吴任臣：《十国春秋》卷七十八《吴越二·武肃王世家下》，1115 页，北京，中华书局，1983。

④ 吴任臣：《十国春秋》卷八十六《吴越十·林鼎传》，1248 页，北京，中华书局，1983。

⑤ 佚名：《宣和书谱》卷十九《赠王定国诗》，445 页，北京，中华书局，1985。

长文学的。钱镠有时也命子孙讽诵诗赋，或以所制诗赐丞相及将吏以下。他也能书写画墨竹，然不以呫哔废正务。①

钱镠对高僧也礼遇备至，如尊僧昭为国师，亲自向僧璋问法，对僧文喜、僧无作等都很尊重。僧贯休，以诗闻名，又善书画，曾寄诗给钱镠，其中有这样两句："满堂花醉三千客，一剑霜寒十四州。"② 钱镠看了以后很是称赞，要他把十四州改为四十州，他不肯改，后来就离开了。③ 由于钱镠崇尚释氏，厚礼僧人，吴越寺塔之多"倍于九国"④。据宋王明清说，吴越钱氏兴造佛寺不仅为了"祈福"，还有"据诸峰之险为候望"⑤ 的防御作用。

（三）扩建杭城　富甲东南

杭州建城始于隋开皇十一年（591 年），在柳浦西，依山筑城，周围仅三十六里九十步⑥，一万五千三百八十户⑦。炀帝大业六年（610 年），由于江南运河的开通，杭州的经济有很大的发展，成为一个"珍异所聚""商贾并凑"的城市。到了唐代贞观年间，杭州有三万五千零七十一户，开元时增加到八万六千二百五十八户，⑧ "骈穑二十里，开肆三万室"⑨，商业很繁荣。其

---

① 王士祯：《五代诗话》卷一，27 页，北京，中华书局，1985。

② 李调元编，何光清点校：《全五代诗》卷四十七，985 页，成都，巴蜀书社，1991。

③ 王士祯：《五代诗话》卷八《僧贯休》，267 页，北京，中华书局，1985。

④ 王士祯：《五代诗话》卷一，28 页，北京，中华书局，1985。

⑤ 王明清：《玉照新志》卷五，76 页，北京，中华书局，1985。

⑥ 施谔：《淳祐临安志》卷五《城社》，杭州掌故丛书，82 页，杭州，浙江人民出版社，1983。

⑦ 潜说友：《咸淳临安志》卷五十八《户口》，616 页，台北，商务印书馆，1983。

⑧ 吴自牧：《梦粱录》卷十八《户口》，161—162 页，杭州，浙江人民出版社，1980。

⑨ 李昉：《文苑英华》卷八百《杭州刺史厅壁记》，4233 页，北京，中华书局，1966。

实，杭州在经济地位上的重要性开始于吴越时期。隋唐时，杭州虽已成为江南大郡，但在经济上还是不及苏州和会稽的重要。宋王明清说："杭州在唐，繁荣不及姑苏、会稽二郡，因钱氏建国始盛。"①

杭州是吴越的国都，当时叫"西府"，也叫"西都"。唐昭宗大顺元年（890年）闰九月，"筑新城，环包氏山洎秦望山而回，凡五十余里，皆穿林驾险而版筑焉"②。因为当时杭城南部多是山区，所以必须"穿林驾险"，这也奠定了南宋临安城的良好基础。如方家峪（南屏山南），唐以前，峪中林木茂密，阒无居人，五代后，渐次兴建诸刹，遂成胜区。③

到景福二年（893年）七月，钱镠又发动十三都兵士和民夫二十余万人，新筑罗城，东亘江干，洎钱塘湖（今西湖）、霍山（今少年宫后）、范浦（今艮山门外），周围七十里。④ 罗城的修筑工程十分艰巨，由于"江涛势激，版筑不能就"，后来"沙涨一十五里余，功乃成"。⑤ 这次筑城所开城门共有10个，即龙山门（在今六和塔西）、竹车门（在今望仙桥东南）、南土门（在今荐桥门外）、北土门（在旧菜市门外）、宝德门（在今艮山门外无星桥）、北关门（在今夹城巷）、西关门（涵水门，在今雷峰塔下）、新门（在今炭桥东）、盐桥门（在旧盐桥西）、朝天门（在吴山下，今镇海楼）。⑥

---

① 王明清：《玉照新志》卷五，76页，北京，中华书局，1985。

② 吴任臣：《十国春秋》卷七十七《吴越一·武肃王世家上》，1051页，北京，中华书局，1983。

③ 翟灏等：《湖山便览》卷七《方家峪》，195页，上海，上海古籍出版社，1998。

④ 吴任臣：《十国春秋》卷七十七《吴越一·武肃王世家上》，1053页，北京，中华书局，1983。

⑤ 范垌，林禹：《吴越备史》卷一《武肃王》，钱塘丁氏嘉惠堂光绪乙未冬重刊本，26页。

⑥ 郎瑛：《七修类稿》卷六《钱氏杭城门名》，110页，北京，中华书局，1959。

当时，罗城南北宽而东西窄，杨行密攻杭州时，有个和尚说“此腰鼓城”，就是形容吴越的罗城像腰鼓一样。

钱镠在扩建杭城的同时，还着意疏浚修治西湖。当时有一个搞巫术的人劝钱镠说：“王若改旧为新，有国止及百年。如填筑西湖，以建府治，垂祚当十倍于此。”钱镠马上反驳说：“岂有千年而天下无真主者乎？有国百年，吾所愿也。”① 钱镠不仅不填塞西湖以建造府第宫殿，反而大力整治疏浚了西湖。

梁开平四年（910 年），罗城又扩展了三十里，在过去泛滥成灾的地方造起了楼台水榭，变成了“邑屋繁会”，“江山雕丽”②，“钱塘富庶，盛于东南”③，商业更加发达，“东眄巨浸，辏闽粤之舟橹；北倚郭邑，通商旅之宝货”④。欧阳修在《有美堂记》中这样称赞吴越都会杭州的盛况：“邑屋华丽，盖十万余家，环以湖山，左右映带。而闽商海贾，风帆海舶，出入于江涛浩渺、烟云杳霭之间，可谓盛矣。”在钱镠的治理下，杭州已成为东南繁华美丽的城市。

四

在五代十国军阀割据、战火不熄的动乱局面之下，钱镠可算是一个对人民做了一些有益事情的统治者。吴越国在他统治期间，经济文化都有较大的发展。当然，吴越社会的财富是人民群众创造的，但也与钱镠所推行的一系列政策措施是分不开的。

但是，钱镠毕竟是一个封建军阀。他虽然出身贫贱，但已成

---

① 田汝成：《西湖游览志馀》卷一，6 页，杭州，浙江人民出版社，1980。

② 薛居正等：《旧五代史》卷一百三十三《钱镠传》，1771 页，北京，中华书局，1976。

③ 司马光：《资治通鉴》卷二百六十七《后梁纪二》，8726 页，北京，中华书局，1956。

④ 吴任臣：《十国春秋》卷七十七《吴越一・武肃王世家上》，1054 页，北京，中华书局，1983。

为统治阶级的上层人物。他参与镇压过黄巢领导的农民起义，对人民的剥削和压迫是严重的。他奖励农桑，兴修水利，发展生产的目的也是为了钱氏集团的挥霍享用，“世常重敛其民以事奢僭，下至鸡鱼卵彀，必家至而日取。……又多掠得岭海商贾宝货。”[①] 也就是说，他为了自己奢侈生活的需要，对人民巧取豪夺，苛捐杂税，小至鸡、鱼、鸡蛋、鸡雏，也要纳税，平民百姓欠税被送到官府，按各欠税数目多少定笞数，往往笞数从数十次到百多次，人民不胜其苦。[②] 又科赋凡欠一斗者，多至徒罪[③]，所以“民免于兵革之殃，而不免于赋敛之毒。”[④] 又对北方朝廷贡献大量财物，人民负担更加之重，“竭十三州之物力以供大国，务得中朝心，国以是而渐贫，民亦以是而（不）得安”[⑤]。剥削之外，劳役也重，如建造府署，昼夜不停，人民怨声载道。当时，有人在深夜用白土在他的门上大书“没了期，侵早起，抵暮归”，表示反抗沉重的劳役。钱镠见了，立刻派书吏也以白土书数字于其侧曰“没了期，春衣才罢又冬衣”，表示加重对他们的恩赐，结果百姓“怨嗟顿息矣”[⑥]。这种情况正如恩格斯在《家庭、私有制和国家的起源》中指出的，“生产领域里每前进一步，同时也就意味着被压迫阶级即大多数人的生活状况后退一步”。就是因为“文明的基础是一个阶级剥削另一个阶级，那么它的全部发展

---

① 欧阳修：《新五代史》卷六十七《吴越世家》，843页，北京，中华书局，1974。

② 欧阳修：《新五代史》卷六十七《吴越世家》，843页，北京，中华书局，1974。

③ 郑文宝：《江表志》卷中，7页，北京，中华书局，1991。陶宗仪：《说郛》卷五十八，4页，北京，中国书店，1986。

④ 潜说友：《咸淳临安志》卷五十九《贡赋》，627页，台北，台湾商务印馆，1983。

⑤ 吴任臣：《十国春秋》卷八十二《吴越六·忠懿王世家下》，1184页，北京，中华书局，1983。

⑥ 薛居正等：《旧五代史》卷一百三十三《钱镠传》，注引《五代史补》，1775页，北京，中华书局，1976。

便是在经常的矛盾中前进的”。至于钱镠在生活上的奢侈浪费，那是不必说的。如昭宗天复元年（901 年），钱镠回乡欢宴父老，山林都铺上锦绣，又造宅第，穷极壮丽。尤其是晚年，他更加放纵，确是“重敛其民以事奢僭”①。这种情况在封建帝王中是很普遍的，钱镠也没能例外，但比较起来还不算是一个典型。总之，在他统治吴越国期间，对人民的剥削是非常严重的，只是由于吴越国自然条件较好，加上他比较重视发展生产，国家的财富还是比较雄厚的，再因他反对兼并战争，社会安定，人民还能生活下去。如何来看待和评价钱镠一生的功过是非呢？还是列宁的话说得好：“判断历史的功绩，不是根据历史活动家没有提供现代所要求的东西，而是根据他们比他们的前辈提供了新的东西。”② 对照列宁的这段话，联系钱镠统治吴越的整个历史来看，他对浙江经济文化的发展还是有一定贡献的。

① 欧阳修：《新五代史》卷六十七《吴越世家》，843 页，北京，中华书局，1974。

② 列宁：《评经济浪漫主义》，见《列宁全集》第二卷，150 页，北京，人民出版社，1955。

佛教对浙江茶叶和茶文化的影响[1]

浙江地处东海之滨，素有“丝绸之府，鱼米之乡”的美誉。由于其自身的气候土壤条件十分适宜茶树的生长，因而产茶历史悠久，名茶甚多。西湖龙井、安吉白茶、顾渚紫笋、天目青顶、婺洲东白等都是中国茶叶中的上等佳品。而佛教，自汉代传入中国以来，经魏晋南北朝、隋唐的发展，在中国历史上也有了一席之地。唐代诗人元稹的《一字至七字诗・茶》道：“茶，香叶，嫩芽。慕诗客，爱僧家。”[2] 可见，茶叶与佛教有着不解之缘。浙江茶叶作为中国茶叶的重要组成部分，更是与佛教有着千丝万缕的联系。

一、浙茶备受佛教推崇

西汉末年，佛教传入中国，但当时中国人并不理解其本质，而把它与中国土生土长的道教相混淆。到了魏晋南北朝时期，兵燹战伐，中原动荡，人民生活朝不保夕，佛学思想容易为广大劳动人民所接受。荏弱之民，多皈佛祖而祈福；高明之士，则避世以理穷。佛教开始发展，各地大建佛寺。唐代诗人杜牧诗云：

---

① 原载《浙江社会科学》2004 年第 5 期，与周玲花同志合撰。

② 元稹：《一字至七字诗・茶》，见《全唐诗》卷四百二十三，4652 页，北京，中华书局，1960。

"千里莺啼绿映红，水村山郭酒旗风。南朝四百八十寺，多少楼台烟雨中。"[①] 以浙江来说，东晋时佛寺的创建就盛极一时，著名的如杭州灵隐寺、玉泉寺及宁波的阿育王寺等。吴越国不断大兴寺庙，广凿石窟造像，雕刻佛经，建造佛塔。尤其是首都杭州，苏东坡曾有"西湖三百六十寺"之说，可见当时佛寺众多，所以后来就有"佛国"之称。随着佛教的盛行，它对社会生活各方面的需求增多，浙茶也开始进入佛教徒的修行中。浙茶之所以受到佛教的推崇，其原因是多方面的。

（一）坐禅的需要

自释迦以来，佛教重要修行方式之一便是坐禅。坐禅要求静坐、敛心，达到心无杂念，万相皆空。其姿势要求"双腿屈叠于大腿上，挺直脊梁骨，颈稍屈于前下方，气沉于下腹部，静静地呼吸，目光散视或集中于某一固定物……"[②] 坐禅还要备受煎熬，"腿子酸痛，蚊虫叮咬，禅七的疲竭，寺院的拘限，尤其令人难受的是，每天花费九到十五个钟头的时间思索同一个问题带来的那种难以避免的沉闷乏味"[③]。这些别说一般的僧侣无法坚持，就连高僧大师们也很难支撑下去，故寻找一种既符合佛教戒律又可以消除坐禅带来的疲倦的饮料也属必然。正好茶性苦寒，具有破睡驱眠、去烦解渴的功能。陆羽《茶经》中曰："茶之为用，味至寒，为饮，最宜精行俭德之人。若热渴、凝闷、脑疼、目涩、四支烦、百节不舒，聊四五啜，与醍醐、甘露抗衡也。"[④]《本草纲目》也谓其可"去痰热，止渴，令人少睡，有力悦

① 杜牧：《江南春绝句》，见《全唐诗》卷五百二十二，5964页，北京，中华书局，1960。

② 葛兆光：《禅宗与中国文化》（中国文化史丛书），6页，上海，上海人民出版社，1986。

③ ［美］萧甫斯坦等：《禅与文化》，12页，哈尔滨，北方文艺出版社，1988。

④ 陆羽：《茶经》卷上《茶之源》，3页，北京，中国工人出版社，2003。

志”[①]。明朝顾元庆的《茶谱》则说得更为全面合理：“人饮真茶，能止渴消食，除痰少睡，利水道，明目益思，除烦去腻，人固不可一日无茶。”[②] 而浙江茶叶在这方面功效也很独特，以瓯地茶为例，《瓯江逸志》云：“瓯地茶，雁山为第一，去腥腻，除烦恼，却昏散，消积食……”[③] 从中可见，茶叶本身的性能决定了浙茶十分适合用于坐禅。

（二）延世长生的需要

僧侣喜爱喝茶，除提神醒脑外，还将饮茶作为养生之道、长寿之法。其实，这是佛教在中国化的过程中受到道教养生思想影响的缘故。道教养生的目的是长生不老、羽化登仙，而要达到这种境界，必须借助一种物质媒介来实现。于是，茶叶就成了最合适的对象。因为道教起先用的金石类药物价钱昂贵，而且十分危险，茶叶却相对便宜安全，易于服食。道教的饮茶习俗及思想也感染了佛教。据《茶经·七之事》载，“宋释法瑶，姓杨氏，河东人。永嘉中过江，遇沈台真，台真在武康小山寺，年垂悬车，饭所饮茶。永明中，敕吴兴礼致上京，年七十九”[④]。该则史料强调的便是茶对台真长寿所起的作用，即常饮茶有延年益寿之功效。《南部新书》也载有这样一则故事：“大中三年，东都进一僧，年一百二十岁。宣皇问：‘服何药而至此？’僧对曰：‘臣少也贱，素不知药性。本好茶，至处唯茶是求。或出，亦日过百余碗，如常日，亦不下四五十碗。’”[⑤] 在此则故事中，僧侣凭饮茶年龄可达到一百二十岁。上述记载可说明，僧侣们十分相信茶

---

① 李时珍：《本草纲目·果部》（校点本下册），1872页，北京，人民卫生出版社，1982。

② 胡山源：《古今茶事》，81页，上海，上海书店出版社，1985。

③ 吴觉农：《中国地方志茶叶历史资料选辑》，158页，北京，农业出版社，1990。

④ 陆羽：《茶经》卷下《茶之事》，28页，北京，中国工人出版社，2003。

⑤ 钱易：《南部新书·辛》，95页，北京，中华书局，1958。

能延年益寿。日本的荣西禅师以《吃茶养生记》作为其著作的名称，则更清楚地表述了这一倾向。他在开篇写道："茶者，养生之仙药也，延龄之妙术也；山谷生之，其地神灵也；人伦采之，其人长命也。天竺唐土同贵重之，我朝日本曾嗜爱矣，古今奇特仙药也。"① 正因为如此，僧侣们把饮茶作为每天必修课之一，大多数寺院都有专职茶事活动的僧侣。

（三）宗教仪式的需要

在佛教看来，茶是禅定入境的必备之物，是佛教徒的精神寄托，甚至可通鬼神。因而，浙茶在佛教中还常被作为供佛祀品，与宗教活动直接联系起来。据明代李日华《紫桃轩杂缀》记述："普陀老僧，贻余小白岩一裹，叶有白茸，瀹之无色，徐饮觉凉透心腑。僧云：'本岩岁止五六斤，专供（观音）大士，僧得啜者寡矣。'"② 由此推断，当时普陀山茶大部分用以供佛，而不是于日常生活饮用。在这一点上，浙茶的文化、社会功能已远远超过了它的自然使用与药用功能，它已成为沟通人神观念的桥梁，故有时佛前供茶还会出现所谓的"灵异"现象。据日本天台宗大云寺主成寻（1011—1081年）在《天台五台山记》中记述："熙宁五年（1072年）五月十九日戌辰参石桥，以茶供罗汉五百十六杯，……知事僧惊来告：茶八叶莲花纹，五百余杯有花纹。……小僧（成寻本人）实知罗汉出现受大师茶供，现灵瑞也。"③ 这种现象进一步神化了浙茶与佛教的关系。

---

① 周一良：《日本史与中外文化交流史》，见《周一良集》第四卷，318页，沈阳，辽宁教育出版社，1988。

② 浙江省茶叶学会《浙江茶叶》编写组：《浙江茶叶》，199页，杭州，浙江科学技术出版社，1985。

③ 童启庆：《唐宋时期浙江茶文化的发展》，载《农业考古》，1997（4），32页。

（四）茶禅一味

然而，浙江茶叶和佛教的真正结合并不仅仅在于其自然药用功能和社会功能，更重要的是禅宗的出现使佛教与茶找到了相通之处。禅宗讲究见心成佛，以心悟道。相传，释迦牟尼有一次大会时不回答大家的问题，只拈花示众。众人不得其解，唯有迦叶微笑会晤，得佛陀心传。此则广泛流传的佛教故事体现的正是所谓的“明心见性”，强调自身的领悟。《景德传灯录》中也道：“吾之法门，先佛传授，不论禅定精进，唯达佛之知见，即心即佛，心、佛、众生、菩提、烦恼，名异体一。”① 由此可见，修身养性在禅宗中有很高的地位。恰好，品茶也需要安详静谧的心境，故“饮茶之所宜者，一无事，二佳客，三幽坐，四吟诗，五挥翰，六徜徉，七睡起，八宿醒，九清供，十精舍，十一会心，十二赏鉴，十三文僮。”② 并且，碾茶过程中的轻拉慢推，煮茶时的三沸判定，点茶时的提壶高注，饮茶过程中的观色品味，都提倡清心、静心。而茶人也希望通过饮茶，根除烦恼，提高精神境界，这些与禅道中心刚好一致。此外，“茶之为饮，最宜精形修德之人”③。这是说茶适合于品德优异的人饮用，又表明茶性本俭之意。茶的质量尽管有高下之别，但社会各个阶层都能享用相应等级的茶。一些帝王为推行节俭之风，特意下诏在他死后选用俭朴的祭品，其中就包括茶。如南齐世祖武皇帝遗诏：“我灵座上慎勿以牲为祭，但设饼果、茶饮、干饭、酒脯而已。”④ 而佛教生活中有不杀生、不邪淫、不妄语、不偷盗、不饮酒五戒，又有不吃荤、过午不食的例规，这正好与“俭”相合。因而，许多佛僧把参禅与品茶并举，有的甚至认为品茶即能悟道。唐末的

---

① 道原：《景德传灯录》卷十四《南岳石头希迁大师》，256 页，四川，成都古籍书店，2000。

② 胡山源：《古今茶事》，219 页，上海，上海书店出版社，1985。

③ 胡山源：《古今茶事》，103 页，上海，上海书店出版社，1985。

④ 陆羽：《茶经》卷下《茶之事》，28 页，北京，中国工人出版社，2003。

皎然和尚在《饮茶歌诮崔石使君》中道："一饮涤昏寐，情来朗爽满天地；再饮清我神，忽如飞雨洒轻尘；三饮便得道，何须苦心破烦恼。"① 显然，在皎然的眼中，只有保持心神清静，才可通佛之心，若故意去除烦恼，便不是佛心了。同时，其他禅宗主旨的"静心""自悟"也被贯彻到了中国茶道之中。日本的千利休则更加深刻地揭示了茶道本意在于禅的普遍意义。"佛之教便是茶之本意。汲水、拾薪、烧水、点茶、供佛、施人、自啜、插花焚香，皆为习佛修行之行为。"② 千利休有这种观念，这是因为日本佛教来自中国，而禅是中国化的佛教。它不似印度佛教原义，认为今生永不得解脱，唯有天堂才是出路，而是主张"顿悟"。从茶中找到精神寄托，也是一种"悟"。所以说，饮茶即可得道，茶中有道，佛与茶便联结起来了。总之，茶中有禅，禅中有茶，茶味、禅味本为一味。浙江茶叶是中国茶叶的重要组成部分，自然而然受到了僧人们的喜爱，成为参禅时常用的饮料，饮茶之风也随之传遍了各大小寺庙。

综上所述，可将浙茶的功效归纳成三个方面：一是消食、止渴、却昏、少眠等，这是由茶叶本身所决定的自然药用功能；二是延年、益寿、养生等，这是在道教思想基础上幻化出来的精神功效；三是参禅、悟道，这是饮茶习俗在发展完善的过程中社会赋予它的心理功效，是需要自身去体悟的。正是由于这些内在的、外在的缘由，浙江茶叶才得以在佛教中大放异彩，并且在这个过程中受到佛教的渲染，日益发展起来。

二、佛教推动浙茶的发展

浙江茶叶品种众多，名茶层出不穷，有许多更是备受皇家青

---

① 皎然：《饮茶歌诮崔石使君》，见《全唐诗》卷八百二十一，9260 页，北京，中华书局，1960。

② 赖功欧：《茶哲睿智——中国茶文化与儒释道》（中华茶文化丛书），96 页，北京，光明日报出版社，1999。

睐，成为历朝贡品。浙茶的发展态势固然是在各种因素的综合作用下形成的，但佛教在其中有着不可忽视的重要作用。

首先，佛教寺院的兴起为浙茶的迅速发展创造了有利的条件。

自汉代开始，佛教逐渐遍布中国大地。特别是南北朝以来，佛教发展到了鼎盛时期，涌现了许多寺庙。这些寺庙大多处于名山之中，如普陀山的普陀寺、天台山的国清寺等。而名山胜地，林木葱郁，泉水清澈，云雾缭绕，湿度极大，特别适宜茶树的生长。宋代的宋子安在《东溪试茶录》谈道："……厥土赤坟，厥植惟茶。会建而上，群峰益秀，迎抱相向，草木丛条，水多黄金，茶生其间，气味殊美。"① 这里实际上强调了茶树对环境的选择，认为名山谷岗的土地肥沃湿润，最适合种茶。同时，自唐以后，寺院经济日渐发达。一方面，由于国家政策支持和官僚地主的布施，寺院拥有大批的田产。据《嘉定赤城志》载，天台、临海、黄岩、仙居、宁海五县，民田总数为二百六十二万八千二百八十三亩，其中寺观田为一十三万五千四百四十九亩，② 占了5%左右。此外，还有大量的山地。通过这些田产，寺院积累了一笔相当可观的财富。另一方面，寺院还从事手工业、商业，甚至开办借贷业务，谋取暴利，因此形成了强大的寺院经济。僧尼中的上层人士，不但与世俗地主一样能享受优裕的生活，而且比世俗地主更空闲、更有时间和条件去从事茶业活动。

拥有适宜的自然环境、一定数量的资金和充足的劳动力，寺院经营茶园成为普遍现象。著名的佛教圣地普陀山拥有的茶地大多由僧人开辟，其中有名的桃花山"离县约百二十里。山多茶

① 宋子安：《东溪试茶录》，见《丛书集成初编·茶录》，1页，北京，中华书局，1985。

② 陈耆卿：《嘉定赤城志》卷十四《寺观田》，7177页，台北，成文出版社，1983。

田，颇肥美，半属普陀僧开垦”[①]。陆羽、皎然所住之湖州杼山，同样既是寺院胜地，又是产茶盛地。寺僧们长期从事茶树种植，积累了丰富的经验，故寺院生产的茶叶多为珍品。《咸淳临安志》云：“茶，岁贡见旧志载，钱塘宝云庵产者，名宝云茶。下天竺香林洞产者，名香林茶。上天竺白云峰产者，名白云茶。……又宝严院垂云亭亦采茶。……盖南北两山及外七邑诸名山大抵皆产茶，近日径山寺僧采谷雨前者，一小缶贮送。”[②] 长兴县寺院则生产紫笋茶，“草茶极品，惟双井顾渚，亦不过各有数亩。……顾渚在长兴县，所谓吉祥寺也，其半为今刘侍郎希范家所有。两地所产，岁亦止五六斤。近岁寺僧求之者多，不暇精择，不及刘氏远甚”[③]。此外，越州佛寺所产的日铸茶、浙江云和县惠明寺僧人种制的惠明茶、径山寺僧人种制的径山茶等都是最初产于寺院的名茶。僧侣们还承担了焙制茶叶的工作，他们的制茶技术较高，“如杭之龙泓，茶真者，天池不能及也。山中仅一二家，炒法甚精。近有山僧焙者亦妙……”[④] 寺僧们对茶园的精心管理和经营使浙茶品种不断增多，质量日益提高，各类名茶相继诞生。

其次，寺僧们研究茶学，以茶为题材作诗文，也有助于浙茶的发展。

历朝历代，不少寺僧是有名的才子、诗人，他们好与文人交往，品茶之余，吟诗作文，遗留下许多与茶有关的名篇佳作。唐代寺僧皎然就曾写过不少关于茶的诗作，如《饮茶歌送郑容》《九日与陆处士羽饮茶》《对陆迅饮天目山茶因寄居士晟》《顾渚行》等。这些诗作不仅表达了其爱茶之情，更是对顾渚茶、天目

---

① 吴觉农：《中国地方志茶叶历史资料选辑》，123页，北京，农业出版社，1990。

② 潜说友：《咸淳临安志》卷五十八《物产》，556页，台北，成文出版社，1970。

③ 叶梦得：《避暑录话》卷下，80页，北京，中华书局，1985。

④ 高濂：《饮馔服食笺上·茶泉类》，见《遵生八笺》，649页，成都，巴蜀书社，1988。

山茶等浙江名茶做了生动的描绘，对扩大浙茶的传播和影响有积极的作用。明朝文人诗僧游莫干山，对莫干山茶也有较多的记述。其中，诗僧释圆信在一首诗中写道："帘卷春风啼晚鸦，闲情无过是吾家。青山个个低头看，看我山中吃苦茶。"① 其对茶之深情厚感表露无遗。然而，中国历朝历代对茶叶贡献最大的应属陆羽。他虽非僧人，但从小生活在寺庙，并且与僧人交往密切。陆羽所著之《茶经》是中国也是世界上第一部茶书，其中对茶的起源、产地和栽茶、采茶、制茶的过程，以及饮茶、品茶的历史，茶具的选用等都做了系统化、理论化的总结和论述，成为茶文化史上里程碑式的人物，宋以后被称为"茶圣""茶神"。此外，宋徽宗也著有《大观茶说》，分十二道工序详细论述了制茶工艺。在《茶经》《大观茶说》等的影响下，唐宋以后饮茶之风逐渐遍及全国。茶叶不仅成了进贡、赏赐的佳品，更是文人雅士的钟爱之物，被赋予了丰富的文化内涵，成为文人学士、寺庙高僧生活中不可或缺的一部分，趋于雅化。一方面，饮茶的茶具文人化，对茶叶、茶具、茶水、饮茶环境愈益讲究，将艺术品位和审美情趣融入其中；同时，饮茶不仅可借以修身养性、激发文思、参禅悟道，还是风雅聚会中文人、高僧交流的必备，品茗饮茶的人文内涵远远超出了它的实用价值。不仅如此，茶叶也是劳动人民日常生活的必备之物，"田闾之间，嗜好尤切"②，消费需求的增长刺激了茶叶生产。在这种环境下，浙茶成长有了更加肥沃的土壤，发展速度自然也日益加快。

再次，佛教的饮茶活动对当时的整个社会风俗产生了深远的影响，从而直接或间接地推动了浙江茶叶及其文化的发展。

由于佛教本身的需要，饮茶逐渐成为寺院制度的一部分。国清寺内就设有"茶堂"，并且选派了"茶头"，专承茶事活动。佛

---

① 浙江省茶叶学会《浙江茶叶》编写组：《浙江茶叶》，191 页，杭州，浙江科学技术出版社，1985。

② 刘昫：《旧唐书》卷一百七十三《李珏传》，4504 页，北京，中华书局，1975。

教寺院中的茶叶一般有三种用途，即供佛、待客、自奉。《蛮瓯志》载：“觉林院收茶三等，待客以惊雷荚，自奉以萱草带，供佛以紫茸香。盖最上以供佛，而最下以自奉也。”[①] 此则记载实际上也说明了佛教茶道即寺院茶礼的三个层次，虽仪式繁复，但层次分明。而这种佛教茶道的兴起也在一定程度上影响了社会风俗。当时，宋代浙江径山寺经常举行由僧徒、香客、施主参加的茶宴，由此而产生的斗茶活动及用沸水冲泡调制的“点茶法”在社会上十分流行。同时，僧人云游四方，沿途旅店投其所好，设茶饮以待，僧人一饮，过路商客也这般，久而久之便成为沿途店舍必备之物。“自邹、齐、沧、隶渐至京邑，城市多开店铺，煎茶卖之，不问道俗，投钱取饮。其茶自江淮而来，舟车相继，所在山积，色额甚多。”[②] 各种茶庵、茶肆、茶寮也应运而生。景宁县寺观大都附茶庵，如惠泉庵、顺济庵、鲍义亭、福卢庵等。[③]《梦粱录》中所记杭州茶肆更是形式多样。此外，中国佛寺实际上是公共关系场所，是商贩们做生意和善男信女烧香拜佛之地。每个佛教节日也是百姓出游的好时机。在这些节日里，僧人们提供的饭是斋饭，饮料也自然不能是酒，而是茶了。他们还组织专门的茶汤会，《都城纪胜》云：“又有茶汤会，此会每遇诸山寺院作斋会，则往彼以茶汤助缘，供应会中善人。”[④] 在这里，饮茶成了人们沟通的纽带，在一定程度上加强了人与人之间的联系和往来，有助于社会的开放和协调。总而言之，佛教的饮茶活动具有强大的社会功能，在这种功能的影响下，浙江茶叶不仅有了广阔的发展市场，更重要的是浙江茶文化有了更深的内涵，这正是浙江茶叶发展不可缺少的内动力。

可见，由于佛教僧侣社交广泛，既与上层社会保持密切关

---

① 孙洪升：《唐宋茶业经济》，226页，北京，社会科学文献出版社，2001。

② 封演：《封氏闻见记》卷六《饮茶》，71页，北京，中华书局，1985。

③ 吴觉农：《中国地方志茶叶历史资料选辑》，170页，北京，农业出版社，1990。

④ 耐得翁：《都城纪胜·社会》，89页，杭州，浙江人民出版社，1983。

系，又与平民阶层接触频繁，因此其影响面非常广。他们积极参与栽茶、制茶、饮茶，更使饮茶习俗渗透到社会各个角落，不仅吸引了统治阶级、士大夫的参与，还很快遍及民间。唐朝时，已有“柴米油盐酱醋茶”为开门七件事之说，茶叶成为人们的日常生活用品。浙江茶叶正是在这样的背景下一步步发展、兴盛，并且在中国众多的茶叶中独具异彩、大放光芒的。

三、浙江茶叶及其文化随佛教向外发展

佛教自印度传入中国后，经过中国的消化、吸收，逐渐中国化。因而，当它向外辐射之时，也带去了丰富的中华文明，其中就包括浙江茶叶及其文化。中华茶文化向域外传播，泽被所及，首先是中国边疆及周边国家。

（一）向西藏的传播

西藏地区，人们日常食物以乳肉类为主，缺乏菜蔬，因此需要一种饮料来消食健体、升清降浊，而茶叶正好具备这种功效。隋唐之际，随佛教的发展，茶叶生产扩大，饮茶风气便自然而然地由南到北传到了边疆地区。唐朝之时，吐蕃就通过互市向唐朝购买茶叶、丝绸等物品，说明唐前期茶叶已传入吐蕃。另外，据《唐国史补》记载：“初常鲁使西蕃，烹茶帐中，蕃人问曰：‘何为者?’使曰：‘涤烦疗浊，所谓茶也。’蕃人曰：‘我此亦有。’命取以出，指曰：‘此寿州者，此顾渚者，此蕲门者。’”① 从这段记载可知，唐朝中期，浙茶在吐蕃已是普遍之物了。饮茶之风也在吐蕃盛行起来，达到了“夷人不可一日无茶”的境界。

---

① 李昉：《太平御览》卷八百六十七《饮食部·茗》，3843页，北京，中华书局，1960。

（二）向朝鲜的传播

中朝两国，山水相连，文化关系源远流长。早在中国商周时期，就有箕子“走之朝鲜”的传说。公元7世纪中期，新罗联合强大的唐朝，出兵灭了百济、高句丽，结束了三国分治的局面，统一了半岛。此后，新罗与唐朝政府在经济、文化、宗教等方面的关系更加密切。许多新罗人士，包括僧侣来华求学，广泛学习盛唐文化。当时，唐朝社会盛行饮茶，这些人耳濡目染，饮茶慢慢成为他们的一种嗜好，从而为日后茶饮在朝鲜半岛的推行打下了良好的基础。到唐朝后期，浙江茶籽传入了朝鲜。据载：“朝鲜新罗王兴德王三年（828年），遣唐使金大廉在麟德殿参见了唐文宗皇帝，受赐浙江天台山茶籽四斛（斛，计量单位，一斛为十斗，一斗为十升），兴德王令种于地理山（今智异山，海拔1951米）海拔100米以下的华岩寺周围……”① 朝鲜由此开始种茶。之后，随两国关系的发展，天台宗、禅宗佛教逐渐在朝鲜占据优势，这两大宗派的寺院茶礼也对朝鲜产生了深远的影响，饮茶习俗慢慢推广到民众的生活中。

（三）向日本的传播

日本与中国一衣带水，其文化深受汉文化的影响。特别是在唐宋之际，诸多留学生、留学僧侣来华求学，他们醉心于唐朝的先进文明，如饥似渴地学习中华文化。因而，当茶叶传入日本时，他们学到的不仅是一般的种茶、制茶技术，更能从精神形态上全面吸收其文化内涵并形成自己的特色。

日本的茶叶及其文化与浙江渊源颇深。日本佛教是天台宗，其茶之根也源于浙江天台山。天台山所产之茶在隋唐时就很有名，唐朝陆羽在《茶经》中就有天台茶的记载。宋明之后，天台

---

① 童启庆：《唐宋时期浙江茶文化的发展》，载《农业考古》，1997（4），31页。

茶更为风行，许多茶学著作中都可见其踪影。明代许次纾的《茶疏》中就记有天台茶。同时，天台山国清寺既是中国佛教天台宗的发源地，又十分注重茶事活动。到了唐宋，天台佛学进入兴盛期，吸引了许多日本僧人前来研习。回国时，他们将天台山茶籽带回了日本。

据载，遣唐僧最澄于贞元二十年（804 年）“入唐，登天台山，从道邃、行满学习天台宗”[①]。行满做过茶头，因而，最澄在研习佛经的同时也接受了寺院茶文化的熏陶。次年回国时，最澄除带经书外，还带回了天台山茶籽和大量团茶。虽然最澄是否是第一个将茶籽带回日本的人，各家学者意见不一，但有一点可以肯定，那就是早在奈良朝时日本已有了茶叶。到了平安朝初期，嵯峨天皇巡游至滋贺的梵释寺时，“该寺大僧都永忠亲手煮茶进献”，天皇饮后大悦，“便命畿内、近江、丹波、播磨等地方种茶，作为每年的贡品”。[②] 这一方面说明那时日本已开始饮茶，另一方面也反映了饮茶在当时的日本只是少部分人的活动，民间尚未形成饮茶的风气。但是，由于统治阶级的需要和推动，茶业经济在日本也有了一定程度的发展。

嵯峨天皇时代兴起的饮茶文化其实是当时遣唐使和学问僧带回的唐文化的一部分。所以，当唐朝末期，社会混乱，日本停止派遣唐使后，日本饮茶文化曾一度衰退。直到两宋，中日交流有了新的进展，浙江茶籽再次被带到日本，从而促使日本茶叶发展到了另一个高度。其中，荣西禅师、明惠上人起着举足轻重的作用。

荣西禅师，宋孝宗乾道四年（1168 年）第一次“入宋朝拜天台山及育王山，带回天台新章疏三十余部六十卷，还把茶籽传

---

① ［日］木宫泰彦：《日中文化交流史》，胡锡年译，139 页，北京，商务印书馆，1980。

② ［日］木宫泰彦：《日中文化交流史》，胡锡年译，159 页，北京，商务印书馆，1980。

入日本”[①]。宋孝宗淳熙十四年（1187 年），荣西再度入宋，上天台山学法，回国时又带回了茶籽。然而，荣西最大的贡献并不仅仅是将茶籽传入日本，而是其对日本饮茶的推广及对日本茶文化发展的促进。荣西在华多年，受天台山寺庙茶礼影响很深，对饮茶习俗和其功效颇有心得，故“1214 年，将军实朝患病，荣西闻之，乃献茶于将军”[②]。荣西所著的《吃茶养生记》也大力提倡吃茶养生之道。这些都使饮茶习俗得以复兴，并且广及佛寺、武士阶层。特别是在禅院，由于日常饮食也是僧侣修行的重要组成部分，一旦他们接受饮茶，便自然而然地将佛教思想和观念融入饮茶之中。因此，饮茶在那里已不仅仅是坐禅时的饮料，而是进一步成了佛教茶礼的内容。荣西在自己推广饮茶的同时，还将茶籽赠给了明惠上人。在《拇尾明惠传记并遗训》中有下列一段记载：“建仁寺长老（荣西）赠茶，问之医师，知有遣困、消食、快心之功。然闻本朝不普及，因寻得其实，始植两三株，确有提神、舒气之功，遂使众僧亦服之。”[③] 由此推断，明惠上人在荣西的基础上进一步推广了饮茶。自此，饮茶之风由上层贵族、禅僧之间逐渐普及到了民众，荣西也因此被称为日本的“茶祖”。

此外，日本茶道礼仪也源于浙江，具体地讲，是源于浙江余杭径山寺。径山寺是唐宋时浙江有名的寺院，宋开禧年间（1205—1207 年），宁宗皇帝曾御赐名为“径山兴盛万寿寺”。自宋至元，其一直有“江南禅林之冠”的美誉。径山寺不仅茶叶品质极佳，饮茶之风盛行，径山茶宴更是天下茶客无不知晓。所谓茶宴，是僧徒、香客、施主共同参加的一种饮茶活动。先由主

---

① ［日］木宫泰彦：《日中文化交流史》，胡锡年译，306 页，北京，商务印书馆，1980。

② 王辑五：《中国日本交通史》（中国文化史丛书），131—132 页，上海，上海书店出版社，1984。

③ ［日］木宫泰彦：《日中文化交流史》，胡锡年译，362 页，北京，商务印书馆，1980。

持、法师亲自调茶，而后由茶僧一一献茶给赴宴的僧客。僧客接茶后，先闻茶香、观茶色、品茶味，之后才开始围坐论经。这种充满静穆气氛的活动吸引了许多日本佛僧前来，他们还将径山茶宴特有的程序礼仪带回了日本。

首先仍要提到荣西禅师，在其二度赴华时，“曾被宋朝皇帝召至京城临安作除灾和求雨的祈祷，并且在径山寺举行了盛大的茶礼，以示嘉赏”①。由此可见，荣西禅师亲眼看见过径山茶礼，因而在他推广日本饮茶习俗和著书的过程中，不可避免地会受到此茶礼的影响。但是，真正将这种茶礼原型传到日本的是另一位僧侣南浦绍明（大应国师）。他曾入宋拜径山虚堂禅师学法，回国时，“携带台子（泡茶时搁置茶道具的棚架）及七部茶典归国”②。台子、茶典从物质、理论两个方面确定了日本的茶式。以后，虽然村田珠光、千利休等人发展了茶道内涵，但这种茶式仍是日本茶道的基础。也就是说，日本茶道的一般程序礼仪是与浙江茶文化密切相关，是源于浙江的。

综上所述，浙江茶业与佛教彼此依赖，相互推动。佛教僧侣的生活需要，茶禅一味的内在要求，使浙茶尤为佛教所重视；而佛教僧侣种茶、制茶、传播浙茶茶种及文化，对浙茶的发展又起了推波助澜的作用，促使其不但在国内，而且在国外有了极高的声誉。

---

① 童启庆：《唐宋时期浙江茶文化的发展》，载《农业考古》，1997（4），32页。

② 童启庆：《唐宋时期浙江茶文化的发展》，载《农业考古》，1997（4），32页。

评宋太祖“先南后北”的统一战略①

从南宋初期开始，不少学者认为，宋太祖赵匡胤改变了周世宗柴荣采取的“先南后北”的统一政策，因而坐失消灭辽朝的良机，造成了日后的“积贫积弱”局面和严重边患。如南宋陆游以至现代范文澜等，都持此说。② 最近有些人也从不同角度重申这种看法，赞扬周世宗统一政策的正确，指责宋太祖“先南后北”战略的失误。我们认为，赵匡胤是继续执行柴荣的战略的。历史的实践也证明了这一战略思想符合当时实际，终于基本结束了唐末五代长期分裂割据的局面。

本文试从三个方面来谈，即周世宗是否采取“先南后北”的战略？宋太祖“先南后北”的战略是否符合宋初的客观实际？宋太祖的统一战略是否失误？

---

① 原载《宋史研究论文集》1982 年年会编刊，河南人民出版社 1984 年 7 月出版，与徐规先生合撰。此文在 1983 年第 1 期《历史研究》上有专题介绍，在 1985 年第 8 期《中国史研究动态》上有摘要介绍，在 1985 年《中国历史年鉴》上有专题介绍，在 1986 年《中国历史年鉴》上有专题介绍，在王朝中、李世愉等著的《中国古代史学习入门九讲》（电大学习丛书）中有专题介绍。

② 陆游《渭南文集》卷二十五《书通鉴后》载：“（周世宗）先取淮南，去腹心之患，不乘胜取吴、蜀、楚、粤，而举胜兵以幽州，使幽州遂平，四方何足定哉！甫得三关而以疾归，则天也。其后中国先取蜀、南粤、江南、吴越、太原，最后取幽州，则兵已弊于四方，而幽州之功卒不成。故虽得诸国，而中国之势终弱，然后知世宗之本谋为善也。”范文澜的说法见《中国通史简编》第三编第三章。

一

五代末年，刚即帝位的周世宗（954—959 年在位）于高平（今山西东南）之战打败了南下掠夺的北汉军队之后，下决心要统一中国。他在显德二年（955 年）四月，命令近臣二十多人各献《平边策》，提出“混一”中国的办法。“时群臣多守常偷安，所对少有可取者。”唯比部郎中王朴所献《平边策》，主张在战略上先易后难，先南后北；在战术上避实击虚，避强击弱；在策略上，分别对待，先诱以恩信，后制以强兵。周世宗欣然接受了这个建议。

刚巧在这年三月，即王朴建议之前的一个月，“秦州民夷有诣大梁献策请恢复旧疆者”（见《资治通鉴》卷二百九十二）。周世宗顺应了他们的请求，于五月间，首先对后蜀用兵，相继收回了秦、凤、阶、成四州之地。接着，冬间立即出师讨伐南唐，并且在显德三年（956 年）正月，御驾亲征。经过两年多的战斗，于显德五年（958 年）三月，收取了南唐在长江以北的全部土地，共得十四州六十县，二十二万六千五百七十四户。（见《旧五代史》卷一百一十八）淮甸有着丰富的农产品和渔盐之利，大大增强了后周的国力。

这时，周军本来可以渡江南下，乘机攻灭南唐，可是周世宗在接受南唐降号称藩之后，即于四月间班师北返。这是为什么呢？只因南唐与辽朝、北汉早有来往，所谓“勾诱契丹，至今未已，结连并寇，与我为仇”（见《旧五代史》卷一百一十五）。当周兵入境之后，“唐主遣人以蜡丸求救于契丹”，“遣兵部郎中陈处尧持重币浮海诣契丹乞兵”。（见《资治通鉴》卷二百九十二）而契丹也蠢蠢欲动。显德四年（957 年）十一月，“契丹遣其大同节度使、侍中崔勋将兵来会北汉，欲同入寇。北汉主遣其忠武节度使、同平章事李存瓌将兵会之，南侵潞州，至其城下而还”（见《资治通鉴》卷二百九十三）。到显德五年春夏间，北方形势更为紧张。据史书载：（显德五年二月），刘钧（北汉主）闻帝南征，发兵围隰州，巡检使李谦溥以州兵拒之而退。（见《旧五代史》卷一百一十八）帝之南征也，契丹乘虚入寇。（四月）壬申（二十一日），帝至大梁，命（镇宁节度使）张永德将兵备御北边。（见《资治通鉴》卷二百九十四）（四月）甲戌（二十三日），澶州（军额号镇宁）节度使张永德准诏赴北边，以契丹犯境故也。（见《旧五代史》卷一百一十八）（辽应历）八年（958 年）四月甲寅（初二），南京留守萧思温攻下沿边州县，遣人劳之。五月，周陷束城县（今河北河间东北）。六月辛未，萧思温请益兵，乞驾幸燕。（见《辽史》卷六）初，周人攻扬州，上（指辽穆宗）遣思温蹑其后，惮暑不敢进，拔缘边数城而还。（见《辽史》卷七十八）五月，成德节度使郭崇攻契丹束城，拔之，以报其入寇也。（见《资治通鉴》卷二百九十四）

上述史实充分说明，当后周和南唐进行战争之际，由于辽朝派兵骚扰后周的北部边境，给后周造成了严重威胁，故周世宗在取得南唐江北以后，不得不暂时改变其“先南后北”的原定计划，回过头来准备反击辽朝的进攻。周世宗于显德五年四月班师后，北边情势稍有好转，他又谋伐蜀。十月己卯，以户部侍郎高防为西南面水陆制置使，以右赞善大夫李玉为判官。同月，荆南节度使高保融奏，闻王师伐蜀，请以水军趣三峡。诏褒之。可见周世宗还是要继续执行“先南后北”的战略，在水陆两方面都做了部署。但是，后周的图谋已为蜀国所侦悉。周将李玉攻蜀归安镇，全军覆没，李玉也被杀。蜀又派遣将军“将兵六万，分屯要害以备周”（见《资治通鉴》卷二百九十四）。周世宗只得暂且打消移兵攻蜀的计划。至显德六年（959 年）三月，转而北伐契丹。清初王夫之认为：“盖周主之志，不在江南而在契丹也。”（见王夫之的《读通鉴论》卷三十）近时有的同志著文说，周世宗基本上没有依据王朴的谋划行事。他在迫使南唐称臣屈服后，不忙于攻灭南唐，而是掌握时机，解决主要矛盾，挥师北上，抗击契丹等。我们认为这些见解都是值得商榷的。周世宗之所以匆匆北返，征伐南唐事业半途而止，是由于辽兵的不时骚扰边境，打乱了他的既定战略部署。

显德六年三年，周世宗亲自领兵北伐。北伐大军纪律良好，所过城邑，汉族守将望风投降，出兵四十二天就迅速收复了瀛、莫二州，以及莫州以北的瓦桥关、益津关和淤口关所谓“三关”之地。① 在此期间，后周军队始终没有同辽朝的主力部队接触过。五月初二，周世宗大宴诸将于行宫，计议继续行军，攻取幽州（今北京市）。幽州是契丹南部第一军事重镇，城高池深，有险可守，契丹又集结重兵于附近地区；加上“契丹主遣使者，日驰七百里诣晋阳，命北汉主发兵挠周边”（见《资治通鉴》卷二百九十四）。此时，若周兵深入幽州就要受到辽朝主力部队的反击和北汉的牵制，后周能否取得胜利，是难以预卜的。这一情况，后周诸将也有所察觉，据《资治通鉴》卷二百九十四载：显德六年五月丙午（初二），（周世宗）宴诸将于行宫，议取幽州，诸将以为“陛下离京四十二日，兵不血刃，取燕南之地，此不世之功也。今虏骑皆聚幽州之北，未宜深入”。上不悦。当天晚上，周世宗突然得病，乃停止进兵，准备回朝。这时，后周军队还攻下了被辽朝占领的易州和三关北面的固安县②。后周在这一带构筑了防御工事，巩固了边防。

这里需要指出的是，辽朝在穆宗统治时（951—968年），军事实力仍相当强大。高平之战后，周世宗曾进军太原，辽穆宗命南院大王耶律挞烈出重兵援助北汉，后周大将符彦卿率兵北上，两军激战于忻口（今太原北面），结果周兵大败，死伤无数。史彦超恃勇轻进，去大军浸远，众寡不敌，为契丹所杀。符彦卿退守忻州（治今忻县）。周世宗不得不从太原班师，是时“刍粮数

① 瀛、莫二州即幽云十六州最南面的两州。瀛洲治所在今河北河间，莫州在今河北任丘。瓦桥关在今河北雄县北，益津关在今河北霸州北，淤口关在益津关东，今霸州东面的信安镇。

② 易州治所在今河北易县，是后晋守将孙方简于开运三年（946年）降附辽朝的，不在后晋天福三年（938年）石敬瑭割让给契丹的十六州之内。

十万在城下者，悉焚弃之。军中讹言相惊，或相剽掠，军须失亡不可胜计。所得北汉州县，周所置刺史等皆弃城走”（见《资治通鉴》卷二百九十二，参见《辽史》卷七十七）。后周这次惨败似未受到古人和今人的重视。欧阳修说：“世宗南平淮甸，北伐契丹，乘其胜威，击其昏殆。”他认为世宗若不遇疾，“则十四州之故地，皆可指麾而取矣”。（见《新五代史》卷七十三）这未免过于乐观了。另一点颇耐人寻味的是，当周世宗经诸将劝阻回师至澶渊时，迟留不行，群臣通过他的妹夫张永德进言，认为“天下未定，根本空虚，四方诸侯惟幸京师之有变”，要求速归。世宗“即日趣驾归京师”（见徐度的《却扫编》卷上）。盖前有强敌，后有内忧，当时形势不允许周世宗久离京师，更不能因深入攻辽而受挫。周世宗终于采纳了臣下的忠告，率师南归。

对周世宗的历史功绩是应该予以充分肯定的。问题的关键在于做出这种肯定是否依据具体事实。陆游说周世宗“甫得三关，而以疾归，则天也”。王夫之也说周世宗“其有疾而竟不克者，天也”。（见王夫之的《读通鉴论》卷三十）他们都异口同声地把后周未能完成统一大业归之于“天”。这当然是唯心的说法。至于近来有些同志把周世宗之死这个偶然事件说成影响到后日中国四百年的分裂局面的继续，那就过分夸大了偶然性和周世宗这个历史人物的作用了。我们知道，历史上每一个杰出人物的出现都是历史发展的必然产物。周世宗之死，只能改变当时形势的个别情况，不能改变当时历史发展的一般趋向。历史是不会中断的，时代潮流是任何人也阻挡不了的，周世宗虽然不幸早逝，未能完成他的统一事业，但这一伟大事业仍然会按照周世宗在世时所走的“先南后北”方向继续发展下去，这就是赵匡胤黄袍加身以后所负的历史使命。

二

赵匡胤代周之后，国内的客观形势促使他继续执行“先南后北”的统一战略。

赵宋王朝刚建立就面临着一系列的矛盾。诸如汉族与契丹等族的矛盾、统治阶级内部即赵宋与后周新旧两大势力之间的矛盾、皇帝和功臣宿将之间的矛盾及封建地主阶级和农民阶级之间的矛盾等。但是，“在复杂的事物的发展过程中，有许多的矛盾存在，其中必有一种是主要的矛盾，由于它的存在和发展，规定或影响着其他矛盾的存在和发展”（见《毛泽东选集》第一卷，1967 年人民出版社横排本，第 295 页）。在北宋初期错综复杂的矛盾中，中央皇权和地方节度使实力派之间的矛盾占着主要地位。我们认为自唐安史之乱（755 年），中经五代，直到北宋太平兴国四年（979 年）削平北汉为止，在这个历史时期，由于封建军阀割据混战，使得社会经济遭受严重的破坏，所以当时面临的最重大而迫切需要解决的问题是中央集权势力战胜地方割据势力的问题。北宋建立初年，南方还有南唐、后蜀、吴越、南汉、荆南、湖南、漳泉等封建割据政权，北方也有称臣于辽朝而占领今山西、陕西、河北部分地区的北汉。这种四分五裂、各据山头、互争雄长的混乱局面，极大地阻碍了南北经济文化的交流和社会生产力的进一步发展，也严重地威胁着北宋王朝的安全和中央集权的巩固，宋太祖对此事是给予严重关注的。他曾对赵普说：“吾睡不能著，一塌之外，皆他人家也。”（见《续资治通鉴长编》卷九）这话充分说明了宋太祖将统一事业是日夜悬挂在心头的。后来，宋太祖派兵攻伐南唐，李煜曾派遣博学有辩才的徐铉出使开封，宋太祖与徐铉反复论争，铉声气愈厉。太祖怒，“因按剑谓铉曰：‘不须多言！江南亦有何罪？但天下一家，卧榻之侧，岂容他人鼾睡乎！’”（见《续资治通鉴长编》卷十六）上述这段话深刻而形象地说明宋太祖要统一中国的决心。平定南方各国和攻取北汉及收复幽云诸州，是要完成全国统一必不可少的两大历史任务，但是这两件大事不可能同时进行，只能根据实际力量，按照轻重缓急来确定用兵的先后。以赵宋王朝本身力量而论，在统一南方之前，其经济力量和军事力量都是难以摧垮北汉、击败契丹、收复幽云的。

在宋初，结束分裂割据，完成统一事业，乃是大势所趋、人心所向。但是，究竟谁统一谁，往往取决于交战双方力量的对比，这在很大程度上取决于经济力量。

从宋朝方面看，自隋、唐以来，中原王朝的官僚机构和军队的粮食都要依靠江淮漕运来解决。到北宋时，这个发展趋势显得更加突出。宋太宗太平兴国六年（981 年），全国运到汴京的粮食总数是五百五十二万石，其中从江淮地区运去的就占四百万石。（见《宋史》卷一百七十五）北宋史学家范祖禹说："国家根本，仰给江南。"（见《宋史》卷三百三十七）可见东南一带在经济上的重要地位。北宋初年，淮河流域虽已归入版图，但最称富庶的长江中下游和钱塘江流域及号称天府之国的四川地区仍为南唐、吴越和后蜀等国所占有。这时，宋太祖即使能够抽调十万大军北伐辽、汉，但在中原人民困于运粮苦役的情况下，生产不能正常进行，若战役时间拖长，粮草供给必然发生困难。而更重要的是北宋初年，百废待举，国内的农业生产急待恢复和发展，单靠区区宋初所辖地域本身的人力、物力是难以支持大规模的北伐战争的。

与此相反的是，辽朝地域辽阔，"东至于海，西至金山、暨于流沙，北至胪朐河，南至白沟，幅员万里"（见《辽史》卷三十七）。其疆土面积数倍于北宋初年的中原版图。它不但幅员广大，而且有"冀北宜马，海滨宜盐"（见《辽史》卷六十）的优越自然条件。当时，辽朝境内出现了"城郭相望，田野益辟"（见《辽史》卷四十八）的兴旺景象。特别是养马事业十分发达，自辽太祖（916—926 年）到辽兴宗（1031—1054 年）的一百四十年间，群牧之盛如一日。辽在发展畜牧业的同时又重视农业生产的发展，"辽自初年，农谷充羡，振饥恤难，用不少勒，旁及邻国，沛然有余"（见《辽史》卷六十）。穆宗应历初（元年为 951 年），耶律挞烈任迭剌部南院大王，"均赋役，劝耕稼，部民化之，户口丰殖"，"年谷屡稔"，"朝议以为富民大王云"。（见

《辽史》卷七十七）又辽政府曾在公元977年（辽景宗保宁九年，宋太宗太平兴国二年）一次拨给北汉粟米达二十万斛（见《辽史》卷九）①。总之，辽朝能根据不同地区的特点因地制宜，做到农牧业彼此结合，同时发展。

此外，辽朝手工业、商业也相当发达。社会经济的发展，促进了城市的繁荣。辽朝的五京既是行政上的首府和军事上的重镇，又是工商业的中心，特别是南京析津府，“城方三十六里”（见《辽史》卷四十），“户口三十万，大内壮丽，城北有市，陆海百货，聚于其中。……锦绣组绮，精绝天下。……水甘土厚，人多技艺”（见叶隆礼的《契丹国志》卷二十二）。近年出土的地下文物更可以证明他们的生产技术水平并不比宋方差多少。即使在辽穆宗统治年代，也能“资富强之势以自肆”（见《辽史》卷七十九）。

再看看宋辽双方军事力量的对比：以军队的数量而论，北宋初年，辽朝有军队数十万骑②。宋朝在开宝年间（968—975年），有“禁军马步十九万三千”（见《宋史》卷一百八十七）。这点兵力用来驻防内地和守卫边关尚可支撑，若是深入幽州、云州边地与辽朝数十万精锐骑兵角逐，是远远不够的。再从军队的素质和战术来看，辽军也是占了上风。契丹人以游牧、狩猎为生，世代擅长骑射，他们的主力军都是骑兵，其谋杀条件与战斗

---

① 《辽史》卷五十九《食货志上》作保宁七年（975年），疑误。

② 据《辽史》卷三十四《兵卫志》载，耶律阿保机在即位之前，曾“总兵四十万伐代北，克郡县九，俘九万五千口”。据《新五代史》卷七十二《四夷附录》载，“梁将篡唐，晋王李克用使人聘于契丹，安巴坚以兵三十万会克用于云州东城”。据《续资治通鉴长编》卷二十七载，雍熙三年（986年）春，刑部尚书宋琪在奏疏中说：“每契丹南侵，其众不啻十万。”据此，当时辽朝单用在南侵的兵力就不止十万，若加上辽朝驻守在内地和边境的兵力，总数就更多了。据《续资治通鉴长编》卷五十五载，咸平六年（1003年）七月己酉，契丹供奉官李信来降，言其国中事宜，也谈到契丹国中仅幽州一地的汉兵就有一万八千余骑，而契丹、九女奚、南北皮室当直舍利及八部落舍利、山后四镇诸军约十万八千余骑。仅这两者合计就有十二万六千余骑。这说明加上其他归附的少数民族军队，整个辽朝兵力就远不止此数。

条件紧密联系，特别能打仗。河北大平原也为契丹骑兵提供了纵横驰骋的有利条件。而且，其战术动机灵活，队形变化莫测，使人不易捉摸。对此，“生居边土，习知兵事”的宋初名臣宋琪曾在雍熙三年（986年）春天的奏疏里有过详细的叙述（见《续资治通鉴长编》卷二十七）。同时，契丹行军，对斥堠及营寨也很重视。侦骑远出，情报和命令传递迅速；营寨驻扎严密，“穹庐连属如冈阜，四面亘以毛索，挂铃为警，纵犬往来”（见《新五代史》卷三十三），是一支能打硬仗恶战的军队。辽朝除以契丹骑兵为主外，还有汉军与其他兵种的配合。如汉军以步兵为主，其行动虽不如契丹骑兵迅捷，但长于击刺和使用劲弩、飞炮。辽朝在战争中能做到以骑兵为主，步兵配合，各施其威，各效其力。而且当时辽朝的耶律休哥和耶律斜轸更是才能杰出的名将。特别是耶律休哥，“少有公辅器”，“智略宏远，料敌如神。每战胜，让功诸将，故士卒乐为之用”（见《辽史》卷八十三）。而宋军方面，虽有一些长处，但因缺乏马匹，故少骑兵，以步兵为主，这就不利于在华北平原北部与拥有众多骑兵且有其他兵种相互配合的辽军作战。北宋史家宋祁总结宋辽长期作战的经验教训时指出：“国之大事在兵，兵在马。”（见宋祁的《景文集》卷二十九《论群牧制置使》）这是很有道理的。

在北宋初年，从宋辽双方力量对比来看，辽方显然处于优势。宋太祖和他的高级臣僚谋士反复研究了当时的形势，认为单靠中原地区的人力和物力是难以战胜辽朝的。这就是宋太祖在统一战争中采用“先南后北”战略的客观依据之一。

宋太祖之所以要采用“先南后北”的战略，还因为长江以南地区自唐末五代以来，战争较少，社会比较安定，中原人民纷纷避地南迁，增加了大量劳动人手，而且劳动人民在相对安定的环境下辛勤从事生产，加之南方的统治者为了增加财政收入也注意奖励生产，发展经济。因此，江南地区的社会经济在过去的基础上得到持续发展，全国经济文化重心已从黄河流域逐渐转移到长江流域。南方七个割据政权所占领的大都是物产丰富的地区，广州、泉州、明州、杭州又是海外贸易港口，使得当地政府的财政收入较充裕。同时，我们还必须注意到，长期割据纷争的局面也给南方社会经济的进一步发展带来了重重的灾难。

另一方面，经济富庶的南方诸国到了五代末期，由于统治者穷奢极欲，秕政百出，人民生活陷于水深火热之中。据说，北宋初年，宋朝间谍从蜀国返回汴京，宋太祖文："剑外有何事?"答曰："但闻成都满城诵朱长山的《苦热》诗：'烦暑郁蒸无处避，凉风清冷几时来?'"太祖曰："此蜀民思吾之来伐也。"(见僧人文莹的《玉壶清话》卷六，参阅吴曾的《能改斋漫录》卷五)又宋军进攻南汉都城广州时，当地就流传着这样的童谣："羊头二四，白天雨至。"宋军凑巧是开宝四年（971 年）辛未（羊年）二月四日进入广州城，南汉人民把宋太祖的统一战争比作"时雨"(见《宋史》卷六十六、卷四百八十一)。上述两则故事在一定程度上反映了南方人民盼望早日统一的心情。这种大势所趋、人心所向的情况，连后蜀宰相李昊也看得十分清楚，他曾对蜀主孟昶说："臣观宋氏启运，不类汉、周，天厌乱久矣，一统海内，其在此乎。"(见《续资治通鉴长编》卷四)所以，后来宋军攻蜀有摧枯拉朽之势，自出兵到受降，前后不过六十六天。

宋太祖之所以决定先取南方诸国，是因为它们既易于制胜，而得到这些地区后又可增加财政收入，以便有足够的力量对北边用兵，统一中国。这就是宋太祖实行"先南后北"战略的客观依据之二。

再一方面，宋太祖实行"先南后北"的战略又是总结历史和现实经验教训而确定下来的。周世宗征伐北汉，虽有高平之捷，却始终无力打垮北汉。相反，忻口之役，损兵折将，死伤惨重，宿将史彦超为契丹所杀，被迫班师。现实的教训是，宋太祖在刚即帝位的建隆元年（960 年）十月，晋州（治今山西临汾）兵马钤辖荆罕儒于汾州（治今汾阳）附件京土原战斗中被北汉兵所杀。宋太祖为此事贬黜两位将军，并且"斩其部下龙捷指挥使石进德等二十九人"（见《续资治通鉴长编》卷一)。乾德元年

（963年），宋太祖又对北汉发动外交攻势，派遣使者往北汉交涉，但未能达成协议。是岁隆冬，“或言上将北伐，大发民馈运。河南民相惊，逃亡者四万家”（见《续资治通鉴长编》卷四）。开宝元年（968年）冬、二年（969年）春夏间，宋太祖相继两度派兵进攻北汉，均被契丹援军与北汉兵击败于太原城下①。特别是开宝二年二月，宋太祖亲征北汉，围攻太原城达一百多天，宋方损失十分惨重。面对这种局势，绛州（治今山西新绛）人薛化光向宋太祖献策说：“凡伐木，先去枝叶，后取根柢。今河东外有契丹之援，内有人户供输，窃恐岁月间未能下矣。宜于太原北石岭山及河北两界山东静阳村、乐平镇、黄泽关、百井社，各建城寨，扼契丹援兵；迁其部内人户于西京、襄、邓、唐、汝州，给闲田使自耕种，绝其供馈。如此，不数年间，可平定矣。”（见范镇的《东斋记事》卷一、《续资治通鉴长编》卷一十）宋太祖被迫采取这个政策，班师南归。

宋太祖的“先南后北”战略是周世宗时王朴《平边策》的继续完善和发展，是在全面考察、权衡利弊之后而做出的完全符合宋初军事、经济实力的一种稳妥的决策。“先南后北”，只是统一战争中的先后次序问题、方法步骤问题，而绝不是只南不北，更不是南攻北降。宋太祖于平定荆湖以后，曾对他的弟弟赵光义说：“中国自五代以来，兵连祸结，帑藏空虚。必先取巴蜀，次及广南、江南，即国用富饶矣。河东与契丹接境，若取之，则契丹之患，我当之也。姑存之以为我屏翰，俟我富实则取之。”（见王称的《东都事略》卷二十三，参见魏泰的《东轩笔录》卷一）宋太祖在不断总结历史和现实经验教训中得出的这一论断，值得我们重视。

---

① 据《辽史》卷六、卷七，《宋史》卷一、卷二，《十国春秋》卷一百〇五，《续资治通鉴长编》卷六、卷七，《宋史纪事本末》卷十二等统计，太祖时，宋辽冲突的次数至少有八次，其中五次是北汉与契丹联合作战的。宋太祖几次围攻太原，也都遭到契丹的干涉。

三

判断一个政策或策略的正确与否，要看它的实践效果如何。由于宋太祖推行了“先南后北”的正确战略，所以宋初的统一战争进展神速。这里值得注意的是，宋太祖对南方用兵同样也是采用先取其易者、弱者再积蓄力量攻其较强较大者的战略方针。乾德元年，北宋首先出兵两湖，灭掉荆南和湖南两个最弱小的割据政权；接着，宋军次第削平后蜀、南汉、南唐等较强大的割据政权。宋太祖于灭南唐的次年即开宝九年（976 年）去世，这时全国统一的大局已定。到宋太宗太平兴国三年（978 年），漳泉的陈洪进和吴越的钱俶在北宋的强大军事、政治压力下也相继纳土归附。北宋先后只用了十五年时间就统一了南方，得州一百五十七、军四、监一、县七百四十五、户二百三十多万。① 宋太祖于灭蜀后，曾诏“取蜀宫殿材造船二百艘，装载物帛铜钱器皿及银腰带十万，应付江南军前”（见吴任臣的《十国春秋》卷四十九），支援对南唐的战争。宋代史臣也着重指出：“及取荆湖，下西蜀，储积充羡。”（见《续资治通鉴长编》卷六）又平南唐之后，每年从那里漕运来京师的稻米就有数百万石之多（见《续资治通鉴长编》卷十八）。这样，北宋的国力大大增强了。

宋初于平定南方后才用大军攻取北汉，这是经过朝廷君臣们慎重考虑而决定的。据《续资治通鉴长编》卷一建隆元年八月条载：“时上将有事于北汉，因密访策略，（张）永德曰：‘太原兵少而悍，加以契丹为援，未可仓卒取也。臣愚以为每岁多设游兵，扰其田事，仍发间使谍契丹，先绝其援，然后可图。’上曰：‘善。’”据《续资治通鉴长编》卷九开宝元年七月条载，宋太祖

① 据《续资治通鉴长编》卷四、卷六、卷十二、卷十六、卷十九所载的数字统计而得，但不包括后蜀的秦、凤、阶、成四州及南唐江北的十四州、六十县、二十万六千多户。另据北宋初年统计，当时北方人口包括北汉三万五千多户，总共一百多万户，只有南方人口的一半弱。

即位不久，尝微行过谋臣赵普家，与之商讨南征北伐事："上曰：'吾欲收太原。'……普曰：'太原当西北二边，使一举而下，则边患我独当之，何不姑留以俟削平诸国。彼弹丸黑子之地，将何所逃。'上笑曰：'吾意正尔，姑试卿耳！'"宋太祖是同意并采用了张永德、赵普的把北汉放一放的策略的。

吴越归宋后不到一年（979 年），宋太宗便大举亲征北汉。辽朝这时在景宗（969—981 年）的统治下，照例派兵来救。前锋到达白马岭（今山西盂县东北，盂县在山西太原的东面），与宋军只隔一条溪涧。主帅主张等待后军到齐后决战，监军却要尽先出击。主帅扭不过他，结果辽军渡涧未半，为宋军所乘，大溃，监军与五将战死，士兵死伤无数。宋军进围太原城，军士冒犯矢石，奋勇争先登城，甚至使宋太宗怕伤亡过多，传令缓攻。半个月之后，北汉主刘继元被迫出降，北汉平定。这时，北宋的国力达到鼎盛阶段，已可与劲敌契丹交手了。

这个有利形势的到来正是宋太祖十多年来坚定不移地执行"先南后北"战略的丰硕果实。如果宋太宗能够头脑冷静，总结历次对辽作战的经验教训，稍事休整，严肃军纪，那么打败契丹，收复幽云，全部实现宋太祖的统一大业，并不是不可能的。可是，白马岭之战的胜利使宋太宗过高地估计了自己的力量，急躁冒进，企图一举而下幽州。由于攻围太原累月，馈饷且尽，军士罢乏，会刘继元降，人人有希赏意，而上将遂伐契丹，取幽蓟，诸将皆不愿行，然无敢言者。宋太宗无视将士们的合理要求和实际困难，亲率大军迅速向东北进发。一路上没有碰到辽军主力，沿途军民纷纷响应，东易州（即岐沟关）和涿州（治今河北涿州）的辽朝守将都自动投降，不到一个月就比较顺利地到达幽州城下，附件的辽朝守将也陆续前来投降，形势和周世宗北伐时的情况一样。可是，宋军围攻坚城十五天不下，"士卒疲顿，转输回远"。（以上均见《续资治通鉴长编》卷二十）当宋方正处于强弩之末难于穿鲁缟之际，辽景宗已派名将耶律休哥和耶律斜轸率领骑兵前来救援，马不停蹄，连夜赶路，从小道兜到宋军后方。宋军仓促应战于高粱河一带，为辽兵所内外夹攻，立时大败，四散逃窜。宋太宗只身乘驴车逃回，大腿上中了两箭。十八年后，他就因这伤口的发作而死。[①] 高粱河之败，乃宋太宗麻痹轻敌、急躁冒进和宋军纪律松弛、斗志涣散所致，绝不能据以否定“先南后北”战略的正确性。

到宋太宗太平兴国四年，除了幽云等地区还由辽朝占据着，陕北地区仍被党项贵族统治着，边疆地区尚有西北的高昌、龟兹、于阗，西南的大理和吐蕃等政权外，中国内地都被北宋统一了。安史之乱以来，延续了两百多年的分裂割据局面基本结束，统一的中央集权国家在中国再度出现，大大有利于国家先进的生产力的发展和国内外商业交通的活跃，促进了宋代经济文化的全面繁荣和高涨，这无疑是历史上的一大进步。

我们在评述了宋太祖“先南后北”战略的继承关系、奠定过程、确切含义和实践效果之后，再回头来看看那种认为宋太祖因为执行“先南后北”战略而坐失灭辽良机，造成日后“积贫积弱”局面和严重边患的论调是否妥当就洞若观火了。

辽穆宗在位时，辽朝军事力量尚相当强大。前述公元 954 年高平之战后，周世宗曾进军太原，被辽与北汉联军击败于忻口，就是明证。殷鉴不远，960 年登位的宋太祖岂能把国力做孤注一掷？经过宋太祖多年的苦心经营，宋太宗本有条件完成收复幽云的大业，只因急于求成，乃有高粱河之败绩。自 10 世纪末期（辽圣宗时）以来，辽政府普遍采用先进的封建生产关系和汉制，国内矛盾趋向缓和，最高统治者又注意选拔人才，统治比较稳固，宋辽双方的力量已处于相持状态。辽于公元 986 年（辽圣宗统和四年，宋太祖雍熙三年）大败来攻的宋军于岐沟关。此后，辽兵连年南犯，亦遭宋军强烈抵抗。自 1004 年（宋真宗景德元年、辽圣宗统和二十二年）宋辽订立澶渊之盟后，宋政府仍死守

---

① 此据《辽史》卷九、卷八十三，《宋史》卷四，王铚的《默记》卷中的记事；而宋代官修史书不载宋太宗攻幽州败绩事，《续资治通鉴长编》亦如此。

祖宗法制，不图改革，国力遂日趋衰微了。

这种衰微局面的出现始于北宋中期，其根本原因可追溯到北宋初期的许多措施，特别是宋的传统国策。宋初，为了防止割据势力的再起，不惜强干弱枝，削弱地方武备；为了防止军人跋扈而实行兵将分离、“将从中御”政策，带来了将帅无权，指挥不灵，以致军队战斗力削弱的弊端；为了使朝廷“恃兵以为固”而造成弱天下以奉兵的冗兵恶果；为了笼络士大夫、“与士大夫治天下”而形成了重叠的官僚机构，行政效率低。尽管北宋政府极力搜刮人民财物，仍难以应付庞大的财政开支。但是，凡此种种，与宋太祖“先南后北”战略是风马牛不相及的。

综上所述，“先南后北”的统一战略乃是周世宗即位之初就早已制定的，是经过君臣们慎重讨论的；宋太祖兄弟及其大臣们也是继承和完善了周世宗的政策并通过历史的实践取得成效的，因此必须予以肯定。

北宋两浙社会经济的发展及其原因①

公元960年，北宋建立。宋太祖采用“先南后北”的统一战略，于975年灭南唐后，吴越北面失去屏障。978年，北宋改用政治压力胁迫吴越降宋，钱俶“遂上表献所管十三州、一军”“县八十六，户五十五万六百八，兵十一万五千三十六”②，归附宋朝，从此浙江成为北宋政权的辖地。

一、两浙社会经济的发展

宋灭吴越，两浙地区未遭战争破坏，因此其经济得以顺利发展。北宋统治者为了增加财政收入，巩固其统治，不得不重视这一地区的农业、手工业生产，发展商业，奖励海外贸易。在广大劳动人民的辛勤劳动下，两浙的社会经济在唐末五代的基础上得到了进一步的发展，成为全国的首富地区。

（一）农业生产的恢复和发展

1. 水利的兴修和农田的垦辟

北宋政府很重视两浙地区的水利事业，当时两浙的水利建设

① 原载《浙江师范学院学报》1984年第1期，人大《复印报刊资料·宋辽金元史》1984年第1期和《经济史》1984年第1期全文转载，《中国史研究动态》1985年第8期摘要介绍。

② 李焘：《续资治通鉴长编》卷十九，427页，北京，中华书局，2004。

超过了唐代的一倍左右[①]，其中尤以海塘的兴修，西湖、东钱湖和鉴湖的疏浚所取得的成就为著。

沿海劳动人民为了同大自然做斗争，对海塘进行了多次修治。两浙捍海塘始筑于唐代而大兴于吴越。到了北宋真宗大中祥符五年（1012年），“浙江击西北岸益坏，稍逼州城，居民危之。即遣使者同知杭州（郡守）戚纶、转运使陈尧佐画防捍之策。纶等因率兵力，籍梢楗以护其冲”[②]。两年后，“发运使李溥、内供奉官卢守懃经度，以为非便。请复用钱氏旧法，实石于竹笼，倚叠为岸，固以椿木，环亘可七里。斩材役工，凡数百万，逾年乃成，而钩末壁立，以捍潮势，虽湍涌数丈，不能为害”[③]。用此办法，可就地取材，成本低，见效快。但竹木浸泡水中，日久易霉烂，不但靡费劳民，而且经常有塌方跨堤的危险，必须加以改进。同时到景祐中，浙江海塘又陷于“积久不治，人患垫溺”[④]的局面。当时，朝廷派工部郎中张夏来作转运使，专置捍海捍江兵士五指挥，以二千人为额，找到了解决矛盾的办法，即“专采石修塘，随损随治，众赖以安”[⑤]。到了庆历元年（1041年），知府杨楷、转运使田瑜又沿用张夏的办法修治海塘。庆历七年至皇祐二年（1047—1050年），王安石任鄞县（今浙江宁波市鄞州区）知县时才发明了符合科学原理的坡陀法（即采用斜坡向下的势态）来修治海塘，以后海塘的修治均采用此法。经过历年多次的修建，从钱塘经仁和、海宁、海盐、平湖到金山一带长达三百

---

① 李剑农：《宋元明经济史稿》，19页，北京，生活·读书·新知三联书店，1957。

② 脱脱等：《宋史》卷九十七《河渠七·东南诸水下》，2396页，北京，中华书局1976。

③ 脱脱等：《宋史》卷九十七《河渠七·东南诸水下》，2396页，北京，中华书局1976。

④ 脱脱等：《宋史》卷九十七《河渠七·东南诸水下》，2396页，北京，中华书局1976。

⑤ 脱脱等：《宋史》卷九十七《河渠七·东南诸水下》，2396页，北京，中华书局1976。

多里（150000 多米）、高宽各四丈（约 13.3 米）的海塘才基本完成。两浙捍海塘的修治，对于护卫两浙沿海沿江地区的农业生产和百姓的身家性命起了极其重要的作用。

坐落在杭州城西的西湖，周长三十多里（15000 多米），在远古时连同杭州都是一片浅海湾。中唐以后，李泌、白居易任杭州刺史时，组织百姓对西湖加以整治。“税重多贫户，农饥足旱年。唯留一湖水，与汝救凶年。”① 这是对当时天灾人祸的真实写照，同时也说明了西湖与农业生产发展具有密切的关系。到吴越钱镠时，曾设撩湖兵士千人，专一开浚，撩治西湖葑草（茭白之类的杂草），加以浚治，使西湖周围一带的农田灌溉得益匪浅。可是，入宋以后“稍废不治，水涸草生，渐成葑田”②。到哲宗元祐中（1088—1092 年），一半湖面已葑积，严重地影响了农业生产的发展和杭州市区的繁荣。此时，苏轼两次来杭任职，对西湖的浚治起了很大的作用。他到任后，经过周密的调查研究，对西湖与杭州人民的生产、生活的关系有相当深刻的认识，遂大声疾呼，为西湖请命，奏陈于上曰：“西湖如人之眉目，岂宜废之?”③ 他还强调指出西湖有五不可废，其中四点专指西湖与杭州人民的生产、生活及都市繁荣有密切的关系。其一，西湖之水为杭州城区人民饮料之源，若湖狭水浅，全城之人复饮咸水，有害生计；其二，引用西湖之水可灌溉附近农田千顷，有利于农田水利；其三，杭州城内之运河仰赖西湖之水为之挹注，若湖水不足，则必取之于钱塘江之水，江水多沙，河道易于淤塞，有碍交通运输；其四，杭州盛产名酒，酒税收入十分可观④，而酿酒之

---

① 白居易：《别州民》，见《白居易诗集校注》，谢思炜校注，1826 页，北京，中华书局 2006。

② 脱脱等：《宋史》卷九十七《河渠七·东南诸水下》，2397 页，北京，中华书局，1976。

③ 吴自牧：《梦粱录》卷十二《西湖》，99 页，北京，中华书局，1985。

④ 据《宋史》卷九十七《河渠七·东南诸水下》载，当时杭州每年上交酒税达二十余万缗，居全国第一。

水皆仰赖西湖，若湖渐浅狭，少不应沟，则当劳人远取山泉，成本既高，水源又不足，酿酒业必受影响①。为此，他草拟了《申三省起请开湖六条》，其中包括经费、管理、设备等内容，并且调集二十万民工对西湖进行大规模的治理——开深湖底，挖取湖泥、葑草，并且利用其堆筑成自南屏山麓至曲院风荷的南北横亘的二千八百米的长堤；又在堤上筑造六座石拱环洞桥，夹道种植芙蓉、柳、桃，望之如画，从此就流传着“西湖风景六吊桥，一株杨柳一株桃”的杭州民歌，这就是闻名中外的“苏公堤”。

苏轼在主持疏浚西湖的同时，又疏通了钱塘县西南的茅山、盐桥二河，“遂浚二河以通漕，复造堰闸，以为湖水畜泄之限，江潮不复入市。”② 又重修六井，发展了杭州地区的农田水利建设和交通运输，解决了杭州百姓的许多切身问题。百姓感其“有德于民”，故当时杭州民家“家有画像，饮食必祝，又作生祠以报”③。

东钱湖，又名万全湖，是鄞县东南的大湖，也是浙江省最大的淡水湖，由七十二条溪流汇合而成，周长八十余里（40 余千米）。真宗天禧元年（1017 年），郡守李夷庚开始整修，“中有四闸七堰，凡遇旱涸，开闸放水，溉田五十万亩”④，解除了东钱湖附近农田水旱之忧。仁宗时，政治腐败，水利失修，营田已废弛了六十多年，渠川大都淤塞，东钱湖也濒于淤塞状态。庆历七年（1047 年），王安石任鄞县县令，面对当时严重干旱致使农业生产下降的威胁，组织当地百姓重清东钱湖，“起堤堰、决陂塘，

---

① 脱脱等：《宋史》卷九十七《河渠七·东南诸水下》，2398 页，北京，中华书局，1976。

② 脱脱等：《宋史》卷三百三十八《苏轼传》，10812—10813 页，北京，中华书局，1976。

③ 脱脱等：《宋史》卷三百三十八《苏轼传》，10814 页，北京，中华书局，1976。

④ 脱脱等：《宋史》卷九十七《河渠七·东南诸水下》，2403 页，北京，中华书局，1976。

为水陆之利"①。经过王安石及其后人多次修治，并且在沿湖筑起"七堰""九塘"，使鄞县、定海（镇海）、奉化三境之田都得到了灌溉。此外，王安石还对鄞县全县水利情况进行深入调查研究和实地勘察。他曾在庆历七年冬天，不辞劳苦，亲自下乡巡视，走遍了东西十四个乡镇，到处劝导农民修筑堤围和灌溉沟渠。当地百姓无论老壮稚少，都参加了兴修水利，疏通了淤塞的水渠，使原有的和新建的渠道都发挥了蓄水和排水的作用，解决了该地区的水利问题②。四百年后，鄞县农民还在陀山下立祠纪念王安石。

越州的鉴湖，经过修浚，同样富有灌溉之利，"溉田八千顷，食利者万家"③。

北宋时的两浙路，由于土地兼并剧烈，劳动人口又比较集中，广大农民为了增产更多的粮食，克服了自然条件的种种限制，因地制宜地开垦了数以百万计的土地。婺州的浦江县，"居山僻间，地狭而人众，一寸之土，垦辟无遗"④。政和六年（1116年），平江府（苏州）兴修围田二千顷⑤（133.3平方千米）。北宋时仅仅围垦广德湖周围一带就扩大了耕地面积八百顷（53.3平方千米）。鄞县垦田为746.1亩（497400平方米）；慈溪垦田为469.1亩（312733.3平方米）；定海垦田为350亩（233333.3平方米）；奉化土狭人稠，日益开辟为事，凡山巅水湄有可耕者，累石堑土，高寻丈而延表数百尺，不以为劳。以神

① 脱脱等：《宋史》卷三百二十七《王安石传》，10541页，北京，中华书局，1976。

② 王安石：《鄞县经游记》，见《王安石集》，312页，郑州，河南大学出版社，2016。

③ 脱脱等：《宋史》卷二百九十八《蒋堂传》，9913页，北京，中华书局，1976。

④ 倪朴：《投巩宪新田利害札子》，见《倪石陵书》，影印文渊阁四库全书集部第1152册，17页。

⑤ 脱脱等：《宋史》卷一百七十三《食货上一·农田》，4169页，北京，中华书局，1976。

宗时全国垦田数为例，据统计，全国共有四百六十一万六千五百顷，而东南九路合计二百九十五万三千五百七十八顷，占百分之六十四①，而两浙路的垦田数在东南诸路中又占有重要地位。土地的大量开垦和广泛利用，使农业产量获得较大幅度的增长。

2. 粮食品种的增加和农业的商品化

北宋的统一，沟通了南北的交通和促进了对外关系的发展，南北农民得以彼此交换农作物品种和交流生产技术，为两浙路农业生产发展提供了十分有利的条件。

占城稻的普遍种植和麦、粟、黍、豆等作物的推广，对两浙路粮食的增产具有很大的意义。由越南传入中国的占城稻，稻穗长而无芒，粒细小，因产自占城而得名②。在北宋以前，占城稻仅在福建地区有栽种。到了北宋真宗大中祥符五年（1012 年），为了预防旱灾，政府派人从福建取占城稻种三万斛，分给江淮、两浙等路推广，令农民择地势较高、易受旱灾的土地莳种，并且将种植方法写成榜文公布于众，指导农民耕种。当时，温州地区也普遍栽种，温之百日黄，宋时借种于闽，俗称金城，金城即占城也。占城稻具有抗旱力强、生长期较短、成熟快等特点。而浙江山区、半山区较多，一遇天旱，水稻田易遭旱灾袭击，而占城稻既可以在地高缺水的地方种植，单产又比较高，一岁可以收获两次；加上它具有“不择地而生”，适于普遍栽种的优点，使得栽种面积不断扩大，产量大增。此外，两浙路农民在生产实践中还不断培育出许多优良的稻种，大幅度提高了农田的单位面积产量和粮食总产量。北宋时，两浙路的粮食总产量居全国首位，两浙产稻谷最多的地区是苏、湖、常、秀等州，亩产在正常年景为三石左右，而明州广德湖周围的民田，稻谷亩产竟达六七石之

---

① 马端临：《文献通考》卷四《田赋考四》，59 页；卷九《钱币二》引毕仲衍《中书备对》，96 页，北京，中华书局，1986。

② 脱脱等：《宋史》卷一百七十三《食货上一·农田》，4162 页，北京，中华书局，1976。

巨①，为全国之冠。

太宗时（976—997 年），两浙和江南、荆湖、岭南、福建等路的农民一样，开始推广麦、粟、黍、豆等作物。两浙农民能够根据各种作物的性能做到“种无虚日，收无虚月，一岁所资，绵绵相继”②。这些旱地作物的推广，既增加了农作物的品种，丰富了人们的生活内容，又提高了农田复种指数，提高了单位面积产量，对粮食增产具有重要意义。

农产品的专业化、商品化，是北宋两浙路农业生产发展的一个突出表现，同时也是两浙路商品货币经济发展的一个方面。随着北宋两浙路农业生产的恢复与发展，以及商品生产发达和交换的需要，农民不仅生产自己需要的生活资料，还生产在市场上可供出卖的商品。“民计每岁种粮之外，余米尽以贸易。”③ 此外，封建国家赋役的搜刮，高利贷的勒索，以及农家婚丧嫁娶的需要，迫使他们把自己生产的粮食流通到市场上，“小则具服器，大则营婚丧；公有赋役之令，私有称贷之责，故一谷始熟，腰镰未解，而日输入市焉”④。不仅如此，有的农民为了充饥活命，还得从市场上购买粮食，“农人仓廪既不盈，窦窖既不实，多或数月，少或旬日而用竭矣。土将生而或无种也，耒将执而或无食也，于是日取于市焉”⑤，这就进一步加速了粮食作为商品在市场上的流通频率和粮食的商品化。如秀州魏塘镇的商人整日得米

---

① 徐松：《宋会要辑稿·食货》，4819 页，北京，中华书局，1957。

② 陈旉：《农书》卷上《六种之宜篇第五》，4 页；卷下《种桑之法篇第一》，21 页，北京，中华书局，1985。

③ 叶适：《水心先生文集》卷一《上宁宗皇帝札子二》，见《叶适集》，刘公纯等点校，2 页，北京，中华书局，1961。

④ 李觏：《直讲李先生文集》卷十六《富国策第六》，见《李觏集》，王国轩点校，142 页，北京，中华书局，1981。

⑤ 李觏：《直讲李先生文集》卷十六《富国策第六》，见《李觏集》，王国轩点校，142 页，北京，中华书局，1981。

数十石，每一百石，舟运至杭、至南浔、至姑苏，粜钱，复买物归售”①。此外，两浙路的农民还利用平原、丘陵或山区的各种不同地理条件开展多种经营，发展了诸如生丝、苎麻、茶叶、水果、花卉、菜蔬等的销售。当时在国内负有盛名的就有杭、嘉、湖地区和婺州的桑、麻，越州的日注茶、柑橘和甘蔗，杭州、衢州的橘，台州的乳柑，婺州的佛手等。与此同时，也就出现了农业的专业化和商品化。某些地地区成了桑麻、柑橘等经济作物的专业生产区，如湖州安吉县农民“唯籍蛋办生事”②，吴兴县则“本郡山乡，以蚕桑为岁计，富室育蚕有至数百箔，兼工机织，水乡并种苎及黄草，纺织为布”③，苏州太湖洞庭山方圆数十里“多种柑橘桑麻，餬口之物，尽仰商贩”④。

（二）手工业生产的发达

北宋两浙路的手工业生产不仅超过了前代，还是全国最发达的地区。无论是生产的规模，产品的种类、数量和质量，乃至技术水平，都无不如此。

1. 冶铸业

随着商品生产和交换的发展，社会上对铜的需求量猛增，因此北宋冶铸业中的铸钱业显得更为发达。当时专门制造钱币的作坊叫铸钱监，是由政府当局直接掌管控制的。北宋铸钱监的规模很大，一个铸钱监容纳了数百名铸钱工人，并且有精密的分工。由于东南系产铜之地，因此全国十七个铸钱监有九个集中在东南地区。其中，两浙睦州的神泉监就是全国有名的铸钱监之一，神

---

① 方回：《古今考续考》，转引自李春棠：《宋代小市场的勃兴及其主要历史价值》，载《湖南师院学报》，1983（1），76—82页。

② 陈旉：《农书》卷上《六种之宜篇第五》，4页；卷下《种桑之法篇第一》，21页，北京，中华书局，1985。

③ 谈钥：《嘉泰吴兴志》卷二十《物产》，4859页，台北，成文出版社，1984。

④ 庄绰：《鸡肋编》卷上，36页，北京，中华书局，1983。庄绰：《鸡肋编》卷中，44页，上海，上海古籍出版社，2012。

宗元丰年间（1078—1085 年）的铸钱额达到一十万贯[①]。

2. 造船业

北宋时期，由于封建经济的高度发展、海外贸易的畅通，对船舶的需求量激增，因此地处东南沿海的两浙造船业和海外贸易都异常发达[②]。

3. 丝织业和染织业

北宋两浙的丝织业和染织业在唐、五代的基础上进一步发展起来，是全国最发达的地区。著名的产品有杭州的白编绫，婺州红边贡罗、东阳花罗，睦州交梭绢、交梭纱，越州寺绫[③]、茜绯花纱，润州罗、方纹绫、水波绫，常州紧纱，等等。产品无一不精美，深受国内外人士的欢迎。北宋时的婺州“万室鸣机杼”[④]，欧阳修也有“孤城秋枕水，千室夜鸣机”[⑤] 之句，说明它是两浙著名的丝织业中心。婺州州治（原浙江金华县，今浙江金华市）“县治城中，民以织作为生，号称衣被天下，故尤富”[⑥]。婺州所属的浦阳县（今浦江）“俗善织，凡补吏者，指此邑为膏润，其空橐而来，盈装而归者，前后或相继”[⑦]。婺州义乌县（今浙江义乌市）“有山谷之民，织罗为生”，产品由城中的“柜户”收购兴贩[⑧]。素称丝织业发达的湖州安吉县出现了十口之家养蚕十

---

① 马端临：《文献通考》卷九《钱币二》引毕仲衍《中书备对》，95 页，北京，中华书局，1986。

② 倪士毅，方如金：《宋代明州与高丽的贸易关系及其友好往来》，载《杭州大学学报》，1982，12（2），81—90 页。

③ 越州寺绫，因为是尼、僧所织，故称寺绫。

④ 司马光：《温国文正司马公文集》卷八《送王伯初通判婺州》，见《司马光集》第 1 册，李文泽、霞绍晖点校整理，271 页，成都，四川大学出版社，2010。

⑤ 欧阳修：《居士集》卷十《送祝熙载之东阳主簿》，见《欧阳修集编年笺注》，403 页，成都，巴蜀书社，2007。

⑥ 刘敞：《公是集》卷五十一《先考益州府君行状》，621 页，北京，中华书局，1985。

⑦ 强至：《祠部集》卷三十三《送监征钱宗哲序》，507 页，北京，中华书局，1985。

⑧ 徐松：《宋会要辑稿·食货》，5109 页，北京，中华书局，1957。

箔，得茧取丝，卖绢易米的现象。这些农家“贤于终岁勤勤，且无旱干水溢之苦”①。与丝织业有密切关系的染织业也很发达，“茧箔山立，缫车之声连甍相闻”②。润州、常州的织罗务、湖州的织绫务和杭州的织务都是当时规模较大的官营织造作坊。太平兴国年间（976—983年），湖州织绫务光是女工就有五十八人。两浙路是北宋丝织业发达之地，北宋两浙路上供丝织品占全国上供数的35.3%。北宋两浙路上供罗要占全国上供数的65.4%，而婺州又是两浙路罗的集产地。另外，从东南各路起运到北方的布纲，其中很大一部分是两浙路出产的。神宗熙宁七年（1074年），两浙察访沈括言：“本路岁上供帛九十八万。”③ 北宋两浙路只占全国二十几路中的一路，它所缴纳的织物却占全国的四分之一以上。这一方面说明了北宋统治者对两浙地区剥削的苛重，另一方面也反映了两浙丝织、染织业在全国占有举足轻重的地位。其不仅数量超越前代，织造物的品种和技术也比过去有了很大的提高，仅锦的品种就有四十二种之多。织物极其纤细美丽，五光十色，花团锦簇。20世纪60年代末期，在浙江瑞安出土的北宋工艺品中，有经袱三方，皆以杏红色单丝素罗为地，用黄、白等色粗绒施平针绣成飞翔鸾团花双面图案。团花绣线用绒粗，绣面平，针脚整齐，是绣工技术熟练的标志。这是我国现存有明确年代可考的最早的双面绣品。

4. 制瓷业

北宋的瓷器制造业，无论制造方法还是釉色花纹或品种式样，都比前代有了长足的进步。两浙的龙泉窑是全国五大名窑之一，所产青瓷器号称“秘色”，吴越时就用于进贡。北宋时，釉

---

① 陈旉：《农书》卷上《六种之宜篇第五》4页；卷下《种桑之法篇第一》21页，北京，中华书局，1985。

② 李觏：《直讲李先生文集》卷十六《富国策第三》，见《李觏集》，王国轩点校，137页，北京，中华书局，1981。

③ 脱脱等：《宋史》卷一百七十五《食货上三》，4234页，北京，中华书局，1976。

料保持定量的配合，火候已知缓急高低，釉色加彩更有进步。瓷坯经过配料、窑烧，起了化学作用，产生各种鲜艳的斑色，称为窑变，这是北宋瓷器的一大特色。当时多产壶瓶之类的高级用品。徽宗宣和年间，宫廷制样须索，制品益加精制工巧，被誉为“千峰翠色”，极其精美。其他如越州、明州出产的白瓷器也颇有名声，经常被运往汴京瓷器库，供最高上层统治者享用。由于北宋两浙路瓷器的大批量生产，不仅供给国内需要，还大量远销到日本、高丽及东南亚、非洲乃至欧洲，远远超过唐代时的二十多个国家和地区，受到世界各国人士的关注。

5. 造纸业和印刷业

与印刷术有密切关系的造纸业，两浙路也很发达。北宋造纸业的中心是四川和江、浙。著名的藤纸出在杭、越、巨、婺等州。越州的剡溪纸，品种多，有剡藤、剡硾、罗笺等。温州的蠲纸，洁白紧滑，大略类高丽纸。东南出纸处最多，此当为第一焉。……吴越钱氏时，供此纸者蠲其赋役，故号蠲云，也是北宋时有名的品种。造纸业的发展为印刷术的发展提供了有利的条件，因此北宋时印刷业也有了飞速的发展。当时，国子监刻印的书，后世称为“监本”；民营书坊刻印的书，后世称为“坊本”。开封、杭州、建阳和四川眉山是北宋的印刷业中心，而其中尤以杭州的雕本最为出名，北宋监本大多在杭州刻印。近年来，在浙江瑞安的出土文物中发现了罕见的北宋雕刻印刷品和“洁白坚滑”的北宋纸张。其中有刻本佛经三件，书法秀丽，在写、刻、印方面都很精致，充分说明了我国的雕版印刷已发展到一个新阶段。尤其是《妙法莲华经》所用纸张极佳，质地细腻坚滑、光洁如新，足见北宋两浙造纸术的水平。

6. 酿酒业

由于农业的发展，粮食产量提高，酿酒业也不断发展起来。北宋时，名酒遍天下，而两浙就有杭州的竹叶青、白酒、碧香，婺州的婺州酒，湖州的碧兰堂，明州的金波，越州的蓬莱，润州的蒜山堂，苏州的木兰堂、白云泉等名酒。[①] 熙宁十年（1077年），两浙上交酒税额为一百八十二万一千三百余贯，占全国酒税总额的百分之十四强。[②]

7. 手工业

北宋两浙的手工艺品制作也异常发达，名牌产品门类繁多。如温州、台州的皮革业；睦州的竹簟；杭州、睦州、台州的金漆；温州的竹丝灯；苏州鞋、草履、席；两浙的纸扇、芒鞋；等等。尤其是温州的漆器，在宋代号称全国第一，工艺精美绝伦。近年来，在温州瑞安仙岩寺塔发现两件北宋庆历二年的经盒和骨灰盒，均以檀木为胎，嵌堆漆，金笔描绘。北宋首都开封还专门设有“温州漆器杂物铺”。由于温州漆器制作精美，因此畅销国内外，深受中外人士欢迎。

（三）商业的繁荣和市镇的勃兴

农业、手工业的发展，必然引起商业、城市的发展。五代时，两浙地区商业就十分繁荣，“东眄巨浸，辏闽粤之舟橹；北倚郭邑，通商旅之宝货”[③]。北宋时，全国的统一和农业、手工业的发展，海外贸易的畅通、商品交换的发达，都为两浙城市的发展、商业的繁荣创造了极其有利的条件。

杭州是两浙路政治、经济和文化的中心。其地处东南水道交通枢纽，人口众多，商业发达，风俗繁庶，“地有湖山美，东南第一州”[④]，被称为“东南形胜，三吴都会”“参差十万人家”[⑤]

---

① 朱弁：《曲洧旧闻》卷七，52页，北京，中华书局，1985。

② 徐松：《宋会要辑稿·食货》，转引自张家驹：《两宋经济重心的南移》，34页，武汉，湖北人民出版社，1957。

③ 吴任臣：《十国春秋》卷七十七《吴越一·武肃王世家上》，1054页，北京，中华书局，1983。

④ 周淙：《乾道临安志》卷三，见《宋元方志丛刊》第4册，3244页，北京，中华书局1990。

⑤ 柳永：《望海潮》，见《乐章集校注》，薛瑞生校注，169页，北京，中华书局，1994。

和“富兼华夷”“百事繁庶”的“地上天宫”①。杭州是北宋时南方最繁华的城市，也是全国第一流的大城市。②

明州地处东海之滨，位于奉化江与余姚江汇合处的甬江两岸，是北宋三大对外贸易港之一，其海外贸易居于两浙首位。明州作为一个港口城市，兴起时间远比杭州为晚，自秦汉时始于开拓与建设，到晋代才发展成为一个初具规模的城镇，中经隋唐的发展，到北宋时已成为仅次于杭州的大城市。人口也迅速增长，在太平兴国年间（976—983 年），有主、客户 10878 户；至元丰年间（1078—1085 年），主、客户猛增为 115208 户。在一个世纪左右的时间里，人口增加了十倍。由于人口的繁殖、劳动力的增加，农业、手工业、商业也不断发展繁荣起来，加之海外贸易的畅通，许多外国商人、使者，诸如日本人、高丽人、波斯人、阿拉伯人和东南亚人等，纷至沓来，云集明州。城内还建立了许多宾馆、使馆，至今有遗址可考的有在今之宝奎巷的高丽馆（又称藩驿馆）、今之波斯巷的波斯馆（系接待波斯人、阿拉伯人之驿馆）。由于手工业和商业的发展，商品交易已出现了一定集中的场所和专门的组织。当时设有许多专业性的“行”，进行专业制作与买卖。例如，今平桥头一带以东设有竹行；自奉化桥至新排桥一带设有花行、饭行……北宋时的明州是川泽沃野，有海陆之饶，珍异所聚，商贾并辏，有所谓“走遍天下，不及明州江厦”的谚语，这正是明州繁华热闹景象的生动写照。

温州地处浙南沿海，与明州南北呼应。北宋时，它不仅是对外贸易的主要港口之一，还是一个繁华的商业城市。“其货纤靡，其人多贾”③，虽说的是南宋初年的盛况，但也从侧面反映了北宋末年温州商业发达的一般情况。哲宗绍圣二年（1095 年），杨

① 陶穀：《清异录》卷上《地理门》，20 页，北京，中华书局，1991。

② 据王存撰《元丰九域志》卷一、三、五、六、九记载，北宋时全国都市人口在二十万以上的有长沙、汴京、京兆府（今西安）、杭州、福州、泉州等六处。

③ 程俱：《北山小集》卷二十三《席益差知温州》，4 页，上海，上海书店出版社，1934。

蟠出任温州知府，曾写下“一片繁华海上头，从来唤作小杭州”① 的诗句。

北宋时的两浙路，除了有许多大小城市外，还发展起许多沟通城乡之间的新镇市及农村中的墟市。据《元丰九域志》记载，北宋时全国有一千八百八十四个镇，而两浙路就有七十五个镇②，仅杭州就有十二个镇市③。仁和县的临平镇、范浦镇、北关镇、江涨桥镇于端拱元年（988 年）置，是杭州有名的镇。④湖州乌程县的乌墩镇、秀州崇德县的青墩镇，两镇隔溪相对，商业繁华，是苏州、秀州南往杭州的“水陆之会”⑤。秀州华亭县的青龙镇是上海的前身，景祐年间（1034—1037 年）置，熙宁末商税额竟达一万五千八百七十九贯文，仅次于州治嘉兴县而超过华亭，可见其商业之发达。地处浙西山区睦州的青溪县，也是两浙的大市镇，是富商巨贾往返江浙之间的通衢大道。这些遍布于两浙路的新兴镇市，是商品经济发展的重要阵地，有力地促进了广大农村和市场的联系，使农村大批农副产品源源不断地涌进了城市。总之，它是农业、手工业和商业汇集的场所，是连接城市和乡村的纽带。它的兴起和发展，是北宋两浙路商品经济发展的必然产物，同时也促进了商品经济的发展和商业的繁荣。

二、两浙社会经济发展的原因

北宋两浙社会经济比前代有明显的发展，这是有其深刻的社

---

① 张宝琳修，王棻等纂：光绪《永嘉县志》卷三十三《艺文志九·诗外编》，见《中国方志丛书·华中地方》第 475 号，3340 页，台湾，成文出版社，1983。

② 根据清光绪八年金陵书局刊印、冯集梧校订的本子记载。

③ 到南宋时镇市更为发展，据《咸临安志》《景定建康志》《宝庆四明志》和《嘉定赤城志》的记载，临安有六镇十五市，湖州有五镇二十二市，台州有三镇十六市。

④ 徐松：《宋会要辑稿·方域》，7539 页，北京，中华书局，1957。

⑤ 后来两镇合并为一镇，名乌青镇。

会原因的。经济重心的逐步南移，为北宋两浙经济的发展奠定了基础。两浙地区在从远古的洪荒时代开始，一直到三国东吴以前漫长的历史岁月里，虽有着悠久的历史文化①，但就其经济发展的总体来说，是远远落后于北方的。当时的江南地区，包括两浙路的绝大部分地区，仍然处于地广人稀和“遏长川以为陂，燔茂草以为田”的火耕水耨状态。但是，历史的发展经历了三国魏晋南北朝和唐末五代两个大动乱时期，中原地区封建军阀割据混战，战火连年，天灾不断，社会生产遭到了严重的破坏，出现了衰落萧条的景象。而同时期的两浙路是三国东吴、东晋、南朝和五代十国的吴越国时期，相对安定的政治局面不仅使黎民百姓免于兵燹之灾，还使经济文化得到了继续发展。北方数以百万计的以劳动人民为主体的各阶层人士，不堪忍受战火的洗劫和统治阶级的蹂躏，以及民族的歧视政策，接踵南流，出现了中国历史上的两次人口大迁徙②。他们的避地南来，不仅为江南两浙地区增加了大批劳动力，还带来了先进的生产工具和生产技术，与江南土著居民一道，不辞艰辛，共同开发了落后的江南。所以，经过三国东吴、东晋、南朝三百多年的经营开发，江南两浙地区的农业生产向前迈进了一大步。正如沈约所说：“江南之为国盛矣……地广野丰，民勤本业（农业），一岁或稔，则数郡忘饥，会土（会稽）带海傍湖，良畴也数十万顷，膏腴上地，亩直一金，鄠、杜之间，不能比也。”③ 两浙的太湖流域和浙东的会稽一带已变成东晋南朝的重要粮仓之一。特别是五代十国的吴越国时期，钱镠为了巩固其政治地位和供钱氏集团挥霍享用，把发展生产放在首位，如兴筑海塘，治理潮患，经营水利，发展农业，奖励蚕桑，

① 浙江余姚河姆渡发掘的遗址，距今已有七千年左右的历史。

② 中国历史上第一次人口大迁徙为魏晋南北朝时期，第二次为唐末五代时期，第三次为北宋末期和南宋初期。

③ 沈约：《宋书》卷五十四《孔冬恭等传·论》，1540 页，北京，中华书局，1974。鄠指陕西鄠县，杜在陕西西安市南，这一带在汉代是农业发达、地价很高的地方。

振兴越瓷；同时在政治上实行保境安民、不事兵革，礼贤下士、网罗人才等一系列措施，因而出现了“钱塘富庶，盛于东南”①，“吴越地方千里，带甲十万，铸山煮海，象犀珠玉之富，甲于天下”② 的局面。所以到北宋时，“东南诸郡，饶实繁盛”③，“今之沃壤，莫如吴越、闽蜀”④。历史是不能割断的，北宋两浙社会经济的全面发展是建立在两浙历代经济不断发展的基础之上的。

北宋统治者为了巩固其统治，采取了一系列发展东南特别是两浙的措施，促进了两浙社会经济的全面发展。宋初统治者对唐政府的财政收入主要依靠东南——“当今赋出于天下，江南居十九”⑤ 是看得非常清楚的，所以宋太祖在统一中国的过程中决定先取南方诸国，以重视发展东南的经济来支付辽和西夏的战费和赔款，这就是所谓“竭三吴以奉西北”的政策。两浙是全国经济最发达的地区，是北宋政府粮食供应的主要基地，北宋漕运每年一般在五六百万石，多时达七八百万石，而两浙就有一百五十万石以上，占总数四分之一左右。正如苏轼所说：“两浙之富，国用所恃，岁漕都下米百五十万石，其他财赋供馈不可悉数”⑥。假如两浙农业歉收，经济凋敝，北宋政权就很难支撑下去，因此两浙生产的好坏与否关系到赵宋政权的存亡。这种情况正如北宋

---

① 司马光：《资治通鉴》卷二百六十七《后梁纪二》，8726 页，北京，中华书局，1956。

② 苏轼：《苏轼文集》卷十七《表忠观碑》，499 页，北京，中华书局，1986。

③ 脱脱等：《宋史》卷三百四《范正辞传》，10060 页，北京，中华书局，1976。

④ 王应麟：《玉海》卷十七《地理·郡国上》，323 页，扬州，广陵书社，2003。

⑤ 韩愈：《送陆歙州诗序》，见《韩昌黎文集校注》，马其昶校注、马茂元整理，258 页，上海，上海古籍出版社，2014。

⑥ 苏轼：《苏轼文集》卷三十二《进单锷吴中水利书状》，916—917 页，北京，中华书局，1986。

史学家范祖禹一针见血指出的："国家根本，仰给东南。"[1] 鉴于上述历史原因和客观状况，迫使赵宋统治者不得不积极采取发展东南特别是两浙的政策。太祖时下诏："所在长吏谕民，有能广植桑枣、垦僻荒田者，止输旧租，县令、佐能招徕劝课，致户口增羡、野无旷土者，议赏。"[2] 又规定："逃民复业及浮客请佃者……以给授田土收附版籍"，把劳动力重新编制起来。同时，奖励垦荒，许民"分画矿土，劝令种莳……所垦田即为永业"[3]，又蠲灭了五代以来的部分苛捐杂税。太平兴国三年（978年），命考功郎中范旻权知两浙诸州事。范旻鉴于"钱氏据两浙逾八十年，外厚贡献，内事奢僭，地狭民众，赋敛苛暴，鸡鱼卵菜，纤悉收取"，"民苦其政"的状况，"悉条奏，请蠲除之。诏从其请。"[4] 吴越时，田税苛重，"两浙田税亩三斗"。吴越归宋后，"朝廷遣王方贽均两浙杂税。方贽悉令亩出一斗。使还，责擅减税额。方贽以谓亩税一斗者，天下之通法，两浙既已为王民，岂当复循伪国之法？上从其说。"[5] 太宗淳化元年（990年），又令江南、两浙游民劝其耕种，准免租税徭役五年。[6] 真宗大中祥符四年（1011年）秋七月下诏："其两浙、福建、荆湖南北路身丁钱并特除放。如有元以钱折征物色，亦与除放。凡岁免缗钱四十五万四百六贯。"[7] 北宋两浙封建经济之所以能够得到高度发展，固然主要是由于广大人民群众的辛勤劳动，但与北宋统治者所推

---

① 脱脱等：《宋史》卷三百三十七《范祖禹传》，10796页，北京，中华书局，1976。

② 脱脱等：《宋史》卷一百七十三《食货上一·农田》，4158页，北京，中华书局，1976。

③ 脱脱等：《宋史》卷一百七十三《食货上一·农田》，4158页，北京，中华书局，1976。

④ 李焘：《续资治通鉴长编》卷十九，428页，北京，中华书局，2004。

⑤ 沈括：《梦溪笔谈》卷九《人事一》，84页，上海，上海书店出版社，2003。

⑥ 徐松：《宋会要辑稿·食货》，4809页，北京，中华书局，1957。

⑦ 陈傅良：《止斋文集》卷二十六《乞蠲放身丁钱札子》，见《陈傅良先生文集》，周梦江点校，356页，杭州，浙江大学出版社，1999。

行的一系列发展生产的政策措施是分不开的。

两浙优异的地理环境对经济的发展起了一定的保障作用。北宋时的两浙路，包括杭州、湖州、严州（北宋末年方腊起义被镇压后，改睦州为严州）、秀州、常州、越州、婺州、衢州、处州、温州、台州、明州、平江府（原苏州升）、镇江府（润州府升），凡统属府二，州十二，县七十九，① 包括了今天的浙江全部和江苏南部。地处东南沿海，属亚热带，气候温暖湿润，雨量充沛。特别是太湖流域的长江下游平原、杭嘉湖平原、宁绍平原、金衢平原等，平原面积占两浙路很大比例。即使是丘陵和山地，海拔也不高，适宜耕耘种植。境内土地肥沃，资源丰富，河流湖泊纵横交错、星罗棋布。农作物品种繁多，复种指数和生产技术水平较高，又有取之不尽、用之不竭的海产资源，富有渔盐之利，号称鱼米之乡。这种得天独厚的地理环境和优越的自然条件，为两浙经济的发展提供了极其有利的条件。

北宋的统一、阶级斗争和统治阶级的改革都促进了两浙经济的发展。北宋结束了五代十国的分裂割据局面，重建了统一的封建国家，相对安定的政治局面有利于社会生产的发展和南北经济的交流。唐末浙江的裘甫起义和黄巢起义，北宋初年王小波、李顺起义，这一切无疑都沉重地打击了地主阶级。一方面，使阶级关系发生了一些重要变化，残存的士族集团“遭乱丧亡且尽”②；另一方面，随着大土地所有制的削弱、自耕农民的增多，土地高度集中和农民大量破产逃亡的状况有了一定的缓和，随之佃客的地位也有了某些改变，人身依附关系相对有所削弱。这些都为五代和北宋社会经济的发展创造了有利的条件。北宋中期，王安石在鄞县的变法尝试及其政绩，以及后来变法中的若干措施，诸如均输法、青苗法、农田水利法等，对北宋两浙社会经济的发展起

---

① 北宋时，两浙路所辖府、州、军、监，太宗、仁宗、神宗、徽宗时屡有变更，本文所统府、州、县数系徽宗时定制。

② 欧阳修：《新五代史》卷二十八《豆卢革传》，301 页，北京，中华书局，1974。

了一定的促进作用。

北宋科学技术的进步也促进了两浙经济的发展。生产力的发展必然要促进科学技术的进步；反之，科学技术的进步也定要促进生产力的发展。两者是相辅相成、互为因果的。北宋生产力的发展为科学技术的发展创造了一定的条件。指南针的发明并应用于航海事业，直接促进了两浙海上交通和海外贸易的发展。杭州人毕昇发明活字印刷，使两浙的印刷术飞速发展到全国的首位。杰出科学家沈括在科学技术的许多领域都取得了卓越的成就。北宋在数学、物理学、化学、化工、冶金、水利、地学、气象学、天文学、农学、生物学等科学理论方面，以及矿冶、建筑、造船、机械、纺织、制瓷等应用科学技术方面都取得了较大的进步，出现了新的局面，有些方面还有所突破。这一切都直接或间接地促进了两浙社会经济的发展。

北宋政治改革派的先驱王禹偁①

王禹偁（954—1001 年），字元之，济州巨野（今山东巨野县）人，出身“磨家”②，官至翰林学士，晚岁曾贬知黄州，故后世又称王黄州。王禹偁一生经历了北宋太祖、太宗、真宗三朝。太宗太平兴国八年（983 年）禹偁三十岁，考中进士。真宗咸平四年（1001 年）五月，卒于蕲州，享年四十八岁。禹偁一生著述甚多，可惜大部分作品都已散佚，今只存《小畜集》三十卷、《小畜外集》二十卷（残存卷六至十三）及《五代史阙文》一卷。纵观王禹偁短暂的一生，他不仅是一位关心民瘼、敢说敢为的正直官吏，据实直书、不畏时忌的史家，更是北宋政治改革派的先驱。他针对北宋弊政，在政治、经济、军事、文学等方面都提出了一系列的改革主张，在中国封建社会政治改革史上占有举足轻重的地位。作为关心百姓疾苦、敢说敢为的正直官吏和坚持现实主义创作的文学家，历代评论者比较推崇他，但作为北宋政治改革派的先驱，他被人们忽视。

一

赵匡胤发动陈桥兵变，夺取了后周政权，建立了赵宋王朝

---

① 原载《浙江师范大学学报》1986 年第 4 期。

② “磨家”是指以磨麦和制作面食为生的贫苦人家。

后，采取了一系列加强中央集权的措施，逐步建立起中央集权的封建统治。但是，过分集权于中央，地方势必无权，这就带来严重的弊端。王禹偁早在咸平三年（1000 年）上疏言事时就一针见血地指出太祖、太宗的中央集权措施："虽则尊京师而抑郡县，为强干弱枝之术，亦非得其中道也。"①

宋初的统一局面不是直接经过大规模急风暴雨式的农民起义打击封建统治者、调整了生产关系之后产生的，而是吸取五代频繁的军事政变的教训，只注意封建上层人物在政权争夺中所起的作用，着重于缓和统治阶级内部的矛盾，给予那些从龙功臣、官僚地主种种特权，保障和扩大他们的既得利益以争取他们对新政权的支持。宋初统治者认为"富室连我阡陌，为国守财尔！缓急盗贼窃发，边境扰动，兼并之财，乐于输纳，皆我之物"②，因而采取"不抑兼并"和"田制不立"的政策，怂恿地主兼并农民土地，支持他们"广置良田"。因此，北宋立国不久，官僚地主侵占农民土地的现象就十分严重。

北宋统治者为了取得地主阶级的支持，扩大统治基础，还通过科举制度、恩荫制度和其他各种途径，给予地主阶级人士广泛的参政机会。因此，官员队伍就像滚雪球不断扩大，机构重叠，使得国家机器不能正常地运转。真宗时，这个问题已很严重，"三司官吏积习依违，天下文牒，有经五七岁不为裁决者，案牍凝滞，吏民抑塞，水旱灾沴，多由此致"③。总之，北宋官僚机构的庞大、臃肿、重叠和腐败，在我国封建社会历史上是罕见的。这不仅增加了国家的财政开支，竭民力以养冗官，还加重了人民的负担，激化了阶级矛盾。

为了缓和与镇压农民的反抗斗争，北宋统治者在加强中央集权、集中兵权的同时，还采取了所谓"百代之利"的养兵政策，

---

① 李焘：《续资治通鉴长编》卷四十七，640 页，台北，商务印书馆，1986。

② 王铚：《枢廷备检》，引自王明清：《挥尘录·余活》卷一，580 页，上海，商务印书馆，1936。

③ 李焘：《续资治通鉴长编》卷四十八，653 页，台北，商务印书馆，1986。

因此军队数量的增加更是惊人，但其素质越来越差，抵御外侮的能力日渐减弱。由于冗官冗兵而引起冗费，再加上对辽、西夏的庞大军费开支，这就造成了严重的财政危机，于是对百姓征敛无度，致使北宋在立国不久就陷入了严重的困境。同时，赵宋王朝一贯奉行“守内虚外”政策，这就进一步激化了本来已经尖锐的阶级矛盾，农民起义不断爆发。从北宋立国到真宗咸平三年（960—1000 年）的四十年里，农民起义，渔民、盐贩造反，士兵哗变倒戈，年年都有发生。

太宗太平兴国四年（979 年）灭北汉后，曾想一举打败契丹，收复幽云，但是同年幽州城下高粱河一战，宋军大败。雍熙二年（985 年）的葭川之败，雍熙三年（986 年）宋军又大败于歧沟关。这三次惨败，北宋的军事弱点完全暴露出来，从此结束了对契丹的军事攻势，北方边境经常受到契丹军队的侵扰；而西北的党项贵族又时叛时降，并且与契丹结成掎角之势，共同对付北宋，民族矛盾也相当尖锐。

面对这种形势，朝野上下一股因循保守的思潮占优势。宋太宗也由此丧失了当初创业的勇气和大胆的进取精神而不断趋向保守。淳化四年（993 年）十月，他公然说：“清静致治，黄、老之深旨也。夫万务自有为以至于无为，无为之道，联当力行之。”① 这种消极保守思想也成为当时朝廷的基本指导思想。而到真宗时，这种清静无为的思想又有所发展，他一即位就公开下诏书说：“先朝庶政，尽有成规，务在遵行，不敢失堕。”② 而当日的宰相王旦也主张：“祖宗之法具在，务行故事，慎所变改。”③ 这种因循保守，死抱住“祖宗之法”不放，导致祖宗成法中的积弊“乘之而生”并迅速膨胀、恶化。在“积贫”“积弱”

---

① 李焘：《续资治通鉴长编》卷三十四，477 页，台北，商务印书馆，1986。

② 李焘：《续资治通鉴长编》卷四十一，536—537 页，台北，商务印书馆，1986。

③ 脱脱等：《宋史》卷二百八十二《王旦传》，9545 页，北京，中华书局，2011。

“内忧”“外患”日益紧逼的严重形势下，旧的法制已难以适应新形势的需要。为此，统治集团内部另一些头脑较为清醒的有识之士为了改变上述局面使北宋政权得以大治，都不断提出针对时弊进行改革的主张。如户部郎中张洎、位极人臣且又比较保守的大僚赵普、吏部尚书宋琪、吏部郎中田锡、比部员外郎刁衎、知代州事柳开、京西转运副使朱台符等都曾上疏奏议。而知扬州事王禹偁早在至道三年（997 年）五月就大声疾呼，请求真宗“治之惟新，救之在速”①。咸平三年十二月，王禹偁于知黄州任内又向真宗上疏，迫切要求“改辙更张，因时立法。……法久则弊生，救弊之道，在乎从宜”②，并且曾向太宗说：若不进行改革，“则寇不在外而在乎内也”③。在要求改革的人群中，王禹偁是其中一位杰出的代表。

二

王禹偁从太宗太平兴国八年考取进士，进入仕途，先后担任过当时号为清贵之职的翰林学士，也曾三任知制诰（皇帝的秘书），三受黜落，做过州县地方官。担任朝官和地方官的时间刚好是一半对一半，前后为官达十八年之久，直至死于蕲州任上。

王禹偁任职期间，曾多次应诏上书提出改革主张，现举其要者加以论述。

太宗端拱元年（988 年），禹偁被召抵京，太宗下诏求直言。禹偁身为谏官、史官，向太宗献上《端拱箴》，请求重视农业生产，节约财政开支，任用贤能官吏，抑制豪强兼并，同时又严厉谴责了赵宋王朝绕治者对穷苦百姓的巧取豪夺，对皇帝的奢侈糜烂生活做了深刻的揭露和批判。他说：宫廷中“一裘之费，百家

① 吕祖谦：《皇朝文鉴》卷四十二《应诏言事》，见《吕祖谦全集》，814 页，杭州，浙江古籍出版社，2008。

② 李焘：《续资治通鉴长编》卷四十七，640 页，台北，商务印书馆，1986。

③ 李焘：《续资治通鉴长编》卷三十，427 页，台北，商务印书馆，1986。

衣裳”，“一食之用，千人口腹”，要太宗经常想到“室无环堵”“地无立锥”的广大劳动人民，做一位勤政爱民的圣君贤主。更为难能可贵的是，他提出反对土地兼并，实行计口授田，对人民实行仁政的改革主张。

是年，王禹偁又向太宗上《三谏书序》，第一次向皇帝谏议治国之策，极力主张端饬士行，沙汰僧尼，并省官吏。这是王禹偁建议政治改革的开端。

端拱二年（989 年）正月，契丹军队南下破易州（今河北易县）等地，北宋王朝民族危机加深，边境告急。故宋太宗又下诏文武群臣各陈备边御戎之策。王禹偁身为右正言、直史馆，又应诏上《御戎十策》。他在上疏中总结了西汉时汉与匈奴关系的经验教训，针对北宋初期的阶级矛盾和民族矛盾，提出对付契丹、西夏的改革主张。

十策之中，又分外内各五。外有五者，即一曰兵势患在不合，将臣患在无权。禹偁认为，北宋边患严重，原因就在皇帝的权力过于集中，集中兵权的结果使虽边廷也如内地。将帅“委任不专”，“动相牵制，不许便宜，兵以奇胜而节制以阵图，事惟变适而指踪以宣命”，带兵的将领不能掌握战争的主动权，致使“勇敢无所备，知谋无所施”。[①] 两军交战，“兵聚则功成，兵分则祸集，盖自然之势也”[②]。但宋廷不把军队集中在几个重要据点上，而是分散在各个县城，分兵把守，列壁相望，不能集中兵力打击敌人，加以赏罚不明等弱点，是宋军在契丹军队进攻面前经常败北的原因。因此，禹偁主张将帅“专委一人”，应当有职有权，军队之间要协同配合作战，如国家有兵三十万，则每军十万人，使互相救援，责以成功，然后行赏罚，使立功者行赏，无功者明诛，才能提高军队的战斗力，使契丹不敢南下侵扰。二曰侦逻边事，罢用小臣。禹偁指出若用小臣，“则边情有所隐而不

① 李焘：《续资治通鉴长编》卷四十四，580 页，台北，商务印书馆，1986。
② 李焘：《续资治通鉴长编》卷三十，423 页，台北，商务印书馆，1986。

尽知也”。他看到往来边上多是阘茸小臣，他们虽有爱君之名而无爱君之实，边疆涂炭而不尽奏，边民哀告而不尽言。他们权力不够，声望不高，能力较差，用心不善，难以尽责。因此，他提出要用老成大僚，往来宣抚，锡以温颜，使尽情无隐，则边事济矣。三曰行间谍以离之，因衅隙以取之。禹偁鉴于“契丹中妇人任政，荒淫不法”，“嬖臣擅轴，牝鸡司晨，单于幽闭，权归母后……滔天滑夏，极恶穷凶”，“戎狄无厌，贪残是务，肆长蛇之毒而不已，屈大邦之命而不从”，① 提出要“行间谍以离之，因衅隙以取之”的策略，即主张“委边上重臣募边民谙练蕃情者，间谍蕃中酋长，啖以厚利，推以深恩”，采取收买笼络、分化瓦解等办法击败他们。四曰以夷狄伐夷狄，中国之利也。北宋初期一开始就面临着北有契丹、西有党项贵族两面夹击、腹背受敌的不利形势。如何解决这种强敌压境的局面呢？禹偁分析了当时的矛盾，主张对未构成主要威胁的西面赵保忠、折御卿应采取团结、笼络的策略，予以重任，令其率麟、府、银、夏、绥五洲之地与北宋形成掎角之势，扬言要直取胜州则契丹恐惧，促其退兵自保。这种争取边境上的少数民族酋长来对付强敌的策略和不战而屈人之兵的战略思想，无疑是很高明的。五曰下哀痛之诏以感激边民。禹偁针对“沿边郡县，久被寇戎，蠢尔黎元，陷兹锋镝。膏血涂于原野，老弱填于沟壑，生人之苦，莫甚于斯，然而接界耕民，常时向背”② 的现状，要太宗亲自下哀痛之诏，发动群众，以唤起边民，同仇敌忾，抗击契丹。特别是要使与契丹接壤的幽蓟等州百姓懂得幽蓟之地“本是汉疆”，幽蓟之民同为华夏子孙，只是由于“晋朝以来，方入戎地”，沦为异域。当今“四海一统”，宋廷举兵北向，收复失地，乃是堂堂正正的行动、光明正大的事业，应以此广事宣传，向边民做好教育工作，解除他们的疑虑，唤起他们的爱国意识，与宋朝同心合力，一致对付

① 李焘：《续资治通鉴长编》卷三十，424 页，台北，商务印书馆，1986。
② 李焘：《续资治通鉴长编》卷三十，424 页，台北，商务印书馆，1986。

契丹，于是就能使“三尺童子皆奋臂而击敌矣”；然后，采取奖励军功——“得蕃人一级者赐之帛，得边地一马者还其价，得酋帅者与之散官”的措施。诚如此，则人百其勇而士一其心也。距今近一千年前，王禹偁就具备了这种对边地人民进行传统的爱国主义教育，启发他们的觉悟，相信群众，发动群众，颇有全民皆兵的战略思想，真是难能可贵！

以上五策是王禹偁总结了汉、唐以来对付北方少数民族统治者入侵的经验教训提出的符合实际的安定国家边疆的改革主张，集中反映了王禹偁的军事思想。但是，前方的军事胜利是要以实力为后盾的，要使对外五策付诸实施并行之有效，还需要在国内政治上进行改革。所以，王禹偁同时提出“内修其德之道”的内政改革的五条主张：一曰并省官吏，惜经费也。王禹偁以历史为借鉴，通过引古论今，揭示了产生冗官的过程。“昔唐、虞建官惟百，夏、商官倍，亦克用乂。周设六官，僚属渐广。秦并六国，郡县益多，食禄者日增，用力者日耗。降及汉、魏，以至隋、唐，员数有加，职名无减。清介者止于奉料，贪浊者又恣侵渔。是以约人署官，斯为中矣。”而“今百官三班中，若备言冗食，恐有烦听览”。他还以自身担任过知县的苏州长州县为例，说明冗官急剧发展的事实：“只如臣旧知苏州长州县七千余家，自钱氏纳土（978年）以来，朝廷命官，七年无县尉，使主簿兼领之，未尝缺事；三年增置县尉，未尝立一功。以臣计之，天下大率如是。”有鉴于此，禹偁提出“请黜陟庶僚，并省群吏，贤者得以陈力，不肖者得以归耕。诚能省去三千员，减俸数千万”。这样，省下大量俸禄，增加国家财政收入，既可“供边备”，又能“宽民赋”，实为“平戎之大计也”。二曰艰难选举，抑儒臣而激武臣也。“取人太多，用人太骤”① 已成为宋初社会的严重病态。对此，禹偁提出应“艰难选举”，选举志在得人，选官不可太滥，应当做到少而精。可是，由于“上（指太宗）意方欲兴文

① 李焘：《续资治通鉴长编》卷十八，262页，台北，商务印书馆，1986。

教，抑武事”①。“自陛下统御，力崇儒术，亲主文闱，志在得人，未尝求备。”因此，造成了举官太多、选人太滥的严重后果。不仅如此，一旦入官，“大则数年便居富贵，小则数月亟预官常。或一行可观，一言可采，宠锡之数，动逾千万，不独破十家之产，抑亦起三军之心。……但恐授甲之士有使鹤之言”，所以禹偁希望“减儒冠之赐，以均战士之恩”，改变此种重文轻武的倾向，提高武臣和士兵的政治地位和物质待遇以增强军队的战斗力。三曰信用大臣，参决机务。禹偁认为，“盖分阃外之事者在乎将帅，用堂上之兵者在乎相臣。宜资帷幄之谋，以决安危之策”。因此，皇帝应频召大臣共议边事，不可满足于繁文缛节的朝仪。只有在“坐朝之暇，听政之余”，经常召集将帅、相臣共同讨论边防大事，“无容小臣间厕其议”，才能集思广益，正确制定出御戎的方针和策略。四曰不贵虚名，戒无益也。禹偁指出，“中国之病匈奴，其来久矣”，至今北狄未服，因此必须“作备边之计，示忧民之心”，必须加强战备观念，切不可麻痹大意，但是用兵要慎重，不必轻用雄师，不打无把握之仗，不可“竭苍生之众力，务青史之虚名”。不打则已，打则必胜，则可大得人心，边境则可安宁。五曰禁止游惰，厚民力也。禹偁十分重视民力的使用和开发，认为人应该是国家物质财富的生产者，不应是游惰消耗者。他说：“牧民者，君也，聚人者，财也；产财用者，土地也；辟土地者，人民也。人民众则土地辟，财用足则国家安。”可是现实情况又如何呢？禹偁希望采取“少度僧尼，少崇寺观，劝风俗，务田农”的积极主张，“则人力强而边用实也”。如果不改变这个风俗，那么“军运劳于外，游惰耗于内，人力日削，边用日多”，再加上若“不幸有水旱之灾，则寇不在外而在乎内也”。所以，他特别提醒太宗应该高度重视这个问题。王禹偁这种重视民力的开发和使用的民本思想，是十分可贵的。《御戎十策》是王禹偁最重要的政论之一，由于他的政论多能切中时弊，

---

① 李焘：《续资治通鉴长编》卷十八，262页，台北，商务印书馆，1986。

故深得太宗皇帝和当时名相赵普的赞赏。[①]

至道三年，太宗病死，真宗即位下诏求直言。当时，王禹偁知扬州事，应诏上疏。他在《应诏言事疏》中说："伏以圣朝享国四十余年，边鄙未尽宁，人民未甚泰，求利不已，设官太多。今陛下治之惟新，救之在速。……伏惟陛下遏老生之常谈，奋英主之独断，则天下幸甚。"[②]

王禹偁的上疏不仅说明了改革之必要，还给真宗做了政治改革的思想动员，希望真宗做一个"奋英主之独断"的有为之君，以利于天下。这次提出的改革主张有五条：其一，谨边防，通盟好，使辇运之民有所休息。其二，减冗兵，并冗吏，使山泽之饶稍流于下。其三，艰难选举，使入官不滥。其四，沙汰僧尼，使疲民无耗。其五，亲大臣，远小人，使忠良謇谔之士知进而不疑，奸憸倾巧之徒知退而有惧。[③]

王禹偁的这个奏疏与前此的《端拱箴》《三谏书序》和《御戎十策》的精神基本一致，但改革的目的比过去更明确，改革的主张和方法比过去更集中、更具体，改革的重点也更突出了，从而反映了王禹偁的政治改革思想是随着社会实践的发展而不断成熟的，改革的理论是进一步发展的。

王禹偁的五项改革主张的基本思想是从利民、养民出发，以改革吏治为手段，从而缓和阶级矛盾，最终达到富国强兵的目的。

五项改革主张的第一条是"谨边防，通盟好，使辇运之民有所休息"，就是要求改革边疆地区的民族政策，改善民族关系，减轻人民的兵役、徭役负担。禹偁说："方今北有胡虏，西有继

① 以上引文未注明出处者，均据《续资治通鉴长编》卷三十，并且参阅徐规：《王禹偁事迹著作编年》，62—65页，北京，中国社会科学出版社，1982。

② 吕祖谦：《皇朝文鉴》卷四十二《应诏言事》，见《吕祖谦全集》，814—815页，杭州，浙江古籍出版社，2008。

③ 吕祖谦：《皇朝文鉴》卷四十二《应诏言事》，见《吕祖谦全集》，815—818页，杭州，浙江古籍出版社，2008。

迁。胡虏虽不犯边，戍兵岂能减削？继迁既未归命，馈饷固难寝停。关辅之民，倒悬尤甚。”一方面要加强战备，提高警惕，对契丹、党项贵族的可能进犯切不可掉以轻心；另一方面又希望真宗命“疆吏致书虏臣，使达犬戎，请寻旧好。下诏赦继迁之罪，复与夏台”，即争取用和平手段解决边界问题，用恩德感化政策使边境安宁，使人民获得生息。“如其不从。则备御诛擒。”这是屈己为民、恩德在先、武力在后的对外政策。这种建立在实力基础上的高瞻远瞩、稳扎稳打、立于不败之地的和平外交政策，显然是很正确的。

第二条是“减冗兵，并冗吏，使山泽之饶稍流于下”。这是针对当时严重的冗兵、冗官和冗费的社会问题而提出的。因为冗兵耗于上，冗吏耗于下，尽取山泽之利也不能满足。北宋建国初期，“东未得江浙、漳泉，南未得荆湖、交广，朝廷财赋可谓未丰，然而击河东，备北虏，国用亦足，兵威亦强”，可是“自后尽取东南数国，又平河东，土地、财赋可谓广且丰矣，而兵威不振，国用转急”，其根本问题又何在呢？禹偁认为就在于“所蓄之兵冗而不尽锐，所用之将众而不自专故也”。因此，他提出如果能“简锐卒，去冗兵”，军队能“委之以将帅，用恩威法令驾驭之”，则可以兵强而财丰，减轻人民的赋役负担。同时，自唐元和中以来设置的茶叶税也可以取消，“使山泽之饶稍流于下”，使之造福于民众。

第三条是“艰难选举，使入官不滥”。禹偁认为，“古者乡举里选，为官择人，士君子行修于家，学推于众，然后荐用，登之于朝，故从政而政和，临民而民泰”。由此看来，他对两汉以来的察举、征辟的选官制度是非常肯定的，尚不免有迂儒之见。禹偁还认为，自隋唐实行科举制度到宋太祖之时，科举取士也颇艰难，每岁进士不过三十人。但是，到了太宗之时，科举入官太滥，“不求备以取人，舍短取长，拔十得五”。由于宋初选官太滥，官僚机构臃肿、重叠，官吏既多，俸禄又厚，所以财耗殆尽，实属国家之大害，急需加以改革。

第四条是“沙汰僧尼，使疲民无耗”。禹偁认为，古代只有士、农、工、商四民。“治民者士也，故受养于农；工以造器用，商以通货财，皆不可缺也。”秦以后，以强兵定天下，故战士不务农，专执干戈卫社稷，因此四民之外又增加了“兵”，成了五民。汉以后，佛教传入中国，寺庙兴建，僧尼大增，又增加了僧尼一民，成了六民。而僧尼不蚕而衣，不耕而食，纯粹是消耗者。根据《宋会要辑稿·道释》所载，“宋初两京、诸州僧尼六万七千四百三人，岁度千人。平诸国后，籍数弥广，江浙福建尤多，至天禧五年（1021年），道士万九千六百六人，女冠七百三十一人，僧三十九万七千六百十五人，尼六万一千二百三十九人”①。禹偁指出，“假使天下有僧万人，每日食米一升，岁用绢一匹，是至俭也，而月有三千斛之费，岁有一万匹之耗，何况五七万辈哉!”至于那些“富僧巨髡穷极口腹”，他们“一斋之食，一袭之衣，贫民百家未能供给，此（辈）既不能治民，又不能力战，不造器用，不通货财，而高堂邃宇丰衣饱食而已”。所以，禹偁在愤慨之余，大声疾呼：“国家度人众矣，造寺多矣，计其费耗，何啻亿万。”加上“先朝不豫，舍施又多，佛若有灵，岂不蒙福？事佛无效，断可知矣”！因此，禹偁强调指出，应迅速采取断然措施，僧尼“亟宜沙汰，以厚生民”，这是拯救时弊之大事。“沙汰僧尼，使疲民无耗”的改革主张，不仅反映了王禹偁减少国家财政开支、关心百姓疾苦的改革精神，也充分说明王禹偁不信神佛道释和因果报应的唯物史观。在中国古代思想史上，王禹偁的这种无神论思想是值得珍视的。

第五条是“亲大臣，远小人，使忠良謇谔之士知进而不疑，奸纤倾巧之徒知退而有所惧”。禹偁认为，君主与臣僚的关系，如同头脑和手足一样，应该得心应手。皇帝选用大臣一定要明察，凡是忠良謇谔之士则应用之不疑。“得其人则勿疑。非其人则不用。”皇帝的权力不可过于集中，选了贤相就要让宰相择诸

① 徐松：《宋会要辑稿·道释》，7875页，北京，中华书局，1957。

司长官，诸司长官又可以自聘僚属，给各级官吏以一定的自主权，各级官吏都能知人善用，不使奸检倾巧之徒有可乘之机，政治就可以清明。

五项改革主张是有先后次序、轻重缓急的，正如禹偁自己所说："今之所急在先议兵，使众寡得其宜，措置得其道；然后议吏，使清浊殊涂，品流不杂；然后难选举以塞其源，禁僧尼以去其耗，自然国用足而王道行矣。"反之，如若"不去冗兵，不并冗吏，不难选举，不禁僧尼，纵欲减人民之赋，宽山泽之利，其可得乎"！① 因此，这五条改革主张不仅为王禹偁生平最重要之政论，最足以代表其政治思想，五项改革主张之间还有着互相制约的不可分割的内在联系，充满着辩证法。

禹偁的奏疏博得了真宗的赞许，即召他回朝廷，第三次担任知制诰。他回朝廷一年多，因预修《太祖实录》秉笔直书，触犯了皇上，被执政大臣冠之以"议论轻重其间"的罪名，终于再次被罢去知制诰，出知黄州（今湖北黄冈）。咸平四年，王禹偁奉命移任黄州附近的蕲州（今湖北蕲春），到任后未逾月而卒，年仅四十八岁。

三

通过王禹偁提出的一系列改革主张和具体措施，我们不难看出其基本精神是站在地主阶级改革派立场上，企图在维持北宋封建地主阶级专政的前提下，尽可能顾及人民群众的利益，对现存的、腐朽的、有碍于这个统治的制度进行一系列具有进步意义的改革，缓和北宋社会内部矛盾，达到富国强兵、巩固封建统治的目的，从而实现他的远大抱负和从儒家经典中继承下来的"国用

① 以上引文未注明出处者均引自吕祖谦《皇朝文鉴》卷四十二、《续资治通鉴长编》卷四十二，以及徐规先生的《王禹偁事迹著作编年》，137—143页，北京，中国社会科学出版社，1982。

足而王道行”① 的政治理想。后来，范仲淹等人进行的“庆历变法”，其基本内容还是王禹偁所提出的那些办法，因此王禹偁的改革主张有其不可磨灭的历史意义。

首先，王禹偁之所以能够提出一系列切中北宋初期社会弊端的改革主张和具体措施，较之同时代提出改革建议的同僚和有识之士都要高明，就在于他具备了“少苦寒贱，又尝为州县官，人间利病亦粗知之”② 的条件。他出身于“磨家”，祖辈几代都是朴实憨厚的农民。正是这种贫寒的农家生活，砥砺了王禹偁的远大志向。他说：“吾生非不辰，吾志复不卑。致君望尧舜，学业根孔姬。”③ “科名长恐辱同年，许国丹诚皎日悬”④，明确地表达了自己的政治抱负和以身许国的赤子之心。由于他曾多次充当州县地方长官，比较接近社会下层，对世道的利病、人间的疾苦都比较了解，并且能关心民瘼，遇事敢说敢为。如雍熙二年，禹偁出任苏州长州知县，由于封建统治者的巧取豪夺，致使百姓苦不堪言，“田赋且重，民力甚虚，租调失期，流亡继踵”⑤。禹偁面对现实，积极制定措施，使“狱讼靡繁”，并且合理地调整了租税。由此可见，王禹偁不是那种尸位素餐、吸民膏血的贪官，而是一位关心百姓疾苦、有所作为的好官。无怪乎黄州百姓把禹偁当作自己人，“元之自黄迁蕲州，没于蕲，然世之称元之者必曰黄州，而黄州人亦曰‘吾元之也’。……元之为郡守，有德于民，民怀之不忘也，固宜”⑥。王禹偁对社会下层的贫苦人民倾

---

① 李焘：《续资治通鉴长编》卷四十二，560页，台北，商务印书馆，1986。

② 王禹偁：《小畜集》卷十八《上太保侍中书》），168页，台北，商务印书馆，1986。

③ 王禹偁《小畜集》卷三《吾志》，22页，台北，商务印书馆，1986。

④ 王禹偁《小畜集》卷十一《和屯田杨郎中同年留别之什》，118页，台北，商务印书馆，1986。

⑤ 王禹偁：《小畜集》卷十六《长洲县令厅记》，151页，台北，商务印书馆，1986。

⑥ 苏轼：《东坡全集》卷二十三《书韩魏公黄州诗后》，501页，台北，商务印书馆，1986。

注了如此之同情和关注，自然赢得了他们的敬仰和爱戴。他对佞臣、权贵却是“佞臣立朝，我将斥之……奸人附势，我将陟之”①，表现了疾恶如仇、势不两立的傲然风骨和不畏权势、不计个人利害安危的高风亮节。

至道元年（995 年），禹偁在担任翰林学士一百天内，又因触犯太宗的忌讳，罢为工部郎中，知滁州。王禹偁一生三上三下，仕途坎坷。正如他自己所说：“虚名既高，忌才者众，直道难进，黜官亦多。始贬商于，实因执法。后出滁上，莫知罪名。”② 可是事情并没有因此而了结，咸平元年（998 年），禹偁因预修《太祖实录》秉笔直书而获罪，第三次贬官到黄州时，在愤慨之余，作《三黜赋》以明志：“屈于身兮不屈其道，任百谪而何亏！吾当守正直兮佩仁义，期终身以行之。”③ 由此可见，王禹偁对皇帝和权臣没有丝毫的奴颜和媚骨，也充分反映了他的倔强性格和百折不挠的精神。苏轼撰《王元之画像赞并叙》称颂王禹偁说：“故翰林王公元之，以雄文直道独立当世，……耿然如秋霜夏日不可狎玩，至于三黜以死。有如不幸而居于众邪之间，安危之际，则公之所为必将惊世骇俗，使斗筲穿窬之流心破胆裂，岂特如此而已乎！……见公之画像，想见其遗风余烈，愿为执鞭而不可得。”④

由于王禹偁长期作州县官，比较接近社会下层，对人民的疾苦和群众的力量有比较清醒的认识，因此他能够把自己多年在基层的实践经验和感受做出理论的概括和总结，所以说王禹偁的改革主张是来自社会实践的，是植根于社会生活的。

---

① 王禹偁：《小畜集》卷十六《待漏院记》，153 页，台北，商务印书馆，1986。

② 王禹偁：《小畜集》卷二十三《谢转刑部郎中表》，218 页，台北，商务印书馆，1986。

③ 王禹偁：《小畜集》卷一《三黜赋》，9—10 页，台北，商务印书馆，1986。

④ 苏轼：《经进东坡文集事略》卷五十九《王元之画像赞》，296 页，上海，上海古籍出版社，2002。

其次，王禹偁提出的改革主张比之同时代的改革派士大夫提出的改革建议要高明、系统、深刻，因此也更切中北宋社会的弊端。从端拱元年太宗下诏求直言，王禹偁献上《端拱箴》和《三谏书序》开始，到真宗咸平四年王禹偁去世为止的十四年中，宋廷收到各级官吏及有学之士提出各种改革建议的奏疏数以千计。如咸平二年（999年）夏四月丙辰，真宗谓辅臣曰："近览言事封章，日不下百数。"① 其中很大一部分是关于要求改革的。仅据《续资治通鉴长编》所载，十四年中提出改革建议比较著名的就有三十多人次。除王禹偁外，影响较大的人物有户部郎中张洎，知制诰田锡，国子博士李觉，御史中丞王化基，吏部尚书宋琪，太常博士、直史馆陈靖，左正言直史馆孙何，监察御史王济，参知政事李至，秘书丞、勾当京兆府三白渠孙冕，代州知州柳开，京西转运副使、太常博士、直史馆朱台符，秘书丞何亮，工部侍郎、集贤学士钱若水等。除了在朝的文武臣僚之外，也有平民百姓，如常山布衣窦羽。另外，如田锡、张洎、朱台符等人则多次提出改革建议。这些改革建议洋洋数十万言，内客包罗万象，应有尽有。有提倡奖励垦荒的，如"广募游惰之辈，诱之耕凿"，发展农业生产，"耕桑之外，更课令益种杂木蔬果，孳畜羊犬鸡豚"，"积谷而务农"。也有主张轻徭薄赋的，如"省征徭，宽赋役"，"放筦榷之利"，"流亡优复"。有强调变法重要性的，认为虽属当盛世，尤宜厘革。也有颇言风俗侈靡有伤淳俭的，如人情贪竞，时态轻浮，仁义之风荡然不复，此弊当急惩戒，欲望明颁告谕，各使改更，庶厚化源，永敦正本。有主张参用儒将、申明太学、厘革迁转、复制科、行乡饮的，也有希望择左右、分贤愚、正名器，加俸禄、谨政教，询党议、远邪佞、务节俭、明赏罚、慎号令、重使介、审荐举、推恩信。但更多的改革建议则是御戎之道，备御边寇、翦灭蕃戎之策和并冗吏、省冗官、议裁减；裁冗兵，停老弱之卒，汰缁黄之流。这一系列改革建议，有

---

① 李焘：《续资治通鉴长编》卷四十四，581页，台北，商务印书馆，1986。

些虽陈词不繁，指事尤切，颇留意于民政，有可取的地方，但更多的则如真宗在至道三年所指出的："近诏中外咸贡直言，庶闻朝政之阙，以警联心。而群臣奏对，多及琐细之务，曾无远大之略，甚非所望也。"[①] 有些改革建议只是为了讨好皇帝，不过揣摩皇帝的意愿，而无逆鳞忤旨之事。可是，王禹偁提出的一系列改革主张和具体措施犹如在北宋黑暗的社会深处闪出的亮光，受到朝野上下一致的好评与重视。叶适在《习学记言序目》中对《应诏言事疏》大加赞赏，而南宋史学家洪迈对王禹偁提出的改革主张更是推崇备至，给予了最高的评价。他在《容斋四笔》云："省官之说，昔人论之多矣，惟王元之两疏，最为切当。"[②]

再次，王禹偁的一系列改革主张为范仲淹的"庆历变法"做了思想上、理论上和舆论上的准备，王禹偁不愧为北宋政治改革派的先驱。

范仲淹于王禹偁《应诏言事疏》问世二十八年后（天圣三年，公元 1025 年）所上《时务书》、三十年后（天圣五年，公元 1027 年）之《上相府书》及四十六年后（庆历三年，公元 1043 年）之《十事疏》（即《答手诏条陈十事疏》），乃王禹偁《御戎十策》《应诏言事疏》内容之继续与发展。"庆历变法"的另一重要人物富弼也上当世急务十条及安边十三策[③]，稍后的韩琦、欧阳修等也各有改革奏议[④]。这些都是从王禹偁的《御戎十策》和《应诏言事疏》脱胎而出、发展而来的。特别是范仲淹的《十事

---

① 李焘：《续资治通鉴长编》卷四十一，544—545 页，台北，商务印书馆，1986。

② 洪迈：《容斋四笔》，孔凡礼点校，624 页，北京，中华书局，2015。两疏指端拱二年之《御戎十策》和至道三年之《应诏言事疏》。

③ 富弼的当世急务十条及安边十三策，大略有进贤退不肖、止侥幸、去宿弊等内容。

④ 韩琦也条陈所宜先行者七事：一曰清正本，二曰念边计，三曰擢才贤，四曰备河北，五曰固河东，六曰收民心，七曰营洛邑。继而又陈救弊八事：欲选将帅，明按察，丰财利，遏侥幸，进能吏，退不才，谨入官，去冗食。欧阳修也主张理财、整军和完备国家法度，特列强调应立按察之法，以选拔官吏和考核政绩。

疏》，集中体现了范仲淹的改革思想，代表了“庆历变法”中革新派的施政总纲，明确提出了革新政治的“十事”，即一曰明黜陟，二曰抑侥幸，三曰精贡举，四曰择长官，五曰均公田，六曰厚农桑，七曰修武备，八曰推恩信，九曰重命令，十曰减徭役。①

十分明显，范仲淹提出的“十事”，从条文内容上看，王禹偁已在《御戎十策》和《应诏言事疏》中不同程度地直接或间接地提出来了；从条文实质上看，范仲淹的“十事”包括整顿吏治、培养人才、发展生产、加强武备四个方面。“十事”中有“五事”即前五项是针对北宋的官僚制度提出的，是为了澄清吏治，是范仲淹改革的重点，六、七、十这三项是富强问题，八、九两项是信赏必罚，用以保证改革的实现。范仲淹充分认识到要想扭转当时“官壅于下，民困于外，夷狄骄盛，寇盗横炽”的严重局势，稳定北宋专制主义统治，首先要进行官僚政治和官僚机构的整顿，以裁减冗官、选拔贤能为整顿吏治的手段，这是进行一切改革的基础。用范仲淹的话来说，就是所谓“欲正其末，必端其本；欲清其流，必澄其源”。如何来进行改革呢？范仲淹懂得“革弊于久安，非朝夕可也”。他认为事有先后，但必须考虑时所宜先而采其可行者入手。在整顿、改革官僚机构，解决冗官、冗兵和冗费的基础上，执行厚农桑，均其徭役，宽于赋敛，减轻农民的一些负担，发展农业生产，使农民各获安宁，不召祸乱，以缓和阶级矛盾，达到稳定封建统治的目的。而王禹偁的《御戎十策》的“内有五者”的五项内容和《应诏言事疏》的五项内容中均各有三项都是关于吏治改革方面的。“庆历变法”的施政总纲和王禹偁的改革主张，两者加以对照、比较，从条文内容到精神实质都是极其相似的。历史的发展是不可能割断的，是在迂回曲折地前进的。显而易见，范仲淹在“庆历变法”中所推

① 吕祖谦：《皇朝文鉴》卷四十三《答手诏条陈十事》，见《吕祖谦全集》，841—852页，浙江古籍出版社，2008。

行的十项改革主张是在王禹偁两疏基础上继承、完善和发展起来的。与王禹偁的改革理论不可能被北宋最高当局所采纳的同样的道理，由于“庆历变法”在实践中触犯了贵族和部分大官僚、大地主的利益，因此一开始就遭到保守派的强烈反对，仁宗又不予以应有的支持，新政施行仅仅一年左右时间，范仲淹等人相继被迫离职，使变法流产。如果说范仲淹等人的“庆历变法”是王安石“熙宁变法”运动的初步尝试和演习的话，那么可以这样说，王禹偁的改革主张则为这两次变法运动做了思想上、理论上、舆论上的准备，是这两次变法运动的前奏曲。

综上所述，王禹偁在他的十八年仕途生涯中，面临着阶级矛盾和民族矛盾日益尖锐的局势，站在地主阶级改革派的立场上，针对北宋初期社会弊端提出了一系列变法主张和具体措施，希望对国计民生有所裨益。可是，他的主要改革建议与宋初实行“不抑兼并”“不立田制”，以及加强专制主义中央集权的政策相违背，没有被宋太宗、宋真宗所采纳。虽然其壮志未酬、收功甚薄，但他的改革建议被后来宋仁宗时范仲淹等人进行的“庆历变法”和宋神宗时王安石的“熙宁变法”所继承、完善和发展，所以说王禹偁作为北宋政治改革派的先驱是当之无愧的。王禹偁在北宋政治改革运动的风云变幻、急流险滩中所起到的先驱领航作用，在我国封建社会政治改革史上所产生的积极而深远的影响，是不容低估的，应该引起我们足够的重视。

试论宋代两浙路社会经济的发展及其在全国的领先地位①

宋代经济文化的高度发展和全面繁荣在中国封建社会中是空前的。而“两浙之富，国用所恃，岁漕都下米百五十万石，其他财富供馈不可悉数”②。“朝廷经费之源，实本于此。”③ 到南宋时，“高宗南渡，虽失旧物之半，犹席东南地产之饶，足以裕国”④。宋代的两浙路农业生产发展、手工业发达、商业繁荣、海外贸易兴盛，社会经济的发展居于全国的首要地位，许多方面还居于世界的前列。

一、人口的增加

宋代两浙路经济文化发展迅速，人口基数日益增大且战乱相对较少。到北宋后期，两浙路已有近200万户，在全国各路中位居第一，人口密度位居全国各路第二。

---

① 原载《温州大学学报（社会科学版）》2002年第3期，与赵瑶丹同志合撰。韩国《宋辽金元史研究》2001年6月第5号全文转载。

② 苏轼：《苏轼文集》卷三十二《进单锷吴中水利书状》，916—917页，北京，中华书局，1986。

③ 徐松：《宋会要辑稿·食货》，4927页，北京，中华书局，1957。

④ 脱脱等：《宋史》卷一百七十三《食货上一·农田》，4156页，北京，中华书局，1977。

到北宋末和南宋初，由于战乱，两浙地区的人口快速增长势头被打断，部分州县还一度出现了人口的负增长。但没过多久，随着社会的重新稳定和经济的发展与再度高涨，加上北方移民的大量南迁，“四方之民，云集二浙，百倍常时”①。起居舍人凌景夏则言：“切见临安府自累经兵火以后，户口所存，裁十二三，而西北人以驻跸之地，辐辏骈集，数倍土著。”② 两浙路人口很快转向回升和增长。如在南渡前，徽宗崇宁元年（1102 年），两浙路人口为 3373441 人，到南渡后的高宗绍兴三十二年（1162 年）就达到 4327322 人，六十年中增加了 953881 人。人口的南迁带来大批的劳动力，先进的生产工具和技术同时势必带来经济政策的倾斜，有力地促进两浙路经济的发展。

二、农业生产的发展

北宋中央财政的收入主要依靠东南的漕粮，当时全国每年漕粮六百万石，两浙路就占四分之一，③ 足见两浙路是北宋时期全国主要的产粮区之一，上供粮食居全国第一。南宋偏安江左，两浙路是南宋政权直接管辖的腹地。南宋版图虽不及北宋的三分之二，但粮食产量最高的江、淮、湖、广等地都在南宋境内，而且两浙路乃重中之重。纵观两宋十八朝，两浙路的粮食生产在全国都居于举足轻重的地位。

由于历史和现实原因，迫使赵宋统治者不得不积极采取发展东南，特别是两浙的政策，故两浙农田大量开垦，水利大兴，出现粮食和经济作物全面经营的农业发展模式；农业生产技术以两

---

① 李心传：《建炎以来系年要录》卷一百五十八，2573 页，北京，中华书局，1956。

② 李心传：《建炎以来系年要录》卷一百七十三，2858 页，北京，中华书局，1956。

③ 沈括：《梦溪笔谈》卷十二《官政二》，109—110 页，上海，上海书店出版社，2003。

浙路最为先进，在精耕细作上在全国也处于领先地位。

（一）农田的垦辟

统治者鼓励垦荒并减免杂税，使两浙地区土地得到大量开垦，耕地面积不断增加。如苏州昆山一带，当吴越纳土归宋时是地旷人稀的地区，经两个世纪左右的垦辟则呈现“吴中自昔号繁盛，四郊无旷土，陡高下悉为田”① 的景象。

北宋时，仅围垦广德湖周围一带，农田就扩大了 800 顷（约 53.3 平方千米）。明州所属的鄞县（今浙江宁波市鄞州区）垦田数为 740029 亩（约 493.4 平方千米）；慈溪垦田数为 469100 亩（约 312.7 平方千米）；定海县垦田数为 350000 亩（约 233.3 平方千米）；奉化县（今浙江宁波市奉化区）土狭人稠，日益开辟为事，凡山巅水湄有可耕者，累石堑土，高寻丈而延袤数百尺，不以为劳；台州濒海，“沃土少而瘠地多”，“寸壤以上，未有莱而不耕者”之田；② 温州“向也东瓯之俗，率趋渔盐，少事农作；今（南宋中期）则海滨广斥，其耕泽泽，无不耕之田矣”③。两浙各地往往因地制宜地扩大耕地面积，在浙西开圩田、沙田，在浙东、浙南山区则开垦山垅为田，在沿海地区开涂田，在太湖流域有坝田的围垦。

圩田是一种能防止水、旱，亩产高的水利田，五代吴越时已有圩田，到南宋时更加发达。

在浙东、浙南，因地形多山，则开垦山垅为田，“层起如阶级然”，称为“梯田”，种植水稻。温州附近的冯公岭一带，“百级山田带雨耕，驱牛扶耒半空行。不如身倚市门者，饱食丰衣过

---

① 范成大：《吴郡志》卷二，10 页，上海，商务印书馆，1939。

② 陈耆卿：《嘉定赤城志》卷十三《版籍门一》，155 页，北京，中国文史出版社，2008。

③ 吴泳：《鹤林集》卷三十九《温州劝农文》，四库全书珍本初集，5 页。

一生”[①]。婺州所属的浦江“居山僻间，地狭而人众，一寸之土垦辟无遗”[②]。

在两浙沿海涂泛地区，则叠石作堤坝，以防潮水。涂泥干后，土质很肥，适宜于种植庄稼，被称为“涂田”。“台之为郡，负山并海，阪田陋薄，上下涂泥，侧耕危获，较计毫厘。”[③] 宁宗时，宁海县涂田为六百多亩，台州临海县二万四千多亩，黄岩县一万一千多亩，加之临海县的新围田五千六百多亩，总计为四万二千多亩，占台州垦田总数二百六十二万八千多亩的1.6%。[④]

两浙的人民同时又向湖、海要田，扩大耕地面积，充分利用土地资源。正如黄震所描述：“浙间无寸土不耕，田垅之上又种桑种菜。”[⑤] 到神宗时，全国垦田数据统计共有4616500顷（约307766.7平方千米），东南九路合计为2953578顷（196905.2平方千米），占全国垦田数的64%。[⑥] 而两浙的垦田数又居东南九路的前列，在全国处于领先地位。

（二）水利的兴修

水利是农业的命脉，水利建设的好坏直接关系到农业生产的发展与否。许多士大夫和有识之士看到了在两浙兴修水利的重要性和迫切性。陈亮言：“衣则成人，水则成田。”[⑦] 吕祖谦曰：

---

① 楼钥：《攻媿集》卷七《冯公岭》，见《丛书集成初编》，109页，上海，商务印书馆，1935。

② 倪朴：《倪石陵书·投巩宪新田利害劄子》，17页，台北，商务印书馆，1983。

③ 阮元：《两浙金石志》卷八《大宋台州临海佛窟山昌国禅院新开涂田记》，见《浙江文丛》，188页，杭州，浙江古籍出版社，2012。

④ 陈耆卿：《嘉定赤城志》卷十三《版籍门一》，156—157页，北京，中国文史出版社，2008。

⑤ 黄震：《黄氏日钞》卷七十八《咸淳八年春劝农文》，见《黄震全集》，2222页，杭州，浙江大学出版社，2013。

⑥ 马端临：《文献通考》卷四《田赋考》，59页，北京，中华书局，1986。

⑦ 陈亮：《陈亮集》卷四《问答下》，44页，北京，中华书局，1974。

"婺（金华）田恃陂塘为命。"① 陈耆卿也说："夫稼，民之命也；水，稼之命也。"② 两宋政府采取一系列措施，兴修了许多大小不一的水利工程，北宋时仅两浙路就相当于唐代的两倍左右。③ 史载："南渡后水田之利，富于中原，故水利大兴。"④ 由此可见，两浙路在兴修水利方面也是走在其他诸路前面的，而水利的兴修又给农业生产的增长提供了有力保障。

两浙捍海塘始筑于唐代，而大兴于吴越。在两宋时，经过历年多次的修建、治理，从而形成了一条从浙北到浙南的海塘，成为浙东沿海的屏障。东钱湖、西湖、鉴湖等水利工程经多次兴修，使周围数以万计的农田得到灌溉，解决了水旱问题。除上述大型水利工程的兴修外，两浙各地还对长年积水潦涝地区加以治理，如严州、婺州、台州及永嘉、余姚、上虞、萧山、乐清等州县都纷纷疏浚堤塘、港闸、河道。到孝宗淳熙二年（1175 年），浙西各州县所修筑的坡塘沟堰已达 2100 余所，而浙东州县仅淳熙四年（1177 年）一年就创建河浦、塘埭、斗门 29 处，增修开浚浅狭塘埭、斗门、楔闸、溪浦、河堰、碑潭、湖埂 63 处，计灌溉民田 249266 亩（约 166.2 平方千米）。到南宋后期，连背山面海的台州各县所修筑的堰塘埭也有 227 处之多。⑤

在北宋中期，仅熙宁三年（1070 年）至熙宁九年（1076 年）的 7 年中，全路就兴办各种水利项目 1980 处，受益面积达 1 亿多亩，⑥ 两项指标均居同期全国各路首位。

---

① 吕祖谦：《东莱吕太史文集》卷十《朝散潘公墓志铭》，见《吕祖谦全集》，153 页，杭州，浙江古籍出版社，2008。

② 陈耆卿：《篔窗集》卷四《奏请急水利疏》，四库全书珍本初集，17 页。

③ 李剑农：《宋元明经济史稿》，19 页，北京，生活·读书·新知三联书店，1957。

④ 脱脱等：《宋史》卷一百七十三《食货志》，4182 页，北京，中华书局，1977。

⑤ 陈耆卿：《嘉定赤城志》卷二十六《山水门·水利》，262—264 页，台北，成文出版社，1983。

⑥ 徐松：《宋会要辑稿·食货》，5907 页，北京，中华书局，1957。

（三）粮食和经济作物的全面经营

随着农作物种类和品种的不断增加，到两宋时，两浙路已形成粮食和经济作物的全面经营模式。水稻是占两浙路第一位的粮食作物。两浙路农民在种植水稻的实践中培育了许多新品种，如会稽有 56 个品种，明州有 25 个品种，台州有 30 个品种，常熟有 40 多个品种，昆山有 33 个品种，乌青镇竟有籼稻 70 多个品种、糯稻 40 余个品种，其中六七个州县还培育出籼稻、粳稻 140 多种，糯稻 50 种。如具有耐旱、不择地而生的占城稻于真宗时从越南传入，使浙东山区、半山区等许多瘠地得到利用。占城稻的推广使得水稻种植面积不断扩大。

麦的种植到宋代已日趋广泛，尤其到南宋，江浙一带“西北流寓之人遍满。绍兴初，麦一斛至万二千钱，农获其利，倍于种稻。而佃户输租，只有秋课。而种麦之利，独归客户。于是竞种春稼，极目不减淮北”①，逐步形成了“有山皆种麦，有水皆种稻”② 的格局。

除稻、麦等粮食作物外，两浙各地还广泛种植粟、黍、豆等杂粮和棉、桑、蔗、茶、麻、水果、蔬菜、花卉等经济作物。

两浙还是宋代主要的产茶区，霅川顾渚紫笋、绍兴的日铸茶（又名“日注茶”），当时被称为绝品。欧阳修曾赞叹曰：“草茶盛于两浙，两浙之品，日注为第一。”③ 到南宋时，临安、湖州、严州、绍兴、明州、台州、温州、婺州、衢州、处州等 10 个州府每年产茶额高达 550 万斤（2750 吨）。④

南宋时，两浙也开始种棉花。李时珍说：“草棉种出南番，

---

① 庄绰：《鸡肋编》卷上，36 页，北京，中华书局，1983。

② 陆游著：《剑南诗稿》卷三十二《农家叹》，钱仲联点校，740 页，长沙，岳麓书社，1998。

③ 欧阳修：《归田录》卷一，见《丛书集成初编》，7 页，北京，中华书局，1991。

④ 徐松：《宋会要辑稿・食货》，5308 页，北京，中华书局，1957。

宋末始入江南。”[①] 果树的种植也十分普遍，产量不小。甘蔗是制造糖霜的主要原料，南宋时两浙普遍种植甘蔗，其中以明州的甘蔗种植业最为发达。温州的柑橘在北宋时已很闻名，南宋孝宗淳熙五年（1178年），知温州韩彦直著的世界上第一部柑橘学专著《橘录》，就是在研究温柑种植的基础上写成的。黄岩在宋代以产蜜橘而闻名天下，黄岩蜜橘成为达官贵人争相购买的佳品。次外还有杭州、衢州的橘，台州的乳柑，婺州的佛手等。值得注意的是，随着经济作物种植业的发展，某些地方成了桑麻、柑橘等经济作物的专业区。如湖州安吉县农民“唯藉蚕办生事”[②]；吴兴县则“本郡山乡，以蚕桑为岁计，富室育蚕有至数百箔，兼工机织，水乡并种苎及黄草，纺织为布”[③]；苏州太湖洞庭“东、西二山，在太湖中……地方共几百里，多种柑橘桑麻，餬口之物，尽仰商贩。”[④] 严州境山谷居多，地狭且瘠，谷食不足，“惟蚕桑是务，更蒸茶割漆，以要商贾贸迁之利”[⑤]。到南宋时，该地“产茶浩大，居民例以采摘为衣食”[⑥]。专业种植户的大量涌现，反映了两浙经济作物种植业商品化程度的提高，这在全国来说也是有典型意义的。

（四）农业生产技术的改进

宋代的农业生产技术以两浙路最为先进。陈旉的《农书》是两浙路农民精耕细作使粮食高产、稳产的全面经验总结。有农谚

---

① 李时珍：《本草纲目》卷三十六《木棉》，2134页，北京，人民卫生出版社，1978。

② 陈旉：《农书》卷下《种桑之法篇第一》，见《丛书集成初编》，21页，北京，中华书局，1985。

③ 谈钥：《嘉泰吴兴志》卷二十《物产》，南林刘氏嘉业堂刊本，5页。

④ 庄绰：《鸡肋编》卷中，64页，北京，中华书局，1983。

⑤ 陈公亮：《严州图经》卷一《风俗》，见《丛书集成初编》，6页，上海，商务印书馆，1936。

⑥ 叶梦得：《石林奏议》卷一《奏乞免严州遂安等三县二税和买状》，387页，上海，上海古籍出版社，2002。

曰“多虚不如少实，广种不如狭收”，指出要种好水稻，整好秧田很重要，而且要在秋冬时深耕。要做好精耕细作，首先要有先进的农耕工具。宋代使用的曲辕犁始创于唐代，其中以两浙制作使用的曲辕犁最为先进。在中耕工具方面，江浙一带的水田创制了耘荡这一新工具，“所耘田数，日复数倍”，“既胜耙锄，又代手足”，还有耘爪——在竹管上加铁尖，套在手指上，用以耘田很方便。① 陈旉的《农书》还记载了两浙在优选良种方面的讲究：种子必须经拣选并用鳗鲡鱼头骨熬汁浸泡，使其增强抗病能力，在播种前在秧田里撒上石灰，以防螟虫祸害。由此可见两浙农业生产技术水平之高。另外，两浙农民在田间管理、积肥施肥等方面都达到了相当高的水平。南宋学者高斯得在《耻堂存稿》卷五《宁国府劝农文》中有一番具体的描述。

（五）粮食总产量、亩产量的提高

水利事业的发展、先进生产技术的推广、优良品种的培育和耕作技术的精益求精，有力地促进了浙江农业生产的发展和水稻单位面积产量的提高。

在北宋中期，有人指出：“今天下之田称沃衍者，莫如吴越、闽蜀，其一亩所出，视他州辄数倍。”② 到了南宋时，更有“大率淮田百亩所收，不及江浙十亩”③ 之说。北宋徽宗政和八年（1118年）以前，明州城西广德湖灌溉区一带七乡民田，每亩收稻谷六七石④，创造了宋代全国稻谷亩产最高纪录。两浙水稻亩产在正常年景通常为二三石，折算成稻谷约三四石有些州县丰年

---

① 王祯：《农书》卷三《锄治》、卷十三《钱镈》，32页、199页，北京，中华书局，1956。徐光启：《农政全书》卷二十二《农器》，437页，北京，中华书局，1956。

② 秦观：《淮海集》卷十五《财用下》，上海涵芬楼借海盐张氏涉园藏明嘉靖间刊小字本影印，6页。

③ 虞俦：《尊白堂集》卷八《使北回上殿札子》，118页，上海，商务印书馆，1935。

④ 徐松：《宋会要辑稿·食货》，4928页，北京，中华书局，1957。

时可达谷五石。南宋后期，湖州平原地带的上等田亩产也有谷五六石。就全国范围而言，北宋时，水稻平均亩产约为谷 1.5 石，① 仅及两浙地区的一半。南宋时，虽南方各地的水稻产量都有不同程度的增加，但大部分地区仍不能与两浙相比。如南宋中期，地处平原地带的鄂州，上等田也只收谷三石。②

宋代太湖流域周围的苏、湖、常、秀等州，不仅是全国粮食亩产量最高的地区，也是全国重要的产粮区。北宋时，两浙路的粮食总产量居全国首位。仅苏州一地所出就足以应付东南每岁上供数额而有余。有史料载："一州（苏州）之田，系出税者三万四千顷，中稔之利，每亩得米二石至三石，计出米七百余万石，东南每岁上供之数六百万石，乃一州所出。"③

对农业社会来讲，一个地区农业的发达水平决定其经济地位，就两浙路而言，农业生产居全国各路之首，可见其地位之重要。

三、手工业的兴盛

与农业大发展相联系，宋代两浙的手工业也十分发达，无论是生产规模、行业种类还是生产技术水平，都冠绝当世，处于全国各路前列。其中，尤以纺织、制瓷、造纸和印刷、酿酒、制瓷、造船等行业最为突出。

纺织业是宋代两浙最重要的手工业之一，特别是纺织业中的丝织业更是达到了那个时代的最高水平，居于全国第一。官营丝织业集中于各州县城里，规模大，润州、常州的织罗务，湖州的织绫务和杭州的织务都是规模较大的官营造作坊。太平兴国年间

---

① 唐启宇：《中国农史稿》，625 页，北京，农业出版社，1985。

② 苏籀：《双溪集》卷十一《上赵丞相书》，见《丛书集成初编》，122 页，北京，中华书局，1985。

③ 范仲淹：《范文正公文集·政府奏议》卷上《答手诏条陈十事》，310 页，上海，商务印书馆，1937。

(976—983 年)，湖州织绫务光是女工就有 58 人。又如杭州织锦院，雇用的工匠达数千人，拥织机数百张，专织贡品绸货，每年有七八万匹。至于民间丝织业则遍布城市、市镇和乡村。北宋时，婺州"万室鸣机杼"①。欧阳修有诗云："孤城秋枕水，千室夜鸣机。"② 产于两浙的名品很多，著名的有杭州的白编绫、柿蒂绫，湖州的湖缬，嘉兴濮院镇所产的濮稠，越州的越罗、寺绫，明州的交绫、吴绫，婺州的暗花罗、红边贡罗和东阳的花罗等。丝织品产量巨大，南宋时每年政府所收的各种丝织品，婺州为 102759 匹，明州为 74743 匹，绍兴府为 210910 匹，严州为 140218 匹，临安府为 146727 匹。至于北宋时，两浙路每年征收的丝织品在全国总额中所占的比重，罗为 65.42%，绢为 36.79%，绸为 26.51%，丝绵为 63.20%，四项合计为 35.30%，③ 自然是全国第一。(全国每年上供丝织品约 300 万匹，而两浙路约供 100 万匹）北宋两浙路为全国二十余路中的一路，它所缴纳的丝织品却占全国的三分之一以上，为全国之最，在世界丝绸史上也是名声卓著、亘古未有的。

两浙的制瓷业到宋代达到了中国古代历史上的最高峰。宋代的制瓷业也分官窑和民窑。其中，临安所产的官窑瓷器兼取越窑和龙泉窑之长，形成别具一格的特色，为世人所推重，其中以"内窑"和"郊坛下窑"最为有名。后人评说官窑："宋修内司烧者，土脉细润，色青带粉红，浓淡不一，有蟹爪纹紫口铁足，色好者与汝窑相类。"④ 民窑以龙泉瓷之崛起为代表，质地优良，冠绝当世，成为江浙青瓷的代表和全国六大瓷器体系之一。其制瓷技术在我国古代青瓷史上达到了最高峰，当然也为全国第一，

---

① 司马光：《温国文正司马公文集》卷八《送王伯初通判婺州》，上海涵芬楼借古里瞿氏铁琴铜剑楼藏宋绍熙刊本影印，12 页。

② 欧阳修：《欧阳文忠公集》，见《居士集》卷十《送祝熙载之东阳主簿》，8 页，上海，上海书店出版社，1989。

③ 朱新予：《浙江丝绸史》，38 页，杭州，浙江人民出版社，1985。

④ 曹昭：《格古要论》卷下《官窑》，文渊阁四库全书本，第 871 册，106 页。

在世界上也是叹为观止的。

宋代造纸业的中心是四川和江、浙。两浙的越州、剡、余杭、温州、台州造纸业发达，名纸如林。如温州的蠲纸，“洁白坚滑，大略类高丽纸。东南出纸处最多，此当为第一焉”①。南宋时，临安城内有些不法商人竟“以伪易真，至以纸为衣”②，用纸衣冒充真衣，可见当时两浙造纸技术的高超。造纸业的发展为印刷业和出版业的兴盛提供了必要条件。开封、杭州、建阳和四川眉山是北宋的印刷业中心，而其中以杭州的雕本最为出名，北宋监本大多在杭州刻印。正如叶梦得所说：“今天下印书，以杭州为上，蜀本次之，福建最下。”③ 可见当时杭州刻书印刷业无疑为天下第一。另外，秀州、湖州、越州、婺州、台州等地的印刷业也很发达，《容斋随笔》一书乃婺州女工所刻。南宋著名的刻书地方有一百七十多处，其中以两浙最多。王国维说：“自古刊版之盛，未有如吾浙者。”④ 显然，南宋两浙的造纸业、印刷业和刻书业均为天下之冠，为世界之最。

宋代两浙的酿酒业也十分发达，杭州、越州、湖州、明州、婺州等地的名酒遍天下。酒的产量也很大，这可从每年所征收的巨额酒税中窥其一斑。如神宗熙宁十年（1077 年），两浙路酒税 182 万余贯，占当年全国酒税总额的七分之一，⑤ 居全国第一。

与历代一样，两浙还是宋代海盐的主要产地，沿海各州都设有许多规模庞大的盐场。到南宋中期，大型盐场临安府有 10 个，年产盐 27.7 万石；秀州 9 个，年产盐 149.8 万石；绍兴府 4 个，年产盐 11.7 万石；明州 6 个，年产盐 39.6 万石；台州 3 个，年

---

① 佚名：《三柳轩杂识·蠲纸》，见《宋人百家短篇小说》506 页，北京，北京图书馆出版社，1998。

② 周密：《武林旧事》卷六《游手》，97 页，杭州，西湖书社，1981。

③ 叶梦得：《石林燕语》卷八，116 页，北京，中华书局，1984。

④ 王国维：《两浙古刊本考序》，见《观堂集林》第四册，1046 页，北京，中华书局，1959。

⑤ 徐松：《宋会要辑稿·食货》，5123—5132 页，北京，中华书局，1957。

产盐 14.4 万石；温州 5 个，年产盐 19.4 万石。整个浙江沿海地区每年盐产量高达 260 万石，① 自然居全国第一。

杭州、明州、秀州、温州都是北宋造船业的中心，均设有造船场。尤其是明州和温州，两地造船的数量最多。地处浙南山区的处州虽不设场务，但也负担造船工作，如真宗天禧五年（1021 年）就奉命打造航船 605 艘，占这年各地造船额的首位。同年末，明州岁造船 177 艘，温州 125 艘。② 哲宗元祐五年（1090 年）正月，诏温州、明州岁造船各以六百只为额。③ 从官营造船场可见，两浙每年所造船只总数乃居全国首位，而且所造的一般为大船居多。如明州造船场应使赴高丽的需要，于神宗元丰元年（1078 年）造万斛船两艘，又在宋徽宗宣和年间造两艘巨型海舶，驶至高丽，高丽人民“倾国耸观”，“欢呼嘉叹”。④ 这在世界造船史上也占有举足轻重的地位。

另外，粮食的增多为养猪业的发展提供了丰富的饲料，南宋时婺州义乌生猪饲养量不断增长，从而为闻名于世的金华火腿腌制业的进一步发展创造了条件。杭州、睦州、明州、越州、台州、湖州等地制漆业发达，而温州漆器工艺精美绝伦，在宋代号称全国第一。秀州和衢州的制墨业颇负盛名，制作技术高超，产品远销全国各地。睦州等地的编席业，温州等地的竹编业，金华的火腿，杭州、越州等地的制扇业等都相当发达，有许多是全国有名的品牌，冠绝当世。

---

① 徐松：《宋会要辑稿·食货》，5181—5182 页，北京，中华书局，1957。

② 徐松：《宋会要辑稿·食货》，5608 页，北京，中华书局，1957。

③ 脱脱等：《宋史》卷三百三十八《苏轼传》，10812 页，北京，中华书局，1977。

④ 徐兢：《宣和奉使高丽图经》卷三十四《神舟》，见《丛书集成初编》，116—117 页，北京，中华书局，1985。

四、商业的繁荣

(一) 商业繁荣的情况

北宋时，由于全国的统一和农业、手工业的发展，海外贸易、商品交换的发达，从而为两浙城市的发展、商业的繁荣创造了极其有利的条件。宋代两浙路经商风气盛行，不少学者公开倡导“农商并重”的思想，强调“商藉农而立，农赖商而行”①，认为士、农、工、商皆“百姓之本业”②。许多贫困农民也“往往负贩、佣工，以谋朝夕之赢”③。而那些豪强大族，其经营规模更是动辄以数十万、上百万计。当时的谚语云：“欲得官，杀人放火受招安；欲得富，赶着行在卖酒醋。”④ 这正反映了宋代社会经商之风的盛行，无怪乎当时有人感叹两浙路“人多好市井牟利之事”⑤。

(二) 城镇商业的繁荣

北宋时期，两浙地区的城市无论是州级中心城市还是县、镇城市，除极少数外，大部分在商业上呈现相当兴盛的局面，其繁荣程度从全国范围来看也是位居前列的。到南宋，两浙的城市代表了全国城市发展的最高水平。

北宋杭州是“百事繁庶”的“地上天宫”⑥。南宋临安“辇

---

① 陈亮：《陈亮集》卷十一《四弊》，127 页，北京，中华书局，1974。

② 陈耆卿：《嘉定赤城志》卷三十七《风土门二·土俗》，408 页，台北，成文出版社，1983。

③ 王柏：《鲁斋集》卷七《社仓利害书》，文渊阁四库全书本，第 1086 册，113 页。

④ 庄绰：《鸡肋编》卷中，67 页，上海，上海古籍出版社，2012。

⑤ 周密：《癸辛杂识》别集卷上《天市垣》，255 页，北京，中华书局，1988。

⑥ 陶穀：《清异录》卷一《地理·地上天宫》，20 页，北京，中华书局，1991。

毂驻跸，衣冠纷集，民物阜蕃，尤非昔比”①，不仅是“东南第一州”，还是全国第一大都会，在当时世界上也是最繁华的大都市之一。临安商品交换打破了唐代的坊市格局，形成三大商业区，各行各业无不齐备。熙宁十年前后，杭州城不仅商税额在全国各州府城中名列前茅，还是酒税最多的城市之一，每年酒税收入高达 30 万贯。② 苏轼说：“天下酒官之盛，未有如杭者。”③

至于绍兴、明州、温州、秀州、台州、婺州等府州级城市，商业也十分繁荣。宋代两浙路商业发达的一个典型特征是发展起许多沟通城乡之间的新镇市及农村中的墟市。据《元丰九域志》记载，北宋时全国有 1884 个市镇。到南宋时，镇市更为发展，据《咸淳临安志》《景定建康志》《宝庆四明志》和《嘉定赤城志》记载，临安有六镇十五市，湖州有五镇二十二市。许多市镇虽在行政级别上低于县城，但在经济规模和影响上甚至超过许多县城乃至少数州城。如嘉泰元年（1201 年），曹娥镇的商税有 6285 贯，是其所在的上虞县（今浙江绍兴市上虞区）城 2808 贯的 2.24 倍。萧山渔浦镇的商税也有近 5000 贯，另有酒税近 5500 贯，均远远超过了同属绍兴府的余姚、新昌、剡等县的全县总额。④ 在镇市勃兴的基础上，南宋初年全国出现了繁盛的大都市，浙西有 14 个，浙东有 9 个，江东 8 个，江西、福建各 4 个，湖南 1 个，⑤ 共 40 个，而两浙路就有 23 个，竟占全国的 58%，足见两浙镇市勃兴为全国之最。

---

① 吴自牧：《梦粱录》卷十二《西湖》，102 页，杭州，浙江人民出版社，1980。

② 马端临：《文献通考》卷十七《征榷考》，169 页，北京，中华书局，1986。

③ 苏轼：《苏东坡集·奏议集》卷七《乞开杭州西湖状》，20 页，上海，商务印书馆，1933。

④ 施宿等：《嘉泰会稽志》卷五《课利》，6235 页、6237 页，台湾，成文出版社，1983。

⑤ 李心传：《建炎以来系年要录》卷一百七，1749 页，北京，中华书局，1956。

（三）商税

商业的繁荣程度可从商税上获得证明，从而能较清晰地看到两浙在全国商业发展中的领先地位。

据《宋会要辑稿·食货·商税杂录》记载，从宋初到熙宁十年，两浙路商税总额由 473422 贯增至 894275 贯，增长了 88.9％，成为全国商税最多的一路。单是浙江地区各州的商税总额便超出了同期全国的任何一路。江南东路由 243362 贯增至 362713 贯，增长 49.0％；江南西路由 162732 贯增至 24840 贯，增长 52.5％；都城东京所在的开封府由 108740 贯增至 152701 贯，增长 40.4％；西京河南府由 60456 贯增至 70538 贯，增长 16.7％；南京应天府由 33923 贯增至 45561 贯，增长 34.3％；北京大名府由 84454 贯增至 95930 贯，增长 13.6％，均远低于两浙的增长率。至于每州（府、军）平均的商税额，两浙也高于同期江南的江东、江西和北方的黄河沿岸等较为发达地区的水平。① 两浙州城、县级城和农村镇市的商业发展水平均居全国前列。值得注意的是，两浙还出现了 3 个年商税额在 1 万贯以上的特大型镇、草市，这些市镇就商税额而言已远超许多县级城市，而与一般州级城市处于同一水平。

由于商业的发展，商税也随之直线上升。杭州在景祐中为 450 余万缗，天禧末增长为 804 万缗，庆历五年（1045 年）达到 970 万缗。淳熙年间，临安府城内外及诸县一年商税收入是 102 万贯，占仁宗景祐年间（10341038 贯）全国最高商税额的 25％②，居于全国的首位。

除商税外，酒税也是反映城镇商业发展水平的一项重要指标。据《宋会要辑搞·食货·酒曲杂录》记载，熙宁十年以前，

---

① 陈国灿，奚建华：《浙江古代城镇史研究》，105—106 页，合肥，安徽大学出版社，2000。

② 李心传：《建炎以来朝野杂记》甲集卷十四《景祐庆历绍兴盐酒税绢数》，187—188 页，北京，商务印书馆，1936。

两浙路年酒税额为 1680205 贯，已在全国各路中占首位。至熙宁十年，又进一步增至 1938124 贯，是同期其他几路的数倍。如杭州，熙宁十年酒税额高达 499347 贯，甚至超过江西、京西南全路的总额，在全国居于遥遥领先的地位。

五、海外贸易的畅达

宋代的海外贸易较之前代有进一步发展，两浙主要港口仍为杭州和明州，但无论是贸易规模和范围，还是在全国对外贸易中的地位和影响，都大大超过前代。北宋时，全国有杭州、广州、泉州、明州、密州五大外贸港口，两浙就占了三分之五。另外，温州和台州也是颇具规模的港口城市，海上贸易十分兴盛。奉化县的鲒崎镇，商舶往来，十分繁盛，“邑人比之临安”①。

在太平兴国三年（978 年），北宋政府于杭州设立两浙市舶司，并且于端拱二年（989 年）规定：“自今商旅出海外番国贩易者，须于两浙市舶司陈牒，请官给券以行，违者没入其宝货。”② 这实际上授予了两浙市舶司特殊的地位，使它垄断国内海商出海贸易的审批权。由此可见，两浙在全国海外贸易中的核心地位。

随着海外贸易的发展，市舶收入在国家财政收入中的比重日益增大，促使宋廷对此采取了一系列有力措施。“东南之利，舶商居其一。”③ 北宋仁宗景祐时，市舶收入五十三万贯，英宗治平时增至六十三万贯，占据了国家财政收入的重要地位。到南宋初年，市舶收入竟占国家财政的 20%。绍兴七年（1137 年）闰十月三日，宋高宗说：“市舶之利最厚，若措置合宜，所得动以

---

① 罗浚等：《宝庆四明志》卷十四《奉化县志一·官僚》，234 页，台北，商务印书馆，1983。

② 徐松：《宋会要辑稿·职官》，3364 页，北京，中华书局，1957。

③ 脱脱等：《宋史》卷一百八十六《食货志·互市舶法》，4560 页，北京，中华书局，1977。

百万计，岂不胜取之于民？朕所以留意于此，庶几可以少宽民力尔。”绍兴十六年（1146年），又说：“市舶之利颇助国用，宜循旧法，以招徕远人，阜通货贿。”① 当时，经费困乏，一切倚办海舶。两浙集中了当时的两个主要外贸港口，而且在南宋时已成为最重要的海外贸易港口，可见其在全国经济中的重要地位。

杭州在唐代就已是海外交通的重要口岸，到北宋时随着社会经济的不断发展，加上发达的造船业和港口设施的建设与完善，其海外贸易则更趋活跃。南宋时，随着商业的发达和航海技术的进步，海外贸易更加频繁，外国商舶云集临安。市舶务附近的白洋湖一带，富家在水边建造了“塌房”数十所，有屋千余间，作为寄藏都城店铺及旅客货物之用。② 杭州城东的澉浦镇（今海盐县南），理宗淳祐六年（1246年）置市舶官，管理课税事务。③ 港口船舶云集，外国的货物都在这里集散，成为“通番舶之处”④。各种番货、南货，珍异饰物，奇葩珍卉，源源不断运到临安。

明州也是宋代对外贸易的重要商港之一，陆游说：“惟兹四明，表海大邦……万里之舶，五方之贾，南金大贝，委积市肆，不可数知。”⑤ 尤其是同日本、高丽的贸易往来更是频繁。南北宋，明州都是对日贸易的主要港口，日本输入的贸易品，据《宝庆四明志》记载，细色有金子、沙金、珠子、药珠、水银、鹿茸、茯苓，粗色有硫黄、螺头、合蕈、松板、杉板、罗板。明州天童寺千佛阁和育王寺舍利殿是用日本的木材修建的。从日本输入大量黄金，还对南宋的金融市场造成很大影响。从元丰三年

---

① 徐松：《宋会要辑稿·职官》，3373页、3375页，北京，中华书局，1957。

② 吴自牧：《梦粱录》卷十九《塌房》，180页，杭州，浙江人民出版社，1980。

③ ［日］桑原骘藏：《蒲寿庚考》，4页，北京，中华书局，1954。

④ 姚宽：《西溪丛语》上，见《唐宋史料笔记丛刊》，24页，北京，中华书局，1993。

⑤ 陆游：《渭南文集》卷十九《明州育王山买田记》，451—452页，台北，商务印书馆，1983。

(1080年）起，明令明州为宋、丽贸易口岸，从此明州便正式成为宋、丽贸易的主要港口了。据《乾道四明图经》记载，明州海外贸易的盛况是“南则闽广，东则倭人，北则高句丽，商舶往来，物货丰衍”。北宋时，明州就与阇婆（爪哇）、占城（越南）、暹罗（泰国）、真里富（为真腊属国或属邑，今柬埔寨）、渤泥（加里曼丹北部）、三佛齐（苏门答腊东南部）、大食（阿拉伯）等国互通贸易，成为国际通商的重要口岸。

除杭州、明州外，温州也是南宋时两浙海外贸易的一大港口。温州港在南宋时不仅与国内各港口通商贸易，还与东南亚、印度、日本、朝鲜等国也都有往来。陈傅良《咏温州诗》云："江城如在水晶宫，百粤三吴一苇通。”这充分反映了温州海上贸易的盛况。时人杨蟠则作诗赞叹温州城的繁华：“一片繁华海上头，从来唤作小杭州。”①

两浙农业发展的基础性资源并不是很高，消费人口又居全国首位，但其每年上供国家的财税数和粮食数占各路之首，可见其农业发展水平之高。此对于一个农业大国来讲，其经济地位不容忽视。农业的发展又带动手工业、商业的发展。随着内部经济的发展，海外贸易则呈现一派欣欣向荣的景象。笔者通过以上各方面的总述分析，认为两浙在全国经济发展中众多的居于全国首位或前列的数据都雄辩地表明其经济的发展在全国经济发展中举足轻重的作用，因此深入探讨其发展状况、规律和原因对进一步认识历史、总结经济发展规律具有现实借鉴作用。

---

① 张宝琳：《光绪永嘉县志》卷三十三《艺文·诗外编》，140页，上海，上海古籍出版社，2002。

南宋临安的都市经济[①]

杭州（南宋时称临安）自隋朝开始，由于东南经济的逐渐开发，兼以所处的位置在钱塘江下游和大运河的终点，是东南交通的枢纽，因此便成为“珍异所聚”“商贾并凑”[②] 的都市；到了唐朝，贸易更盛，为国内外通商口岸，“骈檣二十里，开肆三万室”[③]。它不仅是一个商业发达的都市，还是一个风景优美的游览胜地。诗人白居易赞美杭州和西湖的诗篇至今仍脍炙人口。唐末五代，中原烽烟四起，遍地干戈，独吴越国钱氏集团采取保境安民、不事兵革的策略，因此杭州免遭战争的破坏，经济文化得以继续发展。正如欧阳修在《有美堂记》中所说：“独钱塘自五代时，知尊中国，效臣顺，及其亡也，顿首请命，不烦干戈，今其民幸富完安乐。”[④] 吴越国又筑捍海塘，整治河道，奖励蚕桑，扩建杭城，对外贸易也极为发达。到了北宋，杭州已成为“百事繁庶”的“地上天宫”[⑤] 了；海外贸易更臻繁荣，又是四大商港之一。北宋钦宗靖康元年（1126 年），金兵南下，攻陷北宋首都

---

① 原载《浙江师范学院学报》1982 年第 1 期，与倪士毅先生合撰；收入人大《复印报刊资料·经济史研究》1982 年第 4 期。

② 魏徵等：《隋书》卷三十一《地理志下》，887 页，北京，中华书局，1973。

③ 李昉：《文苑英华》卷八百《杭州刺史厅壁记》，4233 页，北京，中华书局，1966。

④ 欧阳修：《欧阳文忠公集》卷四十《居室集·有美堂记》，190 页，上海，上海书店出版社，1989。

⑤ 陶宗仪：《说郛》卷六十一《清异录》，2 页，北京，中国书店，1986。

东京（今河南开封）。次年，徽、钦二帝被俘，成了金兵的阶下囚，北宋亡。这时，钦宗弟赵构在南京应天府（今河南商丘）即皇帝位，史称南宋。赵构继承了他父兄的衣钵，对金屈辱退让。在金兵的大举进攻下，南宋政权节节败退，建炎三年（1129年），高宗逃到杭州，升其地为临安府，绍兴八年（1138年）又正式定为行在所。于是，杭州一跃成为全国的政治、经济、文化中心，所谓“辇毂驻跸，衣冠纷集，民物阜蕃，尤非昔比”①。它不仅是“东南第一州”，还是全国第一个大都会，即使在当时的世界上也是最繁华的大都市之一。

南宋首都　万民辐辏

南宋临安都市经济的繁荣、社会生产力的发展，不仅超越前代，还居于世界前列的地位。马可·波罗在他的游记中说到杭州是当时世界上最繁华的都市。据《咸淳临安志》记载，南宋咸淳年间，临安府的人口已达到124万之多②。这个数字是包括临安府所属九县的人口的，人口为432046人③，已占全府人口三分之一左右，可见杭州市区及其附近人口众多且比较集中。南宋临安府户口增长的原因，除了南方地理环境比较优越外，还有政治、经济和文化等方面的因素。

首先，从政治方面来看，由于宋室南渡以后，北方大部分土地为女真贵族所占领，因此大批人民不愿受女真统治者的蹂躏，扶老携幼，纷纷南迁。绍兴十八年（1148年）大理评事莫濛说：

---

① 吴自牧：《梦粱录》卷十二《西湖》，102页，杭州，浙江人民出版社，1980。

② 据《咸淳临安志》卷五十八《户口》记载：“今主客户三十九万一千二百五十九，口一百二十四万七百六十。”潜说友：《咸淳临安志》卷五十八，见《宋元方志丛刊》第四册，3869页，北京，中华书局，1990。

③ 吴自牧：《梦粱录》卷十八《户口》，162页，杭州，浙江人民出版社，1980。

“四方之民，云集二浙，百倍常时。”① 而临安又是全国首都所在地，是北方人民南迁的重点地区。这些南渡的人口可被分为这样几种人：一种是皇室贵族、官僚地主。他们避地南来，大多寄寓城中，也有少数居住乡间。这批统治集团和剥削阶级人物，享有各种特权，穷奢极欲，生活极端腐化，与造成临安的虚假繁荣不无关系。所以，当时杭州有“销金锅儿”之称。一种是南宋的军队。因临安是首都所在地，武备不可一日弛阙，单就禁卫军而言，人数已非常可观，而军士之中又是西北人居多，其次为河北、山东等地人。在南渡的将领当中，北人最占优势，如韩世忠，延安人；岳飞，相州人；刘光世，保安军人；吴玠、吴璘兄弟和刘锜德，顺军人；张俊，秦州人。当时，“西北士大夫多在钱塘”②。一种是社会上有名望的文人学士。南渡的思想家如解州人赵鼎、拱州人许忻、许昌人韩元吉、开封人向沈等；文学家如洛阳人陈与义、济南人辛弃疾、李清照等；名画家如河阳人李唐、李迪，开封人刘宗古；等等。他们纷纷南渡，云集杭州，一时人才荟萃、济济一堂。他们的南渡，大大促进了杭州文化事业的空前发展，开通了南宋一代学术文化的先河，同时对杭州都市经济的繁荣也有促进作用。一种是大小商贾。南宋临安是全国工商业最发达的城市，“客贩往来，旁午于道，曾无虚日”③。当时，杭州富室多是外郡寄寓之人，所以凤凰山又名客山，所寄寓者，大多是江商海贾④，其中有许多也是西北人，他们“辐辏骈

---

① 李心传：《建炎以来系年要录》卷一百五十八，2573 页，北京，中华书局，1956。

② 脱脱等：《宋史》卷四百三十七《程迥传》，12949 页，北京，中华书局，1977。

③ 吴自牧：《梦粱录》卷十三《铺席》，117 页，杭州，浙江人民出版社，1980。

④ 吴自牧：《梦粱录》卷十八《恤贫济老》，175 页，杭州，浙江人民出版社，1980。

集，数倍土著”[1]。正如陆游所说：“大驾初驻跸临安，故都及四方士民商贾辐辏。”[2] 小商贩从东京迁来临安恢复营业的，著名的如鱼羹宋五嫂，东京人，南迁后居钱塘门外，以此为业，曾经高宗宣唤，因此有名，至今杭州“醋熘鱼”一菜还独擅其美。此外，如羊肉李七儿、奶房王家、血肚羹宋小巴、杂菜羹李婆婆、南瓦子张家团子之类，都是从汴京迁来的。在南渡的人口中，占最大比例的还是农民和手工业者，他们是社会物质财富的创造者。他们的大批南渡，对于杭州地区农业和手工业生产的发展和都市经济的繁荣无疑起到了重要的作用。他们虽然处于被统治的地位，但他们辛勤的劳动才是创造了杭州的文明，使南宋临安成为经济繁荣的大都会的主要动力。

另外，因杭州地处东南沿海，物产丰富，气候温和，自然条件优越，经济、文化都比较发达，兼以有湖山之美，风景秀丽，从而吸引、招徕了许多外地人的迁入。如邢太尉孝扬，南渡初，寓家湖州的德清驿，因该地湫隘不足容居，于是搬到杭州来；[3] 又如乾道年间沈唯之，因为参观都下热闹的郊祀礼，特地从湖州迁来杭州的荐桥门内居住。[4] 诸如上述类似的情况，为数是不少的。临安城内及其附近地区人口的大量增多，势必促进了都市经济的繁荣。

农副产品　集散市场

南宋临安都市经济的繁荣，一方面是封建经济高度发展的一个标志，另一方面却是皇室贵族、官僚地主、高利贷者三位一体

---

① 李心传：《建炎以来系年要录》卷一百七十三，2858页，北京，中华书局，1956。

② 陆游：《老学庵笔记》卷八，见《唐宋史料笔记丛刊》，104页，北京，中华书局，1979。

③ 佚名：《异闻总录》卷四，42页，北京，中华书局，1985。

④ 佚名：《异闻总录》卷四，45页，北京，中华书局，1985。

朘削农村的结果。也就是说，封建城市的经济是建筑在对农村的剥削上的，正如马克思指出的：“关于中世纪都市资本的蓄积，……主要似应归因于商业和手工业对于农村的榨取。”① 毫无例外，南宋临安城市工商业的发达，主要也是靠对农村的榨取，正如朱继芳的《农桑》诗所说：“淡黄竹纸说蠲逋，白纸仍科不嫁租。努力经营犹恨晚，官司那问有钱无。……四月官场入纳时，乡耆旁午上门追。请看贫妇通宵织，身上曾无挂一丝。”② 而且它也是建筑在农村经济发展的基础上的，因为江南农业生产的逐渐发展，农产品的销售需要市场，也就推动了城市经济的发展。

江南地区的农业，首先，自北宋末年开始，基于北方农民不愿受女真贵族的统治，纷纷迁往江南，从事土地的开垦，因此耕地面积日渐扩大，对江南地区农业生产的发展起了很大的作用；其次，由江南一带水利发达，修治了许多堰闸沟渠，开辟了大片的湖田、圩田、涂田、沙田、梯田等，兼以气候温和、土地肥沃，适宜于农作物的生长；再次，南宋统治者为了增加税收，供其挥霍滥用，不得不采取一些有利于恢复和发展农业生产的措施，因此对农业生产也比较重视，如南宋政府对南迁的农民，曾发给一些钱米等赈济物资，或租给耕地，或拨出寺院官舍以救济贫乏，以此来安定他们的生活，借以恢复和发展农业生产。最后，南迁的农民带来了先进的生产技术，与南方农民共同劳作，为江南经济做出了重大贡献。基于以上几个原因，南宋时江南农业非常发达，尤其是苏、湖、秀、常一带，上田一亩可收五六石，故谚云：“苏湖熟，天下足。”③ 当时，江南地区所产的粮食

---

① ［德］马克思：《剩余价值学说史》第二卷《里嘉图的利润学说》，87页，北京，生活·读书·新知三联书店，1957。

② 朱继芳：《静佳龙寻稿》，见陈起辑《南宋群贤小集》卷四十二，清嘉庆六年间石门顾氏读书斋刊本，1页。

③ 高斯得：《耻堂存稿》卷五《宁国府劝农文》，99页，上海，商务印书馆，1935。

多数运往杭州，因此杭州就成了东南农副产品的集散地，所谓“薪南粲北，舳舻相衔”①。南宋时，杭州粮食的消耗量是很大的，据周密说：“杭城除有米之家，仰籴而食凡十六七万人，人以二升计之，非三四千石不可以支一日之用，而南北外二厢不与焉，客旅之往来又不与焉。”② 吴自牧说：“杭州人烟稠密，城内外不下数十万户、百十万口……细民所食，每日城内外不下一二千余石，皆需之铺家。”③ 朱熹也说：“京师（指杭州）月须米十四万五千石。”④ 三者记载数字虽不完全相同，但可以看出杭州粮食消耗量是很大的，杭州的粮食大多来自苏、湖、常、秀四州和淮南、江西、湖南、两广等地，但以湖州最多，所以南宋时杭州北门外有一市镇叫作“湖州市”（即今湖墅），是杭州主要的米市。

除粮食以外，柴炭竹木则来自严州、富阳，聚于江下，由南门而入，也有来自婺、衢、徽等州。蔬菜多来自东门外，主要菜市就在崇新门外南北土门及东青门外坝子桥等处，因此当时有“东门菜，西门水，南门柴，北门米”⑤ 的谚语。

此外，由外地来杭销售的各种水果有福柑、福李、台柑、洞庭橘、衢橘、陈州果儿、密云柿儿、罗浮橘、温柑、樱桃、荔枝、圆眼、密林檎、葡萄等，还有从明、越、温、台等州运来的海鲜鱼蟹鲞腊等类。仅胡椒一项，每日运往杭州食用的就有四十

---

① 潜说友：《咸淳临安志》卷二十二《山川一》，264 页，台北，商务印书馆，1983。

② 周密：《癸辛杂识》续集卷上《杭城食米》，135 页，北京，中华书局，1988。

③ 吴自牧：《梦粱录》卷十六《米铺》，148 页，杭州，浙江人民出版社，1980。

④ 朱熹：《晦庵先生朱文公文集》卷九十四《敷文阁直学士李公墓志铭》，见《朱子全书》，4326 页，上海，上海古籍出版社、安徽教育出版社，2002。

⑤ 周必大：《二老堂杂志》卷四《临安四门所出》，61 页，北京，中华书局，1985。

三担之多，每担九十公斤[①]，共计有三千八百七十公斤。这个数字是十分惊人的。

由于农产品商品化的加强，临安近郊农民有以种花为副业的。当时，花的品种繁多，有牡丹、芍药、红梅、蜡梅、月季、蔷薇、碧蝉、棠棣、佛见笑、聚八仙、百合、滴滴金、石竹、金林檎、水仙、迎春、郁李、桃花、荷花等不胜枚举，光是菊花九有七十多种，不同颜色的榴花就有数十样[②]，真可谓花团锦簇、万紫千红。此外，还有从闽、粤运来的茉莉花，为市民所爱好，栽遍杭城，成为风尚。

因为南宋杭州的人口众多，农副产品的需要量自然很大，尤其是粮食和蔬菜。这些农副产品都以杭州为主要市场，从而推动了杭州都市经济的发展。

手工作坊　林立坊巷

封建城市中的手工业经济有官营手工业和私营手工业两种形式。南宋临安手工业的特点就是私营手工业作坊和小商品生产的增多。除军器之类不准私家生产，以及朝廷的几种官营手工业作坊如少府监、将作监所属的一些作坊外，其余基本上都是商品生产。每一类商品都有专门制造的作坊。经营手工业行业的多寡，是衡量中世纪城市经济发展程度的标志之一。南宋临安城里从熟食小品到穿着衣服或家内杂物用具都有专门制作的私营手工业作坊，仅《梦粱录》卷十三《团行》所记载的就有二十二种，即碾玉作、钻卷作、篦刀作、腰带作、金银打钑作、裹贴作、铺翠作、裱背作、装銮作、油作、木作、砖瓦作、泥水作、石作、竹

---

① ［意］马可·波罗：《马可波罗游记》，178页，福州，福建科学技术出版社，1981。

② 吴自牧：《梦粱录》卷十八《物产》，165—168页，杭州，浙江人民出版社，1980。

作、漆作、钉铰作、箍桶作、裁缝作、修香浇烛作、打纸作、明器作，说明了手工业在临安都市经济中占有很大比重，也反映了南宋临安城市经济的发达。以上二十二种手工业作坊所生产的小商品，大部分是人们日常生活需要的各种物品。其中如修香浇烛、打纸、明器三种作坊，则是专门生产迷信用品的，这是因为杭州居民崇拜佛教、迷信之风特盛的缘故。

此外，周密的《武林旧事》卷六《小经纪》也记载了南宋临安各种小商品生产有一百七十多种，其中大部分是手工作坊制造出来的小商品，大部分是自己制造自己出售。这种情况在南宋的临安是很普遍的，充分体现了南宋临安的都市经济是中世纪的封建城市经济。如擂槌一项，与杭州人民的生活非常密切，俗谚说："杭州人一日吃三十丈木头。"① 因为擂槌是用来研磨米麦或其他杂粮的木料，杭州人每日因研磨食物而耗去的木头共长三十丈。这虽然不是一个精确的实数，但也反映了这种器具用途重要且普遍。

南宋临安较著名的手工作坊，一种是丝织业，除大规模的官营绫锦院以外，私营的手工作坊也很多。这种私营作坊的织造技术水平很高，能织造出许多精巧名贵的丝织品。如《梦粱录》里的记载："锦，内司街坊以绒背为佳。"② 这里的街坊指的是私营织造作坊。晁补之在《七述》中也说："杭故王都，俗上工巧。……衣则纨绫绮绨，罗绣縠，轻明柔纤，如玉如肌，竹窗轧轧，寒丝手拨，春风一夜，百花尽发。其制而服也，或袍或襞，或绅或纶，或缘或表，或缝或襕，或紫或缥，或绀或殷。"③ 这正是当时丝织业生产盛况的生动写照。从上述这些例子看来，当时临安

---

① 周密：《武林旧事》卷六《小经记·擂槌》，104页，杭州，西湖书社，1981。其原文为"以三十万家为率，大约每十家日吃擂槌一分，合而计之，则三十丈矣"。

② 吴自牧：《梦粱录》卷十八《物产》，162页，杭州，浙江人民出版社，1980。

③ 晁补之：《鸡肋集》卷二十八《杂著·七述》，四部丛刊本，第6册，8页。

私营的丝织业是相当发达的。

南宋时，临安城中经营丝绸织物的店铺很多，如市西坊南的刘家、吕家、陈家彩帛铺，市西坊北的钮家彩帛铺，水巷口的徐家绒线铺，清河坊顾家彩帛铺，三桥街的柴家绒线铺，沿（盐）桥下生帛铺，铁线巷生绢一红铺……①这些铺子除买卖昼夜不绝外，大都兼营织、染等手工业，而且规模不小，因此当时临安丝织品花色品种繁多，美不胜收。普通丝织品就有绫、罗、锦、纱、绢、绸等。另外，纻丝是用染丝织成的，品种也很多，有织金、闪褐、间道等之分，还有鹿胎、透背之类，都是花纹凸起，具有明显的立体感，而织造式样都是不同的。拿官巷的花作来说，“所聚奇异飞鸾走凤，七宝珠翠，首饰花朵，冠梳及锦绣罗帛，销金衣裙，描画领抹，极其工巧，前所罕有者悉皆有之”②。

另一种是印刷业，南宋临安也特别发达。北宋时南方已是造纸业中心，到了南宋，随着经济文化重心的南移，南方的造纸业有了更大的发展。据《武林旧事》卷六《游手》记载，当时临安奸商为了欺骗顾客，牟取暴利，竟出现了“卖买物货，以伪易真，至以纸为衣”③ 的情况，充分说明了南宋造纸业的进步。当时，临安府余杭县（今浙江杭州市余杭区）有拳村的藤纸、富阳的小井纸，都负有盛名，为人们所珍重。造纸术的发达为印刷业的发展提供了物质基础。当时，临安印刷业中分官营和私营两种，许多是从开封迁来的。王国维说：“自古刊板之盛，未有如吾浙者。”④ 而两浙印刷术又以杭州最为发达，所以叶梦得说：“今天下印书，以杭州为上，蜀本次之，福建最下。”⑤ 当时官刻

---

① 吴自牧：《梦粱录》卷十三《铺席》，116—117页，杭州，浙江人民出版社，1980。

② 吴自牧：《梦粱录》卷十三《团行》，115页，杭州，浙江人民出版社，1980。

③ 周密：《武林旧事》卷六《游手》，97页，杭州，西湖书社，1981。

④ 王国维：《观堂集林》卷二十一《两浙古刊本考序》，1046页，北京，中华书局，1959。

⑤ 叶梦得：《石林燕语》卷八，116页，北京，中华书局，1984。

的书较著名的有两浙东路茶盐司本与两浙西路茶盐司本，其次有两浙东路安抚使刻本、浙东庾司刻本等。南渡后，国子监南迁至杭州，所以南宋临安国子监的印本最精，号称“监本”，印刷技术极高。当时，临安府拥有大量刊工，绍兴年间（1131—1162年）临安府刊刻《仪礼疏》所使用的刊工多达一百六十人①。至于私家刻书也很盛行，当时临安书铺林立，称为“经铺”“经坊”，或称“经籍铺”“经书铺”“文字铺”。单是临安会子库印会子的工人每日就有二百零四人②。除印刷书籍、会子外，其他尚有印历所，是雕印历书的。南宋临安的书铺现在有名可考的有十六处，但其中以棚北睦亲坊南陈宅书籍铺和棚北大街陈解元书籍铺最为有名。前者为陈起所开，后者为陈起的儿子陈思所开，他们父子刻印了唐、宋人笔记小说和诗文集，近一百种，叫作“书棚本”。由于刻印技术高明，纸墨工料又多选上等，所以为后世藏书家所珍爱，这就形成了中国雕版印刷的黄金时代。宋版书不但刊印讲究，而且在刊印时都按古写本经过详密的校勘，错误甚少，为研究我国古典文献提供了最可靠的资料。

总之，南宋临安的手工业，一种是从北方迁来的，在北宋原有的基础上继续发展提高；另一种是南渡后才发展起来的，具体表现在部门种类的繁多，分工较细致，同时生产工具和生产技术也有较大的改进和提高。又如手工业行会的发展，各种行业的“行”和“作坊”的发达，充分反映了中国封建社会中世纪封建城市经济中私营手工业发展的一般情况。但是，封建城市经济的高度发展是建立在对手工业工人残酷压迫和剥削的基础上的，随着手工业的发展，官府也逐步加强了对他们的压榨和“拘占”。正如《哀扇工歌》中所揭露的：“某家竹扇名字著，织扇供官困

① 宿白：《南宋的雕版印刷》，载《文物》，1962（1），16页。

② 吴自牧：《梦粱录》卷九《监当诸局》，80页，杭州，浙江人民出版社，1980。

追捕。”① 这正是封建城市中扇工悲苦生活的真实写照。官府的搜刮榨取，严重地挫伤了手工业工人的生产积极性，阻碍了手工业的进一步发展。

茶楼酒肆　商业繁荣

手工业的发展，一方面是商品经济发展推动的结果，但另一方面它又进一步促进了商品经济的发展和城市商业的繁荣。这两者是互相促进、相辅相成的。因此，在封建城市经济发展中，除手工业外，商业的发展和商品交换也占有重要的地位。马克思指出：“城市工业本身一旦和农业分离，它的产品一开始就是商品，因而它的产品的出售就需要有商业作媒介，这是理所当然的。因此，商业依赖于城市的发展，而城市的发展也要以商业为条件，这是不言而喻的。”② 南宋临安不仅是全国的政治中心，还是全国最大的商业城市，所以城郭广阔，户口繁盛，民居屋宇接栋连檐，市内拥有作坊、团行、质库、邸店、酒楼、茶坊、勾栏、瓦舍等，交易非常热闹。临安城内“自大街及诸坊巷，大小铺席，连门俱是，即无虚空之屋”③。大街上买卖昼夜不绝，除日市以外，还有夜市和早市。日市结束，夜市又开。夜市除大内前外，其他各处也是如此，以中瓦前为最热闹。“扑卖奇巧器皿百色物件，与日间无异。”④ 大街上如此，其他坊巷也有夜市扑卖果子糖等物，也有卖卦人盘街叫卖，至于顶盘或担架卖饮食品的，直

① 周辉：《清波别志》卷上，《清波杂志（附别志）》，130页，北京，中华书局，1985。

② 马克思：《资本论》第三卷《关于商人资本的历史考察》，见《马克思恩格斯全集》，371页，北京，人民出版社，1974。

③ 吴自牧：《梦粱录》卷十三《铺席》，117页，杭州，浙江人民出版社，1980。

④ 耐得翁：《都城记胜·市井》，80页，杭州，浙江人民出版社，1983。

到三更还不停业。[①] 酒楼歌馆，则直到四鼓后方才宁静下来。[②] 临安的夜市还不受季节和气候的影响，寒冬季节“虽大雨雪，亦有夜市盘卖”[③]。夜市结束，早市又开，如“御街铺店，闻钟而起，卖早市点心，如煎白肠、羊鹅事件、糕、粥、血脏羹、羊血、粉羹之类。冬天卖五味肉粥、七宝素粥，夏天卖义粥、馓子、豆子粥。又有浴堂门卖面汤者，有浮铺早卖汤药二陈汤及调气降气并丸剂安养元气者。有卖烧饼、蒸饼、糍糕、雪糕等点心者。以赶早市，直至饭前方罢。及诸行铺席，皆往都处，侵晨行贩。……早市供膳诸色物件甚多，不能尽举。自内后门至观桥下，大街小巷，在在有之，不论晴雨霜雪皆然也”[④]。临安早市供应的点心花色繁多，四时品味皆又不同，烹调方法既多且精，据《梦粱录》卷十三、十六的记载，单是供应的熟食品就不下一二百种。[⑤] 特别是和宁门外，因供应禁中需要，“早市买卖，市井最盛”[⑥]。夜市通宵营业供应，至天晓才散，接着早市开始，买卖昼夜不绝，兴隆异常。

南宋临安饮食业特别发达，无论大街或小巷、城里或城外，到处都有。这是为了适应市民的需要而产生的，是城市经济发展的必然结果。当时，临安著名的饮食店就有上百家，有许多私营饮食名家，如杂货场前的甘豆汤、戈家蜜枣儿、官巷口光家羹、寿慈宫前熟肉、钱塘门外宋五嫂鱼羹、涌金门灌肺、中瓦前职家羊饭、猫儿桥魏大刀熟肉、张卖食面店、金子巷口陈花脚面食

---

① 吴自牧：《梦粱录》卷十三《夜市》，120 页，杭州，浙江人民出版社，1980。

② 耐得翁：《都城记胜·市井》，80 页，杭州，浙江人民出版社，1983。

③ 吴自牧：《梦粱录》卷十三《夜市》，120 页，杭州，浙江人民出版社，1980。

④ 吴自牧：《梦粱录》卷十三《夜市》，118 页，杭州，浙江人民出版社，1980。

⑤ 据《梦粱录》卷十三《天晓诸人出市》《夜市》《诸色杂货》，卷十六《酒肆》《分茶酒店》《面食店》《荤素从食店》等统计。

⑥ 吴自牧：《梦粱录》卷八《大内》，63 页，杭州，浙江人民出版社，1980。

店、太平坊南倪没门面食店、南瓦子北卓道王卖面店、腰棚前菜面店、朝天门戴家鏖肉铺、朱家元子糖蜜糕铺、坝桥榜亭侧朱家馒头铺、石榴园倪家口鲊铺等①。不仅是临安城内如此，就是临安附近的小市镇也因靠近首都而生意兴隆，商贾买卖十分热闹。

临安城内大街小巷，店铺林立，热闹异常，各种商品都有一定集中的区域，凡同一类的商店，大都集中在一处或数处，称为行或团或市，生产商品达一百七十多种。主要的行、团、市的名称和分布区域，据《梦粱录》卷十三《团行》所载，花团，城西；布行、鸡鹅行，横河头；青果团，泥路；药市，炭桥；柑子团，后市街；花市，官巷；口团，浑水闸；珠子市、融和市，南坊；方梳行、销金行、冠子行，官巷；肉市，修义坊；鱼行，城北；米市，城北；蟹行、姜行、菱行、北猪行，城东；书房，桔园亭；南猪行，候潮门外；生帛，盐桥；菜行，南土门、北土门；泉福糖蜜及荔枝圆眼汤等，五间楼；鲜鱼行，坝子桥。

其中，如融和坊的珠子市，商品交易非常热闹，买卖动辄都用万贯计算，贵家富室多住在珠子市附近。自五间楼北到官巷南街，两旁多是上等金银钞引交易铺，几百余家，门前陈列金银器皿和现钱，叫作“看垛钱”。有“大质库”（即当铺）十余处，非万贯以上不收当，这种“大质库”又名“长生店”，以高利贷剥削城市平民。杭州的繁荣同交易铺的买卖有一定的关系，特别是彩帛铺（即绸缎店）里的交易更是热闹非凡，出售各种软细绫罗绸缎和锦绮缣素。此外，候渐门椤木教场内的柴市和宁门外的花市，西湖先贤堂、三贤堂、四圣观等处也是交易繁盛的地方。由于临安是京师所在地，万物所聚，应有尽有，诸行百市，鳞次栉比，“自和宁门杈子外至观桥下，无一家不买卖者”②。

由于市场商品交换非常发达，为了适应市民阶级的需要，里

---

① 吴自牧：《梦粱录》卷十三《铺席》，116—117页，杭州，浙江人民出版社，1980。

② 吴自牧：《梦粱录》卷十三《团行》，115页，杭州，浙江人民出版社，1980。

弄坊巷设有许多酒楼和茶坊。南宋临安的酒肆大致有两种。一种为官库酒楼，这是为南宋政府创办的酒库所附设的。官酒库共十三所，即东库、西库、南库、北库、中库、南上库、南外库、北外库、西溪库、天宗库、赤山库、崇新库、徐村库。各官酒库都附设有酒楼，其中著名的酒楼如东库的太和楼、西库的西楼、南库的和乐楼、北库的春风楼、中库的中和楼、南上库的和丰楼、北外库的春融楼。另一种为私人经营的酒楼，有包子酒店、宅子酒店、肥羊酒店、花园酒店、直卖店、散酒店、庵酒店、罗酒店等几类。最出名的私营酒楼如中瓦子前的武林园，“店门首彩画欢门，设红绿杈子，绯绿帘幕，贴金红纱栀子灯，装饰厅院廊庑，花木森茂，酒座潇洒”①。此外，如南瓦子的熙春楼，新街巷口的花月楼，融和坊的嘉庆楼、聚景楼，金波桥的风月楼，灵椒巷口的赏新楼，坝头西市坊的双凤楼，下瓦子前的日新楼，都是比较著名的酒楼，白天黑夜顾客盈门，买卖十分兴旺。但是，在这些灯红酒绿的酒楼里跑堂的工役杂差的生活是苦不堪言的，他们送酒菜稍迟，食客不满，就要被店主人赶出店堂，随时都有被解雇失业的危险。

茶坊在南宋临安也很盛行。著名的茶坊如八仙、连二、连三、清乐、珠子、潘家等。还有茶汤巷，是茶坊集中的地方，因为茶坊多而得名。大茶坊往往张挂名人书画，供茶客欣赏消遣。有的茶坊除挂名人书画以外，又列花架，插上四时鲜花，或安顿奇杉异桧等物于其上，将门面布置得非常清洁雅致以吸引顾客。茶坊因季节不同而出卖不同茶汤。除清茶以外，如冬季卖七宝擂茶、馓子、葱茶、盐豉汤，盛夏暑天则卖雪泡梅花酒、缩脾饮暑药之类。茶坊中如市西坊南的潘节干、俞七郎茶坊，保佑坊北的朱骷髅茶坊，太平坊的郭四郎茶坊，太平坊北首的张七相干茶坊，都是较著名的“花茶坊”。这些花茶坊“楼上专安著妓女”，

① 吴自牧：《梦粱录》卷十六《酒肆》，141 页，杭州，浙江人民出版社，1980。

多是富家子弟、诸司下直等人寻欢作乐、聚会消遣的场所，而“非君子驻足之地也”。[①] 此外，如张卖面店隔壁黄尖嘴蹴球茶坊、中瓦内王妈妈家的一窟鬼茶坊、大街车儿茶肆、蒋检阅茶肆等茶坊，凡士大夫聚朋会友则多在此处。[②]

茶坊、酒楼不仅是士大夫聚朋会友之处，同时往往还有说书、评话、讲史、小说、小唱。说书评话艺人根据当时流行的话本故事，用当时的口语绘声绘色讲述各种故事和演唱各种小调。所以，茶坊酒肆也是城市劳动人民娱乐、休憩和消遣的场所。

不仅临安内城如此，就是城外郊区也极其繁华，出现了十五个商业繁荣、居民集中的镇市，即“嘉会门（今南星桥一带）外名浙江市，北关门外名北郭市、江涨东市、湖州市、江涨西市、半道红市，西溪谓之西溪市，惠因寺北教场南曰赤山市，江儿头名龙山市，安溪镇前曰安溪市，艮山门外名范浦镇市，汤村（今乔司）曰汤村镇市，临平镇名临平市，城东崇新门外名南土门市，东青门外北土门市”[③]。临安郊区的这些镇市，其“南西东北各数十里，人烟生聚，民物阜蕃，市井坊陌，铺席骈盛，数日经行不尽，各可比外路一州郡，足见杭城繁盛矣”[④]。

海外贸易　沟通中外

南宋临安为东南交通的枢纽。水道方面有运河北通苏、湖、常、秀、润、淮诸州，有钱塘江南通严、婺、衢、徽诸州。钱塘江上游寿昌、龙游之间有梅岭，南宋建都临安府时，此岭最为重

---

① 吴自牧：《梦粱录》卷十六《茶肆》，140页，杭州，浙江人民出版社，1980。

② 吴自牧：《梦粱录》卷十六《茶肆》，140页，杭州，浙江人民出版社，1980。

③ 吴自牧：《梦粱录》卷十三《两赤县市镇》，114页，杭州，浙江人民出版社，1980。

④ 吴自牧：《梦粱录》卷十九《塌房》，180页，杭州，浙江人民出版社，1980。

要，凡闽、蜀、江西、荆、湖、两广、云南八番及海外诸国来者，皆经此岭①，然后顺江而抵临安。海道方面，离临安城东二十五里（12500米）有澉浦镇，是对外贸易的商港，海面上桅樯林立，船舶云集。由于南宋造船事业的发达，当时大的船舶可以载重五千料（一料等于一石），可载五六百人；中等的船舶可载一千料至二千料，也可载二三百人，② 来往于日本、高丽、印度等国。所以《马可波罗行纪》中说："其地有船舶甚众，运载种种商货往来印度及其他外国。"③ 各国的货物都在这里集散，成为一个拥有数万人口的市镇。

杭州的开港始于北宋。至南宋时，随着商业的发达和航海技术的进步，海外贸易更加频繁。杭州的市舶务最早开设在杭州城东南面的保安门（候潮门的北面）外诸家桥之南，后来移至城北的梅家桥（今体育场路梅东高桥一带）北面④。自梅家桥至白洋湖、方家桥直到法物库市舶前，建有"塌房数十所，为屋数千间，专以假赁与市郭间铺席宅舍及客旅寄藏物货并动具等物，四面皆水，不惟可避风烛，亦可免偷盗，极为利便"⑤。这些"塌房"就是堆栈和仓库。南宋在江南立国，都城临安又地处东南沿海，因此海外贸易有很大的发展，远远超过北宋。市舶司的税收约占南宋财政总收入的二十分之一，是一项重要的收入。高宗时，市舶收入达二百万贯，超过北宋最高额的两倍多。绍兴七年（1137年）闰十月上谕说："市舶之利最厚，若措置合宜，所得

---

① 顾祖禹：《读史方舆纪要》卷九十《寿昌县梅岭》，3790页，上海，商务印书馆，1937。

② 吴自牧：《梦粱录》卷十二《江海船舰》，111页，杭州，浙江人民出版社，1980。

③ ［法］沙海昂：《马可波罗行纪》，冯承钧译，572页，北京，中华书局，1954。

④ 潜说友：《咸淳临安志》卷九《市舶务》，106页，台北，商务印书馆，1983。

⑤ 吴自牧：《梦粱录》卷十九《塌房》，180页，杭州，浙江人民出版社，1980。

动以百万计，岂不胜取之于民？朕所以留意于此，庶几可以少宽民力尔。”① 又绍兴十六年（1146 年）九月上谕说：“市舶之利，颇助国用，宜循旧法，以招徕远人，阜通货贿。”② 南宋在澉浦设有市舶官，管理课税事务。由于南宋政府不断采取奖励措施，对外贸易数量逐年增加。南宋政府采取奖励海外贸易的原因，主要是南渡后偏安江南，半壁河山，版图不及北宋时的三分之二，剥削所入也随之减少。南宋政府一方面为了对付女真贵族的侵扰，必须维持一支庞大的军队，军费开支浩大；另一方面，每年还要向金贡纳数量相当可观的金银和绢帛、茶叶等物，因此需要通过海外贸易来解决财政经济上的困难。事实上，由于当时市舶司收入逐年增多，引起了南宋当局对发展海外贸易的高度关注，即所谓“东南之利，舶商居其一”③。“南渡后，经费困乏，一切倚办海舶。”④ 再加上南宋统治当局为了满足其腐朽生活的需要，要进口大量奢侈品和其他日常生活用品、药物等。因此，南宋统治者积极采取措施，奖励海外贸易。为了奖励外商来中国，凡市舶纲首能招诱舶货，抽解物货，累价及五万贯、十万贯的，可以补官。⑤ 当时，纲首蔡景芳因从建炎元年（1127 年）至绍兴四年（1134 年）招诱贩来货物净利收入高达九十八万余贯之多，南宋政府就于绍兴六年（1136 年）年底授予他“承信郎”的官爵。⑥ 在南宋统治者的积极推动之下，对外贸易比北宋有显著发展。

由于海外贸易的发达，当时各种番品南货、珍异饰物、奇葩

---

① 徐松：《宋会要辑稿·职官》，3373 页，北京，中华书局，1957。

② 徐松：《宋会要辑稿·职官》，3375 页，北京，中华书局，1957。

③ 脱脱等：《宋史》卷一百八十六《食货志·互市舶法》，4560 页，北京，中华书局，1977。

④ 顾炎武：《天下郡国利病书》卷一百二十《海外诸番》，3840 页，上海，上海古籍出版社，2012。

⑤ 脱脱等：《宋史》卷一百八十五《食货志·香》，4537 页，北京，中华书局，1977。

⑥ 徐松：《宋会要辑稿·职官》，3373 页，北京，中华书局，1957。

珍卉源源运至临安。番货中以香药为大宗。绍兴十四年（1144年），命诸商之以香药至者十取其四。十七年（1147年），诏以沉香、豆蔻、龙脑之属，号细香药，十取其一。[1] 香药的大量输入，不仅增加了宋代税收的来源，还对我国医药学的发展起了一定的促进作用。

南宋的临安是全国政治、经济和文化的中心。临安都市经济在南宋一代有了巨大的发展，代表了南宋城市经济发展的水平，说明了城市经济在整个封建经济中的地位日趋重要。但是，就整个临安城市经济的基本特征来看，它仍然是一个比较典型的中世纪封建消费城市。正如马克思所指出的："亚洲城市的兴旺，或者说得更好些，完全与政府的消费有连带关系。"[2] 当时，临安的情况也正是如此，大批皇室贵族、官僚地主纷纷麇集临安，过着豪华奢侈的寄生生活，加上数十万军队，数以万计的僧道、尼姑、巫卜，以至市井无赖、流氓、妓女，以及大量的闲散流动人口，使这座消费城市的特征更加显著。可是，这一幅繁华热闹和歌舞升平的帷幕，遮掩不了千百万劳动人民的辛酸血泪。大批失业的、无家可归的劳动者，"长幼啼号，口无饮食，身无衣盖"[3]。特别是到了南宋末年，皇帝昏庸，权臣贾似道独揽朝纲，在西湖边的葛岭，依湖山之胜建造豪华堂室和花圃，寻欢作乐。政治日趋腐败，经济更形凋敝，临安附近出现了"行都之内，气象萧条"[4] 的惨象。这正如高斯得的诗句所揭露的："自从为关以为暴，物价何止相倍蓰。人生衣食为大命，今已剿绝无余遗。真珠作襦锦作裤，白玉为饭金为糜。苍天苍天此何人，遘此大疾

---

① 李心传：《建炎以来朝野杂记》甲集卷十五《市舶司本息》，217页，上海，商务印书馆，1936。

② ［德］马克思：《剩余价值学说史》第二卷，448页，北京，生活·读书·新知三联书店，1951。

③ 吴自牧：《梦粱录》卷十八《恤贫济老》，175页，杭州，浙江人民出版社，1980。

④ 脱脱等：《宋史》卷四百七《杜范传》，12283页，北京，中华书局，1977。

谁能医。无食吾欲食其肉，无衣吾欲寝其皮。谁能为我覆八溟，一洗世界无疮痍。丝麻粪土被天下，菽麦水火赒民饥。风后力牧不可起，吾辈碌碌安能追。”①

物价飞涨，朝廷滥发纸币，饥荒严重，饿殍遍地，使得繁华的临安都市经济遭到了严重的破坏，陷入了经济崩溃的绝境。

---

① 高斯得：《耻堂存稿》卷七《物贵日甚》，129页，上海，商务印书馆，1935。

南宋临安水运事业大发展述评[①]

杭州的水运事业向称发达。自隋炀帝修大运河终于余杭，杭州由原先“左江右湖”的小范围航运，一下子变成漕运要地和东南地区商品集散地。随着杭州经济的不断开发和造船业的日益进步，其商业到唐中期已呈现一派繁荣景象，交通地位日趋重要，成为“咽喉吴越，势雄江海”“骈穑二十里，开肆三万室”[②]的东南名郡。五代时，中原地区烽烟四起，战乱不断，而吴越国却能采取保境安民、发展经济的基本国策，同时又开拓海上交通，杭州成为富庶的“东南第一州”。进入北宋，由于“国家根本，仰给东南”[③]，杭州的经济地位和交通地位决定了其水运事业的进一步发展，北宋政府采取对外开放政策，使“余杭、四明，通蕃互市，珠贝外国之物，颇充于中藏云”[④]，杭州成为当时对外贸易的四大港口之一，因此河运、海运都很发达，为南宋水运事业的繁荣奠定了基础。

宋室南渡，杭州成为全国的政治、经济、文化的中心，水运

---

① 原载《中国水运史研究》1991年第2期，与陈建华同志合撰。

② 李昉：《文苑英华》卷八百《杭州刺史厅壁记》，4233页，北京，中华书局，1966。

③ 脱脱等：《宋史》卷三百三十七《范祖禹传》，10796页，北京，中华书局，1977。

④ 脱脱等：《宋史》卷八十八《地理四·两浙路》，2177页，北京，中华书局，1977。

事业也达到了历史上的全盛时期，成为名副其实的江海联运中心。

漕粮纲货　源源入京

临安是全国政治、经济、文化的中心，万民云集，人口稠密。据《咸淳临安志》卷五十八载，当时临安九县人口达124万之多，其中附郭临安的钱塘、仁和二县也有432046口。这当然还不算拱卫京师的数以万计的军队和每天的大量流动人口，无疑要消费巨额的粮食。周密说："杭城除有米之家，仰籴而食凡十六七万人，人以二升计之，非三四千石不可以支一日之用，而南北外二厢不与焉，客旅之所往来又不与焉。"① 吴自牧说："杭州人烟稠密，城内外不下数十万户，百十万口……细民所食，每日城内外不下一二千余石，皆需之铺家。"② 朱熹也说："京师（指杭州）月须米十四万五千石。"③ 三者记载数字虽不完全相同，但可以看出杭州粮食消耗量是很大的。由于当时杭州的陆运相对不便，只能主要由水运来承担，国家组织的漕运和纲运为其运粮的主要形式。

杭州地处东南财富的中心，就近浙西粮仓，粮源可谓是"近水楼台"，粮运较北宋汴梁更为方便，不仅大运河的航运畅通无阻，还在杭州近处开凿新运河④，并且扩建唐朝新开运河，使之经绍兴连接明州。这种多渠道、多网络的方法，保证了各地钱粮的源源进京。当时的漕粮以浙西苏、湖、常、秀、润、淮诸州为

---

① 周密：《癸辛杂识》续集卷上《杭州食米》，135页，北京，中华书局，1988。

② 吴自牧：《梦粱录》卷十六《米铺》，148页，杭州，浙江人民出版社，1980。

③ 朱熹：《晦庵先生朱文公文集》卷九十四《敷文阁直学士李公墓志铭》，见《朱子全书》，4326页，上海、合肥，上海古籍出版社、安徽教育出版社，2002。

④ 和珅等：《钦定大清一统志》卷二百一十六《杭州府》，19页，台北，商务印书馆，1983。

多。此地位于太湖平原，为当时全国最大的稻米产区。“浙西稻米所聚。”① “苏、湖、秀三州，号为产米去处，丰年大抵舟车四出。”② 故谚云：“苏湖熟，天下足。”③ 上述诸州产米除供本地消耗外，朝廷规定其他上供、和籴输往京师。漕粮不仅来自江浙一带，还有两广、淮南、江西、湖南等地多有运入京师的。南宋时李椿建议：“籴洪、吉、谭、衡军食之余及鄂商船，并取江西、湖南诸寄积米，自三总领所送输以达中都，常使及二百万石，为一岁备。”④ 上述四地又以两广米运入京师为多。建炎四年（1130 年）六月，“中书门下省奏：‘行在仰食者众，仓廪不丰，请委诸路漕臣及秋成和籴’。诏广东籴十五万斛。”⑤ 绍兴五年（1135 年）“上在临安，又命广东漕臣，市米至闽中，复募客舟赴行在。”⑥ 淳熙九年（1182 年）正月，“籴广南米赴行在”⑦。因此，南宋大臣楼钥说：“江湖米运输京师，岁以千万石计。”⑧ 当时临安有大粮仓八个，可储米千万石，备二三年之用。⑨ 各地漕运粮食以大运河为主干，大都由运河及通运河之河道纷涌入京。因此，大运河是临安的食道和联系江淮州郡及全国各地内河航运的纽带。

---

① 脱脱等：《宋史》卷四百七《杜范传》，12285 页，北京，中华书局，1977。

② 王炎：《双溪类稿》卷二十一《书·上赵丞相》，667 页，台北，商务印书馆，1983。

③ 高斯得：《耻堂存稿二》卷五《宁国府劝农文》，99 页，上海，商务印书馆，1935。

④ 朱熹：《晦庵先生朱文公文集》卷九十四《敷文阁直学士李公墓志铭》，见《朱子全书》，4326 页，上海、合肥，上海古籍出版社、安徽教育出版社，2002。

⑤ 李心传：《建炎以来系年要录》卷三十四，669 页，北京，中华书局，1956。

⑥ 李心传：《建炎以来朝野杂记》甲集卷十五《东南军储数》，219 页，上海，商务印书馆，1936。

⑦ 脱脱等：《宋史》卷三十五《孝宗纪》，677 页，北京，中华书局，1977。

⑧ 楼钥：《攻媿集》卷五十四《真州修城记》，见《丛书集成初编》，750 页，上海，商务印书馆，1935。

⑨ 潜说友：《咸淳临安志》卷九《监当诸局》，103—104 页，台北，商务印书馆，1983。

南宋粮饷以纲运形式运输极为繁忙。各地纲运粮食一般都纲头管领，以十船为一批，称一纲，可运六七千石至万石。“国家驻跸钱塘，纲运粮饷，仰给诸道，所系不轻。”① 可见纲运的物品不仅有粮食，还有上贡物品及外货抽解博买所得物品。南宋政府规定，外来广、泉、明等地贩卖的香药、犀象、珠宝等物，先有市舶司抽解与博买，然后计纲发赴，合纳榷货务或香药库。当时，闽广市舶抽解博买所得的物货分两种情况纲运：一是直接纲运行在，即所得物货不管细粗尽数运抵临安。淳熙二年（1175年）二月从户部所言：“今措置欲令福建广南路市舶司，粗细货物并以五万斤为一全纲，福建限三月程，广南限六月程到行在。”② 二是由市舶就地出售部分或全部物货所得钱纲运行在。由于粗重而价贱的外货不胜运费负担或因物品太多的缘故而出卖部分而以钱输行在库务。据《宋会要辑稿·刑法二》载，嘉定十五年（1222年）十月十一日从臣僚所奏：“泉广每岁起纲，所谓粗色，虽海运以达中都，然水脚之费，亦自不赀。今外帑香货充斥，积压陈腐，几为无用之物。臣以为当令市舶司就地变卖，止以官券来输左帑。”此外，有些物品在京不易出售，因此在市舶司所变卖。绍兴八年（1138年）七月十六日诏令：“逐路市舶司，如抽买到和剂局无用并临安府民间使用稀少物货，更不起发本色，一面变转价钱，赴行在库务送纳。”③ 市舶的收入成批地进京，成为国家的重要财源之一。高宗时，仅闽、广两市舶司得息钱二百万缗，超过北宋最高额的两倍多。“今东南岁入之数，独上供钱二百万缗，此祖宗正赋也。”④ 而淳熙末，国家财政总收入6530余万，市舶收入占三十三分之一。面对如此高额的收

---

① 脱脱等：《宋史》卷九十七《河渠七·浙西运河》，2406页，北京，中华书局，1977。

② 徐松：《宋会要辑稿·职官》，3378页，北京，中华书局，1957。

③ 徐松：《宋会要辑稿·职官》，3373—3374页，北京，中华书局，1957。

④ 李心传：《建炎以来朝野杂记》甲集卷十四《国初至绍熙天下岁收数》，187页，上海，商务印书馆，1936。

入，当权者极力提倡，从而使海外贸易和纲运达到空前的繁荣发达。

漕运和纲运是国家组织的官方运输，是临安水运的重要组成部分。它的兴盛无疑是临安水运事业大发展的重要标志。

货运往来　商贾辐辏

为了满足都市的庞大消费，政府组织漕运和纲运，部分地解决了供应问题，但不能完全缓解供需矛盾，这方面的任务只能由大批商贾去完成。司马迁说："待农而食之，虞而出之，工而成之，商而通之。"① 在封建社会商品经济发达的宋代，商品流通的作用是不可低估的，这是文明进步的一个重要表现。临安是商品经济高度发展的都市，商业活动异常频繁。自大街及诸坊巷，大小铺席，连门俱是，无虚空之屋。"客贩往来，旁午于道，曾无虚日"②，呈现一派繁荣景象。但临安又是一个消费中心，马克思说："城市本身表明了人口、生产工具、资本、享乐和需求的集中。"③ 这就刺激了四面八方的商贾对临安进行大规模的商品输入。由于杭州是地处河网密布的水乡泽国，"水运之程，自大江而下至镇江则入闸，经行运河，如履平地，川、广巨舰，直抵都城，盖甚便也"④。畅通无阻的水上交通自然起着沟通全国各地的桥梁作用。

杭州地理位置优越，南襟浙江，北通大运河，江河相交，名城相连，从而使四方百货珍异咸通京师以保其日常供应和统治者

---

① 司马迁：《史记》卷一百二十九《货殖列传》，3254 页，北京，中华书局，1982。

② 吴自牧：《梦粱录》卷十三《铺席》，117 页，杭州，浙江人民出版社，1980。

③ ［德］马克思，恩格斯：《德意志意识形态》，见《马克思恩格斯全集》，57 页，北京，人民出版社，1960。

④ 脱脱等：《宋史》卷九十七《河渠七·浙西运河》，2406 页，北京，中华书局，1977。

高消费的需要。周必大说：杭州“东门绝无民居，弥望皆菜圃；西门则引湖水注城中，以小舟散给坊市；严州、富阳之柴，聚于江下，由南门而入，苏、湖米则来自北关云”①。据《南宋临安志》卷二十二载，“薪南粲北，舳舻相衔，由夫江商海贾，穷桅巨舶，安行于烟涛渺莽中，四方百货，不趾而自集”。从这些记载我们可以看出临安水运发达的盛况与运输的基本特点是三路（即河运、江运和海运）并进。

（一）河运

大运河自开通以来，航运日见繁忙，南段尤甚。杭州位于运河终点，必然依赖运河的物资保证补给。当时，城北运河河边大小骈集，货物装卸，昼夜不停。由于临安粮食消费量大，虽国家组织的漕运和纲运保证了基本的供应，但仍需商贾贩运来调剂和补充。据施谔《淳祐临安志》卷一〇记载，杭州城外运河“在余杭门外，北新桥之北，通苏、湖、常、秀、镇江等河。凡诸路纲运，及贩米客船，皆由此河，达于杭都”。“杭城常愿米船纷纷而来，早夜不绝可也”②，从而使临安成为全国最大的商品粮销售市场。各地米船一靠岸，大多由米行收购。有的米行雇佣大滩船、铁头船或肩驮脚夫，直接把米送到城里铺户，形成“一条龙”服务，便利异常。各地运入的稻米以湖州最多，但秀州运来的稻米也不少，如秀州魏塘镇商人“整日得米数十石，每一百石，舟运至杭、至秀、至南浔、至姑苏粜钱，复买物货归售”③。各地粮食的大批贩运，说明当时粮食生产商品化的发展，同时也反映了粮食的频繁贩运离不开临安发达的水运事业。

除米的运销之外，各地的名特产和其他商品也纷纷涌入京

---

① 周必大：《二老堂杂志》卷四，61页，北京，中华书局，1985。

② 吴自牧：《梦粱录》卷十六《米铺》，149页，杭州，浙江人民出版社，1980。

③ 方回：《续古今考》卷十八《附论班固计井田百亩岁入岁出》，368页，上海，上海古籍出版社，1992。

师。水产品有湖州德清的鱼，德清龟溪多鱼，“以其密迩行都，尽贩以往”①。畜产品有秀州的猪，水果有洞庭湖柑、苏州密林檎、密云柿儿、太原葡萄等。酒类有扬州琼花露、湖州六客堂、苏州齐云清露和双瑞、秀州清若空、镇江第一江山、北府兵厨、锦波春、建康的秦淮春和银光、常州金斗泉等②。丝织品有苏州绫、吴郡纱等。土产品有华亭芦席，绍兴二十八年（1158 年），华亭客商贩芦席万领运往临安，“巍然满船”③。更有甚者，朝廷当局也有私贩食盐肥己者。理宗时，贾似道大做食盐生意，“万舸千艘满运河，人人尽道相公鹾”④。

临安河运繁荣的另一表现是城北服务业的兴盛。当时，城北水关内有水数十里，曰白洋湖。其富家于水次起造塌坊十数所，每所为屋千余间，小者亦数百间，以寄藏都城店铺及客旅物货。四维皆水，亦可防避风烛，又免盗贼，甚为都城富室之便。这是设备比较齐全的高级塌坊，其他简易的露天“堆垛场”“廊”更是数不胜数。这些都是商业发展的配套设施。它们的大批出现，更可反映临安河运的繁忙。

（二）江运

江运（不包括海运入江运输），钱塘江航运开发较早。隋时，江运日趋繁忙，到五代十国时，杭城的钱塘江岸已是“舟楫辐辏，望之不见其首尾”⑤。进入南宋，河舟海舶皆停泊于江岸。城南江干成为沿江州郡商品集散地和江海联运的大码头。“杭之为郡，枕带江海，远引瓯闽，近控吴越，商贾之所辐辏，舟航之

---

① 范成大：《骖鸾录》，3 页，北京，中华书局，1985。

② 周密：《武林旧事》卷六《诸色酒名》，101—102 页，杭州，西湖书社，1981。

③ 洪迈：《夷坚志》补志卷十二《华亭道人》，1655 页，北京，中华书局，1981。

④ 佚名：《东南纪闻》卷一，4 页，北京，中华书局，1991。

⑤ 陶岳：《五代史补》卷五《契盈属对》，文渊阁四库全书本，第 407 册，683 页。

所骈集，则浙江为要津焉”①。杭州正扼钱塘江之咽喉，由其上游运来的物资以建材、燃料、水果为大宗，严、婺、衢、徽等船，多尝通津买卖往来，谓之‘长船等只’，如杭城柴炭、木植、柑橘、干湿果子等物，多产于此数州耳”②。钱塘江上游两岸，森林茂密，盛产木材。当时，徽州歙浦、休宁山民都以贩杉木为生。据《新安志》载，休宁县“山出美材，岁联为桴下浙河，往者多取富”③。其每年都有大批杉木运抵严州，再由严州江运临安销售。木材出山时，一木不值百钱，运抵临安，则可卖两千。大量木材运经严州，使地方官深知“吾州无利孔，微歙杉，不为州矣”④。这些木材运抵临安，一则可以解决临安大兴土木的需要，二则又为多风烛之灾的杭城解决建材问题。如《夷坚志再补》记载，绍兴十年（1140 年）七月，临安大火，延烧城内外屋室数万区，“裴（指裴老智数）方寓居，有质库及金珠肆在通衢，皆不顾，遽命记纲仆，分往江干及徐村，而身出北关，遇竹木、砖瓦、芦苇、椽桷之属，无论多寡大小，尽评价买之。明日有旨，竹木材料免征税抽解，城中人作屋皆取之。裴获利数倍，过于所焚”。临安的这次火灾使裴氏大做投机生意而发横财，其中取自江干的建材无疑出自钱塘江上游各州郡。

南宋临安的燃料消耗也很惊人，“今驻跸吴、越，山林之广，不足以供樵苏。虽佳花美竹，坟墓之松楸，岁月之间，尽成赤地。根枿之微，斫撅皆遍，芽蘖无复可生”⑤。因此，不得不从外地大量地输入来补给，而钱塘江上游两岸的茂密森林为其供货

---

① 田汝成：《西湖游览志馀》卷二十四《浙江胜迹》，248 页，杭州，浙江人民出版社，1980。

② 吴自牧：《梦粱录》卷十二《江海船舰》，112 页，杭州，浙江人民出版社，1980。

③ 赵不悔修，罗愿撰：《淳熙新安志》卷一《风俗》，清嘉庆十七年刻本，5 页。

④ 范成大：《骖鸾录》，4 页，北京，中华书局，1985。

⑤ 庄绰：《鸡肋编》卷中，77 页，北京，中华书局，1983。

提供了良好的货源。严州、婺州、富阳的柴炭成批运至江边交易，当时城南的柴木巷即最大的柴木市场，这就是所谓的“薪南”“南门柴”。不仅如此，连当时皇宫御炭也由此路供应，只不过有特殊规格，要求胡桃纹勃鸠色。“高宗绍兴初，巡幸临安，诏严州进炭。”① 绍兴四年（1134 年），“两浙转运司檄婺州市御炉炭”②。这说明严州、婺州是御炭的供应地，其水路运输线是由婺江、兰溪江、富春江、钱塘江最后运至杭州。

此外，水果江运至临安的也很多，衢橘、越州樱桃深得杭城市民喜爱。越州项里的杨梅“细织筠笼入上都”③，也输往临安出售。酒类中据《武林旧事》卷六记载，就有越州的蓬莱春、严州的潇洒泉、衢州的思政堂和鬼峰、婺州的错认水、兰溪的谷溪春等。丝绸主要是吴绢，“今出于诸暨者曰花山、曰同山、曰板桥。其轻匀最宜春服，邦人珍之。或贩鬻，颇至杭而止”④。此外，还有婺州的米、牛和会稽的羊也时而通过水路贩运至杭。

（三）海运

杭州的海运早已见之记载，然始盛于吴越，全盛于宋。随着海运的兴盛，大批的海鲜腊鲞、四时水果、蕃货源源入京。其中，海鲜腊鲞主要来自浙东的明、台、温州。仅鲞铺在杭城就不下一二百家。鱼鲞的种类繁多，《梦粱录》就记载了 16 种之多。海鱼以宁波运杭的最多。据《夷坚友丁》卷三记载，“临安荐桥门外太平桥北细民张四者，世以海狮为业。每浙东舟到，必买（鱼）而置于家，计逐日所售，入盐烹炒，杭人嗜食之”。

---

① 陆游：《老学庵笔记》卷五，65 页，北京，中华书局，1979。

② 脱脱等：《宋史》卷一百八十六《食货下八·市易》，4555 页，北京，中华书局，1977。

③ 陆游：《剑南诗稿》卷十七《六峰项里看采杨梅连日留山中》，上海中华书局据汲古阁本校刊本，第 5 册，5 页。

④ 施宿等：《（嘉泰）会稽志》卷十七《布帛·绢》，见《宋元方志丛刊》，7049 页，北京，中华书局，1990。

临安市场上销售的四时水果，也颇多得之于海运。较有名的有福柑、福李、台柑、罗浮橘、温柑、福州荔枝等。其中，台州黄岩的乳柑、福州荔枝最受杭城人喜爱。据陈耆卿《嘉定赤城志》记载，乳柑出黄岩断土者佳，未霜时，运往临安，贵游谓之青柑。福州荔枝味美可口，每当福州新荔枝到，“进上御前，送朝贵，遍卖街市，……或海船来，或步担到”①。

蕃货主要来自市舶所在地广州、泉州、明州等地，除了市舶抽解博买纲运外，客商也往往通过海运把香药、犀象、珠宝等物贩售京城。绍兴十年（1140 年）七月，泉州海商杨客贩运大批香药珍宝至临安，悉辇物货置抱剑营街主人唐翁家，身居柴垛桥西客馆。他所贩的沉香、珠琲、龙脑等珍异货物纳入土库中，其他香花、苏木等粗货不少于 10 万缗存放于库外②。而当时御桥中段的三桥址、抱剑营街一带正是旅客最密集的区域，邸店从聚，塌房遍布。当时不仅泉、广商贾贩货到临安，临安商人往泉、广贩货的也大有其人。据《宋会要辑稿·职官》记载，嘉定六年（1213 年）四月七日，两浙转运使说：“临安市舶务有客人于泉、广蕃名下转买已经抽解胡椒、降真香、缩砂、豆蔻、藿香等物，给到泉、广市舶司公引，立定限日，指往临安府市舶务住卖……”从市舶处转贩的物品大部分为原料性质的外货，但也有一些为制成品。其中有个叫许道寿的，居临安太庙前，以鬻香为业，仿广州造龙涎诸香，从中谋取厚利。

海运诸货，除上述三者外，还有沿海各地的土特产，如酒类、漆器、纸张、布匹等。宋代温州的漆器号称天下第一，誉满杭城。温州蠲纸也颇有名，深得临安士大夫喜爱。此外，温州的清心堂、丰和春、蒙泉等酒，广东的竹、药、布等，皆通过海上运输进入杭城。

河运、江运、海运三路物资并输临安，大大丰富了临安人民

---

① 西湖老人：《西湖老人繁胜录》，108 页，杭州，浙江人民出版社，1983。

② 洪迈：《夷坚志》丁志卷六《泉州杨客》，589 页，北京，中华书局，1981。

的生活，促进了城市经济的繁荣与商业的发展，同时又推动了各地农副产品商品化的进程。但是，我们应该看到，一个都市的商品输入并不是只进不出，经济的交流往往是双向的，既输入所需物品，同时又源源不断输出其拳头产品。当时，杭州的丝织品、制瓷业、印刷业、制扇业等均处于全国领先地位。其丝织品花样繁多，制法巧妙，销往国内外市场。台州知府唐仲友在家乡婺州开设彩帛铺高价出卖某些丝织品，其中就有临安出产而运去婺州的暗花罗①。临安刻书书籍通过江河水路运往全国各地，通过海路运往日本、高句丽和东南亚等国。至于杭城手工业制品，也多有值得称道并输往外地者。

此外，尚不应忽视的是临安与北方金朝的贸易关系。当时，宋金虽处于战争状态，但南宋政府仍在边界设置榷场，发展与金朝的贸易往来。出口的大宗系茶和奢侈品。“茶，自宋人岁供之外，皆贸易于宋界之榷场”②，每年花费不下百万。其中就有临安的纲茶运往榷场与金人交易。南宋政府又把输入临安的舶来货运至榷场与金贸易。绍兴十二年（1142年）创置榷场，“降到本钱十六万五千八百余贯，系以香药杂物等纽计作本”③。就这样，南宋朝廷三番五次地拿香药作本钱或交易品与金人交易，这种状况是宋金战争状态时局部和平的体现。

综上所述，临安货运往来北至两淮，南到闽广，西抵四川，遍及全国各地，形成稠密的水道商业网，造就以临安为中心的各城市相互交流、相互发展的社会联系网络。临安货运的繁荣兴旺，可从其商税额中得到反映。北宋景祐中，天下商税总数为450余万缗；到南宋淳熙中，临安府城内外及诸县一年税收达

---

① 朱熹：《晦庵先生朱文公文集》卷十八《按唐仲友第三状》，见《朱子全书》第二十册，833页，上海，上海古籍出版社、安徽教育出版社，2002。

② 脱脱等：《金史》卷四十九《食货志四·茶》，1107页，北京，中华书局，1975。

③ 徐松：《宋会要辑稿·食货》，5486页，北京，中华书局，1957。

120余万缗，相当于景祐年间全国商税总额的四分之一①。总之，临安的货运往来，不但促进了自身经济的发展和商业的繁荣，还加强了与四面八方的市场联系，从而带动了各地经济的繁荣发展和农副产品的商品化进程。

人口流动　客运繁忙

宋室南渡，广大人民不堪忍受金统治者的奴役，纷纷扶老携幼，迁居临安，“从者如归市”②。一时间，“衣冠人物，萃于东南”③。其中以两浙居多，“四方之民，云集二浙，百倍常时”④。绍兴八年（1138年），以临安为行在，北方、西北地区流民汇集京城。陆游说：“大驾初驻跸临安，故都及四方士民商贾辐辏。”⑤当时，朝廷里的“将相大臣，多西北旧族，而东南未有闻者”⑥。南迁人口一方面从海道来，“登州范温率忠义之人，绍兴癸丑岁泛海到钱塘”⑦，更多则沿运河及通运河的水道奔赴临安。而当时的南宋朝廷采取招抚安置的政策，在运河码头和交通要道设立接待寺招徕流民。当时最大的接待寺妙行寺流民云集，据明人田汝成记载，从北宋末至南宋初年的20余年间，这里共接待流民300万人次⑧。由于统治者的接纳与招抚，外地寓居临

① 李心传：《建炎以来朝野杂记》甲集卷十四《景祐庆历绍兴盐酒税捐数》，187—188页，上海，商务印书馆，1936。

② 脱脱等：《宋史》卷一百七十八《食货·振恤》，4340页，北京，中华书局，1977。

③ 朱熹：《晦庵先生朱文公文集》卷八十三《跋吕仁甫诸公贴》，见《朱子全书》，3935页，上海，上海古籍出版社、安徽教育出版社，2002。

④ 李心传：《建炎以来系年要录》卷一百五十八，2573页，北京，中华书局，1956。

⑤ 陆游：《老学庵笔记》卷八，104页，北京，中华书局，1979。

⑥ 陈傅良：《止斋题跋》卷一《跋孙氏志述》，6页，北京，中华书局，1985。

⑦ 庄绰：《鸡肋编》卷中，43页，北京，中华书局，1983。

⑧ 田汝成：《西湖游览志馀》卷二十三《北山分脉城外胜迹》，245页，杭州，浙江人民出版社，1980。

安的人数急剧增加，甚至出现“数倍土著”的态势。临安人口大量增加的结果是北宋人迹罕至空旷的城西隅到南宋时已出现“一色楼台三十里，不知何处觅孤山”① 的情景。北方居民的大批南迁，无疑极大地促进了客运事业的繁荣发展。

人所共知，客运事业的发展是以人口流动为前提的。当时，临安的人口流动达到了前所未有的程度，进出口人流熙熙攘攘，归纳起来主要有以下几类人：

（一）商贾

临安经济繁荣，“户口蕃盛，商贾买卖者十倍于昔，往来辐辏，非他郡比也”②。商业繁荣吸引大批的江商海贾。当时，临安富室多为外郡寄寓之人，凤凰山因此被称为“客山”，“其寄寓人，多为江商海贾”③。其他流动商贾更不计其数。

（二）进京赴考者

三年一度的科举考试和太学招生，汇集了全国各地的莘莘学子。通常年份赴考者约三四万人，最多时竟达十万人。“每士到京，须带一仆，十万人试，则有十万人仆，计二十万人。”④ 其中的很多人是雇舟搭船来回的。

（三）进京朝对的官员和往来使节

南宋朝廷规定各地官员必须定期进京“朝对”，不管路途多么遥远，都得来京履行公务。“行都士贵官员往来，商贾买卖骈

---

① 周辉：《清波杂志·外八种》卷三，见《四库笔记小说丛刊》，22 页，上海，上海古籍出版社，1991。

② 吴自牧：《梦粱录》卷十三《两赤县市镇》，114 页，杭州，浙江人民出版社，1980。

③ 吴自牧：《梦粱录》卷十八《恤贫济老》，175 页，杭州，浙江人民出版社，1980。

④ 西湖老人：《西湖老人繁胜录》，106 页，杭州，浙江人民出版社，1983。

集，公私船只，泊于城北者夥矣”[①]，从中可以看出许多官员是乘官船或乘客船来京的。此外，外国使节的奉贺朝聘，四季不断，大都乘船来回。

（四）游人香客

南宋临安既是经济、政治中心，又是旅游胜地，西湖风光妖娆迷人，钱江涌潮天下奇观，园林建筑名闻遐迩，梵琳寺观香火不断，各地香客络绎不绝。

（五）僧道尼姑

南宋时，临安的释、道两教达到鼎盛，僧道尼姑流动频繁。当时，接待寺就有无碍院、惠林寺、西北真如院、惠林寺、鹿苑寺、国庆寺等，专门用来接待流寓僧道。

流动人口的大量进出，毫无疑问是客运事业繁荣的巨大推动力。当时，临安城北运河码头不仅“商贾骈集，物货辐萃，公私出纳，与城中相若”[②]，还是大客运码头，江淮一带运河两岸直至长江沿岸诸州郡的文人应试、官员赴京朝对，秀、苏、常、润等州佛教信徒至临安进香、女真使节往返等大多乘坐客舟官船，由运河进京。著名诗人范成大于淳熙二年从四川制置使任上被召还临安，就是取道长江、运河由水路入京[③]。大臣楼钥出使金朝，据《北行日录》载，就是从龙山渡起航沿运河北上的。当时，专门接待北方使者往返的宾馆——班荆馆就建于运河支流赤岸河边。钱塘江的客运也相当发达，“海舶、大舰、网艇、大小船只、公私浙江渔浦等渡船、买卖客船，皆泊于江岸。盖杭城众

---

① 吴自牧：《梦粱录》卷十二《河舟》，113页，杭州，浙江人民出版社，1980。

② 潜说友：《咸淳临安志》卷二十一《桥道·记文》，254页，台北，商务印书馆，1983。

③ 范成大：《吴船录》卷上，1页，北京，中华书局，1985。

大之区，客贩最多，兼仕宦往来，皆聚于此耳”①。当时用于客运的船只有专门客船，“若士庶欲往苏、湖、常、秀、江、淮等州，多雇舟（同）船、舫船、航船、飞篷船等”②；也有客货混合船叫“落脚头船”，“为载往来士贾诸色等人，及搬载香货杂色物件等”③，很是方便。乘人载货，均能找到理想的船只。当时，城南江边还有三大渡口，浙江渡、龙山渡、鱼山渡，既是物货往来之地，又是旅客渡江之所。绍兴年间，由于人口太多或船只陈旧，或因涨潮风浪过大，频频发生物沉人溺的翻船事故，政府为此制定一系列的规章以加强安全管理，又专门配备“红座船”，维持江上治安④，还一再增加渡船数量。绍兴五年（1135 年），增加三百料船五只，规定专一济渡，不得他用。⑤ 我们从这桩添船事例可看出客旅渡江的繁忙。

临安的货运繁荣在历史上是空前的，然而客运的兴盛往往为人们所忽视，这一点是必须强调指出的。

对外开放　贸易自由

杭州与外国的经济文化交流由来已久，唐代已有不少阿拉伯商人驻足其间。杜甫有诗云：“商胡离别下扬州，忆上西陵故驿楼。”其记载了阿拉伯人离杭下扬州的情景。吴越国时，海外贸

---

① 吴自牧：《梦粱录》卷十二《江海船舰》，113 页，杭州，浙江人民出版社，1980。

② 吴自牧：《梦粱录》卷十二《河舟》，113 页，杭州，浙江人民出版社，1980。

③ 吴自牧：《梦粱录》卷十二《河舟》，113 页，杭州，浙江人民出版社，1980。

④ 吴自牧：《梦粱录》卷十二《河舟》，113 页，杭州，浙江人民出版社，1980。

⑤ 徐松：《宋会要辑稿·食货》，5664 页，北京，中华书局，1957。

易更是发展迅速，“航海所入，岁贡百万”①。北宋立国，实行开放政策，重视海外贸易，从而使杭州外贸事业进入全盛时期。至和元年（1054年），蔡襄《双门记》就记载杭州港的繁荣景象，即“道通四方，海外诸国，物资丛居，行商往来，俗用不一”②。其实，早在宋初就继广州之后设立两浙市舶司，专管两浙的海外贸易。淳化三年（992年），市舶衙门虽一度移至明州定海，次年即以非便迁回，足见杭州外贸地位的重要。南宋时，统治者为了解决财政赤字，更极力推行开放政策。高宗一再强调市舶的重要性，绍兴七年（1137年）闰十月上谕说：“市舶之利最厚，若措置合宜，所得动以百万计，岂不胜取之于民？朕所以留意于此，庶几可以少宽民力尔。”③ 绍兴十六年（1146年）九月，上谕又说：“市舶之利，颇助国用，宜循旧法，以招徕远人，阜通货贿。”④ 最高统治者如此重视和大力嘉奖，成为对外开放的政策基础。然而，作为政治中心的临安，因怕金兵和间谍的威胁，曾一度废置市舶，但日益高涨的贸易形势又迫使政府不得不恢复临安的市舶务。地址先设于杭城东南的保安门外诸家桥南，后移至梅家桥北。⑤ 此间的市舶务仍起着不小的作用。同时，临安又利用其地理条件，开放澉浦作为其外港，以弥补市舶务的不足，更增加了其开放程度。澉浦人不事田产，“惟招接海南诸货贩运浙西诸郡”谋生，而其贩运的物货主要来自海外贸易，“客旅巨舟重贩者多于此泊，入镇贸易，复归解缆”⑥。此时的澉浦已是一个船舶云集、帆樯林立，有相当规模的贸易港口了。

---

① 薛居正等：《旧五代史》卷一百三十三《钱镠传》，1774页，北京，中华书局，1976。

② 蔡襄：《蔡忠惠集》卷二十八《杭州新作双门记》，见《蔡襄集》，494—495页，上海，上海古籍出版社，1996。

③ 徐松：《宋会要辑稿·职官》，3373页，北京，中华书局，1957。

④ 徐松：《宋会要辑稿·职官》，3375页，北京，中华书局，1957。

⑤ 周淙：《乾道临安志》卷二《仓场库务》，38页，杭州，浙江人民出版社，1983。

⑥ 常棠：《（绍定）澉水志》卷四《桥梁门》，9页。

随着临安商业的繁荣，造船业的发展和航海技术的进步，海外贸易的足迹遍及日本、高丽、阿拉伯、印度等众多国家和地区，各种南货北物、珍品异种大批量地被运抵临安。在进口物品中，以香药为大宗，其他有犀象、琥珀、镔铁、珊瑚、玛瑙、玳瑁、水晶、木材、苏木、硫黄等物。在和上述国家贸易中，以和阿拉伯、日本、朝鲜最为频繁。

早在唐代，埃及大富室欧斯曼在杭州建造了伊斯兰教古寺——凤凰寺（原名真教寺），表明已有很多阿拉伯人定居杭州。到宋时，阿拉伯人更是大批来到临安。他们留居在今清泰门内自荐桥至文锦坊之间，形成类似泉州、广州的番坊。阿拉伯商人把大量的香药、犀象、珠玑等物通过海路贩运到宋朝港口，在印度洋沿岸各国客商中占领导地位。对于外商入口的抽解，绍兴十四年（1144 年）规定诸番商香药至者十取其四，绍兴十七年（1147 年）诏以沉香、豆蔻、龙脑之属，号细香药，十取其一。① 这样更促进香药的入口，从而大大增加了国家的财政收入，也丰富了我国的医药宝库。当时，临安市场上的大批交易品就得之于海外，特别是阿拉伯商人。“七宝社”奇宝甚多，有珊瑚树数十株，内有三尺者。此外，还有玉带、玉碗、玉花瓶、玉束带、玉劝盘、玉轸芝、玉绦环、玻璃盘、玻璃碗、莱玉、水晶、猫睛、马价珠。这些奇珍异货大都由阿拉伯人转贩而来，数量极为可观。

除了与阿拉伯人的贸易外，日本、高丽与临安的交往也颇为频繁。就日本搭乘商船的入宋僧和入籍僧看，南宋中叶以后知名者就有 120 余人之多。他们之中有的竟来回达二三次。② 这一事实足以显示宋代中日间商船来往的频繁程度。当时，日本入宋物

---

① 李心传：《建炎以来朝野杂记》甲集卷十五《市舶司本息》，217 页，上海，商务印书馆，1936。

② ［日］木宫泰彦：《日中文化交流史》，胡锡年译，295 页，北京，商务印书馆，1980。

品中有很多木材，南宋皇宫内的翠寒堂就是用日本松木构筑的。[①] 陆游在《放翁家训》中表达了死后用日本木材做棺木的想法："四明、临安，倭船到时，用三十千，可得一佳棺。"当时，临安的寺院也有用日本木材建造的。公元1242年，日本东福寺的开山辨园住在博多的承天寺时，听到他在宋朝住过的杭州径山遭受火灾的消息，便劝承天寺开基谢园明募化千板运去。这是日本木材大量贩运临安的历史见证。

此外，还有一种特殊的海外贸易形势——"贡赐"贸易，也就是古书上所说的外国君主或大富商向宋皇室的入"贡"与南宋朝廷的"回赐"。外货入"贡"，一般由海运至市舶所在地泉、广、明等港口再纲运临安，或者直接运抵临安。贡品一般是各种高级香药、犀象、珠宝、金银器、人参、驯象、高丽纸、镔铁等。而统治者往往用丝绸、陶瓷、书籍、金银等给予优厚的"回赐"，以显示大国的宽容存恤。因此，进贡接连不断，高丽、日本、交趾、占城、真腊、三佛齐、阇婆、大食等国接踵而至，四夷朝贡，曾无虚日。[②] "回赐"当然花费更大。这种"贡赐"实际上是官方的贸易往来，在中外经济文化交流史上同样占据重要的地位。

临安是全国货物的聚集地，同时自身也大量出口丝绸、瓷器、金银、缗钱、书籍等物。杭州丝绸天下闻名，深得国外客商青睐。这些名产不仅作为"进贡"的"回赐"运至海外诸国，同时也由中外客商贩销海外。在南宋金钱大量外流的情况下，统治者于嘉定十二年（1219年）下诏，令"有司止以绢帛、锦绮、瓷漆之属博易"[③]。这样更促进了丝绸和瓷器等名产的外销。由

---

① 顾炎武：《历代宅京记》卷十七《临安》，见《中国古代都城资料选刊》，249页，北京，中华书局，1984。

② 脱脱等：《宋史》卷一百一十九《礼·诸国朝贡》，2813页，北京，中华书局，1977。

③ 脱脱等：《宋史》卷一百八十五《食货下七·香》，4538页，北京，中华书局，1977。

于外贸的客观利润，使得官僚们垂涎三尺。大将张俊把50万贯钱交一老兵，“广收绫锦、奇玩、珍馐佳果及黄白之器”，冒充“大宋回易使”，赴海外贸易，“逾岁而归，珠犀香药之外，且得骏马，获利几十倍”。① 这是宋代官商合一、以权谋私的一个典型事例，同时也说明了中外商品流向的一般情况。临安有颇多的物质产品输出，而精神产品书籍的出口也很引人注目。北宋哲宗时，福建商人徐戬在杭刻印《夹注华严经》等书运往朝鲜等地贩卖而获厚利②。书籍出口的对象主要是日本和高丽。它们仰慕中国文化，千方百计求取中国书籍。如日本名僧不可弃俊芿回国时，从杭州购买了大批佛经书籍和儒学名著。宋皇室也屡次赐书以满足高丽、日本对中国书籍的渴求。外国对宋代文化的仰慕，充分说明熠熠发光的宋代文明区是亚洲文化圈的中心。

临安对外贸易的发展，加强了与外国的经济文化交流，同时也增进了与各国人民的友谊。

余　论

南宋临安不仅是全国政治、经济和文化中心，还是全国的交通中心和商品集散地。临安的交通又以水运最为发达。国内航运，北通两淮，西接四川，南达闽广，国家组织的漕运、纲运及商业性的货运、客运四通八达，密切联系全国各地；在海外贸易方面，对外开放，商舶来往不断，临安从而成为全国最大的江海联运枢纽，而根本不像日本学者青山定雄所说的“公元1127年，皇室南迁，宋金以淮河为界，南北水运中断，内河运输只不过是地区性的状况，而且京城地处生产繁华的地区，大规模的运输体

① 罗大经：《鹤林玉露》丙编卷二《老卒回易》，269页，北京，中华书局，1983。

② 苏轼：《东坡七集·奏议》卷六《论高丽进奉状》，上海中华书局据匋斋校刊本校刊，5页。

系因此成为多余的”[1]。其实，宋室南渡，南宋粮食纲运、漕运矛盾虽不像北宋那样突出，但纲货的频频进京远胜于北宋汴京，而商业性的货运、客运则同样是有过之而无不及。因此，临安所形成的大规模的水运体系是与其首都地位和自身经济、文化发展相适应的产物，并不是多余的。

① ［日］青山定雄：《发达的宋代内河运输》，载《中国史研究动态》，1981（5），19—24页。

南宋临安水运业繁荣原因探析[①]

南宋的临安（杭州），不仅是全国政治、经济、文化的中心，在当时世界上还是最繁华的城市之一。它的繁荣，一方面是由政治向心力所致，另一方面与其自身各方面的大发展息息相关。而水运正是作为联系的媒介，必然随临安都市的繁荣而繁荣。其景象是"薪南粲北，舳舻相衔，与夫江商海贾，穹桅巨舶，安行于烟涛渺茫之中，四方百货，不趾而自集"[②]。难怪高宗皇帝一眼看中杭州的江湖表里之胜，便有"吾舍此何适"[③] 的感叹。

下面就南宋时临安水运事业繁荣的原因谈谈自己的看法。

一、作为封建消费城市是其水运事业繁荣的首要的决定的原因

南宋绍兴八年（1138 年），临安最终被定为"行在所"，由原来的东南名城一跃成为政治中心，由区域性的经济中心变成全国的经济中心。作为一个封建性的城市，它不可避免地具有消费城市的特征，而衡量一个城市的消费水平，则取决于消费者人数

---

① 原载《浙江师范大学学报》1996 年第 6 期，与陈建华同志合撰；《南宋史研究论丛》（下）杭州出版社 2008 年版全文转载。

② 潜说友：《咸淳临安志》卷二十二《山川一》，264 页，台北，商务印书馆，1983。

③ 叶绍翁：《四朝闻见录》乙集《高宗驻跸》，45 页，北京，中华书局，1989。

的多寡与消费层次的高低。

就消费者人数而言，当时临安城郭广阔，户口繁多，居民屋宇接栋连楹。据《咸淳临安志》记载，南宋咸淳间临安府九县人口已达一百二十四万，其中行在附郭钱塘、仁和两县已占全府人口的三分之一，计四十三万二千四十六口。① 可见当时的杭州集中了众多的人口。当然，这还不计军队人数在内。宋代是专制主义中央集权高度发达的封建王朝，为了拱卫首都和防止地方势力割据，在都城及其外围集中了大批的军队，当时不下数十万人。这两项可以说是临安消费人口的庞大的稳定数字，此外还有为数众多、难以统计的流动人口，更增加了临安的消费量。单就粮食消费而言，吴自牧云：临安"每日街市食米，除府第、官舍、宅舍、富室及诸司有该俸人外，细民所食，每日城内外不下一二千余石，皆需之铺家"②。周密统计："杭城除有米之家，仰籴而食凡十六七万人，人以二升计之，非三四千石不可以支一日之用，而南北外二厢不与焉，客旅之往来又不与焉"③。朱熹说的数字更大："京师月须米十四万五千石。"一算计，每日消费四千八百余石，他还说："常使二百万石，为一岁备，久之不行。"④ 这一系列大小不等的数字说明，当时临安粮食消费量是惊人的。故杭谚有云："杭州人一日吃三十丈木头。"⑤ 其意即杭州人每日磨研食物需要耗去三十丈木头，让人从形象中见实情。

从消费层次看，临安是官僚机构聚集之地、皇族官僚骈居之所。这批统治者队伍享有种种特权，过着糜烂的生活，故临安消

---

① 潜说友：《咸淳临安志》卷五十八《户口》，616—618 页，台北，商务印书馆，1983。

② 吴自牧：《梦粱录》卷十六《米铺》，148 页，杭州，浙江人民出版社，1980。

③ 周密：《癸辛杂识》续集卷上《杭城食米》，见《唐宋史料笔记丛刊》，135 页，北京，中华书局，1988。

④ 朱熹：《晦庵先生朱文公文集》卷九十四《敷文阁直学士李公墓志铭》，见《朱子全书》，4326 页，上海、合肥，上海古籍出版社、安徽教育出版社，2002。

⑤ 周密：《武林旧事》卷六《小经纪》，104 页，杭州，西湖书社，1981。

费非一般封建城市可比。这恰恰典型地反映了大都市消费的特征。临安的情况正如马克思所指出的那样：“在亚洲，城市的繁盛，或宁可说，它的存在，完全是靠政府的地方性支出。”① 这么大的统治者队伍体现了高层次消费的集中，而高层次消费的集中正反映了需求的集中。而临安自身经济发展不能满足高消费的需要，因而不得不从外地调入和海外进口大量奢侈品供权贵们享用。这种对外地的依赖，从某种程度上说，像恩格斯说的那样：在中世纪，“乡村在经济上统治城市”②。也正因为如此，促成了临安的病态繁荣。

临安消费人口的众多和高层次消费的集中，造成了对外地的严重依赖。这对一个水运本来就很发达的城市来说，必然大大刺激了水运事业的进一步繁荣发展。《宋史》的一段记载就是很好的例证：“国家驻跸钱塘，纲运粮饷，仰给诸道，所系不轻。水运之程，自大江而下至镇江则入闸，经行运河，如履平地，川、广巨舰，直抵都城，盖甚便也。”③

二、临安自身经济的发展成为水运事业繁荣的内在因素

临安是当时工商业最发达的城市，经济发展速度比以前大大加快，市场空前繁荣。马克思说：“市场的大小有两层意思：第一，消费者的数量，他们的人数；第二，也包括彼此独立的行业的数量。”④ 临安的大市场的确立表现临安的经济特点是手工作

---

① ［德］马克思：《剩余价值学说史》（第二卷），448页，北京，生活·读书·新知三联书店，1957。

② ［德］马克思，恩格斯：《马克思恩格斯全集》（第21卷），189页，北京，人民出版社，1985。

③ 脱脱等：《宋史》卷九十七《河渠七·东南诸水下》，2406页，北京，中华书局，1977。

④ ［德］马克思，恩格斯：《马克思恩格斯全集》（第26卷），296页，北京，人民出版社，1985。

坊林立和商贾辐辏。

临安城市手工业经济包括两种形式，即官营手工业和私营手工业。除为满足皇室和官僚机构需求而生产的大型官府手工业外，私营手工作坊数量众多，而且分工颇细。《梦粱录》卷十三就载有二十二种行业。周密《武林旧事》卷六《小经纪》也列举手工业生产各种小商品达183种之多，各式工场无所不有。在众多行业中，最著者要算丝织业、印刷业、瓷器业、造船业、制扇业等。

江浙一带向以生产丝绸而著称，杭州则为其丝织业的中心，宋室南渡，带来大批技术精湛的丝织工匠，这当然更促进了杭城丝织业的发展。不仅官营织锦院分工细密、技术高超，就是私营作坊也达到很高的水平。晁补之对此做了生动描述：当时临安“衣则纨绫绮绨，罗绣縠絺，轻明柔纤，如玉如肌，竹窗轧轧，寒丝手拨，春风一夜，百花尽发。其制而服也，或袍或襞，或绅或纶，或缘或表，或缝或㡘，或紫或纁，或绀或殷”①。产品花样繁多，适应不同层次的消费。据《梦粱录》卷十八《丝之品》载，有绫、罗、锦、克丝、杜绰、鹿胎、纻丝、纱、绢、绵和绸等②。这些丝织品，除在临安畅销外，还大批远销国内外市场。

南宋临安的印刷业承北宋余绪，不仅官刻蔚为大观，就是私刻也风行于世。官刻重于经史方面，精刻精校，卷帙浩繁；私刻侧重子集，兼及其他，墨色香淡，经久耐用。据王国维考证，南宋临安至清末尚能找到的书铺有十六家，其中以陈思、陈起父子所办两个最有名。他们刊刻唐宋名家诗词小说集一百多种，刻工精细、质量上乘，深受读者喜爱。总之，“今天下印书，以杭州为上，蜀本次之，福建最下。京师（指汴京）比岁印板，殆不减

① 晁补之：《鸡肋集》卷二十八《杂著·七述》，四部丛刊本，第6册，8页。

② 潜说友：《咸淳临安志》卷五十八《丝之品》，619—620页，台北，商务印书馆，1983。

杭州，但纸不佳；蜀与福建多以柔木刻之，取其易成而速售，故不能工”①，可见当时杭州刻书印刷业无疑为天下第一。

此外，我国古代对外贸易的大宗商品之一——瓷器的生产在临安也颇负盛名。临安所产的官窑瓷器兼取越窑与龙泉窑之长，形成别具一格的特色，为世人所推重。后人评说官窑：“宋修内司烧者，土脉细润，色青带粉红，浓淡不一，有蟹爪纹紫口铁足，色好者与汝窑相类。”②

手工业的发展和城市人口的急剧增长，促进了商品经济的发展和商业的繁荣兴旺。“杭为行都二百余年（“二”为“一”之误），户口蕃盛，商贾买卖者十倍于昔，往来辐辏，非他郡比也。”③ 临安商品交换打破了唐代的坊市格局，形成三大商业区，各行各业无不齐备，高档低档样样俱全，好一派热闹景象。商业区如此，大街小巷里的大小铺席更是连门俱是，无虚空之屋；④不但日市买卖不绝，就是夜市、早市也颇为兴旺。日市结束，夜市则开；夜市刚歇，早市继开。不论晴雨霜雷，照开不误。商业的一派繁盛，也就自然形成“商业一条街”性质的同行业店铺相对集中的街市，当时人称“团行”。据《梦粱录》卷十三《团行》记载，有花团、青果团、柑子团、鲞团、方梳行、销金行、冠子行、鱼行、蟹行、北猪行、南猪行、菜行、鲜鱼行、布行、鸡鹅行、药市、花市、珠子市、肉市、米市、书房等，名目繁多，全国各地的名产皆集散于此。故商贾穿梭往来，水陆并进，其中尤以水运为盛。

临安虽为消费城市，但同时又是全国工商业的中心。这就决定了它商品流通的双向性，既输入所需商品，同时又大量输出其

---

① 叶梦得：《石林燕语》卷八，116页，北京，中华书局，1984。

② 曹昭：《格古要论》卷下《官窑》，106页，台北，商务印书馆，1983。

③ 吴自牧：《梦粱录》卷十三《两赤县市镇》，114页，杭州，浙江人民出版社，1980。

④ 吴自牧：《梦粱录》卷十三《铺席》，116—117页，杭州，浙江人民出版社，1980。

拳头产品。唐仲友在婺州开设彩帛铺高价出售临安生产的暗花罗就是一例①，不仅运往外地，还出口海外。如由于南宋金钱大量外流，统治者于嘉定十二年（1219 年）下诏："命有司止以绢帛、锦绮、瓷漆之属博易。"② 其中，不免有临安的一份。因此，水运作为其进出主渠道，势必随着自身经济的发展而日益繁荣。

三、统治者的高度重视成了水运事业繁荣的政策基础与坚强后盾

临安在当时堪称全国的经济中心，但其经济不可避免的缺点之一——对外依赖性是统治者不得不时时考虑并设法解决的一个头痛问题。如首都供应不足，势必造成政局不稳、社会不安定，会动摇其统治心脏地区的安全。又何况水运在杭州的地理环境下有不可替代的优点，首先水运来得更运行自如，不像陆路处处受限制；其次是运费低廉。因此，发展水运是维护都市病态繁荣的有力保证。在内河航运方面，统治者非常重视疏浚河道以保证漕运畅通和商旅往来；在海运方面，积极鼓励，大力提倡，修筑海塘。

南宋仅半壁河山，财政收入大为减少，而当时官僚机构的庞大、数十万的军队及统治阶级的照样腐化使得财政入不敷出，经费拮据。这就迫使统治者借鉴北宋的经验，发展海外贸易，以缓解财政紧张状况。北宋初期，杭州继广州之后设立两浙市舶司，专门负责管理两浙的海外贸易。淳化三年（992 年）四月移至明州定海后，次年以非便为由复置杭州，由此可反映杭州对外贸易地位的重要和统治阶级的重视。到南宋以后，出于金兵的威胁，行在临安不得不限制外国人的进出，所以两浙市舶司一直设在明

① 朱熹：《晦庵先生朱文公文集》卷十八《按唐仲友第三状》，见《朱子全书》，833 页，上海、合肥，上海古籍出版社、安徽教育出版社，2002。

② 脱脱等：《宋史》卷一百八十五《食货下七・香》，4538 页，北京，中华书局，1977。

州，海外商人直接到临安贸易相对困难。但是，迫于日益高涨的贸易形势，政府不得不在保安门外瓶场河下设市舶务，后又移至梅家桥北；又在其西北沿海澉浦设市舶场作为杭州的商业外港以接纳来临安的海船。对于市舶的重要性，高宗皇帝曾一再强调。绍兴七年（1137年）闰十月上谕说："市舶之利最厚，若措置合宜，所得动以百万计，岂不胜取之于民？朕所以留意于此，庶几可以少宽民力尔。"① 绍兴十六年（1146年）九月又上谕说："市舶之利，颇助国用，宜循旧法，以招徕远人，阜通货贿。"② 封建最高统治者如此重视，使得高宗时市舶收入超过北宋最高额的两倍多，达200万贯。故后人说："宋室南渡后，经费困乏，一切倚办海舶。"③ 宋政府当时制定对外政策也都是以有利于海外贸易为出发点的。一方面，鼓励市舶纲首招徕外商，如纲首措置得力，以封官奖赏相待。绍兴六年（1136年）规定："诸市舶纲首能招诱舶舟、抽解物货、累价及五万贯十万贯者，补官有差。"④ 当时有个蕃舶纲首蔡景芳因从建炎元年（1127年）至绍兴四年（1134年）诏诱外货净利收入高达九十八万贯之多，因此南宋朝廷于绍兴六年（1136年）底授予他"承信郎"的官爵⑤。另一方面，给外商以优厚待遇，保护外商合法权益并采取宽容政策。对于舶商来华及起锚回航，市舶官员以酒食招待，对于因风漂至境上，给粮遣还；对外侨遗产处理合情合理；甚至外商在我国犯罪，也予以宽容处理。通过这一系列的优惠政策，市舶贸易颇为兴盛。

恩格斯说过：国家权力对于经济发展的反作用有三，其中之

---

① 徐松：《宋会要辑稿·职官》，3373页，北京，中华书局，1957。

② 徐松：《宋会要辑稿·职官》，3375页，北京，中华书局，1957。

③ 顾炎武：《天下郡国利病书》，《交阯西南夷备录·佛朗机国》，3840页，上海，上海古籍出版社，2012。

④ 脱脱等：《宋史》卷一百八十五《食货下七·香》，4537页，北京，中华书局，1977。

⑤ 徐松：《宋会要辑稿·职官》，3373页，北京，中华书局，1957。

一就是“它（国家权力）可以沿着同一方向起作用，在这种情况下就会发展得比较快”①。总而言之，在政府的大力提倡、奖励下，海运事业也像内河航运那样出现了繁荣局面。

四、人口大批南迁与流动刺激了水运事业的发展与繁荣

宋都南迁临安后，半壁河山沦落女真贵族之手。当时，大批饱受战争之苦的北方居民不堪金统治者的奴役之苦，纷纷南渡，“四方之民，云集二浙，百倍常时”②。而当时临安又是北方人士南迁的重点地区。建炎三年（1129年）八月乙丑，东京副留守郭仲荀引余兵归行在，“仲荀既行，都人从之来者以万数”③。绍兴二十六年（1156年）七月十八日，起居舍人凌景夏言：临安府的西北人以驻跸之地，辐辏骈集，数倍土著，可见当时南迁规模相当之大。当时，汴京小商贩南渡临安重新开业的也很多，特别是饮食业更成为旧京师人的天下。当时比较有名的有宋五嫂鱼羹、李七儿羊肉、王家奶房、宋小巴血肚羹、李婆婆羹、南瓦子张家团子等。而在这大批的南渡者中，很多又是乘船而来的。有从海道来的，庄季裕在《鸡肋篇》中说：“登州范温率忠义之人，绍兴癸丑泛海到钱塘。”有从运河及通运河的河流而来的。而政府对南渡者采取招抚存恤的政策，当时城北临运河码头的妙行寺就是专门用来接待流动人口的寺院之一，从北宋末至南宋初年二十年间陆续接待外地流民达三百万人次，每天平均接待四百人左右，因此被称为“接待寺”。难怪陆游说：“大驾初驻跸临安，故

---

① ［德］马克思，恩格斯：《马克思恩格斯选集》（第四卷），483页，北京，人民出版社，1972。

② 李心传：《建炎以来系年要录》卷一百五十八，2573页，北京，中华书局，1956。

③ 李心传：《建炎以来系年要录》卷二十六，523页，北京，中华书局，1956。

都及四方士民商贾辐辏。”① 这样大规模的迁徙行动无疑促进了水运事业的发展。

当时不仅北方人口大量南迁，就是各种各样的流动人口数量也相当惊人。此时的流动人口主要有这样几种人，并且大多数是乘舟进出的：一是商贾。大小商贾为追逐红利，纷纷从各地涌向京城，其中许多人走水路，有些大商贾干脆定居于临安。当时有许多寄寓凤凰山，因此凤凰山有“客山”之称。“其寄寓人，多为江商海贾，穹桅巨舶，安行于烟涛渺莽之中，四方百货，不趾而集，自此成家立业者众矣。”② 二是进京赴考的文人学士。每三年一度的科举考试，汇集全国各地的文人学士。孝宗乾道年间，扩大了科举对象，实行“混补法”，允许科举落第者参加，合格者升入太学就读。通常年份赴考有三四万人，最多时竟达十万人，“每士到京，须带一仆；十万人试，则有十万人仆，计二十万人”③。而进京参试者中很多人是雇舟搭船来回的。当时有个湖州安吉人沈持要来京应试不举，搭米舟回去。三是进京朝对的官员和往来使节。南宋朝廷规定各地官员必须定期进京“朝对”，不管路途多么遥远，多得来京履行公务。“缘此是行都士贵官员往来，商贾买卖骈集，公私船只，泊于城北者夥矣。”④ 四是游人香客。（下面要着重分析，此处从略）此外，外国使节的奉贺朝聘也四季不断，大多乘舟来回。

北方人口的大量南迁，不但促进了南北民族的融合和南方经济文化的发展，还从某种程度上刺激了水运事业的繁荣；大批流动人口进出临安，更是水运繁荣的推动力。无怪乎城南城北的文通要道，客旅熙熙攘攘，物货骈集辐萃，呈现一派繁荣的景象。

---

① 陆游：《老学庵笔记》卷八，104 页，北京，中华书局，1979。

② 吴自牧：《梦粱录》卷十八《恤老济贫》，175 页，杭州，浙江人民出版社，1980。

③ 西湖老人：《西湖老人繁胜录》，106 页，杭州，浙江人民出版社，1983。

④ 吴自牧：《梦粱录》卷十二《河舟》，113 页，杭州，浙江人民出版社，1980。

五、造船业的发展和航海技术的进步为水运事业的繁荣奠定了物质基础

南宋临安不但是全国四大商港之一，也是当时造船业中心之一。其所造船舶技术精良、种类繁多、形态各异，在全国处于领先地位。临安所造的海船大小不等，“大者五千料，可载五六百人；中等二千料至一千料，亦可载二三百人；余者谓之‘钻风’，大小八橹或六橹，每船可载百余人”①。据明万历重修的《明会典》计算，一料相当于一石，五千料船即载重五千石的海船。这样大的船，在当时的造船水平来说是很了不起的。不仅如此，造船工匠还因地制宜，制造了一种叫“钓槽”的船只。“其船尾阔可分水，面敞可容兵，底狭尖可以破浪，粮储器仗，置之簧版下，标牌矢石，分之两傍。可容五十卒者，面广丈有二尺，长五丈，宰直四百缗”②。这是一种既可捕鱼又能作战的两用船，充分说明当时工匠高超的设计技巧和丰富的造舰经验。这一大胆而实用的创新，在我国的造船史上无疑是一个创造性的贡献。至于河船的种类花样就更多了，有客船——舸船、舫船、航船、飞篷船，有货船、纲船，有客货混合船——落脚头船，还有红油舸滩（寺观庵舍船只）、垃圾粪船、红座船、鱼舟、钓艇等③。专用于湖泊的船只有龙舟、湖舫、车船、钓鱼船、渔船、瓜皮船、小脚船（专载贾客、妓女）、采莲船、放生船等④。这真是五花八门，应有尽有。这种繁荣的局面体现了临安造船业前所未有的大发展。再加上当时明州、温州俱为全国造船中心，婺州、处州也设

---

① 吴自牧:《梦粱录》卷十二《江海船舰》，111页，杭州，浙江人民出版社，1980。

② 李心传:《建炎以来系年要录》卷七，179页，北京，中华书局，1956。

③ 吴自牧：《梦粱录》卷十二《河舟》，113页，杭州，浙江人民出版社，1980。

④ 吴自牧：《梦粱录》卷十二《湖船》，111页，杭州，浙江人民出版社，1980。

有造船场，更足见两浙造船业发达的盛况。

造船业的发展无疑大大促进了水运事业的繁荣，而航海技术的进步对远洋航海的繁荣显得特别重要。当时最值得一提的是指南针普遍被运用于远洋航行，徐兢在《宣和奉使高丽图经》一书中记载："若晦瞑则用指南浮针，以揆南北。"从中可见，北宋时两浙海船已使用指南针，到南宋时得到普遍使用，海商船舶进入大洋，"风雨晦瞑时，惟凭针盘而行，乃火长掌之，毫厘不敢差误"①。航海技术的进步使宋朝海船远航海外达到中国历史上的鼎盛时期。

六、临安旅游业的发展促进水运事业的繁荣

杭州的旅游活动由来已久，南宋的临安已成为全国有名的游览胜地。它的湖光山色、古寺名刹、亭台楼阁、钱江汹潮，确使人流连忘返。在唐代时，西湖就名闻遐迩，大诗人白居易留下了脍炙人口的名篇，至今人们仍吟诵不已。历经五代北宋整治，西湖更是锦上添花，苏东坡的吟诵让人回味无穷。直至南宋偏安江南，小朝廷更是着意经营。花园庭苑，星罗棋布；亭榭楼阁，高耸林立。晴雨晨昏，景色不同，西湖更加娇艳迷人，大批旅游者慕名而来，更使统治者忘情于山水之中。西湖游船精巧豪华，大者长二十余丈的可容百人，也有长十余丈的可容三五十人，长数丈容三二十人，全都雕栏画栋且名儿各异，有"百花""十样锦""七宝""戗金""金狮子""明玉""总宜""赏心"等②。贾秋壑家造的一种"车船"，"船棚上无人撑驾，但用车轮脚踏而行，其

① 吴自牧：《梦粱录》卷十二《江海船舰》，112页，杭州，浙江人民出版社，1980。

② 厉鄂：《湖船录》（杭州掌故丛书），128—131页，杭州，浙江人民出版社，1983。

速如飞”[①]。因此，西湖有“销金锅儿”之称。南宋诗人林升《题临安邸》一语道破，入木三分：“山外青山楼外楼，西湖歌舞几时休？暖风熏得游人醉，直把杭州作汴州。”杭州以西湖而闻名，西湖以“十景”而著称。“十景”在南宋时已形成，南宋人祝穆已记载当时画师所最称奇的四时景况十处。文人墨客更极力颂咏描绘，醉之于心，咏之于诗，绘之于画，西湖于是便名扬四海，声传海外。

临安佛老兴盛，梵琳棋布，香客游人络绎不绝，向称“东南佛地”。据《西湖游览志馀》载，“杭州内外及湖山之间，唐以前为三百六十寺，及钱氏立国，宋朝南渡，增加四百八十，海内都会，未有加于此者也”[②]。每年春到，秀州、苏州、常州等地虔诚信徒成群结队到灵隐、天竺诸寺进香。“香讯”期间，人满为患，寺观只得增辟临时住宿客房——“山房”，接待香客游人。据《西湖老人繁胜录》记载，那时仙林寺、明庆寺、千顷寺、净住寺、昭庆寺、报恩观、元真观等寺观岁岁增设临时搭位，权作旅舍之用。

钱江汹潮，自古蔚为天下奇观，每年秋潮，吸引了大批游人，形成一年一度的“观潮热”。到时，潮浪如白马凌空滚滚而来，撼动山谷。此时，“江干上下十余里间，珠翠罗绮溢目，车马塞途，饮食百物皆倍穹常时，而僦赁看幕，虽席地而不容间也”[③]，确是游人熙熙、车马纷纷，热闹气象无法形容。

旅游业的发展，也有力地促进了临安水运事业的繁荣兴旺。

---

① 吴自牧：《梦粱录》卷十二《湖船》，110—111页，杭州，浙江人民出版社，1980。

② 田汝成：《西湖游览志馀》卷十四《方外玄踪》，230页，杭州，浙江人民出版社，1980。

③ 周密：《武林旧事》卷三《观潮》，45页，杭州，西湖书社，1981。

七、优越的地理位置为水运事业的繁荣提供有利的地理条件

临安地处东南沿海的水乡泽国，河道纵横密布，陆路运输相对不便，发展水运则极为有利。杭州位于钱塘江口北岸，外面是大喇叭形的杭州湾，襟江抱湖面海，从地理位置上说是“水居江海之会，陆介两浙之间”，既可发展江运，又能进行海运。杭州正扼江海联运的咽喉，早在唐时就已成为“咽喉吴越，势雄江海”① 的交通要地。到南宋时，江海联运日益繁忙，“杭之为郡，枕带江海，远引瓯闽，近控吴越，商贾之所辐辏，舟航之所骈集，则浙江为要津焉”②。临安因此而成为两浙、闽广的货物集散地。在海运方面，还可依靠其外港澉浦，发展海外贸易。澉浦人不事田产，大多以“招接海南诸货贩运浙西诸邦”为生，当时“客旅巨舟重贩者，多在此泊，入镇贸易，复归解缆”③。这里有极良的港口，有许多很大的船，从印度及别的地方装载巨量的宝贵货物来到此港，说明澉浦在南宋时已成相当规模的海运要地和临安的门户。

说起杭州的繁荣，大运河的修建至关重要。隋炀帝时开凿的大运河，不但促进杭州与各地的经济文化交流，更使杭州成为漕运要地。到南宋时，南段运河仍不失为联系各地的纽带和漕运的动脉。后又开浙东运河联结越州、明州，从而使江浙名城水道相连，江南财赋地浑然一体。其中，杭州正好成为水运的枢纽和漕粮百货的汇集中心。

---

① 李昉：《文苑英华》卷八百《杭州刺史厅壁记》，4233 页，北京，中华书局，1966。

② 田汝成：《西湖游览志馀》卷二十四《浙江胜迹》，248 页，杭州，浙江人民出版社，1980。

③ 常棠：《（绍定）澉水志》，见《宋元方志丛刊》，4664 页，北京，中华书局，1990。

因此，杭州地理环境所造就的水运条件是我们不应忽视的一个重要因素。

八、国家安定为临安水运事业的繁荣提供了稳定的社会环境

自隋唐以降，吴越一带一直承平安定。五代时，北方战乱，钱氏“知尊中国，效臣顺，及其亡也，顿首请命，不烦干戈”①。经济的发展具有连续性和稳定性。特别到北宋末年，金兵铁蹄南下，北方烽火连天，人民流离失所，而江南地区相对稳定，很少受到干扰。至高宗定都临安，一百多年里，虽宋金边境时有摩擦，但江南地区的经济在北宋基础上更上一层楼，各行各业兴旺发达，当然临安水运事业的繁荣也不例外。因此，国家的稳定为临安水运事业的繁荣提供了良好的社会环境。

综上所述，南宋临安水运事业的繁荣并不是偶然的，是由上述诸因素综合而成的，其中既有城市消费需要和自身经济发展所促使的经济原因，又有统治者重视、人口南迁和国家稳定的政治原因，再有贵游渐兴所致的文化原因，也有“地利”的优越地理原因。一言以蔽之，临安水运事业的大发展乃是政治、经济、军事、文化、地理环境诸方面的有机的内在的统一所致。

① 欧阳修：《居士集》卷四十《有美堂记》，见《欧阳文忠公集》，190页，上海，上海书店出版社，1989。

宋代明州与高丽的贸易关系及其友好往来[①]

两宋时期，明州的海外贸易非常发达，尤其是与日本、高丽的贸易往来最为频繁，它是宋代对外贸易的主要港口。张津等编撰的《乾道四明图经》卷一里记载了当时明州海外贸易的盛况是“南则闽广，东则倭人，北则高句丽，商舶往来，物货丰衍”。本文试就两宋时期明州与高丽的贸易关系做初步的研究和探讨，不当之处，请批评指正。

一

明州与高丽，在两宋时期贸易来往频繁。这种现象的出现并不是偶然的，而是有其深刻的社会原因和客观条件的。

宋代两浙社会经济在各个领域、各个部门都有较大的发展，特别是农业和手工业的发达及商品经济的繁荣，是促进明州与高丽海上贸易发展的一个重要原因。

中国经济重心的南移，在中唐以后已很明显。当时，北方遭到战争的破坏，而南方相对稳定，因此社会经济有较快的发展，

---

① 原载《杭州大学学报》1982年6月第12卷第2期，与倪士毅老师合撰；人大《复印报刊资料·经济史》1982年第8期全文转载。

唐政府的财政收入主要依靠东南，“当今赋出于天下，江南居十九”①。五代十国期间，北方战争频繁，烽烟四起，而南方无兵燹之灾，社会比较安定，北方人民纷纷南迁，使南方劳动力增加，因此经济的发展就更为迅速。特别是吴越国时期，两浙经济的发展尤为显著，为北宋经济的发展和南宋建都杭州奠定了基础。赵宋政权建立后，采取了一系列发展经济的措施。在农业方面，如奖励垦荒，太祖时下诏，令“所在长吏谕民，有能广植桑枣、垦辟荒田者，止输旧租，县令、佐能招徕劝课，致户口增羡、野无旷土者，议赏”②，又蠲免了五代以来的一部分苛捐杂税。特别是两浙的农民克服了自然条件的限制，在海边、江畔、山地等处开垦了数以万计的圩田、淤田、沙田、梯田等，扩大了耕地面积。两浙是当时全国的首富地区，深为封建统治者所注目，北宋时这个地区较大规模的水利建设就有江南海塘、钱塘江堤、西湖等处。南宋时期，两浙的水利事业就更为发达，据《宋史·食货志》记载，“大抵南渡后水田之利，富于中原，故水利大兴”③。兴修水利的结果，既扩大了农田灌溉面积，促进了农作物的增产，又能防治水旱灾害。随着水利事业的兴修，灌溉工具也不断改进，脚踏龙骨水车已普遍使用，利用水力推动运转的筒车在北宋也相继兴起，到南宋时就更加普遍了。占城稻等优良稻谷品种也在两浙路得到推广，到南宋时水稻品种繁多，仅两浙路六七个州县就有籼稻、粳稻一百四十多种，糯稻五十多种。池州一带的农民还培养出好几种从高丽传入的“黄粒稻”，稻芒长，谷粒饱满，是一种少见的优良品种。④ 因此，稻谷的单位面积产

---

① 韩愈：《送陆歙州诗序》，见董诰等编《全唐文》，563页，北京，中华书局，1983。

② 脱脱等：《宋史》卷一百七十三《食货上一·农田》，4158页，北京，中华书局，1977。

③ 脱脱等：《宋史》卷一百七十三《食货上一·农田》，4182页，北京，中华书局，1977。

④ 蔡美彪等：《中国通史》（第5册），367页，北京，人民出版社，1978。

量达到了空前的水平。明州城西十二里广德湖周围一带的民田，稻谷每亩单位面积产量达到六七石之多，① 创两宋时期稻谷亩产的最高纪录。

在手工业方面，宋代两浙路如纺织、制瓷、印刷、制盐、酿酒等各个部门，无论从原料的采集、生产过程和产品种类、数量方面，都有显著的进展，并且超越了前代。北宋丝织业以两浙、川蜀地区最为发达，南宋时浙东、浙西和四川同样是丝织业中心。茶叶是南方各地普遍的农产品，名茶很多，以越州出产的日注茶最为有名，被誉称为“绝品”。制盐业，两浙沿海地区的明州、台州一带煮海水为盐，俗称“煮海”，甚为发达。制瓷有越州、明州出产的白瓷器、处州出产的青瓷器，名闻中外。两浙是宋代造纸业中心之一，著名的藤纸出在杭、越、巨、婺等州，其中越州的摩纸最受一般人所欢迎，也有剡藤、剡硾、罗笺等品种。随着粮食的增产，酿酒业十分发达，名酒繁多，其中如杭州的竹叶清、碧香、白酒，明州的金波，越州的蓬莱，湖州的碧澜堂、霅溪，秀州的月波等都很有名②。

由于农业、手工业生产的发展，农业中出现了商品化和专门化，商品货币经济也随着活跃起来，沿江濒海之地兴起了商业繁荣的市镇。南方已成为国家的经济命脉，“国家根本，仰给东南”③，“朝廷用度，如军食、币帛、茶盐、泉货、金铜、铅银以至羽毛、胶漆，尽出九道（指江南九道），朝廷所以能安然理天下而不匮者，得此九道供亿使之然尔。此九道者，朝廷所仰给也”④。由于商品生产的兴盛，推动了海外贸易的发展，加上东南沿海地区人民在北宋以前就有与高丽、日本和东南亚各国进行

① 徐松：《宋会要辑稿·食货》，4928页，北京，中华书局，1957。

② 朱弁：《曲洧旧闻》卷七，52页，北京，中华书局，1985。

③ 脱脱等：《宋史》卷三百三十七《范祖禹传》，10796页，北京，中华书局，1977。

④ 李焘：《续资治通鉴长编》卷一百二十八，3034页，北京，中华书局，1979。

海上贸易的传统，从而为明州在两宋时期对高丽海上贸易的发展提供了有利的客观条件。

两宋政府对海外贸易的重视，促进了明州与高丽贸易关系的发展。

北宋时，外患严重，边防不安，华北之地失之于辽。北宋末至南宋，女真贵族崛起，取代了契丹贵族，雄踞北方。南宋偏安江南，版图不及北宋的三分之二，剥削所入也随之减少。两宋政府一方面为了对付辽、金贵族入侵，军费开支浩大，不仅要维持一支庞大军队的费用，每年还要向辽、金贡纳数量相当可观的金银、绢帛、茶叶等物资，因此需要通过海外贸易来增加收入以解决财政上的困难。事实上，由于当时市舶司收入逐渐增多，引起了统治阶级贪婪的欲望，即所谓"东南之利，舶商居其一"①。北宋仁宗皇祐时，市舶收入五十三万贯，英宗治平时增到六十三万贯，在国家财政收入中占有重要的地位。加之统治阶级为了满足腐朽生活的需要，要进口大量的奢侈品和其他日常生活用品、药物等，因此十分重视海外贸易，并且采取了一系列奖励的措施。早在开宝四年（971 年）二月，宋太祖灭掉南汉，占领广州，六月即在广州设立宋代第一个市舶司，紧接着在杭州、明州、温州等地也相继建立市舶司。市舶司的职责是"掌蕃货海舶征榷贸易之事，以来远人，通远物"②，即征收商税、经营海货的专买专卖，以及管理海外诸国的朝贡等事务。因此，设置市舶司的目的是为了适应海外贸易的发展和扩大，而它的设置又必然促进海外贸易的发展。南宋初年，市舶收入竟占百分之二十，当时"经费困乏，一切倚办海舶"③。因此，南宋政府更加重视海

---

① 脱脱等：《宋史》卷一百八十六《食货下八·互市舶法》，4560 页，北京，中华书局，1977。

② 脱脱等：《宋史》卷一百六十七《职官七·提举市舶司》，3971 页，北京，中华书局，1977。

③ 顾炎武：《天下郡国利病书》，《交阯西南夷备录·佛朗机国》，3840 页，上海，上海古籍出版社，2012。

外贸易。绍兴七年（1137 年）闰十月三日，宋高宗说：“市舶之利最厚，若措置合宜，所得动以百万计，岂不胜取之于民？朕所以留意于此，庶几可以少宽民力尔。”① 绍兴十六年（1146 年），宋高宗又说：“市舶之利颇助国用，宜循旧法，以招徕远人，阜通货贿。”② 绍兴年间，浙、闽、广三市舶司一年收入二百万贯，超过北宋最高额的两倍多。因此，为了吸引、招诱外商来华贸易，对外商的取益予以保障，市舶官员如果强行征收外商税和收买货物，允许外商向宋政府当局控告、上诉；对外商的困难则想方设法予以解决，如对遇风险漂泊而来的外商则给予救援；外商船主如不在或失踪，责令市舶官员负责清点并保管其货物，待其亲属前来认领；同时，还给外商在生活上提供一切方便。外商来时，市舶官员要亲自杂往码头迎接；外商归国时，市舶司要设宴慰劳送别，叫作“犒设”，还要“支送酒食”，并且要亲自到码头“临水送之”，如“岁十月，提举（市舶）司大（犒）设蕃商而遣之”③。南宋政府为了扩大海外贸易，对于招诱外商来华贸易工作成绩显著的市舶纲首还规定授予官爵作为奖赏。如高宗绍兴六年（1136 年）就明确规定：“诸市舶纲首能招诱舶舟、抽解物货、累价及五万贯十万贯者，补官有差。”④ 当时，蕃舶纲首蔡景芳因从建炎元年（1127 年）至绍兴四年（1134 年）招诱贩来货物净利收入高达九十八万余贯之多，因此南宋政府就于绍兴六年底授予他“承信郎”的官爵。⑤ 另外，对市舶司的官员能做到使市舶增加收入，就有升官之褒，如规定“闽、广舶务监官抽买乳香每及一百万两，转一官”⑥；反之，使布舶亏损、外商赔本

① 徐松：《宋会要辑稿·职官》，3373 页，北京，中华书局，1957。

② 徐松：《宋会要辑稿·职官》，3375 页，北京，中华书局，1957。

③ 周去非：《岭外代答》卷三《航海外夷》，31 页，北京，中华书局，1985。

④ 脱脱等：《宋史》卷一百八十五《食货下七·香》，4537 页，北京，中华书局，1977。

⑤ 徐松：《宋会要辑稿·职官》，3373 页，北京，中华书局，1957。

⑥ 脱脱等：《宋史》卷一百八十五《食货下七·香》，4538 页，北京，中华书局，1977。

的，则要受降官处分。这一系列措施的制定和推行，对于鼓励和招诱外商来宋贸易起了很大的作用，有力地促进了两宋时期明州海外贸易的发展。

两宋时期造船业的发展、航海技术的进步、指南针的发明并广泛应用于航海事业上，也促进了明州对高丽贸易的发展。

造船业在宋代，不少地区都设立造船务、造船场和造船坊，特别是沿海地区如广东的广州、福建的泉州及两浙的杭、明、温三州都是制造海舶的主要基地。此外，不在两浙沿海而设造船务的有婺州。处州虽不设场务，但也负担造船工作，如真宗天禧五年（1021 年），就奉命打造运船六百零五艘。① 尤其是明州所造船舶材料十分讲究，一般都采用坚木；船上设备齐全而又完善；抛锚用碇石，风帆有大小，有利于迎风疾驶；起碇、转帆都采用转轴；为了航行方便起见，舵有大小；为了测量水的深浅，船上还备有铅锤；为了增加船的浮力和减轻狂风巨浪的猛力冲击，“又于舟腹两旁缚大竹为橐”②。据吴自牧《梦粱录》卷十二《江海船舰》记载，当时大的船舶可以载五千料（一料等于一石）、五六百人，中等的船舶也可载二千料或一千料、二三百人。当时，两浙的造船业是十分发达的。北宋初，“两浙献龙船，长二十余丈，上为宫室层楼”，同时还“设御榻以备游幸”。③ 而到了北宋哲宗元祐五年（1090 年）正月，诏温州、明州岁造船以六百只为额。④ 当时曾打算恢复汴京和洛口的物货场，有人就提议借用温州、明州等地船只来运输货物⑤，说明明州船舶数量之多和造船业的发达。宋神宗元丰元年（1078 年），派使臣安焘、陈

---

① 徐松：《宋会要辑稿·食货》，5604 页，北京，中华书局，1957。

② 徐兢：《宣和奉使高丽图经》卷三十四《客舟》，117 页，北京，中华书局，1985。

③ 沈括：《梦溪笔谈·补笔谈》卷二《权智》，258 页，上海，上海书店出版社，2003。

④ 徐松：《宋会要辑稿·食货》，5658 页，北京，中华书局，1957。

⑤ 脱脱等：《宋史》卷一百八十六《食货志·商税》，4545 页，北京，中华书局，1977。

睦往聘高丽，就指令明州造了两艘大船，一名凌虚致远安济神舟，一名灵飞顺济神舟。完工之后，“自定海（今镇海县）绝洋而东”，到达高丽后，高丽人民“欢呼出迎”。① 到了宋徽宗宣和年间，派使臣去高丽，朝廷又在明州造了两艘巨型海舶，“巍如山岳，浮动波上，锦帆鹢首，屈服蛟螭”。当这两艘神舟行驶到高丽时，使高丽人民“倾国耸观”，“欢呼嘉叹”。② 这“神舟”长阔高大，什物器用、乘坐人数都比“客舟”大三倍。③ 至于“客舟”的规模是“长十余丈，深三丈，阔二丈五尺，可载二千斛粟”，“每舟篙师水手可六十人”。④ 内部构造十分科学，“上平如衡，下侧如刀”，以便破浪。船舱分隔为三，前一舱底作为炉灶与水柜安放处，中舱分四室，后舱叫“廥屋”，高一丈余，四壁有窗户，“上施栏楯，采绘华焕，而用帟幕增饰，使者官属，各以阶序分居之。上有竹篷，平时积叠，遇雨则铺盖周密”。⑤ 这种分舱设置可以避免一处受损而全舱覆没的危险，坚固而安全。到了南宋，因为山东半岛为金人所占，和高丽通航起点全部南移至明州，宋高宗于建炎三年（1129 年）十二月到了明州，提领海舶张公裕说：“已得千舟。”⑥ 这充分说明了明州的造船业在南宋时就更发达了。

南宋时期，航海技术也大有进步，主要表现在指南针的发明及其利用于测定航海方向。宋徽宗宣和五年（1123 年），出使高

---

① 脱脱等：《宋史》卷四百八十七《高丽传》，14047 页，北京，中华书局，1977。

② 徐兢：《宣和奉使高丽图经》卷三十四《神舟》，116—117 页，北京，中华书局，1985。

③ 徐兢：《宣和奉使高丽图经》卷三十四《客舟》，118 页，北京，中华书局，1985。

④ 徐兢：《宣和奉使高丽图经》卷三十四《客舟》，117 页，北京，中华书局，1985。

⑤ 徐兢：《宣和奉使高丽图经》卷三十四《客舟》，117 页，北京，中华书局，1985。

⑥ 李心传：《建炎以来系年要录》卷三十，583 页，北京，中华书局，1956。

丽的徐兢在他所写的《宣和奉使高丽图经》一书中已明确指出奉使到高丽的海船上已使用指南针，行船“若晦暝则用指南浮针，以揆南北”[①]，说明在北宋末年指南针已广泛应用在航海上。这种情况正如吴自牧在《梦粱录》里所记载的，海商船舶进入大洋，“风雨晦暝时，惟凭针盘而行，乃火（伙）长掌之，毫厘不敢差误”[②]。在距今一千年左右的中世纪的宋代，海舶航行在茫茫大海上，有指南针可以辨别方向；若遇上狂风巨浪，即可垂下船首碇石，使船停止前进；船上置备有布帆和利篷（即席帆），正风时用布帆，偏风时则用利篷；特别是在船桅上设置转轴，可以自由起倒，不怕风吹浪打，而当时高丽的商船的桅还是“植船木上不可动”[③]，远比中国落后。造船业的发达和航海技术的进步，使两宋时期中国航行于东海、黄海、渤海的船舶数量空前增多，而且比以往任何时代更为安全，这自然就促进了宋代明州与高丽海上贸易的发展。

两宋时期，高丽在政治上的统一、社会经济的恢复及和宋政府来往的加强，为高丽和明州的贸易发展提供了有利的客观条件。

北宋前夕，大封建主出身的军人王建重新统一了朝鲜，改国号为高丽，建京都于松都（今朝鲜开城）。王氏朝鲜统治高丽前后共达四百七十五年（918—1392 年），它的疆域除原来的新罗全境外，在 10 世纪末，其西北疆界到达鸭绿江，与我国东北毗邻。为了加强中央集权专制，高丽王朝继承了新罗的一些制度，并且进一步模仿、学习当时北宋的政治制度，建立了一套比较完整的封建专制政权的政府机构；在外交上，采取一系列措施，加

---

① 徐兢：《宣和奉使高丽图经》卷三十四《半洋焦》，120 页，北京，中华书局，1985。

② 吴自牧：《梦粱录》卷十二《江海船舰》，112 页，杭州，浙江人民出版社，1980。

③ 沈括：《梦溪笔谈》卷二十四《杂志一》，201 页，上海，上海书店出版社，2003。

强与宋政府的友好关系，不断派使节到中国来；在经济上，积极发展与宋的贸易关系，经常派遣商船来到明州。这也是推动高丽和明州海上贸易发展的一个重要因素。

二

宁波地处浙江东部东海之滨，甬江、姚江、鄞江三江汇合之处，是我国古代的一个重要对外贸易港口。秦时称为鄮县，因有海外贸易而得名。唐玄宗开元二十六年（738 年）始称明州，当时海外交通已相当发达。到了宋代，它是全国对外贸易的四大港口之一（广州、泉州、明州、杭州），东与日本，北与高丽，南与阇婆（爪哇一带）、占城（越南）、暹罗（泰国）、真里富（即真腊，今柬埔寨）、勃泥（加里曼丹北部）、三佛齐（苏门答腊东南部），西南与大食等国都有贸易往来，成为国际通商的重要口岸。

宋代对外贸易的机关沿袭唐的制度设市舶司。明州设立市舶司，最早在太宗淳化三年（992 年）四月，由杭州迁去。初设在定海县（今浙江宁波市镇海区）并任命监察御史张肃领之。① 真宗咸平二年（999 年），市舶迁移到明州子城东南，左倚罗城。到了南宋宁宗嘉定十三年（1220 年），被火烧毁，通判王梃重建，后又圮坏。理宗宝庆三年（1227 年），太守胡矩捐楮券万三千二百八十八缗有奇。嘱通判蔡范重新建造，蔡范还写了一篇《市舶司记》。市舶司门外濒江有来远亭，为招待外商之所。蔡范重建时更名为来安亭，方万里写有《来安亭记》。市舶司前门与灵桥门相近，中华人民共和国成立后，据考古调查，明州市舶司的地址在今宁被市江厦一带，这里是宋代商业繁盛、人口密集的

---

① 《乾道临安志》卷二《廨舍》，王象之《舆地纪胜》卷二，均做淳化三年移杭州市舶司于明州定海县。《宝庆四明志》卷六则做淳化元年。作者认为应以三年为是。

地方，来自世界各地的商人都居住在此地市舶司西边的宝奎庙，就是宋代高丽馆的旧址。据宋太宗端拱二年（989年）五月的一条诏文，规定宋朝商人出海贸易须于两浙市舶司“陈牒请官给券以行，违者没入其宝货”①，又“诸商贾许由海道往外蕃兴贩，并具人船物货名数所诣去处，申所在州”②。此外，还得“召本土有物力户三人”作保，保证货物内不夹带兵器，并且不越过所禁地分。③ 经过这番手续后，商船即从市舶司领得出海许可证，即所谓“公据”或“公凭”“引目”，回航时，必须在发航港口“住舶”，给予“回引”。当时去日本、高丽的宋朝商人都由明州市舶司发给出口证，从明州出发。我国南方沿海州县船舶去日本、高丽的也以明州为主要停靠站。徽宗政和七年（1117年），为了加强与高丽的贸易，宋政府在明州还特意设置了高丽司，叫来远局造两只巨航、百只画舫，专门负责接待高丽使臣，并且开垦广德湖为田，每年收租谷以为费用。④

宋朝到高丽的交通路线，在神宗熙宁以前多在山东登州出海，高丽到宋朝来从礼成江出发，也在登州或密州登陆，再陆行到汴京（今河南开封）。熙宁七年（1074年）以后，高丽使臣金良鉴来说：为了远避契丹，请求改在明州登陆。⑤ 当时，明州到高丽则从定海县出发，越过东海、黄海沿朝鲜半岛南端西海岸北上，到达礼成江口。高丽人到明州后，由明州溯姚江、钱塘江再入运河北上到达汴京，这是南路。因为这条路线都是水路，运载

---

① 徐松：《宋会要辑稿·职官》，3364页，北京，中华书局，1957。

② 苏轼：《苏东坡集·奏议集》卷八《乞禁商旅过外国状》，40页，上海，商务印书馆，1933。

③ 苏轼：《苏东坡集·奏议集》卷八《乞禁商旅过外国状》，40页，上海，商务印书馆，1933。

④ 罗浚等：《宝庆四明志》卷六《市舶》，83页，台北，商务印书馆，1983。

⑤ 高丽初建时，其北有渤海国。926年，契丹国强大灭渤海国。937年，契丹建立辽国。993年、1010年、1018年，契丹三次入侵高丽，在高丽军民的英勇抗击下，契丹侵略军虽被击退，但在整个11世纪，高丽仍然受到契丹不同程度的威胁，因此高丽使臣到宋朝来要远避契丹，改在明州登陆。

货物比较方便。而高丽人又“便于舟楫，多赍辎重”[1]，所以多取道于此。从此，明州成为通往高丽的重要港口，与高丽的贸易也日益频繁起来，不但商船往来络绎不绝，高丽使臣来华朝贡也在明州登陆。元丰时，待高丽人很厚礼，沿路亭传都叫高丽亭。[2] 因此，“朝廷馆遇燕赉锡予之费以巨万之计”[3]，造成了明州“困于供给”的局面。钦宗时，御史胡舜陟说：“政和以来，人使岁至，淮、浙之间苦之。”[4] 元丰二年（1079 年），“贾人入高丽，货及五千缗者，明州籍其名。”[5] 从元丰三年（1080 年）起，明令明州为宋、丽贸易口岸，从此明州便正式成为宋、丽两国通航的主要港口了。

宋代明州与高丽来回航行的时间，据《宣和奉使高丽图经》卷三记载，“由明州定海放洋，绝海而北，舟行皆乘夏至后南风，风便不过五日，即抵岸焉”[6]。《宋史·高丽传》也记载：自明州定海遇便风，三日入洋，又五日抵墨山（《宣和奉使高丽图经》卷三十五作黑山）入其境，自墨山过岛屿，诘曲礁石间，舟行甚驶，七日至礼成江，江居两山间，束以石峡，湍急而下，所谓急水门，最为险恶，又三日抵岸，有馆曰碧澜亭，使人由此登陆，崎岖山谷四十余里，乃其国都云。时高丽的国都在开城，由明州航海到礼成江需要七天，再航行三天抵碧澜亭登陆，步行四十多里，才能到达开城，总需十天。又如南宋高宗建炎二年（1128 年），国信使杨应诚从高丽乘船回来，九月癸未日自三韩出发，

---

① 朱彧：《萍洲可谈》卷二，26 页，北京，中华书局，1985。

② 朱彧：《萍洲可谈》卷二，26 页，北京，中华书局，1985。

③ 脱脱等：《宋史》卷四百八十七《高丽传》，14052 页，北京，中华书局，1977。

④ 脱脱等：《宋史》卷四百八十七《高丽传》，14049 页，北京，中华书局，1977。

⑤ 脱脱等：《宋史》卷一百八十六《食货下八·互市舶法》，4560 页，北京，中华书局，1977。

⑥ 徐兢：《宣和奉使高丽图经》卷三《封境》，7 页，北京，中华书局，1985。

戊子日就到达明州昌国县，航行只有六天。[①] 航行往返明州、高丽时间的长短，主要应看风向。如遇顺风，则“历险如夷”；遇黑风，则“舟触礁辄败”。所以，来回航行必须掌握好季候风的特点，这是非常重要的。一般从明州到高丽，多在七、八、九月，乘西南季风；回航以十、十一月为宜，乘东北季风。

宋代明州商人远航到高丽经商的，北宋仁宗宝元元年（1038年）有明州商人陈亮和台州商人陈维绩等一百四十七人。[②] 徽宗崇宁二年（1103 年）有明州教练使张宗闵、许从等与纲首杨炤等三十八人。[③] 五月，又有明州商人杜湞济、祝延祚随商船到高丽，后来就留住在那里。那时，中国商人到高丽去，往往因为遇到逆风或风向不好，甚至二三年不能返国，因此便在高丽另立家庭，回国时也不带妻儿回来。这种两地都有家室的人，在宋商中是屡见不鲜的。

宋代商人到高丽去，以经商为主，自不待言，但其中有的商人还带有政治任务。如南宋高宗建炎二年（1128 年），宋纲首蔡世章送高宗继位诏书去。[④] 绍兴八年（1138 年）三月，宋商吴迪等六十三人持宋明州牒去报告徽宗皇帝及宁德皇后郑氏崩于金的消息。[⑤] 绍兴三十二年（1162 年）三月，宋都纲侯林等四十三人去高丽，也带明州牒报云：“宋朝与金举兵相战，至今年春大捷，获金帝完颜亮，图形叙罪，布告中外。”[⑥] 宋朝政府往往通过商船将文牒传递过去，据《宝庆四明志》卷六所载，“本府与其礼宾省以文牒相酬酢，皆贾舶通之”[⑦]，就是明证。

---

① 马端临：《文献通考》卷三百二十五《高句丽》，2561 页，北京，中华书局，1986。

② 郑麟趾：《高丽史》卷六，靖宗四年八月戊子条，85 页。

③ 郑麟趾：《高丽史》卷十二，肃宗八年二月己巳条，171 页。

④ 郑麟趾：《高丽史》卷十五，仁宗六年三月丁亥条，229 页。

⑤ 郑麟趾：《高丽史》卷十六，仁宗十六年三月庚子条，252 页。

⑥ 郑麟趾：《高丽史》卷十八，毅宗十六年三月戊午条，275 页。

⑦ 罗浚等：《宝庆四明志》卷六《市舶》，84 页，台北，商务印书馆，1983。

至于高丽商人来明州贸易，有的也与政治有关，如绍兴三十二年，高丽纲首徐德荣到明州来，殿中侍史吴芾说：“高丽与金人接壤，昔稚圭之来，朝廷惧其为间，亟遣还。今两国交兵，德荣之请，得无可疑？使其果来，犹恐不测，万一不至，贻笑远方。”“诏止之。”[①] 当宋金形势处于战争阶段，南宋当局对高丽商人来明州贸易也是存有戒心的，惧怕金人冒充商人混入其中进行间谍活动。

宋朝规定外国商船到达港口后，必须向市舶司报告，征收舶税，叫作“抽解”或“抽分”之法。“抽解成数”，各个时期不定，通常为全部货物价值的十分之一，即所谓“大抵海舶至，十先征其一”[②]，有时也抽解到十分之四[③]。当商品经过抽解之后，由官府全部收买，即所谓“博买”或“和买”。“和买”价值据货物贵贱而定，所谓“价值酌蕃货轻重而差给之”[④]。大约在太平兴国七年（982年）以前，对海货全部收买，七年后才并放部分物品，准许与民间交易。当时，明州市舶司对高丽商人的“抽解”，据南宋理宗宝庆三年（1227年）明州郡守胡矩说：“契勘舶务旧法，应商舶贩到物货，内细色五分抽一分，粗色物货七分半抽一分。后因舶商不来，申明户部，乞行优润，续准户部行下，不分粗细，优润抽解，高丽日本船，纲首杂事十九分抽一分，余船客十五分抽一分，起发上供……窃见旧例抽解之时，各人物货，分作一十五分，舶务抽一分，起发上供；纲首抽一分为船脚靡费；本府又抽三分，低价和买，两倅厅各抽一分，低价和买，共已取其七分，至给还客旅之时，止有其八，则几于五分取

① 脱脱等：《宋史》卷四百八十七《高丽传》，14052页，北京，中华书局，1977。

② 脱脱等：《宋史》卷一百八十六《食货下八·互市舶法》，4559页，北京，中华书局，1977。

③ 徐松：《宋会要辑稿·职官》，3376页，北京，中华书局，1957。

④ 脱脱等：《宋史》卷一百八十六《食货下八·互市舶法》，4559页，北京，中华书局，1977。

其二分，故客旅宁冒犯法禁透漏，不肯将出抽解。”① 由于明州市舶司的抽解太重，所以许多外商敢于“犯禁透漏”，以致影响外商来明州贸易，使明州市舶司收入时有减少。胡矩对此进行了改革，减轻抽解，并且“镂榜也海，招诱明谕，以本府断不和实分文，抽解上供之外，即行给还客旅”②，这样就解除了外商来华贸易的后顾之忧，从此来明州贸易的外商又逐渐增多起来。

明州与高丽贸易的货物，品种繁多。由高丽输入明州的，据《宝庆四明志》卷六记载，细色有银子、人参、麝香、红花、茯苓、蜡，粗色有大布、小布、毛丝布、紬、松子松花、栗、枣肉、榛子、椎子、杏仁、细辛、山茱萸、白附子、芜夷、甘草、防风、牛膝、白术、远志、茯苓、姜黄、香油、紫菜、螺头、蟫钿、皮角、翎毛、虎皮、漆、青器、铜器、双瞰刀、席合蕈。其中，人参是高丽的特产，名声卓著，是人所皆知的高档滋补药品。人参中有一个品种叫沙参，形状大而味绝美，但不做药用，可当蔬菜吃，宋朝使臣到高丽去在使馆中经常可以吃到。

从以上高丽输入的货物中，以人参、药材最多，其次是各种布匹、漆、铜器、武器、虎皮等。此外，折扇、纸、墨等也有。这些都通过明州输向全国各地。

至于明州输出到高丽的货物，主要有瓷器、腊茶、丝织品、书籍、文具等。

瓷器是对外贸易的主要货物之一。南宋时，生产的瓷器有官窑、余姚窑、越窑和龙泉窑出产的，以及明州出产的白瓷器等。所有这些名窑的产品不但供国内人民的需要，还大量输出国外。尤其龙泉青瓷，质地优良，冠绝当世，其制瓷技术在我国古代青瓷史上达到了最高峰。《萍洲可谈》记载了当时瓷器大规模输出的情况：“海舶，大者数百人，小者百余人，以巨商为纲首，……舶船深阔各数十丈，商人分占贮货，人得数尺许，下以贮物，夜卧

① 罗浚等：《宝庆四明志》卷六《市舶》，82页，台北，商务印书馆，1983。
② 罗浚等：《宝庆四明志》卷六《市舶》，82页，台北，商务印书馆，1983。

其上。货多陶器（即瓷器），本小相套，无少隙地。”① 这种满载陶瓷器的海船，有些是从明州前往高丽、日本等地的。中华人民共和国成立后，朝鲜出土了大批青瓷，更可证明瓷器是当时重要的输出物品。

茶叶也是宋朝对高丽输出的大宗货物。高丽人很喜欢中国的腊茶，饮茶之风很盛，茶具有“金花乌盏，翡色小瓯，银炉汤鼎”②，都仿效中国制度和习俗。

两宋时期，浙江的丝织业很发达，杭州、湖州、婺州等地都出产大量的锦、绫、罗、缎等丝织品，除上供以外，是对外贸易的重要货物。当时，外商都喜欢以货物交换我国的丝织品，其中输往高丽的也不少。

北宋时，雕版印刷已广泛流行。南渡以后，由于南方文化的发达，浙江的印刷业居全国首位，杭州的刻书尤为著名。北宋太祖开宝四年（971 年），宋政府开始雕版刻印全部藏经，至太宗太平兴国八年（983 年）完成，共五千多卷。淳化二年（991 年），高丽遣使韩彦恭来贡，请求佛经，北宋政府曾赠送《大藏经》一部。③ 以后，宋政府又多次赠送高丽大批书籍，其中包括九经、《史记》《汉书》《后汉书》《三国志》等。高丽在中国的影响下，又学会了雕版印刷技术。到了南宋时，中国的胶泥活字印刷又传入了高丽，使高丽在中国胶泥活字印刷的基础上发明了金属活字印刷，这远比欧洲人谷腾堡使用的活字印刷早了四百年。这一方面说明了高丽的余属活字印刷在世界印刷史上占有重要的地位，另一方面也充分说明了中国文化对高丽文化的发展起了很大的作用。

另外，北宋政府在宣和五年（1123 年）还特派使臣徐兢去

---

① 朱彧：《萍洲可谈》卷二，18 页，北京，中华书局，1985。

② 徐兢：《宣和奉使高丽图经》卷三十二《茶俎》，109 页，北京，中华书局，1985。

③ 脱脱等：《宋史》卷四百八十七《高丽传》，14040 页，北京，中华书局，1977。

高丽报聘。徐兢回国后，根据自己在高丽的先后经历和调查访问材料，写成《宣和奉使高丽图经》四十卷，内容分三百多条，每条都附有详细的插图，举凡高丽“建国立政之体，风俗事物之宜”都收集、描述得十分详细，为研究朝鲜的历史提供了重要的资料。

自古以来，世界各国经济文化的发展都是互相影响、互相促进的。由于高丽和宋朝频繁的贸易往来，进一步促进了两国经济文化的发展和友好往来。高丽多次向北宋馈赠良马、弓矢，金、银、铜等器皿，大布、青瓷、人参、硫黄、药材等土特产，还多次派遣僧人和留学生到中国学习文化和技术。元祐二年（1087年），高丽僧义天到明州。他在中国期间，除了学习佛教教义外，还收集了佛经章疏三千多卷，因此回高丽时，带回许多佛经，雕版刊印；同时还根据带回的佛经资料编成一部《新编诸宗教藏总录》，其中收书一千部，共四千七百多卷，还按目录镂版刊印，并且以《华严经》一百八十卷寄赠钱塘慧因寺（俗称慧因寺为高丽寺，旧址在西湖赤山埠附近）。不仅如牝，当时许多高丽人的著述也先后流传到中国，如义天的《圆宗文类》、金富拭的《三国史记》等。这些朝鲜名著相继传入中国，为中国研究朝鲜的佛学、历史、文学等做出了贡献。这些历史事实都充分证明了宋、丽两国之间在各个领域相互影响是很深的，有频繁贸易往来的基础，大大促进了两国经济的发展和文化的交流。

三

宋、丽两国人民在相互贸易交往中，不但促进了两国经济的发展和文化的交流，同时还结下了同舟共济、患难与共的深厚友谊。尤其是当商船遭到大风漂泊到对方国土时，两国人民总是友好关照、互相密助。

宋时，高丽海船经常有被大风吹至明州的情况发生。据《宋史·高丽传》记载，真宗天禧三年（1019年），“明州、登州屡言高丽海船有风漂至境上者，诏令存问，给度海粮遣还，仍为著例”①。此后，凡海上遇暴风雨而飘流到明州的高丽人，宋朝都设法予以救济和慰问，并且送给粮食遣还高丽。如哲宗元祐三年（1088年），送述罗州飘风人杨福等男女二十三人。② 元祐四年（1089年），明州又归还高丽飘风人李勤甫等二十四人。③ 哲宗元符二年（1099年）五月十二日，户部又有规定：“藩舶为风飘着沿海州界，若损败及舶主不在，官为拯救，录物货，许其亲属召保认还，及立防守盗纵诈冒断罪法，从之。”④

神宗熙宁年间，曾巩知明州时，有高丽国托罗（耽罗）人崔举等飘流到泉州，被捕鱼船救起。他要求到明州乘船返国，泉州即派人护送他到明州，沿途还送给他口粮。当时，曾巩为了“存恤外国人”曾有劄子云：“欲乞今后高丽等国人船，因风势不便，或有飘失到沿海诸州县，并令置酒食犒设，送系官屋舍安泊，逐日给与食物，仍数日一次，别设酒食，阙衣服者，官为置造，道路随水陆，给借鞍马舟船，具析奏闻。其欲归本国者，取禀朝旨，所贵远人得知朝廷仁恩待遇之意。”⑤

至于宋朝人流落高丽的，高丽国也同样予以优遇，“勤加馆养”。如开庆元年（1259年）四月，有宋人升甫、马儿、智就三人为蒙古掳去，后至高丽，高丽国王给予食宿，交纲首范彦华、俞昶等将其送回明州（当时明州已改称庆元府），仍给“程粮三

---

① 脱脱等：《宋史》卷四百八十七《高丽传》，14044页，北京，中华书局，1977。

② 郑麟趾：《高丽史》卷十，宣宗五年五月辛亥条、宣宗六年八月庚戌条，147页、148页。

③ 郑麟趾：《高丽史》卷十，宣宗五年五月辛亥条、宣宗六年八月庚戌条，147页、148页。

④ 徐松：《宋会要辑稿·职官》，3367页，北京，中华书局，1957。

⑤ 曾巩：《元丰类稿》卷三十二《存恤外国人请著为令》，上海中华书局据明刻本校刊，7页。

硕”①。

从这两件事可以看出宋、丽两国人民在频繁的贸易过程中建立了深厚友谊。

① 梅应发等：《开庆四明续志》卷八《收刺丽国送还人》，5445页，台湾，成文出版社，1983。

宋代两浙路的粮食生产及流通[①]

宋代经济文化的发展和繁荣是空前的，而两浙路又居全国首富之区。北宋中央财政的收入主要依靠东南的漕粮，当时全国每年漕粮六百万石，两浙路就占四分之一[②]，足见两浙路是北宋时期全国最主要的产粮区之一。南宋偏安江左，两浙路是南宋政权直接管辖的腹地。南宋版图虽不及北宋的三分之二，但粮食产量最高的江、淮、湖、广等地都在南宋境内，而两浙路尤居首要地位。综观两宋十八朝，两浙路的粮食生产在全国都处于举足轻重的地位。

两浙路在北宋时包括杭、秀、湖、苏、常、润、明、越、温、台、处、婺、衢、睦十四州和江阴军，在南宋初期分为浙东、浙西两路，其范围与北宋同，相当于今天的浙江全省和江苏省长江以南的大部分地区。

---

① 原载《历史研究》1988年第4期，获浙江省哲学社会科学（1987—1988年）优秀成果三等奖。

② 据沈括《梦溪笔谈》载，“发运司供京师米以六百万石为额：淮南一百三十万石，江南东路九十九万一千一百石，江南西路一百二十万八千九百石，荆湖南路六十五万石，荆湖北路三十五万石，两浙路一百五十万石。通余羡岁入六百二十万石”。

一、农田的垦辟和水利的兴修

宋代的两浙路，由于土地兼并剧烈，劳动人口比较集中，广大农民为了增产更多的粮食，因地制宜地开垦了数以千万计的土地。北宋时期，两浙路人口稠密的平原地带已经开发殆尽，只有继续开发沼泽洼地、丘陵山区及海边地带。开垦新耕地的最大目标是排除积水为田。太湖附近原是一片水乡泽国，当吴越纳土归宋时，苏州昆山一带地旷人稀，占田无限。经过两个世纪左右的垦辟，“吴中自昔号繁盛，四郊无旷土，随高下悉为田”①。难怪当时有人说：“天下之利，莫大于水田，水田之美，无过于苏州。”② 北宋时，仅围垦广德湖周围一带农田就扩大了 800 顷（约 53.33 平方千米）。明州所属的鄞县（今浙江宁波市鄞州区）垦田数为 740029 亩（约 493.35 平方千米）；慈溪垦田数为 469100 亩（约 312.73 平方千米）；定海县垦田数为 350000 亩（约 233.33 平方千米）；奉化县（今浙江省宁波市奉化区）土狭人稠，日益开辟为事，凡山巅水湄有可耕者，累石堑土，高寻丈而延袤数百尺，不以为劳。台州濒海，“沃土少而瘠地多”，“寸壤以上，未有莱而不耕者”之田。③

浙西地区由于河港纵横、湖泊棋布、地势低平，五代吴越时已有圩田，到南宋时更加发达。圩田是一种能止水旱的水利田，田有圩岸，岸上遍种树木，以障御水势，保护田亩。岸有闸门，可相机启闭，调节水旱。“旱则开闸，引江水之利；潦则闭闸，拒江水之害。旱涝不及，为农美利。”④ 宋代两浙境内的秀、湖、

① 范成大：《吴郡志》卷二《风俗》，10 页，上海，商务印书馆，1939。

② 范成大：《吴郡志》卷十九《水利上》，164 页，上海，商务印书馆，1939。

③ 陈耆卿：《嘉定赤城志》卷十三《版籍门一》，155 页，北京，中国文史出版社，2008。

④ 范仲淹：《范文正公文集·政府奏议》卷上《答手诏条陈十事》，310 页，上海，商务印书馆，1937。

杭、苏、常、润、明、越等州，处处皆有圩田。由于圩田土质肥沃，灌溉便利，旱涝保收。杨万里《圩田》诗云："周遭圩岸缭金城，一眼圩田翠不分。行到秋苗初熟处，翠茸锦上织黄云。"①

为了扩大耕地面积，与山争田，浙东、浙南山区劳动人民还开垦山垅为田，"层起如阶级然"，称为"梯田"，种植水稻。温州附近的冯公岭一带，"百级山田带雨耕，驱牛扶耒半空行。不如身倚市门者，饱食丰衣过一生"②。婺州所属的浦江"居山僻间，地狭而人众，一寸之土垦辟无遗"③。至于在沿海涂泛地区，则叠石作堤坝，以防潮水，涂泥干后，土质很肥，适宜种植庄稼，被称为"涂田"。"台之为郡，负山并海，阪田陋薄，上下涂泥，侧耕危获，较计毫厘。"④ 台州"亡僧有新围高潮涂田"，"为田五百二十二亩有奇"，"潴水之所一百三十七亩有奇"。⑤ 宁宗时，宁海县涂田为600多亩，台州临海县24000多亩，黄岩县11000多亩，加之临海县的新围田5600多亩，总计为42000多亩，占台州垦田总数2628000多亩的1.6%。⑥ 此外，浙西有"沙田"、太湖附近有"坝田"等的围垦。

宋代的两浙路是全国垦田最盛的地区，不仅膏腴沃衍，无不耕之地，即使是高寒山区、黄土丘陵、低洼沼泽、沿海涂泛地带，也普遍垦殖，以致"浙间无寸土不耕，田垅之上又种桑种

---

① 杨万里：《诚斋集》卷三十四《圩田二首》，第五册，1页，上海，中华书局，1936。

② 楼钥：《攻媿集》卷七《冯公岭》，109页，上海，商务印书馆，1935。

③ 倪朴：《倪石陵书·投巩宪新田利害劄子》，17页，台北，商务印书馆，1983。

④ 阮元：《两浙金石志》卷八《大宋台州临海佛窟山昌国禅院新开涂田记》，188页，杭州，浙江古籍出版社，2012。

⑤ 林表民：《赤城集》卷六《州学增高涂田记》，台州丛书，8页。

⑥ 陈耆卿：《嘉定赤城志》卷十三《版籍门一》，156—157页，台北，成文出版社，1983。

菜”[1]，出现了“吴、蜀有可耕之人，而无可耕之地”[2]的现象。温州沿海地带居民，原来大多以捕鱼、晒盐为生，但是随着海滨水泽和丘陵山地的垦辟，稻麦播种面积大幅度增加。以神宗时全国垦田数为例，据统计，共有4616500顷（约307766.67平方千米），东南九路合计为2953578顷（196905.2平方千米），占全国垦田数的64%。[3]而两浙路的垦田数在东南诸路中又占有举足轻重的地位。

宋代两浙路的劳动人民与山争田，与水争田，开垦了无数的梯田、圩田、沙田、坝田和海涂田、海塘田，改造了数以万计的低洼卑湿之地，这在宋代历史上是空前的，比后来的明清在人均土地的开垦方面是有过之而无不及的，并且对粮食的大幅度增产无疑具有重要的作用。

宋代的两浙路由于以种植水稻为主，因此特别重视水利的兴修。当时，许多著名的士大夫和关心国计民生的有识之士对兴修水利的重要性发表了许多卓有见地的议论。功利学派的代表陈亮指出：“衣则成人，水则成田。”[4]吕祖谦也说：“婺（金华）田恃陂塘为命。”[5]陈耆卿所说的“夫稼，民之命也；水，稼之命也”[6]，则更深刻地道出了水利兴修的好坏直接关系到粮食的增产保收，关系到人类的生死存亡，深刻地阐述了水利是农业的命脉的思想。两宋政府采取一系列措施，兴修了许多大小不一的水利工程，北宋时仅两浙路就相当于唐代的两倍左右。[7]北宋时

---

① 黄震：《黄氏日钞》卷七十八《咸淳八年春劝农文》，见《黄震全集》（第7册），2222页，杭州，浙江大学出版社，2013。

② 史尧弼：《莲峰集》卷四《均税策》，《四库全书珍本初集》，3页。

③ 马端临：《文献通考》卷四《田赋四》，59页，北京，中华书局，1986。

④ 陈亮：《陈亮集》卷四《问答下》，44页，北京，中华书局，1974。

⑤ 吕祖谦：《东莱吕太史文集》卷十《朝散潘公墓志铭》，见《吕祖谦全集》，153页，杭州，浙江古籍出版社，2008。

⑥ 陈耆卿：《筼窗集》卷四《奏请急水利疏》，《四库全书珍本初集》，17页。

⑦ 李剑农：《宋元明经济史稿》，19页，北京，生活·读书·新知三联书店，1958。

期，水利建设方面的最大工程是两浙沿海、沿江海塘的大规模治理。此外，对东钱湖、西湖和鉴湖的疏浚，以及对苏州地区长年积水潦涝地带水利工程的兴建，也取得了显著的成效。

两浙沿海地区劳动人民为了向大海要粮，对海塘进行了不断的修治。从北宋真宗大中祥符五年（1012 年）朝廷遣使者同知杭州戚纶、转运使陈尧佐等开始修建海塘①，到庆历七年（1047 年）至皇祐二年（1050 年），王安石任鄞县知县时发明符合科学原理的坡陀法（即采取斜坡向下的势态）修理海塘。经过历年多次修治，从钱塘往北经仁和、海宁、海盐、平湖到金山一带长达 300 里（150 千米），高、宽各 4 丈（约 13.33 米）的海塘基本完成。北宋仁宗时，吴及在华亭地区沿海筑堤百余里，以防海潮侵袭，“得美田万余顷，岁出谷数十万斛”②，同时对杭州湾以南的沿海地带也进行了一些修治。庆历七年，谢景初在余姚县（今浙江余姚市），“筑自云柯至上林为堤二万八千尺”③。北宋末年，汪思温修复了余姚海堤，“堤成，而七乡并海之田、桑麻杭稌之饶尽复如故”④。到南宋时，施宿又在谢景初、汪思温等人筑堤的基础上，“筑自上林以及兰风，为堤四万二千余尺”⑤。浙南的温州同样也修筑了海堤，嘉定元年（1208 年），汪惠为平阳令，“建埭八十丈于阴均，障海潮，潴清流，又造石门于山之麓，以

---

① 脱脱等：《宋史》卷九十七《河渠志七・东南诸水下》，2396 页，北京，中华书局，1977。

② 郑獬：《郧溪集》卷二十一《吴及墓志铭》，308 页，台北，商务印书馆，1983。

③ 柳贯：《待制集》卷十七《海堤录后序》，470 页，台北，商务印书馆，1983。

④ 孙觌：《鸿庆居士集》卷三十七《汪思温墓志铭》，402 页，台北，商务印书馆，1983。

⑤ 柳贯：《待制集》卷十七《海堤录后序》，470 页，台北，商务印书馆，1983。

时启闭，以防涨溢”[1]。瑞安等县也修筑海塘以防海潮。两宋对两浙沿海捍海塘陆续进行修治，对于护卫两浙沿海、沿江广大地带的粮食生产和百姓的性命安全起了重要的作用。

东钱湖，位于鄞县东乡，又名万金湖，由七十二条溪流汇合而成，“方圆广阔八百顷，傍山为固，叠石为塘八十里”[2]。真宗天禧元年（1017 年），知州李夷庚又加整修，“中有四牐七堰，凡遇旱涸，开牐放水，溉田五十万亩”[3]，解除了东钱湖附近农田水旱之忧。庆历七年，王安石知鄞县，组织当地百姓重清东钱湖，以后又进行多次修治，并且在沿湖筑起七堰、九塘，使鄞县、定海（镇海）、奉化三境之田俱得灌溉之利。同时，王安石还对鄞县全县水利情况进行实地勘察和调查研究，劝导农民修筑堤围和灌溉沟渠，疏通了淤塞的水渠，较好地解决了鄞县的水利问题。

杭州西湖，在宋代不仅是风景旅游胜地，还与农田水利关系甚大。在远古时代，西湖连同杭州都是一片浅海湾。中唐以后，李泌、白居易任杭州刺史，曾组织百姓整治西湖。到吴越国钱镠时，更设撩湖兵士千余人，专门开浚西湖，使西湖一带的农田灌溉得益匪浅。可是入宋以后，“稍废不治，水涸草生，渐成葑田”[4]。到哲宗元祐中（1088—1092 年），湖面一半已葑积，严重地影响了农业生产的发展和杭州市区的繁荣。北宋历任地方官王济、蒋堂、郑戬等人都发动过杭州人民开浚西湖，也取得了不少成绩。而对西湖进行大规模整治的则是苏轼两次来杭任职期

---

① 杨简：《慈湖遗书》卷二《永嘉平阳阴均堤记》，626 页，台北，商务印书馆，1983。

② 脱脱等：《宋史》卷九十七《河渠志七·东南诸水下》，2403 页，北京，中华书局，1977。

③ 脱脱等：《宋史》卷九十七《河渠志七·东南诸水下》，2403 页，北京，中华书局，1977。

④ 脱脱等：《宋史》卷九十七《河渠志七·东南诸水下》，2397 页，北京，中华书局，1977。

间。苏轼于元祐五年（1090 年）动员、调集民夫二十多万人，对西湖进行大规模的治理。开深湖底，挖取湖泥、葑草，并且利用其堆筑成长堤，又在堤上筑造六座石拱环洞桥，夹道“植芙蓉、杨柳其上，望之如画图”①，这就是名闻中外的“苏公堤”。

苏轼在主持疏浚西湖的同时，又疏通了钱塘县西南的茅山、盐桥二河，重修六井，发展了杭州地区的农田水利建设和交通运输。百姓感其“有德于民”，故当时杭州民家“家有画像，饮食必祝，又作生祠以报”②。

越州的鉴湖和明州的广德湖，也是两浙路对农业生产发展影响较大的湖泊。鉴湖周围三百五十八里（179 千米），自北宋末年以来，由于豪强地主凭借权势废湖为田或筑堤圈占田亩，堵塞流水，“大姓利于田，鉴湖遂废”，因此被豪强霸占填塞了的鉴湖也重新被开浚。孝宗隆兴二年（1164 年），刑部侍郎吴芾说：“自开鉴湖，溉废田一百七十顷，复湖之旧，又修治斗门、堰闸十三所。夏秋以来，时雨虽多，亦无泛滥之患，民田九千余顷，悉获倍收，其为利较然可见。”③ 蒋堂也说：“越州之鉴湖，马臻所为，溉田八千顷，食利者万家。”④

到了南宋时，政府对水利的兴修更为重视。各地兼有蓄水及灌溉功能的湖泊，自北宋末年以来，因官僚地主的搜刮实行废湖为田，或者被豪强筑堤侵占围裹，使“浙西围田相望，皆千百亩，陂塘溇渎，悉为田畴，有水则无地可潴，有旱则无水可

① 脱脱等：《宋史》卷三百三十八《苏轼传》，10813 页，北京，中华书局，1977。

② 脱脱等：《宋史》卷三百三十八《苏轼传》，10814 页，北京，中华书局，1977。

③ 徐松：《宋会要辑稿·食货》，4944 页，北京，中华书局，1957。而《宋史》卷一百七十三《食货志上一·农田》作开鉴湖废田二百七十顷。

④ 脱脱等：《宋史》卷二百九十八《蒋堂传》，9913 页，北京，中华书局，1977。

戽”[①]。其他州县也在不同程度上存在类似问题。因此，南宋政府设法组织力量兴建。特别是平江府（苏州）为太湖流域各地之水汇集于此而向东流入大海的枢纽地带，而苏州周围及以东地区则是低洼地带。显而易见，该地区水利建设的成功与否对两浙路的粮食能否获得丰收具有决定意义，因此如何排除该地区的长年积水潦涝就成为急待解决的重大课题。

北宋中叶，陈襄知太湖北岸的常州，对州内各渠的长宽与民田的步亩进行测量并大力疏浚。庆历年间，又对申港、戚墅港等加以整治，使得瘠土变成良田。[②] 嘉祐中，又对宜兴县开百渎、导渠四十九条，使该县农业取得空前丰收。至于各州县堤塘、港闸河道的修浚为数就更多了。如高宗绍兴年间，永嘉县百姓在永强修筑了军前大埭和平水埭；瑞安县修筑了集善乡陶山的陂塘和石冈斗门等水利工程[③]；余姚县“境内运河浅涩，坝闸隳坏，阻滞纲运，遂命漕臣发一万七千余卒，自都泗堰至曹娥塔桥，开撩河身、夹塘”[④]；上虞县（今浙江绍兴市上虞区）因“梁湖堰东运河浅涩，令发六千五百余工”[⑤] 浚治。孝宗乾道三年（1167年），萧山“自西兴至大江，疏沙河二十里，并浚闸里运河十三里，通便纲运，民旅皆利”[⑥]。孝宗淳熙四年（1177年），永嘉

---

① 脱脱等：《宋史》卷一百七十三《食货志》，4188页，北京，中华书局，1977。

② 胡宿：《文恭集》卷三十五《常州晋陵县开渠港记》，426页，北京，中华书局，1985。

③ 李琬修：《乾隆温州府志》卷十二《水利》，见《中国地方志集成》（第55册），155页，南京、上海、成都，江苏古籍出版社、上海书店出版社、巴蜀书社，2000。

④ 脱脱等：《宋史》卷九十七《河渠志七·东南诸水下》，2408页，北京，中华书局，1977。

⑤ 脱脱等：《宋史》卷九十七《河渠志七·东南诸水下》，2408页，北京，中华书局，1977。

⑥ 脱脱等：《宋史》卷九十七《河渠志七·东南诸水下》，2408页，北京，中华书局，1977。

知州韩彦直发动百姓开浚州城河道。[①] 严州也对溪、湖进行疏浚。[②]

此外，两浙各地还有更多的陂塘堨堰之类小型水利工程的浚治修建，其中有的塘堰溉田多的数百亩，小的几十亩，特别是诸如婺州这样的丘陵地带更适宜于建造小型水利工程。《皇宋中兴两朝圣政》淳熙十一年（1184 年）六月条云："是夏，知婺州洪迈奏：'本州负郭金华县田土多沙，势不受水，五日不雨，则旱及之，故境内陂湖最当缮治，而本县丞江士龙独能以身任责，深入阡陌，谕使修筑，令耕者出力而田主出谷以食之，凡为官私塘堰及湖总之为八百三十七所，以亩计者合万有九千。'"区区金华一县就有如此之多的陂湖塘堰的修建浚治，整个婺州乃至两浙路修建浚治的陂湖塘堰的数目就更为可观了。这些小型水利工程，有官办的，也有官府与民间合办的，但多数为私人创办或几家几户联合创办，就地取材，因陋就简，因势利导，成本原料都比较便宜，灌溉方便，而收益迅速而显著。这对于农业生产的发展、粮食的增产起了不容忽视的作用。

二、生产工具的改良和生产技术的进步

宋代两浙路的农民在发展粮食生产的进程中不断改进生产工具，积累了丰富的经验，这是一份重要遗产。

（一）土地的精耕细作

所谓精耕细作，就是要求在单位面积上投入更多的劳动时间，采取各种有效措施，实现稳产、高产、丰产。宋代两浙路地狭人稠，平均一户所经营的土地只有数亩或十余亩，而每户平均

---

① 叶适：《水心文集》卷十《东嘉开河记》，见《叶适集》，182 页，北京，中华书局，1961。

② 徐松：《宋会要辑稿·食货》，5940 页，北京，中华书局，1957。

人口又在四五口以上，因此必须精耕细作以提高田地的单位面积产量。

宋代的农业生产技术以两浙路最为先进，在精耕细作上在全国处于领先地位。生长在两宋之际的陈旉在绍兴十九年（1149年）写成的《农书》，是两浙路农民精耕细作，使粮食高产、稳产的全面经验总结。书中引用农谚曰："多虚不如少实，广种不如狭收。"陈旉指出，要种好水稻，首先要整好秧田；要整好秧田，就要在秋冬时深耕，目的是使田土经受霜冻雪打，使之松散，否则就不利于保墒和农作物的生长。而要做到精耕细作，首先要有先进的农耕工具。宋代使用的曲辕犁始创于唐代，其中两浙路制作使用的曲辕犁最为先进。曲辕犁不仅在使用上更加灵活方便，功效还大为提高。这里需要特别指出的是，宋代的犁还有"䥽刀"的装置，这是对犁的一项重大改进。它是辟荒刃也，其制如短镰，而背则加厚，锋利耐用。将䥽刀安装在犁上，"如泊下芦苇地内，必用䥽刀引之，犁镵随耕，起发特易，牛乃省力"①。两宋三百多年间曾对两浙路大批低洼卑湿和丘陵、山区瘠薄之地进行了大力垦殖改造。在这一过程中，安置在耕犁前部的䥽刀起了很大的作用。

要做到精耕细作，除犁之外，耙的作用更不容忽视。宋元之间的《种莳直说》明确地谈了耙的功用："古农法云：犁一耙六，今人只知犁深为功，不知耙细为全功。耙功不到，土粗不实，下种后虽见苗，立根在粗土，根土不相著，不耐旱，有悬死、虫咬、干死等诸病。耙功到，土细又实，立根在细实土中，又碾过，根本相著，自耐旱，不生诸病。"② 宋元之际，耕耙有新的改进，显然是适应了精耕细作的要求。在中耕工具方面，江浙一带的水田创制了耘荡这一新工具。耘荡功效很高，所耘田数，日复数倍，既胜耙锄，又代手足。还有耘爪，在竹管上加铁尖，套

---

① 王祯：《农书》卷十四、卷二，216页、11页，北京，中华书局，1956。

② 司农司：《农桑辑要》卷一《耕垦·耕地》，10页，北京，中华书局，1985。

在手指上，用以耘田很方便。

此外，与粮食生产有关的农具、牧畜，耕田有耕牛，插秧有秧马，灌溉工具有龙骨水车。上述这些生产工具在宋代的两浙路不仅具备，其先进水平在全国还处于其他诸路之上。

（二）优选良种

陈旉的《农书》对如何选种有精辟的见解。他指出，种子必须经过拣选，并且用鳗鲡鱼头骨熬汁浸泡，使其增强抗病能力；在播种前，再在秧田里撒上石灰，以防螟虫祸害。

（三）施肥

宋代对肥料的作用有了进一步的认识。陈旉在《农书》中驳斥了所谓“田土种三五年，其力已乏”的“地力减退论”，指出“斯语殆不然也，是未深思也。若能时加新沃之土壤，以粪治之，则益精熟肥美，其力当新壮矣，抑何敝何衰之有?”强调只要“以粪治之”，地力就不会减退。同时，他又指出：土壤气脉，其类不一，肥沃硗埆美恶不同，因而要因地制宜，对土壤进行改良。黑壤之地信美矣，然肥沃之过，或苗茂而实不坚，当取生新之土，以解利之，即疏爽得宜也。硗埆之土信瘠恶矣，然粪壤滋培，即其苗而实坚栗也。虽土壤异，宜顾之治之如何耳，从而提出了“用粪犹用药”① 的真知灼见。

宋代两浙路的农家肥，主要是由人畜的粪便溲溺与河泥、塘泥、垃圾、草木灰等构成。杭、秀、湖、苏、常、明、越等府州，河港交叉，湖泊沟渠遍地，是捻取河泥作肥料的有利地区。有诗云：“竹罾两两夹河泥，近郭沟渠此最肥。载得满船归插种，胜如贾贩岭南归。”② 至于浙东的衢州、婺州、处州等丘陵地带

① 陈旉：《农书》卷上《粪田之宜篇》，6页，北京，中华书局，1985。

② 毛珝：《吾竹小稿·吴门田家十咏之一》，见《衢州文献集成》（第170册），163页，北京，国家图书馆出版社，2015。

和山区，除捻取河泥、塘泥，烧制草木灰，利用垃圾等作肥料外，更多的则是积扫人畜粪便作肥料。“每见衢、婺之人，收蓄粪壤，家家山积，市井之间，扫拾无遗”①。尽管闽、浙之土，最是瘠薄，但是“加以粪溉，方为良田”②。陈旉的《农书》还指出，对于稻田，耘田先要放水，不管有草无草，都要排摝，使稻根周围干干净净。，此外，还要把稻田里拔掉的杂草埋在秧根底下用作肥料，等到土面干裂后再灌水，可使田干水暖，草死土肥。真德秀也指出：“勤于耕畬，土熟如酥；勤于耘耔，草根尽死；勤修沟塍，蓄水必盈；勤于粪壤，苗稼倍长。”③ 这说明要确保粮食增产，“耕”“耘”“水”“肥”“勤”“管”是缺一不可的。高斯得在《耻堂存稿》中进行了更为全面、具体的总结：“浙人治田，比蜀中尤精。土膏既发，地力有余，深耕熟犁，壤细如面。故其种入土，坚致而不疏。苗既茂矣，大暑之时，决去其水，使日曝之，固其根，名曰靠田（即搁田或烤田）。根既固矣，复车水入田，名曰还水。其劳如此，还水以后，苗日以盛，虽遇旱暵，可保无忧。”④ 这说明两浙路的农民在耕田、犁田、插秧、除草、靠田、还水及守禾等各个阶段、各个环节上积累了一整套精耕细作、全面经营管理的技术和经验。这是宋代两浙路粮食生产跨越前代、冠绝当世的主要原因。

---

① 程珌：《洺水集》卷十九《壬申富阳劝农文》，6页，台北，商务印书馆，1983。

② 陈傅良：《止斋集》卷四十四《桂阳军劝农文》，850页，台北，商务印书馆，1983。

③ 真德秀：《真文忠公文集》卷四十《福州劝农文》，716页，上海，商务印书馆，1937。

④ 高斯得：《耻堂存稿》卷五《宁国府劝农文》，99页，上海，商务印书馆，1935。

三、粮食品种的增加和优良品种的推广

（一）主要粮食作物——水稻

水稻是宋代两浙路最主要的粮食作物。宋代两浙的劳动人民对水稻种子的引进、选择、培育及优良品种的交流推广都很重视。

占城稻是一种由越南传入的能够种植在高仰地段上耐旱的稻禾。北宋真宗大中祥符五年（1012 年），江、淮、两浙诸路大旱，政府派人从福建取占城稻三万斛，分给江、淮、两浙三路推广，并且将种植方法写成榜文公布于众，指导农民种植。从此，占城稻开始传入浙江，在此后的种植中又得到不断的改良和更新。占城稻具有抗旱力强、生长期较短、成熟快等特点。浙东路山区、半山区、丘陵较多，一遇天旱，水稻田易遭旱灾袭击，而占城稻可在地高缺水的地方种植，单产较高，一岁可收获两次，加上它具有“不择地而生”适合普遍栽种的特点，种植面积不断扩大。到南宋时更为普遍，成为早籼稻的主要品种。农民还根据本地的土壤和气候条件，从占城稻原种培育出许多新的水稻良种。

水稻既然是占据两浙路第一位的粮食作物，所以从东海之滨到瓯江两岸，从太湖流域、杭嘉湖平原到浙南山区都普遍种植。水稻品种的改良，主要靠精心选择和培育。两浙路农民在种植水稻的实践中培育了许多水稻新品神，如会稽有 56 个品种，明州有 25 个品种，台州有 30 个品种，常熟有 40 多个品种，昆山有 33 个品种，乌青镇竟有籼稻 70 多个品种、糯稻 40 余个品种。不仅水稻品种之多令人惊叹，其中还有许多是优良品种。

（二）麦的普种

麦是北方的主要粮食作物。宋太宗时，两浙地区从淮北诸州

引进麦种，但种植并不普遍。宋室南渡后，北方人士纷纷南下，对面粉的需求量激增，造成麦价提高，倍于稻谷。而官府或私家地主在南宋后期以前又不收麦租，“而佃户输租，只有秋课。而种麦之利，独归客户”①。于是，南宋后期担任过浙江、江西地方官的黄震便动员百姓普遍种麦。他说：“近世有田者不种，种田者无田，尔民终岁辛苦，田主坐享花利。惟是种麦不用还租，种得一石是一石，种得十石是十石。又有麦秆当初夏无人入山樵采之时，可代柴薪，是麦之所收甚多也。”②

由于农民种麦大获其利，再加上种麦所花的劳动力远比种水稻少，这就极大地调动了广大农民种麦的积极性。另外，酿酒和军马也需要消耗大批的麦子，因此官府屯田、营田便大面积种麦。同时，官府又一再劝导农民种麦，如淳熙七年（1180 年）“复诏两浙、江、淮、湖南、京西路帅、漕臣督守令劝民种麦，务要增广，自是每岁如之”③。所以，南宋两浙路包括一些山区普遍种麦，“极目不减淮北”④，“有山皆种麦，有水皆种粳”⑤。由于麦子的普遍种植，因此用麦子制作的主食和副食品也大量出现。《梦粱录》“面食店”“荤素从食店”条分别对当时京师临安上百种的面食供应做了详细的记载，比今天的面食制品还要丰富（有许多面食名点今已失传）。这说明麦子在南宋两浙路已成为仅次于水稻的粮食作物了。

（三）粟、黍、豆等杂食的种植

北宋太平兴国年间（976—983 年），太宗鉴于“江南专种粳

① 庄绰：《鸡肋编》卷上，36 页，北京，中华书局，1983。

② 黄震：《黄氏日钞》卷七十八《咸淳八年春劝农文》，见《黄震全集》，2221 页，杭州，浙江大学出版社，2013。

③ 脱脱等：《宋史》卷一百七十三《食货志上一·农田》，4176 页，北京，中华书局，1977。

④ 庄绰：《鸡肋编》卷上，36 页，北京，中华书局，1983。

⑤ 陆游：《剑南诗稿》卷三十二《农家叹》，740 页，长沙，岳麓书社，1998。

稻”，而不像“江北之民杂植诸谷”，下诏指出，为了防备水旱，作物种植不可单一，而应“杂植”。如民乏粟、麦、黍、豆种者，由淮北各州郡供应。① 两浙路因而种植粟、黍、豆等杂粮。

为了获得粮食的稳产、增产、高产，宋代两浙路的农民能够根据麦、粟、麻、豆、蔬菜等作物的土壤性能及各地气候温差等条件，因地制宜，因时而异，掌握农时。正月种麻枲，二月种粟，三月种早麻，四月种豆，五月中旬后种晚油麻，七夕以后种萝卜、菘菜。② “高田种早，低田种晚；燥处宜麦，湿处宜禾；田埂宜豆，山畬宜粟。随地所宜，无不栽种。”③

这些旱地作物的推广种植，既增加了粮食作物的品种，又提高了土地及山垅、溪滩、田塍、海边闲散土地的利用率和农田旱地的复种指数，增加了粮食总产量。

四、粮食亩产和总产量的提高

宋代两浙路不仅是全国粮食亩产最高地区，也是复种指数最高的地区之一。当时实行两种种植制度，第一种是一年两熟稻制，在苏、湖、常、秀、杭、明、越等水乡地区比较普遍地实行；第二种是一麦一稻的两作制，大多在浙东山区、半山区和丘陵地带推行，是在南宋时麦子普遍种植后逐步发展起来的。

宋代的两浙路，农业生产发展很快，单位面积产量迅速提高。北宋徽宗政和八年（1118 年）以前，明州城西广德湖灌溉区一带七乡民田由于水利条件好，每亩收稻谷六七石，④ 不仅创造了宋代全国稻谷亩产最高纪录，还达到了中国封建社会稻谷亩

---

① 脱脱等：《宋史》卷一百七十三《食货志上一·农田》，4159 页，北京，中华书局，1977。

② 陈旉：《农书》卷上《六种之宜篇》，4—5 页，北京，中华书局，1985。

③ 真德秀：《真文忠公文集》卷四十《再守泉州劝农文》，720 页，上海，商务印书馆，1937。

④ 徐松：《宋会要辑稿·食货》，4928 页，北京，中华书局，1957。

产的最高水平。

从表1可以看出，宋代两浙路的粮食单位面积产量大约为战国时期的四倍，为唐代的二至三倍，明清也未超过此数。

表1　宋代及其前后两浙路粮食亩产情况①

年代	亩产量	资料来源
战国初魏国变法时	1.5石	《汉书·食货志》
战国末秦国	4石（郑中郑国渠）	《汉书·沟洫志》
西汉初期	1石	《汉书·食货志》
东汉晚期	3斛	《后汉书·仲长统传》
东晋	3斛	《晋书·食货志》载晋成帝亩“取十分之一”为租，租三升当作斗
唐	2石（西北地区）	《新唐书·黑齿常之传》
唐德宗时	2石（关中地区） 1石	《陆宣公翰苑集》卷二十二《均节赋税恤百姓六条》
宋太宗至道三年(997年)	米3石（陈、许等州）	《宋会要辑稿·食货》
宋仁宋庆历三年(1043年)	米3石（苏州）	《范文正公全集·政府奏议》卷上《答手诏条陈十事》
宋神宗熙宁七年(1074年)	1石（熙、河等州）	《宋会要辑稿·食货》
宋哲宗绍圣三年(1096年)	5石（太平州）	《庆湖遗老诗集拾遗·题皖山北濒江田舍》

① 此表参阅上海人民出版社1988年出版的漆侠著《宋代经济史》（上册）135—137页，略有删节改动。

续表

年代	亩产量	资料来源
宋徽宗政和七年(1117年)	谷6—7石（明州）	《宋会要辑稿·食货》
宋孝宗淳熙十六年(1189年)	上田米3石，次田2石（闽浙一带） 1石（桂阳军） 1石（衡州） 2石（福州）	《止斋先生文集》卷四十四《桂阳军劝农文》
宋孝宗淳熙年间(1174—1189年)	1石（衡州） 2石（福州）	《省斋集》卷四《石鼓书院田记》；《淳熙三山志》
南宋晚期	上田5—6石（两浙） 米3石、2石（吴） 米2.5—3石（松江） 米3石，小麦1.5石、4—5石（太湖一带）	《耻堂存稿》卷五《宁国府劝农文》；《续古今考》
明	米2.5—3石（松江） 米3石，小麦1.5石、4—5石（太湖一带）	《四友斋丛说》；《补农书》
清高宗乾隆年间(1736—1795年)	5—6石（黄梅）	《光绪黄梅县志》
清宣宗道光年间(1821—1850年)	谷5担（宜章县） 稻2—3担（巢县）	《嘉庆宜章县志》 《道光巢县志》

宋代太湖流域周围的苏、湖、常、秀等州，不仅是全国粮食亩产最高的地区，还是全国重要的产粮区。欧阳修说："南方美江山，水国富鱼与稻，世之仕宦者，举善地，称东南。"① 据

① 欧阳修：《居士外集》卷十七《与范希文书》，见《欧阳修全集》，486页，北京，中国书店，1986。

《宋史·食货志》载，太祖开宝五年（972年）漕运江、淮米仅数十万石，可是太平兴国三年（978年），两浙入宋版图后，每年漕运米骤增至四百万石，而到了大中祥符初年（1008—1010年），由江淮源源运往汴京的漕米竟至七百万石。① 三十余年间，增加了十多倍。而到了南宋，两浙路的稻谷生产有了更大的发展，而苏、湖、常、秀所产米则又为两浙之最。苏州粮食产量更为丰富，一地所出就足以应付东南每岁上供数额而有余。范仲淹说："臣知苏州日，点检簿书，一州之田，系出税者三万四千顷，中稔之利，每亩得米二石至三石，计出米七百余万石，东南每岁上供之数，六百万石，乃一州所出。"② 北宋末年已盛传"苏常熟，天下足"的谚语。到了南宋，更广泛流传"苏湖熟，天下足"的谚语。

五、粮食作为商品在市场上的流通

到了宋代，由于两浙路粮食生产的发展，商品经济的发达与交换的需要，以及城镇人口绝对数量的增加，粮食作为商品在市场上流通更为频繁和突出。这可从下列七个方面加以论证：

其一，大、中、小地主大都把自己消费之外的粮食大部分投放市场，作为牟取暴利的工具。宋代，特别是南宋，土地所有权不断集中到少数官户富家手中。他们拥有众多的土地，租给佃客经营，从中收取巨额租课。据《宋史》卷一百七十三《食货志上一》载，淳祐六年（1246年），谢方叔之言云："国朝驻跸钱塘，百有二十余年矣。外之境土日荒，内之生齿日繁，权势之家日盛，兼并之习日滋，百姓日贫，经制日坏，上下煎迫，若有不可为之势。所谓富贵操柄者，若非人主之所得专，识者惧焉。夫百

① 脱脱等：《宋史》卷一百七十五《食货志上三·漕运》，4251页，北京，中华书局，1977。

② 范仲淹：《范文正公文集·政府奏议》卷上《答手诏条陈十事》，310页，上海，商务印书馆，1937。

万生灵资生养之具，皆本于谷粟，而谷粟之产，皆出于田。今百姓膏腴皆归贵势之家，租米有及百万石者。”可见南宋后期最大的权势之家一岁能收租米百万石，一般富豪家每年也能收租米几万石、几千石，普通的中小地主年收租课几百石乃至数十石者更为普遍。此外，宋代寺观也拥有大量的土地，收取巨额的租米。如吴兴城南的千金无为寺，就“有房居僧几二百人，良田千余顷”①，每年收租尚有十万石。

上述这些数以百万石、几十万石、几万石、几千石、几百乃至数十石的租米，除少部分供自家消费及交纳赋税之外，几乎都投放市场，营利发家。而农家每年辛苦所得的粮食，有很少一部分也要向市场粜售以换取货币，作为交纳地租、赋税、还债及购买生活必需品之用。因为广大农民在新谷登场时纷纷出售粮食，遂使市场上粮食数量骤然增加，粮价骤跌：“粤自去岁江浙大稔，斗米之直百五六十钱，今浙西雨旸时若，高下之田皆有丰登之望，新谷既升，其直愈贱。”② 地主商人乘机大量收籴，囤积居奇。南宋末李之彦的《东谷随笔·谋利》对此做了淋漓尽致的揭露：“最是不仁之甚者，籴粜一节，聚钱运本，乘粒米狼戾之时，贱价以籴，翘首企足，俟青黄不接之时，贵价以粜。其籴也，多方折挫以取赢；其粜也，杂糠秕而亏斗斛。”不仅青黄不接时地主商人哄抬粮价，就是凶荒饥歉之时，豪家富户也猛抬粮价以牟利，“大家温户藏粟既多，必待凶歉而后粜，其所求者，亦利也”③。此外，有些粮商得知外地粮价高于本地时，不顾本地百姓死活，将粮食贩运外地销售。上述事例有力地说明了宋代两浙路的粮食不仅频繁地进入了流通领域，还卷入了剧烈的商业竞争。

其二，由于宋代两浙路城市的发展，城镇人口的绝对数量大

---

① 佚名：《鬼董》卷三，68页，北京，中华书局，1991。

② 蔡戡：《定斋集》卷四《乞平籴札子》，602页，台北，商务印书馆，1983。

③ 王炎：《双溪类稿》卷二十一《书·上赵丞相》，667页，台北，商务印书馆，1983。

大增加、商品经济的发展及农副产品商品化程度的提高，粮食成了沟通城乡经济、活跃市场的桥梁。如秀州魏塘镇商人“整日得米数十石，每一百石，舟运至杭、至秀、至南浔、至姑苏粜钱，复买物货归售”①。南宋首都的粮食消耗量极大，因此有数以百万石计的粮食作为商品源源不断流入，使杭州成为全国最大的粮食贸易市场。周密说：“杭城除有米之家，仰籴而食凡十六七万人，人以二升计之，非三四千石不可支一日之用，而南北外二厢不与焉，客旅之往来又不与焉。”② 朱熹也说：“京师月须米十四万五千石。”③ 二者记载数字虽不完全相同，但可以看出杭州粮食消耗量之大，粮食交易之兴旺。来杭的粮食大多来自苏、湖、常、秀四州和湖南、江西、两广等地，其中以湖州最多。这说明南宋的杭州是全国最大的稻米交易市场，粮食作为商品已成为沟通城乡经济、活跃市场的桥梁。

其三，宋代两浙路由于新的农业分支与粮食生产分离，即使在广大农村也需要相当数量的商品粮供应。特别是一些平时粮食生产不足的地区，主要是由于山多田少或土地瘠薄，地理环境不利于水稻栽培或其他粮食作物的种植，而人口众多，劳力有余，迫使这些地区因地制宜，从事林业或经济作物的专业生产，以其收入向产粮区购买粮食。因此，产粮区粮食商品化程度的高低就决定了这些地区农业专业化、商品化程度的高低。换句话说，就是粮食商品化促进了农业其他行业的专业化和商品化的发展，农业专业化、商品化的发展也推动了粮食生产的发展和粮食的商品化。

---

① 方回：《续古今考》卷十八《附论班固计井田百亩岁入岁出》，见《坦斋通编·外五种》，368页，上海，上海古籍出版社，1992。

② 周密：《癸辛杂识》续集卷上《杭城食米》，135页，北京，中华书局，1988。

③ 朱熹：《晦庵先生朱文公文集》卷九十四《敷文阁直学士李公墓志铭》，见《朱子全书》（第25册），4326页，上海、合肥，上海古籍出版社、安徽教育出版社，2002。

宋代两浙路的农民利用平原、丘陵、山区、海岛等各种不同的地理条件，开展多种经营，发展了诸如林木、药材、生丝、苎麻、茶叶、水果、花卉、蔬菜等行业，出现了农业的专业化和商品化。如平江府洞庭“东、西二山，在太湖中……地方共几百里，多种柑橘桑麻，餬口之物，尽仰商贩”①。又如湖州安吉“十口之家，养蚕十箔，每箔得茧一十二斤，每一斤取丝一两三分，每五两丝，织小绢一匹，每一匹绢，易米一硕四斗，绢与米价常相侔也，从此岁计衣食之给极有准的也”②。又如严州州境山谷居多，地狭且瘠，谷食不足，“惟蚕桑是务，更蒸茶割漆，以要商贾贸迁之利”③。到南宋时，该地“产茶浩大，居民例以采摘为衣食”④。至于明州，有些地方因地“多席草，人业于织，著名四方曰明席”⑤。明州沿海百姓以捕鱼为生，粮食主要靠市场供应，他们“率仰米浙西。浙西歉，则上下皇皇。劝分之令不行，州郡至取米于广”⑥。

上述例子充分说明，这些地区农业的专业化和商品化程度是很高的，人们主要从事蚕桑、柑橘、蒸茶、割漆、捕鱼、织席等劳作，而不种粮食或少种粮食，因此一旦离开了商品粮的供应，就难以生存。反之，商品粮供应充足，他们所经营的蚕桑、柑橘、蒸茶、割漆、捕鱼、织席等经济作物的专业化、商品化就能得到顺利发展。同时，粮食生产的发展也促进了手工业和商业的发展。如前所述，明州广德湖灌区粮食亩产高达六七石，明州所属的鄞县有一镇八市，这些镇市在贸易中大部分交换的产品是稻

① 庄绰：《鸡肋编》卷中，64页，北京，中华书局，1983。

② 陈旉：《农书》卷下《种桑之法篇》，21页，北京，中华书局，1985。

③ 陈公亮：《严州图经》卷一《风俗》，6页，上海，商务印书馆，1936。

④ 叶梦得：《石林奏议》卷一《奏乞免严州遂安等三县二税和买状》，387页，上海，上海古籍出版社，2002。

⑤ 罗濬等：《宝庆四明志》卷四《叙产·草之品》，65页，台北，商务印书馆，1983。

⑥ 罗濬等：《宝庆四明志》卷四《叙产·草之品》，64页，台北，商务印书馆，1983。

谷。由于粮食生产的发达，也推动了该地区商业和酿酒业的发展。反之，酿酒业的发展，需要大批粮食作为原料，因而又刺激了粮食生产的发展。

其四，小民之家不仅生产自己需要的生活资料，还生产在市场上可供出卖的商品。“民计每岁种食之外，余米尽以贸易。”①浙西路镇江府金坛一带粮食集市贸易的盛况是“今夫十家之聚，必有米盐之市”②。

有些农民由于自身的生活与生产也需要用部分粮食去换取必要的生活必需品。方回在《古今考续考》中说：“余往在秀之魏塘（镇）……常见佃户携米一石或五、七、三、四升，至其肆易香烛、纸马、油盐、酱醯、麸面、椒姜、药饵之类不一。”这类粮食作为商品在市场上流通，其本身数量并不大，但其覆盖面是很广的，遍及整个宋代两浙路的乡村集镇，成为城市、集镇粮食市场的供应来源之一。

更多的乡村下户及佃客由于高利贷的敲诈及农家婚丧诸事的需要，不得不把自己辛勤生产的粮食投售市场。宋代两浙路农民在婚丧祭祀费用方面不知量力而行，“以浮侈相高”③。此项负担在某些地区不下于租课赋税。由于在这方面耗资惊人，就迫使农民竞相把米谷、牲畜、竹木、柴炭运到市场上出售，换取钱财或实物，作为婚嫁丧葬和祭祀鬼神的费用，这自然又加速了粮食在市场上的流通。地主和农民在市场上出粜稻谷尽管本质上不同，但在形式上即把粮食作为商品在市场上贸易、流通的表现则是一样的。

其五，宋代的实物地租仍然是租课交纳的主要方式，但早在唐代中期以后就有以货币代替实物纳租的现象出现。而到宋代，

---

① 叶适：《水心文集》卷一《上宁宗皇帝札子二》，见《叶适集》，2页，北京，中华书局，1961。

② 刘宰：《漫塘文集》卷二十三《丁桥太霄观记》，嘉业堂刊本，17页。

③ 林季仲：《竹轩杂著》卷六《朱府君墓志铭》，364页，台北，商务印书馆，1983。

特别是南宋，随着商业的日益繁荣，商品货币经济的发展，货币流通愈加频繁，从而导致两浙路某些地区出现了货币地租，在一些生产较发达地区出现钱租、“折钱租”，其中尤以浙西路最多。由于货币地租盛行，农民交纳地租时不得不将自己生产的粮食或其他农副产品投售市场以换取货币，因而又增加了一条粮食作为商品在市场上流通的渠道。

这里还需要强调指出的是，两宋政府征收赋税也有一部分是收取货币的。杨万里在《转对札子》中说：“彼其初也，吾民之赋，止于粟之若干斛，帛之若干匹而已。今既一倍其粟，数倍其帛矣，粟帛之外，又数倍其钱之名矣。而又有月椿之钱，又有板帐之钱。”① 显而易见，在南宋农民向官府交纳的赋税中，增加了不少必须以货币支付的税目，这就迫使农民把自己生产的粮食和其他农产品向市场出售，换取银钱向官府交纳赋税。对此，郑兴裔在一道奏疏中说得更清楚：“臣闻古者赋租出于民之所有，不强其所无，如税绢出于蚕，苗米出于耕是也。今一倍折而为钱，再倍折而为银，银愈贵，钱愈难得，谷愈不可售，使民贱粜而贵折，则大熟之岁，反为民害。”② 官府在征收折帛钱或折苗钱时，所估米谷及绢帛的价格常常高于市价，因此农家为缴纳货币租税而必须出售的农产品数量必然多于所折实物的数量，所以官府更加依赖籴买。这又多了一个粮食作为商品在市场上流通的渠道，使粮食贸易异乎寻常地发展起来。

其六，饥荒年月，广大农村（波及乡村市镇及城市）粮食奇缺，农村生产一时停顿。地方官为了发展生产，安定社会秩序，或想方设法招徕米商销售粮米，或派遣吏员到外地购买粮食，因此粮食市场空前地活跃起来。南宋时，饥荒时有发生，据建炎元年（1127 年）至德祐元年（1275 年）的不完全统计，就有六十

---

① 杨万里：《诚斋集》卷六十九，28 页，上海，中华书局，1936。

② 郑兴裔：《郑忠肃奏议遗集》卷上《奏议・请罢取折平粜籴疏》，文渊阁四库全书本，22 页。

多年发生过饥荒，即使像两浙路平时粮食相对充裕的农家，也仰赖外地粮米的供应。如据《朱文公文集》卷二十《乞禁止遏籴状》记载，朱熹就曾在浙东救过荒。他一方面派员前往外地购买粮食，另一方面于浙西、福建、广东等地招徕米商。

这种饥荒时的粮食流通有三个特点：一是遍及面广，一旦发生饥荒，小则一镇、一县、一郡，大则数州、一路甚至数路，因此粮食流通量极为可观，数十万石、数百万石，甚至数千万石粮食署盖在各地市场上是常见的现象。二是这种粮食流通的时间、地点均不固定，是随着饥荒有无及大小轻重而决定的。三是它打破了产粮区和非产粮区的界线，即使是产粮区，只要是饥荒年月，就需要向非饥荒的产粮区甚至非产粮区籴米接济以解决饥馑。

其七，两浙路既是全国最大的产粮区，因此粮食贸易远远超过了它在本区域内各府州县的流通范围。正如马克思所说，“商品是天生的平等派”①。当时对粮食最感缺乏的是北方，因此要仰赖南方粮食的接济供应。特别是自隋唐以来，中原王朝的官僚机构和军队的粮食都靠江淮漕运，而到北宋时这种南粮北运的发展趋势愈加突出。两浙路的粮食除运往北方外，还运往山多田少、地狭人稠之区的福建，换取林木、油漆、水果和其他经济作物，既支援了福建的食用不济，又促进了两浙路粮食生产的进一步发展。此外，两浙路生产的粮食还远销到北方的金国及海外许多国家和地区。

余　论

农业是国民经济的基础，而粮食在整个农业生产中又占第一位。宋代两浙路的粮食生产从历史上的纵向来看，较之唐代有了

① ［德］马克思，恩格斯：《马克思恩格斯全集》（第 23 卷），103 页，北京，人民出版社，1961。

大幅度的增产；从横向比较，宋代两浙路是全国的高产地区。由于粮食生产有了较大的发展，因而推动了经济作物种植面积的扩大，诸如蚕桑、生丝、苎麻、棉花、茶叶、甘蔗、水果、花卉、药材、蔬菜等多种经营的发展。当时在国内负有盛名的就有苏、常、杭、秀、湖、婺、温等州的桑麻；杭州的龙井茶、宝云茶、香林茶、白云茶；苏州的洞庭橘；越州的“日铸”茶、柑橘、樱桃；明州的甘蔗；婺州的茉莉花；等等。由于两浙路能够提供较多的商品粮和劳动力，一些地区的自然条件又适宜于某些经济作物的种植，因此在一些地区出现了农业的专业化、商品化，使某些经济作物商品化程度高的地方成为桑麻、柑橘等经济作物的专业区。由于两浙路能够提供较多的商品粮和各种原料，在商品粮多的地区也给开展多种经营提供了许多方便。两浙路的手工业、商业、海外贸易、货币流通和城市经济也随之发展，从而使两浙路一跃成为全国的先进地区。由于以粮食生产为中心的农业生产的全面发展，自耕农、半自耕农、佃客向小商品生产方向发展，商品交换异常活跃，商品经济的发展为全国之冠，因此两浙地区不仅为宋代高度的封建经济发展做出了巨大贡献，还成为新的将要破土而出的资本主义经济因素潜在的温床，这就是为什么明代中叶资本主义萌芽首先在东南沿海的江浙一带出现的根本原因。

宋代两浙路的粮食商品化述评[①]

宋代经济文化的发展和繁荣是空前的，两浙路又居于全国的首富之区。苏轼说："两浙之富，国用所恃，岁漕都下米百五十万石，其他财富供馈不可悉数。"[②] 稻米在宋代除了作为主要民食外，还属主要税收之一，当时全国每年漕粮600万石，两浙路就占四分之一。粮食作为商品在市场上流通，在我国古代早已有之。到了宋代，由于两浙路粮食生产的发展，商品经济的活跃，官府、军队对粮食消费的巨额增长，赋税制度的变革，高利贷的剥削，城镇人口绝对数量的增加，海外贸易的需要，灾荒的频繁，以及政府对粮食流通采取了鼓励政策等原因，粮食商品化的进程大大加快了，成为全国植食商品化最发达的地区。本文试从十个方面加以探讨。

一、地主阶级大都把自己消费之外的粮食投放市场，作为牟取暴利的手段

宋代，特别是南宋，土地不断集中到少数官僚豪富手中。他们把众多的土地租给广大佃客经营，从中收取巨额租课："国朝

---

① 原载《浙江师范大学学报》1991年第3期。

② 苏轼：《苏轼文集》卷三十二《进单锷吴中水利书状》，916—917页，北京，中华书局，1986。

驻跸钱塘，百有二十余年矣。外之境土日荒，内之生齿日繁，权势之家日盛，兼并之习日滋，百姓日贫，经制日坏，……夫百万生灵资生养之具，皆本于谷粟，而谷粟之产，皆出于田。今百姓膏腴皆归贵势之家，租米有及百万石者。”① 可见南宋后期最大的权势之家一岁能收租米有万石之巨（相当于田产 100 万亩），大大超过了南宋初年武将张俊的岁入租米 60 万石。至于一般豪富势家每年能收租米几千石、数万石的为数就更多。他们家中还备有车船，直接将巨额余粮运往市场出售：“苏、湖、秀三州，号为产米去处，丰年大抵舟车四出，其豪右之家，占田广，收租多，而仓庾富实者，县邑之吏，邻里之民，固能指数其人也。”②而一般中小地主年收租课数百石、数十石、数石者更是普遍的现象。此外，宋代寺院道观也拥有大量的土地，收取巨额租米。如吴兴县的千金无为寺，就“有房居僧几二百人，良田千余顷”③，每岁收租可达十余石。上述这些多至数百万石，少则数十石、数石租米的大大小小的地主，除少部分租米供自家消费食用及向封建国家交纳赋税外，几乎把大量剩余粮食作为商品投放市场，营利致富。

二、地主、豪富、粮商利用粮食的时间差价和地区差价，低价籴进，高价粜出，是粮食商品化的又一种表现形式

每当新谷登场，粮食数量骤然增加，致使粮价骤跌。“今浙西雨旸时若，高下之田皆有丰登之望，新谷既升，其直愈贱。”④

---

① 脱脱等：《宋史》卷一百七十三《食货志上一·农田》，4179—4180 页，北京，中华书局，1977。

② 王炎：《双溪类稿》卷二十一《书·上赵丞相》，667 页，台北，商务印书馆，1983。

③ 佚名：《鬼董》卷三，68 页，北京，中华书局，1991。

④ 蔡戡：《定斋集》卷四《乞平籴札子》，602 页，台北，商务印书馆，1983。

“今年六月岁幸丰，十日一雨五日风，市积粟米价不长，有谷无钱人更穷。”[①] 这些记载反映了丰收时节大批粮食涌向市场，粮价猛跌，农民受害遭殃的悲惨景象。而地主豪富粮商眼看有利可图就乘机大量收籴粮食，囤积居奇，“诸路州县，每岁秋稔，谷不胜贱，暨交春夏，米必腾贵，盖缘秋成之时，所在不曾惜置籴买，兼并之家乘贱收积，以幸春夏邀求厚利”[②]，“且谷所积储，皆豪民大家，乘时徼利，闭廪索价，价脱不高，廪终不发，则谷不得不甚贵”[③]。李之彦的《东谷所见·谋利》对此做了更为淋漓尽致的揭露：“最是不仁之甚者，籴粜一节，聚钱运本，乘拉米狼戾之时，贱价以籴；翘首企足，俟青黄不接之时，贵价以粜。其籴也，多方折挫以取赢；其粜也，杂糠秕而亏斗斛。”不仅青黄不接时哄抬粮价，就是凶荒饥歉之时，豪家富户往往也是猛抬粮价以牟利，“大家温户藏粟既多，必待凶歉而后粜，其所求者，亦利也”[④]。“两浙州县，米价踊贵，小民艰籴，其巨家富室，积米至多，方且乘时射利，闭籴邀价。”[⑤]《宋会要辑稿·食货》载隆兴元年（1163年）10月21日，知绍兴府吴芾言：“本府今年灾伤异常，豪右之家，闭廪待价。”此外，有些粮商听到外地粮价高于本地时，就不顾百姓死活，将大批粮食贩运外地销售，造成本地粮食匮乏，粮价暴涨，“富商巨室，乐于兴贩，利于高价，多方禁遏，人免艰食。忽闻其将有远行，乡落米价为之顿增”[⑥]。地方官怕粮价暴涨激起民变，就设法招徕外地粮商，增加本地市场的粮食供应量，使粮价下跌；可是，外地运来的粮

---

① 刘学箕：《方是闲居士小稿》卷上《夏雨叹》，579页，台北，商务印书馆，1983。

② 徐松：《宋会要辑稿·食货》，5965页，北京，中华书局，1957。

③ 范浚：《香溪集》卷十五《议钱》，145页，北京，中华书局，1985。

④ 王炎：《双溪类稿》卷二十一《书·上赵丞相》，667页，台北，商务印书馆，1983。

⑤ 徐松：《宋会要辑稿·食货》，6301页，北京，中华书局，1957。

⑥ 黄干：《勉斋集》卷二十七《申江西提刑辞差兼节干》，291页，台北，商务印书馆，1983。

食时有被富家尽数收籴藏匿的，目的是在来年米价腾跃之时收取厚利。因此，这种粮食流通是地主富商乘人之危，不顾百姓死活的一种商业竞争的流通，给百姓和社会带来了极大的危害。

三、由于宋代城市、集镇的迅速发展，吃商品粮的人口数量也急剧增加，致使粮食的市场消费迅速增长，粮食的商品化也畸形地发展起来

如南宋首都临安的市区人口为 432046 人，① 这一庞大的人口数量的粮食消费量是非常可观的，因此数以百万石计的粮食作为商品也源源不断地流入杭城，使杭州成为全国最大的粮食贸易市场。当时来杭的粮食大多来自苏、湖、常、秀四州和湖南、江西、两广等地区，其中以湖州最多。当时杭州北关门外有一市镇叫“湖州市”（今湖墅），是杭州的主要米市，也是全国最大的米市。因此，当时杭州有“东门菜、西门水、南门柴、北门米”②的俗语。“湖州市米市、黑桥，俱是米行，接客出粜”，“且言城内外诸铺户，每户专凭行头于米市作价，经发米到各铺出粜。铺家约定日子，支打米钱。其米市小牙子亲到各铺支打发客”③。“杭州里河，……又有大滩船，系湖州市搬载诸铺米。”④ 此外，“又有新开门外草桥下南街，亦开米市三四十家，接客打发，分表铺家。及诸山乡客贩卖，与街市铺户，大有径庭。杭城常愿米

① 吴自牧：《梦粱录》卷十八《户口》，162 页，杭州，浙江人民出版社，1980。

② 周必大：《二老堂杂志》卷四《临安四门所出》，61 页，北京，中华书局，1985。

③ 吴自牧：《梦粱录》卷十六《米铺》，149 页，杭州，浙江人民出版社，1980。

④ 吴自牧：《梦粱录》卷十二《河舟》，113 页，杭州，浙江人民出版社，1980。

船纷纷而来，早夜不绝可也”①。此外，杭城食米还有来自苏州的，“苏、湖米则来自北关云”②。但运到杭州的食米除苏、湖二州外，常州、秀州及镇江等地也有大批米船通过运河贩运到杭州贩卖，“新开运河，在余杭门外北新桥北，通苏、湖、常、秀、润等河。凡诸路纲运及贩米客舟，皆由此达于杭都”③。杭州的稻米交易不仅数量大，交易的大米品种也很多，仅杭州北关门外的湖州市米市桥、黑桥两处就有近二十个大米品种的交易，如早米、晚米、新破砻、冬舂、上色白米、中色白米、红莲子、黄芒、上杆、粳米、糯米、箭子米、黄灿米、蒸米、红米、黄米、陈米，充分反映了杭州稻米交易买卖的空前盛况，也说明粮食作为商品已成为沟通城乡经济、活跃市场的桥梁。

四、宋代两浙路由于商品经济的发展，部分地区经济专业区的形成，新的农业分支与粮食生产分离，大大促进了粮食生产的商品化

有些地区由于山多田少或土地瘠薄，地理环境不适于水稻栽培或其他粮食作物的种植，而人口众多，劳力有余，于是因地制宜地进行林业或经济作物种植的专业生产，而以其收入向产粮区购买粮食。因此，产粮区粮食商品化程度的高低就决定了这些地区的农业专业化、商品化程度的高低。换言之，就是粮食商品化有力地促进了农业其他行业的专业化和商品化的发展，农业专业化、商品化的发展反过来又推动了粮食生产的发展及其商品化，

① 吴自牧：《梦粱录》卷十六《米铺》，149页，杭州，浙江人民出版社，1980。

② 周必大：《二老堂杂志》卷四《临安四门所出》，61页，北京，中华书局，1985。

③ 吴自牧：《梦粱录》卷十二《城内外河》，109页，杭州，浙江人民出版社，1980。

两者之间是相辅相成、互为因果的关系。宋代两浙路利用平原、丘陵、沼泽、山区、海涂等各种不同的地理条件，开展了多种经营，发展了诸如林木、药材、生丝、苎麻、茶叶、果树、花卉、蔬菜等行业，出现了农业的专业化和商品化。如平江府洞庭“东、西二山，在太湖中，……然地方共几百里，多种柑橘桑麻，餬口之物，尽仰商贩。绍兴二年（1132 年）冬，忽大寒，湖水遂冰，米船不到，山中小民多饿死”①。又如重视种桑养蚕的富阳县（今浙江杭州市富阳区）“地狭而人稠，土瘠而收薄，通县计之，仅支半岁，半岁所食，悉仰客贩”②。还有湖州安古“十口之家，养蚕十箔，每箔得茧一十二斤，每一斤取丝一两三分，每五两丝，织小绢一匹，每一匹绢，易米一硕四斗，绢与米价常相侔也，以此岁计衣食之给，极有准的也”③。此外，“郡有渔户专以取鱼为生”④。至于明州，有些地方因地“多席草，人业于织，著名四方曰明席”⑤。明州沿海地带百姓大多以捕鱼为生，粮食主要仰赖市场供应。他们“率仰米浙西，浙西歉，则上下皇皇。劝分之令不行，州郡至取米于广”⑥。又如严州，“州境山谷居多，地狭且瘠，民贫而啬，谷食不足，仰给它州，惟蚕桑是务，更蒸茶割漆，以要商贾贸迁之利”⑦。到南宋时，该地“产茶浩大，居民例以采摘为衣食”⑧。以上事例充分说明上述地区

---

① 庄绰：《鸡肋编》卷中，64 页，北京，中华书局，1983。

② 程珌：《洺水集》卷十九《壬申富阳劝农文》，6 页，台北，商务印书馆，1983。

③ 陈旉：《农书》卷下《种桑之法篇》，21 页，北京，中华书局，1985。

④ 谈钥：《嘉泰吴兴志》卷二十《物产》，南林刘氏嘉业堂刊本，13 页。

⑤ 罗濬等：《宝庆四明志》卷四《叙产·草之品》，65 页，台北，商务印书馆，1983。

⑥ 罗濬等：《宝庆四明志》卷四《叙产·草之品》，64 页，台北，商务印书馆，1983。

⑦ 陈公亮：《严州图经》卷一《风俗》，6 页，上海，商务印书馆，1936。

⑧ 叶梦得：《石林奏议》卷一《奏乞免严州遂安等三县二税和买状》，387 页，上海，上海古籍出版社，2002。

主要从事蚕桑、柑橘、蒸茶、割漆、捕鱼、织席而不从事粮食生产，一旦离开商品粮的供应，就难以生存活命。反之，商品粮供应充足，他们所经营的上述经济的专业化、商品化生产就得以顺利发展。同时，粮食生产的发展也促进了手工业和商业的发展。如明州广德湖灌区粮食亩产高达六七石；明州所属的鄞县（今浙江宁波市鄞州区）有一镇八市，这些镇市在贸易中大部分交换的商品是稻谷，粮食生产的发展推动了该地区商业和酿酒业的发展，全县有酿酒作坊二十九处，而且酿酒业的发展需要大批粮食作为酿酒的原料，因而又反过来刺激了粮食生产的发展。

五、小民之家不仅生产自己需要的口粮，还出于自身余缺调剂的需要，把日粮之外的粮食也尽量投放市场

“民计每岁种食之外，余米尽以贸易。”① 刘宰于端平元年（1234 年）退居家乡浙西路镇江府金坛县（今江苏省常州市金坛区），那一带集市贸易的盛况是“今夫十家之聚，必有米盐之市”②。显然，这些众多散布于乡村小邑的米盐之市，主要是小民百姓在做粮食和食盐的买卖。

还有一种情况是广大农民出于自身生活与生产的需要，经常用部分粮食去换取生活必需品。方回看了秀州魏塘农村的情形后说：“予见佃户携米或一斗，或五、七、三、四升，至其肆，易香烛、纸马、油、盐、酱、醯、酱粉、麸面、椒、姜、药饵之属不一。”③ 这类小农之家的粮食作为商品在市场上流通，其本身数量并不大，但其普及覆盖面是很广的，遍及整个两浙路的广大

---

① 叶适：《水心文集》卷一《上宁宗皇帝札子二》，见《叶适集》，2 页，北京，中华书局，1961。

② 刘宰：《漫塘文集》卷二十三《丁桥太霄观记》，嘉业堂刊本，17 页。

③ 方回：《续古今考》卷十八《附论班固计井田百亩岁入岁出》，见《坦斋通编·外五种》，368 页，上海，上海古籍出版社，1992。

农村。这些单个的微量粮食也可累积成相当的数量，成为城市、集镇市场的粮食供应源之一。

更多的乡村下户及佃客则是因高利贷的敲剥榨取及婚丧喜事、封建迷信的需要，迫使他们把自己辛勤所得的粮食投售到市场上，“小则具服器，大则营婚丧。公有赋役之令，私有称贷之责。故一谷始熟，腰镰未解而日输于市焉”①。“粜谷可酬婚嫁愿，今年好事属柴门。”② 在封建社会里，由于旧俗陋习的影响，两浙路农民在婚丧之事的费用方面不知量力而行，穷奢极侈，此项负担在某些地区甚至不亚于租课赋税。如温州“永嘉绝在海隅，民生老死不识兵革，其俗习以燕安，以浮侈相高，靡衣粗食，崇饰室庐，嫁聚丧葬，大抵无度”③。至于在祭祀鬼神方面，两浙路的农村也十分破费，如《耻堂存稿》卷五《严州劝农文》所载：“汝州（严州）之人，喜事鬼神，竭力费财。”由于耗资惊人，迫使农民竞相把稻谷、牲畜、竹木、柴炭运到市场上出售，换取钱财实物，作为婚丧之事和祭祀鬼神的费用，这自然又加速了粮食在市场上的流通。

六、赋税制度的改革，高利贷的盘剥，迫使广大农民把大批粮食投向市场

宋代赋税名目繁多，它的最大特点是二税折变、杂税征收非常盛行。折变这种赋税输纳方式后来成为变相加税的一种剥削方式。本来征科赋税有固定物品，而一时所需则变而取之。折变按规定用平估，使其值轻重相当，但实际上常常临时变更，反复纽

---

① 李觏：《直讲李先生文集》卷十六《富国策第六》，据明成化刊本影印，12页。

② 陈起：《南宋群贤小集》卷十八《叶茵顺适堂吟稿丁集》，清嘉庆六年石门顾氏读画斋刊本，8页。

③ 林季仲：《竹轩杂著》卷六《朱府君墓志铭》，364页，台北，商务印书馆，1983。

折，往往增取其值。结果，税户于常税之外，或增五七倍之赋。折变先将“入有常物”的二税（主要是粮斛、布帛和铜钱三类）折换成他物或钱币征收。折纳之外，征收现钱的税目不断增加，诸如免役钱、免夫钱、地角里钱、身丁钱、户帖钱、青苗钱、醋息钱、曲引钱等。征钱之赋在封建国家方面来说，无疑是增加了不少现钱收入，但对农民来说则必须出卖大批粮食，从而使粮食市场在广大农民进受额外损失的情况下进一步繁荣起来。由于广大客户和乡村下户被封建政府的支移折变敲剥得所剩无几，不仅不能维持食用，至次年农事开始，有的甚至在农事结束后一二个月或几天后就发生食用不继的情形，“刈获而归，妇子咸喜，舂榆簸蹂，竞敏其事，若可乐矣，而一饱之欢曾无旬月，谷入主家之廪，利归责贷之人，则室又垂罄矣”①，因此不得不又到市场上买进粮食以充饥活命，这又使粮食在市场上进一步流通起来：“农人仓廪既不盈，窦窖既不实，多或数月，少或旬时，而用度竭矣。土将生而或无种也，耒将执而或无食也，于是乎日取于市焉。”② 广大农民为了填饱肚子或补贴家用，不得不在农闲时节从事农业以外的各种工作，诸如离开本乡本土，外出寻觅做小工或经营相关副业：“今之农与古之农异，秋成之时，百逋丛身，解偿之余，储积无几，往往负贩佣工，以谋朝夕之赢者，比比皆是也。”③ “黄云百亩刈还空，垂老禾堂泣晚春。偿却公私能几许，贩山烧炭过残冬。”④ 人们把辛苦所得之钱拿到市场上买米度日。还有，在南宋中期的两浙路的许多地区，诸如平江府一带，农民在农闲之时去捕鱼、捉蟹及抓虾、鳅、鳝、龟、鳖之类

---

① 真德秀：《大学衍义》卷二十七《田里戚休之实》，434页，上海，华东师范大学出版社，2010。

② 李觏：《直讲李先生文集》卷十六《富国策第六》，据明成化刊本影印，12页。

③ 王柏：《鲁斋集》卷七《社仓利害书》，文渊阁四库全书本，113页。

④ 陈起：《南宋群贤小集》卷九《利登骳稿田父怨》，清嘉庆六年石门顾氏读画斋刊本，14页。

的东西，一日可捕得三百钱左右的收入①，而当时米价每升大约在十余钱至三十钱之间②，因此一天所得可到市场上籴米十升左右，可供五口之家一天的食用。在山区、半山区的农民则深入林区打猎，捕捉野猪、獐、鹿、野兔、野鸡之类的禽兽到市场上出卖，换回粮食度日。如婺州治所在的金华县（今浙江金华市）北山一带的农民，因山多田少，种粮所得只能维持三四个月生计，常利用山区之便捕捉野猪到金华城中出卖，用以籴回米、麦、苞谷等粮食。

七、货币地租的盛行促进了粮食商品化的发展

宋代的实物地租仍然是租课交纳的主要方式，但早在唐代中期以后就有以货币代替实物纳租的现象出现。到了宋代，特别是南宋，随着商业的日益繁荣，商品货币经济的发达，导致两浙路某些生产发达地区出现了钱租、“折钱租”。其中，若干田产的租课有部分纳钱的：“全吴乡第五保赞字号田叁拾壹亩叁拾陆步。管纳折八白米陆石柒斗贰升。带收并縻费钱两贯玖佰玫拾柒文省。”③ 有些地区是以实物折钱的，如“定海淘湖田计二十六亩三角一步，租米五十三石二斗五升六合四勺五抄，每石折钱五十贯文十七界，计二千六百六十二贯八百二十二文十七界”④。也有一些地区是全部直接纳钱的，如“僧善皎地并新开田共七亩二

① 洪迈：《夷坚志》丁志卷十六《吴民放鳝》，670页，北京，中华书局，1981。

② 衣川强：《宋代文官俸给制度》86—89页，台北，商务印书馆，1977。

③ 缪荃孙：《江苏金石志》卷十三《吴学粮田籍记二》，36页，台北，新文丰出版公司，1986。

④ 梅应发等：《开庆四明续志》卷四《广惠院·田租总数》，5409页，台北，成文出版社，1983。

十一步半，租钱二十四贯二百文足”①。“今谷帛之税，多变而征钱。”② 由于货币地租的盛行，每当农民交纳地租时不得不将自己生产的粮食或其他农副产品向市场投售以换取货币，这又促进了两浙路的粮食商品化。

这里还需要强调指出的是，两宋政府征收赋税也有一部分是收取货币的，杨万里在《诚斋集》卷六十九《转对札子》中说得很清楚：“民之输粟于官者谓之苗，旧以一斛输一斛也，今则以二斛输一矣；民之输帛于官者谓之税，旧以正绢为税绢也，今则正绢之外又有和买矣；民之鬻帛于官者谓之和买，旧之所谓和买者，官给其直，或以钱，或以盐，今则无钱与盐矣，无钱尚可也，无盐尚可也，今又以绢估直，倍其直而折输其钱矣；民之不役于官而输其僦直者谓之免役，旧以税为钱也，税亩一钱者输免役一钱也，今则岁增其额而不知所止矣；民之以军兴而暂佐师旅征行之费者，因其除军帅谓之经制使也，于是有经制之钱，既而经制使之军已罢，而经制钱之名遂为常赋矣；因其除军帅谓之总制使也，于是有总制之钱，既而总制之军已罢，而总制钱又为常赋矣。彼其初也，吾民之赋，止于粟之若干斛，帛之若干匹而已，今既一倍其粟，数倍其帛矣，粟帛之外，又数倍其钱之名矣。而又有月椿之钱，又有板帐之钱。”

显而易见，农民向官府交纳的赋税中，增加了不少必须以货币支付的税目，这就迫使农民把自己生产的粮食和其他农副产品向市场出售以换取银钱向官府交纳赋税。对此，郑兴裔的《郑忠肃奏议遗集》卷上《请罢取折平粜粜疏》说得更清楚：“臣闻古者赋租出于民之所有，不强其所无，如税绢出于蚕，苗米出于耕是也。今一倍折而为钱，再倍折而为银，银愈贵，钱愈难得，谷

① 梅应发等：《开庆四明续志》卷四《广惠院·田租总数》，5410页，台北，成文出版社，1983。

② 黄淮，杨士奇：《历代名臣奏议》卷二百七十一《李椿上疏》，3544页，上海，上海古籍出版社，1989。

愈不可售，使民贱粜而贵折，则大熟之岁，反为民害。”

官府在征收折帛钱或折苗钱时，所估米谷及绢缟的价格常常高于市价，因此农家为交纳货币租税而必须出售的农产品数量必然多于所折实物的数目。所以，官府更加依赖籴买。这同样又多了一条粮食在市场上流通的渠道。这就出现了一个非常严峻的事实，即一部分农民所生产的粮食非常紧密地与市场牵连在一起，使粮食贸易异乎寻常地发展起来。

八、灾荒促进了粮食的流通

南宋时，饥荒频繁，常常造成一些城乡粮食奇缺。封建国家为了发展生产，安定社会秩序，对粮食流通采取鼓励政策。地方官或想方设法招徕米商来本地销售粮米，或派遣吏员到外地购买粮食，使粮食市场空前活跃起来，南宋时，几乎年年都发生诸如水、旱、虫、蝗、饥荒、地震等自然灾害，即使像两浙路平时粮食相对充裕的地方，有些农家也仰赖外地粮食的供应。朱熹就曾在浙东救过荒。他一方面派吏员前往浙西购买粮食，另一方面又于浙西、福建、广东等地招徕粮商：“缘本路两年荐造水旱，无处收籴，熹今体访得浙西州军极有丰稔去处，与本路水路相通，最为近便。已行差官雇船前去收籴，及印榜遣人散于浙西、福建、广东沿海去处，招邀客贩。”① 这种饥荒年月的粮食流通有五个特点：一是遍及面广，一旦发生饥荒，小则一乡、一邑、一县、一郡，大则数州几府甚至一路或数路，使粮食流通面广，流通数量也极为可观，数以千百万石的商品粮在各地市场流通是常见现象。二是这种粮食流通的时间、地点均不固定，是随着饥荒有无及大小轻重而决定的。三是它打破了产粮区和非产粮区的界线，即使是产粮区饥荒年月，也要向丰年的非产粮区籴粮接济以

① 朱熹：《晦庵先生朱文公文集》卷二十一《乞禁止遏籴状》，见《朱子全书》，940页，上海、合肥，上海古籍出版社、安徽教育出版社，2002。

解饥馑。四是这种粮食流通对挽救数以十万、百万计的生灵，恢复发展生产，安定社会秩序均有极大的作用。五是能开展粮食多种经营的地区，虽遇旱灾，稻谷减产甚至颗粒无收，但麦、粟、豆、薯蓣之类的耐旱作物不易受旱灾影响；反之，或遇水灾，此类作物易受影响，而水稻无甚大危害，这就最大限度地减轻了自然灾害给人们带来的危害。因此，这些地区的粮食流通是通过不同粮食品种的交换和买卖进行的。所以，开展不同粮食品种的种植和经营是最大限度地预防和减少自然灾害给人们带来威胁的有效办法之一。

九、两浙路既是全国的大粮仓，因此粮食贸易就自然地远远超出了它在本区域内各府州县镇乡的流通范围

宋代粮食相对缺乏的是北方，因此它必然要仰赖南方粮食的接济供应。特别是自隋唐以来，中原王朝的官僚机构和军队的粮食都要靠江淮漕运来解决；到北宋时，这种南粮北运的发展趋势就显得更为突出。因开封是京师之所在，更需要两浙路粮食的源源北运。两浙路输出的稻米经运河北上运入京师。如《单谔吴中水利书状》指出："二浙之粮船，不过五百石，运河止可常存五六尺之水，足可胜五百石之舟。"《续资治通鉴长编》元祐元年（1086年）闰二月条载："淮南久旱，雨全未足，二麦并已枯死。浙中米价里贱，而运河无水，客旅不止，至米斗直一百七十。""江南、淮南、两浙、荆湖路租籴，于真、扬、楚、泗州置仓受纳，分调舟船溯流入汴，以达京师。"① 北宋时，陕西、河东、河北为国防前线，三路屯驻重兵，而交通又不便，自然粮运困难。首先，边防军储必须充羡，而调运民粮又扰民太甚，容易激

① 脱脱等：《宋史》卷一百七十五《食货志上三·漕运》，4251页，北京，中华书局，1977。

起民变；其次，光靠本地租斌，远远“不足以供兵费，屯田、营田岁入无几”①。因此，必须利用商人在粮食流通领域的作用。所以，两浙、江淮等地的粮食就源源不断地通过汴京中转由商人组织人力运往陕西、河东、河北等路。特别是河北路消费的东南稻米为数最为可观。对此，包拯曾指出：“河北军粮支用浩瀚，每月约支五十万石，一年约支七百万石，或缓急添屯军马，所费转多，今米若不自京师及早急速计置往彼，秋初必致阙误，至时卒难擘画应副，河北腹心之地，粮食稍绝，若有他变，为患不细。”②

此外，两浙路的粮食也有通过海道运输的：“吴遵路知通州时，淮甸灾伤，民多流转，惟遵路劝诱富豪之家，得钱万贯，遣牙吏二十六次，和赁海船往苏、秀，收籴米、豆，归本处，以元价出粜，使通州灾伤之地，常与苏、秀米价不殊。”③

两浙路的粮食除运往北方外，还南下运往福建。福建全路系山多田少之区，因此年年要靠两浙路粮食的供应：“福建路山田瘠薄，自来全仰两浙、广东客米接济食用，虽大丰稔，而两路客米不至，亦是阙食。”④“福建地狭人稠，虽无水旱，岁收仅足了数月之食，专仰舟船往来浙、广，般（搬）运米斛，以补不足。”⑤

---

① 脱脱等：《宋史》卷一百七十五《食货志上三·漕运》，4256页，北京，中华书局，1977。

② 包拯：《孝肃包公奏议》卷十《请支拨汴河粮纲往河北》，124页，北京，中华书局，1985。

③ 董煟：《救荒活民书》卷二《劝分》，30—31页，北京，中华书局，1985。

④ 黄淮，杨士奇：《历代名臣奏议》卷二百四十六《知福州张守乞放两浙米船札子》，3236页，上海，上海古籍出版社，1989。

⑤ 周必大：《文忠集》卷八十二《大兄奏札》，847页，台北，商务印书馆，1986。

十、粮食远销海外

宋代由于海外贸易发达，与世界上许多国家都有友好贸易往来。杭州、明州、温州是全国对外贸易的重要港口，而两浙路又是全国重要的产粮区，因此粮食的贸易流通就不仅仅限于路内、国内，而是漂洋过海，远销到海外的许多国家和地区，政府屡禁而不止。据《宋会要辑稿·食货》记载，“嘉定十年三月一日，臣僚言：‘沿海州县，如华亭、海盐、青龙、顾迳与江阴、镇江、通、泰等处，奸民豪户，广收米斛，贩入诸藩，每一海舟所容，不下一二千斛，或南或北，利获数倍，谷价安得不昂，民食安得不乏？又况南北贸易之际，能保其不泄漏事体，以挻衅召变乎？乞下沿海州军，各敕所属县镇，籍定海舟。应有买贩入蕃，先具名件，经官给据，委官检实，方得出海。巡警官司必看验公凭，方许放行。如海商过蕃，潜载系禁之物，许令徒党告首，事涉重害者，以舟中之物与之充赏。至若米斛在舟，只许会计舟人期程公用，不得过数般贩入蕃。庶儿奸民知所畏戢。’从之。”

综上所述，宋代两浙地区粮食商品化在全国居于十分重要的地位，从地域的横向来看，不但流通量大，而且流通的覆盖面广，不仅在国内流通，还流通到国外；从时间的纵向来看，不但在宋代，在整个中国封建社会里也是发展较快的。但是，它具有浓厚的政治色彩，是为封建政治服务的，是以有利于封建经济结构的稳定性为特征的。至于它的性质，完全是封建的小商品经济，粮食贸易从整体来说，没有也不可能形成城乡之间工农产品的交换。它几乎是乡村单向流进城镇，紧紧地限制在封建自然经济的藩篱之内。因此，尽管粮食商品化程度较高，但丝毫也没有改变个体小农业的经营方式，而且粮食商品化所形成的表面繁荣和畸形发展的交换关系，使官府、豪富、地主、商人获取暴利而最终是以牺牲农民利益为归宿的。两浙路粮食向经济作物专业区的频繁流通，充分说明农业生产向专业化、区域化的发展，这自然而然地促进了自然经济的逐步松动瓦解，成为明中叶资本主义萌芽在江浙一带出现的潜在温床。这一伟大历史意义是不能低估的。但是，这种松动和瓦解只局限在少数经济作物专业区，而且在程度上仅仅是开始逐步松动和瓦解，没有能够动摇自然经济在广大农村的统治地位。正如毛泽东同志指出的："那时虽有交换的发展，但是在整个经济中不起决定作用。"①

① 中共中央毛泽东选集出版委员会：《毛泽东选集》（合订一卷本），587页，北京，人民出版社，1964。

南宋临安的茶业及其特点述评①

宋室南渡后，升杭州为临安府，绍兴八年（1138 年）正式定都于此。临安府包括钱塘、仁和、盐官、富阳、余杭、临安、于潜、新城、昌化九个县，其中有六县产茶，茶业发达。茶叶生产与加工的进一步发展，茶叶市场的繁荣、兴旺，使宋政府茶利收入颇为丰赡。

一、茶叶的生产与加工

宋代饮茶之风大兴，使得茶叶的大量生产成为必需。李觏云："茶并非古也，源于江左，流于天下，浸淫于近世，君子、小人靡不嗜也，富贵贫贱靡不用也。"② 王安石又云："夫茶之为民用，等于米盐，不可一日以无。"③ 可见，宋代饮茶之风已经普遍化、平民化了，而且当时人们对茶树的生物特征的认识大为提高。赵汝砺云："草木至夏益盛，故欲导生长之气，以渗雨露之泽，每岁六月兴工，虚其本，培其土，滋蔓之草，遏郁之木，

① 原载《湖州师范学院学报》2004 年 8 月第 4 期，与高建萍同志合撰；收入《中国社会科学文摘》2004 年第 6 期论点摘要，《新华文摘》2004 年第 23 期论点摘编。

② 陈椽：《茶业通史》，58 页，北京，农业出版社，1984。

③ 王安石：《王临川集·中》卷七十《议茶法》，79 页，上海，商务印书馆，1929。

悉用除之。”① 茶园户、茶农根据茶树喜疏松、肥沃土地的特性，注意对茶树耘治和施肥，以利于茶树的栽培和产量的提高。至南宋绍兴末年（1162 年），东南十路，六十州，二百四十二县产茶。而临安府的茶叶产量在东南诸路中居于举足轻重的地位，其所辖九县有六县产茶，其中名茶就有余杭径山寺之龙井茶及西湖龙井产地所出的宝云茶、香林茶和白云茶等。

南宋时期，临安府茶叶生产已属商品化生产，其生产形态多样。

第一类是兼营茶叶生产的农户。这些农户中不仅有个体小农，还有部分地主。南宋农民经营的独立性大大增强，封建政府不再干预农民的具体经营，农民可以根据当地自然条件和社会需求选择合适的作物进行生产。临安府所辖各县多丘陵山地，宜于农户广泛栽种茶树，而且由于茶叶的市场价格远远高于粮食作物，从事茶叶生产比种稻植麦更有利可图，所以不少农户便把用于粮食生产的部分资源转移到茶叶生产上，茶叶生产成为一部分农民的重要副业。

第二类是茶叶生产专业户——茶园户。茶园户中的一部分是由兼营茶叶生产的农户转化而来的。由于生产茶叶可以获得丰厚的利益，许多兼营茶叶生产的农户向着专门从事茶叶生产的方向迈进，茶叶生产也由副业的地位上升到了主业。茶园户经营的茶园，规模大小不一，经济地位亦较悬殊。小的茶园户或称之为茶农，除在采茶繁忙季节外，一般不雇工。规模较大的茶园则需要投入大量的劳动力，主要采取两种经营方式。其一是租佃经营，即将茶园分租给无茶园或茶园甚小的茶农，自己通过茶园榨取茶租。这里也就产生了部分类似二地主身份的茶园主，这是农业生产中封建租佃关系在茶叶生产中的反映和表现。其二是雇工经营。有的茶园主招雇人工进行茶园的管理、茶叶的采摘与加工；也有的茶园主将一部分茶叶分配给小作坊主加工，然后向他们收

---

① 赵汝砺：《北苑别录》，14 页，北京，中华书局，1985。

取制品，付给一定的报酬。茶园主主要是依靠剥削茶工的剩余劳动乃至必要劳动而起家的。值得注意的是，这种关系显然是货币关系，与封建租佃关系不同。

第三类是寺院经营的茶园。寺院种茶，具有十分有利的条件。一是寺院占有大量山地园林；二是寺院大量僧侣为茶叶生产、加工提供了足够的劳动力；三是宋代寺院拥有雄厚的资本，比一般农户占有更多的田地，积累了大量的财富。工商业在宋代特别发达，经营工商业易于获取巨大的利润，因此宋代寺院在工商业方面的活动日益活跃。当时，两浙地区寺院经济力量比较强大。据载，"寺观所在不同，湖南不如江西，江西不如两浙"①。这些都使得临安寺院经营茶园成为普遍现象。《咸淳临安志》就有寺院经营茶园的记载："茶，岁贡见旧志，钱唐宝云庵产者，名宝云茶。下天竺香林洞产者，名香林茶。上天竺白云峰产者，名白云茶。……又宝严院垂云亭亦产茶。……盖南北两山及外七邑诸名山大抵皆产茶。近日径山寺僧采谷雨前者，以小缶贮送。"② 寺院茶园的管理，茶叶的采摘、焙制都由专门寺僧承担。小寺院占地较少，资本不足，产量不多，所产茶叶多半用于自己消费，其茶叶商品率不高。至于占地较多、资本雄厚的大寺院和中等寺院，其用于自己消费和献佛馈赠的茶叶只是一小部分，而大部分用来供应市场，其茶叶商品率较高。即使在茶法严密的情况下，寺院茶园所产茶叶也能通过各种途径走私到市场中去。"有妄作远乡馈送人事为名，冒法贩卖，官司未有关防。"③ 茶叶生产成为大中寺院投资的重要产业之一。

以上对南宋临安府存在的三种茶叶生产类型做了横向的剖析。其实，上述茶叶生产者是不断处于变化中的。茶叶生产形态的变化是与茶叶市场、茶叶商品经济密切相关的。

---

① 孙洪升：《唐宋茶业经济》，34页，北京，社会科学文献出版社，2001。

② 潜说友：《咸淳临安志》卷五十《货之品》，620页，台北，商务印书馆，1983。

③ 徐松：《宋会要辑稿·食货》，5359页，北京，中华书局，1957。

茶叶生产出来后，还要经过一道道制茶工序才能最终投放到市场。茶叶采摘是制茶工序的开始，它直接关系到茶叶产品的质量。唐人陆羽的《茶经》对茶叶的采摘已十分重视，指出采摘之时，须在农历二月、三月、四月间，下雨天不采，晴天有云不采，只待天气晴朗的早晨乘露而采。宋人则更加讲究，“采茶之法，须是侵晨，不可见日，侵晨则夜露未晞，茶芽肥润，见日则为阳气所薄，使芽之膏腴内耗，至受水而不鲜明”①。采茶时还要注意操作要领和技巧：“凡断芽必以甲不以指，以甲则速断不柔，以指则多温易损。”② 宋代采摘秋茶反映了当时茶园已由粗放管理向精耕细作管理转化了。

茶叶采摘后，“晴采之蒸之捣之拍之焙之穿之封之茶之”③。选择肥嫩茶芽，剔除不符合标准的冻害和病虫害茶叶、老叶及残破之叶，称为“捡茶”。捡茶之后便进入制茶阶段。宋代茶叶按其制作工序大致可分为腊茶和草茶两类。腊茶即片茶，指“为团胯者”；草茶又分为散茶和末茶等。但宋代的茶叶加工方法未能统一，各地对茶叶的加工各行其是，先进与落后的加工技术同时在各地出现。

宋代茶叶的焙制方法基本承袭唐代。唐代的团、饼，宋代称“片茶”。其制作大致分蒸茶、榨茶、研茶、造茶、过黄几个程序。在片茶的制作技术和工艺上，宋代有很大突破。一是唐人很重视炒和焙，宋人则更重视蒸和焙。因此，宋代蒸茶便是制茶的重要程序之一。其操作要领：把洗净的茶芽放入甑中用沸水蒸，既不能过熟，又不能不熟。“蒸太生则芽滑，故色清而味烈；过熟则芽烂，故色赤而不胶。”④ 二是“捣”的工序，唐时用杵臼手工操作，劳动强度大，耗费人力，效率低；南宋临安地区则普遍用水力研磨加工茶叶。用水磨研茶，较之用杵臼的人工捣茶，

① 赵汝砺：《北苑别录》，3—4 页，北京，中华书局，1985。

② 宋子安：《东溪试茶录》，6 页，北京，中华书局，1985。

③ 陆羽：《茶经》卷上《茶之造》，8 页，北京，中国工人出版社，2003。

④ 赵佶：《大观茶论》，19 页，北京，中华书局，2013。

可以提高劳动效率，节约人力，茶叶的成本必然降低而质量更有保证。三是团、饼的拍制艺术，尤其是“饰面”，龙腾凤翔，栩栩如生，精致至极。这样的精品当然价值昂贵。南宋时，“一夸之直四十万，仅可供数瓯之啜耳”①，也只有帝王才消受得起。因此，南宋时期制作更多的是适应广大人民需要的散茶、末茶，散茶和末茶在局部地区已占据了主导地位。临安地区以出产草茶为主，它的加工技术比蜡茶要简易得多。蒸而不捣者为散茶，捣而不拍者为末茶。余杭径山寺的龙井茶就有蒸、碾、焙、干、研、末的，称为“抹茶”。值得注意的是，南宋时期除蒸清散茶外，还出现了炒青散茶。据日本资料记载，光宗赵惇绍熙元年(1190年)，荣西和尚来我国留学，将釜熬茶制法引进日本，说明宋朝当时已有炒青制法。② 当然这种焙制方法还未普及，当时临安府仍以蒸清散茶和末茶为主。

二、茶叶的销售

茶叶经过加工之后就进入市场，作为人民日常生活的必需品，成为市场中的重要商品。南宋临安府的茶叶市场大致可被概括为农村市场和城市市场两大类。

茶叶农村市场主要由茶山和草市镇交易的网点构成。南宋临安府茶叶生产遍及各县的丘陵山地，带有分散的特点，具有小生产的性质，单靠茶园户特别是规模较小的茶园户和茶农自己的力量是无法将茶叶运至远方的，因此茶商适时到茶山收购茶叶便成为茶叶进入市场的重要方式。范成大曾在诗中记述了茶商到乡村购买茶叶的情况：“鸡飞过篱犬吠窦，知有行商来买茶。”③

茶商到茶山这一初级市场收购茶叶，茶园户也到周围草市镇

① 周密：《武林旧事》卷二《进茶》，35页，杭州，西湖书社，1981。

② 陈椽：《茶业通史》，189页，北京，农业出版社，1984。

③ 吴之振：《宋诗钞》，《晚春田园杂兴》，1800页，北京，中华书局，1986。

出售茶叶。其中，草市多为小规模的乡村集市和商业点，承担着农村初级市场的功能。随着它的发展，逐渐形成了密集的农村集市网络。镇是规模相对较大的经济中心地，发挥着农村中心市场的作用。南宋临安府的许多市镇人口众多、商业繁荣。如南宋中后期，临安府仁和县的临平镇有千余户人家。这些草市镇在临安府分布颇为密集，草市镇卖茶成为当地经济的一大特色。除茶园户直接到草市镇出售茶叶外，小商贩也可以将买到的茶叶到这些农村集市出售。茶叶成为这些草市镇的一项重要商品。此外，随着茶业经济的发展，在临安府出现了专门进行茶叶贸易的草市镇，它们大多分布于茶叶产区。

茶山和草市镇构成了广大的茶叶农村市场，而茶叶农村市场则是茶叶市场网络的最小网结。茶商贩运活动在各个网结之间十分活跃，即使在政府榷茶的情况下也是如此。由于草市镇与其附近的城市或远方的城市通过四通八达的水陆运输路线连接在一起，所以草市镇的茶叶除一部分供应周围居民消费外，还有的就是向外输往城市市场。南宋临安府城市市场大致有这么几类：一是全国性的大都市；二是县级城市；三是环城卫星市镇。这些大、中、小城市在茶叶市场中发挥着各自不同的作用。南宋临安作为全国的经济中心，人烟浩繁。“大驾初驻跸临安，故都及四方士民商贾辐辏。”① 据《梦粱录》记载，“城内外不下数十万户，百十万口”②。“麇集临安的各级文武官员近 1 万人，吏胥 7 万余人。这些官员，特别是高级官员俸禄优厚，生活奢靡。”③并且，南宋临安还有数以万计的流动人口。因此，富商大贾聚集于此，杭城居民购买力十分兴旺。这些茶叶除供应本地居民需求外，还通过杭城与全国各地之间较为发达的水陆交通线路向外输

---

① 陆游：《老学庵笔记》卷八，104 页，北京，中华书局，1979。

② 吴自牧：《梦粱录》卷十六《米铺》，148 页，杭州，浙江人民出版社，1980。

③ 刘志宽：《十大古都商业史略》，225 页，北京，中国时政经济出版社，1990。

送。县城则是本地茶叶集散地和远距离茶叶贸易流动的联结点。而环城的镇市与县城在茶叶市场上相互竞争。由于这类市镇与所在城市连成一体，成为城市市场体系的一部分，故其突出特点是工商业的异常兴盛。如临安城郊的市镇，或“户口蕃盛，商贾买卖者十倍于昔，往来辐辏，非他郡比也”①。“杭城之外城，南西东北各数十里，人烟生聚，民物阜蕃，市井坊陌，铺席骈盛，数日经行不尽，各可比外路一州郡。”② 县城和镇市聚集了大量茶商，他们在这里从事茶叶的销售与贩运活动。大中小城市、市镇相互配合，从而实现了茶叶商品在临安府的畅通无阻，促进了茶叶在全国的流通。

茶叶城市市场与茶叶农村市场有机地联系在一起，成为一个完整的市场体系。当然，南宋临安府茶叶市场受政府控制仍很严格，市场机制受制于茶法。但是，即使在榷茶的条件下，仍然存在商人与茶园户间的直接贸易，商人与茶园户的走私贸易屡禁不止。

茶叶除以干茶的形式进入市场外，还以茶水的形式出现，这体现在城乡的大小茶肆中。临安作为南宋都城所在，商业繁荣，都市人口尤其是客居人口、流动人口猛增，为都市饮食业提供了巨大的市场。作为饮食业的茶肆也应需而衍增，大街小巷茶肆名坊林立密布。南宋临安茶肆种类繁多，大致分为这样几种：一种是高级的茶楼，是富家子弟、官员贵族交往的场所。这班闲来无事的人物，在这里跟教坊乐师“习学乐器，或唱叫之类，谓之挂牌儿”③。士大夫与朋友也常在这里约会聚谈，如张卖面店隔壁的黄尖嘴蹴球茶坊、中瓦内王妈妈茶肆、大街车儿茶肆、蒋检阅茶肆等即此类。一种茶肆除卖茶外，还进行各种交易，在商业上

---

① 吴自牧：《梦粱录》卷十三《两赤县市镇》，114 页，杭州，浙江人民出版社，1980。

② 吴自牧：《梦粱录》卷十九《塌房》，180 页，杭州，浙江人民出版社，1980。

③ 耐得翁：《都城纪胜·茶坊》，84—85 页，杭州，浙江人民出版社，1983。

起着一定的作用。各行业的行头、牙人常常汇聚于此，沟通诸般行市，传播信息，洽谈生意。各色娱乐行业要卖艺伎，就由行老聚集在茶店会商交易，谓之“市头”。还有如“大街有三五家开茶肆，楼上专安著妓女，名曰‘花茶坊’”①。这些花茶坊实际上是挂着茶店招牌的青楼。据《武林旧事》载，“外此诸处茶肆，清乐茶坊、八仙茶坊、珠子茶坊、潘家茶坊、连三茶坊、连二茶坊及金波桥等两河以至瓦市，各有等差，莫不靓妆迎门，争妍卖笑，朝歌暮弦，摇荡心目。凡初登门，则有提瓶献茗者，虽杯茶亦犒数千，谓之‘点花茶’”②。这些茶坊就是歌妓们卖唱甚至卖身之地。还有的则是大量名副其实的市民茶肆。这些茶肆一般为市民住家所开，专门为市民服务。

除这些固定的茶肆外，当时还有一种流动的茶担、茶摊，称为“茶司”。临安有个习俗，如果家中有了婚丧等大事，或者过节之类，往往请“茶司”为亲朋送茶并传达问候，或者由他们负责邀请宾客。

最下等的卖茶人莫过于那些在衙门里跑腿的下级人员，他们将自己烧的茶送到街上的各个铺面中，卖得几文钱或换得一点物品，叫作“龊茶”。

这几类茶肆在临安府分布面极广。都城临安，其闹市区，北宋时仅旧市周围地段一处，南宋时增为三处，这三个闹市区都在御街上。御街南段闹市区，从和宁门外至朝天门外的清河坊，是皇亲国戚、达官显宦的住宅区，除有售卖各种奢侈品的店铺，还有豪华的酒楼茶肆。御街中段闹市区，自官巷口至羊坝头，是唐以来的老市区，大小铺席鳞次栉比，茶坊自然随处可见。御街北段闹市区，自棚桥至安桥、观桥。观桥附近的礼部贡院是举行科举考试的地方，赶考士人多居于此，因此这里开设了较多的茶

① 吴自牧：《梦粱录》卷十六《茶肆》，140页，杭州，浙江人民出版社，1980。

② 周密：《武林旧事》卷六《歌馆》，95页，杭州，西湖书社，1981。

肆。除城区的这三处闹市区外，当时的临安府所辖有九县，而钱唐、仁和又附郭，名曰赤县，而赤县又管辖十五个镇市，镇市之下又有大量的农村集市，茶肆就广泛存在于这些县城、镇市和乡村集市中。

随着茶肆的日益增多，竞争也日见激烈，为了吸引更多的茶客前来，各茶肆使出浑身解数，改善经营机制，讲究经营策略。

首先，当时临安茶肆有不少实行雇工工作制，茶肆主招雇熟悉烹茶技术的伙计——茶博士主持日常业务。茶博士是城市里职业专门化较强的技术雇工，对茶的烹调十分娴熟，而且对社会上的人和事知之甚多，这就使得茶博士成为各茶肆招徕生意的一块牌子。茶坊里还有一种叫“提茶瓶”的伙计，顾名思义，是烹茶人，但他们不同于茶博士，还给人办事，“传语往返”。

其次，对茶肆做精心装饰。《梦粱录》载：“汴京熟食店，张挂名画，所以勾引观者，留连食客。今杭城茶肆亦如之，插四时花，挂名人画，装点店面。”① 即使一些流动的茶担，其生意人也常常在车盖儿、担儿及他们自己的服饰上做些精心的装饰，以此来引起顾客的注意，使之清洁精巧、耀人耳目。比如，在当时杭州城有名的五间楼前大街的瓦子前面，有一个卖茶水的茶婆婆，她在自己脸上点着三朵好看的金花，敲着个响盏儿，摇晃着脑袋打着节拍叫卖，引来过路者或游人的阵阵笑声。②

再次，不断调整经营范围，随着季节的变化为顾客提供不同的茶点饮料。“四时卖奇茶异汤，冬月添卖七宝擂茶、馓子、葱茶，或卖盐豉汤，暑天添卖雪泡梅花酒，或缩脾饮暑药之属。”③花色品种颇多，以迎合顾客的口味和需求。

---

① 吴自牧：《梦粱录》卷十六《茶肆》，140 页，杭州，浙江人民出版社，1980。

② 尚园子，陈维礼：《宋元生活掠影》，《临安的夜市、饭店与小吃》，100 页，辽宁，沈阳出版社，2002。

③ 吴自牧：《梦粱录》卷十六《茶肆》，140 页，杭州，浙江人民出版社，1980。

为了增强竞争力，茶肆还在卖茶水之外安排一些娱乐消遣活动，主要有茶肆弦歌，雇佣乐妓歌女弹唱乐曲，此外还安排说唱艺人说书。如临安王妈妈茶肆，又叫“一窟鬼”茶坊，即以说唱“西山一窟鬼”而得名。此外，有的茶肆还兼营其他生意，往往呈现一种综合经营的体式，打上了商业社会的烙印。《武林旧事》载：“天街茶肆，渐已罗列灯球等求售，谓之‘灯市’。”① 这是兼营灯具的，另外还有兼营旅馆、澡堂等的。

临安茶馆类型的多样化、分布的广泛和经营策略的讲究，使饮茶之风大兴，使茶馆文化勃兴，而茶馆文化主要表现为市民茶文化。临安城市经济相当繁荣，带来了一个很大的市民阶层。他们生活在城市中，比邻而居，街市相见，却又不似乡间以血缘、族亲为纽带。活跃的市民阶层需要彼此沟通，聚会娱乐，而茶楼、茶肆为他们提供了一个绝好的场所。饮茶与民间文艺活动在这里得到有机联系。

南宋临安又是政治、文化中心，文人士大夫会聚于此。品茗与文人士大夫的吟诗、作画、抚琴、弈棋等融为一体，既可以此修身养性、激发文思，又是风雅兴会、交流情感所必备。因此，南宋一些文人、学士、清客出入茶馆如常人。尤其值得注意的是靠近礼部贡院的观桥，科举考试时在这里居住了大量的赶考学子。这些文人墨客在茶肆里饮茶啜茗、吟诗作画，使得茶肆更多地与书画艺术相结合。饮茶品茗的人文含义已远远超出了其实用价值，茶文化已成为独具特色的一道风景。

南宋茶叶市场中存在值得注意的现象，一是茶叶市场中赊买赊卖现象普遍。赊买赊卖既存在于茶园户与商人之间，又发生在商人和商人之间，但似乎更多地发生在大商人和中、小商人之间。大商人资本雄厚，但单靠他们自己的力量难以完成茶叶销售；中小商人可分销商品，却又受资本不足的限制，无法用现钱买茶、贩茶，故大商人与中小商人之间赊买赊卖发展起来。由于

---

① 周密：《武林旧事》卷二《元夕》，30页，杭州，西湖书社，1981。

南宋政府实行卖官府引法，因此赊卖茶引的现象也甚为普遍。《宋会要辑稿》载："南郊赦都茶场昨自乾道六年以后，节次给降茶引，赴江西州军出卖，拘钱起赴行在。访闻州军发卖迟细，多是赊卖与铺户等人，今经日久，往往流移贫乏。"①

赊买赊卖克服了市场上货币流通数量不足这一困难，并且有利于大商人与中、小商人之间的商品批发和零售业务，能够加快商品流通速度和频率，对双方都十分有利。但是，赊买赊卖也存在着种种弊端。茶园户赊卖茶叶给商人，因缺乏现钱或商人拖欠不还而使茶叶再生产面临困难。商人之间的赊买赊卖，大商人作为赊卖者，为获得更多的商业利润，有时以大大高于一般市价进行赊卖，中、小商人作为赊买者拖欠、赖账的情况也很多，这给正常的茶叶贸易带来严重不良影响。政府的赊卖（即配卖）往往带有强制性。随着统治集团的日益腐败，科配上的不等价交换愈益严重，赋税不足就借用茶叶科配向百姓进行敲诈勒索。针对这些情况，宋政府在经济立法方面做了一些探索，针对民间赊买赊卖制定了一套比较完备的法律，以打击赊买者的诈骗违约行为，保护赊卖者的正当权益，同时亦对赊卖者加以约束。这在很大程度上弥补了茶叶赊买赊卖中的弊病，有利于茶叶商品流通和茶叶贸易的正常发展。

另一种现象是茶叶市场中的预付货款，即买方向卖方预付现钱。苏辙曾指出："夫商贾之事，曲折难行。其买也，先期而与钱……多方相济，委曲相通，倍称之息由此而得。"② 这是商人向茶叶生产者预付货款，为茶叶再生产的延续和扩大提供了重要条件，使茶园户在市场条件下能够进行自身简单的再生产和扩大再生产。而商人通过提前付款给茶园户的途径，控制了茶园户茶叶产品的支配权，拥有了较为稳定的茶货来源，有利于在激烈的市场竞争中站稳脚跟并能够赢利，而且商人可以压低茶价，减少

---

① 徐松：《宋会要辑稿·食货》，5356页，北京，中华书局，1957。

② 孙洪升：《唐宋茶业经济》，199页，北京，社会科学文献出版社，2001。

购茶成本。总的来说，通过茶商向茶园户的预付货款达到两者之间的互利互惠。此外，还存在着官府向茶叶生产者预付货款的情况。吕陶云："茶司每于秋成之际，收籴仓米，高估价钱，俵与茶户，谓之茶本，不愿籴者例须支俵。假令米一石八百钱，即作一贯文支俵，仍出息二分，计一贯二百。"① 官府的预付货款与商人相比对茶叶生产所起的作用存在很大的差异。此外，在卖引法下还存在着商人向官府预付货款然后取茶的情况。官府的介入遏制了商业资本的正常运动，制约了茶叶经济中资本主义因素的健康成长。

三、茶法的颁行

南宋临安府茶法继续实行了北宋末年的"政和茶法"。"茶法自政和以来，官不置场收卖，亦不定价，止许茶商赴官贾引，就园户从使交易，依引内合贩之数，赴合同场秤发，至于今不易，公私便之。"② "政和茶法"开始于宋徽宗政和二年（1112年），是蔡京集团对茶法做的第三次变更，旧史上称这次变更是对茶法的"大增损"。其实，"政和茶法"是综合了宋初以来的征榷法和通商法，主张在管理制度上大做文章，使其更加严密和更加完备，因而史学家们不得不承认"茶事益加密矣"。它和当时的盐法一样，都以"引"（或"钞"）作为标志，称引法或钞法，而"政和茶法"的特点即在于此。③ "政和茶法"对南宋茶法有极大的影响，南宋临安府在继承"政和茶法"的同时，又对其加以改革和发展。其以引榷茶这一基本方式取法于"政和茶法"，但是南宋茶引的印造、分类和发卖又有别于"政和茶法"。

南宋设行于杭州后，茶引的印卖趋于稳定，印造权归于太府

① 孙洪升：《唐宋茶业经济》，200页，北京，社会科学文献出版社，2001。

② 徐松：《宋会要辑稿·食货》，5315页，北京，中华书局，1957。

③ 漆侠：《中国经济通史·宋代经济卷（下）》，908页，北京，经济日报出版社，1999。

寺，具体由太府寺下设的交引库负责，此后南宋茶引印造权始终集中在交引库。当时的茶引有长引、短引、小引三种。每引引价及贩茶数量与“政和茶法”相比都有所减少。以草茶为例，政和长引每引纳钱五十贯文，贩茶一千五百斤；短引每引纳钱二十贯文，贩茶六百斤。南宋长引每引纳钱二十四贯，贩茶一百二十斤；短引每引纳钱二十三贯，贩茶一百斤。① 而且，南宋茶引还按地区茶叶品类印造发行，而“政和茶法”下茶引不按地区划分，只是政府于引中批凿贩茶地点。

南宋茶引的发卖，最初是由行在榷货务（于镇江、扬州间往来置司）专领。建炎三年（1129 年）设江宁务（即建康务），后又设镇江务，至绍兴五年（1135 年），形成行在（迁至杭州）、建康、镇江三榷货务并立的局面。除多务发卖外，还允许地方发卖、州县配额卖引。商人贩茶须先到官府算买茶引，请买笼，之后往山场园户处买茶。买到茶后再装盛入城，合同场批发前，去指定州县住卖。②

南宋政府的茶利收入颇丰，如宋高宗末年财政总收入为 5940 余万贯，宋孝宗时为 6530 余万贯，这两代的茶利分别占财政总收入的 4.6%和 7.2%。茶利主要来自于茶引钱，同时也征收茶租、茶税和其他杂税。南宋临安府的茶租额较为稳定，如乾道时为 11689 贯 143 文，到南宋末年的咸淳年间仍是 11689 贯 143 文。③ 除引钱、租、税外，还有名目众多的征敛。长引茶有翻引钱、通货牙息钱、过淮钱、助军钱等。

从上述可见，南宋茶法在继承“政和茶法”的基础上，有其自身的特点：一是南宋茶法更具灵活性。多务发卖、地方发卖、州县配额的卖引制度，种类繁多的茶引及单位茶引重量和价格的降低更能促进茶叶流通。二是南宋茶法对商人的监督更加严格，

---

① 徐松：《宋会要辑稿·食货》，5360 页，北京，中华书局，1957。

② 徐松：《宋会要辑稿·食货》，5370 页，北京，中华书局，1957。

③ 周淙：《乾道临安志》卷二《税赋》，见《南宋临安两志》（杭州掌故丛书），37 页，杭州，浙江人民出版社，1983。

征敛更为苛重。商人贩茶的全过程都置于政府的监督之下。而南宋政府丰厚的茶利来自严苛的征敛，这使茶商的贩茶成本大为提高。茶园主和茶农也因茶引摊派而贫困不堪，难以为继，即使不种植茶的贫下户也要受到茶引或茶摊派之苦。

四、茶业的特点

我们从南宋临安府茶叶的生产与加工、茶叶的销售、茶法的颁行总结出茶业的以下特点：

第一，茶叶产量的提高，特别是茶叶生产由副业转向专业，反映了当时粮食产量的大幅度增加，商品粮数量增多。因为倘若粮食生产不足食用，茶叶等经济作物的生产要获得较快发展是不可能的。只有大量粮食投放市场，才能满足茶园户的粮食需求，他们才有可能专门从事茶叶生产。南宋时期，不仅农业生产技术有了进一步提高，而且优良品种占城稻的种植已很普遍，这就促使了粮食产量的增加。据学者统计，入宋以来，南方稻米平均亩产量约1.387市石，比唐代增产22.1%。① 又范成大《吴郡志》载："民间谚语曰'苏湖熟，天下足'。"陆游《淮南文集》亦云："而吴中又为江南根柢，语曰：'苏湖熟，天下足'。"

第二，大量茶叶的消费反映了南宋人们生活水准的提高。因为只有在解决了生存问题之后，人们才有可能接受茶叶这样的饮料食品。南宋临安大街小巷茶肆林立，各阶级、各阶层都饮茶啜茗，尤其是士大夫阶层把茶叶消费上升到了文化层次。他们饮茶作诗，绘制茶画，讲究品茶艺术，这较前代的确是一大进步。

第三，从茶业经济中可以看出南宋商品经济的高度发达。茶业经济的崛起可视为当时商品性农业的迅速发展，而商品性农业的发展为商品经济的蓬勃发展提供了一个重要条件。茶肆分布广

① 余也非：《中国历代粮食平均亩产量考略》，载《重庆师范学院学报（社科版）》，1980（3），8—20页。

泛，讲究经营策略，扩大经营范围，茶叶市场勃兴，以及茶叶销售中出现的赊买赊卖、预付现款现象，都反映了当时的商品经济已经发展到了一定高度。城市、乡镇及农村草市的商业相当繁荣，大小市场之间联系增强。城市格局和城郭限制完全打破，手工作坊、商业行铺遍布街头巷尾。临安大小坊巷“处处各有茶坊、酒肆、面店、果子、彩帛、绒线、香烛、油酱、食米、下饭鱼肉鲞腊等铺”①，而且营业时间延长，夜市通宵达旦。《梦粱录》载：“杭城大街，买卖昼夜不绝，夜交三四鼓，游人始稀；五鼓钟鸣，卖早市者又开店矣。”② 随着商业的兴盛，商人力量不断增强，地位不断提高，中国封建社会传统的“重农抑商”观念受到严重挑战，对商业的漠视逐渐被对商业的重视所代替。但是，南宋商品经济的发展仍然受传统观念和封建官府力量的制约。虽然商业不再被视为末业，但商人仍千方百计跻入仕途，甚至不惜为之挥霍巨资，通过这买来的官号在经商中占得优势，可见商人地位的提升是有限的。而且，宋政府在法规、税收等多方面限制商人的发展。

第四，当时社会经济中已经出现了资本主义因素。茶馆中雇佣职业专门化较强的技术雇工，一些茶馆还聚集着寻找雇主的劳动力。一部分规模较大的茶园户采取雇工经营。宋神宗时就有茶园雇工的记载：“自来承山坝茶园等业，每年春冬雇人工薅铲，至立夏并小满时节，又雇召人工趁时采造茶货。”③ 到南宋，茶园户在茶叶生产中雇工的现象更为普遍，分工也日趋细致。雇工们通过自己的劳动获取工钱以维持生活，其劳动力本身已具有了商品性，这已是具有资本主义性质的生产方式。同时，商品粮数量的增加，茶叶等农副产品的商品化程度的提高，都说明南宋已处于中国资本主义萌芽的准备阶段。

---

① 徐松：《宋会要辑稿·铺席》，118 页，北京，中华书局，1957。

② 徐松：《宋会要辑稿·夜市》，119 页，北京，中华书局，1957。

③ 孙洪升：《唐宋茶业经济》，30—31 页，北京，社会科学文献出版社，2001。

第五，茶叶是劳动密集型的产品，其生产、加工、焙制、销售和茶肆的经营都需要大量人力的投入。茶业作为南方的重要产业在南宋的重大发展，说明了当时南方人口的众多。这一方面是由于靖康之乱后北方人口大量南迁。据葛剑雄等著的《简明中国移民史》的研究，靖康之乱后出现的第三次人口南迁高潮，仅两浙路、江东路，绍兴三十二年（1162年），已有移民及其后裔约581.2万人。估计在绍兴和议签订前（即1141年前），大约有500万北方移民迁入并定居南方。另一方面是宋政府为了顺应商品经济的发展，使土地进入流通领域，不再抑制土地兼并，土地的大量兼并造就了大批雇工和佃农。方回在南宋末年曾云："吴侬之野，茅屋炊烟，无穷无极，皆佃户也。"① 这些人或佃食茶园，或受雇于茶园主，从而为茶业经济提供了大量的自由劳动力。同时，我们也应看到，由于战乱南迁和土地兼并的加剧，大量的劳动力不能为南宋社会完全吸收，他们颠沛流离，成为社会动荡的一个重要因素。

第六，由于南宋政府实行卖引法和征收名目繁多的茶税、茶租，茶农雇工、贩夫走卒终年劳作，却因剥削繁重而穷困不堪，这使阶级矛盾趋于激化。同时，茶商活动受到限制，利益遭到分割侵占，这使贩卖私茶现象更为严重。为制止私贩，南宋官府设巡卒巡防，而巡卒们又于所在地作威作福，严于追捕。这样，一方面导致了人们对官府巡卒的痛恨，另一方面又进一步激起了人们的反抗，茶贩以武装进行贩卖私茶。这种情况在产茶区极为普遍。茶贩从武装走私进一步走上了反抗道路，不断举行反抗斗争。在南宋初年，私茶贩即同封建官府处于对抗状态。

总之，南宋时期，茶肆广泛分布于临安府的城镇和乡村，经营方式灵活多样。出入茶肆的既有文人雅士，又有官员贵族，更有市井小民，形成了著名的茶文化。茶叶生产日趋商品化，制作

① 方回：《续古今考》卷18《附论班固计井田百亩岁入岁出》，《坦斋通编：外五种》，上海：上海古籍出版社，1992年版，第368页。

技术较前代有了突破。茶叶市场繁荣，流通顺畅，丰厚的茶利成为当时临安府重要的财政税源之一。

从临安府茶业经济中，我们可以看到南宋社会农业生产发展、商品经济发达、市场繁荣、人民生活水平提高的欣欣向荣的一面；而另一方面，南宋苛细的茶法限制了商人的活动，阻碍了商品经济的发展。严苛的征敛导致了政府、茶贩、茶园户和茶农之间的矛盾。从中我们可以看到当时社会所隐藏、潜伏的危机。社会的积贫积弱是最终导致南宋王朝覆灭的重要原因之一。

宋代两浙路的地租剥削和抢粮抗租斗争[①]

宋代的经济在唐、五代的基础上有了很大的发展，超过了前代。特别是两浙的经济发展更快，成为全国之冠。但随之而来的是地主阶级无限制的土地兼并，加重地租剥削，农民阶级和地主阶级之间的矛盾异常尖锐。两浙地区以佃农为主体的广大农民群众展开了经常性的各种形式的反封建斗争。[②] 本文着重论述两浙农村的地租剥削和农民夺取地主浮财、抢米风潮和抗租斗争。

一、正额地租的征敛

租佃关系是地主阶级对于直接生产者农民的一种剥削方式。在宋代就全国绝大部分地区来说，封建租佃制已经代替了魏晋南北朝、隋及唐前期的部曲佃客制，成为地主阶级在新的历史条件下采取的一种新的主要的剥削方式。对地主阶级来说，“支配农民的赋役就远比支配他们的人身重要得多”[③]。在宋代的租佃关系中，劳役地租已不多见，主要是实物地租，折钱租在生产发达的两浙路局部地区也已开始出现。

---

① 原载《浙江师范大学学报（社会科学版）》1988年第4期。

② 以佃农为主体的广大农民群众，包括五等户中的第四、第五等户即自耕农和半自耕农。

③ ［德］恩格斯：《德国古代的历史和语言》，178页，北京，人民出版社，1957。

实物地租又叫产品地租，可分为分成租和定额租两种形式。所谓分成租，即地主出租土地，规定佃户每年按收获总额比例该交的地租，一般为收获物的五成。正如苏洵所说，“富民之家，地大业广，阡陌连接，募召浮客，分耕其中，……而役属之民，夏为之褥，秋为之获，无有一人违其节度以嬉。而田之所入，己得其半，耕者得其半”①。所谓富民（地主）得其半，耕者得其半，也就是“对分制”，又称为“主客分”。“下户贫民自无田，而耕垦豪富家田，十分之中，以五输本田主，今吾乡俗正如此，目为主客分云。”② 此种对分制是佃客只租用地主的土地而使用自己的耕牛、农具和种子的情况下所交的地租。如果佃客租用地主的耕牛，地租则要高至六成。如果再租用地主的农具、种子，则要高达七成、八成甚至九成。一般说来，生产发展，土地肥沃的地区租率相对要高些。如两浙路的地租率就比其他地区高，同情农民疾苦的浙江湖州乌程（吴兴）人陈舜俞先后在明州、山阴等地担任地方官多年，弃官期间又在秀州白牛村居住，对两浙路的地租剥削较为清楚。他说：“奈之何生民之穷乎？千夫之乡，耕人之田者九百夫，犁牛稼器无所不赁于人，匹夫匹妇男女耦耕，力不百亩，以乐岁之收五之，田者取其二，牛者取其一，稼器者取其一，而仅食其一。不幸中岁，则偿其不赡矣，明年耕，则称息加焉，后虽有丰获，取之无所赢而食矣。”③

另外一种地租剥削方式是定领租，是由分成租演变而来的，是按耕地的好坏（每地段分上、中、下三等）规定地租的数额，不管年成好坏，农民都要按期根据定额交租。宋代的地主阶级和封建国家一般是在产量高的地区采取定额租的剥削方式，以增加

① 苏洵：《嘉祐集》卷五《衡论·田制》，见《林氏选评名家文集》，38—39页，上海，商务印书馆，1924。

② 洪迈：《容斋续笔》卷七《田租轻重》，见《容斋随笔五集》，61页，上海，商务印书馆，1935。

③ 陈舜俞：《都官集》卷二《厚生一》，416页，上海，上海古籍出版社，1987。

他们的收入。东南沿海地区农田亩产较高，因此定额租在两浙路一带推行比较普遍。据《两浙金石记》中《绍兴府建小学田记》所载，理宗时，山阴县佃户王元六无论是充当地主或县吏的佃户，还是后来成为官府及学田的佃户，他所交的租米都是八斗，说明他交的是定额租。当时的官田更是普遍采用定额租。如绍兴五年（1135年），绍兴府嵊县（今浙江绍兴市嵊州市）学田多块，最高的每亩一石四斗四升，低的也有八斗一升。① 开禧二年（1206年），吴县（今江苏苏州市吴中区）学田多块，最高的每亩收租竟达一石五六斗，低的也有八斗。② 至于嵊县、常熟、平江、无锡、台州等地的学田，也普遍采用定额租。宋代的学田也是官田，所收的定额租也是很重的。如绍兴府小学养士田地共二百零五亩余，分为九十一块，各块的地租额都不相同，多的每亩为一石以上。③ 定额租在租额固定的情况下，佃农如产量增加时，除了交付一定数量的地租外，地主可以不问收成的丰歉，佃农的生产活动有较多的独立性，佃农希望有所剩余，生产积极性有所提高，这对两浙农业生产的发展起了一定作用，也是宋代两浙农业生产比全国其他地区更为发达的原因之一。当然，有时碰上灾荒或其他意外事故，收成遭到损失，佃农并不能因为产量的降低而减少租额。在这种情况下，定额租并没有减轻佃农的负担，所受的剥削甚至比分成租更重。

此外，在两浙路，由于商品经济比较发达，因而在一些经济作物地带诸如桑地、园地、沙地等处，实行折钱租和钱租。它是由实物地租向货币地租过渡的一种新的地租形式。虽然从历史的发展来说，折钱租的出现是南宋两浙路商品经济发展在地租方面

---

① 杜春生：《越中金石记》卷四《嵊县学田记》，7191—7193页，台北，新文丰出版公司，1979。

② 缪荃孙：《江苏金石志》卷十四《吴学续置田记》，9页，台北，新文丰出版公司，1986。

③ 阮元：《两浙金石记》卷十三《宋绍兴府建小学田记》，299页，杭州，浙江古籍出版社，2012。

的一个突出表现，为明代中期资本主义萌芽创造了条件，在我国封建社会发展史上具有重要的历史意义。但是，从本质上来说，它还是属于封建的地租范畴。折钱租、钱租，一般是在职田、学田上实行，因此它往往被地方政府官员和部分承佃职田、学田的豪富、地主干人所利用，这就更加重了对佃客的剥削。如高宗时，浙西路的嵊县学田中有一片桑地，每年收取"租钱"三贯文，桑叶钱七百文。① 台州的彭溪山一带是仙居县的学业田地，全部都是征收钱租的。

在封建社会里，"赋税是政府机器的经济基础"②。封建赋税和地租是地主和封建国家剥削农民的主要手段之一。从历史的发展长河来考察宋代两浙路的地租剥削，肯定这种地租形态是适应了当时社会生产力发展性质的同时，还必须指出它的残酷剥削的本质。因此，无论是分成租、定额租同样都是残酷的剥削方式，是套在广大贫苦农民身上的沉重枷锁。正如马克思指出的：产品地租"压迫直接生产者，使他们只能得到最小限量的维持肉体生存的生活资料"③。

二、额外地租的榨取

剥削率的增长是阶级社会的一条经济规律，"在一切对抗性的社会中，生产力的增长总会引起剩余劳动量的增长，从而引起剥削率的增长"④。正额地租满足不了地主阶级的贪欲，他们又想出了五花八门的许多额外地租，当时民间把这些叫不出名堂的银外地租剥削称为非理之需，山阴（今绍兴）一带称之为"送

---

① 杜春生：《越中金石记》卷四《嵊县学田记》，7192 页，台北，新文丰出版公司，1979。

② ［德］马克思：《哥达纲领批判》，24 页，北京，人民出版社，1965。

③ ［德］马克思：《资本论》卷三，931 页，北京，人民出版社，1975。

④ ［苏］波尔什涅夫：《封建主义政治经济学概要》，70 页，北京，生活·读书·新知三联书店，1958。

羹”，归纳起来主要有如下几种：

大斗收租。在租额不变的情况下，增大器量是地主对农民加重剥削的主要手段之一。因此，在收租时，地主任意私造大斗，加大器量，坑害佃农。开始时是偷偷摸摸私造，到后来就明目张胆地公开大斗收租。南宋两浙路的地主都普遍用大斗收租，随意加二斗、三斗收租的事例是屡见不鲜的。秀州嘉兴县农民沈彦章等说：“伏睹绍兴二十九年（1159 年）十一月二十四日已降指挥，诸州县、应干租斗，止于百合，如遇百合以上，并赴所属毁弃。佃户租契，并仰仍旧，不得擅自增加租课。”① 这段史料充分说明当时两浙路地主用大斗收租是普遍现象，并且已泛滥成灾，政府不得不下明令，禁止地主用私斗收租，规定一律用文思院制卖的“百合斗”，并且规定租额不得超过一石。但是，禁令颁布后，地主立刻以私斗折官斗，向佃户加租，大斗收租的结果致使广大贫苦农民纷纷破产，流离失所：“豪民私造大斗交量租米，侵害小民。……今来农田人户被豪家辄用省斗准折租米，被害非轻，致有流移失所。”② 两浙路一些土地肥沃、生产发达的地区，如绍兴府会稽县，地主收租“有以百五十合至百九十合为斗者”③，对佃农进行额外的榨取。平江府常熟县地主张三八，竟然使用各种大小不等的私斗十三种④，对佃户进行穷凶极恶的搜刮。

斛面和“送礼”。斛面，又称斗面，是地主在收租时，借口要弥补鼠雀、水火而造成的损耗而向佃户多征一定数量的租粮，也即用斗（斛）量租粮和税粮时，将斗（斛）内的粮食平面堆满、加高，借以多取租粮和税粮。据《吴学粮田籍记》记载，平江府的学田在向佃户收租时，按照一般惯例，每石白米大约收耗

---

① 徐松：《宋会要辑稿·食货》，6335 页，北京，中华书局，1957。

② 徐松：《宋会要辑稿·食货》，6335 页，北京，中华书局，1957。

③ 徐松：《宋会要辑稿·食货》，6335 页，北京，中华书局，1957。

④ 洪迈：《夷坚志》补志卷七《直塘风雹》，1609 页，北京，中华书局，1981。

米一斗，同时还要加收“带收钱”“縻费钱”数百文不等。[①] 这种冠冕堂皇的记载还远远不能反映当时的真实情况。事实上，无论地主私田或官府学田，在征收耗米时都要大大高于此数，往往纳租税一石，起码要交一石五六斗，多的甚至要交三石，远远超过正额租。

所谓“送礼”，就是每逢年关节日，两浙路的地主还要强迫佃户给自己交纳“佃鸡”“佃鸭”“佃丝”之类的农副产品。佃户也怕来年地主额外增租、租外加租，被迫在正额租之外，向地主“献纳”诸如鸡、鸭、鱼、肉、丝之类的东西，真是“佃客劳苦，不可备陈”[②]。毛珝的《吴门田家十咏》诗句对此做了形象的揭露：“今年田事谢苍苍，尽有瓶罂卒岁藏。只恐主家增斛面，双鸡先把献监庄。”[③]

麦租。北宋时南方已开始种麦，但并不普遍。宋室南渡，“建炎之后，江、浙、湖、湘、闽、广，西北流寓之人遍满。绍兴初，麦一斛至万二千钱，农获其利，倍于种稻，而佃户输租，只有秋课，而种麦之利独归客户，于是竞种春稼，极目不减淮北”[④]，说明在建炎后绍兴初年推广种麦之初，无论是官府或地主，都是不收麦租的，种麦之利，全归农户。江西抚州地区直到南宋末年的咸淳七年（1271 年）还未收麦租，“近世有田者不种，种田者无田，尔民终岁辛苦，田主坐享花利。惟是种麦不用还租，种得一石是一石，种得十石是十石。又有麦秆，当初夏无人入山樵采之时，可代柴薪，是麦之所收甚多也”[⑤]。可是，地

---

① 缪荃孙：《江苏金石志》卷十三《吴学粮田籍记》，33 页，台北，新文丰出版公司，1986。

② 郑涛：《旌义编》卷一，706 页，济南，齐鲁书社，1996。

③ 毛珝：《吉竹小稿·吴门田家十咏》之四，见《永嘉四灵与江湖诗派选集》，241 页，北京，首都师范大学出版社，1993。

④ 庄绰：《鸡肋编》卷上，36 页，北京，中华书局，1983。

⑤ 黄震：《黄氏日抄》卷七十八《咸淳七年中秋劝种麦文》，809 页，台北，商务印书馆，1983。

主阶级攫取佃户产品的魔爪是无处不伸、无孔不入的。随着佃户种麦得利之后，南宋的两浙路后来又增加了麦租的名目。征收麦租较早见于记载的是宁宗嘉定八年（1215 年）左司谏黄序的奏文："雨泽愆期，地多荒白，知余杭县（今浙江杭州市余杭区）赵师恕请劝民杂种麻、粟、豆、麦之属，盖种稻则费少利多，杂种则劳多获少，虑收成之日，田主欲分，官课责输，则非徒无益，若使之从便杂种，多寡皆为己有，则不劝而勤，民可无饥。望如所陈，下两浙、两淮、江东西等路，凡有耕种失时者并令杂种，主毋分其地利，官毋取其秋苗，庶几农民得以续食，官免赈救之费。"① 所以，难怪知余杭县赵师恕在他的奏章中明白指出，种麦减少的原因是农民"虑收成之日，田主欲分，官课责输"。"田主欲分"，故佃农不愿；"官课责输"，故自耕农不愿。宋政府虽然屡次下令劝告地主勿收麦租，但既有增租的可能，地主是不会放过任何对农民进行剥削的机会的。南宋时，无锡县（今江苏无锡市）的学田征收麦租也有记载："扬名乡一段，私高田，元二丘，三亩二角段内……榷白米一石六斗，大麦六升，小麦一斗四升。佃户陆万九。兴道乡一段，私高田一亩三角，……每亩榷白米九斗，麦二斗。佃户诸廿二。"② 事实上，南宋时征收麦租的远不止浙西路的余杭、无锡等县，当时两浙路全境都是征收麦租的，充分说明两浙地区佃农所受的剥削比全国其他诸路更为沉重。

无名租的额外摊派。两宋时期，佃农除向官府交纳身丁钱米外，与封建国家一般不发生直接的赋役关系。但是，一些形势之家往往凭借自己在地方上的势力，横行霸道，不向官府交纳租税，或者无限期地拖欠。地方官府为了弥补这些损失，就想方设法把这些赋税全部直接摊派到佃户头上，强迫佃户交纳。根据

---

① 脱脱等：《宋史》卷一百七十三《食货志·农田》，4178—4179 页，北京，中华书局，1977。

② 缪荃孙：《江苏金石志》卷十七《无锡县学淳祐癸卯续增养士田记》，7395 页，台北，新文丰出版公司，1986。

《庆元条法事类》记载，南宋曾做出明文规定，倘若地主到期违欠赋税，官府可追求佃户补偿。这实际上是公开鼓励地主豪强不交二税，因此就出现了“有田者不耕，而耕者无田。农夫之所以甘心焉者，犹曰赋敛不及也。其如富民之无赖者不肯输纳，有司均其数于租户。胥吏喜于舍疆（强）就弱，又从而攘肥（肌）及骨，是则耕者虽无田，而其实亦合有赋敛之扰”①。“佃户租种田亩，而豪宗巨室逋员税赋。不肯以时供输，守令催科，纵容吏胥追逮耕田之人，使之代纳，农民重困。”② 这样就使佃户成为封建官府大部分赋税的直接负担者。以上情况在两浙路是普遍严重地存在的。如同情农民疾苦的两浙转运副使林安定就指出：“（近）巡历郡县（指两浙路诸郡县），多有形势之家，凭恃强横，全不输纳，苟有追呼，小则系逐户长，大则胁制官吏，于是县令懦者低首容忍，强者反挤排而去。又有阴为民户影占田产，规避税役，习以成风，略无忌惮。”③

有些豪强地主不敢公开和封建官府对抗，不敢强行不给官府交租，就用勾结州县胥吏通同舞弊的办法，逃避向官府交租：“浙西所管营田官庄共一百五十九万余亩，内有未承佃六十七万余亩，缘上件田产皆系肥饶，多是州县公吏与形势之家通同管占，不行输纳租课。”④

这些肥田沃土上的田租自然就直接摊派到浙西路农民的头上，因而农村下户和佃农便成了官府大部分无名租税的直接负担者。

高利贷。和地租剥削紧密相关的高利贷，也是地主盘剥农民的另一种重要手段。宋代两浙地区高利贷十分猖獗，形势之家及地主商人，一方面以重租、额外地租剥削农民；另一方面，觉得地租剥削不足以补偿交纳的二税，因此就无不举贷立息，对农民

① 徐松：《宋会要辑稿·食货》，6098页，北京，中华书局，1957。
② 徐松：《宋会要辑稿·食货》，6422页，北京，中华书局，1957。
③ 徐松：《宋会要辑稿·食货》，6395页，北京，中华书局，1957。
④ 徐松：《宋会要辑稿·食货》，5978页，北京，中华书局，1957。

进行重利盘剥。宋代高利贷剥削之重是惊人的，“湖州周司户干仆陶忠，常收掠僦债之直，每日暮，必经由清塘门里”[①]。收掠债务及僦直，干人要逐日前往，足见湖州一带高利贷的规模之大。当时，下等农民之家租耕牛、买谷种、置农具，一切都靠借债。豪富地主就乘佃农之危，“当其乏时，尝举债于主人，而后偿之”，利息不到一年就是“不两倍则三倍”，农民只得“冬春举食则指麦于夏而偿，麦偿尽矣，夏秋则指禾于冬而偿”。[②] 类似此种越滚越重的连环债，是不胜枚举的。“凡有家产，必有税赋。须是先截留输纳之资，却将盈余分给日用。岁入或薄，只得省用，不可侵支输纳之资。临时为官中所迫，则举债认息，或托揽户兑纳，而高价算还。是皆可以耗家。”[③] 地主利用高利贷残害农民，致其倾家荡产，这在两浙路是普遍的现象。农民举债，还不起高利贷，有时须以农具、蚕具作抵押[④]，甚至以亲生子女为佣质[⑤]。两浙平江昆山人卫泾就说过：“豪民放债，乘民之急，或取息数倍，积日累月，或托名典本，算至十年，夺其屋使不得居，夺其田使不得食，流离困饿。”[⑥]

三、汹涌澎湃的夺取地主浮财和抢米风潮

由于劳动人民的辛勤劳动，使得宋代两浙的社会经济有了长

---

① 洪迈：《夷坚志》支景志卷四《清塘石佛》，910页，北京，中华书局，1981。

② 欧阳修：《欧阳修选集》，《原弊》，284页，上海，上海古籍出版社，1986。类似此种越滚越重的连环债又见《韩魏王家传》卷八和韦骧《钱塘韦先生集》卷一八《议井田》。

③ 袁采：《袁氏世范》卷下《治家·赋税宜预办》，64页，北京，中华书局，1985。

④ 陆游：《渭南文集》卷三十四《尚书王公墓志铭》，见《陆放翁全集》，212页，北京，中国书店，1986。

⑤ 叶适：《水心先生别集》卷二《民事下》，709页，北京，线装书局，2004。

⑥ 卫泾：《后乐集》卷十九《谭州劝农文》，24页，上海，商务印书馆，1935。

足的发展，封建地租也随着增长。而地租额的增长，“必然要引起被剥削者和剥削者对抗的日益加深，使他们之间的斗争日益加剧。同时这种增长又会使剥削者为占有封建地租份额的多寡的斗争尖锐化”①。由于地主阶级的残酷压迫和榨取，致使两浙路的贫苦农民在死亡线上挣扎，民怨沸腾。如景定四年（1263年）的两浙路呈现如下景象：“租入之时，佃不乐输，民有逃去。官府责之庄官，庄官责之卖户，叫嚣东西，隳突南北。卖户罄一岁之所入，亦不足以陪其所抑。官吏诛求，百般苛取，则又不止此数。豪家富户，皆为罄室之垂，下户细农，胥作沟中之瘠。怨声载道，怒气干霄。”② 为此，以佃农为主体的广大贫苦农民奋起反抗，经常开展各种形式的反抗地主的斗争。夺取地主浮财和抢米风潮就是农民反抗斗争的一种重要形式。

高宗时，衢州饥民俞八，因不堪地主徐三的压榨，纠集同保农民，拿起棍棒作武器“与佃主徐三不足”，“持杖劫夺谷米，不计数目”；而且，采用暴力手段擒捉徐三等同往祠神烧香。继而，饥民群众又擂鼓聚众，“结集徒伴至一千余人，前去严州（地）界虏劫财物，烧毁寿昌县等处仓库”，杀地主、分财物、“拒抗官军”③，这已是从一般的抢米斗争发展为武装起义了。

有些农民以“借粮”为名，打开地主老财家的粮仓，强行抢夺粮米。如孝宗时，两浙饥民成群结队闯到地主家里，以“借粮”为名，强迫地主交出钱米。乾道四年（1168年），东南地区“诸道间有荒歉之所，饥民乘势劫取富民廪谷”④。有些被地主阶级称为“奸民”的佃户，“幸遇丰年，粗得无事，岁收稍不能给，

---

① ［苏］波尔什涅夫：《封建主义政治经济学概要》，95页，北京，生活·读书·新知三联书店，1958。

② 俞希鲁：《至顺镇江志》卷六《赋税·秋租》，246页，南京，江苏古籍出版社，1999。

③ 徐松：《宋会要辑稿·兵》，6977页，北京，中华书局，1957。

④ 徐松：《宋会要辑稿·兵》，6980页，北京，中华书局，1957。

数十为群，江湖商贾，村野居民，即被剽掠，甚至杀伤”①。有些府县的山区农民，迫于灾荒，难以活命，就成群结队采取突然袭击的办法，到地主田里强行割禾，或者到有钱人家抢粮。如嘉定九年（1216年）九月三十日臣僚言：因当年夏天江浙地区发生大旱灾，“浙东数郡，多是山田，非水乡富饶之比，今岁颇觉艰食，比台之黄岩、婺之东阳二邑，啸集作过，率是取粮于富室，强刈人田禾”②。次年，在两浙的许多州县更发生了大规模的武装抢米风潮：“天台饥甿结集，恶少以借粮为名，恐吓强取财者相继，交斗互敌，杀伤甚多。若衢、婺、饶、信，亦浸渐有此。今不早为之所，将恐其党愈增，其凶愈炽。”③ 到理宗景定二年（1261年），两浙诸州县先后发生了特大水灾，饥民云集，民情汹汹，持械抢粮，直至强行劫夺官军武器，和官军发生大规模的流血冲突：“先是五六月水灾，止及湖、秀，及七月之水，则并吴田为壑，三数郡之人，皇皇然救死之不赡。……浙右饥民，有聚众借粮者，有持械发窖者，有劫夺军器船者，骎骎至于杀人矣。”④ 南宋统治者为平息饥民的暴动，采取了欺骗、引诱、分化瓦解和武装镇压的反动政策，“乞颁告诸路监司郡守，督促巡尉日下收捕，务令息绝。渠魁置之典宪，胁从许之自新”⑤。“近遣朝绅赈恤，且调戈船巡警，又命大将收其伉健材武者为兵，所以防微杜渐者至矣。”⑥ 南宋时的两浙，由于是京畿之所在，封建反动势力相对强大，同时南宋统治者对武装抢粮的成群结队的饥民又采取了如上所述的分化瓦解和武装镇压的毒辣手段，因

① 卫泾：《后乐集》卷十三《论围田札子》，27页，上海，商务印书馆，1935。

② 徐松：《宋会要辑稿·食货》，5837页，北京，中华书局，1957。

③ 徐松：《宋会要辑稿·兵》，6991页，北京，中华书局，1957。

④ 刘克庄：《后村先生大全集》卷八十七《进故事·辛酉八月二十日》，746—747页，上海，商务印书馆，1936。

⑤ 徐松：《宋会要辑稿·兵》，6991页，北京，中华书局，1957。

⑥ 刘克庄：《后村先生大全集》卷八十七《进故事·辛酉八月二十日》，747页，上海，商务印书馆，1936。

此两浙地区一些即将爆发的农民起义往往被扼杀在襁褓之中。

宋代两浙以佃农为主体的广大农民群众夺取地主浮财和抢米风潮绝不是孤立的，是当时南方各地相继爆发的抢米风潮的重要组成部分。如北宋徽宗崇宁初，永州“岁饥，盗有强劫人禾而伤其主者”①。大约在高宗绍兴三十年（1160年），四川“岁饥……双流朱氏独闭籴，邑民群聚发其廪”②。福建大约也在同时期爆发了建州“岁饥，民群趋富家发其廪”③的抢米风潮。福建“小民亦群起杀人以取其禾，闾里为之震骇，官吏困于诛捕，……由是佃民之艰食者，百十为群，聚于大家，以借禾为名，不可则径发其廪，又不可则杀其人而散其储”④，使得地主惶恐不安，逃入州城。乾道年间，江西“饶郡大饥，诸处啸聚，开廪劫夺者纷然”⑤。虔州也是“会岁大饥，有持杖盗取民谷者”⑥。信州更有民“劫米而伤主者”⑦。“江西、福建与饶、信荒歉，饥民夺米，几于啸聚”⑧。

四、此起彼伏的抗租斗争

由于两浙路农业生产的不断发展，封建地租也随着不断增长，两浙路的广大农村以佃农为主体的贫苦农民，不堪地主的苛

---

① 葛胜仲：《丹阳集》卷十三《右朝散大夫侍其公墓志铭》，见《全宋文》，77页，上海、合肥，上海辞书出版社、安徽教育出版社，2006。

② 脱脱等：《宋史》卷二百四十七《宗室四》，8758页，北京，中华书局，1977。

③ 脱脱等：《宋史》卷二百四十七《宗室四》，8761页，北京，中华书局，1977。

④ 黄干：《黄勉斋先生文集》卷四《建宁社仓利病》，98—99页，北京，中华书局，1985。

⑤ 董渭：《救荒活民书》卷二《治盗》，39页，北京，中华书局，1985。

⑥ 脱脱等：《宋史》卷三百《陈从易传》，9978页，北京，中华书局，1977。

⑦ 徐松：《宋会要辑稿·兵》，6950页，北京，中华书局，1957。

⑧ 徐松：《宋会要辑稿·食货》，5735页，北京，中华书局，1957。

租剥削、巧取豪夺，开展了轰轰烈烈各种形式的抗租斗争。

有些地区的佃农因力量敌不过封建恶势力，就采取比较温和、灵活的方式进行抗租，即通过报荒瞒产的办法不给地主交租。如“嘉兴府德化乡第一都纽七者，农田为业，常恃顽抵赖主家租米”。南宋宁宗嘉泰元年（1201年），他种了八十亩（约53333.33平方米）早稻，收割完毕之后，“囤谷于柴稊之侧，遮隐无踪”，却向官府报告灾伤。其弟钮十二，第二年“亦种早稻八十亩藏谷于家”，却又故意装出“怨天尤地”的样子，以年成不好为借口，拒绝给地主交租。① 在杭州、湖州住过的晁补之在《鸡肋集·视田》中的诗句——“庄奴不入租，报我田久荒”②，指的正是这种情况。

有些佃农于春夏耕种收割之后、秋冬交租时就联合起来采取逃亡的办法，不给地主交租。如理宗景定四年（1263年），“租入之时，佃不乐输，民有逃去”③。

有的佃农由于拒绝向地主交租，地主就向官府控告，结果佃户惨遭地主毒打，直至被夺回土地。如在嘉兴府一带，“佃户靳输主（户）租，讼由此多”。君（指高元常）揭而书之曰：“田（佃）人田，啬其入。”结果，佃农被“杖”，而且被“夺田”。④ 佃农对那些大斗收租、作恶多端的地主是恨之入骨的，因此把自己的生死置之度外，采用暴力手段，置地主于死地，如“婺州富人卢助教，以刻核起家。因至田仆之居，为仆父子四人所执。投置杵臼内，捣碎其躯为肉泥”。结果，该田仆被官府拘捕，后早遇大赦出狱，“复登卢氏之门，笑侮之曰：‘助教何不下庄收

---

① 鲁应龙：《闲窗括异志》，13页，北京，中华书局，1985。

② 晁补之：《鸡肋集》卷五《视田五首赠八弟无斁》，440页，台北，商务印书馆，1983。

③ 俞希鲁：《至顺镇江志》卷六《赋税·秋租》，246页，南京，江苏古籍出版社，1999。

④ 晁补之：《鸡肋集》卷六十五《奉议郎高君墓志铭》，960页，台北，商务印书馆，1983。

谷？’”①。南宋金华佃农对地主采取的这种大长劳动人民志气、大灭地主老财威风的断然举动，成为历史上佃农抗租斗争的佳话。

有些地区的佃农为了进行有效的抗租斗争，已意识到分散的个人抗租力量不足，因此就联合起来，一致约定强行不给地主交租。大约在乾道八年（1172 年），湖州一带“土俗，小民悍强，甚者数十人为朋，私为约，无得输主户租”②。

有的佃农因不堪忍受地主大斗收租的榨取，就联合众人采取武装暴力行动，杀死地主全家，焚烧地主的房子。如宁宗庆元五年（1199 年），吴兴一带“有纠合凶人，尽戕主家而火其庐”③的佃客暴动。在宋代的两浙路，由于“府第庄干”对佃农“刻核太甚，民怨入骨，往往结集拒捕”，终于在秀州德清县爆发了佃农反对“府第庄干”即官僚庄田干人大斗收租而要求“降斗”的斗争。④ 这种“降斗”斗争，集中反映了广大佃农的切身利益。所以，起义爆发后，广大农民纷纷前来参加，最后发展为数万人参加的武装起义。

宋代两浙的佃农抗租斗争开始是把矛头首先对准地主阶级的，但是由于豪富地主及其府第庄干为了镇压佃农的抗租斗争勾结官府的巡尉司，封建官府派兵捕杀佃农，因此由佃农的抗租斗争而发展为对官军的战斗。“浙右沃壤，富贵人多置庄产，强干例嘱巡尉司以捕盗者捕租户，既而又以监租为名，不取其余租而阴谋囚死之，以立威乡落，岁不知几人。……乡落因其然，惩见

① 洪迈：《容斋三笔》卷十六《多赦长恶》，见《容斋随笔五集》，147 页。

② 吕祖谦：《东莱吕太史文集》卷十《薛常州墓志铭》，见《吕祖谦全集》，165 页，杭州，浙江古籍出版社，2008。

③ 袁燮：《洁斋集》卷十八《侍御史赠通议大夫汪公墓志铭》，297 页，北京，中华书局，1985。

④ 黄震：《黄氏日抄》卷七十《申提刑司乞免一路巡尉理索状》，680 页，台北，商务印书馆，1983。

捕者之无生还也，或举族连村尽死以拒捕，往往至杀伤。”① 理宗时，平江府吴县（今江苏苏州市吴中区）的巡尉司，经常帮助豪富地主搜捕欠租的佃客，激起了佃客的反抗。他们纷纷“群起拒捕”，官兵“追愈急”，佃客则“拒愈甚”；佃客“拒愈甚”，则官兵“追愈暴”。在官兵“追”与佃客“拒”的剧烈搏斗厮杀中，不仅“田主、租户交相敌仇”，“官司人户亦交相敌仇”。② 上述史实充分说明两浙佃农抗租斗争的矛头不仅针对豪富地主及其府第庄干，同时还把斗争锋芒直指封建官府。这是历史上阶级斗争的新现象、新特点。

和抢米风潮一样，宋代特别是南宋，两浙佃农的抗租斗争绝不是孤立的，是当时全国各地抗租斗争的重要组成部分。如淳熙六年（1179 年），广西爆发的李接起义，曾“出榜约不收民税十年”③，即免除十年的全部捐税和租赋。同时，当时的江东、江西、福建、湖南等地都陆续爆发了和两浙地区互为呼应的抗租斗争。

余　　论

宋代两浙路以佃农为主体的广大农民群众，在正额地租的征敛、额外地租的榨取之下，在死亡线上挣扎，因此不断展开了抢米风潮和抗租斗争，充分反映了广大贫苦农民对封建地主阶级和封建制度的深仇大恨和剧烈反抗。虽然这些布满各地的经常性的小规模的斗争由于当时种种主客观原因不能够联合起来，汇成一股势不可挡的起义洪流，从根本上摧毁封建所有制，但是通过这

① 黄震：《黄氏日抄》卷八十四《通新宪翁丹山书》，859 页，台北，商务印书馆，1983。

② 黄震：《黄氏日抄》卷七十《再申提刑司乞将理索归本县状》，682—683 页，台北，商务印书馆，1983。

③ 黎靖德：《朱子语类》卷一百三十三《本朝七・盗贼》，3187 页，北京，中华书局，1986。

些斗争，有力地打击了地主阶级的凶焰，迫使地主阶级做出了一些让步，使其不能够任意地增加地租，佃户的人身隶属关系也得到了某些减弱，封建剥削形式也有了某些改变，使得以佃农为主体的农民群众的生产积极性有了增长，促进了农业生产的发展。在农业生产发展的基础上，城市工商业活跃，许多科学技术有了进一步提高。斗争激烈的一些地区，有时会直接导致农民起义的爆发。南宋农民起义频繁，与此有很大的关系。宋代两浙广大农村的抢米风潮和抗租斗争，是农民反封建斗争重要的斗争方式，也是农民阶级反对地主阶级斗争的重要组成部分，是宋代阶级斗争的一个缩影。抢米风潮和抗租斗争是在“均贫富，等贵贱”“平均”“不收民税十年”等口号下进行的，是在长期以来中国封建社会的农民起义有力地打击了地主阶级对农民人身奴役制度之后阶级斗争的新发展，斗争矛头直指封建所有制，因而是封建制度开始走向衰落的征兆，充分反映了宋代封建经济发达的两浙地区租佃制充分发展情况下阶级斗争的新动向和新的时代特色，其意义是不容低估的。

宋代浙江经济大发展的原因探析[①]

宋代经济文化的高度发展和全面繁荣在中国封建社会中可以说是空前绝后的，而“两浙之富，国用所恃，岁漕都下米百五十万石，其他财赋供馈不可悉数”[②]。“朝廷经费之源，实本于此。”[③] 到南宋时，“高宗南渡，虽失旧物之半，犹席东南地产之饶，足以裕国”[④]。宋代的浙江无论是农业生产的发展、手工业的发达、商业的繁荣、海外贸易的兴盛，在全国都居于举足轻重的地位。宋代浙江的经济之所以能够得到如此之大发展，达到中国封建社会之最高的境界，绝不是偶然出现的，而是有其深刻的历史根源和社会原因的。本文试从十个主要方面进行探析。

一、吴越国钱氏集团对浙江的开发经营，为宋代浙江经济的全面发展奠定了基础

浙江从远古时代开始一直到三国东吴以前漫长的岁月里，就其经济发展的总体来说，是落后于黄河流域的。但是，在三国东

---

① 原载《浙江学刊》1988 年第 3 期。

② 苏轼：《苏轼文集》卷三十二《进单锷吴中水利书状》，916—917 页，北京，中华书局，1986。

③ 徐松：《宋会要辑稿·食货》，4927 页，北京，中华书局，1957。

④ 脱脱等：《宋史》卷一百七十三《食货·农田》，4156 页，北京，中华书局，1977。

吴、东晋南朝和吴越国时期，由于相对安定的政治局面，使经济文化得到了迅速发展。特别是吴越国以钱镠为首的钱氏集团，据有两浙十三州一军之地（今浙江全部、江苏南部、福建福州一带），为了巩固他们的统治，始终把发展经济放在首位，采取了一系列措施，使吴越境内各方面都取得了显著的成绩，特别是经济、文化都有较大的发展。所以苏轼说："其民至于老死不识兵革，四时嬉游歌鼓之声相闻，至于今不废。"① 叶适也认为"吴越之地，自钱氏时独不被兵，又以四十年都邑之盛，四方流徙，尽集于千里之内，而衣冠贵人，不知其几族，故以十五州（实十三州一军）之众，当今天下之半"②，因而出现了"钱塘富庶，盛于东南"③"吴越地方千里，带甲十万，铸山煮海，象犀珠玉之富，甲于天下"④ 的繁荣局面。因此，到北宋时，有"东南诸郡，饶实繁盛"⑤"今之沃壤，莫如吴越、闽蜀"⑥ 之说。历史的发展是不能割断的，是具有继承性、连续性的。宋代浙江经济之所以能够得到大发展，是和吴越国经济的发展有着密切的继承关系的。

二、赵宋统治者采取了发展东南的一系列措施，为浙江经济的发展开辟了道路

宋初统治者对唐政府的财政收入"江南居十九"⑦ 的认识是

① 苏轼：《苏轼文集》卷十七《碑》，499页，北京，中华书局，1986。

② 叶适：《水心先生别集》卷二《民事中》，707页，北京，线装书局，2004。

③ 司马光：《资治通鉴》卷二百六十七《后梁纪二》，8726页，北京，中华书局，1956。

④ 苏轼：《苏轼文集》卷十七《碑》，499页，北京，中华书局，1986。

⑤ 脱脱等：《宋史》卷三百〇七《范正辞传》，10060页，北京，中华书局，1977。

⑥ 王应麟：《玉海》卷十七《郡国》，《禹九州田赋》，323页，南京、上海，江苏古籍出版社、上海书店出版社，1987。

⑦ 董诰：《全唐文》卷五百五十五《韩愈·送陆歙州诗序》，5612页，北京，中华书局，1983。

非常清楚的。因此，早在宋太祖统一全国的过程中就决定先取经济发达的南方诸国来发展壮大自己，以便有足够的力量对北汉、辽用兵。北宋统一后，赵宋统治者制定和采取了一系列发展东南经济的政策措施。

首先，革除苛政暴敛，相对减轻赋税，先后蠲除身丁钱，并且广招流寓，增加劳动力。吴越国时期，税制混乱，到北宋初年，压在农民身上的赋税仍然十分繁重，因此赵宋统治者在全国统一初期，对此就给予密切的关注。太平兴国三年（978 年），即吴越归宋的当年，就命考功郎中范旻权知两浙诸州事。赴任后，范旻鉴于“钱氏据两浙逾八十年，外厚贡献，内事奢僭，地狭民众，赋敛苛暴，鸡鱼卵菜，纤悉收取”，“民苦其政”的状况，“悉条奏，请蠲除之。诏从其请”①。吴越时，田税苛重，两浙田税亩三斗。吴越归宋后，“朝廷遣王方贽均两浙杂税，方贽悉令亩出一斗。使还，责擅减税额。方贽以谓：‘亩税一斗者天下之通法，两浙既已为王民，岂当复循伪国之法?’上从其说”②。太宗淳化元年（990 年）九月，诏江浙等路，召集游民劝其耕种，“均其租，每岁十分减其三”③。真宗大中祥符四年（1011 年）秋七月下诏：“其两浙、福建、荆湖南北路身丁钱并特除放。如有元以钱折征物色，亦与除放。凡岁免缗钱四十五万四百六贯。”天圣十年（1032 年），两浙转运司云：“大中祥符五年（1012 年），已放诸路身丁钱，而婺、秀州尚输如故。乃蠲除之。”④ 开禧元年（1205 年）十二月二十一日诏：“朕指（宁宗）惟方今大计，在宽民力，眷兹二浙，实拱行都，尤当优恤，以厚根本。况承平岁久，生齿日繁，程其赋租之余，重以身丁之敛，

---

① 李焘：《续资治通鉴长编》卷十九，428 页，北京，中华书局，1979。

② 沈括：《梦溪笔谈》卷九《人事一》，84 页，上海，上海书店出版社，2003。

③ 徐松：《宋会要辑稿·食货》，4809 页，北京，中华书局，1957。

④ 陈傅良：《止斋文集》卷二十六《乞放身丁钱札子》，9 页，上海，上海书店出版社，1989。

吏弗加省，民输益艰，……其两浙路身丁钱绢可自开禧二年并与除放。”[①] 南宋高宗即位，“命有司招诱农民，归业者振贷之，蠲欠租，免耕牛税”；“淮北之民襁负而至，亦可给田，以广招徕之意”。[②]

其次，奖励垦荒，发展农桑。乾德四年（966 年），太祖下诏：“所在长吏谕民，有能广植桑枣、垦僻荒田者，止输旧租，县令、佐能招徕劝课，致户口增羡、野无旷土者，议赏。诸州各随风土所宜，量地广狭，土壤瘠确不宜种艺者，不须责课。”[③] 为了奖励蚕桑，还明文规定“民伐桑枣为薪者罪之：剥桑三工以上，为首者死，从者流三千里；不满三工者，减死配役，从者徒三年”[④]。保护和奖励种桑，直接关系到生丝的增产，保证丝织业原料的来源，对丝织业的发展起了很大的促进作用。

再次，兴修水利。宋代浙江的水利建设超过了唐代的一倍左右[⑤]。仁宗时，“诏诸州长吏、令佐能劝民修陂池、沟洫之久废者，及垦辟荒田，增税二十万已（以）上，议赏”[⑥]。北宋时，浙江较大规模的水利建设就以江南海塘、钱塘江堤的兴修，西湖、东钱湖和鉴湖的疏浚所取得的成就为著。特别是到南宋时，浙江兴修水利更是“富于中原”。兴修水利的结果是既扩大了灌溉面积，又能防止水旱灾害，确保农作物的增产和丰收。

---

① 徐松：《宋会要辑稿·食货》，6217 页，北京，中华书局，1957。

② 脱脱等：《宋史》卷一百七十三《食货·农田》，4169—4171 页，北京，中华书局，1977。

③ 脱脱等：《宋史》卷一百七十三《食货·农田》，4158 页，北京，中华书局，1977。

④ 脱脱等：《宋史》卷一百七十三《食货·农田》，4158 页，北京，中华书局，1977。

⑤ 李剑农：《宋元明经济史稿》，19 页，北京，生活·读书·新知三联书店，1957。

⑥ 脱脱等：《宋史》卷一百七十三《食货·农田》，4165 页，北京，中华书局，1977。

三、国家的统一、人民群众的反抗斗争和佃农人身依附关系的减轻及统治阶级的改革，都有利于浙江社会经济的发展

北宋的统一，使农民和手工业工人获得了比唐末五代要安定得多的生产环境，虽然他们所受的赋税剥削要比唐代和五代十国时繁重，但这安定的社会环境极有利于农业、手工业的发展。

人民群众的反封建斗争，是推动社会前进的动力之一。北宋方腊起义沉重地打击了浙江等地的地主阶级，一方面使阶级关系发生了一些重大变化，另一方面随着大土地所有制的削弱、自耕农的增多，土地高度集中和农民大量破产逃亡的状况有了一定程度的缓和，佃客的地位随之也有了某些改变，人身依附关系相对有所削弱，这些都为宋代浙江经济的大发展创造了有利的条件。

浙江地区以佃农为主体的广大农民群众不堪地主阶级的高额地租剥削，展开了如火如荼的抢米风潮和抗租斗争。由于当时种种主客观原因，还不能联合起来汇成一股势不可挡的起义洪流，从根本上摧毁封建所有制，但使地主阶级惊呼“将恐其党愈增，其凶愈炽”①；“尚不禁戢，则啸聚猖獗，其患有不可胜言”②；“顷岁德清县降斗之事，尝烦官兵，今非昔比，尤当预戒”③。这些都充分说明浙江佃农的抗租斗争给予了地主阶级沉重的打击。面对此起彼伏的抢米风潮和抗租斗争，迫使地主阶级做出了一些让步，使地租剥削保持较低的租率，佃户的人身隶属关系也得到了一定程度的减弱，封建剥削形式也有了某些改变，使得以佃农为主体的农民群众的生产积极性也有了增长，同时迫使统治阶级进行了一些改革。北宋中期，王安石在浙江鄞县（今浙江宁波市

---

① 徐松：《宋会要辑稿·兵》，6991 页，北京，中华书局，1957。

② 董渭：《救荒活民书》卷二《治盗》，39 页，北京，中华书局，1985。

③ 黄震：《黄氏日抄》卷七十《申提刑司乞免一路巡尉理索状》，680 页，台北，商务印书馆，1983。

鄞州区）的变法尝试及其后来变法中的若干措施在浙江的推广，在一定程度上调动了农民的生产积极性，对浙江社会经济的发展起到了一定的促进作用。

四、南宋抗战派和全国军民同心协力进行抗金斗争，保卫了浙江，使人民得以恢复生产，发展经济

宋代民族矛盾尖锐，边患严重，女真贵族不断派兵南下，企图灭亡南宋。南宋抗战派和全国军民同仇敌忾，奋起抗金，把金兵挡在东起淮水、西至秦岭以北，使他们不能长驱南下，使得南方有一个相对安定的局面。浙江的劳动人民和北方的流民虽然面对南宋统治者残酷的剥削和压迫，但是大敌当前，为了民族的生存，忍受着阶级压迫的痛苦，创造了大量的财富。同时，南宋统治者为了维护封建政权的生存，为了支付一切巨额军政费用的支出及奢侈腐化生活的需要，不得不实行一系列有利于恢复和发展生产的措施，诸如奖励垦荒、清丈田亩、安集流散、兴修水利等，使南宋初的生产条件有了一定程度的改善。在南北劳动人民的共同努力下，浙江的社会经济取得了迅速的恢复和发展。

五、北方人士纷纷南下为浙江增加了大批劳动力，促进了浙江经济的大发展

经济的发展与人口的增减有着密切的关系。自吴越以来，浙江境内相对安定。陈亮说："当唐之衰，而钱镠以闾巷之雄起王其地，自以不能独立，常朝事中国以为重。及我宋受命，俶以其家入京师而自献其土，故钱塘终始五代被兵最少，而二百年之

间，人物日以繁盛，遂甲于东南。”① 特别是到了北宋末年，北方人民不堪女真贵族的蹂躏，纷纷南迁，“四方之民，云集二浙，百倍常时”②。如南渡前徽宗崇宁元年（1102 年），两浙路人口 373441 人，到南渡后的高宗绍兴三十二年（1162 年）就达到 4327322 人，60 年中增加了 3953881 人。其中，除浙江本地土生土长增加的人口以外，北方和西北地区的流寓要占大多数，正如李心传所指出的“辐辏骈集，数倍土著”③。在大批的南流人口中，除皇室贵族、官僚地主、军队之外，还有为数众多的文人学士、大小商贾，而更多的则是农民和手工业者。他们的南迁不仅为浙江增加了大批劳动力，还带来了先进的生产技术，对浙江农业、手工业和商业的发展无疑起了巨大的促进作用。大批文人的南来，不仅开导了南宋一代学术文化的先河，同时对浙江经济的繁荣和发展起了直接或间接的作用。

六、稻麦的普种，棉、桑、蔗、茶等经济作物的全面经营，有力地促进了浙江经济的全面发展

水稻是宋代最主要的粮食作物，宋代的浙江普遍种植了水稻。农民在种植水稻的实践中还培育了许多新品种，仅两浙路六七个州县就有籼稻、粳稻 140 多种及糯稻 50 多种。北宋时，移植到我国南方的占城稻也在各州县普遍推广种植。更重要的是，宋代的浙江不仅普种水稻，还增加了新的粮食品种——麦子。北宋时，南方已开始种麦，但并不普遍。宋室南渡后，由于北方人

① 陈亮：《陈亮集》卷一《书疏·上孝宗皇帝第一书》，7 页，北京，中华书局，1974。

② 李心传：《建炎以来系年要录》卷一百五十八，2573 页，北京，中华书局，1956。

③ 李心传：《建炎以来系年要录》卷一百七十三，2858 页，北京，中华书局，1956。

士纷纷南下，北方人爱吃面食，因而社会上对麦子的需要量激增，麦价提高，倍于稻谷。不仅如此，官府或地主在南宋末期以前均不收取麦租，“佃户输租，只有秋课，而种麦之利独归客户”①。难怪先后担任过浙江、江西地方官的黄震不无感叹地动员百姓普种麦子：“近世有田者不种，种田者无田，尔民终岁辛苦，田主坐享花利。惟是种麦不用还租，种得一石是一石，种得十石是十石。又有麦秆，当初夏无人入山樵采之时，可代柴薪，是麦之所收甚多也。”② 由于种麦大获其利，极大地调动了广大农民种麦的积极性，所以南宋时的浙江“竞种春稼，极目不减淮北”③。加之粟、黍、豆等农作物的普遍推广，所有这些对粮食增产都具有重大的意义。

宋代的浙江还大力发展多种经营，“耕桑之外，令益树杂木蔬果，孳畜羊犬鸡豚”④，能做到棉、桑、蔗、茶、麻、水果、养花、蔬菜等经济作物的全面经营。这不仅对农业生产的全面发展具有重要意义，还直接促进了手工业生产的发展和市场的繁荣兴旺及海外贸易的扩展。

七、先进农业科学的应用和耕作技术的改进与推广极大地推动了浙江经济的大发展

宋代农业科学的总结和应用、先进生产技术的改进与推广以浙江最为突出。特别是吴兴一带的农民，“开荒垦洼”种植水稻和各种经济作物及杂粮、蔬菜，都能够充分利用土地，做到“耕

① 庄绰：《鸡肋编》卷上，36页，北京，中华书局，1983。

② 黄震：《黄氏日抄》卷七十八《咸淳七年中秋劝种麦文》，809页，台北，商务印书馆，1983。

③ 庄绰：《鸡肋编》卷上，36页，北京，中华书局，1983。

④ 脱脱等：《宋史》卷一百七十三《食货·农田》，4160页，北京，中华书局，1977。

无废圩，刈无遗陇”①。南宋时，陈敷的《农书》是两浙路农民深耕细作获得粮食高产的经验总结。书中详细介绍了两浙各地施肥的方法，对所谓“田土种三五年，其力已乏”的“地力减退论”进行了有力的驳斥，并且指出只要用施肥的办法对土地进行治理，土壤就会更加精熟肥美，地力可以保持长久。书中还指出，婺州、衢州的农民，家家户户都收拾积蓄粪土，门前屋后堆成一座座小山，市井街巷之间扫拾无遗，致使土膏肥美，稻根耐旱，米粒精壮。高斯得在《耻堂存稿》中也云：“浙人治田，比蜀中尤精，土膏既发，地力有余，深耕熟犁，壤细如面。故其种入土，坚致而不疏，苗既茂矣，大暑之时，决去其水，使日曝之，固其根名曰靠田（即搁田或拷田）。根既固矣，复车水入田，名曰还水，其劳如此。还水之后，苗日以盛，虽遭旱暵，可保无忧。其熟也，上田一亩收五六石。故谚曰：‘苏湖熟，天下足。’虽其田之膏腴，亦由人力之尽也。”② 先进农业科学技术的推广，优良品种的培育和耕作技术的精益求精，有力地促进了浙江农业生产的发展和水稻单位面积产量的提高。明州城西广德湖周围七乡民田亩产稻谷六七石③，不仅是宋代全国亩产的最高纪录，还达到了中国封建社会亩产的最高水平，这是浙江农业经济高度发展的重要标志。

八、坚持对外开放政策，积极发展海外贸易，中外经济文化交流频繁，极大地推动了浙江经济的发展

两宋时期，在客观上，一方面由于我国东南地区农业、手工

① 吴泳：《鹤林集》卷三十九《杂著》，7页，上海，商务印书馆，1935。

② 高斯得：《耻堂存稿》卷五《宁国府劝农文》，99页，上海，商务印书馆，1935。

③ 徐松：《宋会要辑稿·食货》，4928页，北京，中华书局，1957。

业的发展与海上交通的进步，另一方面由于以前对外贸易的西北陆路交通先后遭辽、西夏和金的阻碍，需要坚持对外开放的政策，积极发展海外贸易；在主观上，宋朝政府为了增加财政收入并收购进口货物来满足皇室贵族、官僚地主奢侈腐化生活的需要，因此一直坚持对外开放政策，积极发展海外贸易。据《岭外代答》和《诸蕃志》的记载，当时就有五十多个国家和地区与中国通商。北宋先后在广州、杭州、明州、泉州、密州板桥镇及秀州华亭县等六处设置市舶司或市舶务。到南宋时，南宋政府为了解决财政困难，始终把鼓励对外贸易当作一项立国的基本国策。南宋对外开放最大的市舶司有杭州、广州、明州、泉州、秀州、温州等六处，浙江就有四处，占了三分之二。特别是明州、杭州、温州，成为对高丽、日本经济文化交流的主要门户。当时，明州是国际通商的主要口岸。日本、高丽输入的商品以木材、黄金、硫黄、水银、人参、药材最多，其次是各种布匹、漆、铜器、武器、虎皮、折扇、纸、墨和各种工艺品，通过明州港输往国内各地。日本的木材大量被用于建筑房屋与造船。如南宋时明州天童寺千佛阁、阿育王寺舍利殿的楹柱及孝宗在临安宫内修建的翠寒堂，都用了日本的木材。从中国输往日本和高丽的商品主要是瓷器、铜钱、丝绸、香料、药材、腊茶、书籍、文具等。

宋代外商来明州贸易的除日本、高丽外，还有真里富（今柬埔寨西南部）、占城（今越南南部）、阇婆（今印度尼西亚爪哇岛或苏门答腊岛，或兼称二岛）、大食（原为伊朗对阿拉伯一部族之称，后为中国唐、宋时期对阿拉伯人、阿拉伯帝国的专称和对阿拉伯、伊朗穆斯林的泛称）等国。《乾道四明图经》里记载了当时明州海外贸易的盛况："南则闽广，东则倭人，北则高句丽，商舶往来，物货丰衍。"

杭州也是南宋对外贸易的四大港口之一，杭州城东二十五里的澉浦镇，是对外贸易的著名商港，海面上桅樯林立、船舶云集。这些海船大多从明州、越州、温州、台州而来，或者来自日本、高丽、印度等国。当时，国外各种番品南货、珍异饰物、奇葩珍卉，源源运至临安。番货中以香药为大宗。绍兴四年（1134年），命番商之以香药至者十取其四。绍兴十七年（1147年）诏以沉香、豆蔻、龙脑之属，号细香药者，十取其一。①

温州的海外贸易也十分发达。当时，广州、泉州、杭州、明州等地的商船不断地来温州贸易，温州商船也不断出入东南沿海的各个港口。日本、高丽的商人也不断来温州贸易，温州也有商船去日本、高丽贸易的史载。“其货纤靡，其人多贾。”②

总之，对外开放政策的推行，促使宋朝与当时世界上的其他国家和地区的经济贸易、文化交流更为频繁，并且有力地促进了当时浙江经济的发展。

九、联结城乡纽带的镇市的勃兴，沟通了城乡物资的交流和商品的流通，推动了浙江经济的发展

宋代浙江农业、手工业和商业的进一步发展，使农村也有了商业活动，并且具有一定的广度和深度，不仅地主经商十分普遍，小农以至乡村下户也兼事“营运”。他们将自己的农产品和手工业品，诸如粮食、布帛、药材、牲畜、家禽、家畜、柴炭、竹木、蔬菜、水果及铁制、竹木农具等都投放到市场上交换。因此，集市或草市在浙江广大农村星罗棋布，为促进农村居民与市场的联系创造了有利的条件，促进了商品货币关系对农村生活的渗透。有些草市或墟、集在交换发达的基础上，逐渐发展成固定的镇市。这些镇市和草市的商品交换是城乡联系的纽带和桥梁。它一方面使农副产品商品化程度提高，另一方面也促使部分农村居民从事工商业活动。随着商业的繁荣，城乡经济交换的频繁，

① 李心传：《建炎以来朝野杂记》甲集卷十五《市舶司本息》，217页，上海，商务印书馆，1936。

② 程俱：《北山小集》卷二十二《席益差知温州》，4页，上海，上海书店出版社，1934。

介于城市和乡村之间的镇市在两浙地区迅速发展起来。如临安城外出现了浙江市、北郭市、江涨东市、湖州市、江涨西市、半道红市、西溪市、赤山市、龙山市、安溪市、范浦镇市、汤村镇市、临平市、南土门市、北土门市等十五个镇市，使南渡以来的杭州“户口蕃盛，商贾买卖者十倍于昔，往来辐辏，非他郡比也”①。

南宋时期，明州地区的镇市也大批出现。鄞县有一镇八市，定海县有一镇三市，奉化县（今浙江宁波市奉化区）有二镇四市，慈溪县（今浙江宁波市慈溪市）有一镇六市，象山县有一镇一市，昌国县有一镇，总计有七镇二十二市。台州地区有三镇十六市，如临海县有七市，黄岩县有五市，仙居县有五市。婺州、绍兴府一带的镇市也蓬勃发展起来。吕祖谦在淳熙元年（1174年）从金华到会稽（绍兴），描绘了沿途镇集繁衍热闹的景象。②刘宰于端平元年（1234年）退居家乡，晚年在《丁桥大霄观记》里记载了他的家乡浙西路镇江府（润州升）金坛一带集市商品交换的盛况是“今夫十家之聚必有米盐之市”③。宋代两浙路的镇市作为商品经济的重要阵地，影响并促进了农村居民进一步与市场的联系，从而使农副产品大量进入市场，手工业者和经商者进入市场的也多了。虽然它还没有力量动摇自然经济的统治地位，但它使两浙路固有的自然经济的牢固性、严密性开始松动，为明中叶资本主义萌芽首先在东南两浙一带开始出现创造了条件，其意义是不可低估的。

两浙路许多镇市因商品经济的发展，商品交换发达，税收猛增，有的甚至超过原在的州县。如鄞县一镇八市，税收在数千贯

① 吴自牧：《梦粱录》卷十三《两赤县市镇》，114页，杭州，浙江人民出版社，1980。

② 吕祖谦：《吕祖谦全集》卷十五《入越录》，225—231页，杭州，浙江古籍出版社，2008。

③ 刘宰：《漫塘文集》卷二十三《丁桥太霄观记》，17页，台北，商务印书馆，1986。

至一万贯不等；秀州的青龙镇、湖州的安吉场，税收都在一万贯以上。宋代商税在财政收入中占很大比重，远远超过前代。南宋两浙诸镇市的商税又较北宋增加。如建炎初，杭州附近各镇市商税的收入情况是浙江市 81810 贯，旧额［指熙宁十年（1077年），下同］26446 贯；龙山市 36968 贯，旧额 2992 贯；江涨桥镇 45017 贯，旧额 2805。① 商税的征收像一面镜子映照出商品经济的水平，这些镇市税收占浙江税收很大比重。湖州管辖的乌墩、梅溪、四安等镇都是人烟繁盛、商品交换发达的地方，有的镇市甚至比县城还大。有些镇市的发展还打破了原来镇、县的布局，如诸里枫桥镇被提升为县治，充分说明这些镇市已发展为商业繁华的市场，也反映了两浙人口繁盛和地方税收的大幅度增加。

在镇市勃兴发展的基础上，南宋初年全国出现了号称繁盛的大都市，浙西有十四个，浙东九个，江东八个，江西、福建各四个，湖南一个，② 共四十个，而两浙路就有二十三个，竟占全国的百分之五十八，足见浙江镇市勃兴为全国之最，这对促进两浙社会经济的发展起了举足轻重的作用。

十、两浙得天独厚的地理环境和优越的自然条件对经济的发展起着一定的保护作用

宋代浙江的府、州、县级名称虽屡有变更，但无论是北宋还是南宋，其区域范围始终未变。据《宋史・地理志》记载，“南渡后，复分临安、平江、镇江、嘉兴四府及安吉、常、严三州、江阴一军为浙西路，绍兴、庆元、瑞安三府及婺、台、衢、处四州为浙东路。”凡统属府七、州七、军一，基本上包括今浙江全

---

① 潜说友：《咸淳临安志》卷五十九《商税》，636 页，台北，商务印书馆，1983。

② 李心传：《建炎以来系年要录》卷一百〇七，1749 页，北京，中华书局，1956。

部和江苏南部，地处东南沿海，属亚热带，气候温暖湿润，雨量充沛。特别是长江三角洲平原、杭嘉湖平原、宁绍平原、金衢平原、瓯江下游平原，面积占两浙路很大比重。即使是丘陵和山地，海拔也不高，适宜于耕耘种植和开展多种经营。此外，又有纵横交错、星罗棋布的河流湖泊。境内土地肥沃，自然资源丰富，农作物品种繁多，十分有利于农林牧副渔的多种经营和全面发展。由于气候温和湿润，复种指数较高，由于南北劳动人民共同交流南北的先进生产技术和经验，因此此地的生产技术水平也高。又加之有取之不尽、用之不竭的海产资源，富有鱼盐之利，因此此地号称鱼米之乡。这种得天独厚的地理环境和优越的自然条件，为两浙社会经济的发展提供了极为有利的条件。正如斯大林同志指出的："地理环境当然是社会发展的经常和必要的条件之一，而且它无疑是会影响到社会的发展，加速或延缓社会的发展进程。"① 特别是在生产力比较低下、科学技术还不发达的封建社会里，优越的地理环境和自然条件是社会物质生活的必要条件，无时不在影响浙江人民的生产劳动和浙江社会经济的发展。同时，浙江劳动人民在适应、利用自然，不断提离社会生产力的同时，也不断地改造浙江的地理环境和自然条件，从而进一步促进了浙江经济的全面发展。

综上所述，宋代的浙江，由于如上所述的历史的和现实的、主观的和客观的十大原因，造就了浙江农业、手工业、商业、海外贸易的兴旺发达、繁荣昌盛，不仅创造了中国封建社会历史上经济大发展的奇迹，还为明代中叶中国资本主义萌芽首先在东南沿海一带开始出现创造了条件。

---

① 苏共（布）中央特设委员会：《苏联共产党（布）历史简明教程》，155 页，北京，人民出版社，1956。

岳飞所具凝聚力的多层次剖析①

长期以来，对于历史人物的评价尺度总是英雄史观及社会决定论这两个走极端的观念及折中调和观点。如果撇开教条式的一分为二说，我们不难发现那种介于英雄史观和社会决定论间的说法未尝不是公允的评价尺度，关键在于我们如何把握历史人物所处时代的特质及历史人物的本身人格特质。

本文并不想陷入英雄史观和社会决定论互相争斗的泥沼，正如题目所昭示的，我们只想从南宋那个特定的时代、岳飞本人的人格等角度来考察岳飞所具有的凝聚力，以期透视“撼山易，撼岳家军难”的个中缘由。探讨岳飞作为一个领袖如何持久地维持一个抗金群体是本文的旨趣。

一

也许是为了印证“乱世出英雄”的古老格言，历史向我们提供了一个个从乱世中涌现出来的英雄，岳飞的出现也是以宋金战争的混乱为其契机。而探讨岳飞所碰到的机遇和他如何把握机遇，首先需要澄清的却是宋金战争的性质。因为岳飞是这场战争的参与者和领导者，他所领导的群体是宋抗金的主力。战争中宋的正义性与否关系到岳飞的声誉，关系到跟随岳飞的人员的多

① 原载中国社会科学杂志社《未定稿》1989 年第 8 期。

少。简言之，即关系到岳飞凝聚力的强弱。这是因为我们的文化是以“求善”为目标的“道德型”文化，助纣为虐的勾当是人人鄙弃的。因此，确定战争正义性在谁一方就显得十分关键。

发生在12世纪的宋金战争，无论视如民族间战争或视如国家间战争，都不应该成为我们探讨战争性质的障碍。

在确定宋金战争谁为正义时，我们要枚举处于早期奴隶制的金朝在征服经济、文化远较其先进的北宋时所犯下的诸般破坏性行径：

其一，粘罕在大同府活埋三数千人，分散在诸路州县的女真军经常凌虐捶掠当地居民，只要村中有一人从事抗金斗争，便把全村男女老幼屠杀殆尽。①

其二，宋朝奴隶制残余渐趋灭绝，许多奴婢其实也是“雇卖与人”②“本佣雇良民”③，而女真族进来后则大反其道，如金国统治者在华北大生产区强令“前日为主，今则为客”，接着又把这些客户“并籍入官”，使大量的华北农民重新沦为女真贵族的奴隶。④

其三，淮南地区是以“土壤膏沃”著称的。赵构与刘大中对话时说：“淮南利源甚博，平时一路上供内藏库细绢九十余万，其他可知。”而刘大中对曰：“淮南桑麻之富不减京东，而鱼盐之利他处莫比，今荒残可惜。”⑤ 宋金战争，淮南鏖战之地，居民为求生而四处逃散，致使农业全废，一片荒凉。

上述三例为我们下面的立论提供了确凿的依据：宋王朝统治区域内的军民为反抗外来民族的侵略和保障进步的生产方式而进行的抗击活动，无论如何是正义性的行动。正是认识到抗金活动

---

① 邓广铭：《岳飞传》，34—35页，北京，人民出版社，1983。

② 徐松：《宋会要辑稿·刑法》，6569页，北京，中华书局，1957。

③ 李焘：《续资治通鉴长编》卷五十四，1189页，北京，中华书局，1979。

④ 邓广铭：《岳飞传》，392页，北京，人民出版社，1983。

⑤ 李心传：《建炎以来系年要录》卷一百一十九《绍兴八年五月丁未记事》，1929页，上海，商务印书馆，1956。

的正义性，宋王朝统治区域内军民才纷起反抗金侵略者，抗击金军的残暴行径是整个社会的总趋向。因此，尽管最高统治者在和战问题上态度暧昧，抗战的思潮仍以不可遏制的势头渗入社会各阶层。在积极主战的统治群中，有李纲、宗泽、岳飞、韩世忠等文武大臣；在民间，则有红巾军、八字军、五马山寨义军等抗金义军。我们又可以发现这样一个简单的事实：主战派总是受到广大人民的支持，李纲、宗泽等著名抗金将领尽管为最高统治者所不喜，但深得广大人民的爱戴。如当李纲被解职时，太学生陈东即率诸生数百人到宣德门前上书请愿，开封军民数万人起而援之。而与此形成鲜明对比的是，投降派遭到人民的唾弃，如李邦彦虽位居首相，但因他主和，开封军民说其罪恶，并且在他退朝出来时向他投掷砖瓦，其狼狈之状犹如丧家之犬。但是，早期的抗金斗争尚是分散的，政府没有组织起一个强有力的抗金群体，民间的抗金群体互相游离。这正是一个强有力英雄人物出现的必要的肥沃土壤。岳飞面临的机遇便是如此一个极为有利的契机。

当然，在机遇面前，人不能被动地被机遇推来搡去，而应该积极主动地把握机遇，这方面岳飞做得很出色。岳飞一生的最高理想是“尽忠报国”，虽然对“尽忠报国”的内涵可做进一步商榷，但是岳飞爱国是毋庸置疑的。早在1120年尚是一个不起眼的小军官时，他就上书坚决要求抗金。在徽、钦二帝被金北掳、大宋河山沦丧的情况下，岳飞痛心疾首，又深感广大人民中有坚决抗金的情绪，于是亮出“尽忠报国”抗击金军的旗帜。

岳飞亮出的旗帜及其行动契合了人民心中早已具有的抗金情感，从而具有极大的感召力，人民便很自然地聚集在岳飞周围。抗金复国，是人民团结在岳飞周围的原始凝聚力。

也许机遇的出现是随机性的，恩格斯说：“恰巧某个伟大人物在一定时间出现在某一国家，这当然纯粹是一种偶然现象。但是，如果我们把这个人除掉，那时就会需要有另外一个人来代替他，并且这个代替者是会出现的——或坏或好，但是随着时间的推移总是会出现的。"[1] 的确，岳飞最初是偶然地被人民看成抗金思潮的载体，被人民视为抗金复国的象征。人民不管其人如何，单凭岳飞坚决主张抗金便自愿投到他麾下。

但是，机遇的把握不是随机性的，原始的凝聚力也是不持久的，这便不能不进一步探讨岳飞作为个体的人格特质。因为人们固然能凭一时的情绪冲动投入一个群体，但是要长久地维持这个群体必须依赖群体领袖的人格力量。

二

当一个群体形成时，领袖作为群体的核心人物，其品质必将与群体的存亡连在一起。于是，儒家将"修身、养性、齐家"与"治国平天下"连在一起就显得有理。《论语》中常有国君向孔子"问政"的记载，孔子总是从"仁政""德政"上加以阐发，并且有"仁者无敌""以德服人"的说法，要求统治者从个人修养着手，在执政时应"亲民"，施恩惠于百姓。也许岳飞没有受过儒家思想的正规教育，但是如果说中国文化是儒道互补的产物，那么作为一个中国人生活在这样的环境里，他会受到无儒不在的影响，所以我们对岳飞品质的分析从其"仁政"入手亦显得必然。

当然，这里也有一个为什么有些人能成为领袖而有些人不能的问题。早期社会学的"伟大人物"理论认为，有些个体生来就具有领袖人物的感人的超凡魅力，即诱导其他人追随的魅力。虽然现在研究者尚不能把领导者所具有的与群众迥然不同的品质列一览表，但我们仍可做一番辨析的。这又使我们对岳飞的品质分析显得必要。

在这节探讨岳飞品质的文字里，我们想附带分析岳飞的人生理想和他的治军手段。

---

① ［德］马克思，恩格斯：《马克思恩格斯选集》卷四《致瓦·博尔吉乌斯》，506—507页，北京，人民出版社，1972。

岳飞将“尽忠报国”奉为人生圭臬，视为人生最高理想。据《宋史》记载，“秦桧力主和议，大将岳飞有战功，金人所深忌。桧恶其异己，欲除之，胁飞故将王贵上变，逮飞系大理狱。先命铸引飞至庭，诘其反状，飞袒而示之背，背有旧涅‘尽忠报国’四大字，深入肤里”①。岳飞“尽忠报国”的思想可说是对中国古代传统的“天地君亲师”思想的体认，也是宋王朝统治区域内人民的共同理想。岳飞以社会的共同理想为己之理想，可谓触摸到时代的脉搏。人民团结在岳飞周围，也是使自己的理想有所归依。“粗略说来，‘群体凝聚力’是使人民集合在一个群体里的情感。确切地说，是一使其成员对某些人比对另一人感到更亲近的情感。”② 如果这种“亲近情感”存在的话，那便是“尽忠报国”。

岳飞不仅仅把“尽忠报国”停留在口头上，还化为自己的行动。本文不再罗列岳飞的诸般烈业，独用当时士大夫邵缉的信作岳飞英勇行为的表征。邵缉在信中言：“伏见武德大夫、英州刺史、御营使司统制军马岳飞，骁武精悍，沉鸷有谋……顷在河北，尝以数十骑乘险据要，却胡虏万人之军，又尝于京城南薰门外，以八九百人破王善、张用二十万之众，威震夷夏。……且虑金人徘徊于建康、京口之间，势必预留军江南，控扼险阻，牵制官军，大为东南之患。飞能奋不顾身，勇往克复建康及境内县镇，为国家夺取形胜咽喉之地，使逆虏扫地而去，无一骑留者。”③ 这足见岳飞为实现自己的理想是何等的勇武！这成为团结军民的基本凝聚力之一。

岳飞又用恩威两手治军，既用严正的纪律规范群体成员，又

---

① 脱脱等：《宋史》卷三百八十《何铸传》，11708 页，北京，中华书局，1977。

② ［美］克特·W. 巴克：《社会心理学》，119 页，天津，南开大学出版社，1984。

③ 岳珂：《鄂国金佗稡编续编校注》卷二十八《江东邵缉献书》，1604—1605 页，北京，中华书局，1989。

在生活等方面关心群体成员。这乃是“仁者（政）无敌”“以德服人”等思想的充分展现。这又可细分为两点，第一点是岳飞以严明的纪律治军，第二点是用个人的人格力量感化官兵。

“凝聚力的一个重要组成部分被称作‘去个性’。”① 我们认为一个群体内“去个性”过程的完成主要是通过严明的纪律。设若没有严正的纪律约束，任群体内成员个性自由发展，那么这个群体充其量不过是个松散的结合体，不会有凝聚力，遑论战斗力。岳飞清醒地认识到这点，故他把严厉治军放到重要地位，并且卓然有效。我们可以看以下几则记载：

记载一，“诸将溃为群盗，纵兵大略。飞独屯兵广德境中，资粮于官，身与下卒同食，而持军严甚，民间无秋毫之扰”②。

记载二，赵构在给岳飞的许多诏令中，几乎每一次都称赞岳飞治军有法和纪律严明。在诏令中多次出现“师行而耕者不变”“涉千里之途而樵苏无犯”③ 等文字。

记载三，张宗元从鄂州回到建康，把他在岳家军营中所得到的印象向赵构奏陈，内有“将帅辑和，军旅精锐上则秉承朝廷命令，人怀忠孝，下则训习武技，众智而勇”④ 的说法。

如此这些记载，足以说明岳家军纪律严明。也唯其如此，岳飞和岳家军才得到广大人民的支持和拥戴，许多人才纷纷投到岳飞营中。正是铁的纪律才使岳家军为人民所信赖，从而促进岳飞凝聚力的增强。

岳飞除用纪律的力量约束群体外，更主要是用个人人格力量感化群体成员。

岳飞秉性聪颖、诚朴、质直、坚定。一个人物成为领袖，

---

① ［美］克特·W. 巴克：《社会心理学》，126 页，天津，南开大学出版社，1984。

② 岳珂：《鄂国金佗稡编续编校注》卷二十八《江东邵缉献书》，1604 页，北京，中华书局，1989。

③ 邓广铭：《岳飞传》，408 页，北京，人民出版社，1983。

④ 岳珂：《鄂王行实编年》卷四，433 页，北京，中华书局，1989。

“聪明过人、勇气、勤奋、坚韧、有判断力，对伟大事业的献身精神，以及一定的魅力，都是关键因素”①。这当然不是说岳飞是个天然的领导者，而是说岳飞人格上的优点为他成为岳家军首领，为他所具有的超凡凝聚力所必需，毕竟当一个人掌握某一团体领导权时，他在品质上和性格上的优缺点和特征往往会影响到整个团体。

岳飞人格上的优点外化为这样几个方面：一是严于律己，无论战时或平时，岳飞总和士卒共甘苦。二是岳飞对待部属是恩威相济。对于触犯纪律的人，岳飞是绝不宽宥，但另一方面绝不因一些小事苛责将士，而且告诫中下层将官不得轻易笞责和辱骂士兵。这里有一则很有意思的小故事。一次，岳家军中主管机宜文字的黄纵看到岳家军一士兵在寒冷天气中穿得十分单薄，便问他是否对岳飞不满。士兵答曰：我衣着单薄是由于家累太重，把所得俸给全都用在家小身上，而岳飞从不像别个大将那样克扣我们的供给。既如此，我们有什么不满足呢！三是岳飞不嫌旧怨。刘光世、韩世忠、张俊是南宋初的三员大将，当他们目睹岳飞声誉鹊起时，十分忌恨。聪颖过人的岳飞自然察觉，但他隐忍不发，平素主动给三位大将军写信，尽管信件有去无回。岳飞在镇压湖湘起义军后，还从获得的战利品中挑选两只车船送给韩世忠和张俊。

最后，我们简述一下岳飞团结知识分子的事。朱熹在与学生对话时有这么一段，即“曰：张韩所不及，却是他识道理也。又问岳侯以上者，当时有谁，曰：次第无人”②，可见朱熹对岳飞是深为嘉许的。岳飞之所以得到知识分子的颂扬，与其礼遇知识分子有关。建炎四年（1130 年），汪藻在《条具时事》中言：“今一军之中，非战士者率三居其二……访闻岳飞军中，如此类

① ［美］理查德·尼克松：《领导者》，383 页，北京，世界知识出版社，1983。
② 邓广铭：《岳飞传》，84 页，北京，人民出版社，1983。

者几数百人。”[①] 这类“非战士”即科举无名读书能文的士大夫，他们委身于某个武将充任幕僚。岳飞军中确实有此类读书人存在，但他们绝不是游手好闲的白食客。他们在岳飞军中至少起三个作用：一是帮助岳飞提高文化水平和历史知识水平。岳飞出自农家，幼少读书，在担任将官后，延聘读书人，并且有意识地与他们“商论古今，相究诘，切直无所违忤”[②]。二是使岳飞受到舆论监督。岳飞主动提出自己若有错，诸公应及时见告，从而把舆论监督的任务交给儒生。三是读书人为岳飞出谋划策，起智囊团的作用。

士大夫能起如此作用，自然得到岳飞的优待。而深受“士为知己者死”熏陶的文人们又反过来积极拥戴岳飞，从而更进一步增进岳飞的凝聚力。

从上述讨论中可以看到个人品质对增进凝聚力是何等重要。如果我们在承认社会决定论的同时排斥个人品质，那么所得出的结论必然是走极端的。在南宋初，整个动乱时期为武将施展雄才大略提供了广阔的舞台，然而刘光世、韩世忠、张俊诸大将都消退了，真正获得人民崇敬的是后来居上的年轻人岳飞，个中原因我们只能从他们内在的品质中去寻找。这个现象也足以令那些只相信社会决定论的人深而长思之。

三

我们在探寻了当时时代情势及岳飞个人品质后，再来阐释我们的文化如何强化岳飞凝聚力的问题。

中国传统文化的大传统是儒学。在儒学中，人的定义是“仁

---

① 张藻：《浮溪集》卷一《行在越州条具政疏》，5页，北京，中华书局，1985。

② 岳珂：《鄂国金佗稡编续编校注》卷三十《郢州忠烈行祠记》，1646页，北京，中华书局，1989。

者，人也”。“仁”是“人”字旁一个“二”字，亦即说只有在“二人”的对应关系中才能对任何一方下定义。在中国的传统文化中，这类“二人”对应关系渠道化为君臣、父子、夫妇、兄弟、朋友。中国人不能凭借自我而定义自己，只能凭借各种社会关系定义自己。正因为此，而使中国文化具有社群化与集体化的倾向。几个中国人在一起便会产生一个群体，因为群体和集体乃是中国人的自觉自愿意识，而这些倾向对于强化群体的凝聚力是极为有利的，这点无疑有益于岳飞凝聚力的形成和加强。

“天行健，君子当自强不息”“知其不可为而为之”等无一不透出刚健自强的气息。这些都使中国文化盈阳刚之气。当受到外族侵凌时，我们民族的必然姿态是起而抗击之。也许限于双方实力，我们民族暂时会被征服，但是反抗是不会停止的。我们民族的文化也会以其巨大的包容性将外族同化（这虽然不足称道，但何尝不是不甘屈服精神的曲折反映）。所以，我们有理由自豪地说：我们的民族是不甘屈服的民族。每当外族入侵时，我们民族的每个成员会主动捐弃前嫌，空前团结起来抗击侵略，这正是儒家“兄弟阋于墙而外御其侮”的精神体现。在这里，我们民族固有的凝聚力得到充分体现。这是我们民族的传统，也是我们民族得以生息不灭的动力之一。在古代四大文明古国中，唯有中国保持一统而延续下来，民族的凝聚力实在起了很大作用。所以，当金朝侵宋时，岳飞振臂一呼，自有无数人心甘情愿地聚集在岳飞周围。

还值得一提的是，“每个国家的历史都是用伟大人物——神话上的人物或现实生活里的人物的勋绩，向青年人表现出来的”①，而我们的民族尤其是如此。可以说，我们民族历史教育的副产品是英雄崇拜，我们的民族是英雄崇拜的民族。只要一提起霍去病、卫青、岳飞、文天祥，我们就会肃然起敬，足见英雄崇拜的心理已积淀在我们文化心理结构中。所以，只要英雄出

---

① ［美］悉尼·胡克：《历史中的英雄》，7页，上海，上海人民出版社，1987。

现，他的周围总会云集一批崇拜者。就岳飞抗金而论，岳飞坚决抗金，想力挽狂澜于即倒，再造宋朝，这无疑是英雄行为。故在岳飞生前就有人为他立祠，显然岳飞是作为英雄而当然地拥有一大批崇拜者。

文化的力量是巨大的，这种力量内化在人民的心理上，表现在人民对价值取向的体议上。具体落实在岳飞抗金这件事上，则使岳飞的凝聚力空前增强。

宋代都城的商业和经商风气的盛行①

唐代中叶以后，由于农业、手工业和商业的全面发展，商品经济也呈现繁荣发展的势头。但是，经过安史之乱及五代战火的洗劫，社会经济遭到严重的破坏，商业也趋于萧条。赵宋代周立国，标志着分裂割据局面的结束，全国的统一正如《东轩笔录》所称："天下于是定矣!"由于社会环境的安定，赵宋统治者为了稳定其统治，又采取了一系列发展社会经济的措施，经过广大农民和手工业者的辛勤劳动，宋代的农业、手工业、商业和海外贸易又在唐、五代的基础上得到了空前的大发展。这就使宋代都城商业的发展和经商之风的盛行达到前所未有的程度。

一

宋都商业的繁荣打破了以往城市中盛行的坊、市分离制度，汴京、临安的大街小巷，店铺众多，市场与官署、居民区混而为一，坊市的遗迹已荡然无存。北宋的开封，店铺林立，勾栏、瓦肆遍布，如唐家金银铺、梁家朱子铺、温州漆器铺、青鱼市内行、百针圆药铺、车家炭行、李家香行及米行、肉行、菜行、果子行等，据李焘《续资治通鉴长编》的记载至少有一百六十行以上。这些商行分布在开封的主要街道上。御街南去过州桥，直到

① 原载《山东社会科学》2006 第 5 期。

朱雀门，布满茶楼、酒馆、饭店和各类商店，生意十分兴隆。马市街一带，“都城之夜市酒楼极繁盛处也。……人物嘈杂，灯火照天，每至四鼓罢，……夹道药肆，盖多国医，咸巨富，声伎非常，烧灯尤壮观。故诗人亦多道马行街灯火”①。《东京梦华录》卷二也载云：“南通一巷，谓之界身，并是金银彩帛交易之所，屋宇雄壮，门面广阔，望之森然。每一交易，动即千万，骇人闻见。”② 至于汴河沿岸的桥头巷口一带，也是百货阗拥，成为“淮、浙巨商贸粮斛贾，万货临汴，无委泊之地”③。汴京城里有不少大型的定期交易市场，其中最有名者为每月开放五次的相国寺，万姓交易，类似当今的小商品市场。它规模宏大，“中庭两庑可容万人，凡商旅交易，皆萃其中。四方趋京师，以货物求售，转售他物者，必由于此”④。开封有六千四百多家资本较多的大中型工商业者，小商贩也有八九千家。至于南宋临安都市经济的繁荣、社会生产力的发展，不仅超越前代，而且居于世界前列的地位。马可·波罗在他的游记中说杭州是当时世界上最称繁华的城市。“杭为行都二百余年（“二”当为“一”之误），户口蕃盛，商贾买卖者十倍于昔，往来辐辏，非他郡比也”⑤。杭州不仅是南宋的政治中心，还是最大的商业城市。市内城郭广阔，户口繁盛，民居屋宇，接栋连檐，市内拥有作坊、团行、质库、邸店、酒楼、茶馆、勾栏、瓦肆，商业异常繁华。杭州城内“自大街及诸坊巷，大小铺席，连门俱是，即无虚空之屋”⑥。自官巷口至羊头一带是杭州的中心，诸行百铺，样样俱全，大小铺

① 蔡绦：《铁围山丛谈》卷四，70页，北京，中华书局，1983。

② 孟元老：《东京梦华录注》卷二《东角楼街巷》，66页，北京，中华书局，1982。

③ 文莹：《玉壶清话》卷三，26页，北京，中华书局，1984。

④ 王栐：《燕翼贻谋录》卷二，20页，北京，中华书局，1981。

⑤ 吴自牧：《梦粱录》卷十三《两赤县市镇》，113页，杭州，浙江人民出版社，1980。

⑥ 吴自牧：《梦粱录》卷十三《铺席》，117页，杭州，浙江人民出版社，1980。

席，到处密布。不仅城市中心繁华无比，就是杭城内外的“坊巷桥门及隐僻去处，俱有铺席买卖”①。杭城乃“是行都之处，万物所聚，诸行百市，自和宁门杈子外至观桥下，无一家不买卖者”②。杭州市场上的商品来自全国各地，可谓琳琅满目，应有尽有。珠玉珍异及花果时新、海鲜、野味、奇器，天下所无者，悉集于此。大街上买卖昼夜不绝，除日市以外，还有夜市和早市。日市结束，夜市又开。夜市除大内前外，其他各处也是如此，以中瓦前为最热闹，“扑卖奇巧器皿，百色物件，与日间无异”③。大街上如此，冷僻坊巷也有夜市扑卖果子糖等物，也有卖卦人盘街叫卖。顶盘或担架卖饮食品的，直到三更还不停业。至于酒楼歌馆，直到四更后方才宁静下来。临安的夜市还不受季节和气候的影响，寒冬季节，虽大雨雪，也有夜市盘卖。夜市通宵营业供应，至天晓才散，接着早市又开，“五鼓钟鸣，卖早市者又开店矣”④。买卖昼夜不绝，兴隆异常，构成了杭州商业空前繁荣的盛况。夜市的空前繁荣是商品经济发展的产物，又是宋代社会商业繁荣的显著标志之一。由于商业的发展，商税也随之直线上升，景德中为四百五十万缗，天禧末增长为八百零四万缗，庆历五年（1045年）达到九百七十万缗。淳熙年间，临安府城内外及诸县一年商税收入是一百零二万贯，占仁宗景德年间全国最高商税额的百分之二十五。⑤ 这是商业繁荣，商品经济发达的又一重要标志。

---

① 吴自牧：《梦粱录》卷十六《鲞铺》，150页，杭州，浙江人民出版社，1980。

② 吴自牧：《梦粱录》卷十三《团行》，115页，杭州，浙江人民出版社，1980。

③ 耐得翁：《都城纪胜·市井》，80页，杭州，浙江人民出版社，1983。

④ 吴自牧：《梦粱录》卷十三《夜市》，119页，杭州，浙江人民出版社，1980。

⑤ 李心传：《建炎以来朝野杂记》甲集卷十四《景祐庆历绍兴盐酒税绢数》，187—188页，上海，商务印书馆，1936。

二

在宋代商品经济发达、商业畸形繁华的背景下，许多商人经商致富。有一名叫刘训的商人，“唤算子作长生铁”，“彼日日烧香祷祝天地三光，要钱生儿，绢生孙，金银千万亿化身”。[①] 在这种思想支配下，他们拼命求取财富，“居物逐利多蓄缗钱，至三五十万以上，少者不减三五万”[②]。当时开封城中，资产达百万者至多，十万以上者更是比比皆是。“富人孙氏，京师大豪，专榷财利，负其息者，至评取物产及其妇女”[③]。当时，开封豪富杜升、李庆等六户，“每年于晋州折博务入纳茶一十万斤，在京榷货务入纳见（现）钱五万贯文”，并且垄断了晋州的生矾。[④] 这些富商巨贾经商得利，钱财滚滚而来，每年收入数十百万贯，远远超过了当时的宰相、节度使的薪俸。他们垄断市场，高下其手，谋取暴利。家有成群童仆，过着奢侈豪华的生活，富比王侯丞相，连京城有些官户看了都垂涎欲滴，拜倒在他们脚下。这些富商巨贾为了改变自己的门第，抬高身价，巩固自己的经济地位，千方百计跻身官场政界，或参加科举考试，如许骧等人；或结交权贵，如仁宗朝的马季良、徽宗朝“六贼”之一的朱勔等人，但最为普遍的是捐钱买官。因此，跻身官僚阶层，穿着朝廷“命服”的商人已经遍满天下，“一州一县，无处无之”[⑤]。更有甚者，一些富商巨贾还把势力渗透到皇宫，“富家多赂宗室求婚，

---

① 陶宗仪：《说郛》卷六十一《清异录》卷上《人事》，6 页，北京，中国书店，1986。

② 宋祁：《景文集》卷二十八《乞损豪强优力农札子》，358 页，北京，中华书局，1985。

③ 刘攽：《彭城集》卷三十七《吴公墓志铭》，491 页，北京，中华书局，1985。

④ 欧阳修：《河东奉使奏草》卷上《论矾务厉害状》，见《欧阳修全集》，914 页，北京，中国书店，1986。

⑤ 徐松：《宋会要辑稿·职官》，3618 页，北京，中华书局，1957。

苟求一官，以庇门户，后相引以为亲。京师富人如大桶张家，至有三十余县主”①。他们不仅钱过北斗，米烂陈仓，拥有雄厚的经济实力，还在政治上有强有力的靠山，成为既富且贵的特殊阶层。他们能预知法令的更改，左右官员的黜陟任免，甚至直接影响到朝廷政策的决定和执行。总之，由于宋代农业、手工业的发展，城市经济的繁荣，商品经济的空前活跃，商人的社会作用为人们所不断认识，历史上传统的“重本抑末”的思想观念在许多宋人的意识中起了很大的变化，“工商亦为本业”的观念开始深入人心，改变了过去视商人为“杂类”“败类”“市井之徒”“铜臭”等传统看法，认为士、农、工、商“此四者皆百姓之本业”②。不仅如此，富商巨贾财富的迅速膨胀，挥金如土的奢侈豪华生活，引起了官僚士大夫的羡慕、向往和追求。

三

司马迁说：“天下熙熙，皆为利来；天下攘攘，皆为利往。”这说明经商的目的就是为了追求财富。“用贫求富，农不如工，工不如商”③，从事商业活动是达到富有的最有效途径。

在宋代，由于商品货币经济的发展，产生了货币经济强大的冲击波，社会各阶级和阶层产生了对财富占有的强烈欲望，刮起了一股疯狂追求金钱财富的浪潮。正如清人徐叟在《宋人小说类编》中指出的：“钱之所以为之钱，人所共爱，势所必争。”陈与义在其《书怀示友》一诗中也说：“有钱可使鬼，无钱鬼揶揄。”不仅世俗的人对金钱占有具有强烈的欲望，就连出家的和尚、尼姑、道士也都视钱如命，说什么“钱如蜜，一点也甜”。在这股

① 朱彧：《萍洲可谈》卷一，4页，北京，中华书局，1985。

② 陈耆卿：《嘉定赤城志》卷三十七《风土门》，7362页，台湾，成文出版社，1983。

③ 司马迁：《史记》卷一百二十九《货殖列传》，3256页、3274页，北京，中华书局，1959。

追求金钱的浪潮中，商人自然是首当其冲，其次就是官僚经商成为普遍的社会现象。

官吏经商，自古有之，但宋代尤盛。开国名相赵普首开宋代官吏经商风气之先。他利用职权，贩木规利、营邸店规利而大发其财。① 他还隙地私易尚食蔬圃以广其居。大将石守信之子石宝吉，步其父亲之后尘，虽累世将相，家财万贯，但为了敛财，也大做其生意，广开邸店以聚财。北宋初年扩建开封城，一时建材奇缺，一些商人和官吏进行勾结，大做建材生意，低价收进，高价出售，而且偷税漏税，从上渔利。有些朝廷命官利用负责纲运的职权之便，也从中经商取利，“附带回易，科差人船”。《事实类苑》云：“上闻汴水辇运卒有私贸易者，谓侍臣曰：‘幸门如鼠穴，何可塞之，但去其尤者可矣。篙工楫师，苟有少贩鬻，但无妨公，不必究问’。”在这种放纵政策的支持下，上述这些运卒、篙工、楫师及押运官员更是有恃无恐，利用职权之便从中走私贸易取利是普遍的现象。太宗时的秦州长道县酒场官李益、真宗时的制置江淮等路茶盐矾税兼发运使的李溥、仁宗时的武将杨崇勋等人都大肆从事过商业活动而大发其财。正如王安石在其《王文公文集》中所说的：“今者官吏往往交赂遗，营赀产，以负贪污之毁。官小者贩鬻乞丐，无所不为。”甚至高谈重义轻利的理学创始人程颐、程颢弟兄俩也在开封和全国许多郡大搞长途贩运而发了财，而且以此为荣，经常向人夸耀。北宋著名词人晏殊、唐宋八大家之一的苏轼等清高的文人都从事过兴贩牟利的商业活动。著名文学家穆修竟不顾斯文，放下架子跑到大相国寺摆起书摊，卖起书来。宋徽宗时，各路致志士或罢任的官员纷纷从任上所在地或家乡带来大批土特产和香药等到汴京大相国寺殿资圣门前出售营利。“六贼”之一与蔡京并相的何执中“经营邸店之多，甲于京师”，每年经商获利竟达四万余缗。南宋时，官吏经商之

① 李焘：《续资治通鉴长编》卷十二《太祖》，262页，北京，中华书局，1979。

风更盛，当时许多官吏在杭州纷纷出资开设了各色店铺，如“崔官人相字摊”“张官人诸史子文籍铺”“傅官人刷牙铺”“徐官人幞头铺”“官巷北金药臼楼太丞药铺”等。[①] 唐仲友任台州知州时经商牟利的事就更多发。他在知台州任上，利用官钱刻书、印书，染造真紫色帛，还发归婺州本家书坊、帛铺发卖；又在婺州家乡开设鱼鲞铺，贩卖各种水产品，从台州低价收购，运回婺州高价卖出，进行投机倒把活动，从中牟取暴利。宋代官吏经商之风空前盛行，正如蔡襄在《蔡忠惠集》中所概括的：“行朱怀金，专为商旅之业者有之，兴贩禁物、茶盐香草之类，动以舟车，懋迁往来，日取富足。”上行下效，在这股狂热的经商风的影响下，社会上各阶级、各阶层、各行各业兴贩牟利经商之风也越刮越盛，当时有些知识分子居然也弃儒经商，积极参与经商逐利的潮流，有些赴京参加科举考试的举子也带着家乡的土特产到京师贩卖获利。经商之风还刮到军队，南宋临安政府衙门的兵丁也热衷于经商牟利活动，沿街卖茶，赚取钱财。“有一等街司衙兵百司人，以茶水点送门面铺席，乞觅钱物，谓之‘龊茶’。”[②] 在贡试期间，开封、临安的一些军户还利用考生云集的时机，携带砚水、茶、酒、泡饭、素菜、鱼肉、水果等商品到试场门口贩卖，既受考生的欢迎，又轻易地赚取不少钱财。

宋代经商之风越刮越盛，自皇亲国戚、一品宰相发展到地方行政官员，从政府官员到军队官兵，从最清高华贵的翰林馆阁之士到一般的文人学士直至进京赴考的举子，甚至已经脱离世俗的和尚、尼姑、道士为了追逐商贸利润而不务正业，居然也做起了世俗的买卖。北宋末年，开封城里有些尼姑走出庵堂，跑到“万姓交易”之地的大相国寺两廊卖绣作、领抹、花朵、珠翠、头面、生色销金花样幞头、帽子、特髻、冠子、绦线之类。孟家道

① 吴自牧：《梦粱录》卷十三《铺席》，116—117页，杭州，浙江人民出版社，1980。

② 吴自牧：《梦粱录》卷十六《茶肆》，141页，杭州，浙江人民出版社，1980。

院的道士王道人也跑到大相国寺“近佛殿”经销“蜜煎”。[1] 南宋临安的僧道头陀也以茶水沿门点送。宋代世俗女子敢于冒着被人耻笑的风险，公然嫁给和尚，其原因之一就是和尚经营商业很富有。“广南风俗，市井坐估，多僧人为之，率皆致富。又例有家室，故其妇女多嫁于僧。……行尽人间四百州，只应此地最风流。”[2] 在全国经商风气的影响下，平民百姓也“弃本逐末”成风。如岳州的农民，“自来兼作商旅，大半在外”，不肯回归故里种地。[3] 广西沿海一带的农民“或舍农而为工匠，或泛海而逐商贩”[4]。浙东路庆元府管辖的鲒口镇，依山傍海，数千家居民都脱离农业，“居廛者则贸迁有无，株守店肆”，“习海者”则下海捕捞为业，“并海数百里之人，凡有负贩者皆趋焉”。[5] 当时的谚语云：“欲得官，杀人放火受招安；欲得富，赶着行在卖酒醋。”[6] 这正反映了宋代社会经商之风的盛行。

四

宋代农业、手工业的发展，商业的繁荣，商品经济的空前活跃，在全社会形成了一般经商的热潮，这是社会生产力发展的必然产物，给宋代社会的经济基础到上层建筑及其意识形态乃至时尚风俗、服饰饮食、婚姻丧葬、居住交通等带来全方位的深远影响。商品是一贴腐蚀剂，正如马克思所指出的那样，商品使生产日益从属于交换的价值，使旧的生产关系不断解体，这对生产力

① 孟元老：《东京梦华录》卷三《相国寺万姓交易》，88—89 页，北京，中华书局，1982。

② 庄绰：《鸡肋编》卷中，65—66 页，北京，中华书局，1983。

③ 徐松：《宋会要辑稿·食货》，6354 页，北京，中华书局，1957。

④ 徐松：《宋会要辑稿·食货》，6337 页，北京，中华书局，1957。

⑤ 吴潜：《许国公奏议》卷三《奏禁私置围场以培植本根消弭盗贼》，89 页，北京，中华书局，1985。

⑥ 庄绰：《鸡肋编》卷中，67 页，北京，中华书局，1983。

的发展、商品的流通、市场的繁荣，无疑是起了积极的促进作用。“商品流通是资本主义的起点。商品生产和发达的商品流通，即贸易，是资本产生的历史前提。”① 宋代商品经济发达、商品流通频繁，是明代中叶资本主义在江南一带萌芽的温床，因此这个伟大的历史作用是不容低估的。但是，不容忽视的是，随之而来也产生了以下流弊：

首先，社会上对金钱财富的狂热追求，一切向钱看成为社会思潮，拜金主义、享乐之风蔓延，也正是马克思所说的“劳动产品一旦作为商品来生产，就带上拜物教性质，因此拜物教是同商品生产分不开的”②。官僚地主、富商巨贾过着挥金如土、醉生梦死的糜烂生活。寇准、吕蒙正号称贤相，但生活极其奢华。寇准终日歌舞声伎，尤喜夜宴，连马房厕所也要用蜡烛通宵照明，因此蜡泪凝地成堆。吕蒙正喜欢喝鸡舌汤，喝一顿鸡汤要杀数十上百只鸡，庭院里鸡毛成山。仁宗时的宰相宋庠之弟宋祁，招待宾客“会饮于广厦中，外设重幕，内列宝炬，歌舞相继，坐客忘疲，但觉漏长。启幕视之，已是二昼，名曰‘不晓天’”③。“六贼”之首的蔡京更是挥霍无度，一日招待僚属吃饭，光蟹黄馒头一项就耗费一千三百余缗。北宋时，人们用“都人奢纵”一词来形容汴梁的奢华，而南宋的临安又在汴梁之上，“食……必欲精凿稻粱，三蒸九折，鲜白软媚，肉必要珍馐嘉旨，脍炙蒸炮，爽口快意，水陆之品，人为之巧，缕簋雕盘，方丈罗列’”④。

其次，统治阶级肆意挥霍，不但给广大劳动人民带来无穷的痛苦，还给统治阶级本身带来动荡不安。在京师这座花花世界的不夜城里，皇亲国戚、贵族官僚、地主、“大贾豪民，买笑千金，呼卢百万，以至痴儿呆子，密约幽期，无不在焉。日糜金钱，靡

---

① ［德］马克思：《资本论》（第一卷），167页，北京，人民出版社，1975。

② ［德］马克思：《资本论》（第一卷），89页，北京，人民出版社，1975。

③ 丁传靖：《宋人轶事汇编》卷七《二宋》，311页，北京，中华书局，1981。

④ 阳坊：《字溪集》卷九《杂著·辨惑》，20页，台北，商务印书馆，1983。

有纪极”，故杭谚有“销金锅儿”之称。[①] 由于统治阶级挥霍无度，日销万金，使得贫富易位，贵贱转化极为迅速，徐守信有诗云：“遥望南山景色幽，前人田土后人收。后人不用心欢喜，更有收人在后头。……南庄北宅眼前花，好儿好女莫谩夸。我若一朝身死后，又属张三李四家。”[②] 朱继芳也赋诗云：“曲池毕竟有平时，冷眼看他炙手儿。十数年间三易主，焉知来者复为谁?”[③]

再次，在一切向钱看的歪风下，职业道德沦丧，弄虚作假成风，假冒伪劣商品充斥市场。如南宋临安街头，市场上“有买卖物货，以伪易真，至以纸为衣，铜铅为金银，土木为香药”的真假难辨“变换如神”[④] 的现象屡屡发生，使顾客深受其害，叫苦不迭。

最后，由于商业消费的畸形发展，士风日下，社会风气败坏，开封、杭州许多茶楼酒馆都备有妓女，提供色情服务，大赚钱财。开封城里“妓馆亦多”[⑤]，众谓江东士人多好游蔡河岸妓家。杭州“大街有三五家开茶肆，楼上专安著妓女，名曰‘花茶坊’”[⑥]。一些酒楼也是“向晚灯烛荧煌，上下相照，浓妆妓女数百，聚于主廊槏面上，以待酒客呼唤，望之宛如神仙”[⑦]。“次有南瓦子熙春楼王厨开沽，新街巷口花月楼施厨开沽……俱有妓女，以待风流才子买笑追欢耳。”[⑧] 妓女有官妓和私妓之分，“每库设官妓数十人……夜卖各戴杏花冠儿，危坐花架。然名娼深藏

---

① 周密：《武林旧事》卷三《西湖游幸》，38页，杭州，西湖书社，1981。

② 徐守信：《虚靖冲和先生徐神翁语录》，载《道藏辑要》卯集。

③ 朱继芳：《静佳龙寻稿·朱门》，载《南宋六十家集》。

④ 周密：《武林旧事》卷六《游手》，97页，杭州，西湖书社，1981。

⑤ 孟元老：《东京梦华录》卷三《寺东门街巷》，102页，北京，中华书局，1982。

⑥ 吴自牧：《梦粱录》卷十六《茶肆》，140页，杭州，浙江人民出版社，1980。

⑦ 孟元老：《东京梦华录》卷二《酒楼》，71页，北京，中华书局，1982。

⑧ 吴自牧：《梦粱录》卷十六《酒肆》，141页，杭州，浙江人民出版社，1980。

邃阁，不易招呼”。另外，“每处各有私名妓数十辈，皆时妆袪服，巧笑争妍，夏月茉莉盈头，春满绮陌。凭槛招邀，谓之‘卖客’”，“莫不靓妆迎门，争妍卖笑，朝歌暮弦，摇荡心目”。①还有一些纨绔子弟，自以为风流“不体旧规，裹奇装异服，三五为群，斗美夸丽，殊令人厌见，非复旧时淳朴矣”②。

---

① 周密：《武林旧事》卷六《酒楼》《歌馆》，94—95页，杭州，西湖书社，1981。

② 吴自牧：《梦粱录》卷十八《民俗》，161页，杭州，浙江人民出版社，1980。

论宋代士大夫贞淫观对妇女改嫁的影响及原因[①]

从20世纪30年代开始，史学界在对古代妇女婚姻生活的研究中，最关注的是再嫁与守节问题，而两宋是理学产生并确立的时代，程颐的“饿死事小，失节事大”[②] 的惊人之语在引来无数抨击的同时，也使得学者们普遍关注宋代女子的离婚与再嫁问题。近一个半世纪以来，在讨论宋代妇女的离婚与再嫁的专著与论文中，大致有以下几种看法：一是与前人主张宋代是贞节观确立的时代之观点相反，多数学者认为宋代妇女的贞节观尚未普及，再嫁与改嫁相当普遍；二是寡妇再嫁的原因，包括唐代遗风、战乱、契丹人等少数民族风俗的影响、妇女在经济上能够独立及有财产的寡妇受人欢迎等；三是再嫁与改嫁的普遍现象，说明宋人的贞节观比较宽泛，而贞节观的宽泛说明妇女的人身有了一定的自由，标志着妇女地位在逐步提高。

宋代理学家们的贞淫观严格、保守，在中国历史上影响深远。因此，人们就认为古代的贞淫观保守、顽固，急剧发展并强化起来是从宋代开始的。但是，笔者以为宋代理学家们的观点在当时对人们社会生活的影响还不是很大；相反，宋代士大夫阶层

---

① 原载《史学集刊》2006年5月第3期，与姜美芬同志合撰。

② 朱熹：《晦庵先生朱文公文集（二）》卷二十六《与陈师同书》，见《朱子全书》，1173页，上海、合肥，上海古籍出版社、安徽教育出版社，2002。

中普遍盛行的对妇女改嫁的支持态度是当时贞淫观较为宽泛的力证。

一

属于道德范畴的贞节观，在各个历史时期有不同的定义。在封建时代，主要是指女子从一不改，守一而终，是封建礼教中束缚女子的一种道德规范。可以说，贯穿整个封建社会始终的贞节问题实质上就是妇女的改嫁问题。

在宋代，随着商品经济的发展，传统的“重义轻利”思想受到南宋浙东学派陈亮、叶适、陈傅良、唐仲友等功利主义思想的有力冲击，并且逐步被“义利并重”的思想所代替。于是，反映到婚姻关系中，就是对妇女贞节观的重新思考和认识。宋代一些大理学家轻视妇女，歧视妇女，如前面提到的程颐的观点。司马光也说：“夫天也，妻地也。”但是，宋代一般士大夫并不极力主张妇女守贞，陈烈即主张“夫妇不相安谐，则使之离绝”①，并没有要求妇女从一而终。即使像上面所提到的程颐、司马光等人的思想亦是互相矛盾，前后抵牾的。如司马光说：“夫妇以义合，义绝则离之。”② 没有单方面要求妇女守节，强调的是以“义”作为夫妻关系存续的前提，对义绝而离异者并不非难。程氏更提出“出妻令其可嫁”③，即把“可嫁”作为“出妻”的先决条件，非但不限制妇女改嫁，反而增强了男子出妻的社会责任。

宋代士大夫普遍认为，妇女既寡，无须守空，应及时改嫁。宋仁宗嘉祐四年（1059 年），汝南郡王赵允就曾上疏指出：“又宗妇少丧夫，虽无子不许更嫁。曰：‘此非人情’。”要求准许她

---

① 王称：《东都事略》卷一百一十七，1660 页，台北，商务印书馆，1983。

② 司马光：《家范》卷七《夫》，707 页，台北，商务印书馆，1983。

③ 程颢，程颐：《二程遗书》卷十八《伊川先生语四》，295 页，上海，上海古籍出版社，2000。

们改适，以“使有归”[①]。当时亦有人认为妇女寡居“非久远之计，愿别为谋终身之托”[②]。正因为再嫁乃人之常情，无可厚非，因此寡而不嫁反而有悖情理，以至于在宋代有不能及时帮助寡妇改嫁者而遭到攻击，无力使之改适者感到惭愧。如宋仁宗时参知政事吴育就曾因为“弟妇久寡不使更嫁”[③] 而遭人诬告。

由上可以看出，在宋代士大夫看来，妇女空守节义于生活毫无裨益，没有任何实用价值，只能束缚人的思想和行动，因为填饱饥肠远比守节重要得多，“饥肠雷鸣无可奈，礼法虽存何足赖”[④]。这既表现了宋人对封建礼教的某些叛逆精神和对传统贞节观念的变革心理，也反映了宋代从中央到地方各级官吏对妇女的贞节要求并不十分严格。不仅如此，宋代士大夫争娶再嫁妇女也不乏其人。最为突出的是宋真宗时宰相向敏中、张齐贤竞娶左领卫将军薛惟吉的遗孀柴氏，为此两人关系形同水火，直至真宗出面干预，矛盾才缓和下来。魏鹤山之女既寡谋再适，“乡人以其兼二氏之撰，争欲得之，而卒归于朔斋。以故不得者嫉之”[⑤]。为娶一个寡妇，士大夫竟完全不顾颜面进行激烈争夺。由此观之，在宋代士大夫眼里，妇女的德才并不因为曾经婚嫁而受影响，其身份地位亦不因此而受损害。至于新科进士、朝廷命官不惜作赘婿，如知秀州（今浙江嘉兴）王蘧“利高贷，屈身为赘婿”[⑥]；如花似玉的妙龄女郎、娼妓不惜嫁僧道为妻妾，有相国寺僧人澄晖以艳娼为妻，自以为“快活风流，光前绝后”，并且

① 李焘：《续资治通鉴长编》卷一百九十《仁宗》，4598页，北京，中华书局，1979。

② 洪迈：《夷坚志》支甲志卷四《张镇抚干》，738页，北京，中华书局，1981。

③ 脱脱等：《宋史》卷三百〇三《唐肃传》，8123页，北京，中华书局，1977。

④ 吕南公：《灌园集》卷四《贫妇叹》，4页，上海，商务印书馆，1935。

⑤ 夏承焘：《唐宋词人年谱》，《温飞卿系年》，339页，北京，中华书局，1961。

⑥ 李焘：《续资治通鉴长编》卷四百七十一《哲宗》，11247页，北京，中华书局，1979。

以"没头发浪子，有房室如来"[①] 自诩；得宠的进士卖婚、高贵的宗室赎婚等五花八门的婚姻现象应有尽有。这一方面说明宋代婚姻论财，另一方面也说明宋代婚姻生活的宽泛，贞节观念事实上并没有严格控制人们的婚姻生活。

二

士大夫们的言行及社会上婚姻生活的多元化，冲淡了人们的贞节观念，反过来对社会风气乃至封建政治产生了影响，成为全社会淡化贞节观、淡化寡妇再嫁风气形成的向导，推动了上层统治者观念的转变，使之最终通过法律的形式贯彻到社会实际生活中。所以，宋代法律中出现了许多有利于妇女改嫁的规定，大多是前代所没有的，对维护妇女的改嫁自主权无疑是有积极意义的。在宋代，妇女改嫁成为天经地义之事，从宗室女子直到乡村野妇，每个阶层都允许妇女改嫁，甚至家长强迫女儿或媳妇改嫁的事时有发生。

宗室女子历来是封建社会地位最高的女性，处处都得按照封建礼制行事。隋朝规定九品以上的官员死后，其妻就不能改嫁，更不要说宗室女子。唐代贞节观淡薄，公主再嫁者达二十四人。宋代继承了唐代宽泛的贞节观，明文规定，宗室女子可以改嫁，仅仅是再嫁之夫家的门第可降低些，甚至是曾娶之人。宋英宗治平年间（1064—1067 年），"令宗室女再嫁者，祖、父有二代任殿直若州县官以上，即许为婚姻"[②]。宋神宗元丰元年（1078 年）甲午，"诏宗室袒免以上女，与夫离而再嫁，其后夫已有官

---

① 陶宗仪：《说郛》卷六十一《清异录》卷上《释族》，12 页，北京，中国书店，1986。

② 脱脱等：《宋史》卷一百一十五《礼十八·嘉礼六》，2739 页，北京，中华书局，1977。

者，转一官”①。南宋著名学者洪迈的《夷坚志》支甲志卷五《邓如川》还载，宗室赵全的女儿先后嫁过三个人。

同样，宋代官僚贵族的女子改嫁也并不被视为有辱家门。北宋著名的政治家范仲淹甚至在他的义庄《田约》中规定，准许给予寡妇再嫁的费用，再娶者反而不给。他还在他的儿子范纯佑死后，把儿媳妇改嫁给他的门生王陶。著名改革家王安石的贞淫观也极为宽泛。其子王雱为太常寺太祝，“素有心疾，娶同郡庞氏女为妻，逾年生一子。雱以貌不类己，百计欲杀之，竟以悸死。……荆公知其子失心，念其妇无罪，欲离异之，则恐其误被恶声，遂与择婿而嫁之”②。至于范仲淹母亲谢氏、岳飞前妻刘氏、赵明诚遗孀李清照改嫁等事例数不胜数。

普通老百姓的女儿改嫁更是普通之极。《夷坚志》补卷四《李姥告虎》载，婺州（今浙江金华）李姥，几个儿子相继死去，儿媳全部改嫁。宋宁宗开禧元年（1205 年），夔州路转运判官范荪建议：“凡客户身故，其妻改嫁者，听其自便，女听其自嫁。”③妇女的人身自由进一步解放，标志着妇女地位的逐步提高。在当时，不许改嫁还被作为惩罚妇女的一种手段。宋徽宗宣和年间（1119—1125 年），“花判府有寡妇诣讼庭投牒，而衣绯裤。（蔡内相文饶嶷）即大书曰：‘红裤白裆，礼法相妨。臀杖七十，且守孤孀’”④。至于家长强迫女儿或媳妇改嫁的更是举不胜举。江西南康军有一“贤女铺”，据说就是在北宋真宗大中祥符年间（1008—1016 年），一女子刘氏，因夫死发誓不再嫁，而父兄强迫她改嫁，自杀身亡而得名。⑤ 江西都昌县一寡妇吴氏，精心孝

---

① 李焘：《续资治通鉴长编》卷二百八十九《神宗》，7078 页，北京，中华书局，1979。

② 魏泰：《东轩笔录》卷七，77 页，北京，中华书局，1983。

③ 脱脱等：《宋史》卷一百七十三《食货志上·农田》，4178 页，北京，中华书局，1977。

④ 蔡绦：《铁围山丛谈》卷四，63 页，北京，中华书局，1983。

⑤ 刘昌诗：《芦浦笔记》卷四《贤女铺》，30 页，北京，中华书局，1986。

敬姑婆，姑婆可怜她，想为她招个女婿，由于吴氏态度坚决才作罢。[①] 这些都从侧面充分肯定了宋代女子改嫁之可能性与普遍性。

值得一提的是，宋代贞节观相对淡薄，最明显的表现是妇女本身对再嫁同样表现出不忌讳的态度。如荆南镇抚使南宋营因创始者解潜为其弟解洵谋得一职。解洵在赴仕途中，孤单羁困，友人怜悯他并为之娶妻，嫁妆甚为丰厚。解洵也十分满意，后逢重阳掌灯之际，解洵忽起思念旧妻之情，不觉凄然。新妇得知，为之备妥川路工具并对其夫说："我亦俱行。倘君夫人固存，自当改嫁，而分囊橐之半；万一捐馆，当为偕老。"[②] 从解氏新妇的话中可见，她对改嫁并不在意，也不觉得改嫁有什么不光彩，其身价、德才并不会因改嫁而受到丝毫的损害和影响。所以，她主动提出上述处理意见，表现了宋代妇女豁达自若的气质。又如吴约赵知县之妻与吴氏私通事发后，知县为羞辱之而将妻与吴氏捆绑一起。知县妻自觉有愧于吴氏，言道："今日之事，固我误官人。……我委身受杖，不足道，将来犹可嫁市井细民妻，奈官人何?"[③] 她所感到惭愧与忧虑的并非自己的不贞名声和以后的生活，而是吴氏的前途。在她看来，自己以后下嫁市井小民为妻就是了，无须顾虑。由此可以看出，宋代妇女自身对改嫁和守节的认识已经发生了质变，那种终身不改的传统礼教对她们的思想并没有起到禁锢作用。她们对改嫁表现出的不自贱精神，正是妇女改嫁盛行的内在因素和重要原因。[④]

---

① 洪迈：《夷坚志》补志卷一《都昌吴孝妇》，1554—1555 页，北京，中华书局，1981。

② 洪迈：《夷坚志》补志卷十四《解洵娶妇》，1675 页，北京，中华书局，1981。

③ 洪迈：《夷坚志》补志卷十八《吴约知县》，1617 页，北京，中华书局，1981。

④ 宋东侠：《论宋代妇女改嫁盛行的原因》，载《青海师范大学学报》（哲学社会科学版），1996，2 (1)，93—95 页。

但是，与此同时，宋士大夫阶层中的部分成员——理学家们从维护封建纲常名教的目的出发，反对妇女再嫁，提倡严苛的贞节观，这是与理学的发展相适应的。

宋代中期，二程继周敦颐之后，沿于《礼》《易》，将儒学发展为理学。程颐提出的贞节观，一方面反对孀妇再嫁，即“孤孀贫穷无托者，也不可再嫁”，另一方面主张“缘奉公姑或主内事”，“自大夫以下可以再娶”。只要妻“不贤”，任何男子都可以“出妻”。“出妻令其可嫁，绝友令其可交。”① 由于理学逐渐取代儒学而居于统治地位，程子的观点得到统治者的推崇。熙宁十年（1077年）下诏：“非袒免以上亲，与夫听离再嫁者，委宗正司审核；其恩泽已追夺而乞与后夫者，降一等。”② 没多久，又禁止宗妇再嫁了。但是，在宋初逐步形成的强大的习惯势力面前，程子的观点没有起多大作用，甚至连他的侄女、外甥都相继再醮。③

朱熹集宋代理学之大成，他是南宋封建贞节观的主要提倡者。朱子首先把封建道德准则“三纲五常”纳入“天”这个无所不包的范畴，并且把“夫为妻纲”作为“不易之理”。④ 其次，他几次要地方把保内节妇的显著事迹“即仰具申，当依条旌赏”⑤。再次，他到处推崇程颐“饿死事小，失节事大”的说教，从人的感情上做文章，宣扬“夫丧改嫁，皆是无恩也”。在《知南康榜文》中，他大肆标榜守节不嫁的陈氏：陈师中的妹夫死

---

① 程颢，程颐：《二程遗书》卷十八《伊川先生语四》，295页，上海，上海古籍出版社，2000。

② 秦蕙田：《五礼通考》卷一百五十五《昏礼》，4—5页，台北，商务印书馆，1983。

③ 陈东原：《中国妇女生活史》，130页，上海，商务印书馆，1937。

④ 朱熹：《晦庵先生朱文公文集》卷一百《劝女道还俗榜》，见《朱子全书》，4618页，上海，上海古籍出版社、安徽教育出版社，2002。

⑤ 朱熹：《晦庵先生朱文公文集》卷一百《揭示古灵先生劝谕文》，见《朱子全书》，4620页，上海，上海古籍出版社、安徽教育出版社，2002。

了，他写信给陈，叫他设法使其妹“养老扶孤，以全柏舟之节”①。在朱子的提倡下，孀妇为尼的事件连续出现，“贞妇”“烈女”不断增多。但是，尽管如此，也未能达到扭转整个社会风气的程度，连朱熹自己也承认，他的观点和做法，百姓看来“诚为迂阔”②。

从以上论述可概括出宋代士大夫贞淫观主要存在两大对立的观点：第一，一般的士大夫阶层普遍认为妇女空守节义于生活毫无裨益，没有任何实用价值。为此，宋代士大夫中求娶再嫁妇的人很多，而且遍及从中央到地方的各级官吏，甚至还出现了士大夫们争取再嫁妇的现象，足以反映他们对妇女贞节要求并不十分严格。第二，以二程、朱熹为代表的宋代理学大师从维护封建纲常名教的目的出发，反对妇女再嫁，提倡严苛的贞节观。

不过，在宋代商品经济发展和反理学思潮的影响下，开始崇尚“义利并重”甚至“重利轻义”思想的背景下产生和发展起来的宋代士大夫（包括理学家）的贞淫观在某些方面又具有以下一些共同的特征：

首先，在一定程度上都还是支持妇女再嫁的。理学家代表程颐虽然强调妇女守节的重要性，但是他的思想亦是前后抵牾的，总的来讲是不限制妇女改嫁的；而一般的士大夫阶层则身体力行地支持妇女再嫁，新科进士、朝廷命官不惜作赘婿，如前文所述。

其次，都想把自己的观点上升为最高统治者的意志，希望得到统治者的支持，并且通过法律的形式规定下来。如汝南郡王赵允就曾上疏要求准许丧夫的妇女改适，以“使有归”。而理学家们也通过各种方式企图使理学占统治地位，而且程子的观点也得

---

① 朱熹：《晦庵先生朱文公文集》卷二十六《与陈师中书》，见《朱子全书》，1173页，上海，上海古籍出版社、安徽教育出版社，2002。

② 朱熹：《晦庵先生朱文公文集》卷二十六《与陈师中书》，见《朱子全书》，1173页，上海，上海古籍出版社、安徽教育出版社，2002。

到了统治者的推崇。

最后，都把妇女人格进行了一定程度的物化。士大夫迎娶再嫁妇在很大程度上以财论婚，妇女再嫁也带有金钱交易的性质；而理学家们则根本不考虑妇女的利益，在很大程度上把妇女仅仅当作一种交易的物品或丈夫的私人物品。

三

那么宋代为什么会出现如此独具特色的婚姻现象呢？一般观点认为主要有以下三点：

其一，唐代遗风的影响。在中国封建社会婚姻史上，唐代是较为开放的朝代，贞节观念较为宽泛，再嫁现象也很普遍。据《唐史·公主传》统计，公主再嫁者二十四人，三嫁者四人；民间再嫁与休夫的事例也屡见不鲜。五代十国的分裂，宽泛的贞节观没有受到统一理论的限制。频繁的战乱，导致男人减少、寡妇增多的后果，使唐代开放的风俗一直沿袭下来。宋朝的建立，又为这一风俗的发展创造了有利条件。因此，妇女再嫁也就在宋代形成了习俗。

其二，战乱的影响。宋朝是中国封建经济高度发展的朝代，也是战乱频繁的朝代，民族矛盾、阶级矛盾交织在一起，农民起义此起彼伏。在战乱中，妇女是掠夺的对象之一，不仅孀妇被迫改嫁，有夫之妇也难保贞节。神宗时，武将王术“见一卒妻美，杀其夫而纳之，……他日方寝，此妇取匕首将杀之。术惊觉……久之曰：‘吾不忍杀汝，当为汝别求夫。’乃尽集诸将，使自择。妇指一人即以嫁之”①。“韩世清败刘忠，……得一妇人，……具言被刘忠掳在军中，初遭刘忠无礼，又被刘忠嫁与一押火及言昔

---

① 陶宗仪：《说郛》卷三十一《谈薮》，25页，北京，中国书店，1986。

时阁中官员，姓名稍详。”①

其三，少数民族风俗的影响。历来的社会生活、婚姻制度无不受时代和环境的影响。宋代周边有辽、西夏、金、大理、吐蕃等政权，也有契丹、党项、女真、大理、维吾尔、藏族等少数民族，其婚姻制度和婚姻生活比之汉族更为原始开放，更为自由放任。如契丹族妇女的社会地位从总体上更高些，有些习俗颇有女尊男卑的意味。因此，宋代汉族地区的婚姻制度和婚姻生活自然受到周边这些少数民族多方面、多层次的渗透和影响。如宋徽宗以后，金人南犯，给宋代的社会生活带来很大变化。金人对再嫁看得十分随便。《轩渠录》载一说：米忠信在淮南得一来自燕山的箱匣，有所附书信十余封，多是军中妻寄军中夫，中有一篇诗云：“垂杨传语山舟。你到江南艰难。你哪里讨个南婆，我这里嫁个契丹。”入宋后，他们强迫宋人适应女真风俗，将掳掠的妇女带回金去，或逼迫改嫁，或卖为婢妾。如“荣德帝姬，初封永庆公主。……至燕京，驸马曹晟卒，改适习古国王。”②

除上面论述之外，笔者以为还有以下几个原因：

一是妓女业的发达。宋代的青楼妓馆业达到了空前的程度，妓女充斥汴京、临安街头，从官妓、营妓、军妓到家妓、娼妓，品种之繁、数量之多，超过了以前历代。北宋初年，在汴京这个百万人口的城市里，妓女竟将及数万计，而男妓尚不算在内。《东京梦华录》卷三对妓馆的记载颇多，其中所谓之“别有幽坊小巷，燕馆歌楼，举之万数”，均为妓女集中的地方。南宋临安比之东京更有过之而无不及，临安街上有许多“花茶坊、花酒肆”，“楼上专安著妓女”，“向晚灯烛荧煌，上下相照，浓妆妓女数十，聚于主廊檬面上，以待酒客呼唤，望之宛如神仙。次有南

---

① 徐梦莘：《三朝北盟会编》卷一百三十四《炎兴下帙》，976页，上海，上海古籍出版社，1987。

② 脱脱等：《宋史》卷二百四十八《列传七·公主》，8783页、8788页，北京，中华书局，1977。

瓦子熙春楼王厨开沽，新街巷口花月楼施厨开沽，融和坊嘉庆楼、聚景楼、俱康、沈脚店……俱有妓女，以待风流才子买笑追欢”，更“有一等下贱妓女，不呼自来”。① 社会上这种种色情诱惑，使许多花心浮荡的男子娶已失节以卖淫为生的妓女为妻妾，在宋代自然是平常之事。而且，宋代士大夫家的女子还效仿娼妓的衣着，甚为开放，并且不以为耻，反以为荣。“妇人不服宽裤与襜，制旋裙必前后开胜，以便乘驴。其风始于都下妓女，而士大夫家反慕之。”②

二是江浙风俗的影响。江浙地区历来远离政治中心，礼教束缚相对薄弱。早在春秋末期的越国时期，男女无别，淫乱现象普遍存在。到了五代吴越时，有人就曾说江浙一带风俗轻靡。在下层社会，礼教的束缚更是松懈，私通现象普遍存在。“两浙妇女皆事服饰口腹，而耻为营生。故小民之家，不能供其费者，皆纵其私通，谓之贴夫，公然出入不以为怪。如近寺居人，其所贴者皆是僧行者，多至四五矣。”③ 宋室南渡以后，都城迁到临安，随着城市经济的发展，奢侈之风更是盛行。在婚姻问题上，追求浮夸虚荣，以财论婚。当时，临安城里有些中下市民往往以生女为喜，以便通过女儿获利。他们或“随其资质，教以艺业，用备士大夫采择娱侍”④，或以财论婚，收取高额聘礼，由是被不少人叹为伦理失据。

三是妇女在社会经济发展中起着不可忽视的重大作用。宋代妇女，尤其是下层劳动妇女吃苦耐劳，不仅要生儿育女、相夫教子、从事繁重的家务劳动，还参与发展经济，在农业、手工业、

---

① 吴自牧：《梦粱录》卷十六《茶肆》《酒肆》《分茶酒店》，140—142 页，杭州，浙江人民出版社，1980。

② 王瑞成：《中国城市史论稿》，247 页，成都，四川大学出版社，2000。

③ 吴宝琪：《宋代的离婚与妇女再嫁》，载《史学集刊》，1990，4（1），77—78 页。

④ 潘永因：《宋稗类钞》卷三十一《饮食》，677 页，台北，商务印书馆，1986。

商业等各个领域发挥了重大作用。采桑养蚕、纺纱织布、缝衣裁剪几乎全由妇女承担。这可以从戴复古的《罗敷词》、郑震的《采桑曲》、陈允平的《采桑行》、谢幼睿的《缝衣诗》、徐集孙的《促刺词》、徐绩的《织女》等诗文中得到充分的印证。在商业方面，妇女在家务之余或专门从事商业活动的也不少。这在《东京梦华录》《梦粱录》《武林旧事》等书中均有大量记载，像宋五嫂鱼羹还受到高宗皇帝的青睐，常经御赏，以致人争赴之，遂成富媪。

四是妇女的财产继承权。宋代妇女的经济地位上升，能再嫁的关键还在于她们在经济上能够在不同程度上得到一些相对的独立。到宋代，女子已开始有一部分家庭财产继承权，特别是她们的嫁妆，一般被视为她们个人的财产。这在法律上有明确规定，可以从《宋刑统》卷十二《户婚律·分异财产》《户绝资产》及《名公书判清明集》卷九《户婚门·取赎·孤女赎父田》等法律条文中得到证明。孀妇也享有程度不等的对家庭财产的支配权。在门第观念相对淡泊、财产观念上升的宋代，这对她们能再嫁起着相当重要的作用，也为她们在新家庭中的地位奠定了一定的基础。

五是社会舆论对妇女的支持。当时，社会舆论并不笼统非难女子改嫁；相反，母亲改嫁后，仍然是子女尽孝的对象。因此，当时的社会舆论同情妇女，为妇女鸣不平，赞扬妇女对家庭、社会的贡献的也大有人在。谢伋认为宋代是阴盛阳衰的时代。至于被人称之为“中国历史上倡女性同情论的第一人”的袁采更是大声疾呼“女子可怜宜加爱”，“婢仆不可自鞭挞”，激烈反对理学家提倡的“妇人不必预外事”。① 南宋浙东事功学派的代表人物陈亮，把能修身自律、知书达礼、持家有道、家政归一、待人心诚、其乐融融的妇女称为“贤妇人”，认为贤妇人小则关系家庭，大则关乎社会，肯定妇女对家庭和睦共处、社会和谐安定的

---

① 陈东原：《中国妇女生活史》，149页，上海，商务印书馆，1937。

贡献。

应该看到，孀妇再嫁是历史的进步，是妇女通过自身的力量同封建社会的精神支柱——“三纲五常”进行抗争的一种形式。在中国封建社会里，皇帝有三宫六院，士大夫有三妻四妾，他们可以任意“出妻”，女人只不过是他们掌中玩物罢了。失去丈夫的妇女，摆在她们面前有三条路：一是甘为封建礼教的牺牲品，成为封建社会的“节妇”“烈女”；二是为妾为婢，为娼为盗；三是再嫁他人，在新的家庭中继续承担“奉公姑，主内事，侍丈夫，育儿女”的义务。尽管后者仍未摆脱（在封建社会里也不可能摆脱）夫权制的压迫，但毕竟多少冲破了封建礼教的某些禁锢，成为她们追求的光明之路。

综上所述，我们可以得出这样的结论：尽管宋代理学家崇尚贞节，但对宋代妇女再嫁影响不大，即使在南宋后期，也未达到扭转整个社会风气的程度，宋代妇女再嫁现象十分普遍。据有人从《古今图书集成》所收资料统计，在历代节妇、烈女的总数中，宋以前历代不过 187 人，宋金时 302 人，元代 742 人，明代骤增至 35829 人，清初也有 12323 人。① 从数字可以看出，宋代贞节观的宽泛，妇女不讳再嫁。因此，可以说宋代妇女改嫁不仅不为法律所限，反而更重要的是宋代贞节观的变化及有关法律规定为妇女改嫁摆脱封建羁绊提供了社会基础。而正是因为宋代人们贞淫观较为宽泛，才引起理学家们的高度重视。总之，宋代的贞淫观是封建社会贞淫观从宽泛开始向严格发展的过渡时期。到元、明、清时期，封建主义的贞淫观才逐渐得到真正彻底的强化，成为妇女身上的一道沉重枷锁，妇女再嫁才成为“可耻”之事。

---

① 杜正胜：《吾土与吾民》，171—172 页，台北，联经出版事业股份有限公司，1983。

南宋浙江文化的大发展①

浙江远在五万年前文身断发、茹毛饮血的洪荒时代就有“建德人”的开辟草莱之功，在七千年前又有河姆渡人披荆斩棘，创造了新石器文化。但是，浙江有文献可考的历史较晚。在春秋时期，越族人在会稽建立了越国，“卧薪尝胆”，奋发图强，灭掉了吴国，并且与中原大国抗衡争霸。到了秦汉时，开始设置郡县，浙江的文化不断发展，但与中华民族文化摇篮的中原地区相比，还较为逊色。魏晋南北朝和唐末五代两个大动乱时期，中原地区封建军阀角逐不已，战火频仍，而浙江却免遭战火洗劫，加之优越的自然条件，经济文化得到大踏步地向前发展。到了宋代，随着经济重心的南移，浙江一跃成为全国的首富之区。特别是南宋时，杭州成为全国政治、经济、文化的中心，浙江的文化事业也得到了空前的大发展。

雕版印刷　首推两浙

作为传播文化主要媒介和工具的造纸、印刷、刻书、藏书业，南宋的浙江堪称天下第一。

---

① 原载《浙江师范大学学报（社会科学版）》1986 年第 1 期；收入人大《复印报刊资料·宋辽金元史》（全文复印）1986 年第 5 期；收入《全国高校文科学报文摘》（专题介绍）1986 年第 3 期。

浙江的造纸业有着悠久的历史。特别是南渡以后，由于经济、文化重心的南移，社会上对纸张需求量的猛增，浙江的造纸业更需发展。杭州、剡溪（即嵊县，今浙江绍兴嵊州市）和嘉兴等地出产的纸最负盛名。如余杭有“由拳纸”，又名“藤纸”。剡溪有剡藤纸、剡硾纸、敲冰纸（冬天敲冰时所造的纸最为坚韧）和罗笺，都名噪一时。温州的“蠲纸”，在宋代“士大夫喜其有发越翰墨之功，争捐善价取之。一幅纸能为古今好尚，殆与江南澄心堂纸等”①。至于会稽的竹纸，宋时已负盛名，而越州竹纸“光滑如金版”②。另外，如钱塘之油纸、四明之盐钞、天台之玉版等皆闻名一时。

高度发展的造纸业为印刷术的发展提供了广阔的原料来源。南宋印刷术浙江最称发达。当时，全国刻书的地方有一百七十多处，其中以两浙最多，“自古刊版之盛，未有如吾浙者”③。不仅数量多，质量也最高，所以叶梦得说：“今天下印书，以杭州为上，蜀本次之，福建最下。”④ 绍兴九年（1139 年），在杭州设立国子监，开始刻雕经史。国子监的刻本质量最高，时人称“监本”。此外，崇文院、秘书监、司天监等有关中央部门也都刻雕书籍。同时，各级地方政府、学校、书院也大量刻书，刻本很多，有茶盐司本、漕司本、提刑司本、公私库本、军营本、郡庠本、郡斋本、郡府学本、县斋本、书院本，此外还有什么学舍本、祠堂本等。比较著名的有两浙东路茶盐司本和两浙西路茶盐司本。金华人唐仲友任婺州知州时，甚至还利用官钱（公款）刻书，发归婺州本家书坊售卖。当时，刻书已成为一种流行的社会风尚。所以，王明清说：“近年所至郡府多刊文籍。”⑤ 不仅如

---

① 周辉：《清波别志》卷上，127 页，北京，中华书局，1985。

② 米芾：《书史》，25 页，北京，中华书局，1985。

③ 王国维：《观堂集林》卷二十一《两浙古刊本考序》，1046 页，北京，中华书局，1959。

④ 叶梦得：《石林燕语》卷八，116 页，北京，中华书局，1984。

⑤ 王明清：《挥尘前录》卷一，见《挥尘录》，10 页，北京，中华书局，1961。

此，南宋浙江私家刻书也十分盛行。私家刻书起源于五代，勃兴于宋代，南宋时尤为盛行，其中以杭州、婺州最多。当时，杭州印刷工人很多，单是杭州会子库的工人每天就有二百零四人①。印刷范围很广，不仅刊印书籍、会子，还有印历所专门雕印历书等印刷品。杭州以外，婺州的雕版印刷也十分发达，其中以义乌酥溪蒋宅崇知斋、东阳胡仓王宅桂堂刘氏学礼堂较为出名。在雕版印刷中，值得注意的是在金华还出现了不少女工。洪迈所著的《容斋随笔》一书“乃婺女所刻，贾人贩鬻于书坊中”②。绍兴二年（1132年），湖州思溪圆觉禅院所刻之佛藏是南宋最早的一次雕版印刷。南宋浙江官、私所刻的宋版书流传至今的，虽然许多已残缺不全，但包括复本在内还有不少是我国文化艺术宝库的珍贵文献遗产。

南宋浙江公、私藏书为天下之冠。北宋靖康元年（1126年），金兵渡河南下，攻破汴京。第二年，俘虏了徽、钦二帝，同时将三馆秘阁的丰富藏书掳掠一空。据《宋史艺文志》记载，“靖康之难，而宣和馆阁之储，荡然靡遗”。因此，高宗南渡以后，下诏求书云：“国家用武开基，右文致治，藏书之盛，视古为多。艰难以来，网罗散佚，而十不得其四五，令监司郡守，各谕所部，悉送上官，多者优赏。”③ 他还从组织上采取了一系列措施：一是建立了秘书省，搜访遗书。绍兴元年（1131年），秘书省先后颁布了《四库全书目》和《秘书省续编到四库全书目》两书，以为访求图书之用。二是命令各地监司郡守对献书的给予奖赏。三是给献书的补官，官阶之高下，视献书之多寡。四是朝廷派士儒分赴藏书之家抄录。五是社会上凡是有出卖书籍的，政

① 吴自牧：《梦粱录》卷九《监当诸局》，80页，杭州，浙江人民出版社，1980。

② 洪迈：《容斋续笔》卷一，见《容斋随笔五集》，1页，上海，商务印书馆，1935。

③ 马端临：《文献通考》卷一百七十四《经籍考一》，1510页，北京，中华书局，1986。

府全部收购，如遇珍本、秘本，不惜重金购买。在这种种政策措施之下，浙江各地出现了一个献书、卖书热潮。于是，流散在社会上的大量图书又逐步集中起来。到嘉定十三年（1220年），国家藏书已达近六万卷[①]。从高宗绍兴初年至宁宗嘉定十二三年的九十多年间，“遗书十出八九，著书立言之士又益众”[②]，因此国家藏书又逐渐丰富起来。“中秘所藏，视前世独无歉焉，殆且过之。”[③]“典籍之盛，无愧先朝。”[④]

南宋浙江的私家藏书也十分丰富。据《嘉泰会稽志》载，山阴的陆宰、陆游父子，新昌石公弼，会稽诸葛行仁，都是著名的藏书家。又如叶梦得，在家乡霅川弁山（今浙江吴兴）特建藏书楼，藏书数逾十万卷[⑤]。安吉人陈振孙家有藏书四万一千八百余卷。不仅士大夫家富有藏书，就连杭州书坊主陈起也是有名的藏书家。陈思虽为富商，但学识渊博，对书籍版本研究颇精，并且著有《宝刻丛编》[⑥]，家中藏书也多。宋代浙江有名可考的藏书家有三十三人，其中绝大多数在南宋。[⑦] 南宋之世，藏书家以越、闽为最盛。

南宋浙江图书的大量刊印，公、私藏书的丰富，为浙江教育事业的发展、学术文化的交流和传播、大批人才的培养和造就起了积极的推动和保障作用。

---

① 根据倪士毅先生编著的《中国目录学史》《两宋的公私藏书》数字统计。

② 马端临：《文献通考》卷一百七十四《经籍考一》，1510页，北京，中华书局，1986。

③ 陈振孙：《直斋书录解题》卷八《目录类》，229页，北京，中华书局，1985。

④ 袁褧：《枫窗小牍》卷下，20页，北京，中华书局，1985。

⑤ 王明清：《挥尘后录》卷七，见《挥尘录》，174页，北京，中华书局，1961。

⑥ 丁申：《武林藏书录》卷中《小陈道人思》，35页，上海，古典文学出版社，1957。

⑦ 吴晗：《江浙藏书家史略·序言》，4页，北京，中华书局，1981。

学校书院 遍布州县

教育事业是否发达，是文化事业发达与否的主要标志之一。为了培养大批为南宋统治服务的人才，也为皇室贵族、官僚子弟出仕做官铺平道路，“南渡以来，复建太、武、宗三学于杭都”①，绍兴十三年（1143年），在临安纪家桥东设立全国最高学府太学，以岳飞故宅为校址。次年，在临安睦亲坊（今杭州弼教坊）设立宗学。到度宗末年，由于元兵压境，临安危急，宗学无形中停办。为了给南宋当局培养军事人才，朝廷还在临安太学旁的前洋街设立武学。南宋对武学比北宋要重视一些。“宗、武学，俱有学廪、膳供、舍选、释褐，一如太学例。”② 此外，在临安通江桥北设立了医学（又名太医局），分别设立脉科、针科和疡科等。③ 同时，临安还兴办了律学、算学、书学等各类各科的专门学校。

除上述朝廷在京城临安所办的学校外，浙江各地还兴办了府州县学，在广大农村山区兴办了许许多多的“冬学”（收割之后在冬季农闲时上学）。陆游有描写他的家乡绍兴府一带乡村儿童上“冬学”的诗句：“儿童冬学闹比邻，据案愚儒却自珍。授罢村书闭门睡，终年不著面看人。”④ 官至礼部尚书兼给事中的鄞县（今浙江宁波鄞州区）人王应麟为了少年儿童教育的需要，专门著有《小学绀珠》《小学讽咏》等少年儿童读物。总之，南宋的浙江，文风极盛。

---

① 吴自牧：《梦粱录》卷十五《学校》，132页，杭州，浙江人民出版社，1980。

② 吴自牧：《梦粱录》卷十五《学校》，134页，杭州，浙江人民出版社，1980。

③ 脱脱等：《宋史》卷一百五十七《选举三》，3689页，北京，中华书局，1977。

④ 陆游：《剑南诗稿》卷二十五《秋日郊居之七》，见《陆放翁全集》，413页，北京，中国书店，1986。

除了官学和私学之外，还有一种重要的教育学术组织，这就是书院。私人讲学的书院，起于唐中期；到了北宋，逐渐兴起。南宋时，跟理学的形成和传播密切相联系，浙江的书院犹如雨后春笋相继而起。宋代书院总计有二百零三所，浙江就有三十四所，仅次于江西，居全国第二①，而绝大多数又建于南宋，创设最多的是理宗时期。南宋时，浙江著名的书院（包括前代所建）有金华丽泽书院、道一书院和双龙乡的鹿田书院，东阳石洞书院、南湖书院、西园书院和横城精舍，永康方岩的五峰书院，开化包山书院，江山逸平书院，缙云美化书院和独峰书院，衢州柯山书院和清献书院，台州上蔡书院，临海樊川书院，温州虎丘书院，永嘉浮址书院，平阳会文书院，湖州安定书院，绍兴稽山书院，上虞月林书院，淳安石峡书院、瀛山书院，慈溪慈湖书院、楼氏精舍、杜洲书院和石坡书院，宁波甬东书院等。南宋的书院，数量多、规模大、地位高，其影响远远超过了官学，成为南宋主要的教育机构。名师巨儒往往集中在各地书院中，所以随着书院的兴起，南宋浙江的讲学之风也随之大盛。著名的学者逐步从官学转向书院。书院讲学经常采取一种比官学较为自由的形式，讲学的内容多是讲学者自己的专长；主讲人也不限于本院讲师，还可以另请名师做临时主讲或做专题讲授；听讲者也不限于本院生徒，天下士子都可前来听讲。因此，它比官学更富有吸引力。如著名哲学家、教育家朱熹就曾跨越关山，亲自到江山逸平书院、缙云美化书院、独峰书院、临海樊川书院、上虞丹林书院、开化包山书院、平阳会文书院等处讲学。著名哲学家、文学家吕祖谦在金华丽泽书院、东阳石洞书院等处讲学。而永康方岩的五峰书院则是朱熹、吕祖谦和思想家、文学家陈亮等人的讲学之所。他们都是将书院作为实现自己教育目标、培养生徒、会文

---

① 参见章柳泉的《中国书院史话》。曹松叶的《宋元明清书院概况》根据各省通志记载的统计，认为宋代书院有 397 所，而班书阁在《书院兴废考》中说宋代书院有 229 所。

论理、研究和传播自己学术的阵地。不仅如此，书院还成为科学研究的基地。吕祖谦在他的《庚子辛丑日记》中记录了他所观测的金华地区一年零七个月的物候，其中包括二十多种植物开花及春莺初到、秋虫初鸣等的时间，这是现今世界上最早的实际观测物候记录，对研究我国物候学和气象学具有很高的价值。①

书院还有藏书、刻书的任务。书院藏书，供学者阅读，这是书院的传统。书院是当时较高的学府，学者在此著书立说，刻印出版。朱熹的《大学》就是在石洞书院改定的。宋版中有所谓“书院本”，不失为较好的宋版本。

南宋时，书院与官学相比，书院远较学校重要。原因是官学为朝廷和地方州县当局奉旨所建，无论在思想上或组织上，官府都控制较严，并且或作或辍，或兴或废；而书院则是士大夫留意斯文者所建，前规后随，皆务兴起，其教养之规往往过于学校，提倡自由讲学，注重读书研究，讲求钻研学问，实行因材施教和自学讨论。所以，书院的发展是南宋文化发展的重要标志，南宋浙江各地书院的大量兴建或重修，以及学术活动的广泛开展，也正是南宋浙江文化大发展的具体表现。

名家辈出　争鸣斗艳

宋室南渡，文化重心也随着经济、政治重心南移了。在大批人才的南迁中，有一大批不可忽视的文化人，诸如一些著名的思想家、史学家、文学艺术家和自然科学家的南来②，一时间，“西北士大夫多在钱塘”③。陈亮也说：“钱塘终始五代被兵最少，

---

① 吕祖谦：《东莱吕太史文集》卷十五《庚子辛丑日记》，见《吕祖谦全集》，52 页，杭州，浙江古籍出版社，2008。

② 倪士毅，方如金：《南宋临安的都市经济》，载《浙江师范大学学报》，1982，3 (1)，32—41 页。

③ 脱脱等：《宋史》卷四百三十七《程迥传》，12949 页，北京，中华书局，1977。

而二百年之间，人物日以繁盛，遂甲于东南。”① 大批文化人的南迁，带来了中原地区先进的学术文化，使南方文人学士得到“考德问业”，与南迁文士共同切磋，相互探讨，对学术文化的传播和人才的造就无疑产生了不可低估的作用。加上南宋定都临安，浙江成为京畿之所在，于是就成为士大夫和文人学士争名夺魁、显露才华、施展本领的场所。随之而来的是浙江本地人才的纷纷崛起，从表1所列的数字可充分说明这一点②：

表1　南宋全国人才情况统计表

省份	《宋史》“列传”人物		《宋史》“道学”“儒林”人物		宰相		词人		画家	
	人数	比例(%)	人数	比例(%)	人数	比例(%)	人数	比例(%)	人数	比例(%)
河南	37	—	0	—	3	—	28	—	25	—
河北	7	—	0	—	1	—	41	—	14	—
山西	0	—	0	—	1	—	5	—	7	—
山东	13	—	0	—	1	—	12	—	6	—
陕西	6	—	0	—	0	—	3	—	4	—
安徽	38	—	2	—	6	—	35	—	4	—
江苏	49	—	1	—	3	—	43	—	49	—
浙江	136	25	14	31	22	34	138	27	69	31
江西	83	—	9	—	10	—	78	—	13	—
湖北	4	—	1	—	1	—	3	—	0	—

① 陈亮：《陈亮集》卷一《书疏·上孝宗皇帝第一书》，7页，北京，中华书局，1974。

② 表中《宋史》“道学”“儒林”中人物、词人、画家的统计人数参见张家驹的《两宋经济重心的南移》；“列传”人物据《宋史》列传部分统计；宰相统计人数因张家驹之统计失误，故根据《宋史·宰辅表》、徐自明《宋宰辅编年录》和万斯同《宋大臣年表》等资料统计。

续表

省份	《宋史》"列传"人物		《宋史》"道学""儒林"人物		宰相		词人		画家	
	人数	比例(%)	人数	比例(%)	人数	比例(%)	人数	比例(%)	人数	比例(%)
湖南	12	—	0	—	1	—	17	—	1	—
福建	88	—	11	—	8	—	63	—	15	—
广东	4	—	0	—	1	—	6	—	—	—
四川	71	—	7	—	5	—	28	—	13	—
云南	0	—	0	—	0	—	1	—	0	—
甘肃	0	—	0	—	0	—	1	—	2	—
未详	—	—	0	—	2	—	—	—	—	—
合计	548	—	45	—	65	—	502	—	222	—

从上表可见南宋浙江人才之盛，不仅名列全国第一，还居于绝对压倒的优势。在这繁星灿烂的人才群中，仅拜居相位的就有二十二人，占据南宋一代全国宰相人数的三分之一，分布在浙江九府十五县（嘉兴府与严州府无）①，详见表2。

表2　南宋宰相情况统计表

府州	宰相姓名及县籍
临安府	钱象祖（临安）、李宗勉（富阳）
湖州	沈该（吴兴）、葛邲（吴兴）
明州（庆元府）	史浩（鄞县）、史弥远（鄞县）、郑清之（鄞县）、史嵩之（鄞县）
绍兴府	王爚（新昌）

① 表中人名及籍贯与上注宰相统计人数一项相同。

续表

府州	宰相姓名及县籍
婺州	叶衡（金华）、王淮（金华）、乔行简（东阳）、范钟（兰溪）
衢州	余端礼（龙游）、留梦炎（衢州）
温州	陈宜中（永嘉）
台州	谢深甫（临海）、杜范（黄岩）、贾似道（天台）、叶梦鼎（宁海）、吴坚（天台）
处州	汤思退（青田）

其中，虽然也有像贾似道这样的权奸佞臣，但像史浩这样的政治家也不乏其人。宋代士大夫的主要入仕途径为进士科，宰相的出身自然也以进士最多。南宋浙江进士人数竟达六千九百人左右，占全国进士总数的百分之三十八，光温州一地进士就有一千一百四十八名。[①] 南宋浙江籍的宰相有百分之七十七是进士出身，没有功名，不学无术，靠荫补爬上相位的，只有贾似道一人。

浙江是京畿之所在，人才荟萃之地，全国各门学科、各个学派的代表人物几乎大都云集在浙江，或者与浙江有着千丝万缕的联系。南宋浙江人才的大量涌现和造就，有力地促进了学术研究的开展。以思想界为例，理学是宋代地主阶级思想的主流，它是糅合了儒、佛和道学而成的一种哲学思想。到了南宋，遂形成了理学的极盛时代，思想派别很多。论其学派，主要有心性之学和事功之学两派，又有朱学、陆学和浙学三家，它们对浙江思想文化界有很大的影响。特别是事功学派，又称浙东学派，更是名噪全国，影响后代。它是由婺学、永嘉之学和永康之学组成的。婺学以吕祖谦为代表，他提倡致用之学，主张“讲实理、育实材而

① 根据乾隆《温州府志》卷十九《选举》统计。

求实用”①，而与理学空谈道德性命不合，与朱、陆异，具有自己鲜明的特点。永嘉之学的著名人物有郑敷文、薛季宣、陈傅良、叶适等。孝宗淳熙五年（1178 年），知温州韩彦直说：“温之学者，……至国朝始盛，至于今日，尤号为文物极盛处。”②叶适也说：“儒学特盛，以名字擅海内数十人。”③ 综合他们的学术思想，其特点是“明夷夏之别”，主张抗金，重视历史研究，重视实际问题，研究实用之学，因此就与满口性命义理的朱熹道学派处于对立的地位。至于永康学派头面人物的陈亮，更是一位在政治上一生为抗金奔走呼号、在思想上反对程朱理学且大力提倡实事实功的猛士。此外，朱学、陆学在浙江的影响也很大，他们的门徒和再传弟子遍布浙江各地。

浙东学派的学者，为了追求真理，勇于探索，在学术思想上开展针锋相对的争鸣辩论，从不讲个人情面。但是，在治学态度上，不囿于门户之见，主张兼容并蓄，求同存异，博采众家之长；在个人关系上，有着广泛而亲密的来往。如吕祖谦，当时全国各学派的代表人物皆乐意与之交往。陈傅良、薛季宣、徐元德等人就常到他家里与他讨论学术问题，一住就是十天半月。陈亮、叶适也常与他交往，彼此之间书信往来频繁。吕祖谦与朱熹、张栻的关系就更为密切。吕、朱两人多次结伴游于浙、闽、赣一带，而且在学术问题上的研讨、争论则更多。南宋思想界的争鸣辩难，有时也不免意气用事，流于偏激，但争鸣辩难之风极为盛行，并且勇于探索，大胆创新，提倡求实务成精神，这对思想、学术文化的发展无疑是一个积极的推动。

南宋浙江艺术界也是春意盎然。宋代绘画在我国艺术发展史上是一个重要时期。它既继承了唐代光辉的传统并加以发扬光

---

① 潘富恩，徐余庆：《吕祖谦思想初探》，121 页，杭州，浙江人民出版社，1984。

② 韩彦直：《橘录·序》，1 页，北京，中华书局，1985。

③ 叶适：《水心文集》卷二十五《朝请大夫提请江州太平兴国宫陈公墓志铭》，见《叶适集》，505 页，北京，中华书局，1961。

大，同时又开创了元、明以下的画风。南宋浙江画坛也是人才辈出，其成就是多方面的，如道释、人物、宫室、番族、龙鱼、山水、畜禽、花鸟、墨竹、疏果等方面。浙江籍的画家人数几乎占了全国画家人数的三分之一。临安画院容纳了全国的许多知名画家，其中有南渡的北方画坛高手，也有浙江本地的知名画家。他们济济一堂，在相互影响、渗透的基础上创造了各自独特的风格。同时，画院的名家和院外名手的作品也是互争雄长，交相辉映，各有千秋。如院内名家马麟和院外名手杨无咎都擅长花鸟画，但风格意趣迥然不同。特别应该指出的是，南北画家为了培养年青一代，还在临安画院广招门徒，传艺授业，培养了大批成就卓著的浙江本地青年画家，如李嵩、刘松年、马麟、陈清波等。他们的有些作品还突破了宗教和台阁人物的框框，开始大胆描绘社会生活。如李嵩根据民间流行的梁山英雄的传说，画出了宋江等三十六人的英雄形象，实际上是为反抗赵宋统治的农民起义唱赞歌。南宋四大画家之一的刘松年，他所画的《中兴四将像》是对南宋时事的暗示讽喻。至于他的《便桥见虏图》更是借用唐太宗在渭河桥上斥退突厥颉利可汗的故事，对南宋偏安江南向女真贵族屈膝投降进行辛辣讽刺和有力鞭笞。

对外开放　相得益彰

南宋政府为了解决财政困难，始终把鼓励对外贸易当作一项立国的基本国策。随着对外贸易的发展，中外经济、文化交流日益频繁。南宋对外经济、文化交流分西北与东南两条渠道。西北是陆路，由于受到西夏和金的干扰，经常处于时张时弛的状态；东南是海路，随着赵宋王朝经济、政治、文化重心的南移，得到了空前的发展。南宋对外开放最大的市舶司是广州、杭州、明州、泉州、秀州、温州和江阴军等七处，其中两浙路就占了四处。特别是明州、杭州、温州，成为对朝鲜、日本文化交流的主要门户。因此，南宋的浙江在对外文化交流中起到了举足轻重的作用。下面着重谈谈与日本的文化交流。

南宋时，浙江与日本的文化交流最为频繁。唐朝时代，中日文化交流空前活跃。到了宋代，特别是南宋，随着中日关系和贸易往来的进一步发展，两国的文化、科学技术交流出现了一个新的高潮。当时的中、日商人和僧人在沟通两国的文化交流中起到了桥梁作用。南宋时，淮河以北为金人所占，日僧不能像过去那样去北方的有名寺院巡礼，同时大部分日僧又都是为了学禅，而禅宗的名山大寺几乎都在江南，浙江又居大半。因此，大部分日僧入宋，都限于杭州、明州、台州一带为中心的浙江地区。南宋时，有名可查的入宋僧就有一百二十余人，其中绝大部分是来浙江的。

由于南宋印刷业的发展，中国的各种书籍源源不断通过明州、温州港输入日本，为日本吸取中国文化提供了许多方便。如南宋商人刘文仲就在明州乘船携去《新唐书》《新五代史》等史书赠给日本左大臣藤原赖长。① 《太平御览》是在平清盛执政时期输入日本的，平清盛很快把它献给高仓天皇。入宋名僧重源和法忍净业，回国时分别带去宋版《大藏经》。入宋僧不可弃俊芿，入宋后登天台山，后到奉化的雪窦、临安的径山学禅，又随明州景福寺的如庵学律，最后住在临安下天竺。他从明州回国时带回大批中国典籍，有律宗大小部文三百二十七卷，天台教观文字七百一十六卷，华严章疏一百七十五卷，儒书二百五十六卷，杂书四百六十三卷，法帖、御笔、堂帖等碑文七十六卷，共计二千零一十三卷。② 他的弟子闻阳湛海首次入宋，经两浙游南湖，又在明州白莲教寺居住，在浙江留学八年，回国时也带回经论数千卷。入宋僧圆尔辨圆在浙江住了七年，历访天童、净慈、灵隐等寺，回国时除带回佛教的经论章疏外，还有许多僧传、禅籍、儒书、诗文集、医书、字帖等数千卷。大量输日的中国典籍，“是

---

① ［日］木宫泰彦：《日中文化交流史》，293 页，北京，商务印书馆，1980。

② ［日］木宫泰彦：《日中文化交流史》，352 页，北京，商务印书馆，1980。

日本文化发展史上不容忽视的珍贵资料。这些典籍对于五山儒学、诗文学的兴盛起过的作用是不待言的”[①]。

南宋时，随着中国大量书籍输入日本，特别是浙江各大禅宗寺院刻印佛经施人的风气传到日本后，日本的禅院纷纷效仿。因此，入籍宋僧在日本办起了印刷事业。但是，日本缺乏优秀的雕刻工，而浙江高超的雕版技术又极大地吸引了日本人，因此入宋僧就趁赴宋之便，把日本禅籍带到浙江雕版。这些刊本至今还在日本各地流传。[②] 13 世纪初，由于日本研究程朱理学风气开始盛行，引起了日本僧俗刻印儒家经典的兴趣。淳祐七年（1247年），日本就有人署名“陋巷子”，复刻了宋椠本（婺州本）《论语集注》十卷，这是日本刻印儒书的开始。随之，许多精致的宋刻本（其中大部分是浙江的宋刻本）大批输往日本，充分说明浙江雕版印刷给予了日本的印刷业重大的影响。

南宋浙江的绘画作品在日本受到很高的评价，并且给予日本的绘画艺术很大的影响。南宋时，大批日僧来临安径山兴圣万寿禅寺，拜该寺高僧无准师范为师。无准师范把请临安画家给自己画的肖像画送给拜自己为师的入宋僧圆尔辨圆（后来成为日本东福寺开山僧人，对日本文化发展有极大的贡献）。他回国时带回了日本，至今还珍藏在日本东福寺。这种肖像画，在绘画手法、色彩调配等方面都充分表现了南宋画的写实风格，很快在日本风行起来。在浙江住了五年的日僧不可弃俊芿，回国时也带去了十六罗汉二套三十二幅、水墨罗汉十八幅、南山灵芝真影各一幅等。这批禅月大师的罗汉像对于日本后来的罗汉画像产生了很大的影响。[③] 此外，南宋浙江表现山水、花鸟、人物、禽兽等现实主义的绘画作品也大批通过明州港输往日本。这些作品不但题材

① ［日］木宫泰彦：《日中文化交流史》，353 页，北京，商务印书馆，1980。

② ［日］木宫泰彦：《日中文化交流史》，379—380 页，北京，商务印书馆，1980。

③ ［日］木宫泰彦：《日中文化交流史》，359—360 页，北京，商务印书馆，1980。

丰富，而且刻画细腻、色彩淡雅，画法变化无穷，深受日本人民的欢迎，在日本出现了欣赏和学习宋画的热潮。有的日本画家还冒鲸波之险来到临安等地学画，有的则邀请临安画家去日本传艺，加强了中日绘画艺术的交流。

中国的建筑至宋代，在设计艺术上突破了隋唐以来的旧传统，出现了建筑与园林相结合的新格局，随之也影响到佛教寺院的建筑。南宋时，随着中日佛教的交流和两国人民的频繁交往，这种宋式建筑也传到了日本。当时传到日本的建筑式样有天竺式和唐式。天竺式建筑是由入宋僧重源传去的。他曾先后三次入宋，后两次是专门为学习天竺式建筑而到明州，住在阿育王寺进行考察。这期间恰逢该寺欲建舍利殿，缺少大木材。他克服了重重困难，从日本周防国（今山口县）运来大批木材，有力地支援了该寺舍利殿的建成。重源在该寺通过学习和实践，回国后就负责迁建日本著名的东大寺，① 并且特地邀请了中国著名铸佛师明州人陈和卿等七名技师工匠前往指导和帮助。陈和卿成功地铸造了东大寺的大佛而名振亚洲。同时，陈和卿等人还为日本培养了大批的建筑技工，使中国天竺式的建筑艺术在日本得到广泛的传播。至于唐式建筑，又名禅宗式，它是由入宋僧荣西传入日本的。他第二次入宋先上天台山参谒万年寺的虚庵，后来虚庵住持明州天童寺，荣西跟随虚庵来此继承法统。当他得悉虚庵欲修该寺千佛阁时，便表示当致良材以为助。绍熙二年（1191 年），他搭乘宋商杨三纲船回国，过了二年，果致百围之木凡若干，挟大舶，泛鲸波而至焉。天童寺的千佛阁终于在荣西和日本人民的支援下修建而成，成为浙江人民和日本人民文化交流的友谊象征。荣西在天童寺住了四年，取得了丰富的唐式建筑经验，回国后仿照禅宗寺的式样，先后在博多建圣福寺，在京都建造建仁寺。后来，由于镰仓幕府的支持，出现了唐式禅宗建筑的热潮，并且仿

① ［日］木宫泰彦：《日中文化交流史》，340 页，北京，商务印书馆，1980。该寺建于 8 世纪，原在奈良，1180 年毁于战火。

南宋五山十刹①，分别在镰仓、京都相继建造了五山十刹。这些寺院是浙江和日本文化交流的艺术结晶，后来都成为日本汉文化发达的中心，充分体现了浙江的寺院建筑艺术对日本文化的影响。

南宋与日本在佛教交流方面空前频繁。南宋时，中国的禅学非常盛行，禅宗几乎成了佛教的代名词，因此有大批日僧来浙江学禅（因为中国的五山十刹就有十一个在浙江）。影响较大的入宋僧就有阿觉、金庆、练中、胜辩、明全等数十人，先后来到临安、明州、台州、镇海等地的名山大寺，拜中国高僧为师，继承法统。特别是南宋中期以后，由于中国禅宗提倡朴素寡欲，深得日本镰仓武士的欢迎，并且得到幕府的支持，在日本出现了“武士热心参禅”的风尚，而且邀请中国僧人赴日。明州天童寺的兰溪道隆是南宋时最早赴日的中国僧人。淳祐六年（1246 年），他率弟子翁绍仁、龙江等由天童出发，搭乘当时停泊明州江厦来远亭的日本商船赴日。两年后，他们被接到镰仓常乐寺住下，次年受日本执政北条时赖的敦请，帮助建造建长寺，被留为该寺开山第一祖。由于他是明州天童寺的高僧之一，在中、日佛教界有很高的威望，因而建长寺就成为镰仓禅宗第一道场，成了宣传禅宗的阵地。过去一向与天台宗、真言宗附在一起的禅宗，到这时才成为独立一派，自立门户。继道隆之后，又有宋僧多人赴日。如二十三岁的天童僧西涧（土昙）应日本执政北条时宗的邀请于咸淳六年（1270 年）春赴日，游历京都、镰仓等地达七年之久，广泛传播中国文化，于祥兴元年（1278 年）载誉回浙江，为传

---

① 五山指临安府（今杭州）径山兴圣万寿禅寺，临安府北山景德灵隐禅寺，明州（宁波）太白山景德禅寺，临安府南山报恩光孝禅寺（净慈），明州育王山广利禅寺。十刹指临安的天宁万寿永祚禅寺，湖州的护圣万岁禅寺，建康（南京）的太平兴国禅寺（后改灵谷寺），平江府（苏州）的报恩光孝禅寺、云岩禅寺，明州奉化的资圣禅寺（雪窦），瑞安府的龙翔禅寺，福州崇圣禅寺，婺州的宝林禅寺和台州（天台）的教忠禅寺。

播中日文化做出了贡献。[1]

由于南宋浙江文化的发展，海外贸易的畅通，外国入宋商人、僧人的增多，作为沟通中外人们思想工具的外国语也被部分明州人所掌握，明州颇有通晓日本等国语言的“译人”。据南宋周辉的记载，“顷在泰州，偶倭国有一舟漂泊在境上，一行凡三二十人，至郡馆谷之。或询其风俗，所答不可解。旁有译者，乃明州人”[2]。

南宋的浙江与高丽的文化交流也是十分频繁的，在书画和雕塑、文学和音乐、瓷器和纸墨工艺、医学和算术及雕版印刷等方面都有广泛的交流。南宋的浙江与东南亚、南亚、阿拉伯、中亚、非洲诸国也有不同程度的文化交流，促进了这些国家文化的发展。这些在南宋后期永嘉人周去非写的《岭外代答》和余杭人赵汝适撰的《诸番志》等书里面都有记载。

综上所述，南宋的浙江不仅是全国的首富之区，还是文化事业最昌盛发达的地区。浙江的劳动人民和文化人与避地南来的北方劳苦大众、文人学士继承和发扬了中华民族的优秀文化传统，用他们的辛勤劳动和智慧不仅创造了丰富的物质财富，还创造了光辉灿烂的古代文化。而且在对外文化交流中，由于当时的中国在世界上处于领先地位，使浙江在学习和吸收外国进步文化的同时，更多地、无保留地输出中华民族的优秀文化。更有意义的是，中国在这一时期，三大发明进一步发展和传播，影响并推动了世界物质文明的历史进程，为欧洲的资本主义萌芽和发展起了巨大的促进作用，而浙江在这当中所做的贡献最为突出。

---

① ［日］木宫泰彦：《日中文化交流史》，366页，北京，商务印书馆，1980。

② 周辉：《清波杂志》卷四，35页，北京，中华书局，1985。

南宋临安（杭州）的文化[①]

杭州是具有悠久历史和古代灿烂文化的名城，也是我国历史上六大古都之一。杭州的建城，始于隋开皇十一年（591 年）[②]，炀帝大业六年（610 年），由于江南大运河的开通，经济逐渐开发，其地位日益重要。到了唐朝开元年间，杭州已成为东南大郡。在五代十国期间，它是吴越的国都，钱镠曾经对它进行过全面的建设，使它成为“邑屋繁会”“江山雕丽”[③]“钱塘富庶，盛于东南”[④]的城市。北宋时，由于国家的统一，政治相对安定，杭州经济、文化的发展就更加迅速，成了“东南形胜，三吴都会”“参差十万人家”[⑤]的繁华美丽的都市和“百事繁庶”的“地上天宫”[⑥]了。南宋建炎三年（1129 年），高宗在金兵的穷追下，一直逃到杭州。据说，他“初入杭州，闻县名‘仁和’，喜曰：‘此京师门也。’盖太祖次陈桥驿，从仁和门入（指宋太祖赵匡胤发动陈桥兵变，夺取后周政权事），以为吉兆，故驻跸之

---

① 原载《浙江师范学院学报（社会科学版）》1982 年第 3 期。

② 施谔：《淳祐临安志》卷五《城府》，81 页，杭州，浙江人民出版社，1983。

③ 陶宗仪：《说郛》卷六十一《清异录》，2 页，北京，中国书店，1986。

④ 司马光：《资治通鉴》卷二百六十七《后梁纪二》，8726 页，北京，中华书局，1956。

⑤ 唐圭璋：《全宋词》，《望海潮》，39 页，北京，中华书局，1965。

⑥ 陶宗仪：《说郛》卷六十一《清异录》，2 页，北京，中国书店，1986。

意始定”①。绍兴八年（1138 年）正式定为行在所，改名临安府。从此，南宋临安不仅成为全国政治、经济的中心，还是全国文化最发达的城市。

南北士人 群英荟萃

作为观念形态的文化，是受社会经济的发展制约的；反之，经济的繁荣也必然会推动文化事业的发展，这是马列主义的一条基本规律。南宋临安农业、手工业的兴盛，对外贸易的畅通，社会生产力的发展，都市经济的繁荣和商品交换的活跃，不仅超越前代，还居于世界的前列。所以，意大利旅行家马可·波罗在他的游记中把杭州说成当时世界上最富丽华贵的都市。广大劳动人民辛勤创造出来的社会财富为南宋临安文化的空前发展提供了雄厚的物质基础。

魏晋南北朝和唐末五代的两个大动乱时期，我国中原地区封建军阀割据混战，遍地干戈，狼烟四起；可是，杭州不仅免遭战火的洗劫，经济、文化还得到继续发展。到了宋代，由于经济重心的南移，两浙路成了全国的首富地区，“高宗南渡，虽失旧物之半，犹席东南地产之饶，足以裕国”②。其时，文化中心也随着经济、政治中心南移了。还在北宋中期“嘉祐中，吴孝宗子经者，作《余干县学记》，云：‘古者江南不能与中土等，宋受天命，然后七闽二浙与江之西东，冠带《诗》《书》，翕然大肆，人才之盛，遂甲于天下’”③，充分说明了由于江南社会经济的繁荣和文化事业的发展，两浙路已呈现人才辈出的空前盛况和学术

---

① 田汝成：《西湖游览志馀》卷二十《北山分脉城内胜迹》，222 页，杭州，浙江人民出版社，1980。

② 脱脱等：《宋史》卷一百七十三《食货志上·农田》，4156 页，北京，中华书局，1977。

③ 洪迈：《容斋四笔》卷五《饶州风俗》，见《容斋随笔五集》，41 页，上海，商务印书馆，1935。

文化繁荣的局面。加之南宋初年，金兵南犯，各阶层人民为了免遭女真贵族的蹂躏，纷纷南渡。在南迁的人中，除去农民和手工业者之外，还有一部分是社会上著名的文人学士，所以陆游说："大驾初驻跸临安，故都及四方士民商贾辐辏。"① 临安是南宋首都所在地，是全国政治、经济、文化的中心，成为不少文人学士谋求寓居之地。"西北士大夫多在钱塘"② 的说法，正是这种情况的真实反映。除临安以外的如湖、越、明、处、婺、衢、严等州也都不同程度地集中了来自北方的文化人。如越州一地就有不少是来自"赵、魏、秦、晋、齐、鲁士大夫之渡江者"③。临安既为南宋的文化中心，寓居临安以外地区的文化人必然要与临安的学术文化活动发生直接或间接的联系，这对临安学术文化的发展自然要起着促进作用。南渡的文人学士带来了北方先进的学术文化，并且使南方学者士人有机会向他们学习请教和共同研讨砥砺，这对南宋文化的传播和发展无疑产生了很大影响。这种影响所及文化科学的各个领域，其中最典型的莫过于绘画艺术。坐落在今杭州望江门内的南宋临安画院，招聘、容纳了大批南渡的北方画界名流，如李唐、李迪、张择端、苏汉臣等人，使临安画院成了南北绘画人才集中的"仓库"。如洛阳人朱敦儒、代州人史毕良均以绘画山水窠石见长；而钱塘人刘松年（刘清波）则工于山水人物，其画神气清妙④；河阳人李唐却擅长于画牛和山水，高宗认为他的山水画可以与唐代名画家李思训相媲美；而河中人马远的山水人物花鸟"著笔俱佳，院品推为第一，当时无与俦

---

① 陆游：《老学庵笔记》卷八，104 页，北京，中华书局，1979。

② 脱脱等：《宋史》卷四百三十七《程迥传》，12949 页，北京，中华书局，1977。

③ 陆游：《渭南文集》卷三十四《杨夫人墓志铭》，见《陆放翁全集》，213 页，北京，中国书店，1986。

④ 王毓贤：《绘事备考》卷六《庚子销夏记》，263 页，上海，上海古籍出版社，1991。

者”[1]；钱塘人夏珪“善画人物，风流蕴藉，用墨亦如傅粉，而笔法苍秀，柔中有骨，洵杰作也。雪景全学范宽，渲染别具妙理，院中画山水自李唐而下，无以逾珪”[2]；此外，楚州人廉布画的奇石、枯木，洪州人杨补之的水墨人物画，钱塘人马和之的佛像人物画，李嵩的道释人物画，都是在南北画家相互影响、渗透的基础上创造了各自独特的风格，对南宋画风有很大的影响。不仅如此，南北画家在临安画院还广招门徒，传艺授业，培养了大批当地青年画家。如萧照拜李唐为师，在李唐的辛勤教导和自己的勤奋努力下，山水画胜李唐一筹。木工出身的钱塘人李嵩，在画院中当待诏，由于他虚心向画院中的南北名家请教，后来成了人物画、界画（用界尺画建筑图）的名家。又如钱塘人刘松年也是画院学生，由于张敦礼等南北名家的指点开导，加上他自己刻苦学习和博采各家所长，所画的山水竹石远远超过他的老师。此外，还有马远的儿子马麟和陈清波等后起之秀纷纷崛起。当时的临安画界确实呈现人才辈出的局面。人才的兴旺与否，是文化事业兴衰的主要标志之一。南宋临安是全国各界文化人最集中的地方，这充分反映了临安文化事业的发达。

学校完善　教育发达

为了培养大批为南宋统治服务的人才，也为皇室贵族、官僚地主子弟出仕做官铺平道路，南宋当局在临安兴办了各级各类学校。首先兴办了中央各类学校，即太学、宗学、武学和医学。

太学是南宋的最高学府。绍兴十三年（1143 年）设太学于

① 王毓贤：《绘事备考》卷六《庚子销夏记》，264 页，上海，上海古籍出版社，1991。

② 王毓贤：《绘事备考》卷六《庚子销夏记》，264—265 页，上海，上海古籍出版社，1991。

临安风波桥东（今浙江医科大学南面），校舍“规模宏阔，舍宇壮丽”①。太学内的布局大体可分为三大部分：中部是太学机关的办公区域，包括崇化堂、首善阁、讲堂等。西部是孔庙，又叫大成殿，“殿门外立二十四戟，大成殿以奉至圣文宣王，十哲配享，两庑彩画七十二贤，前朝贤士公卿诸像皆从祀，每岁春秋二丁，行释奠礼，命太常乐工数辈用宫架乐歌《宣圣御赞》”②。李公麟所画的七十二《圣贤图》及高宗手书的孔子及七十二弟子赞辞的刻石至今还保存着。东部是太学生的宿舍区，有屋二十幢。此外，还有射圃（运动场）。据《梦粱录》卷十五记载，太学生的名额，在绍兴年间是三百人，后增至一千人，最多时达到一千七百一十六人。学生的来源一是规定八品以下的贵族官僚子弟和庶人之俊异者，二是由全国各州每三年一次选送本州符合标准的，然后经过考试合格者。在选送时，视成绩好坏分别送入上舍、内舍和外舍。太学开设的主要课程是四书五经。学制最短的五年，多的达九年甚至十五年。太学是南宋当局培养本阶级人才的基地，因此不惜支出大量经费给予太学生优厚的待遇——“朝家所给学廪，动以万计，日供饮膳，为礼甚丰”③。太学里的考试分季考和岁考，视其成绩优劣决定其“由外舍而升内舍，由内舍而升上舍”④。上舍生毕业时也分上、中、下三个等级，考进上、中两个等级的可以免掉礼部试和殿试，而直接发放做官，予以重用。下等生也可以免掉州郡一级的发解试而直接参加礼部试。从太学生的选拔到教材、考试内容的审订直至毕业分配等一

---

① 吴自牧：《梦粱录》卷十五《学校》，132页，杭州，浙江人民出版社，1980。

② 吴自牧：《梦粱录》卷十五《学校》，132页，杭州，浙江人民出版社，1980。

③ 吴自牧：《梦粱录》卷十五《学校》，133页，杭州，浙江人民出版社，1980。

④ 吴自牧：《梦粱录》卷十五《学校》，133页，杭州，浙江人民出版社，1980。

系列环节都是严格按照封建统治者的规范要求进行的，因此培养出来的太学生有很多是一些四体不勤、五谷不分、没有真才实学的庸才。

绍兴十四年（1144年）在临安设立宗学，地址设在睦亲坊（今杭州弼教坊）。“置诸王宫大小学教授，专以训迪南班子弟。嘉定岁，始改宫学为宗学，凡有籍者，宗子以三载一试，补入为生员，如太学法。置教授、博士、宗谕，立讲课，隶宗正寺掌之。学立大成殿、御书阁、明伦堂、立教堂、汲古堂。斋舍有六。”① 宗子年十岁以上入小学，二十岁以上入大学，如到了入学年龄无故不入学的，除处分本人外，长辈也要罚俸②，强制的目的在于提高皇室贵族的文化水平。基本课程为《论语》《孟子》。绍兴二十七年（1157年）六月，诸王宫大小学教授陈棠说：“向缘创复之初，有司建请，以未能通经，乞且讲《论》《孟》，至今逾二十年唯讲此二书。”③ 因为《论》《孟》二书，文字较六经为浅易，是当时修身行己的必读之书。临安宗学初建时，生员额百人，内大学生五十人，小学生四十人，职事大小学各五人，学生的膳宿费由朝廷供给④。到度宗末年，由于元兵压境，临安危急，宗学无形停顿。

武学，设在临安太学旁的前洋街，是为当局培养军事人才的学校。学规依照太学例，设置武博、武谕各一员。斋舍有六。⑤

除此之外，还兴办了许多自然科学方面的学校，如设在通江桥北的医学（又名太医局），分别设立脉科、针科、疡科等⑥。

---

① 吴自牧：《梦粱录》卷十五《学校》，133页，杭州，浙江人民出版社，1980。

② 徐松：《宋会要辑稿·崇儒》，2163页，北京，中华书局，1957。

③ 徐松：《宋会要辑稿·崇儒》，2167页，北京，中华书局，1957。

④ 徐松：《宋会要辑稿·崇儒》，2167页，北京，中华书局，1957。

⑤ 吴自牧：《梦粱录》卷十五《学校》，133页，杭州，浙江人民出版社，1980。

⑥ 吴自牧：《梦粱录》卷十五《学校》，133页，杭州，浙江人民出版社，1980。

朝廷“以御诊长听充判局职”，“以医官充教授四员，领斋生二百五十人”；有斋舍八幢；“月季教课，出入冠带，如上学礼”。学生生活待遇优厚——“学廪饮膳，丰厚不苟”。[①] 培养出来的学生，部分充任御医，有的充当贵族官僚家庭医生，有的在社会上开业行医。

地方上的各级学校有府、县学。杭州府学设在凌家桥西。当时士大夫“嫌湫其溢，故帅臣累增辟规模，广其斋舍，总为十斋”[②]。仁和、钱塘二县学，在县左，建庙学养士。仁和县学有斋舍四，钱塘县学有斋舍六。县学有学官、学职。生员的膳食由朝廷供给，月修课考，同如州学一般。

此外，当时临安还设有社会最基层的学校即乡校家塾（相当于农村初级小学或私塾）和舍馆（即蒙馆）、书会等，“每一里巷须一二所，弦诵之声，往往相闻”[③]。可见当时临安城内外读书的风气是很盛的，教育事业相当发达。

刻书藏书　冠绝当世

两宋时期，由于封建经济的高度繁荣，促进了文化事业的发达和学术活动的开展，因此社会上对书籍出版的要求日趋迫切；同时，官府和私人藏书也不断丰富，形成了书籍的广泛流传；加上南宋造纸业的进步，这就为雕版印刷的发展提供了可靠的物质基础。自绍兴九年（1139 年）起，就设立了国子监，开始刻雕经史，各地方官署所刻书版集中到监里，继续印行。绍兴二十一年（1151 年）五月，高宗说：监中“其他阙书，亦令次第雕版，

---

① 吴自牧：《梦粱录》卷十五《学校》，134 页，杭州，浙江人民出版社，1980。

② 吴自牧：《梦粱录》卷十五《学校》，134 页，杭州，浙江人民出版社，1980。

③ 耐得翁：《都城纪胜·三教外地》，93 页，杭州，浙江人民出版社，1983。

虽重有所费，亦不惜也"[1]。当时，临安成为刻书业萃聚的地方。临安国子监的刻本种类很多，质量最佳，叫作"监本"，是读书人的标准本。官府刻书除国子监外，崇文院、秘书监、司天监也曾刻雕书籍。当时，官刻的书较著名的有两浙东路和西路茶盐司本，其次有两浙东路安抚司刻本、浙东庚司刻本等。由地方官府主持刊刻的有各地转运司、安抚司、茶盐司、州学、县学等刻本。南宋尤袤、杨万里、范成大、陆游、朱熹等人在各地做官，先后都刻过不少书，所以宋人王明清说："近年所至郡府多刊文籍。"[2] 刻书在南宋已成为一种社会风气。

私家刻书在南宋也很盛行。藏书家获得善本往往不是由地方政府出资刊行，而是由私家雕镂印刷，尤其以临安、婺州、建安等地为多。当时，临安的陈起、陈思父子及岳珂、孟琪等私家刻书都很有名[3]。岳刻《相台五经》至清代尚有存者，清内务府仿刻行世。私家刻书多称某氏家塾或某宅所刻，也有以本人斋、堂为名的，也有直接以本人姓名为名的。在这些人中，有的世代刻书，竟成专业；有的只刻一二种，所刻的书绝大部分是前人的著作，也有自著的诗文集，校勘一般比书坊为精。书坊刻书，在宋代几乎遍及全国。南宋刻书地点有一百七十多处，其中以两浙路最多，杭州、成都、建安是宋代刻书的三大中心——"今天下印书，以杭州为上，蜀本次之，福建最下"[4]。临安街头书铺林立，称"经铺""经坊"，或称"经籍铺""经书铺"，至今有铺名可考

---

① 李心传：《建炎以来系年要录》卷一百六十二，2638页，北京，中华书局，1956。

② 王明清：《挥尘前录》卷一，见《挥尘录》，10页，北京，中华书局，1961。

③ 叶德辉：《书林清话》卷三《宋私宅家塾刻书》，77—84页，北京，中华书局，1957。

④ 叶梦得：《石林燕语》卷八，116页，北京，中华书局，1984。

的尚有十六处①。其中最有名的书铺是陈起所开的临安棚北睦亲坊南陈宅书籍铺和陈思（陈起儿子，号续芸）所开的棚北大街陈解元书籍铺。陈起（字宗子、彦才，号芸居，称陈道人、武林陈学士）父子刻印出版了唐宋人笔记小说和诗文集将近一百种，叫作“书棚本”。由于刻印技术高明，纸墨工料又选上等，所以深受藏书家所珍爱，形成了中国雕版印刷的黄金时代。清人孙从添的《藏书纪要》说：“南北宋刻本，纸质螺纹不同。字画刻手，古劲而雅，墨气香淡，纸色苍润，展卷便有惊人之处。所谓墨香纸润，秀雅古劲，宋刻之妙尽矣。”孙氏的话虽不全面，但反映了宋版书的珍贵，而临安刊刻的宋版书又居其首位，不但刊印讲究，而且刊印时主要以唐人旧本为准，又经过周密的校勘，最为接近原书的本来面目，因此错误最少，为研究我国古典文献提供了可靠的资料。

至于藏书，南宋临安除了太学内设有书库，为藏书之所外，其他私人藏书家也很多。如陈起不仅是临安有名的开书坊的人，还是有名的藏书家，家有芸居楼，藏书丰富，刘克庄为此作诗云：“陈侯生长纷繁地，却以芸香自沐薰。炼句岂非林处士，鬻书莫是穆参军。雨檐兀坐忘春去，雪案清谈至夜分。何日我闲君闭肆，扁舟同泛北山云。”②

陈思虽是个书商，但学问渊博，著有《宝刻丛编》，家中藏

① 一十六家经铺，即临安府棚北睦亲坊南陈宅书籍铺，临安府棚北大街陈解元书籍铺，临安府洪桥子南河西岸陈宅书籍铺，临安府鞔鼓侨南河西岸陈宅书籍铺，临安府太庙前尹家书籍铺，临安府众安桥南街东尹经书铺贾官人宅，临安府修文坊相对王八郎家经铺，钱塘门里车桥南大街郭宅经铺，保佑坊前张官人经史子文籍铺，行在棚南街前西经坊王念三郎家，杭州沈二郎经坊，杭州猫儿桥河东岸开笺纸马铺钟家，太学前陆家，临安府中瓦南街东开印经史书籍荣六郎家，补塘俞宅书塾，钱塘王叔边。

② 丁申：《武林藏书录》卷中《陈宗之芸居楼》，34页，上海，古典文学出版社，1957。

书也很多，而且对书籍版本很有研究，“能别其真赝”①。此外，有名的藏书家还有周辉和周密。周辉，绍熙年间人，居钱塘清波门之南，家中藏书达万卷。② 周密晚年寓居钱塘癸辛街，家中藏书有“书种”和“志雅”二堂，藏有书册四万二千余卷及三代以来金石刻一千五百余种。③

杂技百戏　争奇斗巧

随着南宋农业、手工业和商业的发达，临安都市经济的繁荣、市民阶层的不断壮大，他们要求有自己的文艺，同时官僚地主阶级在对物质财富肆意挥霍的同时，也需要精神上的消遣和享受。在这种社会背景下，技艺百戏就应运而生，而且形式多样。其演出地点大多在民间的“瓦舍”（“来时瓦合，去时瓦解”之义，易聚易散也）、“勾栏”（剧场）之中，观众主要是市民、商人、下级官兵，也包括官僚地主和皇室贵族。南宋临安有“瓦舍”二十三处之多，其中最大的一处就有“勾栏”十三个，演出各种技艺戏曲项目有二十多种④，归纳起来主要有下列八个方面：

（一）杂技表演，名目繁多

杂耍技艺在我国具有悠久的历史，早在汉武帝时期就从西域传到我国，经过历代艺人的不断改造创新，发展到南宋时，项目繁多，如“踢瓶、弄碗、踢磬、弄花鼓捶、踢墨笔、弄球子、椤

① 丁申：《武林藏书录》卷中《小陈道人思》，36页，上海，古典文学出版社，1957。

② 丁申：《武林藏书录》卷末《周昭礼》，88页，上海，古典文学出版社，1957。

③ 丁申：《武林藏书录》卷末《周草窗》，88页，上海，古典文学出版社，1957。

④ 周密：《武林旧事》卷六《瓦子勾栏》，92—93页，杭州，西湖书社，1981。

筑球、弄斗、打硬、教虫蚁及鱼弄熊、烧烟火……壁上睡，小则剧术射穿、弩子打弹，攒壶瓶”① 等。杂技演员（当时临安人称之为“百戏踢弄家”）技艺高超，能演出许多难度很高、动作复杂的节目。每于明堂郊祀年份，在丽正门宣赦时，“用此等人，立金鸡竿，承应上竿抢金鸡。兼之百戏，能打筋斗、踢拳、踏跷、上索、打交辊、脱索、索上担水、索上走装神鬼、舞判官、斫刀蛮牌、过刀门、过圈子等”②。至于其他杂技手艺如“烧火、藏剑、吃针、射弩端、亲背、攒壶瓶等”③，也比比皆是，应有尽有。到了淳祐以后，杂技艺术更趋高超精湛，达到了炉火纯青的地步，涌现了大批优秀的杂技演员，著名的有包喜、陆寿、施半仙、金宝、金时好、宋德、徐彦、沈兴等。他们的表演“委是奇特，藏去之术，则手法疾而已”④。

（二）傀儡木偶，五花八门

傀儡戏（即如今的木偶戏）是南宋临安十分流行的技艺之一。它出现于汉末，隋唐时已开始用于表演故事，至南宋已臻于成熟。临安的傀儡戏大体可分为五种，即提丝傀儡（又名牵丝傀儡或悬丝傀儡）、竿头傀儡（又名杖头傀儡）、手傀儡（又名布袋戏）、水傀儡和药发傀儡、肉傀儡（由儿童直接扮演的真人傀儡）。其表演（肉傀儡除外），主要模仿真人演戏的技艺，“凡傀儡敷演烟粉灵怪故事，铁骑公案之类，其话本或如杂剧，或如崖

---

① 耐得翁：《都城纪胜·瓦舍众伎》，88 页，杭州，浙江人民出版社，1983。

② 吴自牧：《梦粱录》卷二十《百戏伎艺》，193—194 页，杭州，浙江人民出版社，1980。

③ 吴自牧：《梦粱录》卷二十《百戏伎艺》，194 页，杭州，浙江人民出版社，1980。

④ 吴自牧：《梦粱录》卷二十《百戏伎艺》，194 页，杭州，浙江人民出版社，1980。

词"[1]。对此，《梦粱录》有更详细的记载[2]。南宋临安是傀儡戏最集中、最发达的地方，各瓦舍、勾栏以至街头巷尾竞相演出的就有二十多种，仅金棚傀儡（模仿游行舞队）剧目就有七十一个之多。元宵时，"官巷口、苏家巷二十四家傀儡，衣装鲜丽，细且戴花朵肩珠翠冠儿，腰肢纤袅，宛若妇人"[3]。临安傀儡戏的发达，由此可见一斑。

（三）纸皮影戏，眼花缭乱

影戏起源于北宋，至南宋时已相当发达。影戏开始时是用纸做的，后来遂用羊皮或驴皮，所以又称皮影戏。"元汴京初以素纸雕簇，自后人巧工精，以羊皮雕形，用以彩色妆饰，不致损坏。杭城有贾四郎、王升、王闰卿等，熟于摆布，立讲无差。其话本与讲史书者颇同，大抵真假相半，公忠者雕以正貌，奸邪者刻以丑形，盖亦寓褒贬于其间耳。"[4] 同时又饰以彩色，最后则发展为类似滑稽戏的乔影戏和真人扮演的大影戏，内容也以演史为主，主要在民间演出，颇受观众欢迎。

（四）禽虫戏艺，千奇百怪

南宋临安还有为禽虫戏者，即拿鸟、虫等表演的。据《宋稗类钞》记载，"武林有为禽虫戏者"。它的表演，其一有"畜龟七枚，大小凡七等。置龟几上，击鼓以谕之，则第一等大者先至几心伏定，第二等者从而登其背，直至第七等小者登第六等之背，

---

① 耐得翁：《都城纪胜·瓦舍众伎》，88页，杭州，浙江人民出版社，1983。

② 据《梦粱录》卷二百〇四记载，"凡傀儡，敷演烟粉、灵怪、铁骑、公案、史书历代君臣将相故事话木或讲史，或作杂剧，或为崖词。如悬线傀儡者，起于陈平六奇解围故事也，今有金线卢大夫、陈中喜等，弄得如真无二，兼之走线者尤佳。更有杖头傀儡，最是刘小仆射家数果奇，大抵弄此多虚少实，如巨灵神姬大仙等也。其水傀儡者，有姚羽仙、赛宝哥、王吉、金时好等，弄得百怜百悼"。

③ 吴自牧：《梦粱录》卷一《元宵》，3页，杭州，浙江人民出版社，1980。

④ 吴自牧：《梦粱录》卷二十《百戏伎艺》，194—195页，杭州，浙江人民出版社，1980。

乃竖身直伸其尾向上，宛如小塔状，谓之‘乌龟叠塔”；其二有“又畜虾蟆九枚，于席中置小墩，其最大者乃踞坐之，八小者左右对列。大者作一声，小者亦作一声；作数声，亦如之。既而小者一一至大者前，点首作声如作礼状而退，谓之‘虾蟆’”；其三有“又练细蚁黄黑二种，各有大者为之将领，插旗为号。一鼓对垒，再鼓交战，三鼓分兵，四鼓偃旗归穴，谓之‘蚂蚁角武’”；其四有“又以蜡嘴鸟（画眉八哥一类的鸟）作傀儡（表演傀儡戏），唱戏曲以导之，拜跪起立，俨若人状；或使之衔旗而舞；或写八卦名帖，指使衔之，纵横不差；或枪弹空中，飞腾逐取，谓之‘灵禽演剧’”；等等，不一而足。这些禽虫戏虽是些雕虫小技，但需要十分高超的训练禽虫的本领，所以《宋稗类钞》载曰："虽小技殆有神术焉。”各类禽虫戏的演出，充分反映了南宋临安文化生活的丰富多彩。

（五）角抵相扑，争名夺魁

所谓角抵者，实是相扑之异名也，又谓之“争交”，大约同现代的“摔跤”相似，是进行比试武艺高下的一种文体活动。它原来用在朝廷大朝会和圣节等重大节日时，每当“御宴第九盏，例用左右军相扑，非市井之徒，名曰‘内等子’，隶御前忠佐军头引见司所管，元于殿步诸军选膂力者充应名额，即虎贲郎将耳”①。他们是具有高超武艺的官兵，“每遇拜郊、明堂大礼、四孟车驾亲飨，驾前有顶帽，鬓发蓬松，握拳左右行者是也。遇圣节御宴大朝会，用左右军相扑，即此内等子承应”②。角抵得胜者除赏赐银绢外，还给官做，充当管营军头。对此，前辈朝官在

---

① 据《梦粱录》卷二十《角抵》载，“宫廷角抵人数为内等子设额一百二十名，内有管押人员十将各二名，上中等各五对，下等八对，剑棒手五对，余皆额里额外，准备祗应。三年一次，就本司争拣上名下次入额。其管押以下，至额内等子，亦三年一次，当殿呈试。”

② 吴自牧：《梦粱录》卷二十《角抵》，195 页，杭州，浙江人民出版社，1980。

赴御宴时还写诗进行赞颂："虎贲三百总威狞，急飐旗催迭鼓声。疑是啸风吟雨处，怒龙彪虎角亏盈。"①

这种宫廷角抵后来逐渐发展到社会上，成为下层社会的一种文体活动和争名夺魁的一种技艺。"瓦市相扑者，乃路岐人聚集一等伴侣，以图摽手之资。先以女飐数对打套子，令人观睹，然后以膂力者争交。若论护国寺南高峰露台争交，须择诸道州郡膂力高强、天下无对者，方可夺其赏。"② 得头赏者，奖以旗帐、银杯、彩缎、锦袄、马匹等物品。当时，临安城中涌现了许多男女角抵名手，如周急快、董急快、王急快、赛关索、赤毛朱超、周忙僮、铁稍工、杨长脚等，是角抵界的男中群雄，而赛关索、嚣三娘、黑四姐，则是角抵界的女中豪杰。③ 他们都成了临安城中家喻户晓的人物。

（六）杂剧表演，喜闻乐见

杂剧在南宋临安也是十分流行的。宋代杂剧从狭义上讲是在唐代参军戏的基础上发展起来的。唐代的参军戏是以讽刺、滑稽为主要内容的戏曲，在民间广泛流传。宋代杂剧在内容和形式上都发展了唐代参军戏。"顷在汴京时，村落野夫，罕得入城，遂撰此端。多是借装为山东、河北村叟，以资笑端。"④ 可见杂剧这一形式是为广大劳动人民所喜闻乐见的，其社会基础相当广泛。它发展到南宋时，"大抵全以故事，务在滑稽，唱念应对通

---

① 吴自牧：《梦粱录》卷二十《角抵》，195 页，杭州，浙江人民出版社，1980。

② 吴自牧：《梦粱录》卷二十《角抵》，195 页，杭州，浙江人民出版社，1980。

③ 吴自牧：《梦粱录》卷二十《角抵》，196 页，杭州，浙江人民出版社，1980。

④ 吴自牧：《梦粱录》卷二十《妓乐》，192 页，杭州，浙江人民出版社，1980。

遍。此本是鉴戒，又隐于谏诤，故从便跣露，谓之无过虫耳”①，而且还杂以歌舞等成分，形式则分为艳段、正本、杂扮三部。这种滑稽剧虽然以讥讽、调笑为主，但包含有较严肃的主题。劳动人民利用杂剧这一形式对黑暗的封建统治进行深刻的揭露和有力的讽刺，具有积极的现实意义。

（七）说话“舌辩”，遍及瓦舍

当时的“说”为讲的意思，“话”指故事，说话就是讲故事。南宋临安人又把说话称为“舌辩”或说大书，也就是我们今天的说书。说话作为一种艺术形式是古已有之的。它始于隋唐，兴于中晚唐，到了两宋，则为其黄金时代。在南宋临安，说话已成为一种专门的职业，说话人的足迹遍及临安街头巷尾的瓦舍、勾栏、茶楼、酒肆等处。说话内容也十分丰富，著名的有四家：“一者小说，谓之银字儿，如烟粉（相当于爱情小说）、灵怪（相当于神怪小说）、传奇。说公案（包括侠义小说），皆是朴刀杆棒及发迹变泰之书。说铁骑儿（相当于战争小说），谓士马金鼓之事。说经，谓演说佛书。说参请，谓宾主参禅悟道等事。讲史书（即历史小说），讲说前代书史文传，兴废争战之事。”② 由于说话的兴盛和普及，临安的说话可谓名家辈出，强手争雄。小说名家有谭淡子、翁二郎、雍燕、王保义、陈良甫、陈郎妇枣儿、徐二郎等。他们的说话，精神抖擞，情节出奇制胜，气象万千，“谈论古今，如水之流”③。演说佛书的名家则有宝庵、管庵、喜然和尚等人，还有“说诨经者，戴忻庵”④。至于“讲史书者，

---

① 吴自牧：《梦粱录》卷二十《妓乐》，191页，杭州，浙江人民出版社，1980。

② 耐得翁：《都城纪胜·瓦舍众伎》，88页，杭州，浙江人民出版社，1983。

③ 吴自牧：《梦粱录》卷二十《小说讲经史》，196页，杭州，浙江人民出版社，1980。

④ 吴自牧：《梦粱录》卷二十《小说讲经史》，196页，杭州，浙江人民出版社，1980。

谓讲说《通鉴》、汉、唐历代书史文传，兴废争战之事，有戴书生、周进士、张小娘子、宋小娘子、邱机山、徐宣教；又有王六大夫，元系御前供话（在皇宫里给皇帝说大书），为幕士请给，讲诸史俱通，于咸淳年间，敷演《复华篇》及中兴名将传，听者纷纷，盖讲得字真不俗，记问渊源甚广耳”①。在上述说话中，因小说故事较短且紧张生动，深刻而全面地反映了当时的社会面貌，尤其是都市市民思想和生活，因此最受欢迎，听众最多，“但最畏小说人，盖小说者，能讲一朝一代故事，顷刻间捏合，与起令随令相似，各占一事也”②。不仅广大市民喜欢听说话，就是南宋最高统治者也喜欢听说话或自己阅读话本；不仅临安城里有固定职业的说话人，在临安附近府县的乡村里也常有固定职业的说话人。陆游的诗句云：“斜阳古柳赵家庄，负鼓盲翁正作场。身后是非谁管得，满村听说蔡中郎。”③ 这正反映了当时说话的普及。

（八）水上百戏，变化无穷

南宋临安还有水上百戏者，表演艺术也十分高超，竟达到“往来出入之势，规模舞走，鱼龙变化夺真，功艺如神”④ 的地步。

除上述百戏技艺之外，南宋临安还有其他各种艺术团体的表演，如蹴球、唱赚、耍词、清乐、商谜、使棒等，形式多样，应有尽有。

---

① 吴自牧：《梦粱录》卷二十《小说讲经史》，196 页，杭州，浙江人民出版社，1980。

② 吴自牧：《梦粱录》卷二十《小说讲经史》，196 页，杭州，浙江人民出版社，1980。

③ 陆游：《剑南诗集》卷三十三《小舟游近村舍舟步归》，见《陆放翁全集》，516 页，北京，中国书店，1986。

④ 吴自牧：《梦粱录》卷二十《百戏伎艺》，194 页，杭州，浙江人民出版社，1980。

寺塔碑窟　遍布湖山

南宋临安不仅是风景优美的游览胜地，还以文物古迹众多而闻名天下，流传后世。在环绕数十里的西湖周围山岭峰峦之上，杭城内外的城镇之间，布满了众多的寺塔碑窟。这些劳动人民千百年来辛勤创造的艺术珍品，不仅为美丽的临安添辉生色，还为研究我国古代的政治、经济、文化提供了极为宝贵的文物资料。在临安时间最早、规模最大的佛寺，当推东晋咸和元年建造的灵隐寺，但当时的规模并不大。吴越国钱镠，一方面由于崇尚释氏，厚礼僧人，另一方面为了“据诸峰之险为候望”① 的防御目的，使佛寺建筑有迅速的发展，故吴越寺塔之盛“倍于九国”②。当时，杭城内外有佛寺三百六十多处。钱镠还对灵隐寺进行了大规模的整修和扩建，计有九楼十八阁七十三殿，房屋一千三百多间。到了南宋时，统治者为了麻痹劳动人民，实行愚民政策，又大兴佛寺，寺院建筑有了新的发展，“今浮屠老氏之宫遍天下，而钱塘为尤众。二氏之教莫盛于钱塘，而学浮屠者尤众。合京城内外暨诸邑寺，以百计者九，而羽士之庐不能什一”③。比较著名的有明庆寺（在木子巷）、仙林慈恩普济教寺（在盐桥东）、太平兴国传法寺（在佑圣观东）、千顷广化院（在木子巷北）。城内寺院有“自七宝山开宝仁王寺以下，大小寺院五十有七。倚郭尼寺，自妙净福全慈光地藏寺以下，三十有一。又两赤县大小梵宫，自景德灵隐禅寺、三天竺、演福上下、圆觉、净慈、光孝、报恩禅寺以下，寺院凡三百八十有五”。更有七县寺院，“自余杭县径山能仁禅寺以下，一百八十有五”。都城内外庵舍，“自保宁庵之次，共一十有三。”至于“诸录官下僧庵，及白衣社会道场

---

① 王明清：《玉照新志》卷五，67 页，北京，中华书局，1985。

② 王士祯：《五代诗话》卷一，28 页，北京，中华书局，1985。

③ 潜说友：《咸淳临安志》卷七十五《寺观》，763 页，台北，商务印书馆，1983。

奉佛，不可胜纪”。[1] 据田汝成说，杭州“唐以前为三百六十寺，及钱氏立国，宋朝南渡，增为四百八十，海内都会，未有加于此者也”[2]。其中成为江南名刹大寺者有灵隐寺、净慈寺、天竺寺、集庆寺、演福寺、昭庆寺、六通寺、法相寺、灵芝寺。特别是名闻中外的灵隐寺，高宗和理宗都曾多次亲临其地，特赐金银，赠予巨额庄田和脂粉费等，成为江南禅院第二山。

杭州的建塔历史很早，如上竺寺有隋朝僧贞观法师东冈塔，竹阁有唐朝鸟窠禅师塔，但建塔之风盛行于吴越国。南宋临安的寺塔大都为吴越时所建造。宋末人吴自牧把当时留存的塔按其性质大体分为僧塔和寺塔。僧塔者，如“四圣观御园玛瑙坡高僧塔，放马场栖真院赞宁塔，宝胜寺后山法慧大师塔，龙井寿圣寺辨才和尚塔”[3]。寺塔者，如“六和慈恩开化寺曰六和塔，荣国寺曰南高峰塔，景德灵隐寺曰北高峰庙塔，崇宁寺曰保俶塔，又显严院寺曰雷峰塔，曰圣果寺塔，定民坊曰佛牙塔，广化寺曰辟支塔，南山延寿法显院曰华严塔，净因寺曰双石塔”[4] 等。按建筑材料分类，除石塔外，还有铁塔和砖塔，如“景德、灵隐、净慈、报恩、光孝寺，各有铁塔，……街市有塔者，如阁门里杨府前有砖塔”[5]。因此巷有塔，故巷名叫塔儿头。龙山儿头岭，因有石塔，故取名白塔岭。此外，在西湖有“西湖三潭，立三塔以

---

① 吴自牧：《梦粱录》卷十五《城内外寺院》，137 页，杭州，浙江人民出版社，1980。

② 田汝成：《西湖游览志馀》卷十四《方外玄踪》，230 页，杭州，浙江人民出版社，1980。

③ 吴自牧：《梦粱录》卷十五《僧塔寺塔》，137 页，杭州，浙江人民出版社，1980。

④ 吴自牧：《梦粱录》卷十五《僧塔寺塔》，137 页，杭州，浙江人民出版社，1980。

⑤ 吴自牧：《梦粱录》卷十五《僧塔寺塔》，137 页，杭州，浙江人民出版社，1980。

镇之”[1]。其中，最有名的则是矗立在钱塘江畔月轮山上的六和塔、宝石山顶的保俶塔和南屏山支脉的雷峰塔（1924年坍毁）。这三座塔均兴建于吴越时期，分别屹立在湖光山色的西湖南北，是沧海桑田、风云变幻的历史见证，是我国古代劳动人民的伟大创造。

南宋临安保存了历代许多珍贵的石碑精品，著名的有“汉熹平石经”“魏三体石经”“唐开成石经”“五代后蜀广政石经”“北宋嘉祐石经”，其中以“南宋石经”数量最多。南宋绍兴御书石经是由高宗和皇后吴氏书写的，现在残存的还有《周易》《尚书》《毛诗》《中庸》《春秋左氏传》《论语》《孟子》等七种，放在当时临安的太学石经阁内，流传至今的只是其中一小部分。

在环绕西湖南、西、北三面连绵不绝的群山中，还点缀了一龛龛雕刻精致的石窟造像，为南宋临安的文化增添了灿烂的光辉。其中，灵隐飞来峰石窟有三百多尊石窟石像，除元代造像外，很大一部分是五代至宋的作品，是南宋临安西湖石窟中规模最大的造像群。此外，在慈云岭和烟霞洞的石窟造像也很闻名。这两处石窟造像绝大多数是五代吴越国时期的作品，至于南宋时期的造像却寥寥无几。它是我国古代石窟艺术的宝贵遗产。

南宋的临安，不仅是全国政治、经济的中心，也是全国文化的中心。广大劳动人民继承和发扬先辈的优良传统，用自己的勤劳和智慧，不仅创造了南宋临安雄厚的物质财富，使临安出现了高度繁荣的封建城市经济，同时也创造了南宋临安的精神文明。正如毛泽东同志指出的：“一定的文化（当作观念形态的文化）是一定社会的政治和经济的反映。”[2] 昌盛发达的南宋临安文化，是中华民族高度文明的象征，充分体现了中华民族源远流长的古

---

① 吴自牧：《梦粱录》卷十五《僧塔寺塔》，138页，杭州，浙江人民出版社，1980。

② 毛泽东：《毛泽东选集》（第二卷），《新民主主义》，624页，北京，人民出版社，1969。

代灿烂文化，这是我们民族的光荣和骄傲，是进行爱国主义教育的好材料。列宁同志说得好，“爱国主义就是千百年来巩固起来的对自己的祖国的一种最深厚的感情”①。但是，南宋临安又是上自皇帝、贵族、官僚地主，下至市井无赖、三教九流最集中的城市，由于社会生产力的发展，更扩大了他们消费、享受、占有的欲望，而临安、西湖妩媚秀丽的景色，则为他们提供了享乐宴游之处。卖艺的人们用自己辛酸的血泪，在瓦舍、勾栏、茶楼、酒肆里献卖他们的技艺，博取统治者的欢笑；“大贾豪民，买笑千金，呼卢百万”②；官僚豪商富家子弟终日迷恋于娱乐场所。总之，南宋的临安是皇室贵族、豪门权贵、官僚地主和富商巨贾纵情享受的乐园，劳动人民创造的物质财富和精神文明被他们巧取豪夺，肆意糟蹋。他们日夜酣歌宴舞，赏花、观灯、听书、看剧、游湖、狎妓、迎新、避暑、观潮、浴佛、祭扫……过着腐朽没落的糜烂生活。林升的诗句云：“山外青山楼外楼，西湖歌舞几时休。暖风熏得游人醉，直把杭州作汴州。”正是对南宋统治当局苟安江南一隅，不图恢复的辛辣讽刺和绝妙写照。

---

① ［俄］列宁：《列宁全集》卷二十八，168—169页，北京，人民出版社，1988

② 周密：《武林旧事》卷三《西湖游幸》，38页，杭州，西湖书社，1981。

论陈亮“农商相藉”的重商思想及经商自救活动①

陈亮是我国古代著名的爱国主义思想家、文学家、教育家、史学理论家和军事谋略家。他矢志抗金，面对山河破碎、社会矛盾和民族矛盾日益加剧的严峻形势，以一介乡村教师的身份，五次向孝宗皇帝上书，呼吁南宋当局发奋图强，重振国势，一统天下。他先后提出了一系列有关政治、经济、军事、教育等方面的改革主张。其中，在经济方面，他大力提倡发展商业，反对抑制经商，提出“农商相藉”论断，强调农业和商业并重发展，保护商人，肯定追求财富的合理性。这种思想在当时的历史条件下无疑是走在了时代的前列。本文在阐述陈亮商业思想的同时，试图论证其通过经商实现自救并得以致富的人生实践，以期更真实地认识这位历史人物和他所处的时代，感受宋代未入仕文人的人生追求、价值观念和生存状态。

---

① 本文系浙江师范大学（方如金）与美国哈佛大学东亚语言文明系（包弼德）合作科研项目——“浙江金华地区祠堂、地形、古建筑、古村落及地方历史文化研究”成果之一，与赵瑶丹同志合作完成。原载《清华大学学报》2011年第1期，《新华文摘》2011年第8期全文转载，人大《复印报刊资料·经济史》2011年第3期全文复印，《义乌方志》2011年第1期全文转载。获浙江省社科联第七届青年社会科学优秀成果三等奖，2012年度浙江省高等学校科研成果二等奖，金华市第十七届哲学社会科学优秀成果二等奖。

一、时代和环境培育了陈亮“农商相藉”思想

从唐太宗贞观到玄宗开元，将近百年的时间，是唐朝繁荣发展时期，属于江南东道的江浙地区，经济发展尤为迅速。五代十国时期，虽然是兵燹战伐的动乱年代，但吴越统治者钱镠为了百姓安居乐业和巩固自己的统治地位，与当时的军阀推行兼并掠夺的黩武政策迥然不同，把发展经济放在首位，实行“兴筑海塘，治理潮患”“经营水利，发展农业”“奖励蚕桑，振兴越瓷”“海上贸易，沟通中外”一系列政策；在政治上推行“保境安居，不事兵革”“礼贤下士，网罗人才”“扩建杭城，富甲东南”等基本国策，① 使吴越经济得到较大的发展。赵宋代周立国，结束了南方分裂割据局面，正如《东都事略》中所云：“天下于是定矣！”② 由于社会环境的安定，赵宋统治者在稳定其统治的同时，又采取了一系列发展社会经济的措施，经过广大劳动人民的辛勤劳动，宋代的农业、手工业、商业和海外贸易在唐、五代的基础上得到了空前大发展。宋代经济文化高度发展和全面繁荣在中国封建社会中是空前的，而“两浙之富，国用所恃，岁糟都下米百五十万担，其他财富供馈不可悉数”③，“朝廷经费之源，实本于此”④。到了南宋，“高宗南渡，虽失旧物之半，犹席东南地产之饶，足以裕国”⑤。宋代两浙路在唐、五代经济发展的基础上，农业生产的发展、手工业的发达、商业的繁荣、海外贸易的兴盛居于全国的领先地位，许多方面还居于世界前列。如都城临安既是全国的政治、文化中心，也是经济中心，商业、海外贸易异常

---

① 倪士毅，方如金：《论钱镠》，载《杭州大学学报》，1981（3），54—61页。

② 王称：《东都事略》卷一百一十八《隐逸传一百一》，769页。

③ 苏轼：《东坡全集》卷五十九《奏议六首·进单锷吴中水利书状》，838页。

④ 徐松：《宋会要辑稿·食货》，4927页，北京，中华书局，1957。

⑤ 脱脱等：《宋史》卷一百七十三《食货上一》，4156页，北京，中华书局，1977。

发达，城中各种工商行会多达414个。[1] 其所交易商品不但来自全国各地，而且世界上40余个国家的“珠玉、珍异及花果时新、海鲜、野味、奇器，天下所无者，悉集于此”[2]，单是熟食品供应就不下200种。不仅城内如此，就是郊区镇市，其“南西东北各数十里，人烟生聚，民物阜蕃，市井坊陌，铺席骈盛，数日经行不尽，各可比外路一州郡，足见杭城繁盛矣”[3]。而当时的浙东地区也是全国商业最繁华的地区之一，先后涌现明州、越州、温州、婺州、台州等商贸城市。这些地区的农村集市贸易也十分发达，如叶适的家乡温州永嘉县城“一片繁花（华）海上头，从来唤作小杭州”[4]，城内街道纵横、市肆林立，“其货纤靡，其人多贾”[5]。早在北宋熙宁年间（1068—1077年），其商税额就相当于当时全国商税平均数的七倍，这是十分可观的。叶适在《送王宗卿》诗中说“米多糠少贺丰登，莲吐双花麦五茎”，说明了农业大丰收的景象；在《登北务后江亭赠郭希吕》中说：“何必随逐栏头奴，日招税钱三万亿。”[6] 此处的“栏头”指外出市场上收税的税吏，每天能收到税金三万亿。“三万亿”未必是实数，但足见永嘉商业发达之盛况。陈亮的故乡婺州所属各县手工业也极为发达，商品交换十分频繁，史称金华县（今浙江金华市）城“民以织作为生，号称衣被天下，故尤富”[7]。婺州属下的浦阳县（今浦江县），“俗善织，凡补吏者，指此邑为膏润。其空囊而来

---

① 西湖老人：《西湖老人繁胜录》，22页，杭州，浙江人民出版社，1983。

② 耐得翁：《都城纪胜·井市》，3页，杭州，浙江人民出版社，1983。

③ 吴自牧：《梦粱录》卷十九《塌坊》，180页，杭州，浙江人民出版社，1980。

④ 潘自牧：《记纂渊海》卷十《两浙东路·温州》，236页。

⑤ 程俱：《北山集》卷二十二《外制·席益差知温州》，221页。

⑥ 叶适：《水心文集》卷七《登北务后江亭赠郭希吕》，见《叶适集》，67页，北京，中华书局，1961。

⑦ 刘敞：《公是集》卷五十一《先考益州府君行状》，621页，北京，中华书局，1985。

盈装而归者，前后或相继”[①]。陈亮家乡婺州永康县（今浙江永康市）的打铁业，相传早在唐代，在该县方岩镇已有打制菜刀、剪刀、锄头和铁耙，生意兴隆，“百工之乡”正在形孕之中。今天有誉满全球的永康国际五金城，其渊源可追溯到唐宋。

司马迁曰：“天下熙熙，皆为利来；天下攘攘，皆为利往。”[②]说明经商的目的就是为了追求财富。“凡人情莫不欲富，至于农人、百工、商贾之家，莫不昼夜营度，以求其利。”[③]“用贫求富农不如工，工不如商。”[④]从事工商业活动是达到富有的最有效途径。宋代两浙路，由于商品经济的发展，产生了货币经济的冲击波，社会各阶级和阶层产生了对财富占有的强烈欲望，刮起了一股疯狂追求财富的浪潮。许多商人经商致富，追求财富的观念体现于生活的各个细节，有的甚至近于畸形。有一位叫刘钱的商人，“唤箅子作长生铁”，“彼日日烧香祷祝天地三光，要钱生儿，绢生孙，金银千万亿化身”。[⑤]人们追逐财富，“居物逐利多蓄缗钱，至三五十万以上，少者不减三五万”[⑥]。正如古人云：“钱之所以为之钱，人所共爱，势所必争。”[⑦]陈与义在《书怀示友》诗中亦云：“有钱可使鬼，无钱鬼揶揄。”[⑧]当时，上自贵族官僚、地主豪绅、富商巨贾，下至平民百姓、太学生等世俗之人，对金钱占有都具有强烈的欲望，就连出家的和尚、尼姑及

---

① 强至：《祠部集》卷三十三《送监征钱宗哲序》，507页，北京，中华书局，1985。

② 司马迁：《史记》卷一百二十九《货殖列传》，3256页，北京，中华书局，1982。

③ 蔡襄：《端明集》卷三十四《福州五戒文》，625页。

④ 司马迁：《史记》卷一百二十九《货殖列传》，3274页，北京，中华书局，1982。

⑤ 陶谷：《清异录》卷上《不动尊》，847页。

⑥ 宋祁：《景文集》卷二十八《奏疏·乞损豪强优力农札子》，358页，北京，中华书局，1985。

⑦ 余叟：《宋人小说类编》卷二《诗词类·古人咏钱》，12页，北京，中国书店，1985。

⑧ 吴之振：《宋诗钞》卷四十二《陈与义简斋诗钞·书怀示友十首》，822页。

道士也都视钱如命，说什么“钱如蜜，一点也甜”。当时的浙东地区自然也卷入了这股商业竞争、追求金钱财富的浪潮中，甚至一些著名学者也积极参与经商营利活动。如金华学派代表人物之一的唐仲友，虽然身为台州知府，但仍在台州、金华一带开设店铺，经营织造、印染作坊和彩帛铺、鱼鲞铺、刻书铺等行业，取得丰厚的商业利润。在陈亮众多的亲朋好友中，有不少是经商致富的，如永康人孙天诚、陈良能、胡航，义乌人喻夏卿、何大猷、何恢，东阳人何坚才、郭彦明、郭德麟，浦江人方允修、方超等，都是腰缠万贯的富商大贾。陈亮的岳父大人何茂宏还是义乌的首富。

显而易见，陈亮、唐仲友、叶适等浙东学派的著名学者的重商思想，正是在南宋时期浙东地区特殊的时代和特定的地域环境中诞生、养育和滋润而成的。他们对传统的“重义轻利”“厚本抑末”“重农抑商”等观念提出大胆的批评和挑战，明确提出“抑末厚本，非正论也”[①]。陈亮一再强调“商藉农而立，农赖商而行”[②]。叶适指出，士农工商“四民交致其用而后治化兴”[③]，要求南宋朝廷重视商业，肯定商人的社会作用，保障商人的合法权益。

二、陈亮“农商相藉”思想的主要内容

在中国漫长的农业社会里，重农思想一直是经济思想的主流，厚本抑末是历代统治者一脉相承的基本国策，这是农业社会的自然现象和有一定合理因素的治国方略。历史发展到了宋代时，商品经济已经相当发达，在人们的头脑里也渐渐萌发了改变以往把商业视为“末业”的观点，商业逐渐成为社会的“本业”

① 叶适：《习学记言序目》卷十九《书》，273 页，北京，中华书局，1977。
② 陈亮：《陈亮集》卷十二《四弊》，140 页，北京，中华书局，1974。
③ 叶适：《习学记言序目》卷十九《书》，273 页，北京，中华书局，1977。

之一，有人已经认识到士、农、工、商“此四者皆百姓之本业”[①]。在这样的社会背景下，如果仍然固守“厚本抑末”的传统思想，显然是有悖于时代潮流的。南宋事功学派的旗手陈亮则适应了时代发展的需要，在其事功思想的主导下，先后提出了一系列有关哲学、伦理学、政治学、法制学、经济学、军事学、史学、教育学、文学、宗教学、社会学等广泛领域的主张。在经济方面，他大力提倡重视农业的同时，关注商业，要求积极发展商品经济。他认为在社会经济的发展过程中，商业的重要性并不比农业低；相反，在某种情况下，商业的繁荣与发展决定了社会经济的繁荣与发展，发展商业可以增加百姓的财富，从而增加国家的财力。

就农业与商业在社会经济体系中的地位而言，陈亮认为并无轻重高低之分。他说：“官民一家也，农商一事也。上下相恤，有无相通，民病则求之官，国病则资诸民。”[②] 这里的“民”指的应该是中小地主、自耕农、半自耕农及佃农和商人。就农商之间的关系，陈亮认为两者是互惠互利、互为促进、互为基础的，“商藉农而立，农赖商而行，求以相补，而非求以相病”[③]。只有真正做到农商“有无相通”“求以相补”，经济才能发展，才能达到民富国强的目标。商业的发展对稳定百姓的生活和国家的统治秩序都是大有裨益的。它可以在丰年避免谷贱伤农，在灾荒年月帮助农民渡过难关。若一味抑商，只能使“贫民日以困，货财日以削，卒有水旱，已无足依”[④]。一旦遇到战事，则很容易导致民愈贫、国愈弱的困难局面，所以商业对于富民强国具有十分重要的意义。为此，陈亮就如何发展商业提出了不少有益于社会的

---

① 陈耆卿：《嘉定赤城志》卷三十七《风土门二·土俗》，932页，台北，成文出版社，1983。

② 陈亮：《陈亮集》卷十二《四弊》，140页，北京，中华书局，1974。

③ 陈亮：《陈亮集》卷十二《四弊》，140页，北京，中华书局，1974。

④ 陈亮：《陈亮集》卷十三《问汉豪民商贾之积蓄》，153页，北京，中华书局，1974。

主张。

首先，他认为必须正确看待商人的社会作用，提高商人的社会地位。在传统的轻商观念支配下，历代统治者多把商人视为不务正业的贱民、游民。因此，商人地位低下，常常受到许多不公正的待遇。所以，陈亮认为要推动商业的发展，充分发挥商人的社会作用，对统治者来说首先必须正确树立“经商之人亦是才”的思想。成功的商人，其才能决不会逊色于科举之士，而相对于那些汲汲于一日课试之文，“夫以终岁之学，而为一日之计”，“以考求治乱……猎取一二华言巧语，缀缉（辑）成文而为欺罔有司”的迂儒而言，[①] 他们对社会和国家的贡献更大，理应取得应有的合理的社会地位。陈亮对于那些品行端正且有才能的富商巨贾是相当尊重和推崇的。他在给吕祖谦的信中声称自己有过从事商业的念头——“亮本欲从科举冒一官，既不可得，方欲放开营生，又恐他时收拾不上”[②]，遂只好作罢。

其次，国家应该采取一系列有利于发展商业的政策、措施。政府对商业是扶持还是压制，很大程度体现在税收政策上。政府是否实行宽商政策，直接关系到商业的发展和繁荣。据《都城纪胜》记载，南宋时都城临安“市肆谓之行者，因官府科索而得此名，不以其物小大，但合充用者，皆置为行”[③]。没有或不得加入行会的城市商人，深受“官司上下须索”，合法权益受到严重侵害。“京师置杂买务，买内所需之物，而内东门复有字号，经下诸行市物，以供禁中。凡行铺供物之后，往往经岁不给其直，至于积钱至千万者，或云其直，寻给干当……京师甚苦之”。[④] 天子脚下的都城商人受勒索的情况尚且如此，至于其属下的州县更是目无法规，自行其是，商人之苦尤甚。“舟船经过，必留旬

---

① 陈亮：《陈亮集》卷十四《问学校之法》，157 页，北京，中华书局，1974。

② 陈亮：《陈亮集》卷二十七《与吕伯恭正字·又书一》，321 页，北京，中华书局，1974。

③ 耐得翁：《都城纪胜·诸行》，3 页，杭州，浙江人民出版社，1983。

④ 张镃：《仕学规范》卷十九，102 页。

月，多喝税钱”①，使得“巨商大贾，则收敛藏蓄，不行步担力运者，则迂枉小路以避郡县”②。陈亮强烈反对向工商业者征收重税和种种敲诈勒索的做法，认为繁重的赋税剥削和强行科索是导致大批工商业者破产的直接原因，从而造成商业萧条，社会经济发展缓慢。当今，“民生嗷嗷，而富人无五年之积，大商无巨万之藏，此岂一日之故哉”③！这种局面的形成乃是长期以来施行苛商政策的必然结果。“今之为官者，往往或以贿闻，居则争利于平民，而郡县不能禁也；出入则争利商贾，而关、津不能谁何也。”④“乡必有坊，民与民为市，犹不胜其苦也。而户部赡军、激赏之库棋布于郡县……漕司有库，州有库，经总制司有库，官吏旁午，名曰‘趁办’，而去来无常人，收支无定籍，所得盖不足以偿其费，而民之破家械系者相属也。”⑤他认为，朝廷对社会商业活动进行管理并征收合理的赋税以充国用，是无可非议的，但这必须以推动商业的正常发展和促进社会的繁荣为前提。如果朝廷能做到“于保民之间而获其利”，“则必有道也”；反之，若“上下交征微利，则何以保斯民而乐其生哉”⑥？

另外，他肯定经营商业的合法性，提倡保护商人的利益。陈亮认为，政府应采取切实有效的措施来保护商人，承认商人正当经营的合法性，并且保护其财产不受侵犯。他对“困商贾之说”提出严厉的批评，“阡陌既开，而豪民武断乡曲，以财力相君，富商大贾操其奇赢，动辄巨万，甚者以货自厕于士大夫之后。此

---

① 徐松：《宋会要辑稿·食货》，5108页，北京，中华书局，1957。

② 徐松：《宋会要辑稿·食货》，5105页，北京，中华书局，1957。

③ 陈亮：《陈亮集》卷十四《问古今财用出入之变》，161页，北京，中华书局，1974。

④ 陈亮：《陈亮集》卷十三《问贪吏》，153页，北京，中华书局，1974。

⑤ 陈亮：《陈亮集》卷十四《问榷酤之利病》，163页，北京，中华书局，1974。

⑥ 陈亮：《陈亮集》卷十四《问榷酤之利病》，163页，北京，中华书局，1974。

言治者之通患，而抑兼并、困商贾之说，举世言之而莫得其要也”①。他认为经商是一种正当的谋生手段和职业，与利用各种不正当手段发财致富有本质的区别，不可混为一谈。他还对王安石变法中某些具体做法，如重农抑商、抑制富商大贾的轻商观念、无视商人利益等进行无情的批判：“王安石以正法度之说，首合圣意……括郡县之利尽入于朝廷，别行封椿以为富也。青苗之政，惟恐富民之不困也；均输之法，惟恐商贾之不折也……不知立国之本末者，真不足以谋国也。”②“困商贾”不但无助于社会贫富差距问题的解决，反而会使大批商人破产，增加社会失业人员，加重国家的财政负担，从而达不到强国目标；反之，肯定经商的合法性，能保护商人的利益，调动其经商的积极性，使“富商大贾出其所有，亦足以应朝廷仓卒之须”③，这对国家、商人和百姓都是有利的。陈亮主张发挥“强宗豪族”“富商大贾”在赈灾、维持地方秩序等方面的作用，这一真知灼见切中了宋朝基层管理的要害，是一项降低治国成本的有力措施。

这里需要强调指出的是，陈亮并不仅仅是当时商人阶层的代言人，他虽然积极倡导重商，但并不是因此而走向轻农重商的极端，只是为了纠正历史上诸如商鞅轻贱商贾之令，秦汉强迁商贾之举，西汉、南北朝污辱商人之法，西汉、唐朝掠夺商贾之蛮等轻商、贱商、掠商的极端偏见，④ 比较多地强调商业的重要性。事实上，综观陈亮相关的系列论述，他所反对的是斥商为末的贱商观念，对于以农为本的思想则持完全赞同的态度。他说：“农者衣食之源也”，农人“俯首于田亩，雨耕暑耘，终岁勤动，而

---

① 陈亮：《陈亮集》卷十三《问汉豪民商贾之积蓄》，153 页，北京，中华书局，1974。

② 陈亮：《陈亮集》卷一《上孝宗皇帝第一书》，6 页，北京，中华书局，1974。

③ 陈亮：《陈亮集》卷十三《问汉豪民商贾之积蓄》，153 页，北京，中华书局，1974。

④ 姜锡东：《宋代商人和商业资本》，352 页，北京，中华书局，2002。

一饱之不继也”，“今兼并为农患”。[①] 他坚决反对对农民敲骨吸髓般的盘剥，对农业肆无忌惮的摧残。因为从根本上讲，只有在发展农业的基础上，“商藉农而立”才能出现商业的持久繁荣，进而发挥其积极作用。两者相辅相成，互为因果。陈亮列举强秦速亡的例子和汉文帝吸取秦亡的教训，通过采取休养生息、保护农民的政策，使西汉初年一度萧条的社会经济迅速恢复，西汉王朝也由此走向富强。[②] 通过这正反史例说明保护农民、发展农业的重要性。陈亮在主张重商的同时，把重农、劝农列为君主治国之道的一个基本方面，强调“治具之綦大者，不过数端而已：制度也，时令也，养老而乞言也，崇儒而重道也，厚本而劝农也”[③]。说明重农重商、“农商并重”是陈亮一贯的主张。

三、陈亮对“为富不仁”说的批驳，对经商致富精英、楷模的赞扬

马克思认为，商人对于以前由于世袭而停滞不变的社会来说，是一个革命要素。[④] 但是，由于世俗传统思想对商人持有偏见，自古以来，社会上流传着许多有损于商人人格的言论，诸如“为富不仁”“为仁不富”“无商不奸”“慈不主兵，义不主财”“商人重利轻别离”等，把商人视为奸诈之徒、洪水猛兽，长期加以抑制。即使像孟子这样的“亚圣”大儒，也不免发出“为富不仁”等论说。

---

① 陈亮：《陈亮集》卷十四《问兵农分合》，164 页，北京，中华书局，1974。

② 《陈亮集》卷二十《文帝朝》载：“秦始皇为己而忘民，厚己而刻民，重赋苛敛以肆其欲……糜丽之极，未有若此者。一旦民力竭而秦亦亡”；西汉文帝则“不求富国而求富民，故为治之先，勤勤于耕农是劝，今年以开藉田先农，明年以减半租勉农，又明年以除租税赐农，野不加辟有诏，亲率农耕有诏”。

③ 陈亮：《陈亮集》卷十八《明帝》，202 页，北京，中华书局，1974。

④ ［德］马克思，恩格斯：《资本论》，见《马克思恩格斯全集》（第 25 卷），1019 页，北京，人民出版社，1974。

对此，陈亮从理论上进行批驳。他认为，财富和仁义并不是对立的，“仁者天下之公理，而财者天下之大命”①。他强调人为地将义与利、仁与富割裂和对立起来乃是主观之迂见。陈亮还从人欲的角度论述了追求财富的合理性、必然性。他认为“人生何为，为其有欲，欲也必争”②。每个人都有一定的欲望，“耳之于声也，目之于色也，鼻之于臭也，口之于味也，四肢之于安佚也，性也，有命焉。出于性，则人之所同欲也”③。陈亮强调追求财富的合理性，并不是针对任何人的。他认为对于求富欲望而言，对于那些有能力且擅长经营的人来讲，具有现实性，是合情合理的，而对于那些庸庸碌碌无所作为之辈，那些浑浑噩噩的闲散懒汉之流是空想。他认为社会财富的分配不应该是平均的，提出“高卑小大，则各有分也；可否难易，则各有力也”④ 的观点，即人的求富欲望有大有小，才能有高有低，人为地、强制地抑巨富、求平均只能使平庸者无自知之明而萌生非分之想，走上犯罪的道路，使社会不得安宁；有才者却无故受制约而无法一展宏图。在《上孝宗皇帝第一书》中，他还把“大商巨富无巨万之藏”列为“国势日以困竭”的重要原因之一。由此可见，反对平均主义、鼓励合法的经商致富与“为富不仁”“为仁不富”是完全不同的概念。陈亮主张君子之财应取之有道，明确反对为求富而不择手段去损害国家和百姓的利益，因为那才是“为富不仁”的表现。

陈亮不仅从理论上对“为富不仁”说进行批驳，还通过现实生活中活生生的人和事进行批驳辩证，树立正面典型，作为人们尤其是青年人学习的榜样。现仅举以下三例为证：

---

① 陈亮：《陈亮集》卷十四《问古今财用出入之变》，160 页，北京，中华书局，1974。

② 陈亮：《陈亮集》卷三十六《刘和卿墓志铭》，488 页，北京，中华书局，1974。

③ 陈亮：《陈亮集》卷四《问答下》，42 页，北京，中华书局，1974。

④ 陈亮：《陈亮集》卷四《问答下》，44 页，北京，中华书局，1974。

例一，陈亮的朋友义乌人喻夏卿“中年与其侄分田，不过百三十亩”，由于他善于营生，勤劳致富、经商致富，到91岁去世时是一位“卒亦几至于千亩”的大富翁。虽然喻氏很富有，但他“友爱子侄，而计较秋毫之心不萌矣”，“慈恤里间，而豪夺力取之事不行焉”。因此，陈亮认为像喻夏卿这样在亲族心目中享有崇高的威信，对他的话“人人常信之”，能“孝友慈爱”，对“亲戚故旧之急难，族人子弟之美事”都能热心帮助而毫无私心的人，怎么能说“为富不仁”“为仁不富”呢？所以，陈亮大声呐喊：“‘为仁不富’之论，盖至夏卿而废矣。”为此，他特以喻夏卿为正面典型来教育年轻一代，“孰昭斯铭，以淑我后生”①，为年轻一代树立了学习的榜样。

例二，陈亮的朋友永康人孙天诚也是既富且仁的榜样。孙氏经商致富绝不是“争名者于朝，争利者于市”，而是通过实践经商致富的经典名言“人弃我取，人取我与”的准则而富甲一方。孙天诚经营土地是“勤取啬出，以尽有其土。大较二十年间，富比他人”。他不仅是富甲一方的大财主、大商人，还在家乡大施仁政，行善事，同情扶助贫困失学青年，重视教书育人且富有成效。同村的徐子才、胡行仲都是贫苦出身的青年学子，而“行仲之贫特甚”，孙天诚不仅没有歧视他们，还“皆妻以女左右之”。在他的支持、鼓励下，徐子才、胡行仲双双“联登进士第”，成为有用之才，于是乡里“莫不欢言”②，传为美谈。

例三，陈亮的朋友婺州属县东阳人郭德麟，其父郭彦明是一位非常了不起的富商巨贾，居然“徒手能致家资巨万，服役至数千人，又能使其姓名闻十数郡，此其智勇必有过人者”。对郭彦明的大智大勇大富本应大书特书、大力表彰的，但由于受世俗贱商思想的影响，加之当时“国家以科举造士，束天下豪杰于规矩

---

① 陈亮：《陈亮集》卷三十六《喻夏卿墓志铭》，482—483页，北京，中华书局，1974。

② 陈亮：《陈亮集》卷三十五《孙天诚墓志铭》，469页，北京，中华书局，1974。

尺度之中，幸能把笔为文，则可屈折以自求达”的社会风气，郭彦明“虽智过万夫”，由于“曾不得自齿于程文熟烂之士”，用我们今天的话说是没有文凭、学历，因此又“为乡闾所仇疾”。更为可悲的是，郭彦明的儿子郭德麟是非不分、黑白颠倒，非但不以其父为荣，反而以其父为耻，“固常常惴惴焉以前事为未满也”。鉴此，对这种侮商、贱商、仇商的悲剧，陈亮以满腔的不平，以壮士扼腕的怒吼，写下《东阳郭德麟哀辞》以昭告天下，抒发“解德麟之惴惴而宁其死”的悲愤。①

上述三例充分说明世俗对商人抱着歧视和偏见，把经商致富的富商、能人、奇才诬说成“为富不仁”“为仁不富”。此类论调在陈亮看来实在是荒谬至极，需要大张挞伐的。

陈亮并不否认存在一些不法商人投机钻营、追求名利，为逐利而完全违背仁、义、礼、智、信道德准则的现象。他清楚地看到商业经营活动中存在许多不正当手段，希望缓解激烈的商业竞争给社会带来的种种不和谐因素。为此，陈亮大力表彰现实生活和历史上经商致富、成就出众且又富有人文精神的商界精英、楷模。他对春秋战国时计然重视商业并提出“平籴论”大为称赞，对白圭最早提出经商应取“人弃我取，人取我与”的经典名言大力表彰，对越国政治家、思想家范蠡的弃政从商和救济百姓的行为推崇备至。

四、陈亮的经商自救活动

关于陈亮是否曾经从事经商活动，未见有史籍明确记载，但从他本人的文章及与友人的来往信函中可以寻得其经商的证据，同时从其生活境遇的前后贫富对比也可以推知其经商致富的必然性。

---

① 陈亮：《陈亮集》卷三十四《东阳郭德麟哀辞》，457 页，北京，中华书局，1974。

陈亮致友人石天民云："亮为士、为农、为商，皆踏地未稳，天之困人，宁有穷已乎!"① 可以说，陈亮较明白地表示了自己为商的身份。另外，"亮昔尝与伯恭言：'亮口诵墨翟之言，身从杨朱之道，外有子贡之形，内居原宪之实'"②。子贡是孔子弟子中最善于经商的，如果陈亮没有从事经商活动，他不会无故自比子贡。陈亮交游甚广，上自丞相叶衡、王淮、周必大，朝廷大臣章德茂，下至地方官员，如唐仲友、孙伯虎、韩元吉、吴运成等，另外不论在商业发达的永嘉地区还是在家乡婺州属下的永康、义乌、东阳等地，都多有经商的朋友。陈亮通过取得他们的帮助，在浙东一带做生意拥有十分便利的条件。在与友人的交往过程中，陈亮借友人的关系求得帮助从事一些经商活动也属正常现象。他曾致信丞相叶衡："忽去秋偶为有司所录，俾填成均生员之数，未能高飞远举，聊复尔耳。岂敢不识造物之意，而较是非利害于荣辱之场，不自省悟？来秋决去此矣。重以三丧未葬，而无寸土可耕，甘旨之奉阙然，每一念至，几不聊生。又羞涩不解对人说穷，愈觉费力；就使解说，其穷固亦自若也。以相公雅悉其家事，故辄拜之。相公旦暮归作霖雨，则穷鳞枯枿自应须有生意。西望门墙，跂立依依而已。"③ 陈亮致书叶衡，一方面是谢其援救其父出狱之恩，另一方面述说自身之处境，生活之困窘，在字里行间透露出殷切期望得到他帮助之意。另外，吕祖谦曾一度写信劝陈亮放弃经商："闻便欲为陶朱公调度，此固足少舒逸气。但田间虽曰伸缩自如，然治生之意太必，则与俗交涉，败人意处亦多。久当自知之。恃契爱之厚，不敢不尽诚也。"④

---

① 陈亮：《陈亮集》卷二十九《与石天民》，396页，北京，中华书局，1974。

② 陈亮：《陈亮集》卷二十八《又甲辰秋书》，339页，北京，中华书局，1974。

③ 陈亮：《陈亮集》卷二十九《与叶丞相（衡）又书》，378页，北京，中华书局，1974。

④ 吕祖谦：《东莱吕太史别集》卷十《与陈同甫》，见《吕祖谦全集》，479—480页，杭州，浙江古籍出版社，2008。

这是陈亮从事经商活动的又一旁证。

那么，是什么原因促使满怀济世抱负的陈亮不先选择通过应举之途改变境遇而是走经商致富之路呢？这与陈亮的家庭境遇密切相关。陈亮年轻时，家境贫寒。他在《祭妹文》中回顾了当时的窘况：“而吾母以盛年弃诸孤而去。未终丧而吾父以罥窒困于囚系，我王父王母忧思成疾，相次遂皆不起。三丧在殡，而我奔走，以救生者。我妻生长富室，罹此奇祸，其家竟取以归。吾弟亦挟其妻而苟活于道旁之小舍。”[①] “三丧在殡”，陈亮无力营葬；出自富室的妻子被接回娘家；陈亮弟弟一家寄宿于道旁小舍，内外交困、生活艰难之状跃然纸上。另外，陈亮曾在不同的文章中多次提及早年生活的困苦，如“于是时，余盖七年弗克葬其母矣，蚤（早）夜腐心疾首，不忍闻天下之有是事，惟恐其我告，而敢以问人乎！后二年，始克毕事，因顾谓其友：‘即填沟壑无憾矣’”[②]；“晚以三丧不举，无颜对公，……故三年丧毕而一吊之未成”[③]；“以亮之畸穷不肖，本应得罪于一世大贤君子，秘书独怜其穷，不忍弃绝之”[④]；“其后公兄弟相继下世，亮亦坎壈穷困，至为囚于棘寺而未已”[⑤]。到陈亮父亲去世时，仍“葬不克自力，乃从人贷钱以葬”，“因得窃衣食以苟旦暮之活，至避宅以舍之……将以明日迁置道旁之居，徒令妻孥以供饮食”[⑥]。陈亮在《复李唐钦》一文中提到：“亮拔身于患难之中，蚤（早）夜只为椀饭杜门计，虽天下豪俊，皆不敢求交焉。”[⑦] 从中可见陈

---

① 陈亮：《陈亮集》卷三十三《祭妹文》，447 页，北京，中华书局，1974。

② 陈亮：《陈亮集》卷三十三《孙夫人周氏墓志铭》，489—490 页，北京，中华书局，1974。

③ 陈亮：《陈亮集》卷三十《祭周参政文》，407 页，北京，中华书局，1974。

④ 陈亮：《陈亮集》卷二十八《丙午复朱元晦秘书书》，353—354 页，北京，中华书局，1974。

⑤ 陈亮：《陈亮集》卷三十《祭妻叔文》，411 页，北京，中华书局，1974。

⑥ 陈亮：《陈亮集》卷三十一《先考移灵文》，414 页，北京，中华书局，1974。

⑦ 陈亮：《陈亮集》卷二十七《复李唐钦》，331 页，北京，中华书局，1974。

亮抱着“以贫为耻，以富为荣”的观念，以与人道穷为羞涩之事。为了解决具体温饱等生计问题，陈亮从事经商活动改善生活困境，实现自救，具有现实的迫切性、必然性。在仕途屡屡受挫、家境困顿难以活命的情况下，的确也只有经商才是他的出路。

与早年生活困窘完全不同的是陈亮通过经商致富家道中兴后的情景。在陈亮给朱熹的信中，他详细描述了当时（淳熙十二年，1185 年）的家境、屋宇状况，阔绰排场、规模之盛，与原先的困苦生活形成了极大的反差、鲜明的对比：“今年不免聚二三十小秀才，以教书为行户。一面治小圃，多植竹木，起数处小亭子。……亮旧与秘书对坐处，横接一间，名曰燕坐。前行十步，对柏屋三间，名曰抱膝，接以秋香海棠，围以竹，杂以梅，前植两桧两柏，而临一小池，是中真可老矣……抱膝之东侧，去五七步，作一杉亭，颇大，名曰小憩。三面临池，两旁植以黄菊，后植木樨八株，四黄四丹，更植一大木樨于其中，去亭可十步。池之上为桥屋三间，两面皆着亮窗，名曰舫斋。过池可十四五步地，即一大池，池上作赤水堂三间。又作箔水，正临大池，池可三十亩。池旁又一小池，小池之旁即驿路。去驿路百步，有一古松，甚大而茂，当是七八十年之松。赤水堂正对之，名曰独松堂。堂后为宁廊一间，中有大李树，两旁为小廊，分趋舫斋。小廊之两旁即植桃。堂之两旁，为小斋以憩息，环植以竹。独松堂寻赤水木未足，度与舫斋皆至秋可成。杉亭之池如偃月，西一头既作柏屋，东一头当作六柱榧亭一间，名曰临野。正西岸上稍幽，作一小梓亭于其上，名曰隐见。更去西十步，即作小书院十二间，前又临一池，以为秀才读书之所，度二年皆可成也。两池之东有田二百亩，皆先祖先人之旧业，尝属他人矣，今尽得之以耕。如此老死，亦复何憾！田之上有小坡，为园二十亩，先作小亭临田，名曰观稼。他时又可作一小圃，今且植竹，余未有力也。此小坡，亮所居屋正对之。屋之东北，又有园二十亩，种蔬植桃李而已。”[①] 亭台楼阁，花草树木，一派“楼台侧畔杨花过，帘幕中间燕子飞”[②] 的景象。在人地矛盾比较突出的两浙地区，陈亮拥有如此规模盛大、令人眼花缭乱的山庄别墅，更说明其富有。此外，陈亮还在京口（今江苏镇江）置有房屋和芦地——“亮已交易得京口屋子，更买得一两处芦地，变为江上之人矣”[③]。如果没有一定的经济实力，从家乡永康到千里迢迢之外的京口购置房产显然不可能。陈亮的财富之盛充分说明光靠其著书立说、教书讲习是万万不可能做到的。周梦江先生在《试论陈亮永嘉之行及其目的》一文中指出：“单是信中所说田二百亩，按当地市价计算，一亩田值钱十贯，二百亩田就有二千贯钱，已是一个经济实力较强的中等地主了，靠教书的微薄收入似乎是不可能达到如此富裕程度的。”[④] 更何况，陈亮除拥有水田二百亩之外，还拥有如上所述的柏屋（抱斋）、桥屋（舫斋）、赤水堂、独松堂、小斋、书院、燕坐、居所等房屋 30 余间；种植蔬菜、桃李、柑橘的菜园、果园四十多亩；大、小池塘五六十亩（仅一大池塘就有三十亩）；宁廊、小廊、小梓（隐见）、榧亭（临野）等各种亭子回廊数处，加上水田二百亩，其财产之巨，实实在在是一个大地主了。对于陈亮家道中兴的原因，漆侠先生认为，以一个教书匠的微薄收入是不可能的，只有经商与放债才可能做到。[⑤] 致富后的陈亮有如此规模之大的房产，琳琅满目的亭台楼阁，风景优美的园林池塘，数十种树木花草之清新幽香，令人向

---

① 陈亮：《陈亮集》卷二十八《又乙巳春书之一》，342—343 页，北京，中华书局，1974。

② 陈亮：《陈亮集》卷二十八《又乙巳春书之一》，343 页，北京，中华书局，1974。

③ 陈亮：《陈亮集》卷二十七《复吕子约》，329 页，北京，中华书局，1974。

④ 周梦江：《试论陈亮永嘉之行及其目的》，见陈永革主编：《陈亮研究——永康学派与浙江精神》，192 页，上海，上海古籍出版社，2005。周梦江改变了以往所持“陈亮家道中兴有可能利用妻子嫁妆来赎回祖业”的观点，认为陈亮经商才是其家道中兴的原因，并且考证了陈亮四次永嘉之行，其目的是在经商致富。

⑤ 漆侠：《宋学的发展和演变》，580 页，保定，河北大学出版社，2002。

往的山水风光，难怪乎陈亮自己也从内心深处发出由衷的满足感："如此老死，亦复何憾!"陈亮为摆脱生活困境，通过经商赎回祖上田产，又不断扩大经营，应该是不争的事实。至于信中所说"今年不免聚二三十小秀才，以教书为行户"，则是陈亮视教育为神圣使命的职业嗜好，是他想把他的学生培养成"浩然之气""百炼之血气"，"当得世界轻重有无"的雄伟豪杰之人的高度责任感使然。① 他将其育人观念付诸实施，并且在实践的过程中形成了独到、系统的教育思想，而绝非是为了区区微薄的一点束修以维持生计。

关于陈亮的系狱，也与他经商致富直接相关。《宋史》记载陈亮系狱有四次之多，而据邓广铭先生考证认为是两次：一次是淳熙十一年（1184 年），另一次是绍熙元年（1190 年）冬至绍熙三年（1192 年）春，② 分别是在陈亮 42 岁和 48 岁时。第一次狱事之后，陈亮在《谢郑侍郎启》中云："身名俱沉，置而不论；衣食才足，示以无求。人真谓其有余，心固疑其克取。而况奴仆射日生之利，子弟为岁晏之谋。"③ 说明 42 岁时的陈亮已经"衣食才足，示以无求"。陈亮因为富有而招来"乡闾仇疾"，被乡人诬告，才招致两度牢狱之灾。这使陈亮在精神上遭到沉重打击，并且造成病痛缠身。暮年的陈亮多次想以死了此一生，这在他的自述中多有提及："侵寻暮景，行将抱之以死矣。"④ "望见暮景，天已与夺之，憔悴病苦，反以求死为快脆，其他尚复何说!"⑤

---

① 陈亮：《陈亮集》卷二十八《又乙巳春书之一》，347 页、346 页，北京，中华书局，1974。

② 邓广铭：《邓广铭治史丛稿·陈龙川狱事考》，663 页，北京，北京大学出版社，1997。

③ 陈亮：《陈亮集》卷二十六《谢郑侍郎启》，304 页，北京，中华书局，1974。

④ 陈亮：《陈亮集》卷二十七《与章德茂侍郎又书一》，315 页，北京，中华书局，1974。

⑤ 陈亮：《陈亮集》卷二十七《复楼大防郎中》，325 页，北京，中华书局，1974。

“望见暮景已自如此，不如早与一死为快脆也。”① 晚年体弱多病，原本也是正常现象，但陈亮早年生活潦倒，食不果腹，这势必给身体埋下隐患，加之科场失利且遭受诬告而入狱，人生境遇之坎坷带来的精神负担，无疑会伤及躯体。人生经历两次狱事，则是陈亮产生厌世情绪，想以死了却一生的直接原因，而入狱则是由于他从事经商致富“为乡闾所仇疾”，受人诬告造成的。因自救而经商，因经商而致富，因致富而招祸，经商的坎坷和现实处境，使他意识到致富并不能真正改变他的处境。得到一定的社会地位和尊重，具备了一定的经济能力，这也在一定程度上燃起陈亮重新应举的渴望。

陈亮经商的主要原因是迫于生计，在“三丧不举”“无寸土可耕”“贫不能自食”的窘境下，通过经商实现自救，“拔身于患难之中”。陈亮选择经商自救，与他本身具有浓厚的重商思想倾向也是密不可分的。“立心之本在于功利”，陈亮认同友人戴溪的观点：“财者人之命，而欲以空言劫取之，其道为甚左。”② 陈亮经商，一定程度上也受到亲友的影响，如前文所提及陈亮的岳父及众多亲朋好友很多都是富商大贾，他们通过经商而富甲一方。陈亮在科举之途受挫及贫病交错无路可走的境况下势必要寻找出路，而在与亲友的交往中，耳濡目染他们的富足之态，不但是促使陈亮重商思想形成的一个原因，而且在无形中刺激其做出通过经商来改变生活境况的抉择。在两浙路商业繁荣的大环境中，在亲朋好友的影响下，陈亮形成了“农商相藉”“农商并重”的思想。因迫于生计，走上经商致富之路，从而使其商业思想得以付诸实施，并且在从事经商活动中重商思想得到进一步理论化、系统化。陈亮的经商实践和人生经历也成为他萌生并完善其系列商业思想的源泉，为重商呼喊，为商人鸣不平，在一定程度上也是

① 陈亮：《陈亮集》卷二十七《复陆伯寿》，326页，北京，中华书局，1974。

② 陈亮：《陈亮集》卷二十四《赠楼应元序》，272页，北京，中华书局，1974。

由切身的感受进而实现了理论的提升。

陈亮所处的时代，伴随着社会经济的发展、商业的繁荣，士人的观念已经产生变化，传统的义利观念已经加入了新的时代内容。像陈亮这样未入仕的文人，迫于生计，选择以经商方式获取生活来源，以商养学，在宋代已是较普遍的现象。

五、余论

当然，确认陈亮曾从事经商活动，并不否认他的文人学者身份，更谈不上弃文从商。陈亮自我宣称的职业是“以教书为行户”的乡村教师，他只不过是将经商作为谋生的副业而已。在陈亮的潜意识中，宋代社会“万般皆下品，唯有读书高”的主流意识是刻骨铭心的，是至高无上的。他说：“至若乡闾之豪，虽智过万夫，曾不得自齿于程文熟烂之士。及其以智自营，则又为乡闾所仇疾，而每每有身挂宪网之忧。”① 信中所说也正是陈亮自身处境、切身体会的真实写照。他论证商业的重要性，褒扬合法经营的商人，一定程度上可以说是一种为切身利益的呐喊。尽管宋代商品经济发达，经商营利成为社会上较普遍的风气，但是经商的合法性毕竟没有像科举入仕那样得到朝廷的鼓励，商人的社会地位、人格尊严及行业价值未得到社会的普遍认可和肯定，使陈亮在经商的过程中难免产生一种无以言状的自卑感，而且这一自卑感显露在他的言谈举止中。例如上文所提及的他在给吕祖谦的信中说道：“亮本欲从科举冒一官，既不可得，方欲放开营生，又恐他时收拾不上。”而且，值得注意的一个问题是在陈亮的存世文章中并没有正面提及他是如何经商发家致富的。无论是出于为宋廷献计献策、为商人取得应有的社会地位辩护，还是为自身经商致富找到合法性的理论依据，陈亮萌发出如此丰富而具体的

① 陈亮：《陈亮集》卷三十四《东阳郭德麟哀辞》，457 页，北京，中华书局，1974。

商业思想是在情理之中的。也正是因为陈亮自身有经商的切身体会，使得其来自于实践的理论言之有理、动之以情，显得丰富、系统而深刻。而在“书中自有千钟粟”“书中自有黄金屋”“书中有女颜如玉”“书中车马多如簇”“男儿欲遂平生志，六经勤向窗前读”成为宋代士人强烈的精神动力的情况下，读书应举成为社会之风气，升官发财成为士人追求的风尚。对于曾在科场上失意而又满腹经纶的“天下奇才”陈亮来说，① 科举的成败始终是成就一世才名的心结。在他的骨子里，文人应举才是正途的观念是根深蒂固、难以动摇的。再说，陈亮一生一再强调做人要做“堂堂之阵，正正之旗，风雨云雷交发而并至，龙蛇虎豹变见而出没，推倒一世之智勇，开拓万古之心胸”的人，② 也就是说要做一个能改天换地，对社会有贡献的顶天立地的英雄。因此，作为“人中之龙，文中之虎”③ 的陈亮，虽然在人生道路上惨遭种种磨难，如他自己所说的他“如木出于嵌岩嵚崎之间，奇蹇艰涩……陆沉残破，行不足以自见于乡闾”④，当“志大宇宙，勇迈终古”⑤ 的陈亮试图“正大之体，挺特之气，竖起脊梁，当得轻重有无”⑥ 之时，通过业余经商致富解决了生计问题之后，尽管具有了浓厚的“重商”思想和富足的物质生活，拥有令人倾羡的别墅山庄，但最终还是寄希望于通过科举及第获得社会的真正

---

① 脱脱等：《宋史》卷四百三十六《陈亮传》，12943 页，北京，中华书局，1977。

② 陈亮：《陈亮集》卷二十八《又甲辰秋书》，339 页，北京，中华书局，1974。

③ 邹质士：《崇祯刻本龙川文集小引》，见《陈亮集》附录，566 页，北京，中华书局，1974。

④ 陈亮：《陈亮集》卷二十八《又甲辰秋书》，338 页，北京，中华书局，1974。

⑤ 朱熹：《寄陈同甫书·十五》，见《陈亮集》附录，375 页，北京，中华书局，1974。

⑥ 陈亮：《陈亮集》卷二十八《又癸卯秋书》，336 页，北京，中华书局，1974。

认可，以实现他抗金统一，“欲为社稷开数百年之基”① 的伟大抱负。于是，陈亮在第二次系狱获释后，迫切希望回到“能把笔为文”的生活中。在给朱熹的信中，他低调地提到：“后年随众赴一省试，或可侥幸一名目，遮蔽其身，而后徜徉于园亭之间以待尽矣；其他当一切付之能者。”② 此后，陈亮参加了绍熙四年（1193 年）的科举考试，终于在 51 岁时中了状元，七月授佥书建康军判官厅公事，以实践他“复仇自是平生志，勿谓儒臣鬓发苍”的宏愿。可是，天有不测风云，就在考上状元九个月后的第二年，即绍熙五年（1194 年）四月，陈亮在走过人生的坎坷、崎岖之路，饱尝了精神和肉体的摧残，心力交瘁之后，终因“忧患困折，精泽内耗，形体外离”③，未能实现他一生的宏伟抱负，离开了人世。对于他短暂的人生，时人和后人都倍感惋惜。如李幼武感叹地说：“以同父之才与志，天下之事孰不可为，所不能自为者，天靳之年。”④ 同样，明人方孝孺更是无奈地将陈亮的死归之于天意：“余所憾者，以同甫之才，而不得一展以死，又岂非天哉！”⑤ 但是，陈亮留给后人具有划时代意义的功利主义思想及其富有开创性的商业思想是光辉灿烂、永照后世的。至于陈亮为了生计进行业余经商致富的自救活动，不但使他走出了贫穷的困境，为他的学术研究和爱国活动提供了物质保障，而且充实、丰富、完善了他“农商相藉”的理论体系，也给人们提供了富有传奇色彩的文人经商致富的一段佳话。

---

① 于伦：《万历刻本龙川文集序一》，见《陈亮集》附录，562 页，北京，中华书局，1974。

② 陈亮：《陈亮集》卷二十八《又乙巳春书之一》，342 页，北京，中华书局，1974。

③ 叶适：《陈同甫王道甫墓志铭》，见《陈亮集》附录，534 页，北京，中华书局，1974。

④ 李幼武：《陈亮言行录》，见《陈亮集》附录，545 页，北京，中华书局，1974。

⑤ 方孝孺：《读陈同甫上孝宗四书》，见《陈亮集》附录，560 页，北京，中华书局，1974。

陈亮研究十大误区考论①

陈亮，婺州永康（今浙江永康）人，字同甫，人称龙川先生。陈亮为人才气豪迈，喜谈兵，议论风生，下笔数千言立就，十八九岁时著《酌古论》一举成名。陈亮力主北伐，反对议和，以一介布衣五次上书，震动朝野。陈亮倡谈功利，反对程朱理学，是永康学派的代表人物，也是南宋浙东学派领袖之一。他一生坎坷，先后两次被捕入狱，倍受打击。中状元时，年已五十一岁，被授签书建康军节度判官厅公事，未到任而逝，享年五十二岁，死后十四年即端平元年（1234年），朝廷追谥文毅。

陈亮是中国古代史上著名的爱国主义思想家、文学家、史学理论家、教育家和军事谋略家，又是中国历史上唯一一位杰出的状元思想家。其一生有文集四十卷及外集四卷存世。八百多年来，学界对陈亮的学术思想、生平著作、词作艺术及永康学派、南宋浙东学派研究中的陈亮问题等皆有不同程度的探讨和研究，

① 本文系浙江师范大学（方如金）与美国哈佛大学东亚语言文明系（包弼德）合作科研项目——“浙江金华地区祠堂、地形、古建筑、古村落及地方历史文化研究”成果之一，被评为教育部“名栏工程”优秀论文。原载《河北大学学报（哲学社会科学版）》2014年第6期，《新华文摘》2015年第6期全文转载。

涌现了不少有价值的成果。① 但是，随着陈亮研究不断深入、细化，不少问题逐渐得到解决的同时，诸多亟待解决的问题也逐渐浮现，有些问题研究亦陷入似是而非、莫衷一是、众说纷纭的境地。为推动陈亮研究朝着更有价值的方向继续深入，本文从剖析陈亮研究中存在的诸多分歧观点入手，对诸多研究误区进行考证，以求学界方家批评指正。

一、陈亮具体出生地研究的误区

陈亮乃婺州永康人，无疑，至于其具体出生、居住于永康哪个村却有诸多不同的说法。楼明统的《陈亮故居考释》罗列了关于陈亮故居的三种说法，加上吕金堆在《陈亮是太平乡下陈村人》中的观点，目前有关陈亮故居的说法不下四种，现援引如下：

（一）前黄说

楼明统在《陈亮故居考释》中根据陈亮《先祖府君墓志铭》指出："亮之八世祖讳通，及其子讳隆，始自奋田间间，居陵（厚陵村陈氏祖茔）旁七八里，曰前黄。"② 说明陈亮祖父徙迁龙窟之前有六代人居于前黄，前黄是陈亮祖上的居所。陈亮在《陈

---

① 有关陈亮生平考证的专著有何格恩的《宋史陈亮传考证及陈亮年谱》（载《民族杂志》1935年第3卷第11期），童振福的《陈亮年谱》（台湾商务印书馆1936年版），颜虚心的《陈龙川先生年谱长编》，吴洪泽、尹波主编的《宋人年谱丛刊》（四川大学出版社2003年版）；学术专著有刘宏章、董平的《陈亮评传》（南京大学出版社1996年版），方如金等的《陈亮与南宋浙东学派研究》（人民出版社1996年版），美国学者田浩著的《功利主义儒家——陈亮对朱熹的挑战》（江苏人民出版社1997年版）；偏向通俗性的著作有邓广铭的《陈龙川传》（香港独立出版社1944年版），卢敦基的《陈亮传》（上海社会科学院出版社2004年版）；而关于陈亮各方面研究的学术论著近四百篇（部）。

② 陈亮：《陈亮集》卷三十五《先祖府君墓志铭》，458页，北京，中华书局，1974。

府君墓志铭》中亦道："永康之陈，大抵派自吴兴，盖其所从来远矣。其居邑之南四十五里曰前黄者。"① 因此，楼氏认为陈亮是前黄人，但前黄毕竟是陈亮祖上的居住地，而不是其出生地。②

（二）桥下说

楼明统在《陈亮故居考释》中指出，陈亮故居在桥下村是不够确切的。其根据是《桥下村志》的记载："宋朝时，义和乡廿一都'新康里'辖黄店、龙窟、前卢。"据考，南宋时没有桥下村，至元朝，龙窟与前卢两村合并，因村庄在龙窟桥下，村名遂称桥下村。据《林坑陈村志》收录的《桥下陈氏重修宗谱序》记载，"有讳通者，居龙窟桥下，八世孙讳亮字同甫号龙川，登绍熙癸丑科状元。"桥下村村志之人物志中有陈亮传，传之前言云："陈亮生于桥下龙窟村，幼年在普明寺求学，壮年在小崆峒建书院授徒，卒后葬马铺山麓。"从这一史料看，楼氏认为称陈亮故居在桥下村虽有根据，但不是最准确的说法。

（三）梅陇说

楼明统的《陈亮故居考释》，根据其在梅陇村办公室所见过的《梅陇陈氏宗谱》残本中收录的明初滇南廉访使胡献来撰写的《梅陇书院记》，推断陈亮故居在梅陇一说的由来。胡文有云："梅陇书院者，宋状元龙川先生读书处也。先生以旷代逸才，昂藏道上，不可一世，世谱罔能望其后尘，惟考亭朱夫子千里过从，谭经论道于寿山丹霞洞中，欢相得也，涉岁既深，情好益挚，语龙川曰：'君负状元才，而无盛大居址，王气不之固也。'缘为卜业于梅陇。"由此可见，陈亮既非生在梅陇，也非长期居

---

① 陈亮：《陈亮集》卷三十六《陈府君墓志铭》，474 页，北京，中华书局，1974。

② 楼明统：《陈亮故居考释》，载《永康志鉴》，2008（4），46 页。

住，是听了朱熹的忠告之后才一度择迁于斯的。陈亮之迁徙梅陇，一是前陇（梅陇村原名前陇）村姓陈，居者俱为宗亲；二是看中梅陇这块风水宝地。此文还交代了陈亮卜徙梅陇的时间是在中状元前几年“居无何而先生自此升”[1]。根据《梅陇陈氏宗谱》记载，陈亮更其村名为梅陇，因而有陈亮故居在梅陇之说。以明代史料来推断南宋时期陈亮的故居所在，其说服力尚显不足。另外，即使胡文所云乃史实，亦只是证明陈亮曾一度读书于梅陇，并不能以此证明陈亮的出生地及故居即梅陇。

（四）太平乡下陈村说

吕金堆在《陈亮是太平乡下陈村人》[2] 中明确指出，陈亮故里乃永康太平乡的下陈村。该文从陈亮《水调歌头·和吴允成游灵洞韵》一词提及的地名多处皆可在下陈村一带找到对应。陈亮卖地引起纷争而入狱一事从方位上推断陈亮所卖地当位于太平乡下陈村。另外，从《永康日报》中登载的故事、关于陈亮故居的大致定位等几个方面推论陈亮故居当位于太平乡下陈村。

那么，陈亮的出生地及故居究竟以何为据，以何种说法为准，哪种说法更准确、更符合历史呢？陈亮在《普明寺置田记》中明确记载：“陈氏之居，在龙窟之南五里，耳目所及，盖八九世矣。自吾祖始徙居龙窟，徙未十年而生余。余家之西北，有寺曰普明者，实据其地之胜处。”[3] 显然，龙窟乃陈亮的出生地。陈亮在《与应仲实》一文有云：“万一便上道，恐宅眷既众，必不免从诸应（今永康芝英镇）取道龙窟，过我为一夕之款否？”[4] 还有，淳熙三年（1176 年），陈亮门人丁少詹来陈亮处求学，

---

① 楼明统：《陈亮故居考释》，载《永康志鉴》，2008（4），46 页。

② 吕金堆：《陈亮是太平乡下陈村人》，载《永康志鉴》，2008（8），60 页。

③ 陈亮：《陈亮集》卷二十五《普明寺置田记》，278 页，北京，中华书局，1974。

④ 陈亮：《陈亮集》卷二十七《与应仲实》，320 页，北京，中华书局，1974。

“从陈同甫于龙窟”[①]。可见，龙窟不仅是其出生地，还是其长期的居所，同时又是其保社收徒讲学之地。不仅如此，陈亮死后亦葬于龙窟，叶适有云：“葬家侧龙窟马铺山。”[②] 可见，陈亮生前死后皆在龙窟。至于梅陇，如前文征引的文献所云，乃陈亮的读书处；而前黄乃是陈亮祖父之前的祖上六代居所；如果说出生地当云龙窟，那更为准确。龙窟属于桥下，桥下下辖多个自然村，龙窟乃桥下的一个自然村，因而说陈亮生于桥下，不如说陈亮的出生地乃龙窟更为准确。至于陈亮乃太平乡下陈村人一说，则是建立在系列推断基础上的猜测，缺少确凿的证据。

二、陈亮为尼姑所生的研究误区

民间盛行“尼姑生儿中状元”的传说，陈亮是龙窟寺（即普明寺）尼姑所生这一说法在社会上广为流传，以至于影响不断扩大。对此，徐仲伦的《陈亮非尼姑所生说》[③]、黄流双的《为陈母清源正名》[④] 及楼明统的《陈亮故居考释》[⑤] 从不同角度剖析、论证了陈亮母亲并非尼姑。那么，民间这一传说又是从何而来呢？查陈亮文，有记载：“余家之西北，有寺曰普明者，实据其地之胜处。……然田无三十亩，余犹及见其有僧四五十人，其役称是。”[⑥] “始余所见寺僧四五十人，今其存者七八人耳，合新度者不及三十人，……因与僧如靖允禧谋，掇拾寺之遗余，渐置田，以百亩为准。”“未三年间，已有田二十亩，而靖死。……而

---

① 叶适：《水心文集》卷十四《丁少詹墓志铭》，见《叶适集》，268页，北京，中华书局，1961。

② 叶适：《水心文集》卷二十四《陈同甫王道甫墓志铭》，见《叶适集》，483页，北京，中华书局，1961。

③ 徐仲伦：《陈亮非尼姑所生》，载《陈亮研究通讯》，1993，12（1），20页。

④ 黄流双：《为陈母清源正名》，载《陈亮研究通讯》，2003，9（6），16页。

⑤ 楼明统：《陈亮故居考释》，载《永康志鉴》，2008（4），46页。

⑥ 陈亮：《陈亮集》卷二十五《普明寺置田记》，278页，北京，中华书局，1974。

庸僧无远虑，人自为说。未几，禧又死，余将使之以柬如玮、之彻、时济、怀顺者合办之。故具记其事，使知自宇宙而有兹山，自梁而有兹寺，自余而后有田，经始于靖与禧，而叶成于此五人者；亦以见买田之议非溺于因果，而出于天下之公心也。”① “访寺之始末，以为兴于梁大同间，而不能详也。”② 无论从陈亮所见的寺僧，还是所列主持的法号，皆可明显看到陈亮家附近的这所兴于梁大同间的普明寺是和尚庙而非尼姑庵。既然普明寺是和尚庙，就不可能有尼姑，也就证明陈亮母亲为“普明寺尼姑”这一说法的荒谬。此外，陈亮文中提及“寺僧四五十人”。“僧”原指佛教的和尚与僧徒、僧众，后来往往泛指各宗教中专职的男性宗教活动主持人，因而普明寺中居住的应该是男性出家人，即和尚，而非尼姑。另外，从寺庙习惯称谓上判断，“寺”一般指和尚庙，而非尼姑庵，“庵”多指尼姑所居的小寺庙。普明寺既然是“寺”，就不可能居住尼姑，因而亦可断定普明寺乃和尚庙，而非尼姑庵。

永康徐仲伦先生除了从陈亮《普明寺置田记》一文中提及龙窟寺主持法号来判断是和尚法号而非女僧（尼姑）法号之外，还从另外几个方面论证陈亮非尼姑所生。其一，何子刚等人假馆于龙窟授徒施教乃是在普明寺中，从佛教常理上言，男“教师”假馆之地决不会选尼姑群集的寺庵之内，从而亦可否定普明寺乃尼姑庵的说法。其二，中华人民共和国成立后直至 1957 年，寺僧（和尚）还耕种着龙窟寺的寺田。如果说宋朝时该寺是尼姑庵，中间变故以至于后来变成和尚寺，似乎在佛教史上也是极为罕见的，可能性不大。其三，他从陈亮《祭姨母周夫人黄氏文》记载入手，即“呜呼！昔我外大父六男二女，而我先祖妣实外大父之女弟也，故许以女归我先君。而外大父母相继即世于其中间，六

① 陈亮：《陈亮集》卷二十五《普明寺置田记》，278—279 页，北京，中华书局，1974。

② 陈亮：《陈亮集》卷二十五《普明寺置田记》，278 页，北京，中华书局，1974。

男摧落无余，故我姨母幼育于我先祖妣，及笄乃归周氏”①，并且根据《周夫人黄氏墓志铭》所云“亮外大父阁门宣赞舍人黄公大圭，自其父训武公琫，当妖贼炽甚时，以死捍乡里，而舍人公亦能擒虏别将以自见……舍人六男，皆早世。长女嫁同邑陈氏，是为我先夫人，次女年十有四，则嫁同邑周晄……”② 徐仲伦推断指出，陈亮的外公亦是黄琫的儿子黄大圭，家境贫寒，六个儿子皆早逝，最大的可能是染病得不到医治，而两个女儿亦可能是无力抚养，亦可能为避这“病祸”，全送到陈亮的祖母即黄大圭的妹妹那儿“养育”，未及笄，长女成了媳妇，及笄后的次女嫁给了周琫。由此可见，陈氏父母的关系是表兄妹，而且陈亮母亲是因为陈亮祖母是黄大圭的妹妹这个“故”而送养并成亲的，即童养媳。因而，从诸多方面综合判断，普明寺不是尼姑庵，而是和尚寺。陈亮的母亲不可能是尼姑，而实质上是陈家童养媳妇。③

陈亮少年时“往往多读书山中”④，离陈亮家较近的这一读书去处即成了陈亮身世传奇的发挥点。宋代永康出了状元郎陈亮，这是地方历史中值得大书特书的事，在“学而优则仕”的传统文化氛围中，科举及第成为人们普遍关注的话题。尤其是状元及第，在普通百姓的观念中则更具传奇性。因而，陈状元的故事亦不断在民间演绎，以至于传说与历史史实相去甚远。出现陈亮母亲乃普明寺尼姑这一传说，是神化、异化陈亮身世的结果。显然，这一民间传说纷扰人眼，缺少确凿的史料依据，以至于以讹传讹，需要加以正本清源，以有助于弄清陈亮准确的生平事迹。

---

① 陈亮：《陈亮集》卷三十三《祭姨母周夫人黄氏文》，438 页，北京，中华书局，1974。

② 陈亮：《陈亮集》卷三十八《周夫人黄氏墓志铭》，497 页，北京，中华书局，1974。

③ 徐仲伦：《陈亮非尼姑所生》，见《陈亮研究通讯》，1993，12 (1)，20 页。

④ 陈亮：《陈亮集》卷二十五《普明寺置田记》，278 页，北京，中华书局，1974。

三、关于陈亮没有师承的研究误区

对于陈亮的师承问题，历来认为其专言事功而无所师承的不乏其人。全祖望云："永康则专言事功而无所承，其学更粗莽抡魁，晚节尤有惭德。"① 黄百家亦指出："是时陈同甫亮又崛兴于永康，无所承接。"② 也就是说，全、黄两位皆认为陈亮事功学说是没有师承。

何谓师？韩愈《师说》中说："师者，所以传道授业解惑也。"事实上，考陈亮一生的师友，无论是从道德、人品还是从学术，皆可以找到陈亮的师承。

全祖望虽言陈亮无所承接，但在《周许诸儒学案》中又把陈亮列入"景望门人"之中。王梓材亦指出陈亮在"《祭郑景望龙图文》称之曰'吾郑先生'，则先生亦在郑氏之门矣"③。之所以称陈亮为郑氏门人，有多方面的原因。一方面，陈亮与永嘉诸友相从甚密，相与互究所学十分频繁，受永嘉之学影响颇深；陈亮的思想也给了永嘉学派较深的影响，两者关系之密切正如吕祖谦所言，"彼此想（"相"之误）互有发明"④，"相聚计甚乐"⑤。另一方面，当时郑伯熊乃南宋温州地区学界的领袖人物，所谓

---

① 黄宗羲：《宋元学案》卷五十六《龙川学案序录》，1830页，北京，中华书局，1986。

② 黄宗羲：《宋元学案》卷五十六《龙川学案序录》，1832页，北京，中华书局，1986。

③ 黄宗羲：《宋元学案》卷五十六《龙川学案序录》，1830页，北京，中华书局，1986。

④ 吕祖谦：《东莱吕太史别集》卷十《与陈同甫》，见《吕祖谦全集》，477页，杭州，浙江古籍出版社，2008。

⑤ 吕祖谦：《东莱吕太史别集》卷十《与陈同甫》，见《吕祖谦全集》，482页，杭州，浙江古籍出版社，2008。

"永嘉道德之望也"[①]。《宋元学案》云："永嘉之学宗郑氏"，"乾（道）、淳（熙）之间，永嘉学者联袂成帷，然无不以先生兄弟（郑伯熊、郑伯英）为渠率"。[②] 正如孙衣言所云："郑文肃公在宋南渡时，为吾乡大儒，薛文宪、陈文节、蔡文懿诸公皆其弟子，实为永嘉学问所自出。"[③] 南宋永嘉学术基本上是由郑伯熊之学与薛季宣事功学说构成的。陈亮对郑氏兄弟尤为崇敬，其在《祭郑景望龙图文》中谈道："穷乏得我有未竟之情。一世之宏议，不得自尽于其君。"[④] 郑伯熊的《郑景望书说》和《郑景望杂著》[⑤] 均有陈亮所做的序文。他死后，陈亮也撰有《祭郑景望龙图文》。尽管陈亮与郑伯熊的师生关系没有形式上的直接承受之迹可寻，但是因为上述种种缘由，全祖望、王梓材又将陈亮列入郑氏之门也是完全符合情理的。既然把陈亮列入郑氏之门，那么陈亮作为郑景望的学生是当之无愧的。当然，陈亮在《祭郑景望龙图文》中又言："我将哭吾亡友于金华。"[⑥] 说明陈亮又视郑伯熊为朋友。众所周知，陈亮曾在太学读书，为芮烨门人。而陈亮也同样把郑景望、芮公、刘公、龚公四公并列为天下贤者，即"某闻尚书郎芮公、刘公……大帅龚公之贤，宇内所闻……而某之师友永嘉郑公，朝暮来总风宪，曩固尝加惠于公矣。四公，天

---

① 陈亮：《陈亮集》卷二十三《郑景望杂著序》，259 页，北京，中华书局，1974。

② 黄宗羲：《宋元学案》卷三十二《文肃郑景望先生伯熊（附弟伯英）》，1153 页，北京，中华书局，1986。

③ 孙衣言：《大郑公行年小纪》，见《宋人年谱丛刊》，5921 页，成都，四川大学出版社，2003。

④ 陈亮：《陈亮集》卷三十《祭郑景望龙图文》，409 页，北京，中华书局，1974。

⑤ 陈亮：《陈亮集》卷二十三《郑景望杂著序》《郑景望杂著序》，258—259 页，北京，中华书局，1974。

⑥ 陈亮：《陈亮集》卷三十《祭郑景望龙图文》，409 页，北京，中华书局，1974。

下贤者”[①]。显而易见，陈亮把芮烨、郑景望同样视为自己的老师。所不同者，是在景望师后又加上了一个“友”字，说明他和郑景望师生关系更为密切、深厚。因此，郑、陈之间的关系称师生关系是名实相符、无可挑剔的。伯熊之学后继有人，陈傅良、陈亮和叶适等都是他的门人。[②] 陈亮事功思想的形成是师承郑伯熊的，怎么能说陈亮没有师承呢？

何子刚，仕伴读，不恋仕途重于教，中年办书院于乡里，陈亮则于少年时在何子刚处求学。“方亮未冠时，束书就学于公之馆舍，公不以凡儿待之，岁时之顾遇，杯酒之殷勤，未尝不倍于伦等也。”[③] 何子刚教育学生以岳飞为镜，教学子立志救国，陈亮的爱国思想是深受其影响的。他可谓第一位影响陈亮的良师。陈亮在《祭何子刚文》中详细、生动地追述了这段难忘的求学经历和恩师之情。陈亮对这位“家资数十万”“结姻于朝”之有财有势的老师能“甘心自屈于乡之暴有力者，犹不必其势，悖言恶动，不与其较”[④]，而且诚心为善的先生之品德、操行仰慕不止，十分敬佩。他高度评价何师“盛德著于平生，懿名伟于晚节”[⑤]，“诚心为善，尚不以德义自居”，“亮之心降而诚服，不可谓无所自也”。[⑥] 可见何子刚对陈亮抗金爱国思想的启蒙和影响不小，师从门下，不仅使陈亮在学业上大有长进，在为人处世及气节品

---

① 陈亮：《陈亮集》卷二十四《送三七叔祖主筠州高安簿序》，263 页，北京，中华书局，1974。

② 黄宗羲：《宋元学案》卷三十二《周许诸儒学案表》，1127—1128 页，北京，中华书局，1986。

③ 陈亮：《陈亮集》卷三十一《祭何子刚文》，420 页，北京，中华书局，1974。

④ 陈亮：《陈亮集》卷三十一《祭何子刚文》，420 页，北京，中华书局，1974。

⑤ 陈亮：《陈亮集》卷三十一《祭何子刚文》，421 页，北京，中华书局，1974。

⑥ 陈亮：《陈亮集》卷三十一《祭何子刚文》，420 页，北京，中华书局，1974。

格上还深受其感染。

长陈亮六岁的吕祖谦可称陈亮最为知己的师友，但这不排除郑景望和陈亮的师承关系。陈亮云："海内知我者惟兄一人，自余尚无开口处。"① "四海相知惟伯恭一人。"② 陈亮与吕祖谦的书信往来甚密且交往亦甚密。而且，从陈亮《祭吕东莱文》中的"从表弟永康陈亮奔哭其柩"③ 一语推断，陈、吕两人似为远亲。陈亮对吕祖谦推崇有加，"天资之高，地望之最，学力之深，心事之伟，无一不具"，有一代学者之风，故"众慕如蚁"。④ 陈亮的很多作品如《三国纪年》《书欧阳文粹后》《三先生论事录序》《伊洛正源书序》《类次文中子引》《孟子提要》等都先寄送吕氏审阅。陈亮往往也能根据吕氏的意见来修改原稿。陈亮学说虽与吕祖谦学说相异，但学术内核相近，作为南宋浙东学派的两大代表人物，无论是个人交往还是学术交流，皆甚为频繁、互相影响。尤其是吕祖谦注重经世之用，不尚空谈，同情理解陈亮，对陈亮遇到困难和挫折不时加以劝慰、开导和鼓励，称吕祖谦为陈亮的师友是很确切的。师友者，老师、朋友也，称吕祖谦为陈亮老师又有什么不可以呢？

陈亮同乡章服，绍兴二年（1132年）进士，才能出众，精通经史，著有《论语》《孟子解》各二卷、《易经》二卷、《古律诗》四卷，历任宣州通判、两浙提举市舶公事、知建州、知鄂州、两浙西路提举常平茶盐公事、吏部侍郎、殿中侍御史、侍讲等职，为官清正廉洁，执法公正，敢于直谏，有政绩。陈亮和他相识并成相知已是章服晚年，可是两人一见如故，大有相见恨晚

---

① 陈亮：《陈亮集》卷二十七《与吕伯恭正字又书》，321页，北京，中华书局，1974。

② 陈亮：《陈亮集》卷二十九《与吴益恭安抚》，388页，北京，中华书局，1974。

③ 陈亮：《陈亮集》卷三十二《祭吕东莱文》，426页，北京，中华书局，1974。

④ 陈亮：《陈亮集》卷三十二《又祭吕东莱文》，427页，北京，中华书局，1974。

之感。章服对陈亮的才干甚是赏识，并且让五个儿子与陈亮共学。陈亮对章服也是敬重有加、佩服不已。他说："知公金玉人也。因叹世之量人者甚浅，不足据。"两人相见，意气相投，"间论天下人物，往往意合"。章服的器重、帮助和扶持为陈亮在永康儒林中自成一家、独树一帜打好了基础。可以毫不夸张地说，侍郎章服是对陈亮最早扶持、帮助最大、栽培最有力的一位乡间老师，但使陈亮深感遗憾的是"每自幸晚学得依，而公遽下世"。为此，陈亮伤心得"为之恸且涕下"，特"执笔状公之行，以告世之有道立言之君子"，并且撰有《祭章德文侍郎文》，以示纪念。从章德文的个性、品行、学问、政绩、所倡导的言论及其晚年与陈亮的交往来看，他对陈亮思想、品格的形成亦产生了积极影响。陈亮自诩"每自幸晚学得依"①，视这位志向意气、人生观点与自己相投的同乡为老师，亦是顺理成章的。

综上，郑伯熊、何子刚、吕祖谦及章服，皆是道德、文章双行的良师，在与陈亮交往的过程中，对陈亮的为人、德行、气节、学说产生不同程度的影响。无论是仕伴读的何子刚，还是历任朝廷诸多要职的章服，无论是永嘉学派"学问之所自出"的郑伯熊，还是金华学派的代表吕祖谦，皆是当时的社会名流。这些道德文章皆备的良师，使陈亮能全方位吸取并进一步发展了他们的品行、学问，形成了自己不拘门户之见、博采众家之长，注重历史研究、强调古为今用，注重实际、讲求实用，敢于批判、勇于创新、善于创新的鲜明特色，使陈亮不为一学所困，吸取众师之长，获得了广阔的学术视野。卢敦基在《陈亮传》中指出陈亮的成功在"某种程度上仍是一个谜"，并且认为陈亮"读书也没有跟上名师，没有在一个高层次的水准上学习、交流"。② 此言更是与陈亮的成长过程、学术历程相去甚远。何子刚、郑伯熊、

---

① 陈亮：《陈亮集》卷三十四《吏部侍郎章公德文行状》，456页，北京，中华书局，1974。

② 卢敦基：《陈亮传》，《人生道路上第一个恩师——周葵》，26页，上海，上海社会科学院出版社，2004。

吕祖谦及章服道德文章惊叹天下，社会影响传之百世，请问这些良师、名师难道不在一个高层次、高水准上吗？所以，笔者认为全祖望、黄百家既然把陈亮铁板钉钉列入“景望门人”“郑氏门人”，师承郑景望，却时而又说陈亮“无所承接”，此种前后矛盾的做法把人们引入无所适从的研究误区，显然需要加以纠正澄清。

四、陈亮到义乌何子刚馆舍求学论的研究误区

卢敦基先生在《陈亮传》中指出：“只知他（陈亮）在十六七岁时，在义乌何子刚馆舍读书。”① “陈亮年轻时曾在义乌何子刚家读过书。”② 在这一说法的影响下，张希盛先生在《人龙文虎——陈亮的义乌情结》一文中指出：“据笔者对以《陈亮集》为主的有关陈亮与义乌人交往的史料考证，义乌可谓陈亮的第二家乡。他少年时，在义乌求学，尔后在义乌结识了不少志同道合的人杰，又成为义乌南湖（官塘）何恢的女婿，与义乌结下了不解之缘。”张氏明确指出，陈亮少年时，在义乌求学。进而，张氏又言：“陈亮在十六七岁时，到义乌何子刚的馆舍读书。”③ 而且，张金龙先生在《“乌伤四子”辩》一文中进一步指出：“陈亮从小就在义乌何子刚馆舍读书。”④ 据张氏本人的阐释，观点来源于卢敦基的《陈亮传》，可见此书的影响面不小。张氏认为陈亮少年时是在义乌求学并拜在何子刚的门下，另一依据是陈亮的《祭何子刚文》一文，但是查核原文，该文只是提到“方亮未冠

① 卢敦基：《陈亮传》，《反叛的少年时期后写出成名作》，17 页，上海，上海社会科学院出版社，2004。

② 卢敦基：《陈亮传》，《突如其来的婚事》，38 页，上海，上海社会科学院出版社，2004。

③ 张希盛：《人龙文虎——陈亮的义乌情结》，载《义乌方志》，2008（4），55 页。

④ 张金龙：《“乌伤四子”辩》，载《义乌方志》，2008（4），59 页。

时，束书就学于公之馆舍，公不以凡儿待之”。陈亮少年时拜何子刚为师确有此事，有史有据，但并没有指出陈亮是到义乌去求学。

陈亮拜何子刚为师不假，也就是说，只要确认何子刚在何处办学便可以得知陈亮在何子刚馆舍求学之时是在何地。考《何氏宗谱》，何子刚祖父何执中，原籍北宋处州龙泉（今浙江龙泉）人，于宋大观三年（1109年）迁居永康朱明（现为永康城东街道所在地），当时何子刚两岁；又在宣和二年（1120年）复由朱明迁往永康清溪（现为象珠镇所在地），该年何子刚十三岁。从《何氏宗谱》等资料看，何子刚的父亲何时和并未迁出永康。何子刚弃官后，回到家乡，在永康清渭街（现为象珠镇所在地）家中创办学馆，授徒讲学。① 也就是说，何子刚的学馆是办在家乡永康，陈亮在何子刚的学馆求学，是在永康，而非义乌。因此，陈亮到义乌求学的说法目前并没有史料依据，卢敦基及两位张氏所说的陈亮少年时到义乌何子刚的馆舍读书的观点缺少论据。其依据可能是颜虚心的《陈龙川先生年谱长编》，② 但颜氏对此论也没有提供有力证据，仅仅一句无源之水、无本之木的“十六岁，从义乌何子刚读书”的话，显然与史实不符。

五、陈亮父亲下狱，何茂宏、何茂恭兄弟在经济上资助、帮助救陈父出狱的研究误区

陈亮的岳父何茂宏（何恢）拥有“积累至巨万”③ 的家产，堪称当时义乌巨富。何茂宏弟弟，即陈亮妻叔何茂恭（何恪）

---

① 胡春鸿：《读龙川文集及有关史料札记之一》，载《陈亮研究通讯》，1997，8（4），7页。

② 颜虚心：《陈龙川先生年谱长编》卷一，见《宋人年谱丛刊》，6726页，成都，四川大学出版社，2003。

③ 陈亮：《陈亮集》卷三十六《何茂宏墓志铭》，472页，北京，中华书局，1974。

“登庚辰（绍兴三十年，1160 年）进士第”①，对陈亮赏识有加。也就是在他的一再举荐和劝说下，何茂宏将次女嫁给陈亮。何家系义乌著姓大族，正因陈亮有这样的婚姻背景，永康当地便盛传当陈父入狱时，何氏兄弟在经济上资助陈亮，救其父出狱。以《人龙文虎——陈亮的义乌情结》一文为典型，道：“陈亮婚后不久，他母亲就撒手人寰。祸不单行，陈亮在家守孝的乾道三年（1167 年），父亲竟被诬下狱。紧接着祖父母经不起这一沉重打击，又相继谢世。陈亮无力安葬，三具棺柩停放在家，孤灯破壁，凄风苦雨。何恢怕女儿承受不了，接回家暂住，并接济陈亮营救父亲。”②

陈亮其家连遭不幸，何恢（茂宏）接女儿（陈亮之妻）回家暂住，有确切史料记载，陈亮在《祭妹文》中回顾了当时的窘况：“而吾母以盛年弃诸孤而去。未终丧而吾父以罥窐困于囚系，我王父王母忧思成疾，相次遂皆不起。三丧在殡，而我奔走，以救生者。我妻生长富室，罹此奇祸，其家竟取以归。”③ 何茂宏所做的仅仅只是接女儿回去，陈亮文中并未提及受接济一事。在谈他营救其父亲的情况时，更是只字未提到岳父（何恢）。当时，陈亮的生活陷入极度困窘，“余盖七年弗克葬其母矣”④。到陈亮父亲去世时，仍“葬不克自力，乃从人贷钱以葬”，“因得窃衣食以苟旦暮之活，至避宅以舍之，……将以明日迁置道旁之居，徒令妻孥以供饮食”。⑤ 由此可见，陈亮母亲去世后，他七年未有能力葬其母，到父亲去世，又是以贷钱的方式葬其父，生活十分

① 陈亮：《陈亮集》卷三十六《何少嘉墓志铭》，486 页，北京，中华书局，1974。

② 张希盛：《人龙文虎——陈亮的义乌情结》，载《义乌方志》，2008（4），58 页。

③ 陈亮：《陈亮集》卷三十三《祭妹文》，447 页，北京，中华书局，1974。

④ 陈亮：《陈亮集》卷三十三《孙夫人周氏墓志铭》，489 页，北京，中华书局，1974。

⑤ 陈亮：《陈亮集》卷三十一《先考移灵文》，413—414 页，北京，中华书局，1974。

拮据、艰难。岳父何茂宏广有资财，处于“三丧在殡”的陈亮如果受其接济，则不会待七年后葬其母，以贷钱的方式葬其父。至于何茂宏帮助陈亮营救其父亲出狱，更是毫无史料可证。因此，张氏所言何恢“接济陈亮营救父亲”，史无所据，系子虚乌有，此误区需予以纠正。

六、“乌伤四子”和“乌伤四君子”的研究误区

张希盛的《人龙文虎——陈亮的义乌情结》认为陈亮“结识了不少义乌人杰，其中有喻良能、喻良弼、何恪、陈炳等，陈亮称之为‘乌伤四君子’”①。继而在该文中索性就以“乌伤四子”代称。另外，张氏在其文《永康状元陈亮的义乌情结》中称陈亮“在义乌结识了‘乌伤四子’，即喻良能、喻良弼、何恪、陈炳”，“而‘乌伤四子’也成为婺学中以他为代表的永康学派骨干”，继而索性就直接称“‘乌伤四子’之一何恪”。② 一系列语句表明，张氏以“乌伤四子”代称陈亮誉称的“乌伤四君子”，这一说法实在是欠妥。

张氏说法的依据来自于陈亮的《题喻季直文编》，“四君子者尤工于诗”，又各有特点：“喻叔奇（喻良能）于人煦煦有恩意，能使人别去三日念之辄不释；其为文精深简雅，读之愈久而意若新。何茂恭（何恪）目空四海，独能降意于一世豪杰，而士亦乐亲之；其文奇壮精致，反复开阖，而卒能自阐其意者。陈德先（陈炳）举一世不足以当其意，而人亦不愿从之游；然其文清新劲丽，要不可少。喻季直（喻良弼）遇人无亲疏贵贱皆与之尽，而于余尤好；其文蔚茂驰骋，盖将包罗众体，而一字不苟，读之

① 张希盛：《人龙文虎——陈亮的义乌情结》，载《义乌方志》，2008（4），56页。

② 张希盛：《永康状元陈亮的义乌情结》，载《永康志鉴》，2008（6），43页。

亹亹而无厌也。”[1] 可见，陈亮对于当时四位乌伤（今义乌）以“工于诗”而颇有名声的知名人士敬重有加，对其人、其学、其文颇多赞誉。但是，陈亮称“乌伤固多士，而称雄于其间者，余熟其四人焉，盖非特乌伤之雄也”[2]。也就是说，陈亮特意说明这四位并不是乌伤（义乌）最有名望的文人，而只是自己与这四位熟识，因而做出评述。显然，“四君子者”只是限定于陈亮熟识的范围，并不代表陈亮认为这四人就是历代乌伤地域内的四君子，显然无法直接称其为“乌伤四子”。光从字面理解，陈亮所称的“四君子者”与“乌伤四子”，两者的含义就相距甚远。

另外，对于这一问题，在吕祖谦致陈亮信中亦谈道：“《跋喻季直文编》语固佳，但起头数句，前辈似不曾如此道定。或云‘以予所闻者几人’，或云‘予所知者几人’，众不可盖故也。”[3]此信与陈亮之“乌伤固多士，而称雄于其间者，余熟其四人焉，盖非特乌伤之雄也”一语相对照，可见吕祖谦与陈亮曾经就四人的确切定位展开过切磋，最终两人的观点达成一致，而且最大的可能是陈亮汲取吕祖谦的意见在字句上做了修改，特意申明文中之“四君子”乃其熟悉的四人，并非“乌伤之雄”。以“乌伤四子”来指代陈亮文中所言工于诗的乌伤四人，很明显是对陈亮本意的偏解、误读。

而张希盛以“乌伤四子”代称陈亮文中所言的“四君子者”的说法，已经在当地产生了不小的负面影响。诸如张金龙在《“乌伤四子”辩》一文中提及《义乌商报》社记者龚献明在《染绿涂彩情自浓》一书的序中言：“何恪所写的《西园记》，就是张希盛在无意中发现的。当时他在翻阅城西街道《七一村志》时，

---

① 陈亮：《陈亮集》卷二十五《题喻季直文编》，286 页，北京，中华书局，1974。

② 陈亮：《陈亮集》卷二十五《题喻季直文编》，286 页，北京，中华书局，1974。

③ 吕祖谦：《答陈同甫书三》，见《陈亮集》附录，190 页，北京，中华书局，1974。

一下看到了由南宋'乌伤四子'之一的何恪所写的《西园记》。"[1] 由此可见，张希盛所言的"乌伤四子"之说，影响不断扩大，一经传播，南宋"乌伤四子"则成为特定的称谓。不仅是张希盛这样认为，龚献明这样表述，在"义乌不少人写文章，都这样引的"[2]。对这一说法，如果任其蔓延，势必影响更大。张希盛以"乌伤四子"称陈亮在《题喻季直文编》一文中提到的南宋义乌四位诗人显然歪曲、违背了陈亮的本意，省略了原本限定的范围，将其概念扩大化，并且转变为一种约定俗成的称呼，这显然是不准确、不妥当的。张金龙撰《"乌伤四子"辩》一文亦比较清晰地阐述了义乌历史上可称"乌伤四子"的不如说骆宾王、宗泽、黄溍、王祎这四人更准确，认为义乌历史上称得上"乌伤四子"的人多矣，只是层次有高低而已，但他并没有否定陈亮所言的喻良能、喻良弼、何恪、陈炳四人为"乌伤四子"的观点。笔者认为，如果要称喻良能、喻良弼、何恪、陈炳为"四君子"，"陈亮所称"或"陈亮熟识"诸如此类的限定词是必不可少的，只有这样才能保持原文之意，不至于产生歧义，使表述准确、合理，也才能走出这一误区。

七、陈亮、朱熹、吕祖谦三人同时在一道讲学的研究误区

据康熙《永康县志》记载，朱熹于"淳熙八年（1181 年），以提举浙东常平茶盐举行荒政。按台过婺州，题孝友二君墓，至永康与陈同甫上下其议论，晚又与吕东莱、陈同甫三人讲学于寿山石洞"[3]。这一记载导致学界有诸多关于朱熹、吕祖谦、陈同

① 张金龙：《"乌伤四子"辩》，载《义乌方志》，2008（4），59 页。

② 张金龙：《"乌伤四子"辩》，载《义乌方志》，2008（4），59 页。

③ 沈藻等修，朱谨等纂：《永康县志》卷十三《流寓·朱熹》，863 页，台北，成文出版社，1932。

甫一同在永康寿山讲学的说法。董平、刘宏章在《陈亮评传》中对这一说法提出反驳，指出“在吕氏生前他们却未曾得到见面的机会”①，理由是朱熹于淳熙八年十月除提举两浙东路常平茶盐公事，② 次年正月巡历婺州、衢州，此时陈亮有机会至衢、婺与朱熹会面，盘桓十日方始别去，因而说朱、陈之初次见面在淳熙九年（1182年），而吕氏卒于淳熙八年，故朱、吕、陈不可能同在一起讲学，③ 因而断定《永康县志》所记三人一道在永康寿山石洞的说法乃误。

笔者查找相关史料，认为三人一道在永康寿山石洞讲学的观点的确有误，但董、刘之判断所依据的史料及所做的推论似乎并不能足以令人信服。董、刘一文中的“次年正月巡历婺州、衢州，此时陈亮有机会至衢、婺间与朱熹会面，盘桓十日方始别去”这一说法，依据的是《朱子年谱》卷三，似乎单从这一条史料不能足以推断出“在吕氏生前他们却未曾得到见面的机会”这一结论。

据史载，笔者认为，吕祖谦卒于淳熙八年七月二十九日，那么在这之前，吕氏病痛缠身，身体状况必定不佳。在宋代，居所婺州城与永康城相距至少百里以上（今天直通高速公路尚有50千米），以南宋时期的交通工具和道路状况，从婺州到永康不止一天的路程，更何况寿山（位于现方岩）距永康城还有不下25千米的路程。从常理上推论，以吕祖谦当时的身体状况，要于淳熙八年（卒年）到异地，即到永康寿山去讲学的可能性不大，因而就自然可以推翻三人一道在永康寿山讲学的说法。也就是说，康熙《永康县志》中“晚又与吕东莱、陈同甫三人讲学于寿山石

① 刘宏章，董平：《陈亮评传》，《生平事迹及其政治学术活动》，73页，江苏，南京大学出版社，1996。

② 据《朱子年谱》记载，（淳熙八年）八月，差提举浙东常平茶盐。……十月，堂贴报南康出粟人已推恩，乃受职名。

③ 刘宏章，董平：《陈亮评传》，《生平事迹及其政治学术活动》，73—74页，江苏，南京大学出版社，1996。

洞”的记载必定有误。

与此同时，假设按康熙《永康县志》记载，朱熹、吕祖谦、陈亮于淳熙八年到寿山讲学，作为诸学者学术生涯中的要事，按理在他们的年谱中亦当多少提及，但三人年谱皆只字未提。而朱熹与吕祖谦在淳熙八年的关联，《朱子年谱》只提及该年七月，“吕东莱讣至，为位哭之”①。此处亦未道明朱熹是否前往婺州，更无从谈朱熹、陈亮是否在悼念吕祖谦时有机会谋面。关于朱、陈会面，史料记载，淳熙九年正月十七日，陈亮访朱元晦于衢、婺间——“永康陈同甫来访。同甫名亮，永康人，吕东莱特重之。至是，访衢、婺间，旬日而别”②。“春正月，朱熹巡历婺、衢一事，哭吕祖谦墓，至永康。访吕读书处，欲屋之以事不果。”③ 淳熙九年，朱熹与陈亮会面，是可以确定的，但此时的吕祖谦已辞世，三人一道讲学一事更是无从谈起。三百余年来，此谬误之说以讹传讹，负面影响不断蔓延。如何德润主编的《武川备考·艺文考》卷九就有朱熹、陈亮、吕祖谦、巩丰四人同游武义水帘亭，并且在此讲学的记载，而且四人还作《江南序·水帘亭》《归途咏》，每人作词二首，共计八首。还有鄢子和的《应该名载史册的明招讲院》对此更是描绘得绘声绘色：“淳熙三年(1176 年)，吕与朱相聚于浙南衢县，邀朱熹、陈亮等同年‘深秋至明招，当图款教……试想 1176 年的明招讲院是何等辉煌!朱熹自福建，吕祖谦自婺州，张栻从长沙，巩丰自巩宅，陈亮自永康，叶适自永嘉……群贤毕至明招山。”④ 试问朱、陈第一次见面为淳熙九年，即过了六年后才第一次会面，此时天各一方的

---

① 朱熹：《朱子年谱》卷一，见《宋人年谱丛刊》，6041 页，成都，四川大学出版社，2003。

② 颜虚心：《陈龙川先生年谱长编》卷三，见《宋人年谱丛刊》，6824 页，成都，四川大学出版社，2003。

③ 童振福：《陈亮年谱》，31 页，台北，商务印书馆，1936。

④ 浙江省武义县文史委员会：《吕祖谦与明招文化》下编《关于明招文化·应该名载史册的明招文化》，453 页，北京，社会科学文献出版社，2006。

陈、朱尚未见面相识，何来相会于明招讲院讲学作词呢？

八、《永康地景赋》作者为陈亮的研究误区

描写一方景物之胜的《永康地景赋》① 在陈亮家乡民间广为流传，主要以口耳相传的方式传播。一方面，其句式工整对仗、

① 参见《厚唐吴氏宗谱》（雍正九年，1731年），转引自胡春鸿编著：《永康古代诗歌选》，303—305页，哈尔滨，北方文艺出版社，2004。星分婺郡，邑号丽州。松石、桃源，古称胜境；五光、双锦，代出名贤。历山系虞舜躬耕之地，荆州乃关公坐镇之方。蟋溪之勋开八百，东山之泽亘千秋。河南、山西，一县兼管两省；太平、长安，两郡不过两乡。他如东陇、西季、南园、北镇，四方之位置天成；青山、白塔、皂曙、朱明，六色之含辉掩映。观夫柳墅风和，梅墩日暖，宜其春也；深河浴鹭，莲塘浮鸥，宜其夏也；桂溪、横渡，半月沉江，宜其秋也；大衣楚楚，上裘翩翩，宜其冬也。尔乃玉峰含翠，金竹映霞，清渭笼烟，虹霓挂彩，天表之精华变幻，山川之景象无穷。新屋、花楼，雅构赤岩之口，独松、古竹，秀挺白岩之旁。文楼高耸，爱读唐诗；花园幽雅，喜弹桐琴。左植李黄，右栽橙绿。后堂有鸿儒谈笑，上厅有高朋饮宴。紫烧罐收贮东陈之茶，香能扑鼻；大小盘盛来尖山之枣，食可养神。峡源枇杷，俨若金丸铺野；拱瑞杨梅，恍如火龙绕枝。剖柘坑之梨，其甘似蜜；尝方山之柿，其味如兰。至若台门外，高筑八字墙，谁窥里屋；茶园前，上通九里口，方见外洋。提鞭上马，跑过下江桥，缰吊石柱；乘船下篙，撑入上湖里，舟泊斗潭。水阁楼隐清可爱，金镀殿华光照人。四路口水陆通行，八仙岩祖师聚会。道士陇前建造郎山殿，和尚桥楼，十步一阁，联络七里经堂；江南名士，东海佳人，讲学五峰书院。见夫！八盘岭隔日离天，两头门观风望月。栽六葱之竹，凤舞岩前；架五锦之桥，龙蟠溪岸。鹰爪如钩，飞过上阳捉蜂鸟；仙毛似锦，接起长绳钓鲤鱼。五指岩跳出白象鼻，三眼井飞起金江龙。寮前骆奔走如飞，岩后莺叫声似笛；山后狐百般妖媚，后宅猪两耳峥嵘。九狮口舞爪张牙，八哥畈群飞集队。马过滩驰骋教场背，牛筋岭放牧油草塘。老鸦啄深堰之水，石羊斗高畈之巅。蟹坑横走，爬入下溪池；弱犬丧家，逃归上水碓。翁埠、溪边观鱼跃，古山、篁里听鹤鸣。或携前儿郎敲棋于塔石，或伴黄耳翁垂钓于菱塘。凉风桥炎天避暑，火炉坑冬日御寒。前有金山岭宝藏兴焉，后有富贵坑万物皆备。奇花异卉遍植西园，珠宝金银贮藏东库。耕不尽下田园之田，读不尽上书堂之书。窃慕大雅之名，谁作知音之侣。不禁为之歌曰："白雁鸣兮西湖晚，金鸡唱兮溪东明；枫林落兮黄叶舞，斑虎啸兮小童惊。"听公婆话，将七姑配前儿郎；拨长田，八百秧，后孙不得争执；本富贵家，命五子撮上白石，甃花街，十五里，小童亦可游嬉。台门前造木塔，高四十四丈；铜山岭出独松，大三十五围。注：其中所提地名、村名均在清代永康县境内。

辞藻雅致，具有较强的文人作品色彩；另一方面，通篇前后押韵，朗朗上口，犹如地方歌谣，历来在永康民间争相传诵，家喻户晓。《永康地景赋》保存方式无疑具有地方性，其流传广泛，表达内容、表现形式亦呈现浓郁的地方特色，但是其表现手法与思想内涵富有浓郁的文人色彩。对于《永康地景赋》的作者，在永康民间，人们历来传说是陈状元（陈亮），其文典雅与通俗相并存。对于该赋的作者究竟是谁的问题，曾引起部分地方学者的探讨，由于口头流传与正面史籍、方志、笔记记载缺失对照，故存在三种不同意见：民间普遍认为乃陈亮作，程辰江亦明确持这一观点①；胡三究认为陈亮虽不一定参与该赋的创作实践，但他是“始作俑者”②；胡春鸿认为该赋作者绝对不是陈亮③。

程氏为证明陈亮是《永康地景赋》的作者，列举了四大方面的理由与论据。程氏以年轻时见过石印本《陈状元永康地景文库》书名，加上永康人民经南宋元明清各代历代传诵，认为此赋乃陈亮作。文中还提及从来没有听过或见过此赋是宋以后或元以后某人所作，因而断定应该以民间这一说法为据。此说似有不妥，个人未闻未见不同说法，不能就以此认定民间说法的准确。另外，他分析此赋仿唐代王勃的《滕王阁序》色彩较浓，又颇似唐代王昌龄借秦汉写唐朝的名诗《出塞》，从思想内容来看寄寓了陈亮希望宋像唐一样强盛的心愿，开头语“星分婺郡，邑号丽州”是借唐写宋，表达恢复中原的意愿。进而又指出陈亮作赋时山西未形成村落，“河南、山西，一县兼管二省”之句是“河南、河东，一县兼管二道”之误，是元朝以后的人为符合当时建制所做的有意改抄。因为该文未注材料来源，很难求证。再者，对于

---

① 程辰江：《略谈〈永康地景赋〉作者》，载《陈亮研究通讯》，1998，12（5），9页。

② 胡三究：《陈亮与〈永康地景赋〉》，载《陈亮研究通讯》，1994，10（2），23页。

③ 胡春鸿：《〈永康地景赋〉作者考》，见《永康古代诗歌选》，306页，哈尔滨，北方文艺出版社，2004。

《永康地景赋》没有收入《龙川文集》的解释是陈亮曾有口头“御对”永康地景的故事，有戏谑君主之意，若光明正大地出现于文集中，必有狱祸，而且“在陈亮的有生之年，就有意决定不好把《永康地景赋》一文编入《陈龙川文集》故也”①。这一理由更是牵强，一来，《龙川文集》乃是陈亮死后由其儿子编写成书，根本不存在陈亮有生之年的有意回避；二来，两宋时期，文人的言论相对自由，具有较为宽松的舆论氛围，民间戏谈时政之风盛行，加之《永康地景赋》更多的是以巧妙的方式吟咏永康地名，更像民间歌谣，涉及时政无从谈起，亦不存在陈亮有意回避收入文集的说法。加上《陈亮戏皇帝》纯粹是民间传说，系后代百姓的发挥闲谈，根本不可能构成对《永康地景赋》是否收录于陈亮文集的影响。此外，程氏继而针对有人提出《永康地景赋》中提及的“凉风桥”和“和尚桥”皆建于明代的观点，指出“凉风桥”乃“梁枫桥”的谐音，梁枫石桥确建于明永乐十四年(1416年)，但其前身是梁枫木架的木桥；“和尚桥”乃“和让桥”的前身，明永乐间改名为“和让桥”，其根据是因明永乐年间的拾金不昧者的故事而改建改名。因此，断定《永康地景赋》在南宋时就存在，作者是陈亮。最后，针对“五峰书院系明人吕缓所建”的观点，根据《永康县志》1991年3月第一版之大事记2页“宋淳熙八年至十三年（1181—1186年）朱熹、吕祖谦、陈亮、吕皓于寿山五峰书院读书讲学”，指出吕缓只是把陈亮所写的“五峰书院”的名称镌刻于岩石上罢了。笔者认为这一推断有误。前文曾推断康熙《永康县志》中所记朱熹与吕东莱、陈同甫三人于淳熙八年一道讲学于寿山石洞这一记载的失实，1991年版的《永康县志》又增加了吕皓，而且在讲学时间上有所变化；另外，将“寿山石洞”改记成“寿山五峰书院”，不知何据。以1991年版的《永康县志》作为论据，论证《永康地景赋》中

① 程辰江：《略谈〈永康地景赋〉作者》，载《陈亮研究通讯》，1998，12(5)，9页。

提及的“五峰书院”在南宋时期就存在，显然是错上加错。因此，通过其证明该赋中提及的“五峰书院”在陈亮生活的时代就存在的论证亦是不能成立的。综上所述，程文试图通过多角度论证《永康地景赋》的作者乃陈亮的论证不能令人信服。

胡三究《陈亮与〈永康地景赋〉》一文指出，民间传说认为《永康地景赋》作者乃陈亮虽缺乏科学根据，但绝不是捕风捉影的无稽之谈。继而分析了一则流传广泛的民间传说——《陈亮戏皇帝》，认为这一传说虽然情节荒诞，但对陈亮的塑造准确，几乎可以视为《永康地景赋》的雏形，并且指出这是认定陈亮为《永康地景赋》创作者的渊源所在。胡文最终持中间的立场，认为《永康地景赋》并非出自陈亮一人之手，并非完成于宋代是可信的，但该赋发轫于陈亮的古代文人的集体创作，是历经宋元明清近千年的不断丰富、加工而逐渐臻于完善的。①

胡春鸿在《〈永康地景赋〉作者考》一文中指出：“以谐音嵌入赋中的地名、村名，在陈亮生存的南宋年代，约有三分之一的地方、村名在当时尚未出现。如‘河南、山西，一县兼管两省’句中的河南村，是在明成化年才始建村的，如独松、文楼、古山、下溪池等许多村名都是在元末明初才出现的。又如寮前（骆）是在清代康熙年间才从义乌迁来的。”因而，他推断《永康地景赋》的作者绝对不是陈亮，而是清初的佚名文人，写作的年代应是在康熙末年到雍正初年。② 胡氏文章比较简略，未具体罗列考证依据，未见该赋成文时间的推断过程，但是文中根据三分之一地方、村名在南宋时代并不存在来推翻该赋乃陈亮所作的论据是较为充分的，其逻辑亦是合理的。

百姓将广泛流传于永康民间的地景歌谣附会成陈亮所作，是基于对陈亮崇敬有加的表现，是基于对家乡历史上这位传奇式状

① 胡三究：《陈亮与〈永康地景赋〉》，载《陈亮研究通讯》，1994，10（2），22—23页。

② 胡春鸿：《〈永康地景赋〉作者考》，见《永康古代诗歌选》，306页，哈尔滨，北方文艺出版社，2004。

元的附会，其心情和意愿是可以理解的，但传说不代表历史史实。因此，澄清该赋的作者并非南宋陈亮亦是陈亮问题研究中不可回避的重要问题之一。

九、关于陈亮“平生不能诗”的研究误区

比陈亮去世晚六十七年的南宋著名目录学家、藏书家陈振孙的《直斋书录解题》卷十所著录的则在《龙川集》四十卷之外，还有《外集》四卷，其下所附《解题》说：“（陈）亮才甚高而学驳，……平生不能诗。”① 卢敦基也说：“陈亮还是一个杰出的文学家，他虽不会写诗，但对作词有相当的自信。”② 陈亮自己也说：“予平生不能诗，亦莫能识其浅深高下。”③ 这是他自谦的话，其实他对诗是自有其一番见地的。他认为好诗应当“立意精稳，造语平熟，始不刺人眼，自余皆不足以言诗也”。所以，桑泽卿请他为其诗集写序。④ 陈亮不会作诗并非真如他自己说的是由于“莫能识其浅深高下”，而是对当时许多诗人的诗作不满意，如“王茂弘虽有干略而韵度不高，鲁仲连差有韵度而根本不妥帖，……要皆不足为世法”⑤。加之他豪放的气质和性格，不喜欢作诗而转向于语句参差错落的词的创作，因为词能“抑扬顿挫，能动摇人心”⑥。而最最根本的是陈亮把诗的成就和水平以

---

① 邓广铭：《陈龙川文集版本考》，见《陈亮集》，2页，北京，中华书局，1974。

② 卢敦基：《陈亮传》，《陈亮为何伟大》，181页，上海，上海社会科学院出版社，2004。

③ 陈亮：《陈亮集》卷二十三《桑泽卿诗集序》，259页，北京，中华书局，1974。

④ 陈亮：《陈亮集》卷二十三《桑泽卿诗集序》，259页，北京，中华书局，1974。

⑤ 陈亮：《陈亮集》卷二十七《复李唐钦》，331页，北京，中华书局，1974。

⑥ 陈亮：《陈亮集》卷二十三《桑泽卿诗集序》，259页，北京，中华书局，1974。

李白诗作为标准，正如他在其《谪仙歌有序》中说："清夜独坐，天地无声，星斗动摇。欣观《李白集》，高吟数篇，皆古今不经人道语。……寥寥数百年间，扬鞭独步，吾所起敬起慕者，太白一人而已。感叹久之，恨无人能继太白后。"①

陈亮把诗仙李白诗歌作为自己追求的目标、衡量的标准，那么天下自陈亮及所有人自然都不会写诗了，真可谓"会当凌绝顶，一览众山小"。

陈亮乃世人公认的著名词人，这是不争的事实。但是，在"亮平生不能诗"的误导下，七百多年来，把人们引入不敢去研究陈亮诗歌的误区。如仅 20 世纪百年间研究陈亮词的论文有三十篇之多，而研究陈亮诗作的论文仅一篇。② 而自陈氏去世后至 19 世纪末则一篇也没有。笔者认为，陈亮不但是著名的词人，其"文章如江河之流，日星之耀，山河有壮气，今古有奇"③，而且能作诗，并且有很高的成就。其诗作留至今天尚有二十首。除脍炙人口的《梅花》《廷对应制》《及第谢恩和御赐诗韵》《谪仙歌》四首外，尚有十六首，即《龙川书院诗》五言绝句七首（原诗名为《题一丈楼》）、《归途咏》、送徐文子诗四首（《送先郎中诗韵为别》《送徐文子赴阙》《送徐文子转漕江东二首》）、《赠刘改之》《陈状元赞李聿妻刘氏》《复公像赞》《鸡笼岩》。④ 除《梅花》和《及等谢恩诗》等四首外，其余十六首诗歌同样有极高的思想性和艺术性。如《鸡笼岩》："神人杀尽南山竹，巧作樊笼致幽谷。拘囚警晓天上鸡，天鸡曾向笼中宿。神人不守朝帝阊，脱笼飞去巢扶桑。扶桑枝上饮元气，玄鹰丹头高昂藏。旧笼

---

① 陈亮：《陈亮集》卷二十九《谪仙歌有序》，507 页，北京，中华书局，1974。

② 根据方建新《二十世纪宋史研究论著目录》统计。

③ 姬肇燕：《康熙刻本龙川文集序》，见《陈亮集》附录，567 页，北京，中华书局，1974。

④ 平阳林坳：《林氏宗谱》，见郑笑笑、潘猛补主编：《浙南谱牒文献汇编·诗词篇》，5 页，香港，香港出版社，2007。

独倚空山碧，天鸡不来山寂寂。天荒地老荆棘深，化作玲珑一卷石。千万枝也空崔嵬，白云湿透生莓苔。为问此笼鸡在否，何处一声天下晓。”这是一首托物言志、现实主义与浪漫主义高度结合的古体诗。陈亮看到这座奇石，不禁心驰神飞、浮想联翩，托形状酷似鸡笼的岩石言争自由、求解放，遂成此诗。此诗与他的《自赞》相吻合，与《咏梅》《贺新郎·酬辛幼安》等诗词精神保持一致。与他的《谪仙歌》《念奴娇·至金陵》《满江红·怀韩子师尚书》《念奴娇·登多景楼》《水调歌头·送章德茂大卿使虏》等诗词一样，都是抒发他对自由的渴望，对国家统一中兴、改革图强的强烈愿望。因此，陈振孙说“亮平生不能诗”，是没有根据的误导。叶适指出：“今同甫书具在，芒彩烂然，透出纸外，学士争诵惟恐后。”① “亮识足以明义，气足以折奸……学足以名家”，其诗歌和他的政论文、词、赋等同样“足以传后”。② 我们应打破“亮平生不能诗”的研究误区，对其诗歌进行全面深入研究，充实和丰富我国古代文学遗产宝库。

十、陈亮思想研究中忽略其“下系民生”思想的研究误区

古往今来，后人对陈亮的评论甚多，而且集中于上书论恢复大计之爱国气节的赞颂。李幼武云：“孝宗朝，六达帝庭上书，论恢复大计。”③ “其生平议论，以虏仇未雪为国大耻，六诣天阙上书，皆主于恢复。故及第后《谢恩诗》有‘复仇自是平生志，

---

① 叶适：《水心文集》卷二十四《陈同甫王道甫墓志铭》，见《叶适集》，484页，北京，中华书局，1961。

② 乔行简：《奏请谥陈龙川札子》，见《陈亮集》附录，547页，北京，中华书局，1974。

③ 李幼武：《陈亮言行录》，见《陈亮集》附录，536页，北京，中华书局，1974。

勿谓儒臣鬓发苍'之句。”① 乔行简道：“臣伏见承事郎签书建康军节度判官厅公事陈亮，以特出之才、卓绝之识而究皇帝王霸之略，期于开物成务、酌古理今，其说盖近世儒者之所未讲，……当淳熙之戊戌，三上书，极论社稷大计。”② 邹质士认为：“陈龙川先生，当弱宋之世，挺然持华夷君父之大节，故其言有根本，卒能动人主之听。使至今读之者，觉行间犹勃勃有生气，而可试之于实用而无疑。”③ 于伦读陈同父集，不禁感叹：“二千年间英雄豪杰乃可得而见，圣人之意乃可得而明。”④

在历代学者诸如以上论调的导引下，学界的研究视线亦往往多集中于对陈亮爱国思想的发掘与研究。陈亮作为一介布衣，六次上书，慷慨陈述抗金救国大业，其爱国思想的确在其个人思想中尤为突出；另外，震动南宋思想界的陈朱王霸义利之辩，亦是其人生学术生涯的重要标志；其诗词文章的确在南宋文坛占有一席之地。陈亮“为文章，上关国计，下系民生”⑤。对于其“上关国计”的论述见之于诸多论著，这当然是完全必要的。但是，在近三百篇、部的陈亮研究论文及各类陈亮研究著作中，没有一篇文章或评论是专门论述陈亮痛恨地方腐败、关心百姓疾苦的民生思想的。而陈亮的民生思想渗透在其诸篇文论中，亦体现在与诸多友人交往的信函、祭文和墓志铭中。诸如陈亮得知故友韩子师要到婺州任知府，便致信慷慨激昂地揭露贪官污吏对婺州人民的压榨，希望其采用宽猛结合的政治措施，对那些“戳虐无辜，

---

① 李幼武：《陈亮言行录》，见《陈亮集》附录，537页北京，中华书局，1974。

② 乔行简：《奏请谥陈龙川札子》，见《陈亮集》附录，546页，北京，中华书局，1974。

③ 邹质士：《崇祯刻本龙川文集小引》，见《陈亮集》附录，565页，北京，中华书局，1974。

④ 于伦：《万历刻本龙川文集序》，见《陈亮集》附录，561页，北京，中华书局，1974。

⑤ 姬肇燕：《康熙刻本龙川文集序》，见《陈亮集》附录，566页，北京，中华书局，1974。

罪恶贯盈”“肆为不法”的贪官污吏施以猛政，“锄其甚者”，“亦移易一二以动其余”；对老百姓则要行“平易近民之政”，把婺州治理得“政平讼息”，“一邦清明”，使老百姓能过上“幸民”的生活。① 其民生思想跃然纸上。陈亮除了极力反对地方腐败之外，在《石井祈雨文》《广惠王祈雨文》《佑顺侯祈雨文》等文章中处处透射他对水旱灾害的密切关注，对百姓苦难的深切同情。与此同时，陈亮还关心农民疾苦，力谏朝廷减轻赋税，这一思想亦较为突出。但是，至今没有多少学者关注陈亮的民生思想并做专门的探讨和研究，实乃目前陈亮思想研究中的一大缺憾，也是陈亮研究中的一大误区。

综观陈亮研究中出现的诸多误区，有的因传说引起以讹传讹所致，有的因方志编纂不够严谨所致，有的因史料挖掘不够、关注视角的局限而使某些思想研究不够全面所致，有的因现代学者较为随意的误读、误解所致，有的因有名望学者的一己之见经过后人不断承袭甚至是对结论的不断扩大化而致，有的因后代史料记载的讹误而使后人对陈亮相关问题解读偏误所致，等等。诸多原因纵横交错，尤其是在史料不足的情况下，常常成为研究具体问题的障碍，甚至引导人们以错误的结论做出错误的判断。随着陈亮研究的不断深入，笔者认为系统、细致地梳理、澄清目前研究现状中出现的问题、原因及不足，有助于分清具体研究问题中众说纷纭，有的甚至是相去甚远的观点与结论，辨识陈亮研究问题的研究方向，弥补研究中的不足与误区，以进一步推动陈亮研究。这亦是推动历史人物研究的一点尝试和探索，以求方家批评指正。

---

① 陈亮：《陈亮集》卷二十七《与韩子师侍郎》，324—325 页，北京，中华书局，1974。

福建版《马可波罗游记》质疑①

——马可·波罗没有到过浙闽地区考辨

世界著名旅行家马可·波罗是否到过中国？这是中国史学界十分关注的一个问题。笔者因未系统深入地研究过马可·波罗及其游记，对马可·波罗是否来过中国的问题不敢贸然发表意见，但对福建版《马可波罗游记》中的第七十六章《雄伟壮丽的京师（杭州市）》、第七十七章《再谈大城市杭州的其他情况》及与其杭州有关的章节进行了初步的探索，发现其中记载失实的地方甚多，有些纯属是来自主观想象的编造，完全不符合元朝初期杭州的本来面貌。本人兹就《游记》对杭州的记载做如下考辨：

一、关于杭州市的周长

《马可波罗游记》（以下简称《游记》）载曰："这座城市方圆一百七十公里"②，但就笔者所知，杭州城始建于隋开皇十一年（591年），城址在柳浦西，依山筑城，周围仅三十六里九十步。唐昭宗大顺元年（890年）闰九月，又"筑新城，环包氏山

① 原载中国社会科学杂志社《未定稿》1985年第16期。

② ［意］马可·波罗：《马可波罗游记》，175页，福州，福建科学技术出版社，1981。

泊秦望山而回，凡五十余里，皆穿林驾险而版筑焉”[①]，大体奠定了南宋临安城的基础。到景福二年（893年）七月，吴越王钱镠又发动十三都兵士和民夫二十余万人，新筑罗城，自秦望山，由夹城东亘江干，泊钱塘湖（西湖）、霍山（今少年宫后）、范浦（今垦山门外），凡七十里。[②] 当时，罗城（外城）南北宽而东西窄，形似腰鼓。[③] 自五代吴越至近代，杭州市南北宽、东西窄的城市布局基本未变。又据南宋乾道年间《乾道临安志》卷二《城南北两厢》条载：杭州“府城之外，南北相距三十里”。由此可以断定，杭州城东西宽不到三十里（25千米），可见杭州城市方圆绝对不会超过一百华里（50千米）。

大约在元代至治、泰定年间（1321—1327年），比马可·波罗迟来的另一个意大利人奥代理谷也曾到杭州旅游，他所写的游记记载的是杭州“全城周围约一百里”[④]，这与南宋《乾道临安志》中的“南北相距三十里”的记载基本吻合。事实上，在南宋灭亡后的五六年间，杭州城虽没有南宋时的繁荣，但杭州城区规模基本保持了南宋时期的状况。由此可见，马可·波罗关于“杭州城市方圆一百七十公里（即三百四十华里）”的记载，多半来自主观臆测或道听途说，否则绝不会把杭州城市的周长扩大三至四倍。

二、关于杭州的人口

《游记》载当时杭州的人口“登记的有一百六十个托曼的炉

---

① 吴任臣：《十国春秋》卷七十七《吴越一·武肃王世家上》，1051页，北京，中华书局，1983。

② 吴任臣：《十国春秋》卷七十七《吴越一·武肃王世家上》，1051页，北京，中华书局，1983。

③ 杨行密攻杭州时，有个名叫祖肩的和尚曾说：“此腰鼓城。”

④ 王士伦，赵振汉：《杭州史话》，《世界名城“杭州路”》，62页，杭州，浙江人民出版社，1979。

灶。炉灶指的是共住一家的家庭。一个托曼为一万，所以全城共有一百六十万家”①。如果按一家五口计算，则杭州全城的人当达八百万。据史载，杭州城的正式建置始于隋朝，户籍也从此建立。隋开皇十一年，杭州（包括属县）仅有一万五千三百八十户②。到了唐贞观年间（627—649 年），户三万五千七十一，口一十五万三千七百二十九。至唐开元年间（713—741 年）增加到八万六千二百五十八户③。从五代吴越到北宋，杭州得到了进一步的发展。北宋仁宗末年，欧阳修在他写的《有美堂记》中曾称赞杭州的繁华说：“邑屋华丽，盖十余万家。”④ 说明杭州日臻繁华，人口又有了增长。南宋建都临安之后，杭州人口急剧增加。据《咸淳临安志》的记载，南宋临安府的人口已达到户三十九万一千二百五十九，口一百二十四万七百六十。⑤ 这个数字包括临安府所属九县的人口。如紧傍城郭的钱塘、仁和二县，就有四十三万二千零四十六口⑥，已占全府人口的三分之一左右。到了元代，降临安府为杭州路，杭州作为江浙行省的省会，其人口虽略有减少，但大致保持了南宋末年的水平。据《成化杭州府志》记载，至元二十七年（1290 年），杭州路（包括属县）仍为三十六万零八百五十户、一百三十三万四千七百四十口。杭州城的人口约为杭州路的三分之一，不会超过十万户、四五十万口。

---

① ［意］马可·波罗：《马可波罗游记》，186 页，福州，福建科学技术出版社，1981。

② 潜说友：《咸淳临安志》卷五十八《户口》，616 页，台北，商务印书馆，1983。

③ 吴自牧：《梦粱录》卷十八《户口》，161—162 页，杭州，浙江人民出版社，1980。

④ 欧阳修：《欧阳文忠公集》卷四十《居室集·有美堂记》，190 页，上海，上海书店出版社，1989。

⑤ 潜说友：《咸淳临安志》卷五十八《户口》，616 页，台北，商务印书馆，1983。

⑥ 潜说友：《咸淳临安志》卷五十八《户口》，617 页，台北，商务印书馆，1983。

由此可见，马可·波罗在其《游记》中所说的杭州“全城共有一百六十万家”这个数字，较之当时的实际情况增加了十五倍。

三、关于杭州的桥梁

南宋后期人施谔在他编撰的《淳祐临安志》卷七《桥梁》条中，十分详细具体地记载了杭州城中各条大小河流和各座大小桥梁及其方位四置，明白无误地说明当时杭州城中共有大小桥梁二百零五座。杭州城在宋末元初战争中虽未遭到大的破坏，但后来毕竟不及南宋时期的繁荣，故城内的桥梁绝不可能有大幅度的增加，而马可·波罗却在其《游记》中载曰：杭州城内“各种大小桥梁的数目达到一万二千座”①，竟然把杭州城的桥梁数目增加了五十多倍！

四、关于杭州的西湖

杭州西湖自五代吴越国君钱镠发动百姓、召令驻军整治、疏浚后，基本上奠定了今天西湖的规模，其四周全长在三十华里（15千米）左右，而马可·波罗在其《游记》中的记载是“因为（西湖）宽阔广大，相当于（杭州）全城的长度”。根据他的说法，西湖周长相当于一百七十千米，即三百四十华里。如果马可·波罗游览过西湖，仅凭肉眼目测，也决不至于得出比西湖实际周长扩大到十倍之多的错误结论。

此外，马可·波罗还认为西湖与杭州的地势是湖高城低，杭州城竟在湖岸之下。《游记》第一百八十页写道：“假如伫立在离岸一定距离的（西湖）船上，不仅整个宏伟、瑰丽的城市，它的

① ［意］马可·波罗：《马可波罗游记》，175页，福州，福建科学技术出版社，1981。

宫殿、庙宇、寺院、花园，以及长在小道的参天大树，尽收眼底。”① 其实，即便是在空中湖泊上吧，也万难把《游记》所写的“周长三百四十华里，拥有八百万人口”的杭州城那么具体而清楚地“尽收眼底”，一览无余，更何况杭州城与西湖的地势基本上是在同一水平线上。

还有，马可·波罗在《游记》中关于西湖湖心岛上楼台亭榭的描写记载，也有夸张失实之处。《游记》载云：“有时，开办婚丧喜庆的筵席，同一时间内，多达一百来起。可是……各家都能安排到一定的时间或亭子，不会彼此相混，互相干扰。”② 其实，湖心小岛不过一二百米，在这弹丸小岛上要造上同时可以安排百家喜庆筵席而又井然有序、各不相混的庞大的建筑群，显然是根本不可能的，足见马可·波罗关于杭州西湖的记载是违背客观实际的主观臆造。

五、关于杭州的商情

现仅摘取《游记》记载的二件小事，以见一斑。《游记》载道：“这里（指杭州市）每日胡椒的销售量竟达四十三担，每担重达九十公斤。”③ 每日胡椒销售竟然达到七千七百四十市斤（3870 千克）。以此推论，那么杭州城全年的胡椒销售量竟达二百七十六万六千四百市斤（1383200 千克）。作为富户饮食佐料的胡椒，主要产地在南洋群岛，而在元初中国，仅杭州一埠就有如此之大的经销量，实在令人难以置信。这与《游记》的另一记载，即杭州城“一年四季，市场上都有种类繁多的香菜和水果，

---

① ［意］马可·波罗：《马可波罗游记》，180 页，福州，福建科学技术出版社，1981。

② ［意］马可·波罗：《马可波罗游记》，180 页，福州，福建科学技术出版社，1981。

③ ［意］马可·波罗：《马可波罗游记》，178 页，福州，福建科学技术出版社，1981。

尤其是梨子，大得出奇，每粒约重四公斤半”[①]，即九市斤（4.5千克），同属失实之说。

六、关于杭州的习俗

马可·波罗对此也有不少失实的记载和描述。《游记》第180页写道：“这些地方（指杭州城内）的居民，颇有闲情逸致，在他们一天工作之余，或是一次商业交易了结之后，除了带上自己的妻子或情人，租一条画舫或是雇一辆街车，借以消磨闲暇的时光，从中取乐之外，还有什么东西能吸引他们呢?”《游记》第181页又写道：“男人带着妇女在这里游逛，嬉乐终日，直到夜幕降临，才驱车回家。”……这些记述，如果仅仅是就达官贵人、纨绔子弟而言，或是专指“元宵”“放春”“端午”“中秋”“重阳”及“浴佛”“赛会”这些特定的时节，也许还有某些真实性，可是马可·波罗写的是杭州的普通居民“在一天工作之余”，这就根本不符合封建意识还较浓厚、思想深受程朱理学束缚的当时杭州居民的实际情况，因为他们毕竟不是西欧封建社会后期城市中的市民。

马可·波罗在《游记》中还说：杭州城内“这些澡堂的男女顾客们从小时候起，就习惯于一年四季洗冷水浴”，“这里的所有的人，都习惯每日沐浴一次，特别是在吃饭之前”。[②] 即使是冰天雪地的寒冬腊月，元初的杭州男女居民也竟有一天在澡堂洗一次冷水浴的习惯，而这种习惯居然还是自小养成的，这实在令人不敢想象。在宋元时期的正史、野史、笔记、小说中，实难找出足以佐证马可·波罗这些记述的史料。不难断定，《游记》中关

① ［意］马可·波罗：《马可波罗游记》，176页，福州，福建科学技术出版社，1981。

② ［意］马可·波罗：《马可波罗游记》，177页，福州，福建科学技术出版社，1981。

于杭州民情习俗的这些记载显然是马可·波罗开动想象机器或是运用移花接木的手段，把西欧某个城市见过的情形移栽到了元初中国杭州居民的身上。

马可·波罗关于元初杭州的记述，谬误失实之处也很多。例如《游记》所载宋王的王宫“方圆十六公里（即三十二华里）”，竟占当时杭州城周长的三分之一！王宫中的“这些圆柱厅廊，显然能够容纳一万人同时就席”。王宫的宫女在陪宋王野猎之后，竟会“脱去衣服，裸体投入水中，欢快地在附近游泳”，以供宋王“在一旁观赏，大饱眼福”①。如此等等，在此不再一一赘述。

为什么自称“时常游历这座城市，并且对这里的每一事情都进行了细致入微的观察”② 的马可·波罗会做出种种不符合元初杭州本来面貌的记述呢？是为了哗众取宠，迎合当时西欧社会上层人士的旨趣，博得他们的青睐，诱发他们对东方的向往和探索的强烈欲念，因而有意夸张、炫耀呢？还是马可·波罗压根儿就没有到过杭州？笔者是持后面的观点的。其实，只要随手翻阅《游记》的其他章节，就会发现问题。

例如，《游记》关于当时浙江、福建主要城镇的地理位置及马可·波罗一行的旅游路线，就前后抵牾，互相矛盾。据《游记》第七十九章记载，马可·波罗等离开杭州城，向东南方向出发，竟能到达湖州市，而沿同一方向，同需骑行三天，就到了衢州镇，再沿同一方向走一天，到第四天傍晚，他们到达的竟会是严州城！这真是南辕北辙，东西颠倒，上下混淆。

在楚加王国（今福建，译者注）的旅行中，他们一行先到达福州城。从福州乘骑出发，“结束六天行程，便抵达建宁府”（今建瓯县城，译者注），而“沿着同一方向，再前进二十四公里”，竟然会再次“抵达福州”！重返福州以后，马可·波罗又把闽江、

---

① ［意］马可·波罗：《马可波罗游记》，186 页，福州，福建科学技术出版社，1981。

② ［意］马可·波罗：《马可波罗游记》，175 页，福州，福建科学技术出版社，1981。

晋江、钱塘江混为一谈。《游记》中写道："有一条大江（即闽江，译者注）穿城而过。……这条江离刺桐（即泉州）港不远，河水流注海洋。从印度来的船只沿江而上，一直开到泉州市。"① 马可·波罗亲身到达过的泉州，竟会在闽江上游，而且离福州很近，骑在马上，只需五天行程！到达泉州后，马可·波罗又看到"流经刺桐（泉州）港的河（即晋江，译者注），宽大而湍急，乃是穿过京师（杭州）城那条河流（指钱塘江）的支流"②。凡此种种，只能是来源于主观臆造或道听途说。

又如《游记》对福州地区的居民做了这样的描绘："这一带的人，很喜欢吃非自然死亡者的肉，以为人肉比其他肉类味道更美。当他们出征打仗时，头发蓬乱地披在耳朵上，并且把脸涂成淡蓝色。……他们是一种野蛮的人。它的野蛮竟然达到这样的地步，一旦在战斗中杀死敌人，便迫不及待地吸饮尽他的血，然后争食他的肉。"③ 查遍宋元史籍、文学作品，也找不到一丝一毫这样荒诞无稽的记载。可是在马可·波罗笔下，这种比《山海经》中的"幻想国"人，比蒲松龄《聊斋志异》中的"夜叉国"人更嗜血成性、更野蛮可怖的，竟然是中国元朝初年的福州人！这些描绘显然不是事实。

再如，《游记》关于元世祖忽必烈养有黑、白、红三色斑纹皮毛的狮子，并且经常驱策它追捕野兽的记载④，也属子虚乌有。关于元世祖忽必烈每个后妃的宫里，侍从人员达万人的记

---

① ［意］马可·波罗：《马可波罗游记》，191 页，福州，福建科学技术出版社，1981。

② ［意］马可·波罗：《马可波罗游记》，192 页，福州，福建科学技术出版社，1981。

③ ［意］马可·波罗：《马可波罗游记》，189—190 页，福州，福建科学技术出版社，1981。

④ ［意］马可·波罗：《马可波罗游记》，105 页，福州，福建科学技术出版社，1981。

载[①]（按其说法，元世祖有后妃二千人的话，那么就该有二千万侍从人员。当时中国除了老人和小孩子外，几乎所有的男子和妇女都成了元世祖后妃的侍从人员了，整个中国都成了元世祖的皇宫了）；关于杭州古代君王创建，私人自由募捐款项经营，无偿治疗因残疾而无法工作的病人的记载[②]；关于元世祖忽必烈请求罗马教皇派遣基督教士来中国弘扬教义，证明鞑靼人信奉的各种神圣和家中礼拜的都是"魔鬼"，证明"他们（指鞑靼人）信奉这样的魔鬼，实在是一种错误"的记载；以及关于元世祖把耶稣看作真人，顶礼膜拜，甚至与《圣经》接吻，把基督教视为最优异、最理想的宗教，因而委派波罗兄弟"从耶稣基督圣灵的长明灯上，带一点圣油回来"[③] 等记载，看来都是凭空虚构出来的。有哪一代帝王曾经在杭州倡导过由私人集资经营的医院，无偿看病，以救助残疾之人，使其康复和工作？有哪一个君主曾经利用西方的基督教义来批判、否定借以维系人心的本部族人民在历史上形成并一贯笃信的宗教？其实元朝统治者深深地意识到了宗教的统治作用，因而成吉思汗及其后继者们对中国境内的各种宗教都采取了兼容并蓄、充分保护和利用的政策，而绝不是如马可·波罗在其《游记》中所讲的独尊基督教而罢黜其他宗教。正如《多桑蒙古史》所说，"成吉思汗命其后裔切勿偏重何种宗教，应对各教之人待遇平等……各宗派之教师、教士、贫民、医师及其他学者，悉皆豁免赋役"[④]。而《游记》所载的这一切，既不符合宋元时期中国社会的实际情况，又无法从当时的史书中找到足够的依据。马可·波罗之所以要杜撰这些子虚乌有的说法，除了

① ［意］马可·波罗：《马可波罗游记》，90页，福州，福建科学技术出版社，1981。

② ［意］马可·波罗：《马可波罗游记》，183页，福州，福建科学技术出版社，1981。

③ ［意］马可·波罗：《马可波罗游记》，7页、11页，福州，福建科学技术出版社，1981。

④ ［瑞典］多桑：《多桑蒙古史》，152页，上海，上海书店出版社，2003。

耸人听闻、取宠于热那亚的巨商权贵以外，也许还想借捏造元世祖推崇基督教来换取罗马教皇和热那亚权贵们的同情，以便求得早日赦免，结束他那痛苦难熬、长夜漫漫的地狱般的铁窗生涯。

总之，姑且不论这位历史上大名鼎鼎的旅行家是否确实来过中国，单就《游记》对当时的浙江、福建两省情况的记载，特别是对杭州的记载来看，可以断定，马可·波罗绝没有来过浙闽一代。因此，《游记》中的一系列错误绝不是一些枝节上的疏忽失误，很可能是像英国学者克雷格·克鲁纳斯先生所说的那样，马可·波罗与其同狱难友罗斯蒂·开洛根据现已失传的当时“某种波斯的导游手册”中的一些内容，加上道听途说和主观想象，在狱中构拟出来的。由此看来，对举世瞩目、名噪六个世纪的《马可波罗游记》，实在是大可怀疑的。本人聊作引玉之砖，以期引起史学界对这个问题的进一步关注和研究。

福建版《马可波罗游记》再质疑[①]

——马可·波罗并未到过南中国考辨

世界著名旅行家马可·波罗是否到过中国，这是中外史学界向来十分关注的问题。笔者曾根据福建科学技术出版社出版的《马可波罗游记》进行过研究，从中得出的结论是马可·波罗没有到过浙江、福建地区[②]。近来又初步研究了福建版的《马可波罗游记》（以下简称《游记》）第六十四章至第七十四章[③]，即《游记》对江苏、安徽、江西、湖北地区的记载，并且对第七十五章至第八十二章，即《游记》对浙江、福建地区的记载，继续做了一些考察，同样发现里面记载失实、错误，移花接木、生搬硬套的地方很多，根本不符合这些地区在宋末元初时的本来面貌。本文试就福建版《游记》对上述地区的记载继续做如下考辨：

---

① 原载《浙江师范大学学报（哲学社会科学版）》1987年第4期，人大《复印报刊资料·宋辽金元史》1989年第8期全文复印。

② 相关论述被登载于中国社会科学杂志社主编的《未定稿》1985年第16期。

③ 据说《马可·波罗游记》流传至今的各种不同版本就达八十种。据陈开俊、戴树英、刘贞琼、林键四位译者自称，曼纽尔·科姆罗夫的英译本（即福建版）是比较好的一种。本文仅对福建版《游记》进行质疑、辨误，与其他版本《游记》无涉。福建版《游记》单是1982年4月第二次的印刷数量就有四万零九百册，在社会上广为流传，影响颇为深远。

一、对南宋亡国之君不符事实的着力塑造

《游记》第六十五章《壮丽的蛮子省和大汗征服该省的情况》中对南宋皇帝度宗做了随心所欲的描写。所谓蛮子省，用《游记》的话来解释就是“它被一个号称法克佛（这不是一个君主的名字，是阿拉伯人和其他东方人对中国皇帝的通称，借以表示与鞑靼君主的区别。当时宋朝的皇帝是度宗）的君主统治着”①。《游记》中说：“他（指度宗）性情温和，行为仁爱，深得民心。”“他是和平和正义之友，严格信守和平和正义。”“他的公正，深得人心。”② 事实果真如马可·波罗所说的那样吗？度宗在做太子时就以贪婪女色而出名，即位后比理宗更加荒淫昏庸，把中原大片河山置之脑后于不顾，在朝廷里更是“拱手权奸，衰敝浸甚”，“吏胥狎玩，窃弄官政”③。他更加重用权奸贾似道，每逢贾似道拜朝，其必定回拜，并且恭恭敬敬地称之为老师，而不敢呼其名。他把南宋的半壁江山弄得危亡之祸近在旦夕。“今天下之势，十去八九。”④ 襄阳、樊城失守，朝野震动，民情汹汹。朝中大臣、太府寺丞陈仲微直言不讳，冒死上书，痛切地指出时国势危急，失襄樊之罪“君相当分受其责”，“惟君相幡然改悟，天下事尚可为”⑤。百姓对度宗、贾似道一伙深恶痛绝，恨不得

---

① ［意］马可·波罗：《马可波罗游记》，《壮丽的蛮子省和大汗征服该省的情况》，164页，福州，福建科学技术出版社，1981。

② ［意］马可·波罗：《马可波罗游记》，《壮丽的蛮子省和大汗征服该省的情况》，164页，福州，福建科学技术出版社，1981。

③ 脱脱等：《宋史》卷四十六《度宗》，909页、918—919页，北京，中华书局，1977。

④ 脱脱等：《宋史》卷四百一十六《汪立信传》，12474页，北京，中华书局，1977。

⑤ 脱脱等：《宋史》卷四百二十二《陈仲微传》，12619—12620页，北京，中华书局，1977。

“欲食其肉”，“欲寝其皮”①。马可·波罗还着力为这位南宋的亡国之君涂脂抹粉，不顾事实地把度宗打扮成“热心宗教，十分仁慈。对于那些可怜的母亲无力抚养而遭遗弃的孩子，他下令进行救助抚养，每年达二万余人。当这些男孩达到足够年龄时，派人教他们各种手艺，并且从被收容抚养的青年女子中，为他们选择配偶”② 的角色。遗憾的是，虽然度宗十分崇拜儒学，拜贾似道为老师，但并不热心基督教，至于为人，更不仁慈，以上所写全非事实。马可·波罗把西方顶礼膜拜的平等博爱、慈善宽怀、救苦扶难的基督耶稣形象生硬地强加到置国家民族危亡、百姓苦难生死于不顾的南宋亡国之君的身上。

二、对“蛮子省”社会的大肆美化和精心应构

马可·波罗还对度宗统治下的南宋社会进行大肆渲染，把它虚构成夜不闭户、路不拾遗，没有阶级压迫，没有剥削，人人平等，国泰民安的极乐世界。他说：“如果有盈实货物的店铺，因为店主的疏忽，偶尔没有关上店门，也没有人敢私自进去或窃取店中最小的物品。”“世界各民族的旅游者，经过这个王国的任何一部分，不分昼夜，都可以自由自在地通行无阻，并且不担心有什么危险。”他还说什么“一个人对别人犯有最微小的压迫，或者任何一种伤害行为，都要受到他（指度宗）的适当惩罚”③。这还不够，他继而更进一步美化南宋统治下的平民百姓过着天堂般的幸福生活。他说：“离开了吴州城（今江苏吴江），在三天的路程中，经过许多人口众多和富饶的城镇、城堡和乡村，人民丰

① 高斯得：《耻堂存稿》卷7《物贵日甚》，129页，上海，商务印书馆，1935。

② ［意］马可·波罗：《马可波罗游记》，《壮丽的蛮子省和大汗征服该省的情况》，164—165页，福州，福建科学技术出版社，1981。

③ ［意］马可·波罗：《马可波罗游记》，《壮丽的蛮子省和大汗征服该省的情况》，164页，福州，福建科学技术出版社，1981。

衣足食。”① “当地（指杭州）居民中大多数的人总是浑身绫罗，遍体锦绣。”② “杭州人民的住宅，建筑华丽，雕梁画栋。他们对于这种装饰、画图及富有想象力的建筑物，表现了极大的爱好。”③ 可是，事实彻底否定了马可·波罗的凭空想象和虚构的幻影。度宗当政十年及其前后，由于政治腐败，导致经济凋敝。南宋社会是灾情严重，哀鸿遍地，水灾、旱灾、虫灾及暴风、雷电、地震接踵而来，史不绝书。就以向来有鱼米之乡称谓的两浙路来说，“台州大水”，“诸暨县大雨、暴风、雷电”，“会稽、余姚、上虞、诸暨、萧山五县大水”，钱塘、仁和两县是“秋雨水溢”。④ 两浙西路也是“大水为灾，浙西之民死者数百千万，连年旱暵，田野萧条，物价翔跃，民命如线”⑤。被马可·波罗称之为“天堂”的京师临安更是“物价腾跃”“闾巷萧条”，城中米贵，缺粮严重，皇室贵族却囤积大批粮食财货，临安城中经常发生抢米事件，民情汹汹，百姓怒不可遏。穷苦百姓是“长幼啼号，口无饮食，身无衣盖”⑥。街头巷尾是饿殍遍地，尸体成堆。这与马可·波罗笔下所描绘、虚构的和平宁谧，没有阶级压迫、剥削，广大劳动人民丰衣足食，人人平等，充满互助友爱的南宋社会有天壤之别！

---

① ［意］马可·波罗：《马可波罗游记》，《雄伟壮丽的京师（杭州市）》，175页，福州，福建科学技术出版社，1981。

② ［意］马可·波罗：《马可波罗游记》，《雄伟壮丽的京师（杭州市）》，178页，福州，福建科学技术出版社，1981。

③ ［意］马可·波罗：《马可波罗游记》，《雄伟壮丽的京师（杭州市）》，179页，福州，福建科学技术出版社，1981。

④ 脱脱等：《宋史》卷四十六《度宗》，910页，北京，中华书局，1977。

⑤ 脱脱等：《宋史》卷四百〇九《高斯得传》，12326—12327页，北京，中华书局，1977。

⑥ 吴自牧：《梦粱录》卷十八《恤贫济老》，175页，杭州，浙江人民出版社，2001。

三、关于旅游路线和各城镇方位的东西颠倒、南北混淆

马可·波罗在《游记》第六十六章中说："淮安府是一座十分美丽而富饶的城市，位于东南和东方之间的方向。它是蛮子王国的门户。"① 可是，紧接着在第六十七章的一开头又自相矛盾地说："离开淮安府，顺着一条通往蛮子省的堤道，向东南方向行走一天的路程到达蛮子省。"② 翻开宋金时期全图，就十分明显地发现，《游记》所载有两个十分明显的错误。首先，淮安府以北的楚州（今清江市）就属于南宋管辖的范围，作为楚州以南的淮安府毋庸争辩当然是南宋境内的版图，根本谈不上是门户。其次，即使按《游记》所载，淮安府既然是"蛮子省"的门户，为什么离开"蛮子省"的门户淮安府还要顺着一条通往"蛮子省"的堤道，向东南方向行走一天的路程才能到达"蛮子省"呢？事实上，淮安府在楚州以南，楚州本身就在"蛮子省"内，自然根本不需要从"蛮子省"的楚州以南的淮安府出发，还要走一天的路程才能到达"蛮子省"。这种前后抵牾、自相矛盾的提法，只能证明马可·波罗根本就没有到过"蛮子省"。又如，马可·波罗从"蛮子省"的门户淮安出发，花了一天时间才到达"蛮子省"，又"走了一天路程，当夜幕降临时，来到一个名宝应州的大城镇"，又花了一天时间才到达高邮。③ 马可·波罗用了整整三天时间才从淮安到达高邮。可是奇怪的是，疲惫不堪的马可·波罗离开高邮仅仅只花了一天的时间就到了等于从淮安到高

---

① ［意］马可·波罗：《马可波罗游记》，《淮安府》，166页，福州，福建科学技术出版社，1981。

② ［意］马可·波罗：《马可波罗游记》，《宝应县和高邮》，167页，福州，福建科学技术出版社，1981。

③ ［意］马可·波罗：《马可波罗游记》，《宝应县和高邮》，167页，福州，福建科学技术出版社，1981。

邮二倍左右距离的通州（今南通市）[1]，这实在令人不可理解。还有更奇怪的是马可·波罗仅仅用了一天时间“又到达一个建筑完好的大城镇真州（今仪征）”[2]。通州在长江下游靠近出海口处，而真州在远离通州以西逆长江而上的润州（今镇江市）西面。还有，马可·波罗“从真州向东南方向继续前进，到达重要的扬州市”[3]。众所周知，扬州在真州的东北而绝不是如《游记》所说的东南。如果说马可·波罗仅仅是走马观花一般旅游而过扬州，搞错了方位，也许还情有可原。可是，自称在管辖二十四个城镇的扬州担任过总督且居然还是长达三年之久的马可·波罗，怎么会连扬州在真州的什么方向都搞错了呢？同时，马可·波罗竟把湖州说成在杭州的东南面，把衢州、严州（今建德）、信州（今上饶市）说成在湖州、杭州的东南面[4]，把福建泉州的晋江说成钱塘江支流[5]，等等，都是南辕北辙、东西混淆。这都充分说明马可·波罗未曾亲临南中国。

四、有关襄阳陷落的三个背离史实的问题

在襄阳城（今襄樊市）被元军攻陷的问题上，《游记》中有三处记载与历史事实大相径庭：一是关于襄阳被元军攻陷的时间

---

① ［意］马可·波罗：《马可波罗游记》，《通州和真州以及马可·波罗主政的扬州市》，167—168页，福州，福建科学技术出版社，1981。

② ［意］马可·波罗：《马可波罗游记》，《通州和真州以及马可·波罗主政的扬州市》，168页，福州，福建科学技术出版社，1981。

③ ［意］马可·波罗：《马可波罗游记》，《通州和真州以及马可·波罗主政的扬州市》，168页，福州，福建科学技术出版社，1981。

④ ［意］马可·波罗：《马可波罗游记》，《太平府和其他城镇》，188—189页，福州，福建科学技术出版社，1981。

⑤ ［意］马可·波罗：《马可波罗游记》，《泉州港及德化市》，192页，福州，福建科学技术出版社，1981。

问题。《游记》载曰：襄阳城“顶住了长达三年之久的围困”①。事实上，根据史载，元军从至元四年（1267 年）冬天围攻襄阳城到至元十年（1273 年）攻陷，前后长达六年之久。二是襄阳是否为南宋最后一个被元军攻陷的城市？《游记》载曰：“甚至在大汗（指忽必烈）已占领了蛮子省之后，它仍不肯降服。”“陛下（指忽必烈）想到全国（指南宋）其他各地都已归顺，唯独这个城仍负隅顽抗，心中不胜感伤。”② 这真是弥天大谎！当至元四年元军围攻襄阳城时，所谓“蛮子省”的绝大部分地区，从长江上游的四川，中游的湖北、湖南、江西，下游的安徽、江苏，以及东南沿海的浙江、福建和珠江流域的广东等省的全部或大部分仍然是南宋王朝的天下，即使过了九年（1276 年 2 月）南宋京师临安陷落，南宋广大军民仍然在常州、扬州、潭州、静江（桂林）及福建、江西、四川、广东等地坚持抵抗。马可·波罗的“各地都已归顺，唯襄阳城仍然负隅顽抗”的说法，完全是站在征服者的立场上对南中国人民反抗奴役、争取自由这一正义行动的极大污蔑。三是在襄阳城如何陷落的问题上，《游记》显然也严重失实。如说居留在皇廷的尼可罗和马飞两兄弟制造了一种“能投射重达一百一十二公斤的石头”的机器，“其中一台机器先射出第一块石头，打到一个建筑物上，又猛烈又沉重，致使这座建筑物大部分塌倒在地。居民被这种奇怪武器吓得惊恐万状。他们似乎以为惊天雷在起作用，所以马上投降”③。这纯粹是马可·波罗的弥天大谎！其实，襄阳城的失陷是由于襄阳城被围困达五年之久，城中粮尽，又缺少柴、盐、布匹等物，断绝了襄阳城的外援，襄阳守将吕文焕叛变所至。马可·波罗所说绝非事

① ［意］马可·波罗：《马可波罗游记》，《尼可罗和马飞阿·波罗用计攻下的城市襄阳府》，169 页，福州，福建科学技术出版社，1981。

② ［意］马可·波罗：《马可波罗游记》，《尼可罗和马飞阿·波罗用计攻下的城市襄阳府》，169—170 页，福州，福建科学技术出版社，1981。

③ ［意］马可·波罗：《马可波罗游记》，《尼可罗和马飞阿·波罗用计攻下的城市襄阳府》，169—170 页，福州，福建科学技术出版社，1981。

实。他编造这么一个荒诞无稽、危言耸听的故事，其用意是想通过标榜他们的“神奇”功绩，达到标榜他们一家和他自己的百倍身价而已。

五、何来南京省

马可·波罗在其《游记》第六十九章一开头就说：“南京是蛮子的一个著名大省的名称。”① 查遍古今资料，南京在历史上从来就没有被称为南京省，在明代以前也没有出现过南京这一称谓。为之辩护开脱者说什么马可·波罗在《游记》中用的是波斯语，这是不能自圆其说的。如果南京在历史上只沿用过一二个或二三个名称，或许马可·波罗记不住，可是历史发展到宋元时期，南京相继沿革已足有十个名称，在这一长串的名称中可就是偏偏没有南京和南京省的称谓。既然马可·波罗到过南京，为什么连南京的一个确切的名字也叫不出来呢？岂不怪哉！

六、关于停泊一万五千艘船舶的江河码头

《游记》第七十一章《九江市和大江（长江）》中说：“由于九江市濒临江边（长江），所以它的船舶非常之多”，“看到的船只不下一万五千余艘”。不仅九江有如此之大的码头，“还有一些依江傍水的其他城镇，船舶数目就更多了”②。这纯属骇人听闻。查遍宋、元、明、清有关九江及其沿江傍水的其他城镇的有关资料，从未见到，也从未听到有可以容纳一万五千艘以上船舶的码头的记载。纵使今天比较现代化的九江及其沿江傍水的码头，也万万容纳不了一万五千艘以上的船舶（包括小木船）。《游记》第

① ［意］马可·波罗：《马可波罗游记》，《南京省》，168 页，福州，福建科学技术出版社，1981。

② ［意］马可·波罗：《马可波罗游记》，《九江市和大江（长江）》，170—171 页，福州，福建科学技术出版社，1981。

六十四章《黄河·淮安府和海州城》中说："这条河（指黄河）大约离海一点六公里的地方，有一个可以停泊一万五千艘船舶的码头。"[①] 宋末元初时期，黄河自涟水以下至入海口的七八十千米的地区全是满目荒芜地带，至于元代河南行省淮东路的黄河近海处也只是一个小小的名叫北沙的村落，根本不存在可以停泊一万五千艘船舶的江河码头。

七、关于苏州的桥梁问题

苏州在马可·波罗笔下也是被描绘得天花乱坠、神乎其神的。现仅举一例，即《游记》载曰："这座城市有桥六千"座。不仅如此，还"都是石头砌成的"。[②] 苏州和杭州同属江南水网地带，但城市规模还不到杭州的三分之二。杭州的桥梁是二百零五座[③]，以此推断苏州的桥梁也只有六十余座，最多也绝不可能超过杭州的桥梁数。可是，《游记》说杭州有桥一万二千座，竟然增加了五十多倍，而苏州的桥梁更是增加了五十倍以上。即使世界著名海上城市，马可·波罗的故乡威尼斯城的桥梁也是远远达不到此数的。如果马可·波罗果真到过苏州的话，是绝不可能写出这种信口雌黄、毫无根据的内容的。

八、有趣的四十二和二十四的数字游戏

马可·波罗在《游记》中还喜欢用许多荒诞无稽的数字制造许多令人眼花缭乱的假象，混淆视听。现仅举以下二例：

一是《游记》第七十七章《再谈大城市杭州的其他详细情

---

① ［意］马可·波罗：《马可波罗游记》，《黄河、淮安府和海州城》，163页，福州，福建科学技术出版社，1981。

② 邱树森：《元朝史话》，126页，北京，中国青年出版社，1980。

③ 施谔：《淳祐临安志》卷七《桥梁条》，121—129页，杭州，浙江人民出版社，1983。

况》中载云："离该城（指杭州）四十二公里远的地方，沿东北方向，就是大海，这里有一个优良的港湾，所有从印度来的货船，经常都在这里停泊。"① 这条记载有三处大可怀疑：首先，离杭州四十二公里远的地方，沿东北方向是杭州湾，而不是如马可·波罗所说的大海，海湾不等于大海，这是常识范围内的事。其次，这个优良港湾（大概是指现在海盐县的澉浦镇）在南宋是京师临安的门户，海外贸易异常发达，是当时对外贸易的主要港口之一。到宋末元初，也是"商贾往来"的"冲要之地"。至元十五年（1278年，南宋祥兴元年），置市舶提举司，"远涉诸番，近通福广"②。如果马可·波罗到过杭州，为什么连当时杭州的门户、中国对外贸易的主要港口之一的大名鼎鼎的澉浦也叫不出来呢？再次，澉浦是杭州的重要门户，离杭州有八十五公里，可是《游记》说只有四十二公里，比实际距离缩小了一半多。为什么自称在杭州住过多年，并且对杭州的每一事物都经过详细了解的马可·波罗竟连上述基本的东西也搞错了呢?!

二是《游记》第八十一章《武干市》载云："离开建宁府（今建瓯），骑行三天，便到达武干市"③，"沿着同一方向，再前进二十四公里，便抵达福州"④。从武干（尤溪）到福州仅仅距离（不讲路程）至少也有一百三十公里以上，比《游记》所载的距离要多六倍左右。而且，从武干（尤溪）到福州，途中乃系丛山峻岭，在宋元时期是一片茫茫林海，通过无数的崎岖小道到达福州的实际路程要远远超过此数。如果马可·波罗果真到过福建，怎么会得出如此荒谬的数字来呢?! 这和《游记》对福州地

---

① ［意］马可·波罗：《马可波罗游记》，《再谈大城市杭州的其他详细情况》，186页，福州，福建科学技术出版社，1981。

② 佚名：《元典章》卷五十九《工部二·造作二》，1090页，北京，中国书店，1990。

③ ［意］马可·波罗：《马可波罗游记》，《武干市》，190页，福州，福建科学技术出版社，1981。

④ ［意］马可·波罗：《马可波罗游记》，《武干市》，191页，福州，福建科学技术出版社，1981。

区居民所做的描绘——“这一带的人，很喜欢吃非自然死亡者的肉，以为人肉比其他肉类味道更美。……他们是一种野蛮的人。它的野蛮竟然达到这样的地步：一旦在战斗中杀死敌人，便迫不及待地吸饮尽他的血，然后争食他的肉”①，同属荒诞无稽！

九、对临安府所属镇市的极大夸张

马可·波罗在其《游记》第七十七章载曰：杭州府“管辖着一百四十多个富庶的大城市和市镇”②。南宋时，临安府属县有九。也就是说，临安府属县平均每县所属有十六个大城市和市镇，这是完全违背历史事实的。据南宋后期人吴自牧所著的《梦粱录》载：“杭州有县者九，独钱塘、仁和附郭，名曰赤县，而赤县所管镇市者一十有五。”③ 附郭杭州的钱塘、仁和两县出现了这么多的镇市，这是因为“今诸镇市，盖因南渡以来，杭为行都二百余年，户口蕃盛，商贾买卖者十倍于昔，往来辐辏，非他郡比也”④。纵使这两个紧傍杭州的繁华大县，所属镇市总共也只有十五个，平均每县七个半，从中也可以说明临安府所属除钱塘、仁和两县之外的其他相对偏僻、落后的七县的大城市和市镇远远没有像紧傍杭州的钱塘、仁和两县出现这么多。事实上，根据《咸淳临安志》卷五十八《户口》记载，南宋末期，杭州城和钱塘、仁和两县，三者相加人口就占全府人口的三分之一。钱塘、仁和两个大县所属的市镇平均只有七个半，那么像昌化全县人口总共也不过只有一万四千多人，还不到仁和一县人口的六分

---

① ［意］马可·波罗：《马可波罗游记》，《楚伽王国和它的都城福州》，189—190页，福州，福建科学技术出版社，1981。

② ［意］马可·波罗：《马可波罗游记》，《再谈大城市杭州的其他详细情况》，184页，福州，福建科学技术出版社，1981。

③ 吴自牧：《梦粱录》卷十三《两赤县市镇》，114页，杭州，浙江人民出版社，2001。

④ 吴自牧：《梦粱录》卷十三《两赤县市镇》，114页，杭州，浙江人民出版社，2001。

之一。区区一万多人的小县，哪有所属的大城市和市镇可言？因此，马可·波罗所说的杭州府管辖着一百四十多个富庶的大城市和市镇，显然是极大夸张的不实之词。

十、面对雕版印刷术这一世界奇迹怎能视而不见、只字不载呢

马可·波罗在其《游记》中对“蛮子省”的浙江、福建两地，用了将近一万八千字，记述了这两地的政治、经济、文化、风俗、民情，其中特别用了很大的篇幅记载了这两个地区非主要的、在意大利半岛也能看到的十分普遍的东西，可是，偏偏就找不到有关记载该地区极为发达的、举世闻名的、在欧洲还没有见到过雕版、活字印刷术。宋元时期，这两个地区的造纸印刷业极为发达，堪称世界第一。浙江是印刷业最为发达的地区，因此王国维说：“自古刊版之盛，未有如吾浙者。”① 南宋，用马可·波罗的话来说是“蛮子省”，著名刻书的地方全国有一百七十多处，其中杭州、成都、建安是全国刻书的三大中心。当时，杭州街头书铺林立，至今有名可考的尚有十六处之多。马可·波罗自称到过严州、衢州、湖州等地，这些地方刻书风气也很盛，福建的建阳和建安也是南宋出版业的中心，朱熹也说：“建阳版本书籍，行四方者，无远不至。”② 元初，两浙、福建（当时称为江浙行省）等地仍是刻书、印书最发达的地区之一，至于书坊刻书则比宋代更盛。马可·波罗自称是他的密友的忽必烈，对印刷业的发展、图书的搜集也不遗余力。如至元十二年（1275 年）九月，玉昔帖木儿为御史大夫，括江南诸郡书版和临安秘书省禁书图

---

① 王国维：《观堂集林》卷二十一《两浙古刊本考序》，1046 页，北京，中华书局，1959。

② 朱熹：《晦庵先生朱文公文集》卷七十八《建宁府建阳县学藏书记》，28 页，台北，商务印书馆，1986。

籍。[1] 三月，元承相伯颜入临安，又派郎中孟琪没收秘书省、国子监、国史院、学士院、太常寺等处图书，[2] 并且由海道源源不断运入大都。至元十五年（1278 年）四月，集贤大学士许衡建议遣使到杭州等处取官府的书籍、版刻至京师。[3] 自称游历过"蛮子省"的马可·波罗，面对浙、闽地区和整个江南地区极其发达的印刷业、琳琅满目的书籍——当时欧洲还没有见到过的新鲜事物，怎么会视而不见、无动于衷呢？自称是宫廷的宠臣、皇帝的密友、忽必烈的座上客的马可·波罗，怎么对忽必烈及其手下大臣对杭州图书的大量搜集并源源调运至京师大都会毫无所知而不加一字的记载笔录呢?!

十一、杭州茶坊、南国茶叶不知何处去

中国的茶叶乃举世闻名之特产。宋元时期，不仅国内饮茶之风很盛，茶叶还作为大宗土特产被运销国外，成为对外贸易的主要商品之一，深受国外人士的青睐。南宋时，杭州茶坊数量众多，充斥于街头巷尾，可谓茶坊遍地，一年四季都有各色名茶供应，"四时卖奇茶异汤"。茶店装饰也美观庄重，如"今之茶肆，列花架，安顿奇松异桧等物于其上，装饰店面"，而且为了招徕顾客，"敲打响盏歌卖"，别有一番情趣。不但白天有茶坊开门供茶给茶客，而且"夜市于大街有车担设浮铺，点茶汤以便游观之人"[4]。元兵占领临安，设"杭州路"，当时这里又是"江浙等处行中书省"的省会，所以从南宋灭亡到至正元年（1341 年）的六十多年间，杭州大致保持了南宋时期的盛况。元初的杭州路又

---

① 宋濂等：《元史》卷八《世祖本纪五》，170 页，北京，中华书局，1976。

② 宋濂等：《元史》卷九《世祖本纪六》，180 页，北京，中华书局，1976。

③ 宋濂等：《元史》卷十《世祖本纪七》，200 页，北京，中华书局，1976。

④ 吴自牧：《梦粱录》卷十六《茶肆》，140 页，杭州，浙江人民出版社，2001。

是“水浮陆行，纷轮杂集”的繁华港口，“旁连诸蕃，椎结卉裳”。[①] 在对外贸易中，大宗茶叶从明州、杭州等港口源源出口，运至海外诸国，这是人所皆知的事实。可是，自称时常游览杭州并对这里的每一件事情都进行了细致入微的观察的马可·波罗，怎么对杭州“巷陌街坊”遍设茶肆的情况竟连一字也没有记载呢？他自称游历过的“蛮子省”的皖、苏、浙、闽、赣、鄂等省均以盛产茶叶而出名，怎么连中国最具有特色之一的文化产物、外国人十分称羡的茶叶一字不载呢？这种反常现象实在令人百思不得其解。

十二、余论

总之，就福建版《游记》对“蛮子省”苏、皖、浙、闽、赣、鄂地区所做的种种错误的记载，或者是子虚乌有，或者是无限夸大，或者是颠倒黑白，或者是前后抵牾、自相矛盾，或者是道听途说，或者是张冠李戴、移花接木，等等，不一而足。如果马可·波罗果真到过这些地区，是绝不可能出现上述种种错误记载的。那么，构成《马可波罗游记》的一系列似是而非的材料是从哪里来的呢？笔者认为其材料来源有如下五种可能：

一是马可·波罗出生在威尼斯的商人贵族家庭，他家祖祖辈辈都经营商业，是经商世家，广泛接触海外世界，频繁地与外国商人交往。特别是威尼斯商人经商的足迹遍及世界上许多国家，因此对世界各国情况，对非洲、中亚、南亚、阿拉伯等地的情况比较了解。还有不可忽视的是在丝绸之路上东来西往的威尼斯商人有的到达邻近中国的中亚地区，他们直接了解到有关中国的情况，或者从外国商人的口里辗转了解到许多有关中国的情况，有的了解得比较真实、具体，有的得之传闻，以至以讹传讹。因

① 黄溍：《金华黄先生文集》卷八《江浙行中书省题名记》，333—334 页，上海，上海书店出版社，1989。

此，马可·波罗把从父叔辈那里听来的种种有关中国的情况，不管是真实的还是道听途说的，一概加以综合整理。有的材料比较客观地反映了中国南方诸省的情况，而有的则是通过主观想象，自圆其说地加工编造而成，因而出现了种种违背客观事实的一系列错误。

二是马可·波罗有可能到过大都，受到忽必烈皇帝的接见和宠爱。而当时正处于蒙宋交战的紧张阶段，由于宋军处于劣势，许多南宋的文臣武将纷纷投降元朝，因此以忽必烈为首的元朝统治者对南宋小朝廷的情况比较了解，从而使马可·波罗经常能听到有关南宋社会的各方面情况，这就成为构成《游记》对南中国描述的材料来源。

三是马可·波罗有可能游历过北中国，广泛接触了北方社会各阶层人士，特别是商人和士大夫。而华北地区在北宋时与南方同属宋朝，因此北方人士对南方的情况是比较熟悉的。由于马可·波罗广泛与北方各界人士交往，自然能听到有关南方情况的介绍，因此《游记》中有许多材料是有根据的，也是可信的。但是，有些材料因为是得之传闻，加上主观臆测和编造，自然就出现了许多若有若无、似是而非的错误。

四是有可能像英国学者克格雷·克鲁纳斯先生所说的那样，马可·波罗是与其同狱难友罗斯蒂·开洛，根据现已失传的当时“某种波斯的导游手册”中的一些内容，加上道听途说和主观想象，在狱中构拟出来的《游记》。

五是退一步说，假如真的如有的同志所说的那样，即马可·波罗肯定来过中国，那么上述指出的一系列错误就是福建版《游记》本身的问题了。

元代谣谚的社会内容和时代色彩[①]

13 世纪建立的元朝（1206—1368 年），是以蒙古贵族为首联合汉族地主阶级及其他少数民族上层分子组成的地主阶级专政的封建王朝。蒙古贵族以少数人统治各族广大人民，这就必然要采取军事镇压和民族分化的政策。在元朝统治的九十多年里，整个社会是一个阶级压迫和民族歧视的牢笼，充满了复杂而尖锐的矛盾，使各族人民对元统治者产生了强烈的仇恨和反抗。这种情形在当时流行的歌谣、谚语中有明显的反映。这些谣谚大部分是民间的口头创作，也有一部分出自身居社会下层、同情劳动人民的知识分子之手。它们从各个方面揭露元代社会的黑暗现实，歌颂被压迫人民的斗争，反映了各个阶级、阶层的动态和生活，具有深广的社会内容和鲜明的时代色彩。

据《宋史纪事本末》卷八十五记载，在蒙古铁骑南下进入中原的过程中，兵锋所至，“两河、山东数千里，人民杀戮几尽，金帛、子女、牛马羊群，皆席卷而去。屋庐焚毁，城郭立墟”。这种情况在并州、云中一代广泛流传的《怜妇哭》歌谣里有着生动的描写：“怜妇哭，哭声苦！一家十口今存五。我亲问之亡者谁？儿郎被杀夫遭虏。……怜妇哭，哭不停，应当门户无余丁。

① 原载《浙江师范学院学报》1981 年第 2 期。

追胥夜至星火急，并州运米云中行。”① 有两首彰德民谣也反映了当时广大人民惨遭杀戮、颠沛流离的惨象：“苇生成旗，民皆流离；苇生成枪，杀戮遭殃。”② ［至元十六年（1279 年）六月，彰德路苇叶顺次倚叠而生，自编成若旗帜，上尖叶聚粘如枪］而一首京师童谣，反映的画面就更为广阔：“一阵黄风一阵沙，千里万里无人家。回头雪消不堪看，三眼和尚弄瞎马。”③

还有许多谣谚是反映蒙古贵族的腐朽生活和黑暗统治的。1337 年 6 月，社会上纷传“朝廷将采童男女，以授鞑靼（蒙古贵族）为奴婢”。于是，家家户户凡有年在十二三岁的孩子都匆匆忙忙结婚，唯恐“使命戾至，不可逃也”。这种情况，当时流行在华北平原到江南各地广大地区的歌谣里也有真实的反映：“一封丹诏未为真，三杯淡酒便成亲。夜来明月楼头望，惟有姮娥不嫁人。”④ 四句，二十八个字，字字悲酸痛楚，包含着千家万户多少怨恨和眼泪啊！

元朝吏治腐败，卖官鬻爵，贿赂公行，贪污成风。他们搜刮钱财，名目繁多。据元人叶子奇在《草木子》卷四《杂俎篇》的揭露，下属拜见要“拜见钱”，逢年过节要“追节钱”，过生日要“生日钱”，迎来送往要“人情钱”，打官司要“公事钱”，管事要“常例钱”，实在叫不出名堂，无事伸手白要的叫“撒花钱”。钱搜刮的多，有一专有名词叫“得手”；分配到一个美州县（肥缺），说是“好地分”；

补得一个近职，叫“好窠窟”；甚至检察官都可以用钱买。更出奇的是掌管检察官的肃政廉访使来到州县，公然带着库子（管账目钱财的吏役）检钞称银，争多论少，简直像做买卖一般。老百姓对这帮吸血鬼恨之入骨，常用民谣进行有力的嘲讽，如

---

① 冯克诚，田晓娜：《四库全书精编·集部》，537 页，西宁，青海人民出版社，1998。

② 宋濂等：《元史》卷五十一，1101 页，北京，中华书局，1976。

③ 宋濂等：《元史》卷五十一，1107 页，北京，中华书局，1976。

④ 陶宗仪：《南村辍耕录》卷九《谣言》，113 页，北京，中华书局，1959。

“解贼一金并一鼓，迎官两鼓一声锣。金鼓看来都一样，官人与贼不争多”①。这首流传在浙江嘉兴地区的歌谣，通过“解贼”和“迎官”两种仪式的巧妙对比，揭露了统治阶级对百姓敲诈勒索的强盗行径。“官”和“贼”都是盗窃，不同的只是“官”利用手中的权力，在合法外衣的掩盖下盗窃。百姓把身居高位的“官”比作“贼”，表现了对统治者无比的憎恨和蔑视。元王朝有时也派些官员到地方去惩办贪官污吏，做些安抚百姓的工作，企图缓和一下官民之间的矛盾。但是，这些奉使大员能够履行职责的不多。相反，由于铺张供应、勒索苛求，更加重了民间的负担。当时，江西、福建一带流行着三首怨谣②。其一云：“九重丹诏颁恩至，万两黄金奉使回。”其二云：“奉使来时，惊天动地。奉使去时，乌天黑地。官吏都欢天喜地，百姓却啼天哭地。”其三云：“官吏黑漆皮灯笼，奉使来时添一重。”这三首怨谣以高度概括的手法、形象生动的比喻、辛辣讽刺的语言，深刻地揭露了统治者的虚伪，无情地撕破了他们用来欺骗人民的面纱。写奉使实际上就是对朝廷“颁恩”的讽刺和揶揄，字字句句充满了嬉笑怒骂和辛辣的讽刺。“旧省新丞相，新台旧大人。大夫听子语，丞相爱金珠。”③ 这首歌谣所揭露的是至正年间浙省丞相达失帖木儿和绍兴御史大夫纳璘爱财如命、欲壑难填的贪婪行径。“百千万锭犹嫌少，垛积金银北斗边。可惜太师无运智，不将些子到黄泉。”④ 这首歌谣中的太师指伯颜，他被封为秦王，位极人臣，却比一般官吏更加残暴贪婪。《庚申外史》说：“时天下贡赋，多入伯颜家。”这首歌谣用夸张的手法写他贪得无厌，又以嘲弄的口吻讽刺他尽管有“垛积金银北斗边”的财富，却无法带进棺材

---

① 叶子奇：《草木子》卷四《谈薮篇》，74 页，北京，中华书局，1959。

② 杜文澜：《古谣谚》卷六十三，736 页，北京，中华书局，1958。

③ 陶宗仪：《南村辍耕录》卷二十三《讥省台》，283 页，北京，中华书局，1959。

④ 陶宗仪：《南村辍耕录》卷二十七《讥伯颜太师》，341 页，北京，中华书局，1959。

里去。

元代谣谚不仅把矛头对准各级官吏，还直指封建皇帝。如元明宗时的一首童谣云："牡丹红，禾苗空。牡丹紫，禾苗死。"① 这里的"禾"与"和"同音，元明宗名和世㻋。这首歌谣以禾苗影射皇帝，巧妙地表达了人民群众希望和世㻋早死、快死的心情。

随着元朝政治的日益腐败，水旱、蝗灾、地震、冰雹交相叠至，农民大起义的风暴即将来临，于是预言式的歌谚也随之而起。至元二十一年（1284 年），浙江台州一带流传着的谚语："今年五星朝斗，天崩地陷，合有圣人出。"② 至正五年（1345 年），淮楚间流传着的童谣："富汉莫起楼，穷汉莫起屋。但看羊儿年，便是吴家国。"③ 北方的彰德地区在（后）至元三年（1337 年）和至正二十八年（1368 年）也先后流传着两首谣谚。其一云："天雨线，民起怨，中原地，事必变。"④ 其二云："塔儿黑，北人做主南人客。塔儿红，朱衣人做主人公。"⑤（又作"塔儿白，北人是主南人客。塔儿红，南人来做主人公"）至正二十八年，远在西南边陲的云南大理也流传着一首歌谣："莫道君为山海主，山海笑谐谐；园中花谢千万朵，别有明主来。"⑥（《古今风谣》谐谐作咳咳）这五首谣谚表现了人民渴望早日摆脱蒙古贵族残暴统治的强烈愿望。

元代的谣谚不仅真实而艺术地反映了全国的情况和社会的普遍矛盾，同时还深刻地揭示了局部地区的特殊矛盾和人民的斗争生活。浙江在元代是江浙行省的一部分，据元人统计，当时全国

---

① 杜文澜：《古谣谚》卷八十五，936 页，北京，中华书局，1958。

② 翦伯赞，郑天挺，韩儒林：《中国通史参考资料》（第 6 册），141 页，北京，中华书局，1981。

③ 宋濂等：《元史》卷五十一，1107 页，北京，中华书局，1976。

④ 宋濂等：《元史》卷五十一，1109 页，北京，中华书局，1976。

⑤ 宋濂等：《元史》卷五十一，1103 页，北京，中华书局，1976。

⑥ 杜文澜：《古谣谚》卷二十四，376 页，北京，中华书局，1958。

的赋税“江南居十九”，所以有一谚语说：“贫极江南，富夸塞北。”① 浙江人民的苦难更为深重。朝廷从浙江搜刮去的粮食，海运一道就占十分之七八。洪焱祖的《越饥谣》描写了不堪重税的浙江人民离乡背井的情景：“万花风雨总飘零，抹粉涂朱鬻斗升。太平累累渡江去，此生从此别西兴。”②

阶级矛盾、民族压迫特别尖锐的浙江，人民的反抗斗争也特别剧烈，一些直接反映劳动人民反抗斗争的歌谣也就应运而生了。在台州、温州、处州等地区的村边路口，人们公然把歌谣写在旗帜上向元王朝公开挑战：“天高皇帝远，民少相公多。一日三遍打，不反待如何。”③ 旗谣把矛头直指封建统治阶级的总头子——皇帝。一个“远”字，反映了皇帝老子的高高在上、作威作福和起义农民对他的无比仇恨和蔑视。“相公多”，表明封建官僚机构的臃肿庞大和压在人民身上的负担沉重。“一日三遍打”，形象而又深刻地揭露了统治阶级的穷凶极恶和人民的苦难。“不反待如何!”，显示了人民群众的反抗决心和斗争的正义性。这首旗谣表明农民起义军将高举义旗，用暴力求得自身的解放。

在全国性的大起义爆发前后，这类谣谚颇多，如“丞相做假钞，舍人做强盗，贾鲁要开河，搅得天下闹”④。这首歌谣揭示了元末农民大起义的原因。至正十一年（1351 年），元政府派贾鲁强征河南汴梁、河北大名等十三路农民修治黄河。这一带人原本就饱受天灾人祸的痛苦，这一繁重的劳役更激发了他们的怨恨。农民起义领袖韩山童、刘福通等便利用这个时机，深入民工中进行宣传发动。他们将至正十年（1350 年）流行于黄河灾区的一首民谣——“石人一只眼，挑动黄河天下反”⑤（又作“莫

---

① 叶子奇：《草木子》卷三《克谨篇》，51 页，北京，中华书局，1959。

② 洪焱祖：《杏庭摘稿》，《越饥谣六首》，678 页，台北，商务印书馆，1983。

③ 黄溥：《闲中今古录摘抄》，18 页，北京，中华书局，1985。

④ 北京师范大学中文系 55 级学生：《中国民间文学史》，22 页，北京，人民文学出版社，1958。

⑤ 宋濂等：《元史》卷五十一，1107 页，北京，中华书局，1976。

道石人一只眼，此物一出天下反”）在民工中广泛传诵，又在黄陵岗工地埋下一只眼的石头人。不久，这独眼石人被民工挖出，顿时轰动了整个工地。挖河民工于是纷纷杀死监工的官僚，点燃了元末农民大起义的导火线。还有一些歌谣则是反映起义宗旨的，如“天遣魔军杀不平，不平人（被不公平对待的人）杀不平人，不平人杀不平者，杀尽不平方太平”①。这两首歌谣既反映了当时阶级压迫、民族歧视的不平现实，又提出了农民的政治理想。起义人民憎恶、蔑视反动统治阶级，针锋相对地提出了“不平人杀不平人”“杀尽不平方太平”的战斗口号，深刻地表达了革命人民要与封建统治阶级战斗到底的决心。这两首歌谣在元末红巾军起义时非常流行。直到明宪宗成化年间，郧阳地区李原号称太平王，其起义军还经常想起这首激动人心的歌谣。

还有一些谣谚则表现了起义军的英雄气概和胜利豪情，如“虎贲三千，直抵幽燕之地；龙飞九五，重开大宋之天”②。这是中原红巾军初起时书写在军旗上的旗谣，表明了起义军要推翻蒙元统治的浩大声势和所向无敌的英雄气概。

红巾军以摧枯拉朽之势，摧毁了元朝大量的反动武装，夺取了一个又一个的城镇，“东逾齐鲁，西出函秦，南过闽广，北抵幽燕，悉皆款附，如饥者之得高粱，病者之遇药石”③，元朝统治集团一片慌乱。当时，苏南地区的一首松江民谣就热情地歌颂了这种凯歌猛进的盛况：“满城都是火，府官四散躲。城里无一人，红军府上坐。”④

元代谣谚也有一部分是表现有功于人民、造福于民众的各类

---

① 陶宗仪：《南村辍耕录》卷二十七《扶箕诗》，343页，北京，中华书局，1959。

② 陶宗仪：《南村辍耕录》卷二十七《旗联》，342页，北京，中华书局，1959。

③ 钱谦益：《国初群雄事略》卷一《宋小明王》，16页，北京，中华书局，1982。

④ 陶宗仪：《南村辍耕录》卷九《松江官号》，111页，北京，中华书局，1959。

人物，以及描写征服大自然、反映生产斗争的。如《元史》卷一百六十三《乌古孙泽传》称："雷州地近海，潮汐啮其东南，陂塘碱，农病焉。而西北广衍平衺，宜为陂塘。泽行视城阴，曰：'三溪徒走海，而不以灌溉，此史起所以薄西门豹也。'乃教民浚故湖，筑大堤，堨三溪潴之。为斗门七，堤堨六，以制其赢耗；酾为渠二十有四，以达其注输。渠皆支别为牐。设守视者，时其启闭，计得良田数千顷，濒海广潟，并为膏土。"老百姓编起歌谣赞颂道："潟卤为田兮，孙父之教。渠之泱泱兮，长我粳稻。自今有年兮，无旱无涝。"再如，歌颂传授纺织技术有功的黄道婆的歌谣，松江一带至今还在流传："黄婆婆，黄婆婆！教我纱，教我布，两只筒子两匹布。"①

综上所述，可见元代谣谚反映的生活内容丰富，题材宽广。它们有的记述了战祸给人民带来的深重灾难；有的反映了人民在繁重的赋税徭役和兵役负担下所遭受的痛苦和折磨；有的揭露了统治阶级残暴贪婪的本质，讽刺了他们的虚伪；有的满腔热情地歌颂了人民群众的反抗斗争；有的则是歌颂有益于人民的人，反映人民群众征服大自然的斗争。高尔基说："从远古时代起，民谣就不断地奇特地伴随着历史的。"元代的谣谚是元代阶级斗争和生产斗争的记录，我们从中可以了解到元代人民的生活、思想、感情和愿望。

作品的主题思想鲜明，寓意深刻，思想内容健康。元代广大劳动人民和下层知识分子的生活虽然充满着苦难，但在谣谚中很少流露悲观、绝望情绪。在元代有所谓"九儒十丐"之说，它虽然不是元朝的明文规定，但反映了元代一般知识分子地位的低下。下层知识分子的生活处境几乎与劳动人民没有什么区别，他们同情人民，憎恶封建统治阶级。在诗歌创作上，他们受民间谣谚的感染和影响，模仿它们的风格所创作的一些歌谣，站在人民群众的立场上，揭露了元朝社会的黑暗，歌颂了人民群众的反抗

---

① 垳树森：《元朝史话》，153页，北京，中国青年出版社，1980。

斗争，成为反抗阶级压迫、民族歧视和争取自由的呼声。而劳动人民创作的谣谚，更是充满嬉笑怒骂，富有战斗性。它像狂飙怒潮，既真实地反映了现实生活，又充满着理想和激情，既是战斗的鼓点，又是进军的号角，咚咚有声地擂响了人民群众与蒙元统治者进行生死搏斗，对封建恶势力进行扫荡的时代最强音。

在艺术上，元代谣谚大都简明通俗、短小精悍、形式多样，表现手法新颖、别致、不拘一格，风格清新刚健、质朴而又豪放。有些谣谚文字虽然比较简单粗俗，但它是最生动的人民思想情绪最直接的表现和反应。从这个意义上讲，它比之与唐诗、宋词、明清小说相提并论的元曲是有过之而无不及的。虽然有少数谣谚在流传过程中被统治阶级涂上了迷信色彩，但就其整体来说，无损其光辉。

元代民族矛盾、阶级斗争特别尖锐复杂的社会背景，决定了谣谚更富有火一般炽烈的感情和特别浓厚的火药味。正因为如此，更容易遭到统治阶级的歧视、摧残和扼杀。如上历代一些文人学者抱着“文辞鄙俗，莫过于谚”的偏见，对这些宝贵的文学遗产不屑一顾，所以能够流传至今的数量不多。然而，这些现实文字与浪漫主义相结合的珍品，是我国古代文学宝库中有民主性精华的一部分，无论在文学和史料上都有很高的价值，值得我们珍视。它应该与元曲一样得到充分的发掘、整理和继承，放射耀眼夺目的光辉。

元代的天魔舞①

在文艺的百花园中，不论是激励斗志的号角，还是赏心悦目的清音，都是人民群众创造的，除了“过刚则直，过柔则靡”外，都可以群芳争艳，各展其所长。但是，在我国封建社会的历史时期中，做不到这一点，往往因人论事，所以许多优美的传统舞蹈剧目消逝于历史的长河之中。隋开皇二年（582 年），颜之推向隋文帝建议：“今太常雅乐，并用胡声，请凭梁国旧事，考寻古典。”隋文帝不从，说：“梁一亡国之音，奈何遣我用耶?”（其后为了适应统治上的需要，却又称南朝音乐为“华夏正音”）唐高宗时，再一次停奏清商乐（汉、魏、南朝的旧乐，《通典》称为“古典”）到了唐宣宗时，南朝的清商乐已濒于灭迹了。陈宫的《玉树后庭花》因系亡国之君陈后主（叔宝）所作的歌曲，为时人所不齿，斥之为“商女不知亡国恨，隔江犹唱《后庭花》”② 的亡国之音。其后，《玉树后庭花》的歌曲失传了。盛唐时期，汉乐与胡乐融合而成的著名乐舞《霓裳羽衣曲》，因它产生在盛唐，虽然同样是宫廷歌舞，却博得多少文人墨客歌咏这个舞蹈的诗篇？元代的天魔舞的遭遇又何尝不是这样呢？元顺帝妥懽帖睦尔是个舞迷，沉醉于酣歌恒舞的享乐腐化生活之中，国

① 原载《内蒙古社会科学》1981 年第 1 期，与洪用斌同志合撰；人大《复印报刊资料·音乐舞蹈研究》1981 年第 2 期全文复印。

② 杜牧：《泊秦淮》，见《樊川文集》，70 页，上海，上海古籍出版社，2009。

家的政权被朱元璋夺走了，成为亡国之君。因此，经他手改造过的新颖而富有浓厚民族风格的柔美的天魔舞也随之而倒霉，被后人贬为“凭谁为问天魔女，唱得陈宫玉树声”① 的亡国之音。元末明初，风采多姿的天魔舞慢慢地绝迹了，使祖国文艺百花园中又凋零了一朵鲜花。

实际上，天魔舞并非出于元顺帝的首创，早在唐代就有了。王建在《宫词》中就提到“十六天魔舞袖长”，即其明证。这个舞蹈以其优美多姿的艺术魅力，博得了元代艺术观赏家们的赞不绝口。元朝袁桷《上京杂咏》称其舞姿为“宛转称纤腰”；周伯琦《诈马行》称之为“紫衣妙舞衣细蜂，钧天合奏春融融”。这些诗句把舞蹈家们跳天魔舞时那种杨柳般的轻柔、百花含露般妩媚的舞姿“和盘托出”于观众的面前。

天魔舞是一种集体乐舞，是我国舞必有乐而乐亦必有舞的传统歌舞。一人领唱，众人随唱，歌舞合一，且歌且舞，即《元史·顺帝本纪》中所载的“（至正十四年十二月己酉）……时帝怠于政事，荒于游宴，以宫女三圣奴、妙乐奴、文殊奴等一十六人，按舞名为十六天魔。……以宦者长安叠不花管领。遇宫中赞佛，则按舞奏乐。”舞者服饰是头上梳着数条发辫，头戴象牙制的佛冠，身穿美丽鲜艳的大红长袖“合袖天衣”，金杂袄，腰系销金长短裙，肩披织金云肩，绕以柔软色艳的长披，足穿小巧精致的皮靴，手执“加巴剌班”之器。十六名舞者装扮成“佛菩萨相”。领唱者手执铃杵奏乐，领着这群“天仙”载歌载舞。② 在观者的眼前，顿时出现了一群振翮凌空、宝相庄严的神女。

元代人张翥《张蜕庵诗集·宫中舞队歌词》这样形容天魔舞优美的舞姿：“十六天魔女，分行锦绣围。千花织步障，百宝帖仙衣。回雪纷难定，行云不肯归。舞心挑转急，一一欲空飞。”

① 宋讷：《西隐文稿》卷三《壬子秋过故宫十九首》，43 页，台北，文海出版社，1970。

② 宋濂等：《元史》卷四十三，919 页，北京，中华书局，1976。叶子奇：《草木子》卷三，65 页，北京，中华书局，1959。

诗中描写舞者柔软而带强烈色彩的长帔（飘带）和长长的舞袖在空中飘动，像“飞天”凌空，色彩缤纷，飘往“天国”。长帔和舞袖的线条的美处，经久地在观者脑际萦回，仿佛身不由己似的随着这群“飞天”被带进“天国”去了。

从张翥的记载可以看到天魔舞的构思精巧，场面构图简练，除直线、圆形场面外，没有其他复杂的变化。“大甩手迈步”八人一列，分行出场，由直线构图转成圆圈。舞步富于变化，动作幅度开阔，舞者疾骤扭动，由缓转急，由急转缓，变化无穷。一忽如春风吹皱一池春水，慢慢又变成惊涛骇浪；一忽儿如天女散花，落英缤纷，转瞬间如行云流水，一泻千里，真是一种风采多姿的高超艺术，可惜已经失传了！如宋讷所感叹的那样：“毡车尽载天魔去，唯有莺衔御苑花。”

天魔舞是不是“过柔则靡”的一种舞蹈呢？我的回答是否定的。这种舞始于我国唐朝，上文已做交代。唐舞主要分健舞、软舞两种。一般来说，健舞姿势雄健，软舞姿势柔软。据唐人崔令钦《教坊记》记载，《柘枝》《拂林》《达摩》等为健舞曲，《回波乐》《兰陵王》《春莺啭》《乌夜啼》《垂手罗》等为软舞曲。天魔舞是粗犷中含有柔软、纤细，洒脱中含有严谨、蕴藉的具有艺术个性的健舞。袁桷《上京杂咏》有“《柘枝》旋舞急”之句，元末明初张昱《白翎雀歌》有“玉纤罗袖柘枝体，要与雀声相颉颃”之句，都说的是健舞。昔人以蒙古民族“善骑射”“勇悍”为美，连同蒙古民族的舞蹈也以粗犷、质朴为美，这是不公平的说法。从妥懽帖睦尔根据唐代传统舞蹈剧目融合各族人民的优秀舞蹈艺术个性并使之带有蒙古民族舞蹈风格改造而成的天魔舞来看，元代蒙古民族的舞蹈不只有激励斗志的战舞（如《蒙鞑备录》的记载），更有赏心悦目的如天魔舞之类的“舞心挑转急，一一欲空飞”的矫健优美的舞蹈。从舞蹈的基本动作来看，蒙古民族的集体舞不只是“蹋足”或“顿足”，如张宪《白翎雀》中描写的“蹋歌声里欢如雷”和元朝人贡师泰《玩斋集》中描写的“顿足复分曹”的情况，更是如天魔舞一类的“回雪纷难定，行云不肯归”和萨天锡《雁门集》中描写的“红帘高卷香风起，十六天魔舞袖长”那样舞步变化复杂、舞袖摆动优美的舞蹈动作。

天魔舞不仅是舞姿优美，配舞蹈的音乐也是浑厚、雄伟的。为了使歌舞综合艺术制作得均匀、平衡，伴奏时用了多种管乐和弦乐乐器。据《元史·顺帝本纪》记载，所用的乐器有“龙笛、头管、小鼓、筝、琵琶、笙、胡琴、响板、拍板”等。它能使观者得到视觉和听觉上的满足。

天魔舞毕竟是封建统治阶级享受的宫廷舞蹈，从舞姿到舞蹈音乐都不免存在着某些封建性的糟粕的东西（如宗教迷信色彩）。如果把这种失传已久的舞蹈的剧目重新发掘和整理，去除其中的糟粕，汲取其中的精华，换之以新时代的内容，亦未尝不能为我国艺术宝库增添一分光彩。

王应麟的考据学理论及其对清代的影响①

王应麟是南宋末年颇具影响力的史学大家，其用功之勤、建树之隆，为后世留下了诸如《困学纪闻》20卷、《通鉴地理通释》16卷、《通鉴地理考》100卷、《深宁集》100卷、《诗考》5卷、《诗地理考》5卷、《汉书艺文志考证》10卷、《蒙训》70卷、《小学绀珠》10卷、《小学讽咏》4卷、《玉海》200卷等著作30余种、600余卷（今仅存14种、387卷）；尤其是他的考据学思想，开启了清代考据学之先声，并且为乾嘉学派的形成与发展奠定了基础。

一、挣脱尘网，忠于学术

王应麟（1223—1296年），字伯厚，号深宁居士，一号厚斋，庆元府鄞县（今浙江宁波市鄞州区）人。9岁通六经。淳祐元年（1241年），18岁举进士，其言："今之事举子业者，沽名誉，得则一切委弃，制度典故漫不省。非国家所望于通儒。"宝祐四年（1256年），中博学宏辞科，后因"直言者多迕权臣意"，而"迁著作佐郎"。度宗即位，"摄礼部郎官"。恭帝时期，官职亦多次升迁，累至礼部尚书兼给事中。由于权臣阻斥，无可建

① 原载《安徽师范大学学报（人文社会科学版）》2004年3月第2期，与陈欣同志合撰。

树，“因危急而紊纪纲，以偏见而咈公议，臣封驳不行，与大臣异论，势不当留”①，遂辞官东归。

王应麟不但是一位敢于针砭时弊、敢言直谏的忠臣，而且他在中国史学史上的贡献更加突出。入元后，王应麟将自己对故朝故国的热诚、挚爱，以及未能实现的政治抱负，一并融入对传统学术文化的著述考证和评论中。同时，他还是中国蒙学发展史上的重要人物，视蒙学为基础教育之重心，善于从儿童心理性情的角度撰写蒙书，考证、注释前代蒙书，“人之初，性本善，性相近，习相远……”②，至今尚萦绕在孩童的耳边。究其学术成就，他擅长考据，将宋代已有的考证学发扬光大并填补了一些空白，为清代士人所推崇、模仿。

王应麟生活的南宋末年，学者们纷纷追求伦理性情，学术氛围日益走向空谈。王应麟虽在学术渊源上与南宋中后期的朱、吕、陆三大学派都有师承关系（他尊崇并继承朱熹的理学体系），但他多实证而少空谈，而且兼容并蓄、不专一师，能公正客观地评述各派学术之短长得失，严谨治学。到了明清之际，理学作为一种理论形态已趋于衰微、没落。明朝的土崩瓦解，清朝的入主中原，以及伴随而来的频繁的战乱、凋敝的经济，使整个社会陷入空前危机之中。许多文人在弃笔从戎的壮举被清兵的铁骑无情否定之后，走向著述救世，期望通过昌明学术来救国救民。“清初的广大学者和思想家进行了沉痛的历史反思，他们或猛烈抨击脱离实际的空疏学风”，“或以历代兴亡为借鉴，具体地去探讨国家政治制度、文教设施、赋役财政、军制兵法、‘夷夏之防’等”，③ 以历史教训而“引古筹今”。总而言之，清代的学术以经世致用为特质，摆脱了先前空疏的风气，而王应麟是一位在学术

---

① 脱脱：《宋史》卷四百三十八《王应麟传》，12991 页，北京，中华书局，1977。

② 王应麟：《三字经》，1 页，长沙，岳麓书社，1986。

③ 陈祖武：《清初学术思辨录》，290 页，北京，中国社会科学院出版社，1992。

上追求实证、反对空谈的学者，因为有着共同的学术追求，使清代的儒士偏向王应麟的治学轨迹，并且多方借鉴他的学术思想和理论，为清代总结批判理学、倡导经世致用的新学风奠定了基础。

二、重视史料，博取百家

王应麟考据学之一大特色就是不局限于一人抑或一书，而是博采众长，搜罗各家之说法，注明出处，让后人加以研究评述。例如，《诗考》对所编辑的齐、鲁、韩三家诗说，均注明它们的出处。如“江有汜，一溢一否曰渚”，注明出自《经典释文》；“水一溢而为渚”，注明出自《文选注》的薛君章句；“得此戚施”，薛君日戚施蟾蜍喻丑恶，出自《太平御览》。又如在《诗地理考》一书中，王应麟在引证之前言明此据出自何人何书。如“平陈与宋”一条，“《舆地广记》：陈国今陈州宛丘，宋国今应天府宋城；朱氏曰：平和也合二国之好也；旧说：以此为春秋隐四年，州吁自立之时，宋、卫、陈、蔡伐郑之事”。又如“大事记始皇三十四年焚书，非博士官所职天下敢有藏诗、书、百家语者，悉诣守尉杂烧之。东莱吕氏曰：‘所烧者天下之书，博士官所职固自若也。’萧何独收图籍而遗此惜哉。”下注明“韩非《五蠹》篇云：‘明主之国，无书简之文；以法为教，无先王之语；以吏为师，即李斯之说也”。①

明末清初的史学一代宗师顾炎武撰成《日知录》，从体裁到内容均仿效了《困学纪闻》，更为重要的是王应麟重视史料的治学思想也渗透其间。顾炎武以此为基点加以扩展，认为史籍的编纂要想堪称信史而取信于后世，一个根本之处就在于征实去伪。他把“据事直书”视为“万世作史之准绳”。在《日知录》中论

---

① 王应麟：《汉书艺文志考证》卷一《艺文》，1页，台北，商务印书馆，1983。

及明末《三朝要典》，对此有过集中的阐述："门户之人，其立言之指，各有所借。章奏之文，互有是非，作史者两收而并存之，则后之君子如执镜以照物，无所逃其形矣。褊心之辈，谬加笔削，于此之党，则存其是者去其非者，于彼之党，则存其非者去其是者。于是言者之情隐，而单辞得以胜之。""崇祯帝批讲官李明睿之疏曰：'纂修《实录》之法，惟在据事直书，则是非互见。'大哉王言，其万世作史之准绳乎!"① 因此，顾炎武在治史过程中，极为重视史料的可靠性。以他对明史的研究而论，他就十分注意《实录》和《邸报》的史料价值。《日知录》曾大量地引征明历朝实录，论究史事曲直。作为明廷档案文献的《邸报》，他更为重视。由此可见，王应麟的治学思想对清人也有着潜移默化的启迪作用。

此外，王应麟绝不偏信于一家之言辞，而是集众人之说并明确出处，认真细致地加以概括总结。例如，在《困学纪闻》卷四《周礼》中对百步为亩的解释："古者步百（百步）为亩。古之百亩，为今四十一亩一百六十步。古之一井，为今三百七十五亩。窦俨曰：'小亩步百（百步），周之制也。中亩二百四十，汉之制也。大亩三百六十，齐之制也。今所用者，汉之中亩。'《盐铁论》御史曰：'古者制田，百步为亩。先帝哀怜百姓，制田二百四十步为一亩。'《通典》谓：'商鞅佐秦，以为地利不尽，更以二百四十步为亩。'二说不同。作者兼录详考，决不因个人好恶而有所偏向。"又如对于"城漕"一名的考释，王应麟采纳了《通典》和孔氏两种说法，将它们记录在一起："《通典》，滑洲白马县卫国漕邑，戴公庐于曹即此。孔氏曰：'漕地在鄘，而邶曰土国城，漕国人所筑之城也，思须与漕卫女所经之邑也。'"②

后世乾嘉考据学派也能继承这一做法，不独信一家，而罗列相关评说注释，使古籍注释更为精确科学、完整丰满，这与王应

---

① 顾炎武：《日知录》卷十八《三朝要典》，7页，上海，商务印书馆，1934。

② 王应麟：《诗地理考》卷一《城漕》，30页，北京，中华书局，1985。

麟所做的巨大贡献是分不开的。虽然考据学并非起之于他，包罗百家之言也不是他首创，但王应麟严谨而踏实的治学之风及对后世产生重大影响的30余部巨著，都足以证明他在学术发展史上巨大的推动作用。

三、发展考异，突破匡谬

所谓考异，即对书籍的文字或所记事实异同进行考订、论证。而"匡谬"之说，则是对古籍记载的错误不仅进行辨误，还要旁征博引，提出纠正的依据。虽然"考异"与"匡谬"这两种考据方法在王应麟之前就早已存在，但他熟练运用、驾轻就熟，颇有一番新的突破和进展。

例如，《困学纪闻》卷十四考证唐府兵数，各书都有不同的见解："《兵志》云：'十道置府六百三十四，而关内二百六十一。'《百官志》：'凡六百三十三。'陆贽云：'府兵八百所，而关中五百。'杜牧云：'折冲果毅府五百七十四。'《旧志》《六典》云：'天下之府五百九十四。'《会要》云：'关内置府二百六十一，又置折冲府二百八十，通计旧府六百三十二。'《通典》云：'五百七十四。'《理道要诀》云：'五百九十三。'《邺侯家传》云：'诸道共六百三十府。'今以《地理志》考之，十道共有府五百六十六，关内二百七十三，余九道二百九十三。参以《志》《传》，差互不齐。神宗问：'何处言府兵最备?'王文公对曰：'《李邺侯传》，言之详备。'然府数与诸书亦不同。"对唐府兵数的考证，各书都提出了自己有力的证据，而且相互之间无法苟同，又没有更为权威的参照本，王应麟此时则采取并列的方式，考证它们的异同，但不轻易下结论，留待后人考证。王应麟也不放过书本文字异同的考证，如"顺流而风曰沦"，"沦，文貌，《释文》注，《文选注》则作从流"；又有"嫵婉好貌"，下标明

“《文选注》,《说文》作暥婉”。①

在匡谬方面，王应麟也有卓越的建树。《困学纪闻》卷四载：“‘遂人治野，乃乡遂公邑之制。匠人沟洫，乃采地之制。’郑康成云：‘周制畿内用夏之贡法，税夫无公田。邦国用殷之助法，制公田不税夫。’朱文公亦云：‘沟洫以十为数，井田以九为数。井田、沟洫决不可合，而永嘉诸儒欲混为一。康成注，分为二是也。’愚按：李泰伯《平土书》云：‘周畿内及诸侯一用贡法。’盖泰伯已与康成异矣，非始于永嘉诸儒也。”王应麟对古籍记载的错误不仅一一加以纠正，还提出了有力的证据。又如卷十四中，刘知幾领史事，言五不可，曰：“孙盛取嫉权门，王劭见雠贵族。”《文粹》云：“王韶直书，见雠贵族。”“宋王韶之为晋史，序王珣货殖，王廞作乱。珣子弘、廞子华并贵，韶之惧为所陷，深附结徐羡之、傅亮等。”断定当从《文粹》为王韶。新史误以为“韶”为“劭”。又如《通鉴》载李德裕对杜悰称：“小子闻御史大夫之命，惊喜泣下。”致堂谓：“德裕岂有是哉？杜悰，李宗闵之党，故造此语以陋文饶，史掇取之。以文饶为人大概观焉，无此事必矣。”“愚按：此事出张固所撰《幽闲鼓吹》，杂说不足信也。”卷八，制堂曰：“杨朱与老聃同时，墨翟又在前，宗师大禹，而晏婴学之。以为杨、墨出于师商，考之不详甚矣。”朱文公曰：“庄周之学，出于老氏。韩子始谓子夏之后有田子方，子方之后流而为庄周。以其书之称子方者考之，则子方之学子夏，周之学子方者，皆不可见。”“愚谓：观此二说，则异端之学，非孔门弟子传流之差也。”王应麟就此纠正了不少错误。他通常以“愚谓”“愚按”等方式在考证的基础上纠正前人的错误，提出自己的看法和主张。

清人受其考异注释之启发，校勘之学由此而兴盛。“拿两本对照，或根据前人所征引，记其异同择善而从”②，这是其一。

---

① 王应麟：《诗考》，13页、21页，北京，中华书局，1985。

② 梁启超：《清代学者整理旧学之总成绩》，60页，北京，商务印书馆，1999。

从清初钱遵王、何义门率先做起，到乾嘉以后学者个个喜从之。其二是“根据本书或他书的旁证、反证校正文句之原始的讹误”①，而这种方法必须要有极其敏锐的思维和严格的治学品格的人方能处之，戴东原、高邮王氏父子在这方面的成绩尤为显著。他们对于王应麟的严谨治学态度也深为感慨，膜拜不已。其三是“发现著书人原定体例，根据它来刊正全部通有的讹误”，或者“根据别的资料，校正原著者之错误或遗漏”，② 清儒在王应麟考异注释的启发下，加以深究与补充，使其发展成为一门独立完善的校勘学科。

王应麟还在占有大量资料的基础上，做有关专题的考证。如《困学纪闻》卷十六就是专题考证的典范，《汉河渠考》《历代田制考》《历代漕运考》《两汉崇儒考》共四个专题，由浅入深，由表及里，细致入微，探求本源，以得正解。

四、编辑散佚，补正注疏

古代典籍在历经战乱兵荒、天灾人祸及朝代的变革更替之后，有的全书消失踪迹，有的只留下残篇断章，所以编辑散佚之著述成为一项艰巨繁重的任务，对中国数千年文化的继承和发扬光大具有极为重要的意义。王应麟从事这项工作，为此付出了毕生的精力。就拿他对已经散佚的汉代齐、鲁、韩三家诗来讲，广泛搜罗于《文选注》《后汉书注》《说文注》《太平御览》《艺文类聚》《尔雅注》等书籍，将诸书“萃为一编，以扶微学，广异义，亦文公之意云尔。读集传者，或有考于斯”③。《四库全书总目》对此书有公允的评价：“应麟检诸书所引，集以成帙，以存三家

① 梁启超：《清代学者整理旧学之总成绩》，60 页，北京，商务印书馆，1999。

② 梁启超：《清代学者整理旧学之总成绩》，61—62 页，北京，商务印书馆，1999。

③ 王应麟：《四明文献集》卷一《诗考语略序》，见《王应麟著作集成》，45 页，北京，中华书局，2010。

逸文，又旁搜广讨，曰诗异字、异义，曰逸诗，以附缀其后，每条各著其所出。”又如《困学纪闻》卷十，“诸子类”，从汉《七略》《后汉书》《文选》《世说注》《艺文类聚》《太平御览》《说文》等书中，辑得《庄子逸篇》。近代的梁启超对此也有高度的评价：“好学之士，每读前代著录，按索不获，深致慨惜。于是乎有辑佚之业，最初从事于此者为宋之王应麟，……入清而此学遂成专门之业。”① 清代学者在前人的基础上，扩大了辑佚的范围，体例也不断完善。

在古书补正方面，王应麟最大的成就莫过于撰成了《汉书艺文志考证》一书，开了补志先河。“易类增《连山》《归藏》《子夏易传》，诗类增《元王传》，礼类增《大戴礼》《小戴礼》《王制》《汉仪》，乐类增《乐记》《乐元语》，春秋类增《冥氏春秋》，道家增《老子指归》《素王好论》，法家增《汉律》《汉令》，纵横家增《鬼谷子》，天文增《夏氏日月传》《甘氏岁星经》《石氏星经》《巫咸五星占》《周髀星传》，历谱增《九章算术》《五纪论》，五行增《翼氏风角》，经方增《本草》。凡二十六部，各疏其所注于下，而以不著录字别之。”② 他对于古书的记载或以前注释不完整的地方都进行了补正。

宋人将古人关于经书的注本和疏本合为一编，因而才有“注疏”之说。王应麟在这方面的贡献主要在于针对古人的注释而补充他们的遗漏。如“苍蝇之声”，薛君曰鸡远鸣蝇声相似也，而《太平御览》一本作谗人也。③ 同时，不难发现，在王应麟的一些著述中，以“补曰”的形式来引用先儒众家之说作为补注。梁启超在《中国近三百年学术史》中也记载了清人追随王应麟的脚步，在注疏方面“宋士应麟《困学纪闻》为清代考证学先导。故清儒甚重之，阎百诗、何义门、全谢山皆为作注，而翁载青集其

---

① 梁启超：《中国近三百年学术史》，北京：中国书店，1985 年版，第 261 页。

② 纪昀：《四库全书总目提要》卷八十五《汉艺文志考证十卷》，2220 页，石家庄，河北人民出版社，2000。

③ 王应麟：《诗考》，20 页，北京，中华书局，1985。

大成”。全谢山就认为《困学纪闻》“表面上看是谈经、谈史、谈典章制度和文学艺术，其实书中包含着热爱祖国、发扬民族气节的无限深义，耐人寻味，并从中得到启发。大抵有关政治方面的名论，实为清初黄顾诸儒思想所从出；有关考证方面的高识，又为乾嘉学者治学方法所取式”①，因而全谢山三笺此书，语多精辟，很好地继承并发展了王应麟的注疏和考辨。

五、疑古辨伪，精于考音

始于唐中期的啖助、赵匡、陆淳三人的疑古惑经的风气到宋代日益兴盛，如司马光之疑《孟子》，欧阳修之疑《易十翼》《周礼》《礼仪》，朱熹之疑《周礼》《古文尚书》。但是，辨伪常因缺乏凭据，往往会成为臆测之见，造成许多错误。王应麟纠正这一风气，有凭有据，果断下结论；若尚未能得出决断，亦决不含糊处之。他在《困学纪闻》卷四《周礼》中指出：“‘诸公之地，方五百里’，与《武成》《孟子》之言不合。子产曰：‘列国一同。’《孟子》亦曰：‘鲁方百里。’《明堂位》乃云：‘鲁方七百里’。或谓《周官·明堂位》兼附庸而言。《职方氏疏》云：‘无功，纵是公爵，惟守百里地。谓若虞公、虢公，旧是殷之公，至周仍守百里国，以无功故也。’愚按：《左氏传》虞仲，太王之昭也。虢仲、虢叔，王季之穆也。皆周所封。谓旧是殷之公，误矣。”王应麟考《左氏传》，纠正了以往认为虞公、虢公是殷之公因其无功而守百里地的说法。又如《周礼》中关于宫刑的说法：“五刑之法，疏谓：宫刑至隋乃赦。崔浩《汉律序》：文帝除肉刑而宫不易。《书正义》：隋开皇之初，始除宫刑。按《通鉴》：西魏大统十三年三月，除宫刑。非隋也。”王应麟以《通鉴》为本，判定《书正义》的说法有误，废除宫刑的做法并非开始于隋朝。在

---

① 张舜徽：《清儒学记》，见《张舜徽集》，169页，武汉，华中师范大学出版社，2005。

像这样有明确的证明或更有利的参照本时，王应麟都果断地下结论，纠正错误。

虽然有怀疑，但是因为没有证据也不轻断。如《困学纪闻》卷二："《书大传》载四海、河江、五湖、巨野、钜定、济中、孟诸、隆谷、大都之贡物，此禹时也。《周书》载伊尹为四方献令，此汤时也。《王会》载八方会同，各以其职来献。自稷慎以下，其贽物二十一；自义渠以下，其贽物二十；自高夷以下，其贽物十四；自权扶以下，其贽物九。此成王时也。愚谓：《旅獒》之训曰：'毕献方物，惟服食器用珍异之贡。'恐非三代之制。"《困学纪闻》卷三《诗》："《晋姜鼎铭》曰：'保其孙子，三寿是利。'《鲁颂》'三寿作朋'，盖古语也。先儒以为'三卿'，恐非。"这样的例子还有许多，王应麟在著作中多以"恐非""恐误"等来提出异议。

清人辨伪功绩之最可贵者在于汲取了王应麟辨伪思想的精华而活学活用。在发现古籍中所出现的不确定问题时，清儒审慎，尊重古书，"从著录传授上"，"从本书所载事迹制度或所引书上"，"从文体及文句"，"从思想渊源"，甚而"从作伪家所凭借的原材料上"，① 细密检查，方下断语，态度非常认真，效果也较好。

王应麟在考音上较前代也有很大发展。细察王应麟的各部著作，我们不难发现有很多是关于考音的，《诗考》中的韩诗类有"新台有漼河水浘浘。漼，鲜貌；浘浘，盛貌"。"浘"音尾，出自《经典释文》。而"远彼甫田"，"远卓也音同"出自《经典释文》。又如在《困学纪闻》卷七《论语》中，《周礼》纯帛，注：纯，实"缁"字。古"缁"以"才"为声。其门人胡三省颇受其影响，"今《辩误》为公林辩诬，以公休本为海陵本，龙爪本为费氏本。先举史炤之误，二本与之同者，则分注其下曰同，然后

① 梁启超：《清代学者整理旧学之总成绩》，86—88页，北京，商务印书馆，1999。

辩其非而归于是，如直音之浅谬，皆略而不录云”①。最终著成流行于世的《资治通鉴音注》及《释文辩误》百余卷。

综观王应麟一生的学术成就，长于考证是其学术一大特色。他在考证学上的杰出成就对当时及后世有着无法磨灭的影响。清代的考据学派，乾嘉考据的开山祖师顾炎武，以及其后的王引之、钱大昕、赵翼等人，都在一定程度上继承并发展了王应麟在考据学上的思想和成就。阎百诗的《潜邱札记》、王引之的《读书杂志》、王鸣盛的《十七史商榷》、钱大昕的《廿二史考异》、赵翼的《廿二史札记》等，无不受到《困学纪闻·考史》的影响。由此可见，清代学者对王应麟的推崇及王氏学术对清代学术界的影响之大。

① 黄宗羲：《宋元学案》卷八十五《深宁学案》，19页，北京，中华书局，1986。

论胡三省的治史态度和人格精神①

胡三省，字身之，旧字景参，号梅涧，浙江宁海县中胡村人，生于南宋理宗绍定三年（1230 年），卒于元成宗大德六年（1302 年）。他继承历代史家注史的优良传统，在“通鉴学”研究方面做出了突出贡献。以往史学界较少关注影响胡三省注史的深层的人格精神和内心世界，本文通过对胡三省注史基本情况的分析，解读胡三省的人格精神，认为胡三省的人格精神主要表现在坚忍执着的意志人格、求真求实的学术人格和讲究气节、忠于国家和民族的政治人格三大方面。三者有机统一，构成了胡三省的完美人格和精神世界。

一、坚忍执着的意志人格

北宋司马光用 19 年时间修成《资治通鉴》294 卷，系统地记载了上起周威烈王二十三年（前 403 年）下至五代后周世宗显德六年（959 年），长达 1362 年的中国历史。由于《资治通鉴》（以下简称《通鉴》）卷帙浩繁、内容丰富，如果没有相关一些释读之书，就很难了解历史事件的原委、历史人物的真实情况乃至于地名等一些纷繁之事。鉴于《通鉴》的这一基本情态，自其问世后，为该书作注的释文迭起。有影响的有北宋刘义安的《音

① 原载《安徽师范大学学报（人文社会科学版）》2006 年 3 月第 2 期。

义》十卷，但未能留传于世，而且该注局限于音义，对浩繁的《通鉴》释读来说，价值不大。南宋时，蜀人史炤毕10年之功成《释文》30卷，该书至今尚存，因受认知、解读水平的限制，较为粗浅，不能很好地发挥“工具”效能。至南宋末年，注释《通鉴》的版本多达9种。在众多注释中，以胡三省历30年所作的《〈资治通鉴〉音注》294卷对后世影响最大。对《通鉴》进行注释，因其涉及内容广、时间跨度长，其要求之高、难度之大是不言而喻的。完成这一项浩大的工程，没有坚忍执着的人格品性的内在支撑和广泛扎实的考证、考据和长年积累、探索的有力保障，显然是难以实现的。在胡三省之前，史界虽对《通鉴》作注的重要性有很好的认识，并且为之做出了一些努力，但未能形成权威系统的注释，这是胡三省注释《通鉴》的背景。但是，胡三省注《通鉴》的直接动力源于其父胡钥的影响和期待。胡钥为人善良，乐为布施，被誉为“山泽遗才，乡邦善士”，对史学非常爱好，所谓“笃史学，淳祐癸卯，始患鼻衄，读史不暂置，洒血渍书，遗迹故在”①。他对《通鉴》很有研究，在其研究过程中生成诸多疑问，对史界业已取得的《通鉴》注释成就，无论是刘义安的《音义》10卷，还是史炤的《释文》30卷等均不满意，期待胡三省进行深入的研究，搞好广注和辨误工作。胡三省自幼好学，受父亲影响，功课之余攻读《通鉴》。其父有感于《通鉴》各家注本虽富，但于音义、释文等乖谬甚多，又因胡三省天资聪慧、好学不倦，便有期托勘误《通鉴》之嘱。在胡三省14岁时，胡钥曾问胡三省：“若能勘正乎？”胡三省答道：“愿学焉。”② 这可视为胡三省接受其父命的标志，从此立下了注释《通鉴》的志向。胡父的影响与期待，是胡三省《通鉴》注释事业的动力和使命感的直接来源。但是，其父早在其15岁时便中年去世，家境

---

① 胡三省：《元文类》卷三十二《新注〈资治通鉴〉序》，425页，北京，商务印书馆，1936。

② 胡三省：《元文类》卷三十二《新注〈资治通鉴〉序》，425页，北京，商务印书馆，1936。

艰难。但这并没有难倒他，他牢记先父遗愿，益加勤奋。宝祐四年（1256 年），26 岁的胡三省登进士科，从而为其注释《通鉴》创造了良好的条件。据《新注〈资治通鉴〉序》自述："始得大肆其力于是书，游宦远外，率携以自随。有异书异人，必就而正焉。"①

胡三省人生旅程和仕途也充满艰辛，经历较多磨难，但对注释《通鉴》则时刻没有停止，可谓矢志不渝。宝祐四年（1256 年），胡三省与文天祥、陆秀夫、谢枋得等同登进士第，被任命为吉州泰和尉，但因父亲早亡，兄弟夭折，为侍奉老母而未赴任，后改任庆元府慈溪尉。由于三省刚正不阿、不事谄媚，任职期间得罪了庆元知府厉文翁，被弹劾罢官。不久，又以"文学行谊"被荐，授扬州江都丞。咸淳三年（1267 年），应江淮制置使李庭芝之聘，任寿春府学教授，佐淮东幕府。之后，改奉议郎，知江陵县。咸淳六年（1270 年），因母去世，离任回家治丧。丧服满后，改知安庆府怀宁县。同年，因李庭芝调任京湖制置使，胡三省才得以回杭州。自登第后，胡三省在案牍之余致力于《通鉴》的勘校工作，虽公事冗繁，仍坚持不懈。宦游所至，见有不同版本之《通鉴》，务必搜罗；若有《通鉴》方家，便登门求教。在杭时，已编就《〈资治通鉴〉广注》97 卷、《通论》10 篇。贾似道的门客廖莹中出重金聘请胡三省校勘《通鉴》，以教授弟子。不久，廖莹中又将胡三省推荐给贾似道。咸淳十年（1274 年），胡三省出任沿江制置司机宜文字，升朝奉郎（七品官衔）；次年，改任贾似道幕僚，从军江上，但因与贾似道不合，所提建议不被采纳。这时，在朝野上下压力下，贾似道不得已仓促出兵应战，但军心涣散，13 万宋军在丁家洲被元军打得溃不成军，胡三省便返回宁海，并且从此长期匿于乡里，隐居著书，直至终年。这一过程表明了胡三省报效国家的政治抱负，同时也说明他对《通鉴》的注释事业的执着。

---

① 胡三省：《元文类》卷三十二《新注〈资治通鉴〉序》，425 页，北京，商务印书馆，1936。

胡三省坚忍执着的人格品性还直接体现在其《通鉴》注释事业所历经的艰辛过程上。他进士及第后撰写《〈资治通鉴〉广注》97卷，又著《通论》10篇等。后因战乱，书稿尽毁，但其克服各种困难，重新撰写并最终完成。1276年，元军陷临安，俘宋恭帝等北去。元将董文炳率军南下，追击南逃皇族，所过之处，烧杀抢掠，惨不忍睹，宁海亦遭兵祸。胡三省花了几十年心血写成的《〈资治通鉴〉广注》已荡然无存，但他并没有就此放弃《通鉴》注释事业，而是将悲痛化为力量，变卖家产，再购《通鉴》，发愤重新作注。为了完成《通鉴》注释事业，他闭门谢客，日夜奋笔，自号"知安老人"；堂上立匾，题名《逸老堂》；在居所南筑读书室，名"读书林"。直到风烛残年，他仍孜孜不倦地从事《〈资治通鉴〉音注》的修改工作。经过不懈的努力，至元二十三年（1286年），《〈资治通鉴〉音注》全部编成。之后，胡三省又着手作《通鉴释文辨误》，从宝祐四年开始做注到至元二十二年（1285年）书稿最终完成，费时前后30年，书稿300万字。当任务完成时，胡三省感慨地说："吾成此书，死而无憾。"① 可以说，胡三省生活的年代及其个人的人生经历，包括少年丧父、亡国之痛、政治理想和才华得不到施展、人格上蒙受不白之冤、注释事业历经种种磨难，正是这种逆境生存使他具有更加坚忍不拔的高尚品格。

二、求真求实的学术人格

凡严肃的史学家，都把揭示历史的真相作为自己的神圣职责，这种意识和努力就是历史研究中的求真求实精神和学术人格。求真求实也是史学的生命，是正直的史学家所恪守的原则和追求的目标。透过胡三省《通鉴》的注释历程，其求真求实精神

---

① 王瑞成：《（光绪）宁海县志》卷二十《胡身之墓碑》，479页，上海，上海书店出版社，1993。

和学术人格有着深刻的展示。胡三省治学严谨，长于考据，通过广征博引、深入调研，勇于纠正《通鉴》中的各种错误。这既反映了胡三省治学的严谨，也反映了胡三省求真求实的人格精神和科学态度。地理注是胡注用力最勤、价值最大的部分。“至胡三省注，始成巨观，可云青出蓝、蓝谢青，《通鉴》之功臣、史学之渊薮矣。”① 单是地理注，就有七八十万字，牵涉到大量“地名之同异，州县之建置离合，制度之因革损益”，均能“悉疏其所以然”，② 在中国地名学史上有着突出的地位。正史记载的地名偶有疏误，为司马光承袭，胡三省一一加以校正。如《通鉴》卷二十汉武帝元鼎五年（前112年）：“西羌众十万人反，与匈奴通使，攻故安，围袍罕。”胡注：“故安县属涿郡，西羌之兵安能至此！当作‘安故’。班《志》：安故、袍罕二县，皆属陇西郡。袍罕，故罕羌邑。宋白曰：安故城，在兰州南；袍罕，今河州治所。”《通鉴》的这条记载取自《汉书·武帝纪》，一字不差，该纪已将“安故”误为“故安”，而邓展、颜师古于此条下只注袍罕，不注故安，司马光编《通鉴》仍依《汉书》原文写入。胡三省不仅发现这一错误，而且将安故、袍罕的政区沿革、地理位置注释清楚。《通鉴》地名错误不少，如《通鉴》卷三十七王莽始建国三年，“吏士屯边者所在放纵，而内郡愁于征发，民弃城郭，始流亡为盗贼，并州、平州尤甚”。胡三省指出“平州”地名有误：“余按此时未有平州，汉末公孙度自号平州牧，魏始分幽州置平州。‘平’字误也。”

胡三省在广征博考的同时，还非常注意结合自己的实践。如《通鉴》卷二百五十唐懿宗咸通元年（860年）：王式“命趋东、南两路军会于剡，辛卯，围之。贼城守甚坚，攻之不能拔，诸将议绝溪水以渴之”。胡三省提出异议，注道：“剡城东南临溪，西

① 王鸣盛：《十七史商榷》卷一百《通鉴胡氏音注》，996页，上海，上海书店出版社，2005。

② 邵远平：《元史类编》卷三十四《胡三省传》，488页，上海，上海古籍出版社，2002。

北负山，城中多凿井以引山泉，非绝溪水所能渴，作史者乃北人臆说耳。”显然，这是胡氏根据实践考察来进行注书。又如《通鉴》同卷胡三省注“三溪”云：“三溪在今嵊县西南，一溪自新昌县东来，一溪自磕下山南来，与新昌溪会于湖塍，屈而西北流，溪流若三派然，故谓之三溪。”又注“东小江”云：“越州有东小江、西小江。东小江出剡溪，至曹娥百官渡而东入海；西小江出诸暨，至钱清渡而东入于海。皆曰小江者，以浙江为大江也。”这些注释完全源于胡三省对越州绍兴府（今浙江绍兴市）的实地考察。可见，胡三省不仅注重史料的广征博引，还注重在实践中加以考证，无一不体现其求真求实精神和学术人格。

胡三省的求真求实精神和学术人格还体现在其对自身积30年心血写成的《通鉴》注的评价上。胡三省在《元文类》卷三十二《新注〈资治通鉴〉序》中说：“古人注书，文约而义见；今吾所注，博则博矣，反之于约，有未能焉。”“前注之失，吾知之，吾注之失，吾不能知也。”这种客观、科学、严谨的治学态度和作风，以及勇于自我批评的精神，充分体现了胡三省的求真求实精神和高尚的学术人格。胡三省不愧为“旷百年而一见”的精英和“负渊海之学”的奇才。

三、讲究气节、忠于国家和民族的政治人格

胡三省生活在民族斗争异常激烈的时代，27岁时与文天祥、谢枋得、陆秀夫同榜考中进士。他亲眼所见宋朝在异族压迫下，政治依然那样腐败；50岁时，又亲历南宋王朝覆灭。元朝的残酷统治也使他的精神受到沉重打击。悲痛之余，他开始重注《通鉴》工作。透过他给《通鉴》所作的注，可强烈地感受其讲究民族气节、忠于国家的政治人格魅力。他通过给《通鉴》作注倾诉自己对亡国的惨痛心情，斥责宋朝的腐朽、卖国贼的无耻、元朝的暴虐。但是，因在异族统治下，他无法直抒胸臆，只能把种种心情隐藏在字里行间，借给《通鉴》作注的方式来表达自己的气

节观、民族意识和爱国主义感情。

胡三省作为宋元易代之际的爱国史学家，经历故国覆亡、异族横暴，在注文里不仅流露了抱负，体现了治学精神，更重要的是表达了民族气节，寄寓了爱国热情。著名史学家陈垣对此有专门的研究和高度的评价。例如，胡三省对《通鉴》卷无“且屠大梁”一语详注道：“屠，杀也。自古以来，以攻下城池而尽杀城中人为屠城，亦曰洗城。”陈垣在《解释篇》中征引史料，令人信服地说明胡三省不顾“屠城之义甚浅，而重言以释之者，有痛于宋末常州之屠也”。又如胡三省在《通鉴》契丹灭后晋的记事下记道：“亡国之耻，言之者为之痛心，矧见之者乎！此程正叔所谓真知者也，天乎，人乎！”再如对《通鉴》卷一百四十八所载南朝梁边防将官“皆无防寇之心，唯有聚敛之意。其勇力之兵，驱令抄掠，若遇强敌，即为奴虏；如有执获，夺为已富”，胡注曰：“自古至今，守边之兵，皆病于此”。这充分表明胡三省对宋末抗蒙边备松弛、腐败的无限感慨和对国家安全的深深忧患。

胡三省刚正不阿，不屈从于奸佞权贵，这种人格精神不仅体现在其行动上，还深刻地渗入其治史态度中，在其论及事业和气节关系时表述尤为详尽。他认为节操和事业要并重，在事业不能有成时，要保持为人臣的节操，而在事业有可能成功时，臣子同样不可以不考虑气节。可见，胡三省更注重于当时的建功立业，突破了传统的气节理念。他认为乱世时，节操尤为重要，也更能体现一个人的气节。胡三省与权臣贾似道同朝，但不为贾所笼络，在建议得不到录用后，决然弃职回家，潜心于著述，不依附于权贵。由于其所处的特殊社会背景，其拳拳爱国之心的表达成为一种重要的强烈意识和潜语言。在注释过程中，他也从来不用“前朝”“赵宋”等词语，而是称“我宋”“本朝”，在个别地方称“皇宋”“吾国”，至死不承认元朝政府。胡三省对知识分子于亡国后出仕持保留的态度。元朝统一中国后，政权日益巩固，随即对汉族士人采取拉拢的怀柔政策，并且派侍御史程文海访求江南文士，罗致去元朝为官。有些士人易节归顺，如叶李、赵孟頫等；有的拒不应召，如胡三省同榜进士谢枋得等。这种形势对注重民族气节的胡三省又是一种挑战。为了减少意外麻烦，他毅然举家归中胡村定居，并且从此屏谢人事，以著书为乐，直到去世。

胡三省的生平、处境，以及他为什么注《通鉴》和用什么方法来表达他自己的意志等，王延武认为他站在爱国的立场，观察今天，认知历史，寻求中国历史走向的特点，用理性解析历史来启发当代人。由此更推而论之，胡三省虽以考证见长，但他得以传名于后世，是他坚持了内在的人格自尊，内在的道德外释化为燃烧的爱国热情，他才有不能自禁的现世关怀。这种关怀使他成为具有强烈民族气节的爱国主义史学大家。精神主题最终落实到对传统道德的继承与发展层面，他的爱国主义是充满历史感而又具现代性质的。① 这是对胡三省爱国主义精神品格的高度评价。

胡三省的人格精神完美地体现于给《通鉴》作注之中，这与其独特的人生经历和所处历史背景紧密相关，更与其对《通鉴》价值意义的高度认知密切相关，“为人君而不知《通鉴》，则欲治而不知自治之源，恶乱而不知防乱之术。为人臣而不知《通鉴》，则上无以事君，下无以治民。为人子而不知《通鉴》，则谋身必至于辱先，做事不足以垂后。乃如用兵行师，创法立制，而不知迹古人之所以得，鉴古人之所以失，则求胜而败，图利而害，此必然也。”② 当我们深入地研究胡三省给《通鉴》所作的注，并且通过其进入胡三省的心灵世界时，其坚忍执着的意志人格、求真求实的学术人格和讲究气节、忠爱国家的政治人格将对我们产生极大的震撼和启发，对我们今天净化学术风气，进一步加强爱国主义教育和积极向上、开拓进取、与时俱进的民族精神的提炼都有着极好的借鉴意义。

---

① 王延武：《读〈通鉴胡注表微〉——兼谈经世史学的现代形式》，载《中南民族大学学报（人文社科版）》，2003，2（1），114—117页。

② 胡三省：《元文类》卷三十二《新注〈资治通鉴〉序》，424页，北京，商务印书馆，1936。

揭开千古人豪刘伯温与武义俞源的神秘面纱[①]

——刘基为俞源村设计太极星象真伪考辨[②]

浙江省武义县俞源村位于钱塘江与瓯江两大流域分水岭的凡岭和大黄岭的北部，是宣平溪与熟溪的一个连接点。它地处山区和平原盆地的交接点，是括（丽水）婺（金华）间行旅的必经之地。这条古道路程较短，岭也平缓，人们从松阳、宣平到金华大多经过俞源，杭州、金华的官员、百姓来往婺杭也多走此路。因此，清嘉庆年间（1796—1820年），武义知县张荣堠特赠匾“惠及行旅”，挂在俞源村万春堂内护门上楣，足见当时俞源客旅之盛及俞源村在括婺间交通要道上的重要性。

俞源由俞氏家族兴建，历经32代，至今已有800多年历史。俞氏家族世代勤劳创业，以耕读为乐、行商为富，尊礼重教，急公好义，人丁兴旺，人才辈出，为远近闻名的浙中一大望族。这一俞姓聚居的古老村落，以其悠久的历史文化积淀、淳朴的耕读家族文化及博大精深的明清民居古建筑群闻名于世，2000年被列入省级历史文化保护区，2001年被列为国家级文物保护单位，2003年又被命名为我国首批历史文化名村（全国仅12个）。俞

---

① 原载《浙江师范大学学报（社会科学版）》2008年第3期，与赵瑶丹同志合撰。

② 武义县志办邬浩良先生为本文的写作提供了详尽的资料，在此特表示感谢。

源村之所以能成为中国首批历史文化名村，除了上述原因外，还与刘基及以刘基为首的“浙东四先生”留在武义的丰厚历史文化积淀密不可分。武义县的风景旅游资源开发于1998年，俞源村的开发也开始了实质性的启动，当年武义县旅游总收入相当于全县总产值的1.28%。从1999年到2005年，比例逐年上升，2006年达到近百万人次。武义已经在向旅游富县的方向发展，而刘基的文化遗产在其中起了重要的作用。

一、刘基为俞源设计太极星象说问题的引发

俞源村位于武义熟溪主要支流之一的乌溪上游。乌溪发源于俞源村东边的九龙山与南边的大黄岭头，两条源头溪水在俞源村的洞主庙（建于宋代）前汇合，从村中流过，至村口入乌溪。流经村口一段呈一巨大的S形径流，西边是一片农田，东边除部分农田外，主要是一片茂密的古树林，从表面看很像一个画在地上的太极图形。这一现象史书及宗谱上都没有文字记载，民间也从来没有刘基为俞源设计太极星象的说法。

1996年7月，武义矿山公司中医气功师俞森惠回家休假，在村口古树林中练气功，觉得“气场”很强。他观察四周地形，看到S形的溪流，整个地形很像一个太极图，联想到太极与气功的关系。他提出了疑问：这个酷似太极图的地形是自然形成还是人工故意改造设计的？据《俞氏宗谱》记载，刘基到过俞源，而刘基是精通天文堪舆学说的，太极图会不会是刘基当年为俞源村设计而建成的呢？这一发现引来了许多专家、媒体到现场观察，都认为很像一个太极图。经丈量，整个太极图的面积达120亩(80000平方米)。后来又在村中的古建筑、古家具器皿上发现绘有太极图形的竟有400多个。一时，俞源村好像成了一个太极图的世界。

1998年，李纲纪念馆馆长马林先生到俞源村考察，村中退休干部俞步升介绍说村里原有七口水塘，叫七星塘，村中古建筑

保存完好，还有 28 幢。很快，马林先生就写了几篇文章在报刊上发表。其中，题为《俞源村，活脱脱一幅星象图——武义县这个村落留下许多奇异不解之谜》的文章在 1998 年 8 月 15 日《钱江晚报》头版发表，在媒体上正式披露了俞源村有太极星象图的消息，后由新华社发了新闻稿。接着，电视台、电台、报纸杂志等媒体都争相报道或转载。马林认为："俞源古村落布局并非如有关专家所说的'八卦'，实际上是一幅'天体运行星象'，比'八卦'要复杂，即由二十八宿（青龙、白虎、朱雀、玄武）及北斗、黄道十二宫组成的星象图。贯穿俞源古村的溪流是'赤道'，村内的七星塘（井）是'北斗'，即北斗七星，有大小五组七星塘（井），大量的古建筑群即'二十八宿'，村口的'巨型太极'是环绕'大北斗'星宿距离最近的'黄道十二宫'之'双鱼宫'，即双鱼（阴阳鱼）星座。对照我国 1974 年在河北张家口市宣化发现的辽代砖墓'星象图'，俞源的村落布局与该图显示的'星象'一致。因此，俞源古建筑群是'天罡引二十八宿，黄道十二宫缠绕'的天象布局，是罕见的地上天体星象奇观。"他还进一步指出："俞源俞氏祖……与刘伯温、宋濂、苏平仲等人以文会友，纵情修契。刘伯温是个对堪舆学、天文学极有造诣的占星术家，估计就在这个时候，俞源'有眼光'的领导们为了使宗族不散、子孙旺盛并科举登第，利用俞源地形独特，和刘伯温这个术士共同创立了俞源奇景'天体星象'，巧妙地布置'紫微拱照'即北斗七星，按二十八宿位置营造建筑，如把俞氏宗祠的位置列于西方白虎之首（即奎宿）。巧妙的是北斗像个木勺，把俞氏宗祠装在'斗'内。"他在注解中又说："古人造天象古村至今未留下文字记载，依笔者之见：①天机不可泄露。②天文星象在古代来说是既高深又神秘的学问，掌握在皇帝和极少数权臣手中，平民百姓不得使用。为免遭灭族之祸，有关国家命运大事都要通过占星术来决定，未留下点滴文字记载亦情有可原。"同年 10 月 1 日，古村以"俞源太极星象村"的名称正式对外开放，接待海内外八方游客。

刘基创建俞源村的太极星象之说进一步促使国内外媒体争相报道，浙江武义发现“俞源太极星象村”的消息很快传遍了大江南北。1999年，美国《华盛顿邮报》也发了题为《俞源村有太极图》的报道，进一步认定刘伯温曾频繁出入俞源与友人谈书论卷，俞源村的巨型太极图可能就是他设计的。同年3月11日，首届中华生态文化旅游研讨会在武义召开，会议鲜明地提出一个命题：俞源——天人合一思想的结晶。会议对俞源古生态文化遗存，即太极星象的布局进行了广泛而热烈的讨论。论文《人与自然之生态谐调》认为，刘伯温对俞源村的改造，着眼于使该村“藏气聚气”，“七星塘”的布局还含有“启发伦理和社会政治观念的意义”。论文《天人合一，自然无为，俞源之道》认为，刘伯温为俞源设计星象村落，既是“重振乾坤”抱负的“寄托”，又是其“天人合一”世界观的体现和“天人合一”建筑意境的实施，其构筑的实体也符合人与自然和谐的原则，具有科学性；认为刘基设计的巨型太极图既是按照自然法则改造水土的措施，又是改造人们观念的意象物。几乎所有与会论文都把刘基描绘成上知千古、能预测未来，精通谶纬术数、扶鸾占卜，无所不知、无所不能的神，给刘基和俞源村蒙上了一层眼花缭乱、神秘莫测的面纱。

二、从刘基特定的政治生涯和社会背景看

那么，刘基会不会、可不可能、敢不敢在俞源村大兴土木来营造太极星象呢?

“基幼颖异……博通经史，于书无不窥，尤精象纬之学，西蜀赵天泽论江左人物，首称基，以为诸葛孔明俦也。”① 刘基23岁中进士，26岁出任江西瑞州高安县丞，此后在元朝断断续续

① 张廷玉：《明史》卷一百二十八《刘基传》，3777页，北京，中华书局，1974。

为官10余年，几乎都是基层小官，而且一再受抑贬，曾四度罢黜赋闲。他48岁时愤而弃官，隐居家乡南田，次年著《郁离子》。在元末群雄割据的背景下，他50岁时接受朱元璋之邀而出山，参与军机，成为朱元璋开创朱明王朝浙东地主官僚集团的主要代表。但是，随着明王朝政权的建立和日益巩固，统治阶级的内部矛盾也不断展开。朱元璋对勋戚重臣的猜忌心日重，以致发展到大肆屠杀开国功臣宿将，无论是朝廷的元老重臣还是府县官吏甚至基层小官，都生活在极度恐惧之中，随时随地都会招致不测之祸、灭顶之灾。以刘基“性刚嫉恶，与物多忤……慷慨有大节。论天下安危，义形于色”① 的正直耿介性格，他与明王朝内部淮西武装官僚集团的新贵们不可避免地发生了诸多矛盾，终于又走上了战战兢兢的险恶的仕途生涯。洪武元年（1368年）八月，天大旱，刘基秉公执法处斩了李彬，为此得罪了权臣李善长，加上建言祈雨未得证实，致使朱元璋对刘基第一次震怒。刘基深感自己的仕途如履薄冰，又恰逢其妻去世，于是借此请求告归。② 他在《春蚕》诗中感叹道：“可笑春蚕独苦辛，为谁成茧却焚身。不如无用蜘蛛网，网尽蜚虫不畏人。”又在《病眼作》诗中说：“自公衰年已无几，膂力卒单筋脉缩。”还在《老病叹》一诗中发出这样的哀叹：“我身衰朽百病加，年未六十眼已花。……不如闭门谢客去，有酒且欲辞喧哗。”他以春蚕自喻，借诗中老病之叹发出对朱元璋兔死狗烹的不仁不义行为的愤恨。刘基回家不久，朱元璋很快又致书令其还赴京师“同盟勋策”。为求全身，刘基只好韬光养晦，不求显达。洪武四年（1371年）“正月，李善长罢，以汪广洋为右丞相、胡惟庸为左丞，刘基致仕。……汪、胡故衔基，遂还乡”③。尽管刘基在故乡“还隐山中，惟饮

---

① 张廷玉：《明史》卷一百二十八《刘基传》，3781—3782页，北京，中华书局，1974。

② 张廷玉：《明史》卷一百二十八《刘基传》，3781页，北京，中华书局，1974。

③ 郝兆矩：《增订刘伯温年谱》，176—177页，郑州，中州古籍出版社，1990。

酒弈棋，口不言功……其韬迹如此，然究为惟庸所中”[①]，最终还是未能逃脱佞臣的诬陷。洪武六年（1373 年）七月，刘基因谈洋[②]事件受到朱元璋的惩处。为避免嫌疑，刘基只得以垂老身赴京引咎自责。洪武八年（1375 年）三月，刘基病重归里，“抵家，疾笃……居一月而卒”[③]。

刘基一生仕途坎坷，处处小心也难逃朱元璋的猜忌，到后期他的规谏朱元璋几乎都不予采纳。在谈洋事件中，刘基被误认为犯了朱元璋最敏感的天象征兆、地理吉凶这类朱认为关系国家命运前途的大忌。刘基遭小人诬陷，之后也只能小心翼翼地赴京请罪，唯恐招来杀身之祸。从刘基的人生处境来看，他无论如何也不敢做这种触犯皇帝“天条”的事。如果刘基为俞源村设计营造巨型太极图，必然要兴师动众，大搞水利工程建设。这样浩大的工程必然会被人所知并广为传播，而此类事又是朱元璋专制神经中很敏感、很忌讳的。在朱元璋“以猛治国”“削足适履”的方针下，特务网的检校和锦衣卫的特务人员专门“察听在京大小衙门官吏不公不法及风闻之事，无不奏闻”[④]。他们专做告发官员、民人等的阴私勾当，足迹遍布朝野。刘基绝不会冒着身家性命和杀头灭族的危险去为俞源村搞这种工程，就是俞源村俞涞一家再有恩于刘基，从刘基政治生涯的特定条件及他生活的社会背景来看，也万万不敢做这种蠢事。

---

① 张廷玉：《明史》卷一百二十八《刘基传》，3781 页，北京，中华书局，1974。

② “谈洋”在今文成县朱阳乡，《明史》《明书》《明纪》俱作“谈洋”，而《实录》《国榷》《罹罪录》《方舆纪要》俱作“淡洋”。据《国榷》载，太祖洪武六年正月，“温州盗据瑞安万里林，官军捕灭之，置淡洋巡检司。谈迁曰：“《刘诚意传》云：‘瓯括间有地日淡洋。’”1984 年新编《文成地名志》定名为“谈洋”。

③ 张廷玉：《明史》卷一百二十八《刘基传》，3781 页，北京，中华书局，1974。

④ 刘辰：《国初事迹》，北京：中华书局，1990 年版，第 19 页。

三、从地质、地貌、水文地质看

从地质、地貌、水文地质学的角度看，在河流流出山地或支流注入主流处都会有较多沉积物堆积，形成扇状的沉积地形——冲积扇。俞源村口的大片水稻田就是第四纪时形成的冲积扇。村中的河水流出村口遇到山体基岩，由于横向环流的作用，凸岸堆积，形成河漫滩，凹岸则发生侵蚀作用，在下一个流段又发生凸岸堆积，凹岸又发生侵蚀，致使出村的径流成蛇曲状，看上去就成了一个S形径流。这是山区水流从狭窄地带冲到山谷地带形成的一种常见的地质地貌。俞源溪流注入乌溪后，也产生多个S形径流注入熟溪，而熟溪在注入武义江时也有多个比俞源村大得多的S形蛇曲河床。这种现象完全是自然形成的，绝不是人工能完成的。

在俞源村被定为国保单位以后，武义县博物馆制定保护规划时调查发现，整个村内远不止7个塘（井），17个也不止。人们要饮水、洗涤，七口塘（井）是不够的。至于构成所谓北极七斗的七星塘（井），至今也有多个已湮灭成平地或被填埋，只留下二三个。因此，在村中众多的塘（井）中，人为地提取七个，把它们硬拼凑成北斗七星，这完全是牵强附会的主观臆想，是毫无根据的。马林在《武义古建筑现状及保护措施》中提到俞源村“现存古建筑按清华大学统计多达395幢……比江西乐安流坑260幢多135幢”。然而，清华大学陈志华教授等人在俞源村调查时发现，完整和比较完整的明清古建筑仅有51处。武义县博物馆上报国家文物局是53处，2004年经过核实复查也是51处，而且这些建筑最早是明万历年间（1573—1619年）建造的，离刘基时代的跨度达200年以上，况且明代建筑仅占少数，主要是清乾隆至道光年间（1736—1850年）的民居建筑。据此，强定二十八幢古建筑为二十八宿也是一种臆附。如果说古代的天文星象未留下文字记载，这也与史实不符。早在殷商甲骨文中就有帝王占卜问天象的记载，之后的历史文献中更是有很多帝王询问天文星象的记录，这是常识。

四、太极星象玄又假，仪象权衡实又真

对于俞源村的太极星象说，国内也有少数专家持不同的看法。紫金山天文台教授徐振韬在媒体上看到武义俞源用太极星象来布置村落的格局，感到十分好奇，曾于2002年春专程赶到俞源去看个究竟。同年4月18日，他专门写信给武义县文旅局主管文化的邹伟平先生，就俞源村的“天体星象”谈了六点看法。在谈到溪口S形溪流时，他认为从地质结构来看，是天然形成的，溪流在遇到坚硬的石基的阻挡后就会改变方向。对“七星塘（井）”问题，从（俞源村的）鸟瞰图来看呈“北斗七星”状，据说这是刘伯温设计的，他认为更重要的是刘伯温为俞家排辈的10个字，即“敬卫恭仪像，权衡福寿昌”，这是具有明确的天文意义的。“仪像”或“仪象”，就是泛指“天文”或“天象”。清朝有一部御制的《仪象考成》，就是专门介绍钦天监关于天文工作方面的著作。“权”代表“天权”，是北斗七星的第四星；“衡”代表“天衡”，是北斗七星的第五星；“权衡”，实际上就是代表“北斗七星”。古人崇拜“北斗七星”，道教也尊崇其为星神，因此民间一直把“北斗七星”当作主管“寿夭生死”的大神。“敬卫恭仪像，权衡福寿昌”，意思就是要俞家虔诚敬奉天上的“北斗七星”，它们会保佑俞家世世代代福寿昌盛。

在谈到天文时，徐教授认为在中国封建社会里，“天文”是皇家御用的，是只给皇家服务的，因此历代皇朝都明令民间“禁习天文”，违反者将判重罪。地面建筑，只有京城和皇宫可以模仿天文星象。陵墓建筑，王公贵族一般可在墓室顶部摹绘星象图，以期“魂归天国”，其余都是违禁的。他认为刘伯温当时是绝对不敢按天体星相来设计的，那将会违反禁令，引来杀身之祸。

马林先生曾将他另一篇题为《星象图与古村——俞源古村落布局》的文章寄给清华大学陈志华等教授。陈在回信中十分恳切地说："我们对占星术一窍不通，年纪老了，再学也迟了，对您的大作不敢发表什么意见……我们对您的精神十分钦佩，真正是十分钦佩，工作如此细致，难能可贵……"实际上，陈志华等人对俞源村由刘基设计"太极星象"说表示了一种委婉含蓄的否定。

2006年2月，山东画报出版社出版的《中国地名的故事》一书，在第173页中也写到了俞源村："1998年，清华大学三位教授在浙江进行古建筑考察时，惊奇地发现这里（武义俞源村）不仅保留了全国最多的明清古建筑，还发现俞源村的布局是按中国古代的天体星象图'天罡引二十八宿，黄道十二宫环绕'，充满着道教传奇色彩。俞源村的布局与1974年在河北宣化辽墓中出土的星象图排列完全一致。村中还有按北斗星状排列的七口水塘，当地称'七星塘'。该村最大的古建筑俞氏大宗祠就建在北斗之斗内。……俞源村……溪流成'S'形……据村中老人讲，俞源村的布局是精通天文地理的明代开国谋士刘伯温规划设计并坐镇督造的。"这完全是马林先生主观想象的一些观点，但该书作者不加调查、不作核实地强加在了陈志华教授等人的头上。因为这本书出版前诸多媒体在渲染俞源发现"太极星象"一事时都认为是陈志华等人发现的，所以陈等三人当年就给刚退休的武义博物馆馆长涂志刚先生写了一封类似声明的信。为了弄清真相，本文将信的全文转引如下：

涂馆长：

近一年来，我们从报刊如一些宣传材料上多次看到有关俞源村的报道，其中突出宣传俞源古村村口呈"太极图"形，村内395幢古建筑是按天上"二十八宿"位置营造，因此俞源成了中国神奇的"太极星象村"，引起国内专家学者的关注和群众广泛的兴趣。

1998年，我们曾经带领学生到俞源村进行调查、测绘。俞源村保存的古建筑确实具有历史和文化的价值，很值得妥加保护和进行研究，我们也在进行这方面的工作。但是，浙江省、金华市和武义县的媒体报道中有关我们的一些意见是与事实不符合的。例如，我们没有说过“发现了”所谓村落“太极”“八卦”的布局；因为没有对俞源村所有古建筑做过精确统计，因此并没有说过村内现存明、清古建筑有395幢之多，也没有与江西流坑村的古建筑数目相比，更没有讲过这些建筑都是按“二十八宿”位置布局和营造的。而且，我们曾一再以口头或写信说明以上这些说法，迄今为止，并没有可靠和有力的证据，不应宣传。

对于俞源村的研究，仁者见仁，智者见智，各抒己见，本属正常现象。但我们希望，一切研究都要本着科学的实事求是的精神，不要妄断。

今天，俞源村的规划与古建筑受到广泛注视，它们的价值引起多方面的兴趣，我们感到十分高兴。但是，为了不致对我们的态度和意见产生误会，烦请您将此信转送有关单位与报社，不胜感激。我们希望在以后的报道和“学术论文”中，不再出现上述关于我们的误传。

楼庆西　陈志华　李秋香

一九九九年三月廿四日

楼、陈、李三位先生都是清华大学建筑学院年逾古稀的老教授，他们对国内外古建筑研究都有很高的造诣，尤其对建筑风水理论即民居的环境理论有很深的研究。他们的学术研究态度非常严谨，没有历史根据是不会轻易下结论的，这从他们对俞源村的研究中可以窥见一斑。

有直接文字依据的是《俞源俞氏宗谱》中记载刘基有恩于俞涞村百姓，为他们做过不少好事，其中就有为俞涞子孙辈取字，首取“敬、卫、恭、仪、像、权、衡、福、寿、昌”10字，而在这10个字中，“仪、像、权、衡”四字是含有天文意义的。所以，刘基为俞源村造“太极星象”是玄之又假的。但是，他为俞涞一家排辈10个字当中的“仪、像、权、衡”是实而又真的。

刘基运用他丰富深邃的天文知识，选用这四字的天文含意来预祝俞家福寿昌盛，这已是难能可贵了。在朱元璋高度强化的专制主义统治下，刘基深知“伴君如伴虎”的道理，以他险恶坎坷的政治生涯来讲，是不可能也万万不敢在俞源村大兴土木来营造所谓的“太极星象”的。

五、余论

“三分天下诸葛亮，一统江山刘伯温。”刘基是元末明初的政治家、军事家、文学家和谋略家，被后人尊称为“立德、立功、立言”的三不朽伟人。刘基为武义人民及俞源百姓所做的种种好事，武义人民永世难忘。他在武义留下的许多动人事迹和神话传说至今还在括婺古道上流传。武义县横山村刘基庙建于光绪年间(1875—1908年)，“文革”中被毁坏，现在又重新建造且香火很盛，这就是明证。刘基是人而不是神，我们批驳马林先生及那些盲目附和者们此种天体星象之类的伪科学的目的就是想把歪曲颠倒了的神化了的刘基从神坛的位置上请回到武义的地面人间，这样反而更亲切、更符合历史事实。刘基在历史的时空中不过是一闪而过，但他留下的刘基文化是一笔不可多得的宝贵财富，令后人享之不尽，用之不竭。刘基文化是一种历史现象的客观存在，不但对当时及今天，而且对后代的政治、经济、文化、社会生活、民情风俗等领域都将产生深远的影响。

明清市镇经济的特点与影响[①]

——以江浙地区为例

明代中叶以后，随着农业产品商品化的发展，市镇伴随着资本主义萌芽的出现，在全国范围内如雨后春笋般大批兴起。市镇的兴起有其特定的历史条件。市镇经济的发展是商品经济发展与社会分工扩大化的标志。而商品经济的发展是市镇经济发展的基础与前提，两者相辅相成，形成封建社会后期的经济运动。长江三角洲经济区的市镇的发展可作为当时的典型，苏南的苏州府、松江府和浙江的杭嘉湖平原商品经济十分发达，缘太湖流域形成星罗棋布的市镇网络，构成一个影响全国市场的商品流通站。本文试以明清江浙地区典型市镇为例，从市镇经济在当时的特点，市镇的类型、规模及它对我国封建社会后期的社会经济产生的影响等诸方面做一简单的探讨。

一、市镇类型

明代中叶以后大量兴建的市镇基本上可分为三类：作为手工业中心的手工业市镇；作为商业、服务业中心的商业市镇；作为交通线上重要环节的交通市镇。

---

① 原载《社会科学辑刊》2000 年第 6 期，与赵瑶丹同志合撰。

（一）手工业市镇

广东的佛山镇到明中叶户数过万家，居民大都从事冶铁业，其铁制品远销到国内外市场，颇有声誉，成为南方一大镇。① 江苏的震泽镇、盛泽镇都是因为丝织业的发达而成为丝织业市镇的。盛泽在嘉靖间始成为市，“镇上居民稠广，俱以蚕桑为业。男女勤织，络纬机杼之声通宵彻夜。市上两岸绸丝牙行，约有百余家，远近村坊织成绸匹，俱到市上。”四方商贾来收买的，“蜂攒蚁集，挨挤不开，路途无拧足之隙”②。浙江的濮院、菱湖、南浔、乌青等市镇都因丝织业发达而成为附近丝织品的生产与交易的中心。“明隆万间改土机为丝绸，制造绝工，濮绸之名遂著远近，自后织作尤盛。”③ 此外，如吴江檀邱、屯村，嘉兴的炉头镇是冶铁业市镇；横塘镇是酿酒业市镇④；湖州的陈庄镇是竹器业市镇；吴兴县的善琏以制笔业闻名；石门镇是榨油业市镇；嘉善的千家窑镇是陶冶业的市镇，镇上“民多业陶，旧不为镇，兹甓埴繁兴，贸迁日伙”⑤；江西景德镇已成为拥有数十万人口的瓷器专业市镇。

（二）商业市镇

吴江的县市、平望、八斥、严墓就是商业市镇。县市“其城

---

① 吴荣光：《（道光）佛山忠义乡志》卷八，4 页，南京，江苏古籍出版社，1992。

② 冯梦龙：《醒世恒言》卷十八《施润泽滩阙遇友》，352 页，北京，中华书局，1991。

③ 金淮：《濮川所闻记》卷三《织作》，引庄龙锡：《濮川志略》，16 页，上海，上海书店出版社，1992。

④ 严辰：《（光绪）桐乡县志》卷一《疆域上·市镇》，41 页，台北，成文出版社，1970。

⑤ 江峰青修，顾福仁纂：《（光绪）嘉善县志》卷二《乡镇》，引《（万历）章志》，57 页，台北，成文出版社，1970。

内及四门之外皆市廛闤阓，商贾辐辏，货物腾涌”①。平望“商舶之走集无虚日”②。长洲是“阛阓之肆，商贾集贿之积”③的市镇。八斥、严墓即因旅店、酒馆等服务业的发达而成为商业市镇。朱角镇“商旅辐集，称为巨镇”。朱泾“居民数千家，商贾辐辏”。④

樟树镇在江西丰城与清江之间，是商业活动的孔道，“烟火数万家，江、广百货往来与南北药材所聚，足称雄镇”⑤。上海的外岗镇，神宗初年，民益稠密，俗称繁庶，四方之巨贾富驵、贸易花布者皆居于此，遂称雄镇。

随着明代海外贸易的发展，泉州就比宋元时更为发达，“大半市易上国，及诸岛夷，稍习机利”⑥。漳州的海澄，亦因“商人贸迁，多以巨舶兴贩番货”⑦。

(三) 交通市镇

北方重镇宣化是一个交通重镇，又是一个与北方少数民族进行茶马交易的商市。这里“贾店鳞比，……各行交易铺，沿长四

---

① 莫旦：《(弘治) 吴江县志》卷二《市镇》，80—81页，台北，台湾学生书局，1987。

② 翁广平：《(道光) 平望志》卷首《原序》引旧序，11页，扬州，广陵书社，2011。

③ 皇甫汸：《(万历) 长洲县志》卷一《风俗》，60页，台北，台湾学生书局，1987。

④ 顾祖禹：《读史方舆纪要》卷二十四《江南六·苏州府》，1144页，上海，商务印书馆，1937。朱栋：《(嘉庆) 朱泾志》卷1《疆域志·桥梁》，990页，上海，上海书店出版社，1992。

⑤ 王志性：《广志绎》卷四《江南诸省》，85页，北京，中书书局，1981。

⑥ 阳思谦：《(万历) 泉州府志》卷三《舆地志下·风俗》，290页，台北，台湾学生书局，1987。

⑦ 彭泽修：《明代方志选（三）·漳州府志》卷三十《海澄县·舆地志·风俗》，631页，台北，台湾学生书局，1965。

五里许，贾皆争居之”[①]。游墅关是濒运河的交通要地，“商民稠密，为运道要冲”。八尺是“运河所经，为南北冲要”[②]。瓜洲“拥大江，引吴会，飞挽万货纷集”[③]。上海在宋时才称镇，元至元二十九年（1292年）割华亭县高昌等五乡为县城，至明时成为东南交通重镇，人口增至十几万，“襟海带江，舟车辏集”[④]。浙江的乌镇，“当商贾之航，闽粤而漕江淮者，亦咽喉于此。人烟辐辏，环带数千家”[⑤]。

这些市镇都是随着经济和交通事业的发展而发展的，决非由于政治或军事的因素所推动而成为市镇的。马克思说：“商业依存于城市的发展，而另一方面城市发展以商业为条件。”[⑥] 有人认为中国的城市都是由于政治原因所推动而兴建的，如傅筑夫认为“中国从古到今的大小城市都是封建统治阶级的政府根据其政治的和军事的部署，并根据封建‘王制’所确定的等级关系而有目的、有计划地兴建的。其中没有一个由于该地的工商业有了发展而形成的”[⑦]。从上述三类市镇的发展过程来看，它们的兴起并非是由于政治或军事部署的需要，也非根据封建王制”有计划地兴建起来的。应该说，在唐宋以前，有些城市特别是作为政治中心的城市，的确都是根据政治或军事的需要而兴起，如汉、唐时的长安等，但到了明清时代则完全不同。当然像北京，作为首

① 陈梦雷：《古今图书集成》卷一百五十五《宣化府风俗考》，1461页，台北，台湾鼎文书局，1977。

② 顾祖禹：《读史方舆纪要》卷二十四《江南六·苏州府》，1110页，上海，商务印书馆，1937。

③ 杨洵：《（万历）扬州府志》卷一《郡县志》，42页，北京，书目文献出版社，1991。

④ 郑洛书，高企：《（嘉靖）上海县志》卷八《文志》，15页，上海，传真社，1932。

⑤ 茅坤：《茅鹿门先生文集》卷十五《浙直分署纪事本末序》，668页，上海，上海古籍出版社，2002。

⑥ ［德］马克思：《资本论》（第3卷），411页，北京，人民出版社，1975。

⑦ 参见《经济研究》，1978（7），57页。

都，它的城市建设规划确是根据“王制”的需要来兴建宫殿、住宅、街道的，这是极个别的例子。散布在全国各地的中小市镇则并非如此，完全是自发地由于经济发展而逐渐兴起的。市镇的建设也是无计划的，只是根据工商业发展的需要在某一地方集中了某种工商业，所以分布（布局）也不是遵“王制”的。应该说，经济力量是远胜过政治力量的。

二、市镇经济对封建社会后期经济运动和社会生活的影响

（一）市镇是城乡交流的纽带，是城市经济与农村经济发生联系的媒介

附近农村中的农副产品和原料运到市镇上出售，市镇中手工业产品推销到附近农村中去，市镇就成为商品生产的组织者。当然，这种组织是受市场规律和价值规律支配的，是自发进行的。同时，以市镇为中心形成农村中某种手工业产品的生产据点，如苏、杭、嘉、湖的丝织业，松江的棉织业，在这些市镇附近就成为专业生产的区域。这些地区由于丝织业或棉织业的发展，农村中则大量种植桑或染料作物，大有改种谷物为经济作物的趋势，像松江大片土地都种棉花。顾炎武说：“吾松偏（遍）栽花稻。”据张五典统计，棉田竟占耕作面积的一半，有的地方种稻谷者仅占十之三四。① 太仓“统计州县地不下八千余顷，大率种木棉者十之七”②。浙江的余姚“邑北乡沿海有四十余里皆植木棉，每

① 顾炎武：《天下郡国利病书》，《苏松》，63页，上海，上海书店出版社，1935。

② 王祖畲：《（宣统）太仓州镇洋县志》卷三《风土》，35页，南京，江苏古籍出版社，1991。

至秋收，商贾集如云，……邑民资是以生者十之六七”[1]。这些地方所种棉花除了供给附近市镇或农村家庭手工业加工棉布的需要外，还远销到各地。吴梅村说：“隆万间闽商大至，州赖以饶，……眼见当初万历间，陈花富户积如山。”

丝织业的发展需要农村植桑饲蚕。湖州“湖塘业已半为桑田”[2]。崇德县“田地相埒，故田收仅足支民间八月之食。……公礼仰给惟蚕息是赖，故蚕务最重”。乌程县“以丝佐谷，无尺地之不桑，无匹妇之不蚕”[3]。湖州地区产丝量多质佳，畅销国内外市场，“丝绵之多精甲天下”[4]。如广州有名的粤丝一定要用湖丝为原料，漳州的丝织原料亦必取于苏杭，“每岁所须以织丝纱帛皆资吴松”[5]。湖丝运到日本，很受日本人欢迎，“获利每必倍”[6]。在这些市镇上，每当蚕丝上市，各地客商携巨资重金来贩卖，形成繁荣的蚕丝市场。菱湖镇“四方鬻丝者多廛临溪，四五月间溪上乡人货丝船排比而泊，自菱湖前后左右三十里”，镇上“毕集南粤金陵商”。[7]

由于丝织、棉织业的发展，不仅使这些市镇成为专业性的手工业市镇，同时也影响到附近农村成为专业性的经济作物种植区，于是就形成了经济作物种植区与谷物种植区之间的交流，使谷物业也进入商品生产的领域。如嘉定县（今上海嘉定区）粮食

---

① 孙德祖：《（光绪）余姚县志》卷六《物产》，121页，台北，成文出版社，1983。

② 顾炎武：《天下郡国利病书》，《浙江下》，32页，上海，上海书店出版社，1935。

③ 潘玉璇，冯健修：《（光绪）乌程县志》，《序》，516页，南京，江苏古籍出版社，1993。

④ 顾炎武：《肇域志》卷十三《浙江·宁波府》，2072页，上海，上海古籍出版社，2004。

⑤ 邓淳：《岭南丛述》卷二十八《服饰》，道光十五年刻本，23页。

⑥ 谢杰：《虔台倭纂》，《倭刊》，238页，北京，书目文献出版社，1990。

⑦ 董遐周：《（崇祯）吴兴备志》卷二十九《璅征》，40页，台北，商务印书馆，1983。宗源瀚：《湖州府志》卷三十一《舆地略蚕桑下》，607页，台北，成文出版社，1970。

就靠外地供应，而嘉定的棉花则远销到各地，“商人载米而来者，舳舻相衔地”。促进农村中一些地主或富农改种经济作物，采用大量雇工种植，使这种地主逐渐成为经营地主，改变了土地经营结构的方式。也就在这一地带，农业雇佣劳动者出现得最多，如茅坤的父亲“治生喜种桑，则种桑万余唐家村上”①，“富农倩佣耕，或长工，或短工”②。

（二）市镇经济的发展孕育着资本主义的胚胎

由于商品生产的发展，采用了作坊或工场经营方式，分工协作细密，生产规模扩大，必须雇佣大量劳动力，拥有自由雇佣劳动者的作坊或工场，这就是资本主义的萌芽。从石门镇榨油作坊来看，“镇油坊可二十家。杵油须壮有力者。……镇民少，辄募旁邑民为佣，其就募者类赤身亡赖，或故髡钳而匿名避罪者，二十家合之八百余人，一夕作佣直二铢而赢”③。在丝织业中，雇佣劳动者更是大量存在，如在濮院镇的丝织业中有称“湅手”的雇工存在：“以生油付湅坊，每坊佣者数十名，曰湅手。”④ 盛泽镇上的施复就是由“妻络夫织”的手工业独立劳动者逐渐积累资金，雇佣佣工，拥有三四十张䌷机，上升成为工场主的。

这种市镇中的资本主义萌芽关系逐渐渗入附近的农村，在农村中除了创办手工业作坊外，也有一些包买商深入，垄断了原料和产品销售市场。据朱国桢记载，“往往商贾从旁郡贩棉花列肆吾土，小民以纺织所成，或纱或布，侵晨入市，易棉花以归，仍治而纺织之，明旦复持以易，无顷刻间，纺者日可得纱四五两，

---

① 唐顺之：《重刊荆川先生文集》卷十五《茅处士妻李孺人合葬墓志铭》，7页，上海，商务印书馆，1936。

② 李培修：《（万历）秀水县志》卷一《风俗》，564页，上海，上海书店出版社，1993。

③ 许瑶光：《（光绪）嘉兴府志》卷十四《古迹·漳宪亭碑记》，54页，台北，成文出版社，1970。

④ 金淮：《濮川所闻记》卷三《织作》，16页，南京，江苏古籍出版社，1990。

织者日成一匹。”① 包买商将原料发给农妇，变农妇这种家庭手工业者为场外加工者，同时也使家庭手工业者与销售市场切断了联系。包买商充当了生产的组织者，使家庭手工业逐渐脱离了自然经济范畴，成为商品生产，如果继续得以发展，就有可能使这种商业资本如列宁所论述的，在小工艺五种基本形式中成为最高形式的包买商，把商业资本与工业资本结合起来，这就是缔造资本主义生产方式的过程②。

明代中叶资本主义萌芽不但在大中城市中存在，而且我们从上述事实中可以看到，资本主义萌芽更大量地存在于大大小小的市镇中，这是很值得我们重视的社会现象。

（三）市镇经济的发展推动了乡镇都市化进程

中国都市化历史进程的渊源可以追溯到 10 世纪前后的宋代商业革命时期。那时的社会是以经济商业化和半都市、村市发达的市场网为特色的，其后也以一贯的步调发展着，一直延续到清末。在乡村都市化的进程中，尤其值得注意的是市镇。市镇的兴起与发展，反映了乡村逐步都市化的进程，因而市镇作为城乡间的中介和过渡地带具有显著的历史意义。从某种程度上说，传统农业社会的历史也就是乡村不断都市化的过程。在这一过程中，县以上都市的数量变化不大（汉代有 1587 个县，唐代有 1573 个县，宋代有 1135 个县，明代有 1385 个县，清代有 1300 个县），那么都市化不能不体现在这样两个方面：一方面体现在原有的县以上层次的都市，不断由政治中心、军事中心向经济中心转化，或者经济中心的地位越来越突出；另一方面体现在大量市镇的兴起与繁荣，以它突出的经济中心、文化中心的地位成为不同于乡

---

① 许瑶光：《（光绪）嘉兴府志》卷三十三《物产》，7 页，台北，成文出版社，1970。

② ［苏］列宁：《俄国资本主义的发展》，见《列宁全集》（第 3 卷），397—398 页，北京，人民出版社，1959。

村的都市。

长江三角洲不少市镇，无论就其规模，抑或就其经济地位而言，都已大大超出管辖它的县城乃至府城。例如，湖州府的南浔镇，全镇南北长五里，东西宽三里，东西南北之通衢周约十里。① 镇中运河与市河相交，形成十字港，系闹市与商业中心。四周街道密布，有大街、寿星街、爆场街、丝竹埭、米廊下、树行埭、西木行等。它从南宋末年兴起，直至清末民初久盛不衰，成为湖州丝业中心。当地有句谚语："湖州整个城，不及南浔半个镇。"② 它虽属湖州府乌程县管辖，然而其规模、地位、经济文化诸功能早已凌驾湖州府、乌程县之上。

市镇在乡村的都市化趋势中的显著作用还体现在一些市镇被作为县的治所因而使县城与市镇合二为一上。例如，明宣德四年（1429 年）置嘉善县，以魏塘镇为县治；万历元年（1573 年）置青浦县（今上海青浦区），以唐行镇为县治。诸如此类的还有风鸣市发展成为桐乡县治，议和镇成为金山县（今上海金山区）治，硖石镇成为海宁县治。这些市镇转化为县城，其实只是形式的变换，因为它们具有县城的规模、功能在先，改成县治在后，而且改变建置后这些市镇的规模依然如故。这就充分表明市镇类似于县城而不同于乡村，是乡村向都市转化的终结。

疆域与人口是考察都市化进程的重要因素，表 1 是明清时期江南主要市镇的疆域、人口统计数据，以供参考。

---

① 汪曰桢：《（道光）南浔镇志》卷一《疆域》，1 页，上海，上海古籍出版社，2002。

② 刘大均：《吴兴农村经济》，122 页，上海，上海文瑞印书馆，1938。

表 1　明清时期江南主要市镇的疆域、人口统计简表

市镇名	疆域	人口	资料来源
乌青镇	万历十年（1582 年）纵七里，横六里，周边二十八里。乾隆时，市远广袤十八里。光绪前后，东西广七里许，南北袤九里，周边 32 里	万历间，居民殆万家；乾隆间，十里以内居民相接，烟火万家；嘉庆十九年（1814 年），市井数盈于万户	《（万历）乌青镇志》《（万历）湖州府志》《（乾隆）乌青镇志》《（光绪）桐乡县志》、谢鹏举的《复添设官府佐官员疏》
盛泽镇	乾隆五年（1740 年），地市纵横不过三里，而边隅甚广	明初，居民止五六十家，嘉靖间倍之，……迄今（乾隆）居民百倍于昔	《（嘉靖）吴江县志》《（乾隆）吴江县志》《盛湖志》
震泽镇	嘉靖间，地方三里，居民千家	成化中三四百家，嘉靖间倍之而过焉；康熙时，居民二千家	《（嘉靖）吴江县志》《（乾隆）震泽县志》《（康熙）吴江县志》
濮院镇	乾隆间，镇周十二里，东西三里，南北称是	万历间，可万余家；康熙间，万家烟火	《（万历）秀水县志》《（康熙）桐乡县志》《（乾隆）濮院镇志》
王江泾镇	清末，街址南北一里半，东西屈曲三里	万历间，居者可七千余家	《（万历）秀水县志》《闻川志稿》
双林镇	东西四里，南北三里，周十四里	嘉靖、万历间，庐井千区；顺治十六年（1659 年），居人三四千户	《双林镇志》
南浔镇	弘治间，周三里；光绪间，东西三里，南北七里	嘉靖间，烟火万家	《（道光）南浔镇志》《（光绪）乌程县志》

续表

市镇名	疆域	人口	资料来源
菱湖镇	同治间，广二里，袤如之；光绪间，广袤各二里	康熙间，烟火万家；同治间，居民向约五千数百家，劫后约四千家	《（同治）湖州府志》《（光绪）菱湖志》
平望镇	明时，地方三里，居民千家	—	《（道光）平望志》
桐乡县城	正德间，周一千二百丈；嘉庆间，周五里	—	《（正德）桐乡县志》《（嘉庆）桐乡县志》
湖州府城	弘治间，东西十里，南北一千里；光绪间，今府城东西止四里，南北止六里	—	《（弘治）湖州府志》《（光绪）乌程县志》
嘉兴府城	清时，周九里十三步	—	《嘉兴新志》

（四）市镇经济对民风民俗的影响及其对传统社会意识的冲击

明代中叶，社会风尚从城市到乡村，从北方到南方，都发生了变化，而变化则大都从经济发达的地区向边远广大乡村扩散，以江南苏杭为中心向南北传习。张瀚说：“至于民间风俗，大都江南侈于江北。而江南之侈，尤莫过于三吴。自昔吴俗习为奢华，乐奇异，人情皆观赴焉。吴制服而华，以为非是弗文也；吴制器而美，以为非是弗珍也。……是吴俗之侈者愈侈，而四方之观赴于吴者，又安能挽而之俭也。”① 三吴是当时商品经济最发

① 张瀚：《松窗梦语》，《百工记》，79页，北京，中华书局，1985。

达的地区，也是民风最奢侈的地方，而全国其他各地的人们对于这种奢华的风尚“皆观赴焉”，以至于服非吴服不文，器非吴器不珍的地步。经济现象的变化与发展在移风易俗方面的作用可见一斑。

随着商品经济的繁荣，人们逐渐改变了重农轻商的传统观念。封建社会素以农为本、工商技艺为末，一贯奉行重本抑末的政策，以为只有这样才能巩固小农经济，使社会经济稳定。但是，到了明中叶，尽管重本抑末仍被奉为传统的政策，但民间早已崇末轻本了，改农从商习技艺，已成为社会风气。如《(万历)歙志》曰：“传云，本富为上，末富次之，奸富最下，而今则一切反是。……最反者则曰江淮之南。……人人皆欲有生，人人不可无商贾矣。”所以，时人林希元说：“今天下之民，从事于商贾技艺、游手游食者十而五六。”① 如苏州“洞庭之民，鲜务农耕，多商于远”②。“民生十七八即挟资出商，楚卫齐鲁靡远不到，有数年不归。”③ 瓜洲为津渡，“居民悉为牙会，贫者倚负担，剥载索雇直以糊口，弗事农”④。

封建社会后期市镇的发展应该说是建立在整个社会经济发展的基础上的，特别是商品生产发展的基础上的，在某种意义上可以说市镇的发展水平几乎是衡量一个社会商品生产和商业发展的标志之一。明代中叶出现的大批市镇是大中城市与广大农村联系的纽带，城乡关系就是通过城市，特别是通过市镇深入农民生活中的，并且促进农村中商品生产的发展，推动自然经济的逐步分解。这种互相推进的经济运动就是封建社会后期母体里孕育着资本主义萌芽的过程。

---

① 林希元：《同安林次崖先生文集》卷二《奏疏》，458页，济南，齐鲁书社，1997。

② 杨循吉：《（嘉靖）吴邑志》卷首，276页，济南，齐鲁书社，1997。

③ 王鏊：《震泽编》卷三，689页，济南，齐鲁书社，1997。

④ 杨洵：《(万历)扬州府志》卷一《总论》，2页，北京，北京图书馆出版社，1998。

张苍水的抗清斗争及其民族气节①

张煌言，字玄著，号苍水，浙江鄞县（今浙江宁波市鄞州区）西北厢人，明末清初有名的抗清将领。他的一生可谓忧国爱民，足以与南宋文天祥媲美。作为浙江抗清义师的时代旗手，他始终站在抗清斗争的前列，反映当时人民反抗清朝残暴统治的意志，在极艰苦的环境中进行了不屈不挠的战斗。同时，他又十分爱民，从人民的立场出发，关心民众的疾苦，即使是在形势十分危急的时刻，也不例外。当然，他毕竟是地主阶级知识分子，以光复明王朝在全国的统治为己任，有他的阶级局限性，这是无可争辩的事实。但是，他不畏强暴、百折不挠的精神，多次拒绝敌人高官厚禄的引诱、招降，忠于明室的高风亮节，在当时可谓举国共仰，在今天也值得人们敬仰和怀念，对广大青少年进行爱国主义教育有重要的现实意义。

一、抗清斗争

抗清斗争是张煌言一生中最主要的活动。他时刻站在战斗的第一线，在极为艰苦的条件下进行了顽强斗争，多次取得抗清斗争的重大胜利，使抗清局势明显好转；也多次遭受重大挫折和失败，面对低潮，卧薪尝胆，再图发展。正是这种顽强意志，使他

① 原载《社会科学论坛》1990年第3期，与谢振世同志合撰。

领导的抗清武装成为南明小朝廷中坚持斗争最久的一支队伍。

张煌言生于明神宗万历四十八年（1620 年）庚申六月，年少时“能文章，善骑射”①，曾在童子试中三发三中，崇祯十五年（1642 年）壬午中举人。期间，他耳闻目睹了清军铁骑蹂躏人民的暴行，激发强烈的民族情感，坚定了反抗清军暴行的信念，以至于“常感愤国事，愿请缨”②。顺治二年（1645 年），清军攻占江宁，南明弘光政权覆灭，江南各地抗清义师纷起。同年，杭州失陷，年仅二十六岁的张煌言愤然走出平静的书斋，投笔从戎，与钱肃乐、沈宸荃、冯元飏等，在浙东举起了抗清义旗，开始了长达二十年之久的抗清生涯。

六月，张煌言与钱肃乐等人一起在家乡宁波一带开展抗清活动。不久，受众人推举，前往天台迎接鲁王朱以海，被授为“行人”。到达绍兴后，鲁王就监国位，赐张煌言进士出身，授以翰林院修撰之职，自此“入典制诰，出筹军旅”③。当时的鲁王政权控制着绍兴、宁波、温州、台州等地，得到当地人民的有力支持，想划江而治，凭借钱塘江天险，同清军对峙了一年多，多次挫败清军进攻。但是，鲁王忙于同诸王争正统，对清军疏于防范，清军乘天旱水浅渡过钱塘江，并且很快攻下绍兴。鲁王军队溃败，浙东失守。鲁王本人退至舟山，张煌言与父母妻儿诀别，与另一抗清名将张明振一起进入舟山。

顺治四年（1647 年），“江南提督吴胜兆请降，煌言劝名振援胜兆，遂监其军以行”④。船队在崇明附近海域遇到台风，船被掀翻，煌言被俘，在别人的帮助下逃出，从小道复还入海，取

---

① 戴枚修，张恕纂：《张苍水集》附录，见《（光绪）鄞县志》，251 页，北京，中华书局，1959。

② 戴枚修，张恕纂：《张苍水集》附录，见《（光绪）鄞县志》，251 页，北京，中华书局，1959。

③ 戴枚修，张恕纂：《张苍水集》附录，见《（光绪）鄞县志》，251 页，北京，中华书局，1959。

④ 赵尔巽：《清史稿》卷二百二十四《张煌言传》，9153 页，北京，中华书局，1976。

道黄岩，到达上虞平冈。在这里，他招募军队，重整旗鼓，再一次举起抗清义旗，联合四明山区的王翊、李长祥等义军，屡次进攻清军占领的县城，“连破新昌、上虞诸邑”①，迫使清军在浙东实行戒严。

顺治七年（1650 年），鲁王以舟山召煌言入了卫，张煌言将平冈的军队交给下属刘翼明、陈天枢指挥，自己率一部分新兵进入舟山，被提升为兵部侍郎。当时，舟山成为鲁王的抗清根据地，然而好景不长，遭到清军重兵围攻而失陷。张煌言被迫奉鲁王入闽到达厦门，后又回到台州一带组织义军。期间，张煌言写有《翁洲行》一首，诗中写道：“安得一剑扫天狼，重酹椒浆慰国殇。”② 这首诗表达他因抗清遭受巨大挫折的苦闷心情，又从另一个侧面看出他抗清到底的决心。

自顺治十一年（1654 年）开始，张煌言和张名振组织两次规模较大的反攻，直逼南京，影响很大。顺治十一年，两张率部由吴淞口入长江，沿江而上进逼镇江，并且登上江中的金山，遥祭孝陵。“烽火达江宁”，东南半壁为之震动。后因在上游接应的义军没有按时到达，他们不敢孤军深入，退至崇明。顺治十二年（1655 年），他们从崇明再次溯江而上，攻瓜州、仪真等地，抵达燕子矶，直逼江宁，因“师徒单弱”③、孤军深入无人响应，退到浙江境内。就在这一年，义军著名将领张名振因长年征战积劳成疾而去世，所辖部悉归张煌言指挥，军势开始强盛。煌言被桂王任命为东阁大学士兼兵部尚书，并且作为郑成功的监军。

顺治十六年（1659 年）五月，清军主力集中进攻西南的李定国，东南方人力空虚，郑成功乘此有利时机，亲自率领一万精兵北伐，发动了一次战略大反攻。张煌言率本部人马六千余人在崇明与郑成功部会师，郑成功以张煌言部为先锋，攻下瓜州。这

① 全祖望：《张苍水集》附录《年谱》，211 页，北京，中华书局，1959。

② 张煌言：《张苍水集》第二编《奇零草》，76 页，北京，中华书局，1959。

③ 张煌言：《张苍水集》第四编《北征录》，192 页，北京，中华书局，1959。

时，郑成功与张煌言在主攻方向上发生了分歧。郑成功认为应先攻江宁，再取镇江，理由是先取镇江，江宁之敌要全力增援。张煌言主张先取镇江，再攻江宁，说："吾以偏师由水道薄观音门，金陵将自守不暇，岂能分援他郡。"① 最后，郑成功采纳张煌言的主张，并且请张煌言率偏师从水道佯攻观音门。郑成功亲率大军攻克镇江，然后兵围江宁。张煌言则率领一队水军向北发展，到达安徽芜湖，并且以芜湖为中心，兵分四路出击，东出溧阳（今江苏溧阳），图谋广德（今安徽广德）；西进池州（今安徽贵池）控制长江中游；北取和州（今安徽和县），以巩固长江对岸的采石矶；南往宁国（今安徽宁国），争取徽州。一系列组合拳一出击，就取得明显效果。他的部队兵不血刃，连续攻下太平、池州、宁国、徽州等四府，广德、无为、和阳等三州及当涂、芜湖、繁昌、宣城等二十四县，共计城池三十座。张煌言军队纪律十分严明，所到之处秋毫无犯，老百姓夹道欢迎。当张煌言部队攻克芜湖时，"军不满千，船不满百，但以大义感召人心。而公师所至，禁止抄掠，父老争出，持牛酒犒师，扶杖炷香，望见衣冠，涕泗交下……"② 张煌言所取的重大胜利是抗清斗争以来前所未有的，对当时抗清局势产生了巨大影响，一时间，人心振奋，江淮为之震动。湖南、江西、山东、河南等地的抗清志士仁人，有的举事响应，有的投奔张煌言，愿意接受张的指挥，共举抗清大旗。清朝统治者也十分震惊，顺治帝甚至准备放弃北京，逃回东北老家，以图东山再起。面对大好形势，张煌言、郑成功乘士气旺盛，先取江宁四周的句容、丹阳等战略要地，再攻江宁。郑成功骄傲轻敌，中了敌江南总督郎廷佐的缓兵之计，既没有全力攻取江宁，也没有采纳张煌言的建议，而是对江宁围而不攻。这个战略上的重大失误，导致部队士气衰竭、斗志松懈，清

---

① 戴枚修，张恕纂：《张苍水集》附录，见《（光绪）鄞县志》，252 页，北京，中华书局，1959。

② 全祖望：《鲒埼亭集》卷九《明故权兵部尚书兼翰林院学士侍讲鄞张公神道碑铭》，113—114 页，上海，商务印书馆，1936。

军乘机从江宁突然出击，郑军大败。郑成功没有组织有效的反攻，很快撤出镇江，退回福建，一下子使张煌言陷入孤军无援的困境，原来收复的一些州县又相继失陷，部队被清兵重重包围了，最后只有张煌言率少数军士冲开血路，突出重围，经安庆、严州、东阳、义乌，在沿途民众的帮助下，从小道秘密回到浙东。他并不因战事失利而灰心丧气，反而对自己抗清斗争进行了及时、认真的总结，写成《北征得失记略》一书（也作《北征录》）。

顺治十八年（1661 年），为消灭抗清义军，一方面，清廷发布“迁界令”，规定从山东到广东的沿海居民一律内迁三十里，同时又规定片帆不得下海，粒货不得越疆，试图隔绝沿海地区抗清义军同人民的联系，困死沿海抗清义军；另一方面，加紧进攻西南的抗清义军。为解滇中之急，张煌言派职方郎中吴鉏去郧阳联系李来亨、刘体纯等领导的荆襄十三家军，要求他们“一道出蜀，一道出黔，以牵其势，使无急进”①。虽然荆襄十三家军的两路进攻有力地牵制了清军南下，但这一切努力仍然无法改变永历政权（桂王）覆灭的命运。七月，吴三桂率亲兵攻下缅甸，俘获了桂王，最后一个南明政权宣告瓦解。不久，著名抗清英雄李定国在悲愤中离开了人世，郑成功渡海去收复台湾，张煌言部队成了最后坚持抗清的队伍，这并没有动摇他抗清的决心。

康熙元年（1662 年）四月，桂王殉难。五月，郑成功在台湾病故。康熙三年（1664 年），鲁王在金门病故，抗清大势已去。于是，张煌言决定解散余部，自己隐居在定海（镇海）悬山小岛（今属舟山普陀区）。② 清廷悬赏通缉张煌言，无人举报。浙江总督赵迁臣四处搜捕，也没有什么结果，后打听到张的一个部下，用重金收买，在他的带路下，乘其不备，进行偷袭，于七

---

① 全祖望：《张苍水集》附录《年谱》，204 页，北京，中华书局，1959。

② 据全祖望的《神道碑铭》记载，张煌言于甲辰一月十七日在象山南田岛悬岙被捕，不少志书因袭此说，今在南田岛也发现张煌言军队驻扎的痕迹，但根据《清圣祖实录》及有关典籍，张氏被捕应在七月二十日于定海（镇海）悬山岛。

月二十日在悬山岛捕获张煌言。七月二十三日，张煌言被押解到宁波，不久解送杭州被杀。

二、关心人民疾苦

张煌言的一生不但忧国，为光复明室奋斗二十年之久并为之捐躯，而且十分爱民，关心人民疾苦。因为他清醒地看到只有人民的拥护，自己才有立足之地，抗清才能长久地坚持下去，所以他时刻把人民铭记在心，关系人民的生产、生活，制定严格的军纪，禁止士兵骚扰人民。

早在起事之初，清军铁骑蹂躏人民的暴行激发了他的民族情感，使他走上了投笔从戎的道路。驻兵平冈时，山寨的义军大都抢劫、掠夺百姓来保障军需，独张煌言与大岗山寨的王翊及李长祥的义军实行"履亩劝输"① 来保障供给，严禁部下抢劫。当时，张煌言十分关心农民的农事安排，春耕时节常常出去劝农耕作，曾作过《劝农遇雨诗》。② 他还十分重视农村的水利建设。天台县有个长亭乡，地处海滨，有许多田地受咸潮入侵之害。顺治十六年江上之役失败后，他回到天台，募集义民修筑海塘以挡咸潮，并且作《山头重建海塘碑记》③ 以记之。

张煌言部队军纪严明，严禁士兵抢掠。顺治十六年，他率部队到芜湖时，有一士兵上街买麦粉，少付了钱，店主报告了此事，张煌言立即下令把士兵处死，士兵惊慌地说："吾罪岂至于此？"张煌言严肃地说："我有谕在此，即一钱也斩，况四分乎？"于是，士兵就这样被处死。正因为有这样严明的军纪，才能赢得老百姓支持，在短时间内兵不血刃地连下四府、三州、二十四县之地。

---

① 赵尔巽：《清史稿》卷二百二十四《张煌言传》，9154 页，北京，中华书局，1976。

② 张煌言：《张苍水集》第二编《奇零草》，67 页，北京，中华书局，1959。

③ 张煌言：《张苍水集》第一编《冰搓集》，8 页，北京，中华书局，1959。

当抗清斗争大势已去时，令他念念不忘的还是人民。在给安抚赵廷臣的信中，他说：“因国事之靡宁，致民生之愈蹙。十余年间，浙闽郡邑，刍茭糗粮之供，楼橹舟航之费，可谓百孔千疮，敲骨吸髓，而不曾得烽消燧息，波静潮平……汔可劳止。”① 因此，他说：“但使残黎朝还故里，则不佞即当夕挂高帆。”② 但是，这并不意味着停止抗清，向敌人乞降，他的斗志始终不懈。他说：“十洲三岛，莫非生聚教训之区，尝胆卧薪，别扶危定倾之计，恐臣靡尚在，天意未忘禹功，诸葛犹存，正统还归汉胄。”③ 这表示他要把抗清斗争坚持到底，只因为投鼠忌器，不愿意重困一方民众，所以才愿意“暂解兵争”，“稍苏民困”。④ 正因为他时刻把人民放在心头，人民对他也是拥护关心、爱戴备至，他的义旗所到之处是人民希望寄托之所在。他与郑成功一起挥师北伐时，兵不满万，船不满百，却能连下四府、三州、二十四县之地，一时大江南北义师蜂起，使清朝统治者受到极大的震撼。人民望见他的将士衣冠，莫不感动流涕，纷纷壶浆箪食、扶杖炷香前来迎接。及至江上之师战败，他弃舟登岩，退伏山谷，变服宵行，到处都有民众做他的向导，甚至连和他一面之缘也没有的人也在暗中帮助他，引导他由安徽至浙江奔驰两千余里，直达海滨。而海滨人民一听他脱险生还的消息，无不庆贺，纷纷以壶相饷。当最后被部下出卖被捕后，人民在愤慨与惋惜之余，还以贿赂守者见他一面以幸，有的请他挥洒翰墨，有的传抄他的诗文作为纪念。这固然可以看出在残酷的民族压迫下的民心所向，但也反映他关心民众，赢得了民众由衷的爱戴。

---

① 张煌言：《张苍水集》第一编《冰搓集》，36—37 页，北京，中华书局，1959。

② 张煌言：《张苍水集》第一编《冰搓集》，37 页，北京，中华书局，1959。

③ 张煌言：《张苍水集》第一编《冰搓集》，37 页，北京，中华书局，1959。

④ 张煌言：《张苍水集》第一编《冰搓集》，37 页，北京，中华书局，1959。

三、不为威屈、不为利诱的民族气节

张煌言始终站在抗清斗争的第一线，在环境险恶的条件下进行不屈不挠的斗争，更值得指出的是他宁死不屈、以身殉国、忠于明室的民族气节。敌人多次千方百计要招降他，他没有被高官厚禄所引诱，没有被要挟所吓倒，坚持初衷不变，体现了中华民族贫贱不能移、富贵不能淫、威武不能屈的传统美德，体现了一个知识分子的铮铮铁骨。被捕以后，他更是以岳飞、于谦自许，视死如归，保持名节，最后以身殉国。

顺治八年（1651年），张煌言父亲去世，浙江提督田雄乘机写信招降张煌言，遭到他的严正拒绝。他在回信中明确指出："忠孝已难两全，华夷岂堪杂处，区区此志，百折弥坚。"① 顺治十六年，两江总督郎廷佐书招张煌言，张严词指出，"夫揣摩利钝，指画兴衰，庸夫听之，或为变色，而忠贞之士则不然，其所持者天经地义，所图者国恤家仇……以故每毡雪自甘，胆薪弥历"②，表现了他斗争到底、决不因条件艰苦而妥协。同年，江上之师战败，清军将他的妻子董氏、儿子张万棋逮捕，系狱镇江，并且以此要挟张煌言投降。他更大义凛然，坚决拒绝。

即使到抗清斗争大势已去时，清廷派浙江总督赵廷臣以高官厚禄为诱饵对张招降，张煌言在回信中仍然义无反顾地回答："功名富贵，早等之浮云。成败利钝，且听之天命，宁为文文山，不为许仲平，若为刘处士，何不为陆丞相乎？"③ 在信末，他更是大义凛然地表示："间使说词，请从此绝。"④ 赵廷臣给康熙的奏疏也有这样的记述："逆渠张煌言盘踞浙海多年，其下伪官节次投降，惟张煌言抗不就抚，臣与京口将军刘之源先后发书遣

---

① 张煌言：《张苍水集》第一编《冰搓集》，2页，北京，中华书局，1959。
② 张煌言：《张苍水集》第一编《冰搓集》，10页，北京，中华书局，1959。
③ 张煌言：《张苍水集》第一编《冰搓集》，33页，北京，中华书局，1959。
④ 张煌言：《张苍水集》第一编《冰搓集》，33页，北京，中华书局，1959。

使，谕以祸福，劝其去逆效顺，张煌言至死不悔。”①

张煌言被押解到宁波时，头戴方巾，衣着明服，宁波的父老乡亲观者如云，挥泪如雨，无不为之伤感。张煌言镇定自若，以忠于国事的名臣苏武、岳飞、文天祥、于谦为楷模，在被押送杭州途中，为表心迹，写下二首七律如下，充满以身报国、视死如归的浩然正气，语言悲壮、质朴，极为感人。

甲辰八月辞故里②

（一）

义帜纵横二十年，岂知闰位在于阗。
桐江空系严光钓，震泽难回范蠡船。
生此鸿毛犹负国，死留碧血欲支天。
忠贞自是孤臣事，敢望千秋信史传。

（二）

国亡家破欲何之，西子湖头有我师。
日月双悬于氏墓，乾坤半壁岳家祠。
渐将素手分三席，拟为丹心借一枝。
他日素车东浙路，怒涛岂必属鸱夷。

张煌言被押到杭州后，总督赵廷臣又一次诱降，他再次义正词严加以拒绝，在狱室中赋诗一首——《放歌》，以咏其志。

放　　歌③

予以浩气兮，化为风霆；
予以精魂兮，变为日星。
尚足留纲常于万祀兮，垂节义于千龄。

同年九月七日，张煌言在杭州弼教坊被杀。就义前，他当即赋绝命诗。

---

① 王先谦：《十朝东华录》，《康熙四》，14页，上海，积石书局，1894。
② 张煌言：《张苍水集》第三编《采薇吟》，176页，北京，中华书局，1959。
③ 张煌言：《张苍水集》第三编《采薇吟》，179页，北京，中华书局，1959。

绝　命　诗①

我年适五九，偏逢九月七。

大厦已不支，成仁万事毕。

就义后，万斯大、朱锡九把他的遗体安葬在杭州南屏山荔枝峰，和岳飞、于谦墓在一起，满足了他生前的夙愿。

张煌言的爱国精神和民族气节深受时人的称赞和传播。数月后，著名思想家黄宗羲以歌当哭，悼念这位同乡著名的抗清英雄："廿年苦节何人似，得此全归也称情。废寺醵钱收残骨，老生秃笔记琴声。"全祖望后来也在《张公神道碑》中记述这位抗清志士的斗争事迹。

乾隆四十一年（1776 年），张煌言被清朝统治者谥为"忠烈"。宁波人民为纪念他，把张煌言故居所在的马路命名为苍水街（今在宁波市海曙区），将其故居补列为保护单位。张煌言作为"明室孤臣"，虽然始终把光复明王朝作为斗争目的，是为了"留纲常于万祀兮，垂节义于千龄"而宁死不屈，从容就义，但是我们要把问题放到一定历史范畴之内，应该看到当时的抗清斗争是具有正义性的，正因为如此，张的气节受到后人称颂，是对青少年进行爱国主义教育的良好教材。

① 张煌言：《张苍水集》第三编《采薇吟》，179 页，北京，中华书局，1959。

藏书家祁承㸁[1]

明代，由于社会经济的发展，资本主义萌芽在东南沿海的江浙一带出现，科学文化的繁荣，作为人类进步阶梯的书籍也被大量印刷出版，公、私藏书不断丰富。当时就全国各省而言，私家藏书当以江浙两省为最多。浙江有名的藏书家主要有归安的茅坤、乌程的沈节甫、嘉兴的项元汴、宁波的范钦、余姚的黄宗羲、金华的宋濂及山阴的祁承㸁，都有数万卷藏书，特别是祁承㸁的《澹生堂藏书目》，约著录了九千多种、十万多卷。

祁承㸁，字尔光，号旷翁，浙江山阴（今绍兴）人。生于明嘉靖四十二年（1563年）卒于崇祯元年（1628年）。他的祖父名清，嘉靖丁未进士，父亲汝霖，国子监生，他就生长在世代书香门第之家。他自己先后中过举人、进士，历官至江西布政使右参政。他住在绍兴梅里，家有旷园。他读书的地方叫“东书堂”，藏书的地方叫“澹生堂”。他一生著述宏富，主要有《澹生堂杂著》《澹生堂全集》《澹生堂书目》《澹生堂藏书约》等。其所抄书，世人多未见。校勘精核，纸墨洁净。其藏书印曰山阴祁氏藏书之章，曰子孙永珍，曰旷翁手识；又有藏书铭一印，其文曰“澹生堂中储经籍，主人手校无朝夕，读之欣然忘饮食，典衣书市恒不给，后人但念阿翁癖，子孙益之守弗失”；又撰《澹生堂藏书约》以示子孙。分子目四，曰读书训，曰聚书训，曰购书

---

① 原载《古今谈》1989年第3期。

训，曰鉴书训，刻入知不足斋丛书。他是我国古代有名的藏书家、目录学家和优秀的图书购买家、鉴别家，又是一位具有强烈民族意识的爱国主义著作家。

祁承㸁童年时代就摩沙祖、父辈遗留下来的藏书，有机会广泛接触各种图书典籍，如饥似渴地读书，“虽童子所喜，及笙摇鼓者”都并非他的兴趣爱好。在青年时代，一次他买到一部通史，欣喜若狂，夜以继日、废寝忘食地阅读，洋洋五百多卷，一个月就读完了。到成年结婚后，他已把家中所有藏书都如数读完了。为了读更多的书，他竟把妻子珍贵的陪嫁品卖掉去买书，以供阅读。后来家中不幸遭受火灾，半生所购图书和家中藏书均付之一炬，片楮不存。因此，他就全力以赴进行抄书。他“手录古今四部，卷以千计，十指为裂”，闻者无不惊叹。后来他在北京求学时，因家计窘竭，无力买书，就经常到书店看书，人家看到后，都嘲笑他好比王充。他又广为搜罗图书，不久藏书比原来“似再倍而三”。他针对当时一些既想见多识广、博学多才又不肯读书的青年一针见血地指出，这些有美好愿望而不肯脚踏实地读书的青年就好比欲“求饱而懒营馔”、欲“取暖而懒裁衣”者。他结合自己平生藏书、读书的生涯，深有体会地说：读书“饥可当食，寒可当衣，寂寥可当好友”。他形象而风趣地指出，个人好久不读书便有尘俗生于胸中，照镜则面目可憎，对人谈吐则语言乏味，就很难生活下去。他把读书当成人生第一件大事，是人生最大的乐趣。

祁承㸁对读书的意义和作用有深刻的认识。他竭力提倡不仅要多读书，更重要的是要善于读书，坚决反对那种不求甚解、囫囵吞枣的死读书、读死书。他明确提倡读书的目的不是为了装潢门面，而是为了经世致用，有利于国计民生。他反复告诫儿辈子孙认真学习古人的读书百读不厌、记取典范的精神，因此先后广泛地搜集了古人三十个聚求图书和二十三个勤奋读书的故事，编成《聚书训》和《读书训》，作为示范、教育儿辈子孙，要他们不仅能聚书、藏书、读书，更重要的是善于读书、读活书，把书读活，真正做到通过读书掌握书中的精神实质并贯彻到日常生活、行动中去，达到有利于社会、有利于国计民生的目的。他的儿子祁彪佳从小耳濡目染，勤奋好学，忧国忧民，坚决抗清，最后以身殉国，这和他的循循善诱、辛勤培育是分不开的。

祁承㸁在长期聚求、搜罗图书，大量读书的生涯中，努力学习司马光聚求、收藏图书和爱惜图书的精神，吸取郑樵求书八法的原则，深刻地总结出四条购求、收藏图书的经验之谈：一是“眼界欲宽”，就是说要放开视野来认识世界上图书的“旷然宇宙，自有大观”，千万不能做井底之蛙，坐井观天，不知道天地之大、图书之广；对购求图书的范围一定要广，放开眼界；搜罗的图书品种一定要广，一定要齐全，收集的图书才能包罗万象，应有尽有。二是“精神欲注”，也就是说要养成读书的嗜好，有了强烈的读书愿望，才会真正感到一旦无书可读就不知人生的乐趣，“物聚于所好，奇书秘本，多从精神注向者得之”。因为有了嗜好，必定会千方百计、专心致志对图书进行访求、搜罗，各种各样的图书就会越积越多，越搜越广，越聚越好。三是“心思欲巧”，指的是要积极开动脑筋，千方百计去购求图书，这样各种好书、奇书就会从天南海北、四面八方源源而来。四是“抄校欲勤”，指的是某些没有刻本的图书，只有靠抄才能获得。他年轻时就身力行，亲自“手录古今四部，卷以千计，十指为裂”。其所抄之书，为世人多未见。他不但抄书勤奋，一丝不苟，而且“校勘精核，纸墨洁净”。由于他一生好读书、善求书、喜藏书，所以在鉴别图书的真伪、优劣等方面也总结出五条真知灼见，这就是“审轻重”“辨真伪”“覈名实”“权缓急”和“别品类”。所谓“审轻重”，就是说图书价值的高低是与书的内容和时间有关的。以书的内容而言，“得史十者，不如得一遗经；得今集百者，不如得一周秦以上子书；得百千小说者，不如得汉唐实录一”。以图书撰述时间的先后而论，他认为“购国朝（明朝）之书十，不能当宋之五也。宋之书十，不能当唐之三也。唐之书十，不能当汉与六朝之二也”。这说明了在图书的收藏中，越古越少就越难购求的一般规律。总之，他是以经重于史、子重于集、古重于今十二字作为鉴别图书的一个标准。所谓“辨真伪”，是说我国图书古籍汗牛充栋、浩如烟海，其中好书、有价值的书固然是占主要地位，但其中伪书、坏书确也不少。因此，对于图书没有弄清楚其真伪优劣之前，就不分青红皂白贸然收集求购，是很容易受骗上当的，不但没有价值，而且浪费钱财和时间。因此，他认为要把图书买好，不至于上当受骗，事先辨别真伪优劣是十分必要的。他明白地指出，“经不易伪，史不可伪，集不必伪，而所伪者多在子”。这是他多年收藏图书、鉴别图书真伪好坏的经验之谈，也是言之有理、符合客观实际的。所谓“覈名实”，是说图书的名称和内容是否相符，不能徒其虚名、人云亦云而白费精神和财力。他根据自己多年藏书的体会，列举了许多图书，说明名和实的关系，诸如“名异实同者”“名亡实存者”“以一概余者”“以散见全者”“故意分析书名以示其博者”等。所谓“权缓急”，是说藏书的主要目的不仅仅是以资博洽，更不是哗众取宠，而在于经世致用。而要做到经世致用，当以经济为先，而古人讨论经济最显著的莫备于史，因此除经以外，必须以史为急，子和集可缓，而史之中又以正史为急，霸史、杂史可缓。另外，他还特别重视对当代历史的研究，指出“学不通今，安用博古”，所以“凡涉及国朝（明朝）典故者，不特小史宜收，即有街谈巷议，亦当尽采”。显而易见，上述这些见解无疑是很高明的，就是从我们今天的观点来看也是可取的。所谓“别品类”，就是说要善于分别图书的流派和分类。他在《庚申整书略例》一书中提出图书分类的四个要点，即“一曰因，因者，因四部之所本也”；“二曰益，益者，非益四部之所本也”；“三曰通，通者，流通于四部之内也”；“四曰互，互者，互见于四部之中也”。这方面他有一整套周密系统的理论。

祁承㸁在长期收藏图书的实践中，总结积累了一套我国图书馆学和目录学方面的系统理论和丰富的实践经验。

明代在图书分类方面有两种不同的倾向：一种倾向是独创新

格，不守四部旧有的成法，如《文渊阁书目》；另外一种倾向就是仍以四部为主，但对原有类目有所增删，如祁承㸁的《澹生堂书目》。它提出的类目独有创见，是明代一部较好的私家书目。

祁承㸁对目录学深有研究，他生动形象地提出治目录学好比治兵的说法。他在《庚申整书小记》中对他的儿子说："架插七层，籍分四部，若卒旅漫野，而什伍井然，如剑戟摩霄，而旌旗不乱，此吾之部勒法也。""目以类分，类由部统，暗中索摸，惟信手以探囊，造次取观，若执镜而照物，此吾之应卒法也。""联寡以成众，积少以为多，抽一卷而万卷可窥，举一隅而三隅在目，此吾联络驾驭之法也。"他认为要管理好图书绝不是件轻而易举的事情。他把图书比"墨兵"，要管理好百万册图书，有条不紊，并且了解、掌握图书的内容，如同统帅百万大军一样，是很了不起的事情，因此要熟悉掌握古籍图书，不学习掌握目录学，是断然不能做到的。

祁承㸁不仅是我国古代有名的藏书家，还是一位伟大的爱国主义著作家。他一生著述十分丰富，有《澹生堂杂著》《数马上记》《出白门历》《江行历》《归行录》《白门二吟》《矿亭小草》《辽警》等二十七种之多。他具有强烈的民族气节，力主抗击后金（清入关前建立的政权）。明万历四十七年（1619 年），明廷率领军队企图歼灭后金军队，结果在萨尔浒一役被后金打得大败。当时，明朝当局面对后金的大军压境束手无策，朝战夕守，莫衷一是，对防守东北边防无所作为。在大敌当前、势如累卵的险恶形势下，朝臣们还热衷于争权夺利、钩心斗角。广大人民群众为了抗击后金的入边，出生入死，付出了惨重的牺牲。他面对这种衰颓的严重局面，忧心如焚、感慨万端地写下了《闻警》的著名诗篇："医巫闾下水东流，填尽枯骸剩作丘。当局岂皆食肉鄙，傍观宁尽杞人忧。既知残奕推争劫，坐视危樯欲复舟。可是枢臣饶边策，故将镇静作良谋。"诗歌字里行间充分表现了他强烈的爱国家、爱人民的满腔政治热情和对朝廷的极度愤懑和鞭挞。果然，不出他所料，过了二十五年，明朝就灭亡了。清兵入关后，他的许多著作被列入清代全毁书籍之中，加上有些著作的散佚，所以流传到今天的只有《澹生堂集》《澹生堂外集·宋贤杂佩》《藏书训约》《澹生堂书目》等少数著作，但这些著作都是极为珍贵的精神财富，无论在文学、图书馆学或历史学上，都具有很高的参考价值，值得我们珍视和继承。

《张作楠年谱》序

地处东海之滨的浙江，历史悠久，文明昌盛，素有“鱼米之乡”“文物之邦”的美誉。而位于浙中地区“水通南国三千里，气压江城十四州”的金华，山川秀丽奇绝，八婺文化底蕴深厚，向有“小邹鲁”之称。在这块一万一千平方千米的平凡而神奇的土地上，得天独厚的传统文化孕育着众多的、光照千秋的仁人志士。唐五代有“初唐四杰”之一的骆宾王；十六岁擢明经，善画山水的“烟波钓徒”张志和；堪称画罗汉天下第一的和尚贯休。到了宋代，更涌现了以性命之学起的吕祖谦，为经世立治术的唐仲友及他们创立的“金华学派”；“以天下不可以无此人”的天才陈亮及其创立的实事实功实利之事功思想的“永康学派”；年逾古稀，力挽狂澜，硬扛着将倾塌之南宋大厦的宗泽。历史的车轮翻滚到元明清时期，金华地区也是名家辈出，难以胜数，如著名理学家、教育学家金履祥、许谦；创立丹溪学派的名医朱震亨；明朝开国文臣之首的宋濂；家有藏书四万二千卷的著名藏书家胡应麟；戏曲名家李渔；等等。他们的名字和事迹光耀千古，他们留下的著作更是有如繁星般灿烂，光彩夺目。我专攻宋史和浙江地方文化史、经济史达半个世纪，上述名家及其事迹可以说耳熟能详、如数家珍，对他们的著作几乎都有所涉及，可唯独对著作等身、学跨诸家的清代金华地区唯一入选《清儒学案》的张作楠，只闻其名，而看不到作为经学家、数学家、天文学家、诗人张作楠的著作，更不知道作为廉吏典范的张作楠和《太仓州志》

中谈及的“我朝白登明、张作楠、林则徐诸人，国而忘家”的具体内容，当然也不知道张作楠生活清贫、关心百姓疾苦、为民办事而深受百姓爱戴并称颂的种种事迹。原因很简单，因为张作楠的许多著述、笔记、诗文及评论他的典籍没人去搜集、整理，更谈不上对张作楠的研究。这是金华地方历史文化传播史中一件十分遗憾的事，是金华地方历史文化对一位先贤的负债，是金华地方文化人在文化传承中的失责。巧妇难为无米之炊，因此，搜集、整理张作楠遗著、典籍资料是研究张作楠，研究金华地方文化的突破口。但是，张作楠谢世距今已有一百六十余年，其散落于民间的遗稿、典籍资料要寻找回来，犹如大海捞针，是一件十分艰巨的任务。在这茫无头绪、万难无助的情况下，从张作楠的故乡走出了一位搜集、整理、研究张作楠及金华地方历史文化的开拓者——张根芳同志。他面对艰难的局面，毅然决然担当起这项光荣而又艰巨的任务。

据张根芳在《张作楠评传》自序和张作楠著作出版序言中说到的，他出生、成长于张作楠出生、生长的龙山村，张作楠家藏有七万三千卷书，自己也出版过很多书且留下过很多书版。可是，到他记事时，不要说书版，连一个纸片什么的也没有了。连家谱也在“文革”期间，烧的烧，卖的卖，见不到了。后来在县档案馆的《光绪金华县志》中找到了一些文字资料，才知道张作楠有哪些著作、在哪些地方做过官。然后，他决意要到这些地方去寻找张作楠的著作及资料，前后三十余年，不能不说是一种执着。为寻找资料，他到过本省杭州、衢州、丽水，江苏的徐州、淮安、常州、太仓，到丽水、太仓分别去了两次，这些地方不能说没有资料，只是所获寥寥。最后还是在他人的帮助下，他从北京找到三部书，即张作楠编的《北麓诗课》《豫立轩集》和他的著作《梅簃随笔》，后又在杭州找到张作楠的诗集《翠微山房遗诗》，在金华发现了《补宋潜溪唐仲友补传》，在网上买到一部张作楠的《翠微山房数学》。有一次，他抱着试试看的想法，到网上看看有没有张作楠的资料，结果竟发现兰州大学图书馆内有

《清儒学案》卷一百二十八《丹邨学案》。通过各种办法，他找到了兰州大学图书馆的电话号码并找到了馆长，请馆长帮忙将资料寄过来。就是在获得这些资料的基础上，他想办法出版了《梅簃随笔》四卷、《豫立轩集》四卷、《翠微山房遗诗》一册、《补宋潜溪唐仲友补传》一册，并且撰写了《张作楠评传》。之后，他又发现了许多相关书籍。他说他运气很好，好多年前，听说侍王府藏书中有一部张作楠的手稿，很想见见，可是难若登天，想不到外面的东西能搞到手，近在咫尺的反难了。他还是那句话——运气不错。2009 年，市里决定要对金华八县市的古代文献、著作，包括各县市的家谱中的资料，进行选编，汇集出版，书名为《新金华丛书》。他有幸参与部分书籍的编选工作，因而看到了深藏于侍王府书库中的十九本张作楠手稿——《翠微山房丛书》。也就是在此基础上，张根芳的《张作楠年谱》编辑工作有了突破性的进展，做此项工作的时机已经基本成熟，三十余年的苦苦搜求，终于有了结果。先贤名人、地方历史文化是进行爱国主义教育、文化建设、中外文化交流及发展旅游业的生动材料。苏联教育家加里宁说得好："爱国主义教育是从深入认识自己的故乡开始的。"（见《论共产主义教育》）鲁迅先生是很重视家乡历史文献的，他的《会稽郡故旧书杂集》共收集了有关会稽郡的文献八种。他还写了《绍兴八县乡人著作目录》，收录绍兴八县历代乡人著作八十种之多，将近一千卷。其目的是"用遗邦人，庶几供其景行，不忘于故"。他说："古人所传授下来的经验，有些实在是极其宝贵的。因为他们曾经费去了许多牺牲，而留给后人很大的益处。"（见《南腔北调集·经验》）清代史学家全祖望，鄞县（今浙江宁波市鄞州区）人，对其家乡宁波的历史及宁波的地方掌故很熟悉，很重视。他的《鲒埼亭集》记载了许多宁波地方历史，对乡邦文献的表彰不遗余力。今天，我们金华家乡的张根芳同志同样为了弘扬乡邦文献，彰显金华地方先哲和地方历史文化，用他的话说就是"在几十年中，由于对先贤的好奇，到关注，到崇敬，到追踪，这好像是我的先人在冥冥之中有一种力量在推动和引导着我”，排除各种困难，克服工作中的矛盾和压力，奔波于大江南北，行程跨越五省十数个市县，通过三十余年孜孜不倦、锲而不舍的艰苦努力，以惊人的毅力、顽强的意志，从搜集整理到研究，先后出版了《张作楠年谱》《张作楠评传》《佛手的文化与历史》《金华古言话》，组织搜集整理了金华道情《双珠花》《皇凉伞·双玉球》和《金华寺观》等地方非物质文化遗产资料，还编辑出版了张作楠编著的《补宋潜溪唐仲友补传》《梅簃随笔》《豫立轩集》《翠微山房遗诗》和清优贡郭宝琮的遗著《古愚庐吟草》等，前后十年，总共编辑出版了四十余种书。当这些丰硕的、呕人心血的书籍存放于面前时，我不禁肃然起敬，被深深地感动了。张根芳同志，他为家乡人民，为我们这些文史研究者，为当今社会主义非物质文化遗产的保护和现代文化的发展和建设，提供了必要的资料，做了一项功德无量的事。作为老一辈的学人，我殷切地期望张根芳在今后有更多更好的作品问世，以飨读者。

《集聚和扩散：明清至今浙北区域与上海社会经济关系史研究》序

《集聚和扩散：明清至今浙北区域与上海社会经济关系史研究》是2003年度浙江省哲学社会科学规划课题的一个重要组成部分和主要结题成果之一。青年学者陈剑峰经过近两年的深入研究，在广泛收集资料和系统分析研究基础上，撰写了这部专著，无疑是江南区域经济史研究尤其是长三角区域经济史研究方面的新突破。

众所周知，江南史和上海史研究成果很多，已相当成熟。但是，江南史与上海史互动研究十分薄弱，尚未有深入研究的专著。其实，对江南与上海史互动的研究是很有意义的。通过研究，一方面可以深入地了解长三角地区经济发展、演变的历史，另一方面可以系统地解析长三角经济圈形成发展过程中的一般规律和内在机制，推进当前长三角地区经济社会发展和一体化进程。

长三角地区在历史演变过程中，大体在六朝时期便已有了自己相对稳定的地域范围，当时称为“江东”地区，也就是现在的浙、沪及苏南、皖南等地区。先秦时期，长三角地区属于吴越之地，秦汉时期与长江以南地区混称为“江南”地区。到唐宋时代，伴随着全国经济重心的南移和长三角地区经济社会的持续发展，“江南”逐渐成为生产力发达、人民生活安康和文化繁荣的代名词，其具体地理范围指称也逐渐明确，大体专指以苏南、浙北为核心的长三角地区或称“三吴之地”（吴郡、会稽郡、吴兴郡）。唐天宝十年（751年），析嘉兴东境、海盐北境、昆山南境之地置华亭县。华亭县的设立，上海市境内才开始有了相对独立的行政区划，从行政隶属上仍属秀州（今嘉兴）管辖。华亭县的设立，是上海地区开发史上的一个里程碑，政域地理的开拓有力地推动了上海地区的开发进程。元至元十四年（1277年），升华亭县为华亭府，第二年改为松江府，辖华亭一县。至此，上海地区在行政上隶属于浙北嘉兴地区的历史结束，出现了独立的府治，两地从行政上处于平等关系。由于政治地理的不断开拓，明清时期的长三角地区已经包括了江、浙、沪地区。从长三角地区区域经济发展来看，唐宋及以前，浙北、浙东和苏南一直是本地区最发达的地区。但是，伴随着政治地理的不断开拓，自宋元开始至明清，上海地区的经济发展速度加快，已达到了较高的水平，但总体还不如浙北、苏南。区域经济发展格局是自六朝至宋元，浙北、苏南、浙东一直是引领长三角区域社会经济发展的主要角色，中心城市依次是六朝时期的南京、南宋时期的杭州。明清时期，伴随着传统市场经济日趋成熟，苏州、杭州逐渐发展成为本地区的中心城市，尤其是苏州，扮演了龙头角色。而传统的“三吴”中的其他两地——湖州和绍兴成了本地区次中心城市。上海开埠后，以其无比的优势和竞争力取代了广州的对外贸易地位，也取代了苏州在长三角地区的龙头地位，引领长三角近代化发展，由此包括浙北在内的长三角地区区域经济关系纷纷从苏杭紧密型发展成为上海紧密型，由此也基本奠定了今天长三角地区的经济格局。

研究长三角区域经济发展史，整体把握和系统研究是十分必要的，会带来很好的学术价值和效应。据本人所知，尚无此类选题和专著，因此作者选择浙北为范本，深入挖掘材料，关注学术界已有的相关成果和最新发展，系统地解构长三角区域经济发展的结构演变历程，在江南史与上海史的联动研究方面有了新突破。首先，作者分析了长三角地区一体化的基础；其次，将明清以前的长三角历史单独作为一章，突出长三角区域经济发展历史进程的连续性；再次，全面分析了明清时期、近代和当代三个不同时期浙北与上海及整个长三角地区的社会经济关系，在深刻分析浙北与上海区域经济关系的基础上，揭示长三角区域经济关系的近代演变和现代发展，拓宽了江南史和上海史研究的视野。可以说，较有开创性的专著《集聚和扩散：明清至今浙北区域与上海社会经济关系史研究》，是对长期以来长三角区域经济整体史研究的一次充实，同时起到很好的促进作用。

同时，该书有许多理论创新之处。如作者以增长极理论为工具，注重建立自己的分析模型，使该书线索清晰、层层深入。如将明清至当代浙北与上海区域经济关系依次定位为“邻域渗透型区城经济关系、集聚为主扩散为辅的中心腹地区域经济关系和扩散为主集聚为辅的中心腹地区域经济关系等”。又如作者将制度变迁与长三角区域经济关系变迁分析紧密地结合在一起，强调开放经济在长三角区域经济发展中的地位和重要性等，从而使该书具有很好的理论性和思想性。

本人一直从事区域经济史研究，很高兴看到这部很具原创性的著作能正式出版，相信它将有助于推动江南史和上海史研究，尤其是推动长三角区域整体经济史的研究。同时，本人也相信它将对历史研究和当代区域经济研究方法革新产生一些积极的影响。另外，本人也希望作者能够继续深入下去，精益求精，在长三角经济开发史研究方面不断有新的拓展。

是为序。

2005 年 2 月于浙江金华芙蓉峰下

“陈亮小丛书”序

毛泽东同志在《新民主主义论》中指出，“今天的中国是历史中国的一个发展，我们是马克思主义者，我们不应当割断历史，从孔老夫子到孙中山，我们应当给以总结，继承这一珍贵的遗产。”鲁迅先生说：“对于外国的文化和中国古代文化是拿来主义，为我所用。”所以，学习历史是进行爱国主义教育的必要途径，而学习地方历史是培养爱祖国、爱家乡的极好教材。苏联教育家加里宁说：“爱国主义是从认识自己的故乡开始的。”因为故乡的一山一水、一草一木，故乡的父老乡亲、朋友、同道，对于一个人来说，印象特别深，也特别亲切，所以学习、研究地方史，可以使我们更加热爱家乡，热爱祖国。

永康自三国吴赤乌八年（245 年）分乌伤上浦乡置永康县（今浙江永康市）开始，迄今已有 1700 多年的历史，是一个人杰地灵、人才辈出的地方。仅在宋、元、明、清四朝的 951 年间，就涌现了徐无党、楼炤、章服、陈亮、林大中、应孟明、吴思有、胡长孺、程文德、徐文通、王世福、吴绛雪、胡凤丹等彪炳史册的人物。而其中尤以“天才、奇才”“人中之龙，文中之虎”“事功彪于千秋，气节昭于霄汉，文章如江河之流”的“世界英雄”同甫陈亮光照日月，气壮山河，与日月齐辉。经过几十年的陈亮研究，我综合前人研究成果，提出了陈亮是爱国主义思想家、文学家、教育家、史学理论家、军事谋略家的观点。通过进一步研究、小心求证，我在《千年应氏望族地》（2014 年中国文史出版社出版）序言中提出陈亮是中国历史上唯一一位状元思想家。从隋朝开科取士到清末的1200余年中，共出了600余位状元；从孔子到孙中山，共出了200余位思想家，但仅陈亮一人是状元思想家，所以说陈亮是中国历史上唯一一位一身兼二任的杰出的状元思想家。陈亮不仅留下了颇具特色的涵盖文史哲的《龙川文集》，更难能可贵的是他提出了“道在事中，道事统一”“天地人合一”“兼采王霸”等一系列唯物主义思想命题，创立了“重实事、实功、实利”“讲究经济，最切实用”的“事功”思想和“永康学派”。他不仅是永康学派的创始人，还是浙东学派的杰出代表。他在中国传统文化的整体结构中推出的一种崭新的价值判断模型，丰富和完善了中国古代文化，是构成中华文化大厦的重要组成部分。先进的理论和思想一经群众接受，就会转化为强大的生产力，带来巨大的物质财富。陈亮的事功思想，孕育了一代又一代重实事、讲实利、求实功的优秀永康及浙东儿女。从宋开始，历经元、明、清，两浙地区的经济一直处于全国领先地位。而明清时期，永康成为“壮邑”“旺县”“百工之乡”。历史的车轮翻滚至今天，在党的十一届三中全会精神鼓舞下，浙东儿女乘着改革开放的东风，秉承陈亮、叶适等人的事功思想，在经世致用的浙江精神的引领下，经济建设取得骄人成果。永康已由原来七山两水一分田的农业贫困县成长为世界五金之都；永康、义乌、温州等县市一直稳列全国百强县市榜。但是，令人遗憾的是当今永康无论是与陈亮相关的理论研究，还是陈亮知识的普及教育，都日渐式微。正如21世纪初时任浙江省委常委的宣传部长陈敏尔（今中共中央政治局委员、重庆市委书记）到永康调研时指出的，“今天的浙江精神追根溯源，其中很重要的就源于陈亮……他的‘农商并重，义利并举’，他的商业思想、富民思想，现在都是党的现行政策”。他又强调指出，“永康有两个品牌，历史上的永康学说，今天的永康五金……永康五金的文章现在做得很透……永康学说研究也做了一些，但文章好像做得还不够大，影响也不够远”。所以，他建议大力研究永康学说，把这个做大做透。在这种陈亮研究和普及、教育工作不被重视的情况下，永康市龙山镇桥下小学王忠美校长充分认识到了弘扬传统文化对孩子德智体全面发展的重要作用及培养下一代爱祖国、爱家乡的重要性，克服重重困难，结合陈亮出生、成长、成名、逝世一生均在龙窟即今龙山镇桥下二村的独有的人文地理优势，通过积极努力，争取到中国少先队“十二五”国家级课题——“依托陈亮文化，引导队员树立科学义利观”。该课题于 2012 年 6 月开题，2014 年 9 月完美结题，被评为中国少先队工作学会社区少先队专业委员会 2014 年度优秀课题。另外，该校依托陈亮特色，利用重大节假日、少先队活动课、综合实践课等系列活动，构建了一套具有桥下小学特色的少先队活动教育模式；同时正在创建陈亮文化长廊、文化榜、文化馆、文化园等特色文化教育阵地，打造了一个具有桥下小学特色的陈亮文化德育教育品牌。在少先队主题活动、陈亮文化实践基地的探索中，桥下小学逐步树立了具有桥下小学特色的“当代陈亮”义利观。

更难能可贵的是，在王忠美校长的亲自率领下，该校正在努力编写一套陈亮知识普及读本，现已开发了《陈亮连环画》《陈亮故事》《陈亮诗词选读》各一册，系统客观地介绍、评述了陈亮的生平事迹和光辉形象。该丛书观点鲜明、内容丰富、史料翔实、文字生动，充分体现了它的科学性和可读性。

王忠美校长时刻牢记习总书记“如果丢掉优秀传统文化，就割断了精神命脉”的教导，为传承陈亮文化和浙江精神所做出的创造性的系列成果，为培养下一代呕心沥血所做出的突出贡献，是永康五六十万优秀儿女的杰出代表，是大家学习的榜样。我作为终身研究宋史、研究地方史、研究陈亮的学者，又是陈亮老家龙窟的隔壁邻居，为王校长主编的陈亮教育丛书写序，义不容辞，责无旁贷。

2016 年 11 月于浙江师范大学丽泽花园

《陈亮诗文选读》序

苏联教育家加里宁说："爱国主义是从认识自己的故乡开始的。"因为故乡的一山一水、一草一木，故乡的父老乡亲、朋友、同道，对于一个人来说，印象特别深，也特别亲切，所以学习、研究地方史，可以使我们更加热爱家乡，热爱祖国。黄宗海老师自2013年从江西抚州市某学校人才引进至永康市明珠学校工作以来，充分利用教学工作之外的业余时间从事永康先贤陈亮文化研究，着实难得。我与黄老师的交往纯属偶然。那是2014年年底，我应时任龙山镇镇委书记、永康市委常委戴翀同志的邀请，赴龙山镇为该镇干部做《古今中外学人评陈亮》的陈亮知识普及讲座。陪同我去的永康二中退休教师、永康地方文化研究名人徐天送对我说："明珠学校有一个老师自发、自费研究陈亮多年，他说有些困惑非常想当面向您请教，不知可否?"我当时并未十分在意，随口说道："哦，那你让他到龙山镇来。"当我从专车中走出时，不由紧了紧身上的大衣，拢了拢围巾，真冷！却见一个瘦削的身影立在寒风中张望。据悉，明珠学校是一所国有民办学校，对陈亮文化的重视除了黄老师还是黄老师。黄老师排除万难，多次追随我虚心学习，无数次地登门求证，其精神着实让人感动！

由黄老师执笔、赵瑶丹女士润色的2015年10月河北大学出版社出版的拙著《陈亮研究论稿》的书评《一竿明月半床书，两度梅香毕生缘》，2016年7月公开发表于《温州大学学报》2016

年第 4 期，充分展示了黄老师不俗的文笔。

黄老师以学校为教育主阵地，通过博览群书编撰的校本课程《陈亮诗文选读》（现名《陈亮读本》）已被列为金华市第六批精品课程。该课程还作为永康市 2016 年度唯一优秀精品课程代表，被推荐参与浙江省第 7 批网络精品课程的评选并获得金华市优质精品课程培育出版补助资金 1 万元。值此书稿即将付梓之际，黄老师三番五次到我家请我为其作序，感动之余，我不得不佩服黄老师的执着，遂有此序。

永康自三国吴赤乌八年（245 年）分乌伤上浦乡置永康县（今浙江永康市）开始，迄今已有 1700 多年的历史，是一个人杰地灵、人才辈出的地方。仅在宋、元、明、清四朝的 951 年间，就涌现了徐无党、楼炤、章服、陈亮、林大中、应孟明、吴思有、胡长孺、程文德、徐文通、王世福、吴绛雪、胡凤丹等彪炳史册的人物。而其中尤以“天才、奇才”“人中之龙，文中之虎”“事功彪于千秋，气节昭于霄汉，文章如江河之流”的“世界英雄”同甫陈亮光照日月，气壮山河，与日月齐辉。经过几十年的陈亮研究，我综合前人研究成果，提出了陈亮是爱国主义思想家、文学家、教育家、史学理论家、军事谋略家的观点。通过进一步研究、小心求证，我在《千年应氏望族地》（2014 年中国文史出版社出版）序言中提出陈亮是中国历史上唯一一位状元思想家。从隋朝开科取士到清末的 1200 余年中，共出了 600 余位状元；从孔子到孙中山，共出了 200 余位思想家，但仅陈亮一人是状元思想家，所以说陈亮是中国历史上唯一一位一身兼二任的杰出的状元思想家。陈亮不仅留下了颇具特色的涵盖文史哲的《龙川文集》，更难能可贵的是他提出了“道在事中，道事统一”“天地人合一”“兼采王霸”等一系列唯物主义思想命题，创立了“重实事、实功、实利”“讲究经济，最切实用”的“事功”思想和“永康学派”。他不仅是永康学派的创始人，还是浙东学派的杰出代表。先进的理论和思想一经群众接受，就会转化为强大的生产力，带来巨大的物质财富。陈亮的事功思想，孕育了一代又一代重实事、讲实利、求实功的优秀永康及浙东儿女。从宋开始，历经元、明、清，两浙地区的经济一直处于全国领先地位。而明清时期，永康成为“壮邑”“旺县”“百工之乡”。历史的车轮翻滚至今天，在党的十一届三中全会精神鼓舞下，浙东儿女乘着改革开放的东风，秉承陈亮、叶适等人的事功思想，在经世致用的浙江精神的引领下，经济建设取得骄人成果。永康已由原来七山两水一分田的农业贫困县成长为世界五金之都；永康、义乌、温州等县市一直稳列全国百强县市榜。但是，令人遗憾的是当今永康无论是与陈亮相关的理论研究，还是陈亮知识的普及教育，都日渐式微。正如21世纪初时任浙江省委常委的宣传部长陈敏尔（今中共中央政治局委员、重庆市委书记）到永康调研时指出的，“今天的浙江精神追根溯源，其中很重要的就源于陈亮……他的‘农商并重，义利并举’，他的商业思想、富民思想，现在都是党的现行政策”。他又强调指出，“永康有两个品牌，历史上的永康学说，今天的永康五金……永康五金的文章现在做得很透……永康学说研究也做了一些，但文章好像做得还不够大，影响也不够远”。所以，他建议大力研究永康学说，把这个做大做透。

《陈亮诗文选读》便是一本研究陈亮文化的优秀读本。黄老师通过对精心挑选的陈亮诗文《自赞》《先妣黄氏夫人墓志铭》《祭何子刚文》《酌古论》序、《祭周参政文》《祭何茂恭文》《中兴五论》序、《上孝宗皇帝第一书》等文章的阐释，向读者深入浅出、绘声绘色地展现了陈亮艰苦奋斗的一生和为抗金复国奔走号呼的一生。在貌似杂乱的选文背后，始终贯穿着两条线，一是陈亮为了抗金复国那“明知不可为而为之”的执着、勇于担当精神，二是陈亮虽历经生活千辛万苦、数度牢狱之灾却仍“不坠青云之志”的自信。更让人耳目一新的是，黄老师在旁征博引的基础上，结合自己对陈亮和陈亮诗文的解读，为每一则选文加上了一个概括精准、意蕴深刻的标题，如《祭妹文》的标题是《穷且益坚，不坠青云之志》，《中兴五论》序的标题是《苟利国家生死以，岂因祸福避趋之》，《上孝宗皇帝第一书》的标题是《位卑岂敢忘国忧》等，充分展现了黄老师对语言文字的驾驭能力和深厚的语文素养。

《陈亮诗文选读》一书观点鲜明、内容丰富、史料翔实、文字生动、科学性强，是难得一见的、不可多得的、通俗易懂的名人名著普及读本。

是为序。

2016 年 11 月于浙江师范大学丽泽花园

附录一　胸中浩荡有乾坤，笔底文章自春秋[①]

——方如金先生宋史研究述略

钱穆先生在《学问之入与出》中谈到进入学问的四个步骤，即第一步便是专门之学，第二步是博通，第三步仍为专门，第四步始是成家而化。[②] 在钱穆先生看来，“专读一书，专治一人、一家、一派，此均可谓之是专门之学。如读完一部《皇清经解》之后，方懂得清代考据之学，此亦是一专门。由此进而上通宋学，在其治宋学时，则仍是一专门”[③]，“从此专门入，又转入别一专门，只此便是博通。如专治了杜，再转治李，专治了韩，再转治柳，亦即是博通。更进而专治了诗文，又转治经或史，又兼治诸子，亦即是博通。可见博通仍自专门之学来，并非离开了专门，别有所谓博通”[④]。第三步的专门是成家而化的必经阶段，所谓成家而化，主要是指“既专门，又博通。循此渐进，可入化境，将其所学皆在他一家中化了”[⑤]。在很大程度上来说，本文要研究的著名史学专家方如金先生的治学历程也经历了上述四个步骤，尤其在陈亮研究和宋史研究方面创获颇多，嘉惠学林。

---

① 作者朱光明，原载《温州大学学报（社会科学版）》2017 年第 2 期。

② 钱穆：《学籥》，169 页，北京，九州出版社，2011。

③ 钱穆：《学籥》，169 页，北京，九州出版社，2011。

④ 钱穆：《学籥》，169 页，北京，九州出版社，2011。

⑤ 钱穆：《学籥》，169 页，北京，九州出版社，2011。

一、学术历程：虽遭坎坷而矢志不渝

一个时代有一个时代的士风，一个时代有一个时代的学风。方如金先生治学有着鲜明的时代烙印。受时代精神的影响，方如金先生养成了刚正不阿、独立不倚的学术个性，并且体现于其对历史人物的品评中。

方如金先生，字品一，1938年10月生于浙江永康，浙江师范大学资深教授，中学时代便显示出过人的才华，发表《从景公求雨谈起》（载《金华大众》1958年5月2日第3版）等文章多篇。进入大学后，方先生文思泉涌，撰写学术著作《金华火腿》（未刊稿）一部，发表《钢铁工地一姑娘》《李时珍与〈本草纲目〉》等文章，展现了良好的学科素养。

1960年7月，方如金先生以优异的成绩提前毕业于杭州师范学院（今浙江师范大学）历史系并留校任教。在毕业后的五六年内，由于时代的原因，查找文献资料极为困难，研究条件也较为不利，方如金先生凭着顽强的毅力和对学术的极大热情写出高质量的文章多篇，发表于《杭州日报》《浙江日报》等报纸杂志，此一时期的代表性的文章有《民间医药学家刘均美》（载《浙江日报》1963年2月3日）等。

春风数度，青灯黄卷，孜孜不倦于学术，奠定了研究宋史的雄厚基础。孙正容、倪士毅等著名学者的点拨，也在一定程度上促进了方如金先生学术潜质的开发。学术潜质得到很好的开发后，恰逢“文革”爆发，受到时代环境的影响，方如金先生和众多知识分子一样，在最美的青春岁月里无法从容地进行学术研究。但是，方如金先生仍没有放弃成为一个一流学者的梦想，在条件极端艰难的情况下，仍尽可能地抓住机会读书与研究，发表了《试论曹操“唯才是举”的法家组织路线》（载《浙江师院学报》1975年第1期）、《略论太平天国在意识形态领域里对地主阶级实行的革命专政》（合撰，载《浙江师院学报》1975年第2

期）等论文，同时还在《浙江日报》刊发多篇学术论文，影响广泛。

生于浙东，长于浙东，学于浙东，方如金先生对自己的家乡非常热爱，故乡的胡则、陈亮、程正谊、程文德、胡凤丹、胡宗楙等文化名人都是他耳熟能详的。尤其是浙东学派的重要人物陈亮，是他神交心许的知己。为了更好地了解、认识和研究生活的这片土地，他开始了对浙东人物的关注和资料的初步搜集，并且进行了一定的研究。

陈寅恪先生在《陈垣元西域人华化考序》中对宋代史学著述颇为赞赏，称陈垣先生的著作为“材料丰实，条理明辨，分析与综合二者俱极其工力，庶几宋贤著述之规模”①，在《邓广铭宋史职官志考证序》中进一步明确谈到“华夏民族之文化，历数千载之演进，造极于赵宋之世”②。方先生对陈寅恪先生的看法深表赞同，而且在自己的论著中对宋贤频频致意。方如金先生追怀宋代史家之风范，立志献身于宋史研究，希望能够以自己的努力为宋史研究做出自己独特而富有价值的贡献。

“文革”结束后，方如金先生迎来了学术研究的春天，发表了《论钱镠》（合撰，载《杭州大学学报》1981 年第 3 期）等多篇论文。然而这个时候，方如金先生没有立刻展开自己的系列学术研究，而是选择了拜师深造。其中原因正如方如金先生所说：“为了在宋史研究领域有所作为，光靠闭门造车显然是不够的，必须拜名师深造。”③ 1982 年上半年，方如金先生开始拜宋史研究权威徐规先生为师，进入杭州大学（今浙江大学）进修，开始了学术研究的新阶段。师从徐规先生，让方如金先生与宋史结下了不解之缘。青少年时期所熟知的陈亮等宋代名人，让方先生对

---

① 陈寅恪：《金明馆丛稿二编》，270 页，北京，生活·读书·新知三联书店，2001。

② 陈寅恪：《金明馆丛稿二编》，277 页，北京，生活·读书·新知三联书店，2001。

③ 方如金：《陈亮研究论稿》，469 页，保定，河北大学出版社，2015。

宋史产生了浓厚的兴趣并持续终生。

在杭州大学进修期间，方如金先生主要跟随徐规先生学习“如何深入研究宋史，如何考证史料，如何选题”① 等。听徐规先生的教诲，方如金先生如沐春风，似对秋月；与徐先生朝夕相处，他度过了一段愉快而充实的生活。半年的进修学习，方如金先生抓紧时间读书，在徐规先生的指导下，写出了《评宋太祖“先南后北”的统一战略》（与徐规先生合撰，见《宋史研究论文集》1982 年年会编刊，河南人民出版社 1984 年出版）等文章，得到徐规先生等宋史专家的肯定和表扬。

自杭州大学返回浙江师范大学后，方如金先生进入了学术研究的黄金时期，先后撰写《宋代两浙路的粮食生产及流通》（载《历史研究》1988 年第 4 期）、《宋代浙江经济大发展的原因探析》（载《浙江学刊》1988 年第 3 期）、《论陈亮的军事思想》（载《军事历史研究》1990 年第 3 期）、《六朝时期南方经济作物种植》（载《历史研究》1993 年第 5 期）、《陈亮与南宋浙东学派研究》（合著，人民出版社 1996 年出版）、《宋孝宗》（合著，吉林文史出版社 2004 年出版）、《陈亮研究论稿》（河北大学出版社 2015 年出版）等。新成果的不断推出，使方如金先生受到史学界的关注和高度评价。他先后被评为副教授、教授、资深教授，并且先后受聘为河北大学宋学研究中心兼职教授、温州大学专聘教授、浙江传媒学院科研特聘教授、湖州师范学院兼职教授等。2003 年，他应邀赴美国哈佛大学东亚语言文明系进行学术交流和讲学活动，其精彩的发言得到国际同行包弼德教授等学者的高度评价。因出色的科研能力，方如金先生的二十多项研究成果获得了浙江省、金华市、浙江师范大学的哲学社会科学科研成果一、二、三等奖。

---

① 方如金：《陈亮研究论稿》，470 页，保定，河北大学出版社，2015。

二、治学方法：遥承乾嘉学者之风雅

方如金先生能够取得突出的学术成绩，除了自身的勤奋之外，与其所掌握的治学方法密不可分。拜读方如金先生的文章，可以看到徐门轨辙俨然，其感念的老师徐规先生的治学方法贯穿于他的学术研究中。对于徐规先生的治学方法，我们从浙江大学历史系教授何忠礼先生对恩师的回忆文章《勤于剪枝勤灌溉　呕心沥血育人才——记徐规先生指导研究生做学问》中可见一二。徐先生重视对研究生基本功的训练，认为中国古代史研究生应具备的基本功有三："一是要具备相当的古文阅读能力；二是要有较高的论文写作能力；三是要掌握史料学、目录学、避讳学、校勘学、版本学等多种基础知识。"① 上述话语，徐规先生也对方如金先生讲过。方如金先生在《"绣罢鸳鸯赠君看并把金针度与人"——追忆恩师徐规教授悉心指导我研究宋史》中深情地回忆了徐先生对自己的教诲："要在学术上有建树，做一流学者，必须具备三个条件：功力、天赋及师友指导、引荐、帮助。三者中的'功'即用功，主观努力是主要的。要刻苦努力，争当一流学者……重要的是要多读书，把《续资治通鉴长编》《宋史》《宋会要辑稿》等宋代基本史料都读一读，把基础打好。"② 在徐规先生的指导下，方如金先生打下了坚实的基础，逐渐形成了自己的治学特色和治学方法。现举其要者如下：

其一，从目录学入手开展学术研究。方如金先生深知目录学著作对开展学术研究的重要性，其对宋史的研究，尤其是对宋代经济史的探讨，尤能体现其对目录学著作的重视。为研究宋代两浙路的粮食生产和流通情况，他认真查阅各类目录学著作，认真

---

① 张其凡，李裕民：《徐规教授九十华诞纪念文集》，3 页，杭州，浙江大学出版社，2009。

② 方如金：《陈亮研究论稿》，469 页，保定，河北大学出版社，2015。

地研读了相关正史、方志、笔记、金石志和大量的文人别集，获得了对此一问题的比较全面的了解，最终撰成《宋代两浙路的粮食生产及流通》一文，刊发在1988年第4期的《历史研究》上，在一定程度上为宋代两浙路的粮食史研究填补了空白。

其二，寓深邃的理论思辨于扎实的文献考证之中。方如金先生的著作，文风扎实厚重，作文讲究无一字不无来历，遥承乾嘉诸老之风雅。虽重视考据，却不废理论的阐发。考论结合，是方如金先生治学的一大特色。不仅有对历史发展脉络的宏观把握，更有对个案的深入、精到的微观剖析，精芒迭现，自具一段清光。在这方面，兹举《陈亮研究十大误区考论》（载《河北大学学报》2014年第6期）一文，以见其风采。随着学界对陈亮研究的不断深入，涌现勒一批有价值的成果，同时也出现了一些亟待解决的问题。方如金先生敏锐地注意到不厘清陈亮研究中存在的误区，将影响此一领域的深入开展。有鉴于此，方如金先生对学界存在的诸多分歧观点进行剖析，并且对一些误区进行详细考证，澄清了陈亮研究方面存在的“陈亮的具体出生地；为尼姑所生；没有师承；到义乌何子刚馆舍求学；父亲下狱，何茂宏、茂恭兄弟在经济上资助、帮助救陈父出狱；‘乌伤四子’和‘乌伤四君子’；陈亮、朱熹、吕祖谦三人同时在一道讲学；《永康地景赋》作者为陈亮；陈亮‘平生不能诗’；关于陈亮思想研究中忽略其‘下系民生’思想”等十大误区，对于推动陈亮乃至宋史研究都有很大助益的。

三、学术成就：补苴前贤所未发，另辟新说自成家

陈寅恪先生《王静安先生遗书序》云：“自昔大师巨子，其关系于民族盛衰学术兴废者，不仅在能承续先哲将坠之业，为其托命之人，而尤在能开拓学术之区宇，补前修所未逮。故其著作

可以转移一时之风气，而示来者以轨则也。”① 方如金先生具有强烈的文化责任感和担当意识，而且痴迷学术，富有文史之才，学术视野开阔，深得史学大家徐规先生的治学三昧。而且，他载勤载力，笔耕不辍，不拘一格，从陈亮研究逐渐拓展到南宋的浙东学派研究，进而扩大到整个宋史研究（尤以宋代经济史研究成就突出）、浙江地方史研究，兼及文化史和文学研究，取得了多方面的突出成绩，或填补学术空白，拓辟新的学术领域，或补前贤之未发，让该学术问题臻于完善。现择其要者，绍述如下：

（一）陈亮研究

方如金先生致力于陈亮研究数十年，对陈亮进行了较为全面、系统的研究，给予了较为实事求是的评价。陈亮是南宋著名的文学家、思想家，创立永康学派，为南宋浙东学派的杰出代表，为人正直，不曲学阿世，一生坚持抗金，虽遭遇坎坷挫折，却矢志不渝，富有民族责任感，对南宋的士风、学风产生重要影响。同时，其所倡导的“事功之学”在中国学术史上占据着重要地位。学界的研究情况，较之陈亮的成就和地位，尚显得比较薄弱，而且存在着一定的误区。方如金先生对陈亮的研究有年，深得学林之嘉许，如宋史研究专家邓广铭先生对其著作《陈亮与南宋浙东学派》的评价：“新意甚多，深致敬佩，附录中所收陈亮的几篇佚作可以补我所增订的《陈亮集》之不足，更是一件极大的好事。”② 方如金先生积数十年之力所撰写的《陈亮研究论稿》，更是此一领域研究的集成力作，从陈亮的生平、著述、事功、气节、民生思想、农业经济思想、商业思想、军事思想、妇女思想、教育思想、人才思想等多个层面来探讨陈亮的贡献，在更广阔的历史时空中，考其得失，评其影响。

---

① 陈寅恪：《金明馆丛稿二编》，247 页，北京，生活·读书·新知三联书店，2001。

② 方如金：《陈亮研究论稿》，467 页，保定，河北大学出版社，2015。

对历史人物进行评价，考验着研究者的识见和学问。在对陈亮进行研究的过程中，方如金先生非常注意把陈亮放到其所生活的南宋时代，立足于坚实的文献，对陈亮的遭遇抱着“同情之理解”的态度，肯定其所取得的成就，并且指出他身上也存在着不足之处——“他频频上书，把自己的抗金主张和政治抱负的实现过多地寄托于皇帝身上，显得过于天真和不切实际……他反对道学，虽也曾触及其源，但没有深究穷挖，而是在其儒学根源上又建立了他自己的不完整的理论体系”①，品评允当。与学界多集中在陈亮爱国思想的阐述不同，方如金先生对陈亮的民生思想及妇女思想给予了较多的关注，进行合理阐发，认为“陈亮的民生思想不仅是从社会稳定角度切入，而且具有以人为本的内涵……立足于对百姓的终极关怀，希望南宋朝廷摆脱内忧外患，最终实现长治久安”②。然而，《陈亮研究论稿》并没有止步于此，而是进一步指出“陈亮的富民强国、藏富于民的民生思想在根本上还是为了统治者更好地治理国家，这是自然的、无可厚非的，但揭示其对民生问题的深切关注，针对社会各阶层安身立命提出的系列举措，其通过建立健全法制惩贪防腐的主张，给广大人民以福祉，造福于民，这对现今社会的制度建设仍不失启发、借鉴和警示作用”③。方先生对陈亮的研究不断深入，提出“陈亮是中国古代唯一一位杰出的状元思想家”。赵瑶丹等先生在《一竿明月半床书，两度梅香毕生缘——评方如金教授〈陈亮研究论稿〉》中，对此做出进一步说明：“在浙江古籍出版社出版的《龙川文集》序中，方教授结合自己多年研读陈亮文集心得，以翔实的史料为证再次提出陈亮是‘中国古代唯一一位杰出的状元思想家’的论断，这不仅是方教授个人对陈亮研究的提升，更是对陈亮历史地位的提炼，为陈亮研究又献上了一份厚重大礼。面对陈亮是

---

① 方如金：《陈亮研究论稿》，53页，保定，河北大学出版社，2015。
② 方如金：《陈亮研究论稿》，75页，保定，河北大学出版社，2015。
③ 方如金：《陈亮研究论稿》，76页，保定，河北大学出版社，2015。

'中国古代唯一一位杰出的状元思想家'论断的各种质疑，方教授侃侃而论：作为思想家首先应该给后人留下一部具有鲜明特色的哲学理论著作；同时更应该在哲学思想上提出公认的值得称道的重要的哲学命题。"人中之龙，文中之虎"的同甫陈亮不仅留下了颇具特色、涵盖文史哲的《龙川文集》，更值得称道的是他阐释了"道在事中，道事统一""天地合一""兼采王霸"等一系列唯物主义思想命题，创立了"重实事、实功、实利""讲究经济，最切实用"的永康学派。陈亮既是永康学派的创始人，也是南宋浙东学派的代表人物，又是清代以经世致用为显著特色的浙东史学的先驱和倡导者。陈亮创立的永康学派，构成中国传统文化中一种崭新的思想体系，丰富和完善了中国古代文化。所以，方教授认为，陈亮不愧为中国古代杰出的唯一一位状元思想家。"① 这可视为方先生晚年对陈亮研究所做出的进一步思考，将给学界提供一定的启发和借鉴。

以古鉴今，古为今用。方如金先生并没有仅仅把历史当作过去的事物来看待，而是想要通过自己的研究让过去的历史服务于现实生活，这或许也是其研究历史的一个学术旨趣吧。

（二）南宋浙东学派研究

南宋浙东学派虽是一个地域性的学术流派，却是中国学术史的重要组成部分，对中国古代学术影响深远，被视为"中国现代学术产生之前性质最成熟、自觉的传统学术"②。以陈亮为代表的永康学派是典型的崇尚事功的王霸之学，是南宋浙东学派的一支重要力量。以陈亮为突破口，方如金先生撰写多篇高质量的论文，分别从南宋浙东事功学派独特的爱国主义情怀、富民强国思想、财政思想、军事思想和人才观等角度对南宋的浙东学派进行

---

① 赵瑶丹、黄宗海：《一竿明月半床书，两度梅香毕生缘——评方如金教授〈陈亮研究论稿〉》，《温州大学学报》（社会科学版）2016 第 4 期。

② 钱志熙：《论浙东学派的谱系及其在学术思想史上的位置——从解读章学诚〈浙东学术〉入手》，载《中国典籍与文化》，2012（1），61 页。

了较为全面、深入的研究，有力地推动了学界对南宋浙东学派的研究。

方如金先生在此一领域的代表性著作为《陈亮与南宋浙东学派研究》（合著，人民出版社1996年出版），不但厘清了一些学术界研究的误区，而且提出了一种崭新的学术研究思路，即抓住陈亮与南宋浙东学派的结合点进行综合研究，创获较多，好评如潮。宋史研究著名学者朱瑞熙先生认为："以方如金教授为首的这部学术专著是他们对近60多年来中国学术界关于陈亮和南宋浙东学派研究的一次很好的总结。同时，他们又提出了一些新的观点，在总体上取得了创造性、突破性的进展，从而把陈亮和南宋浙东学派的研究提高到一个新的水平。"① 《中国社会科学》（1997年第4期）刊发奚建华先生的书评《陈亮与南宋浙东学派综合研究的开创性著作》，对该书予以高度评价，指出此书"是一部具有开拓性的学术专著，资料翔实丰赡，论点确凿可信，具有许多创见，是一部颇有学术价值的佳作"②。《史学史研究》（1997年第4期）刊发施宗璜先生的《宋代人物与学术流派综合研究的新途径——读〈陈亮与南宋浙东学派研究〉》一文高度评价该书，认为"无论是该书的研究角度的选择，主题的深化，史料的选择、运用，均比其他同类著作更富有特色，显示作者的匠心独运"③。姜鹏先生在《重评陈亮历史地位——〈陈亮与南宋浙东学派研究〉读后感》中指出："这本代表着如金先生三十年研究成果之结晶的著作对六十多年来中国学术界关于陈亮和南宋浙东学派研究很好地做了一次总结，同时又提出了一些新的观点，在总体上取得了创造性、突破性进展，从而把陈亮和南宋浙东学派的研究提高到一个新的水平，堪称该项课题研究史上的一

---

① 方如金：《陈亮研究论稿》，476页，保定，河北大学出版社，2015。

② 奚建华：《陈亮与南宋浙东学派综合研究的开创性著作》，载《中国社会科学》，1997（4），207页。

③ 施宗璜：《宋代人物与学术流派综合研究的新途径——读〈陈亮与南宋浙东学派研究〉》，载《史学史研究》，1997（4），75页。

个里程碑……值得指出的是，方先生专著的出版，在其诸多的意义中有着一个不可忽视的现实意义，当今的中国改革开放方兴未艾，正是敞开国门走向世界的时候，也正是最需要讲究功利的时候，为民族求功，为人民谋利。值此之际，借鉴陈亮及其他浙东学派思想家们的功利思想为当今事功之所用，无疑是有重大意义的，而方氏的著作则为我们提供了一个绝好的机会来学习、批判这一中国历史上极具光辉的中国功利主义思想。”① 同行专家的褒美之辞，在某种程度上，可以看出方如金先生在南宋浙东学派研究领域的较高地位。

（三）浙江地方史研究

对浙江地方史的研究，是方如金先生研究的一个重要领域。尤其是他对浙江经济史的研究，走在了全国的前列。宋代的浙江，在很大程度上，是全国的一个缩影。尤其是南宋时期的浙江，在全国具有举足轻重的地位。研究宋代的浙江史，有助于推动宋史乃至中国古代史的研究。

在 20 世纪 80 年代初期，方如金先生就开始撰写多篇学术论文探讨宋代两浙路的经济情况，创获极多。在《南宋临安的都市经济》一文中，通过对南宋临安都市经济的考察，方如金先生指出："临安都市经济在南宋一代有了巨大的发展。它代表了南宋城市经济发展的水平，说明了城市经济在整个封建经济中的地位日趋重要。但是，就整个临安城市经济的基本特征来看，它仍然是一个比较典型的中世纪封建消费城市。"② 在《宋代明州与高丽的贸易关系及其友好往来》中，方如金先生等用大量的历史事实证明"宋、丽两国之间在各个领域相互影响是很深的，在频繁

---

① 姜鹏：《重评陈亮历史地位——〈陈亮与南宋浙东学派研究〉读后感》，载《浙江学刊》，1998（1），128 页。

② 倪士毅，方如金：《南宋临安的都市经济》，载《浙江师范学院学报（社会科学版）》，1982（1），41 页。

贸易往来的基础上，大大促进了两国经济的发展和文化的交流”①。方如金先生在《宋代都城的商业和经商风气的盛行》中指出“宋代商品经济发达、商品流通频繁，是明代中叶资本主义在江南一带萌芽的温床，因此这个伟大的历史作用是不容低估的。但是，不容忽视的是也产生了许多流弊”②，并且对这些流弊深入分析。方如金先生在《宋代浙江经济大发展的原因探析》中，从十大方面对宋代浙江经济繁荣的原因进行探析，尤其高度评价了宋代两浙路市镇的历史作用，指出其“作为商品经济的重要阵地，它影响并促进农村居民进一步与市场的联系，从而使农副产品大量卷入市场，使作为手工业者和经商者卷入市场的也多了。虽然他还没有力量动摇自然经济的统治地位，但它使两浙路固有的自然经济的牢固性、严密性开始松动了，为明中叶资本主义萌芽首先在东南两浙一带开始出现创造了条件，其意义是不可低估的”③，同时也点出了宋代浙江城镇这一重大的学术课题。对南宋两浙经济史的探讨文章，还有《南宋两浙社会经济的发展》《北宋两浙社会经济的发展及其原因》《宋代两浙路的粮食生产及流通》《宋代浙江的粮食商品化述评》《南宋临安的茶叶及其特点述评》等，均不乏真知灼见。值得注意的是，方如金先生还撰写了《福建版〈马可波罗游记〉再质疑——马可·波罗并未到过南中国》（载《浙江师范大学学报（哲学社会科学版）》1987年第4期）等文章，以强有力的史料否定了马可·波罗到过南中国的不实论述，解决了一大学术难题，并且呼应了大英博物馆弗朗西斯·伍德教授等海外汉学家的学术观点。

在浙江文化史方面，方如金先生也做出了宝贵的探索。其所

---

① 倪士毅，方如金：《宋代明州与高丽的贸易关系及其友好往来》，载《杭州大学学报》，1982（2），90页。

② 方如金：《宋代都城的商业和经商风气的盛行》，载《山东社会科学》，2006（5），126页。

③ 方如金：《宋代浙江经济大发展的原因探析》，载《浙江学刊》，1988（3），36页。

撰写的《南宋临安的文化》《南宋浙江文化的大发展》均不失为佳作。前者从学校教育、刻书藏书、杂技百戏、寺塔碑窟等考察了南宋临安文化的繁荣情况，同时道出了“南宋的临安是皇室贵族、官僚地主和富商巨贾纵情享受的乐园，劳动人民创造的物质财富和精神文明被他们巧取豪夺，肆意糟蹋”[①] 的事实；后者在前者的基础上，由临安扩展到整个南宋浙江，方如金先生高度赞扬了南宋政府的对外贸易，尤其是与日本在佛教和绘画方面的交流，是文化上的一大盛事，同时立足于全球视野看待南宋浙江的文化发展，明确指出“中国在这一时期，三大发明进一步发展及其传播，影响并推动了世界物质文明的历史进程，为欧洲资本主义萌芽与发展起了巨大的促进作用，而浙江在这当中所做的贡献最为突出”[②]。除了浙江的经济史、文化史之外，方如金先生还对浙江古代学者的精神史进行研究，如《论胡三省的治史态度和人格精神》等。

另外，除了历史研究之外，方如金先生还饶有兴趣地研究古代文学作品，先后撰写了《“胡运何须问，赫日自当中”——评陈亮〈水调歌头·送章德茂大卿使虏〉》《“照映一世之豪，荷载四国之重”——评陈亮〈辛稼轩画像赞〉》《斩新换出旗麾别——读陈亮〈贺新郎·酬辛幼安再用韵见寄〉》《血泪心声铸壮词——〈青玉案〉词写作地点和时间及内在价值考》等论文，史蕴诗心，慷慨激昂，气势磅礴。

钱穆先生《略论治史方法》云：“治史者贵能上下古今识其全部，超越时代束缚。故首当虚心耐烦，先精熟一时代之专史，乃能深悉人事繁赜之一般。而对于各方面事态之互相牵涉影响及其轻重大小、先后缓急之间，亦渐次呈露。如是，其心智始可渐达于深细邃密、广大通明之一境。然后再以通治各史，自知有所

① 方如金：《南宋临安的文化》，载《浙江师范学院学报（社会科学版）》，1982（3），62页。

② 方如金：《南宋浙江文化的大发展》，载《浙江师范大学学报（社会科学版）》，1986（1），71—72页。

别择。然后庶几可以会通条理而无大谬。能治通史，再成专家，庶可无偏碍不通之弊。”① 方如金先生正是循着这样的治学路径，以数十年之功力而成为宋史学研究专家，其成就已得到国内外学界的肯定。在其发表的一百余篇论文中，多篇论文被《新华文摘》《中国社会科学文摘》《高等学校文科学术文摘》《复印报刊资料》等全文转载或论点摘编，其成果得到了较为广泛的引用。

四、对外交流：开启中外宋史研究合作新篇章

在搞好科研和教学之余，方如金先生还保持着与国际学界的交流。方如金先生在宋史研究领域注意加强合作、交流，与韩国、美国等多所高校宋史研究学者保持着密切的学术交流。尤其是与哈佛大学东亚语言文明系包弼德先生的合作，为世界宋史研究界所瞩目。1998 年 5 月 20 日，包弼德先生抵达浙江师范大学，开始与方如金先生进行友好而深入的交流，双方打算共同研究宋、元、明、清时期金华的历史。② 双方达成了三个方面的合作意向，包括“建立长期稳定的学术信息和研究资料交流关系、共同推动研究人员的互访活动，并且为这种活动提供力所能及的支持，共同负责联系国际上从事浙江地方史研究的学者，加强彼此间的学术交流，并且在条件成熟时，共同发起和组织有关金华地方史的国际学术研讨会”③，推动了宋史乃至中国古代史与国际学界的对话、交流与合作。双方签订了“金华地区地形、祠堂、古村落、古建筑及地方历史文化研究”等合作大型科研项目的协议，方如金先生为项目中方负责人，包弼德先生为项目美方负责人。项目从 1998 年持续到 2005 年，成果丰硕，代表性的有《地方史之兴起：南宋至元婺州之历史、地理与文化》（载《哈佛

① 钱穆：《中国历史研究法》，144 页，北京，九州出版社，2011。
② 钱穆：《中国历史研究法》，514 页，北京，九州出版社，2011。
③ 钱穆：《中国历史研究法》，514 页，北京，九州出版社，2011。

亚洲学报》2001年第61卷第1期，第37—76页)、《文化、社会、理学：十二世纪至十六世纪》(见史乐民、万志英编《中国历史上的宋—元—明转型》，剑桥·哈佛大学亚洲中心，2003年，第241—283页)、《过去与现在的地方史与家族》(见李弘祺编《新与多：宋代对过去的意识》，香港中文大学，2004年，第307—348页)、《论地方史与晚期皇权国家——以金华为例》(传统中国的日常生活空间座谈会，东京大学，2005年1月)、《1200年左右婺州思想环境：为潘自牧与〈记纂渊海〉寻找位置》(见《第二次宋史讨论会论文集》，台北，1996年，第788—838页)、《论陈亮"农商相藉"的重商思想及经商自救活动》(载《清华大学学报》2011年第1期）等。

值得指出的是，方如金先生以其突出的学术成就赢得了哈佛大学包弼德先生等国际著名学者的赞赏，并且受邀于2003年11月11日至28日赴哈佛大学进行学术交流和讲学，其所做的《近百年来陈亮及浙东学派研究的有关问题》《金华地区古村落、古建筑概况及特色》的学术报告，受到广泛好评。

杏坛执教六十载，教泽天下育英才。方先生1960年毕业后便留校任教，至今约有一甲子。六秩芳华，先生全部奉献给了他念兹在兹的师大，先后获得1997年度曾宪梓教育基金三等奖等多项奖项，培育了陈剑锋、姜鹏、赵瑶丹、胡彩娟、陈欣等一大批学者，为宋史研究不断贡献着新的力量。朱光明等众多同学也受到方如金先生不同程度的影响，感受到了一位为学术而献身的学者的魅力。

虽年近八旬，方如金先生仍笔耕不辍，近期又会有《陈亮事迹著作编年》等新作不断推出，值得期待。把方如金先生作为一个学者的个案来进行研究，除了其自身所取得的突出成就外，其文章中所呈现的文化担当精神更值得关注。其所研究的对象和思考的历史命题均与国家、民族的命运和文化的走向密切相关，视野恢宏阔大，见解独到，正体现着一代学人的心魂和风骨，其高尚的学者情怀值得我们珍视。

附录二　浙江通史·总论[①]

浙江地处中国东南沿海，素称“鱼米之乡”“文物之邦”，文明昌盛，历史悠久。早在距今45万年前的中更新世，地处浙北的安吉就已有远古人类活动的踪迹，掀开了浙江历史的序幕。在距今约10万年前的旧石器时代中晚期，原始人群“建德人”已生活在浙西山地。从新石器时代灿烂的河姆渡文化算起，浙江的历史也已经有7000年时间了。

我们这部12卷的《浙江通史》，将向读者全面叙述自旧石器时代的“建德人”以来，特别是从河姆渡文化到中华人民共和国建立这一历史长时段的浙江历史和文明。在这篇《总论》里，我们试从中国大历史的视角，讨论7000年浙江历史发展和演进的特点，区域社会和区域文化的变迁，浙江文明在中华文明史上的地位；从历史编纂学的角度，简要地叙述浙江史与区域史研究的学术意义，编撰这样一部鸿篇巨制的地方通史的学术价值和意义；以及《浙江通史》的编撰思路和编纂的方法。

一、浙江7000年：族群、文化与区域变迁

区域，现代汉语又称地域。从这一概念的学术意义看，不同学科的学者都可以根据各自的研究取向，从地理学、经济学、文

---

① 作者金普森、陈剩勇。

化学、行政学等不同的维度、不同的层面，划分和界定区域的内涵及其空间范围。历史学视野中的区域社会，一般来说，是从地理学、文化学和行政学等诸多层面，综合考虑若干种相关要素，即以地理环境、民族、文化、语言、行政区划等方面的特征为依据来划分和界定区域社会的。按照我们的理解，区域社会就是建立在一定的地理条件基础上的、具有其独特文化和风土民情特征的、相对独立的地域性社会体系。因此，每个区域社会都具有自成系统的、相对区别于其他区域的文化、语言、风俗、经济和政治的结构，以及建立在上述结构基础之上的区域的共同传统。

“浙江”这个地名的内涵，同样具有地理学、行政学和区域社会学等诸多层面的意义。从地理学的维度，浙江既是水系之名，又是地方政区之名。作为水名之浙江，即钱塘江，其地域范围涵盖整个钱塘江及其上游的新安江流域。作为政区名之浙江，唐代开始设置浙江东道、浙江西道两大方镇。浙江东道领有越、衢、婺、温、台、明、处 7 州，浙江西道辖境相当于今江苏长江以南、茅山以东及浙江新安江以北地区。浙江成为一个省级行政区始于元、明之际，即公元 1366 年，朱元璋攻占杭州设置浙江等处行中书省，简称浙江行省。从此，浙江作为一个省级政区，其辖境大致相沿至今。现代的浙江，是中国的一个省、一个地方行政区。浙江省是现今中国 34 个省、市、自治区、特别行政区中的一个省级行政区，其地理空间涵盖了钱塘江流域及其周边的瓯江、椒江和姚江、甬江等流域。从区域社会学的维度，作为中国的一个省，浙江是中国的一个区域社会，一个在地理环境、社会经济、文化和风土人情方面均极有特色的区域社会，浙江史也就是中国一个特定区域的历史。

浙江作为一个省级地方行政区，历史短暂，不过 630 多年。但是，浙江大地作为中国的一个区域社会或中华文明的一个地方区系，早在浙江建省以前就已经存在，并且在数千年间发展出了独具地域特征的社会、经济和文化。区域社会和区域史意义上的浙江，其时空跨度均大大超越了行政区意义上的浙江。我们这部

《浙江通史》，从编纂思路的酝酿之初就着眼于把浙江史作为中国大历史的一个地域区系，把浙江文化视为中华文明的一个区域性的亚文化系统，从区域社会、区域文化的角度切入和立论，而不仅仅是编写一部省史。

从文明的民族性或区域间文化和风土民情的差异性加以审视，“建德人”以来的浙江历史至少可以被划分为四大段：第一段为旧石器时代。旧石器时代中国的区域差异及其特征，因年代远古，至今不得其详。第二段为新石器时代，即从河姆渡文化到良渚文化末期。河姆渡文化、良渚文化的居民主体到底是属于哪一个种族，至今学术界虽还有争论，但他们与中国北方地区族群人种的差异是确定无疑的，我们姑称之为“先越人”。第三段为历史上的夏、商、周、春秋战国时代。吴国、越国之民，文献中称“越人”，越人与南方的“百越”很可能属于同一个族类，而与中原的华夏族则显然是两个不同的族类。第四段为秦汉以降，从秦始皇、汉武帝时代的强制移民，到“永嘉之乱”“安史之乱”“靖康之乱”时的汉人南迁。随着北方华夏族即汉族的不断迁入，以及土著越人的不断汉化，在历史的互动中融合而成浙江大地上的主体民族——汉族。关于浙江这一区域社会里发生的民族、文明和文化的变迁史，让我们从新石器时代开始逐一叙述吧。

（一）文化圈理论、九州制与吴越文化区的形成

新石器时代，即距今 5000 年到 1 万年，中国各地的新石器文化已然自成体系、各具特色。考古学家苏秉琦根据对各地新石器文化遗址的层位关系和出土器物的类型学分析，将中国新石器时代文化划分为六大考古文化区系，即以关中、豫西、晋南为中心的中原文化区，以山东为中心的东方（或称海岱）文化区，以环洞庭湖与四川盆地为中心的西南文化区，长江下游以太湖为中心的东南文化区，以鄱阳湖到珠江三角洲一线为中轴的南方文化

区，以及燕山南北、长城地带的北方文化区。① 按照这一划分，新石器时代的浙江分属于东南和南方两大文化区：浙北地区的河姆渡文化、马家浜文化均属于长江下游以太湖为中心的东南文化区，而浙南的相当一部分区域则应当划入南方文化区。新石器时代的浙江人，即河姆渡文化、马家浜文化和良渚文化的主体居民，从人种学的角度看，河姆渡人的某些方面既具有蒙古人种的特征，又明显与现代赤道人种即现代澳大利亚-尼格罗人种特征更加相似。② 至于良渚人，其属性至今还像那个时代一样，充满着神秘的色彩。

进入有文字记载的历史时代以后，在迄今最古的典籍和史书里，夏、商、周时期的中国被称为“九州”。根据传统史家的说法，夏朝开国君主大禹建国之后，把他所统治的疆域划为“九州”，分别称冀州、兖州、青州、徐州、扬州、荆州、豫州、梁州和雍州。《尚书·禹贡》在划定“九州”分野的同时，逐一记述了各州的土地、物产、贡赋的等级，以及各地的风土人情。现今的浙江，那时属于扬州，境内的会稽（今绍兴境内）为大禹治水的中心地区，属于中华文化波及之地、文化开化之土。

春秋战国时期，即公元前770年至前222年，周王室的政治权威衰落，王纲解纽，诸侯力征，前有齐、晋、秦、楚、吴、越争霸，后有“战国七雄”变法称雄，传统的以“九州”制为标志的地域分野从此被彻底打破。现代的学者往往以列国为依据，把这一段的中国划分为若干文化区，如晋文化、秦文化、楚文化、齐文化、燕文化、吴越文化、百越文化等。在列国并起的春秋战国时代，浙江大地钱塘江以北的大部分地区，在吴国强盛时大部分为吴国控制；钱塘江以北的一部分和南岸的大部分地区则为越国的疆土。越国灭吴后，控有整个吴、越之地。至于现在的浙南

---

① 苏秉琦，殷玮璋：《关于考古学文化的区系类型问题》，载《文物》，1981(5)，10—17页。

② 潘其风，韩康信：《中国新石器时代居民的体质特征》，见《中国大百科全书》(考古卷)，711页，北京，中国大百科全书出版社，1986。

地区，则与现福建省同属一个文化区，其居民均属百越族，分别建有两个王国，即浙南的称“瓯越”，闽北的称“闽越”。瓯越与闽越，族系一致，文化相同，司马迁的《史记》将其合并记述，为《东越列传》。

因此，一般学者习惯把春秋战国时浙江的大部划归吴越文化区。从更宽泛的意义上讲，先秦时期的浙江又可划入百越文化区。创造吴越文化的吴人和越人，吴国的王室为西北周人的后裔，一般民众则为南方土著。至于越人，从越王勾践到黎庶百姓，还有更南边的瓯越，在中原人看来，都是些讲“鸟语”（越语）、“断发文身”的大不同于中原华夏族的南蛮人种。从人种和血统方面看，迄今还没有什么证据可以证明吴人、越人的族属与良渚文化居民之间存在渊源关系，倒是有更多的田野考古资料显示其与南方的“百越”具有密切的关系。

（二）大一统、郡县制与边缘化的地域社会

公元前 221 年，秦始皇统一中国，分天下为三十六郡，在原吴、越两国之地设置了会稽郡，浙江大地从此纳入中华大一统王朝的治理之中。在此之前，楚国早在公元前 333 年已经大败越国，楚人从西向东、从北向南逐渐占领了故吴之地，而越国则日渐衰落，终于在公元前 222 年为秦国所灭。秦朝在故吴、越之地设立会稽郡，辖境辽阔，相当于现在江苏省长江以南，浙江省仙霞岭、牛头山、天台山以北，安徽省水阳江流域以东和新安江、率水流域之地。天台山以南现今浙南的温州、台州及丽水的一部分地区，即战国时的瓯越国之地，则与闽越国（现福建省境）合并设置了闽中郡。汉沿秦治，但会稽郡的辖区范围一度扩大，南部拓展到福建全省，治所也从吴县（今苏州）迁移到山阴（今绍兴）。

秦、汉大一统王朝在故吴、越之地设郡县统治的同时，还以武力为后盾，通过强制土著向内地移民，彻底改变了浙江的人种结构。公元前 210 年，秦始皇南巡会稽，一方面把土著越人强行

迁往已经华夏化的故吴地，另一方面又把华夏人迁入越地，初步改变了浙江的人种结构。西汉武帝时期，东瓯与闽越交战，归附汉朝的东瓯王率众4万多人迁徙庐江郡（今安徽省西南部地区）。汉武帝先是听任东瓯故地为降汉的闽越人所占，随后便将这部分闽越、东瓯之民强行迁居到内地的江淮之间，东瓯国从此不复存在。原来生活在浙江土地上的土著越人，纷纷逃往山区，是为“山越”。中原内地的汉人于是“乘虚而入”，他们最初占有平原地区，继而向山区拓展。因此，从秦始皇南巡会稽强制进行大规模移民到汉武帝的武力消灭东瓯国，浙江大地在这短短的100多年里，从种族、语言到文化，发生了一次具有划时代意义的全面的结构性转型。

从秦汉到隋、唐、宋、元时期，大一统王朝在历史上的大部分时间对中国疆土实行着相当有效的政治控制。先秦时期，一系列土生土长、文化特色分明的区域文化在同一种政治制度、同一个儒家文化的模式熏陶之下，逐渐向统一的中华文明融合趋同。此后的浙江地域社会，虽然在经济和文化上依然保持着自身的地域特色，但这种地域特色或差异是同质文明和同质文化中的风土民情差异，与先秦时期那种文明文化的民族性差异显然不能同日而语。

以汉代的地区差异而言，司马迁的《史记·货殖列传》、班固的《汉书·地理志》分别做过经济和文化上的划分。司马迁把西汉疆土划分为若干个经济和文化独具特色的区域，如关中、巴蜀、三河（河东、河内、河南）、燕赵、齐鲁、楚越，楚越之地又分西楚、东楚、南楚。浙江（钱塘江）以北为东楚，以南为越地。越地“东有海盐之饶，章山之铜，三江、五湖之利，亦江东一都会也”[①]。从经济的角度看各地的区域特色，“楚越之地，地广人稀，饭稻羹鱼，或火耕而水耨，果隋嬴蛤，不待贾而足，地艺饶食，无饥馑之患，以故呰窳偷生，无积聚而多贫。是故江、

① 司马迁：《史记·货殖列传》，3267页，北京，中华书局，1982。

淮以南，无冻饿之人，亦无千金之家。沂、泗水以北，宜五谷桑麻六畜，地小人众，数被水旱之害，民好畜藏，故秦、夏、梁、鲁好农而重民。三河、宛、陈亦然，加以商贾。齐、赵设智巧，仰机利。燕、代田畜而事蚕”①。东汉时，全国被划为13个行政区，除关中、洛阳两京之地外，为豫州、冀州、兖州、徐州、青州、荆州、扬州、益州、凉州、并州、幽州和交州。现今浙江之地属扬州，扬州辖六郡，其境约相当于今江苏南部、安徽大部，以及江西、浙江和福建等省的全部。秦汉两朝的政治、经济和文化中心都在中原地区，浙江与江南其他地区一样，因楚、越的灭亡和秦汉统一而沦为边缘化的区域。

（三）从边缘区域到全国重心区域的轮替与位移

这种边缘化的地位到三国时因东吴立国东南而发生转机。随着大一统政治格局的瓦解和三国鼎立的政治格局的形成，三个区域性的政治中心相继在中原、巴蜀和东南地区崛起，并且自然地成为三大区域性的经济中心和文化中心。三国以后的南北朝时期，以淮河—秦岭为分界线，南北两地的文明在政治对峙中相对独立地发展，并且在经济、文化上形成了特色鲜明的区域差异。隋唐以后，这种区域性的特色或差异不仅没有随着政治大一统格局的重新确立而消失，反而在政治统一、社会稳定所提供的社会经济和地方文化的发展平台上发展得越来越鲜明突出。从地理和经济等方面的特点着眼，唐人心目中的国家大抵被划为三大区域：一为中原或北方地区，一为巴蜀地区，一为江南地区。江南地区包括长江中下游地区及其以南的所有南方地区。出于行政的需要，唐朝又把全国划为十道：关内道、河南道、河北道、河东道、陇右道、山南道、剑南道、淮南道、江南道和岭南道。宋代的地方行政区划，以“路”取代唐朝的“道”，但唐代以淮河—秦岭为界线的三大地理和经济上的区域性板块划分依然沿袭而没

---

① 司马迁：《史记·货殖列传》，3270页，北京，中华书局，1982。

有发生实质性改变，只是唐人将中原北方、巴蜀之外的地区统称为“江南”，而宋人则更准确地界定为“东南”。

五代十国时，10 多个小王朝相继并存于南北各地。吴越王钱镠割据东南，建立吴越国，拥有现今浙江全省和江苏的部分地区，浙江之地成了一个政治、经济和文化上都相对独立的小王国。因此，吴越之地作为一个地域社会，其区域的空间界限十分清楚。五代十国时，吴越国这样一种独立的地域社会的历史因北宋重新统一全国而结束，吴越国立国以后形成的空间界线也随着吴越王向宋太祖的纳土称臣而消失，又回归到大一统王朝治下。

秦、汉、魏、晋、南北朝以降，现今浙江之地从政区归属看，一直与现江苏南部、安徽南部、江西东部和福建省联系在一起，分分合合，互为统属。特别是现浙江省境与外省交界地区的一些府县，在历史上一直归属于不同的地方政区。西汉时，浙江分属于丹阳郡和会稽郡。东汉永建四年（129 年），以钱塘江为界，会稽郡一分为二，东为会稽郡，西为吴郡。现今浙江全境于是分属于丹阳、吴和会稽三郡。到三国吴时，会稽郡又一分为四，分别称作会稽、东阳、临海、建安，后又分临海之一部置永嘉郡。从三国到东晋，会稽、东阳、新安、临海、永嘉并称浙江东五郡。隋唐时，地方上实行州（郡）、县二级政区制，现今浙江省区域范围分属于苏州、杭州、湖州、睦州、越州、婺州、衢州、处州、温州、台州和明州等 11 州，后来又在州之上设置了一级政区，叫作“道”。到唐代后期，确立了道、州、县三级行政区划，现今浙江各县分属于浙江西道、浙江东道。

两宋的地方行政区划分为路、府、县三级，以路统州领县，浙江的大部在北宋时属于两浙路，在南宋时分属于两浙东路、两浙西路。当然，随着南宋定都临安，两浙路成了偏安东南的宋朝王畿之地，浙江大地于是从秦汉以来的边缘地带重新崛起，变成了全国的政治、经济和文化的中心区域。

（四）浙江设省与浙江地域社会的定型

浙江作为一个相对独立的地域社会，是在明代时最终确立的。元代的地方行政体制以行省为一级政区，统辖路、府、州、县。现今浙江之地属于江浙行省的一小部分。当时的江浙行省共辖30个路、1个府、28个州、143个县，范围包括现今上海、苏南、皖南和浙江、福建两省全境。以杭州为省城的江浙行省的设置，为浙江独立设省奠定了基础。

朱元璋率军攻占杭州后设置浙江等处行中书省（简称浙江行省）。明朝建国后，行省改称“承宣布政使司”，浙江布政使司作为天下13个布政使司之一，统辖杭州、严州、湖州、嘉兴、绍兴、宁波、台州、温州、处州、金华、衢州等11府。浙江大地以往分属于不同地方政治权力中心统辖的各府州、县，历史上形成的一个个风土民情各具特色的亚地域文化，从明代起同处于一个行省官署的管辖控制之下，开始了汇聚、整合和融会贯通的进程，并且随着专制政治权力以杭州为中心向整个省境不断辐射，逐渐发展成为大一统王朝治下的一个相对独立的地域社会——中华文化大传统下的一个具有鲜明地方特色的区域文化范型，即今人所谓的浙江社会、浙江文化区。

但是，自秦代纳入大一统王朝的版图以来，浙江大地毕竟一直归属于两个以上的地方政府（历史上分别称作郡、道、路）管辖统治。浙北地区的杭嘉湖平原、钱塘江南岸的宁绍平原、钱塘江上游的新安江流域、浙中的金衢盆地，以及浙南的瓯江流域地区，由于自然地理环境的差异，以及受到各个地方政治权力中心的影响，历史上已经形成了一个个方言不同、风土民情各异的亚地域文化系统。明代在浙江设省以后，境内各地方文化在政治权力的整合下逐渐发展成为一个全国性的具有特色的地域文化范型；同时，由于自然地理环境差异和文化传统自身的稳定性，历史上的浙东与浙西，以及浙东的宁绍、金衢和台、温、处之间，在社会、经济和文化上依然保持着固有的地方特色。

这种人类学家称作“大传统”中的“小传统”的地域社会内部的文化差异，可谓自古已然。明代浙江籍的人文地理学家王士性，曾以生动的语言描述了浙江省境内风土民情的地方特色：“杭、嘉、湖平原水乡，是为泽国之民；金、衢、严、处丘陵险阻，是为山谷之民；宁、绍、台、温连山大海，是为海滨之民。三民各自为俗，泽国之民，舟楫为居，百货所聚，闾阎易于富贵，俗尚奢侈，缙绅气势大而众庶小；山谷之民，石气所钟，猛烈鸷愎，轻犯刑法，喜习俭素，然豪民颇负气，聚党与而傲缙绅；海滨之民，餐风宿水，百死一生，以有海利为生不甚穷，以不通商贩不甚富，闾阎与缙绅相安，官民得贵贱之中，俗尚居奢俭之半。”① 按照我们的理解，明代浙江实际上可以分为四个具有相对稳定性的亚文化区域，即钱塘江以北至太湖边的杭嘉湖平原地区，钱塘江以东的宁绍平原地区，浙东沿海一带椒江和瓯江流域的台、温滨海地区，以及包括浙中的金衢盆地及其相邻的严州、处州等地的丘陵山区。在浙江这个地域社会里，地区之间风土民情各异，杭嘉湖平原地区、宁绍平原地区、温台沿海地区、金衢盆地等各地域社会内部又有数个亚地域社会共存共荣，从明、清、民国一直延续到现在。

7000 年浙江的历史、文明和文化，就是在这样一种地域社会的离合变迁、“大传统”与“小社会”交互作用的时空背景中萌生、发展、繁荣和昌盛起来的。

二、浙江在中国文明史上的地位

“文明”一词，是英语 civilization 的汉译。在西方学术界，“文明”是一个兼具历史性、连续性和地域性的综合概念。国内学术界，特别是在历史学和考古学界，大多是从“文明是人类社会发展的历史阶段”这一定义来使用“文明”的概念和术语的。

---

① 王士性：《广志绎》卷四，68 页，北京，中华书局，1981。

在此意义上，中国有5000年的文明史，中华文明是与美索不达米亚文明、埃及文明、印度文明、爱琴海文明和玛雅文明并列的六大文明之一，并且是世界文明史上唯一延续至今、从未中断的古代文明。

中华文明是中国各族人民共同创造的。从长城漠北到岭南交趾，从黄河两岸到长江流域，从东部沿海到青藏高原，我国境内各个区域都以其独具特色的地域文化，如江河入海、九九归一，汇聚陶铸了博大精深、辉煌灿烂的中华文明。从河姆渡文化、良渚文化到当代以民营经济为主体的工业文明，浙江人以其如火山喷射般的生命力和创造力，浙江文化和浙江文明以其独特的地域特色，为中国文明的发展繁荣和昌盛做出了巨大贡献。《浙江通史》需要回答的问题是浙江7000年历史具有哪些特点？历史上的浙江人为中华文明做出了哪些贡献？我们认为，历史上的浙江至少有六个时期在政治、经济、文化的发展中位居全国前列或在全国处于领先地位。这六个时期分别是河姆渡文化时代、良渚文化时代、吴越争霸时期、定都杭州的南宋时期、明清时期及民国以来的工业文明时代。让我们从农业革命发生的远古时代谈起。

（一）河姆渡文化：改写了长江流域的历史和中国的史前史

中国的农业革命发轫于距今1万年前后。到距今七八千年前后，黄河、长江流域一系列新石器时代聚落的先民们初步完成了由采食经济向产食经济的过渡。在黄河流域，磁山文化、裴李岗文化和大地湾文化时期，出现了许多长久和稳固的农业定居点——村落。这些村落社会的居民凭借石铲、石镰之类农具，从事以锄耕为主的旱地农业，种植粟、黍等谷物，并且饲养猪、狗、鸡等畜禽。在长江流域，以江汉平原为中心，涵盖现今湖北全境、湖南北部和江西西部一带的长江中游地区，在距今八九千年前后的彭头山文化、城背溪文化的聚落里，先民们凭借石铲等原始工具，在江岸、河畔和湖边种植水稻，饲养猪、狗和水牛。长江下游三角洲地区环杭州湾一带现浙江省境内的河姆渡文化，以及年代稍早的跨湖桥遗址和稍后的马家浜文化，与上述黄河、长江流域的新石器时代早期文化相比，从时间上看虽然要晚一点，但河姆渡文化以其在社会、经济和文化方面达到的发展高度，在我们的祖先实现从采食经济向产食经济转型的生存竞争中脱颖而出，后来居上。

河姆渡文化主要分布在环杭州湾周边地带的宁绍平原地区，距今6000年至7000年。生活在河姆渡文化聚落中的先民们，在水乡泽国的沼泽地里，凭借石锛、骨耜、木耜等农业工具，种植水稻。河姆渡遗址第四层出土了大片人工栽培稻的遗存，稻谷、稻壳、稻秆和稻叶的堆积层最厚处达1米以上。经考古专家估算，当时遗址中稻谷的总量多达120吨以上，是迄今为止世界上发现的最丰富的史前稻作农业的遗存。河姆渡文化的居民饲养猪狗，捕鱼捞虾，发明和建造起大规模的干栏式建筑，遮风挡雨，避寒驱湿。他们掌握了原始的纺织技术，发明了独木舟和船桨，还制造陶器，挖掘水井，改善饮用水的质量，并且造出了迄今世界上最早的木质漆碗。河姆渡时代，浙江人的精神世界也同样令人瞩目，遗址里出土了几件以双鸟与日月同体为母题的骨雕艺术品，其中一件象牙雕刻图案，上有两只左右对称、向上飞舞的神鸟，拱着一轮红日。这件精美的艺术品向我们展示的是远古时代浙江先民中流传的鸟日同体神话。河姆渡遗址和河姆渡文化的发现，从根本上改写了长江流域的历史和中国的史前史。

（二）良渚文化：中华文明的起源之一

新石器时代的良渚文化是继河姆渡文化之后浙江历史发展的第二次高潮。良渚文化距今4000年至5300年，其聚落遗址的分布空间以太湖流域为中心，涵盖现江苏省的长江以南地区、上海市和浙江省的北部地区。其影响所及，北跨黄河流域，西入两湖江汉流域，南及现江西、福建广东诸省。

良渚文化时期是中国历史上的一个重大转折期，是中华文明和国家从萌生到崛起的伟大历史时代。在当时的东亚大陆，与良渚文化并存的有中原黄河流域从仰韶文化和大汶口文化发展过来的龙山文化，东北辽河流域的红山文化，长江中游江汉平原从大溪文化发展而来的屈家岭文化，等等。中原地区和江汉平原地区早期文明的标志性特征，一是一大批古城堡的出现，二是大型宫殿或宗教性建筑，三是墓葬规模及其随葬品投射出来的贫富分化和复杂的社会结构的形成。

良渚文化遗址的中心区，位于现杭州市余杭区的大观山果园内。该遗址为一座人工营造的巨型土台，东西长 670 米，南北长约 450 米，高约 6 米，总面积达 30 万平方米。巨型土台上还布列着三个较小的土台。考古学家根据遗址上的宫殿式建筑基址等遗物及周围的聚落群，推断大观山遗址是良渚文化时代的城市，是当时政治、经济、文化、宗教和军事的中心。良渚文化时代最有代表性的遗物，是考古学家称作“土筑的金字塔”的高土台。这种土台都是人工堆筑，规模不一，遍布于浙江、江苏和上海的良渚文化分布区。高土台上一般都有大型墓葬和祭坛，墓室中的随葬品中最为著名的是精美的玉器，包括玉钺、玉琮、玉璧、玉冠状饰、玉三叉形器等。从玉器上雕刻的神人兽面像，可以肯定这些玉器都是当时贵族阶层使用的重礼器。

良渚文化时代的社会、经济和文化的发展水平比河姆渡文化时期有了长足的进步。那时的人们已经使用犁耕，稻作农业、蚕桑丝织业、玉器制造业，以及陶器、木器、竹编、造船、酿酒等手工业的生产规模已经十分可观，特别是各地出土的成千上万件精美的玉器，还有湖州钱山漾遗址出土的 5000 年前的丝绸残片，制作工艺令人叹为观止。

与新石器时代晚期黄河流域和长江流域其他新石器文化比较，良渚文化的社会经济发展水平显然是首屈一指、无与伦比的。良渚文化时期数以万计的精美绝伦的玉器所投射的太湖流域酋邦社会拥有绝对财富的质与量，大观山遗址宫殿建筑基址的恢宏气势，一处处“土筑金字塔”营造工程量所涵摄的良渚社会动员、组织和集中大规模人力的能力，玉钺、玉琮、玉璧、玉冠状饰和玉三叉形器等用作表示墓主生前身份等级的礼器，以及使用这些礼器的规范化所显示的礼制在当时社会中的成熟度，还有大、中、小三种类型的墓葬的墓地规模及其随葬品等差悬殊所显示的社会分层和等级制结构的复杂程度，都表明早期国家已经在太湖流域诞生。

公元前第三千年末期，现代科学家称作“宇宙期”的大规模自然灾害异常期降临地球，百年大旱、特大洪水（海侵）、特大地震、持续严寒等一系列极恐怖的自然灾害，交相侵袭长江流域，从根本上打乱了东南地区的文明进程，导致了良渚文化的突然衰亡和良渚古国的解体。随着良渚文化在东南地区的整体消失，与中原地区夏、商、周三代辉煌的青铜文明形成鲜明对照，浙江和江南地区社会、经济和文化的发展一度倒退返祖：农业衰退，玉器制造业消失，渔猎与采集经济又回到了浙江大地。

（三）越王勾践及其霸业：浙江文明的重新崛起

浙江历史的第三次高潮出现在春秋战国时期。公元前6世纪至前5世纪，吴国、越国相继崛起，吴王夫差、越王勾践先后驱师北上，与中原诸侯决战于黄河边上，一度大败群雄，称霸天下。浙江的地域文明开始摆脱了夏、商、周时期衰弱不振之势，重新夺回了在全国的领先地位。

越国是古越人建立的国家。越人为南方土著，与中原华夏族并非同一族属。虽然吴国的王族是周王的后裔，但其居民无疑也是江南土著。吴人与越人语言相通，风俗一样，同文同种，享有共同的生活方式：饭稻羹鱼，断发文身，裸身赤脚，习水便舟，居住干栏式建筑。《汉书·地理志》说：吴、越两国的君主均好勇尚武，故其民“好用剑，轻死易发”。越人的原始宗教信仰体系明显具有“泛灵论”的特征，以为世上的万物都具有灵性，因而“好淫祀”，鸟、蛙、水神、祖先，几乎都是他们崇拜和祭祀的对象。

吴、越文明属于青铜文明。总的来说，吴、越的青铜文明从国家组织、职官设置到钟镈礼器和文字书法，大多从中原各国学习得来。例如，越国流行的“鸟虫书”就是在中原篆书的基础上加上鸟纹修饰而成的文字。因此，与中原文明比较，越国文明虽没有夏、商、周三代文明那么深厚的底蕴、那种恢宏的气势，但也颇有地域特色。吴、越的海军与造船业，《越绝书》说：勾践称霸之时，“死士八千人，戈船三百艘”。吴、越兵器铸造业，尤其是青铜剑，“肉试则断牛马，金试则截盘匜”。20 世纪 60 年代，湖北江陵出土的一柄越王勾践剑，经现代冶金专家鉴定，剑的铜锡配比适当，火候温度齐足，铸造技艺精湛，剑刃磨砺精细，可与现代精密磨床制造的产品相媲美，不愧为“中华一绝”。

（四）从秦汉到六朝：吴越之地的汉化与礼乐文明的本土化

战国、秦汉之际是浙江文明史进程发生根本性变化的历史大转折时期。

早在公元前 333 年，西北方的楚国出兵大败越国，渐次进占太湖流域，越国的国势从此走向衰败，最终于公元前 222 年为秦始皇所灭。秦始皇推行郡县制，把越地纳入大一统王朝版图，还在公元前 210 年南巡会稽，祭大禹，在会稽山上立石碑歌功颂德，展示大一统王朝的武力。为了控制尚勇习武的越人，秦始皇还凭借专制主义国家机器，以武力强行改变越地的民族结构，一方面把大批的土著越人北迁到华夏化了的故吴之地，另一方面又把大量的华夏族居民迁入越地。此后，汉武帝在平定瓯越、闽越以后，把归顺的越人强行迁移到江淮地区。随着汉人携带中原先进的生产技术不断迁入越国，以儒家文化为主体的汉文明终于在浙江扎根并且发展起来。在短短的 200 年间，浙江大地从政治、经济到文化，从民族结构到风土人情，都发生了历史性的巨变。

这一历史巨变对吴、越之地社会发展进程的影响是极其巨大的。秦、汉大一统王朝不但摧毁了自三代以来以土著越人为主体缓慢发展起来的吴越文明，而且从根本上改变了浙江大地文明发展的历史走向，从秦朝到西汉时期的 200 年间，与关中地区相比，浙江乃至整个江南似乎成了经济、文化落后的蛮荒之地，以致有的历史学家至今还习惯地把浙江历史上的这一历史时段称作浙江文明发展史上的低潮期。

当然，秦汉时期的浙江乃至江南地区，在与关中地区的横向比较中固然显得有些落伍，但从本地区自身历史的发展进程看，随着华夏族或汉族的大量迁入，以及中原文明、儒家文化和先进的生产技术的全面输入，从前“四夷所居”的吴越之地在完成了华夏化或汉化的同时，社会经济和文化的进步也是至为明显的。到了魏晋六朝时期，在三国鼎立、南北朝分治的年代，吴越之地因偏处江南、远离中原的动乱和兵燹，又迅速发展起来。

从秦汉到六朝，吴越之地社会经济和文化发展最突出的地区当属会稽郡。三国时，东吴对土著“山越”实行“强者为兵，羸者补户”的政策，将居住在山区的越人迁到平原耕作区，加速了浙北平原地区的开发。东汉永和年间，会稽太守马臻主持修筑了大型水利工程——鉴湖。该湖位于现绍兴境内的山会平原，围堤而积水成湖。天旱以湖水灌田，水涝则泄田水入湖，为该地区土地垦殖和农业的发展奠定了基础。晋室南迁定都建康，中原汉族大规模迁居江南，“三吴”（会稽、吴兴和吴郡）地区，大片大片的沼泽地、荒原和山地被开垦出来。东晋初期，会稽内史贺循主持开凿了从会稽经柯桥、钱清、萧山到钱塘江的浙江运河，改善了会稽郡的对外交通，从而促进了当地社会经济走向繁荣，并且成为东晋六朝时最发达的地区。从东汉开始，浙江各地就已开始烧制青瓷器。六朝时，曹娥江两岸越窑遍布，青瓷制造业发达。会稽郡还是当时江南地区铜镜铸造业的主产区。会稽的剡溪流域，山藤漫山遍野，山民就地取材，造出的纸张质地极佳。凡此种种，都凸现了会稽郡的富饶和繁荣。南朝时期，会稽是与京城建康遥相对应的江东一大都会。

社会经济发展带动了文化的进步。至迟在东汉时期，儒学已经在浙江的上层社会普及。土著和外来的世家大族及士大夫阶层都尊崇名教，修习儒学经典，讲习礼法，忠孝节义已经成了吴越社会的主流价值观念。尤为可贵的是，对“外来的”儒家文明和儒学经典，浙江人没有一味地盲从或墨守成规全盘接受，而是从一开始就持着一种批判的精神和一种求真求实的态度。浙江上虞出了个大思想家王充，撰写不朽巨著《论衡》，揭橥“疾虚妄”之大纛，以实证的精神针砭东汉谶纬神学和庸俗经学之流弊。历史学家赵晔编写的《吴越春秋》，还有同时代的《越绝书》，同为我国现存最古的地方志。这些著作为整个汉代的思想史和学术史增添了难得一见的夺目光彩。

魏晋六朝是一个士族社会。在江南地区的吴、会稽和丹阳三郡，从东吴时起就已崛起了一大批极有势力的世家大族，号称“江东大族”。永嘉之乱以后，一批批北方士族渡江南逃，移居江南三郡。这些侨居士族与江东大族把持东晋和宋、齐、梁、陈历朝政治，垄断各种社会和经济资源，养尊处优，谈玄信佛，创造了继汉开唐的“六朝文化”。东晋六朝文化的主旋律是“清谈”与“玄学”。王羲之、王献之父子的书法，谢灵运的山水诗，沈约的诗歌声律，虞翻及其家族的经学，曹不兴的佛像绘画，虞喜的“岁差”及其天文历法成就，以及干宝的《搜神记》、吴均的《续齐谐记》等志怪小说的创作，都是东晋六朝时期浙江文化的标志性人物和创作。

（五）隋唐五代：江南社会经济的发展与全国经济重心的南移

隋唐时期的浙江，最具历史意义的事件是江南运河的开凿和连接杭州与北京的南北交通大动脉——大运河的全线贯通。江南运河的开通，直接带动了杭州城的出现，并且使这个位于钱塘江口、自秦汉以来800余年间一直默默无闻的小县城在短短的一二百年间迅速发展和繁荣起来，成为隋唐以后闻名遐迩的一个大都市，“川泽沃衍，有海陆之饶，珍异所聚，故商贾并辏”。与此同时，南北大运河的开通也极大地方便了浙江与中原地区政治、经济和文化的交流，推动了浙江社会经济的持续发展和钱塘江流域的全面开发。

大唐盛世，政权稳固，社会安定，人民安居乐业，浙江的社会经济于是在六朝的基础上得到进一步发展。在农业生产方面，由于河堰、山塘、湖堤等水利灌溉工程的不断修筑，农具的改进和耕作技术的提高，以及双季稻种植的推广，农业收成比前期有了较大的提高。太湖周边的平原地区逐渐成为全国粮食的主要产区之一。安史之乱以后，中原的农业生产受到战争破坏而大伤元气，江南一度成了朝廷粮食的主要来源，“南粮北运”局面开始形成，折射出全国的经济重心从此开始从中原向江南转移的趋势。

期间，浙江大地的手工业生产，从采矿冶炼、青瓷烧制、丝绸织造、造船、煮盐、制茶、酿酒到造纸和雕版印刷等，无论是生产行业、制作工艺，还是产品的质量和产量，都有了引人注目的发展。其中，越窑烧制的青瓷，胎骨坚致轻薄，釉色清纯温润、莹润如玉，被时人推为上品茶具；晚唐五代时开发的越窑新品“秘色瓷”，尤为古代瓷器中的精品。湖州出产的绫绢，轻如蝉翼，薄如晨雾，“异彩奇纹相隐映，转侧看花花不定”；越州的丝织品，仅向朝廷进贡的品种就有数十种之多，不仅产量胜出其他地区，质量也非同一般。中唐以后，在浙江的雕版印刷作坊里，刻印出来的白居易、元稹等人的诗作是我国最早的雕版诗集之一。这种印刷品的问世，促进了文化知识从上层社会向民间的传播和普及。

唐朝推行历代最开明的文教政策，在思想领域，儒学、佛教和道教三教并行。期间，浙江乃至全国文教领域发生的最有意义的事件是科举取士制度的创立并确立为历代相承的定制。与此相应，官办的州（郡）县学在浙江各地建立起来。思想开放，文化发达，造就了文学艺术的空前成就。浙江产生的具有全国性影响的诗人，可以列出长长一个单子，如号称“初唐四杰”之一的骆宾王，与李白、张旭等人并列“醉中八仙”的诗人贺知章，名列“大历十才子”的钱起，诗歌与贾岛齐名的孟郊，早期词人张志和，晚唐诗人兼小品作家罗隐，以及客居浙江的大诗人白居易，等等。还有书法大家智永、虞世南、褚遂良，政治思想家陆贽，也都是名垂千古的一代风流人物。

隋唐时期是佛教在中国广泛传播的时期。据统计，唐代浙江建有佛教寺院 937 所，占当时全国佛教寺院总数的 17.6%，是中国佛教寺院分布最密集、数量最多的地区。隋代天台山的高僧、佛学大师智𫖮，在天台山生活 20 多年，在那里化缘建造佛寺，聚合僧众，潜心研习佛教，创立了中国第一个本土化的佛教宗派——天台宗。天台宗在唐代陆续传播到新罗和日本等国，对日本的思想文化产生了极深远的影响。

进入公元 9 世纪以后，唐朝在政治腐败、藩镇割据中覆灭，中国历史进入了五代十国时期。在唐朝解体之际，钱镠在杭州拥兵自立，建立吴越国，其疆土包括现浙江省的全部及苏南、闽北的一部分地区。吴越国偏安东南一隅，钱镠实行“保境安民”的基本国策，立足两浙，尊奉中原，远交近攻，如强防御；扩建杭州城，修筑捍海石塘，发展生产，保障国用。在中国大部分地区陷入战争和动乱的年代，钱镠施行切合实际的国策，使吴越国避免了兵燹和动乱，农业、手工业继续发展，黎民百姓安居乐业，成为当时中国罕见的一方乐土。

公元 978 年，吴越国纳土归宋，浙江大地重新回归大一统王朝的版图之中。

（六）南宋定都杭州：浙江文明史的又一座高峰

南北大运河开通之后，江南经济持续发展。从唐代中期开始，发生了全国经济重心从中原地区向江南地区转移的趋势。这一趋势经五代和北宋 250 多年的发展，日渐巩固而不可逆转。北宋长达 167 年长治久安、社会稳定的局面，为中华文明继大唐盛世之后开创新一代的繁荣和辉煌奠定了坚实的基础；而唐宋之际发生的气候的剧烈变化，更为浙江所在的江南社会经济持续发展，进而超越中原地区，提供了千年一遇的契机。

公元 10 世纪后半叶，气候从唐五代的温暖期进入到寒冷期。

12 世纪初，气候受寒加剧，虽在 13 世纪初一度有所回暖，但整个两宋时期的气候都处于寒冷期。气候寒冷与太阳黑子活跃使黄河流域地区持续干旱，河流、湖泊在宋代出现了大规模的干涸、淤积以至消失的现象；而在长江流域，寒冷期使气候更加凉爽且雨雪充沛。自然界的气候变迁对南北方的农业乃至整个社会经济产生了截然不同的影响。夏、商、周以来，北方的黄河流域一直是中华文明的中心区，是全国政治、经济和文化的重心所在，由于数千年间随历代王朝更替而持续发生的兵燹和动乱，人口压力导致的对资源的过度开发，那里的自然植被和土地资源已经损耗严重，再加上黄土高原独特的地质结构，使中原地区的水土保持及对水文与土壤肥力的维护能力方面，与江南地区相比处于极为不利的地位。在此背景下，江南地区的土地资源、水利资源、渔业资源和矿产资源以前所未有的规模和速度开发出来，农业、手工业经济日趋繁荣，海外贸易也发展起来，人口繁殖，经济富庶，财税额增加，宋代区域经济重心于是发生了根本性的结构变化：江南地区取代中原而成为国家财政的主要来源地、朝廷的大粮仓。

两浙路的富庶，在江南首屈一指。北宋时，两浙路的面积 122622 平方千米，在全国 19 个路中列第十三位。元丰年间 (1078—1085 年)，两浙路拥有田地 36344198 亩（约 24229.47 平方千米），位居全国第五；人口有 1778953 户，位居全国第一；人口密度为 14.51 户/平方千米，仅次于成都府路的 15.77 户/平方千米；户均田地 20.4 亩（13600 平方米），居全国第十一位；垦田率即每平方千米田地数为 296 亩（约 197333.33 平方米），高于全国平均垦田率 185.01 亩（123340 平方米）。在此土地资源和人力资源的基础上，两浙人凭借其聪明才智，大力兴修水利，改进生产工具，提高生产技术，培育粮食新品种，改良农作物品种，推广复种制、精耕细作等方法，使本地区的社会经济发展水平不断向前推进，成为全国经济最发达的地区之一。

从北宋中期开始，两浙路向朝廷提供的粮食、布帛和赋税都已跃居全国第一位。大文豪苏轼一言蔽之，曰：“两浙之富，国用所恃，岁漕都下米百五十万石，其他财赋供馈不可悉数。”①当时，全国诸路每年向京城输送的漕粮总数为600万石，两浙路上供大米150万石，占漕粮总数的四分之一。两浙地区，即今人所谓江南地区，自此成了国家的主粮仓，正如当时的民间谚语所说：“苏湖熟，天下足。”南宋定都杭州以后，随着浙江成为全国的政治中心地位的确立，更使得全国经济重心南移，两浙地区成为全国的经济中心和文化中心。

杭州城的崛起，是两宋时期浙江文明最具象征性的标志。

五代时的杭州，是吴越国的都城，经吴越国的规划建设，城市已经粗具规模。进入北宋以后，杭州城的市政建设继续发展，海塘经过修筑更加稳固，河道得到整治，城市规模有所扩大，西湖经过疏浚和整治，湖光山色更加清新秀丽；景区佛寺遍布，“文彩莹丹漆，四壁金辉煌”。城市经济日益发展繁荣，丝织业、印刷业、造纸业、制瓷业的发展水平均位居全国前列。杭州文教发达，人才辈出，诗词名家如“西昆体”诗人钱惟演，有“梅妻鹤子”之称的诗人林和靖，以精通音律著称的大词人周邦彦。科学家沈括撰写了中国古代科技史上最重要的著作《梦溪笔谈》；沈括的同乡、平民毕昇，在杭州城的印刷作坊里发明了活字印刷技术，这是中国古代最伟大的“四大发明”之一。因此，北宋时的杭州凭借城市的繁荣和风景优美而一举超越苏州，成为一方名胜，号称“东南第一州”。

南宋定都临安（今杭州），杭州于是一跃而成为全国政治、军事、经济和文化的中心。据《梦粱录》等文献记载，临安城的人口多达30余万户，皇宫建筑富丽堂皇，规模与豪华程度完全可以与北宋汴京的建筑媲美。南宋皇城坐落在杭州西南的凤凰山麓，宫殿建筑散布在方圆四五千米的空间里。据《武林旧事》记

① 苏轼：《苏轼文集》卷三十二《进单锷吴中水利书状》，916—917页，北京，中华书局，1986。

载，宫内有大小宫殿 30 余座，以及堂 33、阁 20、斋 4、楼 7、亭 90 等各式建筑。杭州城西，美丽的西湖，湖光、塔影、山色相互映衬，“水光潋滟晴方好，山色空濛雨亦奇”。城内店铺林立，商业繁荣，勾栏、瓦肆遍布大街小巷，演出着各种戏曲和杂技。杭州无疑是当时世界上最美丽、最繁华的城市之一。

天子脚下的浙江，人文昌盛，冠于全国。永嘉学派、永康学派、金华学派，先后崛起，各领风骚。以叶适、陈傅良为代表的永嘉学派，推崇学以致用，反对空疏学风，倡导义理与功利并举，治学重在“实事实理”，尤其是探究有关国计民生的实用之学，并且提出了反对重农抑商、保护和扶持商贾、流通货币、发展商品经济等思想。南宋状元陈亮针对朱熹、陆九渊等理学家“皆谈性命而辟功利”的弊端，创立永康学派，主张事功之学，提倡实事实功，注重政治措施的实际效果，自成一家之说。金华学派的创始人吕祖谦，与大儒张载、朱熹并称“东南三贤”，在金华、武义等地的书院里聚徒讲学，博取众说，熔于一炉，号称“吕学”，因其活动和影响的范围主要集中在婺州，故又称婺州学派。辛弃疾、李清照、陆游等诗人、词家，生活在靖康之变后偏安东南一隅的南宋时期，直面故国半壁江山陷于异族统治的现实，赋诗言志，填词抒情，倾诉国破之恨，抒发爱国之情，在中国诗词史上留下了无数千古绝唱。号称“永嘉四灵”的诗人徐照、徐玑、赵师秀、翁卷，行走江湖，以清新刻露之词写野逸清瘦之趣，与称霸诗坛的江西诗派反其道而行之，给南宋诗坛注入一股清新自然之气。

两宋时期的浙江，社会经济呈现一派繁华景象，海外贸易开始发展起来。

早在北宋时，为了增加财政收入，搜集奇珍异宝以满足皇室的消费，朝廷就极重视东南沿海的海上贸易。杭州、明州（今宁波）和广州，是当时的三个最大的海外贸易港口。特别是明州，不仅是北宋与日本、高丽进行海上贸易往来的主要港口，还与爪哇、占城、暹罗、渤泥、大食等国有贸易往来。一批批商船从明州出海，把瓷器、茶叶、丝绸、书籍和文具等输往海外各国，同时把高丽的人参、药材和海外各国的珍奇宝物输入国内。宋室南渡后，朝廷在财政困乏的情况下，更加倚仗海外“市舶之利”，浙江对海外的贸易因而得到快速发展。在杭州、明州之外，朝廷还把温州也辟为对外贸易的港口。都城临安，外国商船云集，朝廷设置市舶务加强管理。《东京梦华录》云：“市舶务在保安门外瓶场河下，凡海商自外至杭，受其券儿考验之。”

（七）元代浙江：大运河南端的百年繁华

元朝灭宋，中国重归一统。随着南宋的覆没，杭州和浙江在全国的政治地位一落千丈，从一代京都降为东南名城，从王畿之地回归远离京城的边远省城。但是，失却政治中心优势的浙江，依然凭借其得天独厚的自然环境和经济基础，在南北大运河的南端继续保持着经济和文化在全国的领先地位。

元朝统治时期，浙江是江浙行省的一部分，江浙行省的辖区兼有宋代江南东路和两浙路之地，杭州为江浙行省的省会。元朝统治浙江的 87 年间，推行民族歧视政策，即所谓“四等人制”，浙江人被朝廷划归“四等人”之末的“南人”，位居蒙古人、色目人和汉人之下，政治、经济和法律地位极低，从祈神赛社、习学枪棒武术到演唱戏文和评话，都要受到官府的禁止或限制，备受民族压迫和歧视。而隋唐两宋科举取士制度的长期搁置，更使南人入仕做官梦想的实现难于上青天。在政治领域的发展空间受到限制的时代，浙江人的聪明才智和旺盛的创造力几乎全部倾注到了经济生产和文学艺术创作领域，从而促成了元代浙江社会经济和文学艺术的发展和繁荣。

在社会经济领域，与宋代相比，元代浙江的农业生产技术有了提高，农作物品种增加，特别是棉花从南方引入并在各地推广种植，是浙江农业史上的一件大事。在手工业方面，随着庆元（今宁波）、澉浦港与海外贸易的迅速发展，浙江的制瓷业、丝织业、印刷业、制盐业和造船业继续保持繁荣。官营手工业的规模和产量都不复南宋之盛，但民间手工业的发展超越了南宋。嘉兴路的民间丝织业，生产的花样品种有绡、绫、罗、纱、水锦、克丝、绮、绣等。入元以后，龙泉青瓷生产规模继续扩大，迄今发现的窑址就有 330 多处。这些窑场里烧制的青釉瓷器，质量上乘，闻名世界。

元代浙江经济最有成就的是海外贸易。元朝对外实行开放政策，海外贸易蓬勃发展，贸易规模超越宋代。元朝实行市舶司和市舶制度，直接控制海外贸易。据《岛夷志略》记载，元朝商人出海到过的东南亚、南亚、西亚、东非各沿海国家和地区有 97 个之多。当时浙江境内的外贸港口有庆元、澉浦、温州、杭州。至元十四年（1277 年），朝廷在全国设立 7 个市舶司，浙江独占其四，其余三个是泉州、上海和广州。元代时，从庆元到高丽、日本的航线畅通，贸易规模极大，从浙江港口出口到海外各国的物资，包括生丝、绸缎、棉布、瓷器，以及各种日用品、中药材和矿产品；而从海外各国进口的商品，主要是珍宝、象牙、犀角、玳瑁、钻石、铜器、檀香、木材等。世界著名的意大利旅行家马可·波罗曾经游历杭州，并且在其游记里记载了杭州的美丽和富庶。永嘉人周达观奉命随使赴真腊（今柬埔寨），在那里居住一年，回国后撰写的《真腊风土记》，是现存记录柬埔寨古代文明极盛时期——吴哥时代的最重要的历史文献。

元代时的浙江，在本土的道教和本土化了的佛教获得发展的同时，许多外来的宗教，如称作“也里可温”的基督教、犹太教，以及波斯的摩尼教等，都随着对外开放和海外贸易的发展而传了进来。

元曲和南戏是中国文学史上的一代之胜。元曲包括杂剧和散曲，从 14 世纪初至 14 世纪 60 年代，杂剧的活动中心从大都（今北京）移到杭州，郑光祖、沈和、乔吉、秦简夫等一大批戏曲作家在这里创作了《倩女离魂》《王粲登楼》《三战吕布》等剧作，延续了杂剧的繁荣。郑光祖也得以与关汉卿、马致远和白朴三人一起并列为“元曲四大家”。号称元代散曲两大家之一的庆元（宁波）人张可久，一生漫游江南，创作散曲，描绘自然风光，留存作品800多篇，是现存作品最多的散曲家。元代后期，杂剧由盛转衰，起源于宋代的温州地方剧——南戏于是发展起来。与杂剧相比，南戏的押韵和宫调都较自由，登台演唱的角色可生可旦。现存南戏中最著名的剧目，无疑是元末瑞安人高则诚的《琵琶记》。该剧取材民间传说“赵五娘与蔡伯喈”的故事，在民间广泛流传。元代浙江画坛，前期有湖州籍天才艺术家赵孟頫，摆脱南宋画院古板格调的束缚，开创一代画风。他的书法用笔圆转流美、骨力秀劲，世称“赵体”。他的绘画以山水、花竹、人马擅长，尤工人物、鞍马。后期有永嘉的黄公望、嘉兴的吴镇、湖州的王蒙及诸暨的王冕，都是一代大师。其中，黄公望、吴镇、王蒙三人与无锡画家倪瓒并称“元画四家”，成就极高。此外，历史学家胡三省的《资治通鉴音注》，自称“三教外人”的邓牧的异端思想，以及义乌籍名医朱丹溪的医学成就，都粲然可观。

（八）明清时期：浙江古代文明的最后辉煌和现代化的艰难起步

从中国文明发展史的大视角观察，在政治领域，随着南宋的覆灭，杭州作为一代皇城的政治中心地位从此一去不复返，经过有元一代的重新定位，浙江人无奈地接受了从皇城到行省、从中央到地方的角色变换。但是，政治上的边缘化位置不仅没有削减或影响明代浙江人的文明创造力，在某些方面甚至还强化了这种创造力。凭借这里得天独厚的自然地理环境，政治边缘化了的明代浙江人在社会经济、思想学术和文学艺术等诸多领域创造出来的文明成就，不仅直追南宋时的辉煌，有的领域甚至后来居上，位居全国领先或重心所在的地位。

明清时期，浙江和整个江南地区的农业文明，从社会经济的发展水平到文化教育的发达程度，都继续保持着在全国的领先地位。从明朝建国、清朝入主中原直至覆亡，浙江和江南经济在将近500年的时间里持续繁荣。这里生产的粮食和财富通过大运河源源不绝地输往中原，确保定鼎北方的明、清两朝有效地维持住对中国全境的控制，成功地抵御了北方游牧民族一次次的侵扰，从而使中华文明在大一统政治格局的治乱循环中血脉相传，不断延续。

文明的生存、延续和发展，既需要一个相对优越的自然地理环境，更需要以国家的政治稳定和社会稳定为前提。在明、清两代大一统王朝政治和社会长期保持稳定的基础上，浙江和江南地区以粮食生产为主、以家庭为生产单位的小农经济迅速发展起来。风调雨顺之年，鱼米之乡，丰衣足食，人丁兴旺，浙江在明代时已经成了全国人口密度最高的省份之一。人口压力，一方面促使社会经济原先已经比较发达的平原地区继续向前发展，另一方面随着番薯、玉米、马铃薯等山地农作物的引入和种植技术的普及，也推动了从平原向偏僻山区移民，促使浙江全境特别是南部山区在明、清两代得到了全面开发。

当然，明代浙江社会经济的重心依然在浙北的杭、嘉、湖地区。明代中叶以后，江南地区的社会经济全面超越宋元时期，浙江的杭州、嘉兴、湖州三府及南直隶的苏州诸府，从单纯的“天下粮仓”发展到以植桑养蚕、种植棉花、织造丝绸、生产棉布为主导产业的高度发达的农业和手工业文明。这一文明的特征是在农业生产领域一举突破宋元时期单一的粮食生产，发展出以种桑树、种棉花为主的商品化种植业，形成了以养蚕缫丝、织造丝绸棉布等农副产品加工为主导产业的商品化的手工业，从而带动、促进了乌镇、濮院、双林、菱湖、南浔、塘栖等一大批工商业市镇的兴起。这些人口上万的工商业市镇，以丝织、棉纺织、刺绣、榨油、印刷、制笔、制陶、酿酒为主导产业，商品经济繁荣甲天下，逐渐发展形成了以江南市镇为中心的遍布全国的商品市场网络，江南地区城乡之间商品流通空前活跃。

从明代中叶到清朝乾隆、嘉庆之时，浙江和江南社会经济的发展，虽在明、清两朝鼎革之际的数十年间因遭遇战乱而一度毁坏以至于停顿，但从全国范围看，一直凭借其对传统农业生产结构的超越而保持着在全国的领先地位。

杭州和苏州是明清江南地区乃至全国著名的两大工商业都会。杭州、苏州及江南地区一些人口在万人以上的市镇，出现了一大批经营丝织业、棉纺织业的“机户”，以及成千上万的“以机为田，以梭为耒”的“机工”。机户凭借其资本和经营能力设机房，购置织机，雇用机工到他的小作坊干活；机工以出卖劳动力为生，计日论资，实即雇佣工人。机户与机工构成了雇佣与被雇佣的关系。这种被一些学者称作“资本主义萌芽”的新的生产方式，最初出现在16世纪至17世纪初期的杭州和苏州等地，主要集中在丝织业、棉纺织业和榨油作坊里。到清代中期，从江南地区的丝织业、棉纺织业进一步扩展到全国其他地区的许多行业，如江西景德镇的制瓷业、广东佛山的制铁业、云南的铜矿业、大运河上的航运业、川楚陕一带的冶铁业、木材业和造纸业。

明清两代长达五六百年的社会稳定、经济繁荣，为浙江文教的发达和“文物之邦”地位的确立奠定了坚实的基础。

明朝建国，纠正和重建了因元朝统治而遭到破坏的中华礼乐文化传统，尊经崇儒，表彰程朱理学，设立科举，以八股取士，立学校，兴教化，推行《御制大诰》、“四书五经”和《性理大全》教育。在明初的这场官方意识形态的重建运动中，以宋濂（1310—1381年）、方孝孺（1357—1402年）为首的浙江儒士，为礼教纲常的重建发挥了主导作用。在理学思想和八股教育走向教条僵化、国家陷入政治衰败、社会陷入思想道德危机之际，明代中叶的浙江人王阳明（1472—1528年）以其胆识掀起了一场声势浩大的思想解放运动。王阳明及其弟子在全国各地筑书院、建讲舍、联讲会，聚徒讲学，宣传“知行合一”“心即理”“致良知”的学说，天下士子云随影从，良知、心学于是风行天下。王阳明死后，阳明学派发生分化，浙江籍弟子钱德洪、王畿继承先师遗风，讲学数十年不辍，发展成为阳明后学的浙中王门之学。

晚明的绍兴人刘宗周（1578—1645 年），则又在纠正王学末学流弊的基础上，揭橥“诚意”“慎独”之说，创立著名的蕺山学派。

明清时期，号称“文物之邦”的浙江产生了一大批具有全国性影响的文化名人。在地理学方面，与徐霞客齐名的地理学家王士性（1547—1598 年），一生遍游九州，撰写了《广志绎》《广游志》《五岳游草）等人文地理学的奠基之作；湖州人潘季驯积数十年治理黄河的经验，撰写了世界水利史上早期的治水著作《河防一览》；余姚人朱舜水（1600—1682 年）在明朝覆灭后亡命日本，在那里聚众讲学，宣讲儒学，倡导“经世致用”，为儒家文明在日本的推广普及贡献了后半生。在历史学方面，明代史家谈迁（1594—1658 年）以一人之力六易其稿完成了明代编年史名作《国榷》；黄宗羲开创历史学的浙东学派，继之而起的万斯同致力于《明史稿》的编纂，全祖望专注于文献整理和考据；章学诚（1738—1801 年）在致力于编修地方志的同时，还撰写了《文史通义》这部与唐代刘知幾的《史通》齐名的史学名著，奠定了章学诚浙东史学殿军和集大成者的地位。

在文学艺术领域，明代浙江籍的宫廷画家戴进（1388—1462 年）在书画创作上开创了“浙派”绘画；落拓不羁、不事权贵的明代艺术家徐渭（1521—1593 年）在诗文、戏曲、绘画、书法等方面皆卓有成就；明清之际的画家陈洪绶（1598—1652 年）对人物、花鸟、虫草、山水无所不工；清代画家蓝瑛的山水画驰名一时。在戏曲领域，清初戏曲大家李渔（1611—1680 年）集编剧、导演和戏剧评论于一身，在中国戏曲史上留下了绚丽的风采；戏曲大家洪昇（1645—1704 年）创作的《长生殿》，是清代传奇的代表作；大词人朱彝尊（1629—1709 年）开创浙西词派；民间传说故事《梁山伯与祝英台》《白蛇传》开始在浙江民间流传开来，先后演变成为中国著名的民间传说。

特别令人骄傲的是，从晚明开始，浙江人在全国率先开始了拥抱西方文明、批判专制政治制度、探索古老文明发展方向的尝试。在西方传教士利玛窦进入中国以后，杭州人李之藻（1565—

1630年)、杨廷筠以其对外来文明的卓识，与徐光启一道，在传播天主教的同时，致力于西方自然科学知识的输入工作，编译、介绍和印刷出版了一大批西方的数学、天文、历法著作，在中西文化交流史上写下了光彩夺目的一笔。

明清之际，大思想家黄宗羲（1610—1695年）在反清斗争失败后，归隐老家余姚，以绍兴证人书院、余姚姚江书院为舞台，致力于讲学与著述，撰写了一大批政治、思想、哲学和历史著作。其著名的《明夷待访录》，猛烈批判中国数千年的专制制度和专制政治，指出君主是天下之大害，专制制度是天下不得安宁的罪恶之源，主张以“天下之法”取代君主“一家之法”，提倡“工商皆本”，主张改革土地和赋税制度。黄宗羲还撰写《明儒学案》，倡导“经世致用”，培养出万斯大、万斯同、邵廷采等一批学者，开创浙东史学一派。到了晚清“日之将夕，悲风骤至”的王朝末世，又是浙江的思想家龚自珍（1792—1841年），奋起批判专制政治的腐败和黑暗，疾呼“更法”“改图”，为近代维新思潮的兴起导夫先路。

1840年鸦片战争以后，西方列强用坚船利炮轰开了清朝闭关自守长达数百年之久的国门，同时也把西方的工业文明输入中国。从鸦片战争以后的60多年的历史时段里，浙江人与整个中华民族一样，在被动挨打中“睁开眼睛看世界”，逐渐开始了与西方文化的交流和沟通。人们对西方文明的态度也从最初的全面排拒转变为全面学习和接受。从洋务运动、戊戌变法、晚清“新政”到辛亥革命推翻帝制、建立共和，古老而伟大的中华文明从政治、经济、社会、文化到思想、价值观、民族心理和人们的生活方式，全方位地进行大变革。中国社会逐步地变成半殖民地半封建的社会。从政治上讲，由独立国变成半殖民地国家，从“家天下”的君主专制走向共和、法治与民主；从经济上讲，封建经济逐渐解体，资本主义因素缓慢发展，中国从传统的农业经济走向工业经济；从文化上讲，打破以扼杀个性为特征的封建礼教文化的禁锢，引进了自由、民主、人权等西方文明价值观。废科举，办学堂，成为一种时尚。

浙江地处东南沿海，鸦片战争中，舟山、镇海成为主战场之一。鸦片战争后，宁波作为清政府对外开放的五口通商口岸之一，于1844年初正式开埠，开辟江北岸为外国人居留地。接下来，温州也于1876年对外开放。1877年4月，英国在温州设临时领事馆，强占江心屿部分土地。中日甲午战争后，1895年，杭州被增开为商埠，杭州拱宸桥一带划设为日租界。1896年10月，杭州海关开关。杭州的开埠和日租界的设立，大大加强了日本在浙江的势力。紧接着，英国等列强也要求在杭州划地设立租界。在杭州拱宸桥一带，除日租界外，多国租界面积达1095亩(730000平方米)。

列强通过不平等条约取得政治、经济上的特权，利用控制浙江海关的便利，在浙江纷纷设立洋行。据1880年统计，宁波出现了32家洋行，温州也出现了英、美、日、法、德等国家的洋行，温州城内"瓯为海国，市半洋行"。洋行的开设，导致大量外国商品在浙江倾销。

浙江工业现代化起步较晚。浙江是洋务运动的薄弱地区，左宗棠曾在杭州试行仿造小轮船。不久，他任闽浙总督而移驻福州，其洋务事业亦随之迁闽。浙江的民族资本主义企业首推通久源机器轧花厂。1887年，慈溪人严信厚（1828—1906年）和当地士绅联合在宁波创办通久源轧花厂，开办数年获利丰厚。1894年，严信厚把单一的轧花向纺纱、织布拓展，建立通久源纱厂，成为一家综合性的纺织企业。自1889年起，庞元济与丁丙等在杭州筹建通益公纱厂。1894年，楼景晖在萧山建通惠公纱厂。通久源、通益公、通惠公3家纱厂并称"三通"，是当时浙江最具规模的近代企业。与此同时，浙江的机器缫丝工业在杭州、绍兴、萧山、嘉兴、桐乡、富阳等地先后发展起来。据不完全统计，从1895年到1899年，浙江共创办了18家机器缫丝工厂。其他轻工业，如火柴厂、面粉厂也有新发展。

从戊戌维新开始，各地掀起了办报刊、开学堂的热潮。1894

年冬出版的《杭报》为浙江本地日报之始。1895 年创办的《杭州日话报》，“旨在鼓吹新政”。1897 年《平湖白话报》创刊，“以鼓吹革命为宗旨”。同年，在杭州创办《经世报》并在上海设立分社。1896 年，孙诒让在瑞安创办的瑞安学计馆为浙江晚清史上第一所新式学堂。陈虬则创办中国第一所中医学校——瑞安利济医学堂。林启任杭州知府后，大力兴办近代教育，创办了求是书院、蚕学馆、养正书塾，分别是浙江近代高等教育、专科教育、中等教育的代表学校。此外，宁波储才学堂、绍兴中西学堂、湖州崇实学堂也是晚清时期浙江有影响的新式学堂。

在推翻专制王朝、建立共和国的过程中，浙江是共和革命的发源地之一。蔡元培、陶成章、章太炎等浙江人于 1904 年在上海成立革命团体光复会。光复会后来归入孙中山的旗下，与兴中会、华兴会等革命团体合并，在日本成立中国同盟会。同盟会以“驱除鞑虏，恢复中华，建立民国，平均地权”的政纲相号召，在全国各地发动了一系列反清武装起义。其中，徐锡麟、秋瑾在皖浙两地组织起义，失败后英勇就义；陈其美在辛亥革命之前，奉孙中山之命回国开展地下斗争，在沪、浙、京、津等地联络会党，率领江浙革命党人起兵响应武昌起义，在上海建立军政府；章太炎主编同盟会机关报《民报》，宣传革命思想；等等，都为共和革命的胜利立下丰功伟绩。

（九）民国时期：浙江在经济、政治和文化上造就了空前的事业

1911 年 11 月 1 日，杭州光复，以汤寿潜为都督的浙江军政府成立。它是按三权分立原则和同盟会设计的建国方案建立起来的资产阶级地方民主共和政权。浙江军政府成立后，一方面在省内采取措施，重振社会秩序，稳定社会经济，刷新社会风气；另一方面派出以朱瑞为支队长的援宁支队，与江浙地区友军协力攻克南京，并且参与筹建中华民国南京临时政府。在“浙人治浙”的口号下，浙籍人士治理浙江 7 年，但是浙江出现了按不同学校

毕业而形成的士官派、陆师派、保定派、武备派等派系，互相展开权力斗争。在此形势下，北洋势力直接执掌浙江。1927年2月，北伐军进占杭州。至月底，北伐军光复浙江全境，结束了北洋军阀在浙江的统治。1927年1月，以国民党人为主体，并且有中国共产党党员宣中华、韩宝华参加的浙江临时政务会在宁波成立，张静江任主席。杭州光复后，该会迁至杭州行使临时省政府的职权。中华民国国民政府建立后，由于浙江籍的政治人物成为国民政府的最高领导人，形成了“蒋家（蒋介石）天下陈家（陈果夫、陈立夫）党”及“国民党半个中央在浙江”的局面，浙江在全国的地位凸显出来。在蒋介石权力不断上升的过程中，以及国民政府的组建中，浙江籍的国民党元老、金融巨头甚至帮会骨干给予多方面的帮助，而蒋介石等也把自己的家乡置于绝对控制之下。

根据“以党治省”的方针，首先改组和加强了国民党省党部等机构。1927年4月，成立“清党”后的国民党浙江省执行委员会。全省以旧府属划分为11个区，每区由省党部委任特派员和助理员各1人，办理“清党”和整理党务事宜。在政务方面，1927年4月17日，国民党中央政治会议决定设立浙江分会，不久成立了以张静江、蒋介石等17人为委员的浙江省政务委员会。同年7月，浙江省政务委员会改为浙江省政府委员会，张静江任主席。之后，经过多次调整，形成了民政、财政、建设、军事、教育等厅的政府运作系统。全省设1市75县，1932年，全省划为7个行政督察区，旨在加强对县级政府的督察。在县政建设中，举办了县长考试，还将兰溪县（今兰溪市）辟为实验县。在县级以下先后实行过街村制、村里制、乡镇制，乡镇以下立保甲，确立了对浙江的绝对控制。

民国时期，浙江和浙江人对中国工商业发展最具影响的是号称“宁波帮”和“江浙财团”（或称“浙江财团”）的浙江籍工商业资本家群体在中国的崛起。

晚清时期、宁波商帮在京津地区和长江中下游的商业重镇有相当势力。民国时期，宁波商帮中新一代商人脱颖而出。他们生长在通商口岸，能不失时机地开拓活动地域，更新经营项目，充分发挥自身人才、行业、资金、资源等方面的优势，把商业同金融、工业、交通运输业紧密结合起来，从而使宁波商帮以新兴的近代商人群体的姿态跻身于全国商帮之首。民国时期是宁波商帮臻于鼎盛的时期。也在这一时期，特别是20世纪40年代前后，宁波商帮先后转移到海外。他们抓住战后世界经济发展和港、台独特的历史机遇，以港、台为跳板，转向日本、东南亚和南北美洲等地发展，成为活跃在世界经济舞台上颇受世人注目的宁波帮。

“江浙财团”是以上海为基地的江苏、浙江的工商金融势力的总称，以金融势力为主，一般以中国银行、交通银行、中国通商银行、浙江兴业银行和浙江实业银行为代表，主要人物有张静江（1877—1950年，浙江吴兴人）、虞洽卿（1867—1945年，浙江镇海人）、傅筱庵（1872—1940年，浙江镇海人）、钱新之（1885—1958年，浙江吴兴人）、王正廷（1882—1961年，浙江奉化人）、张嘉璈（1889—1979年，江苏宝山人）。

民国时期，浙江经济有长足的发展。浙江当局比较重视经济建设，汤寿潜实施裁撤厘金措施，不畏艰险，主持集股筑路。在张静江主持下，1929年举办了闻名于世的西湖博览会，提倡和促进了民族工商业的发展。1929年2月，浙江省决定自筹资金兴建自钱塘江边西兴至江西玉山的铁路，定名为杭江铁路，1934年1月全线通车。而后，浙江、江西两省商请铁道部报行政院，由浙赣两省、铁道部等组成浙赣铁路联合公司，筹建玉山至南昌的铁路，后延伸至萍乡，杭江铁路遂名为浙赣铁路，1937年9月竣工。在筹建浙赣铁路的同时，浙江省政府于1933年决定建造钱塘江大桥。1934年开工，1937年9月26日铁路通车，11月17日公路通车。这是我国第一座自行设计建造的铁路、公路两用双层大桥。它的建成提高了浙江在东南社会经济发展中的地位，也促进了浙江社会经济的发展。1937年，浙江的工厂数与资本额分别是辛亥革命前的26倍和36.7倍。令人愤慨的是，浙江经济发展的这一良好势头由于日本侵略军的入侵浙江而中断。1937年12月24日，日军侵占杭州，浙江省党政机关迁移至金华、丽水地区。为了阻止日军南侵，刚竣工通车的钱塘江大桥不得不炸断，敌我隔江对峙。1941年，日军发动了宁绍战役，侵占了杭甬铁路沿线的萧山、绍兴、宁波等地。1942年，日军又发动了浙赣战役，浙赣沿线的诸暨、义乌、金华、衢州等地沦陷。日军所到之处，烧杀淫掠，无所不为，浙江人民愤怒地称日本侵略军是“根据天皇命令行动的野兽集团”。

抗日战争胜利后，浙江的工商业有了恢复和发展，到1947年达到复兴的高潮，浙赣铁路、钱塘江大桥也于1947年修通恢复运输。浙江的轻工业、银行金融业均有所恢复。但是，好景不长，全面内战爆发以后，浙江的工商企业又陷入困境。

民国时期，浙江的教育与文化在全国独领风骚，教育得到了前所未有的发展。浙江籍的先进人物积极宣传科学、民主与自由，提倡新的伦理道德，提倡新文学，在全国起了先锋的作用。文学巨擘鲁迅（1881—1936年，绍兴人）在1918年发表小说《狂人日记》，揭露封建礼教吃人的本质。接下来的《阿Q正传》，以其对国民性的深刻反思，一举奠定了他作为新文化运动旗手的历史地位。钱玄同（1887—1939年，湖州人），出任《新青年》的编辑和撰稿人，提倡白话文，鼓吹“文学革命”，致力于推广“国语运动”，是中国新文化运动中的一员猛将。清代翰林中的叛逆者蔡元培（1868—1940年，绍兴人）对新文化运动的贡献同样卓著。蔡元培在南京临时政府中担任教育总长，主持教育改革；而后出任北京大学校长，提倡“兼容并包，思想自由”，使北京大学成为新文化运动的摇篮。张元济（1867—1959年，海盐人），从20世纪初期开始主持商务印书馆，奉行中外并重、兼收并蓄的宗旨，出版了大量西学、新学和国学著作，为科学和新思想在中国的传播做出了卓越的贡献。

20世纪具有全国乃至世界影响的浙江籍教育家、学者、诗人、作家和画家，我们还可以列出长长的大串名单。他们是革命家、思想家和学者兼于一身的反专制斗士章太炎（1869—1936年），参与制定《大清新刑律》；第一次全面引入西方法律制度的晚清法学家沈家本（1840—1913年）；追求自由和爱情的新月派诗人徐志摩（1897—1931年），诗人戴望舒（1905—1950年）；小说家郁达夫（1896—1945年）、茅盾（1896—1981年）；作家周作人（1885—1967年）、朱自清（1898—1948年）、梁实秋（1902—1987年）、夏衍（1900—1995年）；创建西泠印社的书画篆刻艺术大师吴昌硕（1884—1927年）；画家潘天寿（1897—1971年）、丰子恺（1898—1975年）；国学大师王国维（1877—1927年）；佛学大师和艺术大师李叔同（1880—1942年）；佛学专家马一浮（1883—1967年）；倡导“新人口理论”的学者兼教育家马寅初（1882—1982年）；教育家经亨颐（1877—1938年）、马叙伦（1885—1970年）、夏丏尊（1886—1946年）、蒋梦麟（1886—1964年）、竺可桢（1890—1974年）、罗家伦（1897—1969年）；哲学家、思想家杜亚泉（1873—1933年）、张东荪（1886—1973年）、戴季陶（1890—1949年）、曹聚仁（1900—1972年）；经济学家千家驹（1909—2002年）；文艺理论家冯雪峰（1903—1976年）；语言学家陈望道（1891—1977年）；历史学家蔡东潘（1877—1945年）、范文澜（1893—1969年）、吴晗（1909—1969年）；考古学家罗振玉（1866—1940年）、唐兰（1901—1979年）、夏鼐（1910—1985年）、陈梦家（1911—1966年）；等等。

在经世致用、实事求是和追求真知的学风浸润下，一大批较早觉醒的浙江仁人志士熔铸古今、会通中西，既重视泰西之学，也重视中国传统文化，既注意、倡导新学，也不笼统摒弃旧学，可以说是古今中外，兼容并包，随时代变化而与时俱进，开创了民国时期浙江政治、经济、文化和教育上的独特局面。

三、浙江史研究：一个学术史的回顾

历史上的中国，幅员广袤，总面积相当于整个欧洲。但与欧洲历史上小国林立形成鲜明对比的是，自秦汉以来的2000多年里，中国大部分时间都置于以儒家思想为主体官方意识形态的大一统王朝的统治之下。然而，从地理、文化和民族的角度观察，各地区之间存在的自然地理条件的差异，以及人类因这种差异和挑战而形成的经济、文化、语言、宗教和传统等种种因素的差异，经由历史合力的作用而造成了地区间社会、经济和文化发展的不平衡，形成了一系列独具特征的区域社会和区域文化。区域史研究的目的和意义，就是要通过对区域内独具特色的文化、风俗、经济和政治结构的研究，揭示区域社会的社会结构、文化模式和风土民情的特征，展示人民、文化、历史和传统的风采，展示区域中的民族、文明和文化发生、发展和演化的历史进程，进而通过不同区域社会的比较，揭示一个国家、一种文明乃至整个人类文明的发生、发展和演进的一般规律与特殊规律，进而深化对传统和国情的认识。

从区域史的角度看，由于浙江在中国文明发展史上所占据的独特地位和分量，浙江史的研究和《浙江通史》的编纂自然具备了独特的学术价值和意义。

如上所述，浙江是中国历史上经济、文化最发达的地区之一，7000年的历史对中国文明史的贡献很大。姑且不论新石器时代河姆渡文化和良渚文化的辉煌，即以历史时期而言，浙江是南宋王朝的建国之地，中国历史上有“八大古都”——北京、南京、西安、洛阳、开封、杭州、成都、绍兴，而浙江拥有其二；从南宋到民国，浙江的文明尤其是经济和文化的发展水平长期居于全国领先地位，当之无愧属于中国历史上地位最重要的区域之一。因此，从区域史的维度研究浙江，分析和探讨浙江历史和区域文明发展演进的特点及其规律，揭示浙江、江南与全国，以及浙江、江南与周边区域之间的互动，无疑是中华文明和中国史研究应有的题中之意，同时也是编纂一部有深度、高品位的《中国通史》或《中国文明史》的必要前提。大概正是基于这一认识，早在20世纪30年代，浙江区域史研究就引起了一批有远见的历史学家的兴趣和重视。当时的历史学家张其昀、全汉升、卫聚贤、孙正容等，都发表过浙江史研究的论文或著作。

最早从区域文化的视角研究吴越文化的学者，是20世纪30年代的历史学家卫聚贤；而最早从区域史的角度从事浙江史研究的学者，则当推20世纪40年代在浙江大学任教的历史学家谭其骧。1936年8月，卫聚贤等史学家在上海发起成立吴越史地研究会，蔡元培出任会长，卫聚贤为总干事。在河姆渡遗址、良渚文化遗址还深藏地下之时，卫聚贤等人根据对苏南、浙北地区采集到的一批远古时代陶片的观察，敏锐地意识到东南古文化与中国文化之间的联系，大胆提出了“中国文化起源于东南江海之交”的命题。在当时，甚至连浙江有没有新石器文化都还是个引起争议的话题，卫聚贤等人的新见解无疑是一种惊世骇论。围绕这个命题，曾经在当时上海的学术圈内发生了一场学术争论。争论的成果是，由吴越文化研究会汇编成一册《吴越文化论丛》出版发行。由于得不到科学发掘的田野考古资料的支持，更主要的还是由于抗日战争的爆发，关于吴越文化的研究和争论不久便偃旗息鼓了。

谭其骧在抗战胜利后发表在1947年10月4日杭州《东南日报》上的《浙江省历代行政区域——兼论浙江各地区的开发过程》一文，称得上是浙江区域史研究的奠基之作。该文从全省各地县治设置时代的先后，以及从老县的行政区域中析分出新县治的史实，推断地区性移民的时间、过程和范围，进而论证浙江历史上的开发进程。从学术史的角度看，谭其骧的这篇论文即使到今天也仍然具有区域史研究的方法论意义。

自此以后，尤其是近20多年来，随着区域史、区域文化研究在国内学术界渐成时尚，有关浙江区域史的研究吸引了越来越多的历史学家特别是浙江籍历史学家的介入，浙江史坛和浙江区域史的研究逐渐走向繁荣。回顾这些年来的浙江史研究，我们认为有以下 4 个显著的特点：

一是浙江区域史研究的范围全面拓展。从新石器时代的河姆渡文化到现代浙江的政治、经济、文化、思想、教育，从一般断代史、专门史到杭州、宁波、温州地方史，从历代政治人物到诗人、作家，7000 年浙江历史的每一个时段都有一批学者从事相关的研究，在每一时段的各个领域都可以看到历史学者耕耘的身影和足迹。其中，杭州大学的两宋浙江史研究、民国浙江史研究，浙江省社会科学院历史研究所的吴越文化研究、明清江南经济史研究，杭州师范学院地方史研究所的杭州史研究，浙江师范大学的宋代浙江经济史研究，在 20 世纪 80 年代以来，分别都有围绕相关课题组织起来协作攻关的学术团队发表和出版了一些具有全国性影响的论著。

二是规范化的史学研究渐成主流。改革开放以来的历史学家们，以学术化、规范化的态度潜心历史研究，拓宽研究视野，不断深化选题。其中，陈桥驿的浙江历史地理研究，游修龄的浙江稻作史与中国农业史研究，牟永抗、王明达等人的浙江史前史研究，董楚平、陈剩勇、林华东的吴越文化研究，王志邦的魏晋六朝浙江史研究，徐规的南宋史研究，林正秋的南宋临安城历史文化研究，方如金的宋代浙江经济史研究，陈学文的明清江南城镇经济史研究，蒋兆成的明清杭嘉湖社会经济史研究，沈善洪、吴光的王阳明、黄宗羲与浙江思想史研究，仓修良、王凤贤的浙东学派研究，徐和雍、郑云山、赵世培的浙江近代史研究，胡国枢、姚辉、金普森、张学继的浙江辛亥革命与民国人物研究，杨树标的蒋介石研究，朱新予的浙江丝绸史研究，李志庭的浙江开发史研究，陈荣富的浙江佛教史研究，滕复、董平等人的浙江文化史研究，周少雄的浙江文学史研究，林士民的宁波港海外交通史研究，乐承耀的宁波史研究，沈晓敏的民国时期浙江省议会研究，等等，在拓展浙江区域史研究范围的同时，把浙江区域史研究推进到一个前所未有的高度。

三是一大批浙江史研究论著的出版。最近20年来出版的浙江史论著，如董楚平的《吴越文化新探》《吴越文化志》，林华东的《河姆渡文化初探》《良渚文化研究》，王志邦的《江东史新论》，陈学文的《明清时期杭嘉湖市镇史研究》《龙游商帮》，樊树志的《明清江南市镇探微》，李伯重的《唐代江南农业的发展》，蒋兆成的《明清杭嘉湖社会经济史研究》，倪士毅的《浙江古代史》，徐和雍、郑云山、赵世培的《浙江近代史》，李志庭的《浙江地区开发探源》，滕复等人的《浙江文化史》，方如金的《陈亮与南宋浙东学派研究》，顾志兴的《浙江藏书家藏书楼》《浙江出版史研究》，王兴福的《太平军在浙江》，董平的《陈亮评传》，徐建春、梁军的《王士性论稿》，仓修良的《章学诚和〈文史通义〉》，郑云山的《秋瑾评传》，金普森的《虞洽卿研究》，杨树标的《蒋介石传》，胡国枢的《蔡元培评传》，朱顺佐的《邵力子传》，朱顺佐、金普森的《胡愈之传》，陶士和的《民国浙江史研究》，等等，都是在各自领域有深度、有影响的力作，是最近20年来浙江区域史研究的阶段性、代表性成果。

四是浙江史研究的史料整理和出版工作取得显著进展。早在20世纪80年代，浙江省社会科学院历史研究所、杭州大学历史系等单位就组织人力着手进行浙江史研究的史料准备工作，编辑出版了一批相关资料汇编。如陈学文主编的《嘉兴府城镇经济史料类纂》《湖州府城镇经济史料类纂》，胡国枢、姚辉等选编的《辛亥革命浙江史料选辑》和《续集》，徐吉军、丁坚之编著的《浙江历代名人录》，杭州大学历史系资料室编的《浙江地方史论文资料索引（1949—1981）》，杭州市政协编的专题论文集《南宋京城杭州》等。浙江省政协文史委在历年编辑出版浙江文史资料丛刊的基础上，又于近年推出了七大卷的《浙江文史集粹》。

在浙江历代地方志的整理、影印和出版方面，上海古籍书店推出了《天一阁藏明代方志选刊》，上海书店先后影印出版了《天一阁明代方志选刊续编》《中国地方志集成（浙江府县志辑）》《中国地方志集成（乡镇志专辑）》，中国书店编辑出版了《稀见中国地方志汇刊》。浙江省地方志编纂办公室组织编写了《浙江大事记》，整理出版了雍正《浙江通志》，还组织编写了《浙江人物简志》。此外，台湾商务印书馆影印出版了《文澜阁四库全书》，大陆多家出版社编辑出版了《四库全书存目丛书》，中华书局编辑出版了《元明史料笔记丛刊》，等等。以上提到的学术著作和文献资料，为浙江区域史研究，特别是我们这部《浙江通史》的编纂工作奠定了坚实的研究基础和史料基础。

四、《浙江通史》的编撰思路

通史之“通”，兼具贯通、会通之义。因此，顾名思义，《浙江通史》作为一部史书，就是要连贯地叙述各个时代的历史事实，全面地描述 7000 年来浙江这块土地上发生的政治、经济、军事、社会和文化的事件和现象。历史著作的生命在于真实，真实来自客观，来自实录。《浙江通史》对于历史事实的叙述，不仅要强调贯通 7000 年的浙江文明史，会通浙江文明的政治、经济、社会和文化等各个领域，更要追求反映历史、人物和事件的客观和真实，强调历史记载的直书实录，力求全面叙述 7000 年浙江文化的丰富内涵和文明的辉煌成就。

这部《浙江通史》如果有一些创新之处，那就是在研究和编写的思路上注重对千百年来生活在浙江这块土地上的人、种族或民族的变迁史的叙述，强调对历史上浙江人与自然环境互动的探讨。因此，本书的内容不但力求全面地描述和展示 7000 年浙江文化的丰富内涵和浙江文明的辉煌成就，而且力求全面描述和展示“建德人”特别是河姆渡文化以来的浙江人的生活、浙江民间社会的变迁过程，全面描述和展示自古以来浙江这块土地的开发、利用及其演变的过程。与以往的通史著作相比，《浙江通史》力图打破现有通史偏重描述政治史、政治制度和政治事件的传统框架，着重突出环境、人、社会和文化诸要素及其互动，努力把

《浙江通史》写成一部浙江人的历史，人的发展和浙江地域社会结构、社会阶层的变迁史；一部浙江人与地理环境的互动史，自然环境的演变、土地和资源的开发史；一部浙江文化和文明发展史，地域文化的进化与退化、停滞与发展的演变史。

（一）《浙江通史》是一部浙江人的历史

历史是人创造的。正因为有了人和人类的活动，才有了文明和文化，也才有了历史。离开了人，或者抹杀了人在历史发展中的主体性，任何历史都将黯淡失色。因此，我们奉献给读者的这部《浙江通史》，首先是一部浙江人的历史。

从新石器时代早期到 21 世纪的 7000 年，生活在浙江大地上的浙江人，从种族或民族特性的角度讲，已然换了一拨又一拨，可谓沧海桑田，逝者如斯！距今 7000 多年的新石器时代的河姆渡人，从人种的特点看，应当属于东亚的蒙古人种（黄种人），但其体质特征又具有明显的现代赤道人种即现代澳大利亚-尼格罗人种特征——长颅并带有宽而平的鼻骨，小眼眶，上面部较低，而且有明显的齿槽突颌。继河姆渡人而起的良渚人，由于至今尚无保存完整的可供研究的人骨标本发现，我们对其体质特征了解并不多，但从零星的人骨标本和文化特点，基本可以推测良渚人与河姆渡人的人种特征是存在差异的。春秋战国时期生活在吴越土地上的吴国人和越国人，吴国王室为中原周人的后商，而以越王勾践为代表的越国人，以及吴国的一般民众，则都是土著越人。从人种特征看，讲越语、断发文身的越人，无疑更为接近以现代蒙古人种为代表的南亚类型。

从秦汉开始，历史上浙江的人口和民族结构一共发生过三次大变动。第一次发生在秦汉之际，秦、汉大一统王朝消灭越国、东瓯和闽越，占领吴越之地的同时，凭借专制主义的国家机器将越人强行迁往北方，而北方的中原人移居越地，从而初步改变了越地的人口结构。从人种和血统分析，汉代生活在现今浙江土地上的居民，主要由两部分构成：一是从江淮及其以北地区迁入的中原人，即汉人，他们主要聚居在今杭嘉湖一带及宁绍平原地区；一是土著越人，他们慑于专制王朝的武力，基本上都逃往山区，在三国时称作“山越”。

浙江人口和民族结构发生的第二次大变动是在东晋南朝时期。在中原地区陷入连年战乱的魏晋南北朝时期，远离战场的江南地区成了北方汉人避难的乐土。从西晋末年永嘉之乱开始，北方汉人大量迁入浙江，从杭嘉湖地区不断往南开拓，从宁绍平原深入到了瓯江流域。如果说土著越人在三国时期浙江的人口结构中还占有较大比例的话，那么随着东晋南朝时大量北方汉人的迁入，汉语和儒家礼乐文明在浙江的传播，以及在儒家礼乐文明主导下的侨居士族及汉人与土著越人的通婚、融合或同化，到了隋唐时期，在浙江的人口结构中，汉族已经占据了绝对多数的地位。

南宋时期，随着宋王朝定都临安及数十万北方人的涌入，魏晋南北朝时期以来以汉人为主体，或者说由侨居的汉人与土著越人的通婚融合而形成的以本地汉族为主体的浙江人口或民族结构发生了秦汉以来的第三次大变化，北人与南人从血统到文化的大同化和大融合形成了新一代汉族浙江人。

人口、移民和民族结构的大变化，自然引发了社会结构的大变动。从社会结构看，河姆渡人尚处于部落社会阶段，良渚人生活在酋邦社会，而春秋战国时期的越人由于在很大程度上接受了中原礼乐文明及其政治制度，越国社会显然应当划入与中原各国类似的以“封土建国”为特征的封建社会。秦汉以后，随着大一统王朝对浙江和全国统治的确立，生活在浙江土地上的浙江人从此成了中央集权专制王朝统治下的“编户齐民”。随着人口、民族和社会结构的变迁，浙江土地上的风俗习惯、风土人情也多次发生了变化。姑且不论从越文化到汉文化的演化，即使在秦汉以后，同处于以儒家伦理为主流意识形态的传统社会，2000 年间浙江人的道德观念和社会思潮的巨大变化也是极为惊人的。《浙江通史》通过对浙江 7000 年历史的深入研究，全面揭示和叙述人口、民族和社会结构的演化，家庭、家族和宗族的变迁，两性关系和女性地位的演变，展示了由这些变迁带来的价值观念、道德伦理、社会思想和风俗习惯的变革、演进的历史进程。

（二）《浙江通史》是一部浙江人与自然环境互动，以及对自然资源的开发史

人类创造文明，创造历史，但人类的创造活动离不开特定的自然地理环境，气候、河流、湖泊、地形地貌、植被、动物、海岸线等自然因素的变化都会对人类的生活方式、生产方式、价值观念产生极大的影响。在生产力低下的古代社会，地理环境对人类文明的影响尤为重大。一般来说，人类只能适应地理环境，因势利导，顺势而为，努力与自然相协调，才能对自然环境有所改造，进而在与自然的抗争中生存下来，创造和发展出文明。

现代浙江是中国自然环境最优越的地区之一。此地濒临东海，山清水秀，土地肥沃，物产丰高，自宋元以来就享有“上有天堂，下有苏杭”的称誉。然而，这种得天独厚的环境并非自古皆然。

从河姆渡文化时代开始，浙江的自然环境至少经历了多次大的变化。

河姆渡时期，这里属于温热、潮湿、多雨的亚热带气候，年平均气温至少比现在高出 2—3 摄氏度。那时的平原地区是一片泥沼湖泊，丘陵和山区则是茂密的原始森林，瘴气弥漫，虎、豹、大象等野兽横行，河姆渡人在这种险恶的环境中生存下来，并且创造了令世人震惊的以稻作农耕著称的河姆渡文化。进入距今约 5000 年的良渚文化时期后，自然界气候转凉，气温降低，杭嘉湖平原地区的湖泊沼泽面积缩小了，气候的变化更有利于农耕植物的栽培和生长，人类的生存环境得到改善，村庄和聚落比从前有了成倍增加。第四纪冰川期结束后，地球上这一段最适宜人类生存的气候环境是大自然对良渚人的恩赐，他们创造的以稻作农业、玉器制造业、礼仪制度及社会组织形态为标志的良渚文

化，可以说达到了东亚史前文明的巅峰。

到了距今4000多年的良渚文化末期，自然界气候发生了一次大变化，即地理学家称作“宇宙期”的自然灾害异常期的降临，中断了良渚文化的发展进程。恶劣的自然环境直接导致了良渚文化在东南地区的整体性消失。从良渚文化的衰落可以看到远古时代的人类在应对自然挑战时的无奈。

从夏、商、周三代到明清时期，自然界的气候变化大致以北宋初期为分界线。公元1000年以前，我国的气候比较温暖，浙江的气候更接近现代东南亚一带的热带气候；公元1000年以后，我国的气候转向以寒冷为主，浙江的气候条件总体上与现代的状况差不多。

从夏代初期开始，浙江的自然环境趋于恶劣，至少到汉代初期，依然不如北方的中原地区那么适宜人类的生存和发展。多雨，潮湿，高温。《史记》说：“江南卑湿，丈夫早夭。”《管子》说：“越之水浊重而洎，故其民惠疾而垢。”这都指出了战国、秦汉时期浙江的自然环境远不如现代，不太适宜人类的生存和文明的发展。从晋代开始，先是永嘉之乱导致大批北方汉族移民浙江，带来了北方先进的生产技术；接下来是隋代开通江南运河，缩短了浙江与北方经济发达地区的距离；到北宋初期气候转冷而使得江南地区变得极适合以水稻种植为主的农业生产，以及靖康之乱后南宋定都杭州，大大推进了浙江全境的开发，促使浙江的地域经济、文化不断走向繁荣，最终成为“鱼米之乡”“文物之邦”。到明清时期，由于经济发达、人口膨胀及番薯、马铃薯、玉米等旱地农作物新品种从海外传入，从平原和丘陵向深山老林开发以缓解人口压力就成为可能。此时，浙江大地从平原到山区，已经是处处灯火、遍地炊烟，土地资源得到全面开发。因此，向广大读者全面地叙述历史上浙江境内移民和开发的过程，展示生态与环境、资源与人口关系的变化，就构成了《浙江通史》的一大特色。

（三）《浙江通史》是一部浙江文明和文化发展、演化的地域文明史

《浙江通史》注重揭示浙江历史上人与环境之间的互动，突出对环境与开发、文化与文明成就的叙述。全书在叙述浙江7000年历史进程、展示浙江文化和文明成就的同时，一方面注意到浙江历史与中国历史乃至世界历史进程的相关性和同步性，认识到浙江文明与中华文明的同质性的事实；另一方面，我们还力求揭示浙江历史的特殊性，努力揭示浙江历史的地域特色，揭示浙江7000年历史发展和演化过程中的特点。那么，与全国其他地区的地域史相比，浙江史、浙江文化和文明演化的历史进程具有哪些特点呢？

与世界上任何地区的文明史一样，浙江的地域文明与文化的发展史同样拥有高潮，也出现过低潮。伴随着高潮与低潮而来的，是文明、文化、历史和社会的转型。以历史长时段的眼光考察，如果把河姆渡文化以来浙江的地域文明和文化史置于中华文明发展史的纵轴上，与同时期全国其他地区的文明发展水平和程度做一比较，我们认为浙江7000年历史大致可以分为三大段：新石器时代为第一段，从夏、商、周到隋唐五代为第二段，从宋、元、明、清到现代为第三段。从文明的发展水平看，在新石器时代，河姆渡文化、良渚文化的发展水平或发达程度，毫无疑问处于全国的前列；从宋、元、明、清时期到如今21世纪之初，浙江的经济、文化和社会的总体发展水平也一直与全国同步，甚至走在全国的前列；而在夏、商、周以后相当长的一段时间里，浙江的文化却处于停滞或退步状态。《浙江通史》在写出7000年历史发展、进步和进化一面的同时，也要写出退步或落后的另一面，并且尝试探讨导致文明和文化退化和落后的深层次的历史原因。

与三大历史时段的划分相对应，7000年的浙江地域文明和文化曾经发生了三次具有划时代意义的历史转型：第一次是良渚文化突然消失，文明进化的过程发生中断；第二次是秦汉以后，随着大一统王朝的建立，中原人南下，古越人北迁南徙或逃往山区，浙江大地上的人种和语言都发生了变化，文化和文明的性质随之发生了巨变；第三次是鸦片战争以后，随着西方文明的侵入、工业文明的兴起，浙江的文明和文化与全国同步，开始了从农业社会向工业社会的转型。伴随着浙江社会的大转型，历史曾经给了浙江人多次难得的发展机遇。其中，最大的机遇有三：一是西晋末年的永嘉之乱，二是北宋末年的靖康之变，三是晚清时期鸦片战争以后国门向西方文明的洞开。前两次机遇发生在古代，当中原地区因战争而发生混乱时，一批批北方人为躲避战乱南逃，进入长江流域，进入浙江大地，并且从此在南方地区定居下来。中华礼乐文明的传播，汉族精英的输入，促进了古越大地文明和文化的发展和进步。同样，正因为有了长江以南包括浙江在内的大片幅员辽阔的腹地为北方遭遇战乱的汉人提供了避难的乐土，才使中华文明得以薪火相传，绵延数千年而不绝。浙江、长江流域和南方地区为保存中华文化，为中华文明的发展做出了很大贡献。

总之，《浙江通史》就是要通过对浙江 7000 年历史的深入研究，向读者展示浙江的人口、移民、民族和社会的演进过程及其特点，展示浙江这块号称“鱼米之乡”的热土千百年来逐渐开发的历史，展示这块号称“文物之邦”的土地所创造的文明的成就和风采，揭示和把握这一地域文化、地域文明发展和演化的历史进程。我们相信，通过对浙江及其他各个地域社会及其历史的深入研究，将会大大增进人们对中国历史、中国社会的了解和认识，加深和丰富人们对中华文明博大精深的内涵和中国文化深厚的历史底蕴的认识，从而提升国人的民族自豪感和责任感。

五、本书的立项、编纂方法、体例与分工

随着历史科学的发展，区域历史的研究随着区域经济的发展

愈来愈为人们所重视。浙江地处东南沿海，历史悠久，自20世纪80年代起，经济的发展十分迅速，在我国历史上及当代史上均占有重要地位。根据浙江省委、省政府提出建设文化大省的要求，有必要组织我省的史学工作者编写一部多卷本的《浙江通史》。1997年2月，杭州大学历史学系金普森提出编写《浙江通史》的设想。1997年8月29日，经浙江省哲学社会科学规划领导小组批准，12卷本《浙江通史》被列为1997年浙江省哲学社会科学重大课题，由杭州大学人文学院院长金普森和浙江省社会科学院历史研究所所长陈剩勇担任主编并组织实施。这是一项重大课题，必须组织浙江省的学有专长的历史工作者共同承担。编纂多卷本《浙江通史》提到议事日程上后，由浙江省历史学会专门邀请我省对浙江历史素有研究的专家学者在桐庐召开了《浙江通史》编纂体裁、体例研讨会。与会者认为编纂《浙江通史》，此其时也，就体裁、体例及编纂思路提出了宝贵的意见。为了加强对《浙江通史》编纂工作的领导，保证编纂任务的完成，浙江省委、省政府决定成立《浙江通史》编纂工作指导委员会，时任浙江省政协主席刘枫为主任，时任浙江省委常委、宣传部部长梁平波和浙江省副省长徐志纯为副主任。指导委员会下设办公室，时任浙江省委宣传部副部长、浙江省社会科学院院长侯玉琪兼任办公室主任。

经过近一年的准备、酝酿，主编提出了编纂思路、结构和篇目安排，聘请了13位学者承担12卷的编纂任务，每卷还可约请若干学者参与研究与撰稿。在各卷拟就撰写大纲的基础上，为确保《浙江通史》的质量，使之真正成为一部高品位的学术精品，《浙江通史》编纂工作指导委员会邀请我省史学界的一批著名学者于1997年11月底召开了专家咨询会议。出席咨询会议的专家有沈善洪、毛昭晰、孙达人、沈文倬、徐规、陈桥驿、魏桥、黄时鉴、陈学文、董楚平、杨树标、梁太济及谢宝森等。专家们认真审议了《浙江通史》的编纂思路及其体例，审议了各卷作者拟定的撰写大纲并提出了详细的修改意见。

在听取专家意见的基础上，编写成员反复研讨，进一步明确编纂思路，一致认为要打破以往通史著作固有的旧框框，突出写人，写社会，写文化和文明，写环境和开发。在全书的结构上，《浙江通史》将打破现有通史流行的把历史划分为政治、经济、文化、军事四大块的史书结构，一改传统史学偏重于描述政治制度和政治事件的写法，转向注重对社会史、文化史的叙述，重墨叙述和展示7000年来生活在浙江这块土地上的人的发展和进步、地域社会结构和社会阶层的演化、地域文化的发展和进步。

在全书的篇目安排上，我们并没有采用现今许多通史著作通行的叙事模式，而是选取每一时期中对当时或后来的历史产生重要影响的人物、事件或历史现象，提纲挈领，予以重点叙述。例如，隋朝时江南运河的开凿和南北大运河的贯通，是浙江历史上具有里程碑意义的重大历史事件。南北大运河的开通，一下子拉近了浙江、江南与中原的距离，浙江与中原地区之间的人员交往特别是商品流通变得方便了。大运河促进了江南和浙江的开发，推动了唐代以后杭嘉湖地区农业经济的迅速发展，使全国的经济重心由北方转移到江南成为可能。而杭州城的崛起，更是直接受益于大运河。现今的杭州，在秦汉时只是钱塘江口的一个小县城——钱唐县，从秦汉到南北朝的1000多年，几乎没有得到发展。大运河开通以后，默默无闻的江边小县成了南北交通枢纽的南端终点站、南北物资和人员的集散地，大大促进了杭州城的发展和繁荣。当然，南北运河的贯通也强化了定都中原的专制王朝对浙江的政治控制和经济剥削，浙江人创造的财富从此源源不断地输往北方，为巩固大一统的王朝做出了积极贡献。

明末清初时，番薯、玉米、马铃薯的传入和广泛种植，是另一例其重要意义被低估的史实。以往的通史著作往往把此事作为一般事件处理，仅仅在描述清代农业时说当时农业方面增加了几个新品种，而忽视了番薯、玉米、马铃薯的传入和广泛种植对清代社会和后来历史的深远影响。本书清代上卷专辟一章予以重点叙述，不仅叙述了异域农作物引种和普及的过程，还全面探讨了由这一事件引发的后果：一方面，这些适宜于山地种植的高产农作物新品种的引入，使“七山一水二分田”的浙江山区与平原一样，也可以养活大量的人口，促使当时的人们不断向丘陵和山区移民，从而有效地缓解了明代中叶以后巨大的人口压力；另一方面，饥民蜂拥移民山区，成片成片的山林遭到砍伐，大片大片的山地被开垦出来，种植番薯、玉米、马铃薯，使得原先郁郁葱葱的山林和植被遭到破坏，导致山区水土流失和自然环境恶化。另外，番薯、玉米、马铃薯的传入和广泛种植还从根本上改变了浙江人特别是山里人的饮食结构和饮食方式。由此可见，番薯、玉米、马铃薯的传入和广泛种植，对于浙江的历史来说，绝不是可有可无的小事，值得深入探讨和叙述。

因此，《浙江通史》在全书结构和章节篇目的安排上，以有代表性、影响性的事件、风俗、现象和人物为重点，突出浙江历史发展的地域特点、浙江文化的丰富内涵、浙江文明的历史成就。

需要指出的是，《浙江通史》毕竟是一部地方史，浙江的历史特别是秦汉以后的历史，终究是中国历史的一个组成部分。地域社会的变迁、区域文化的形成，在很大程度上都受制于整个中国乃至世界的政治、经济、军事、文化的发展状况和趋势。因此，《浙江通史》在叙述中还注意到浙江与全国的关系及其互动，注意到浙江与世界的关系及其互动。另一方面，浙江作为一个省级行政区划，从明太祖朱元璋最初设置浙江行省，距今只不过600多年时间。行政区是人为划定的，虽然历史上每个行政区的建与废、分与合，多少都照顾到一个区域的自然地理、物产风俗等因素，但与文化区相比，各种行政区的划分更多地带有行政和政治的色彩，而不是如文化区那么自然天成。从总论的第一部分，我们已可明了今天的浙江省行政区的范围，特别是与周边的江苏、上海、安徽、江西和福建等省市相邻的地区，从语言、风俗习惯、经济生活和风土人情等方面，在历史上往往与周边地区密切联系在一起，分别属于不同的文化区系。例如，在先秦时期，浙北平原的湖州、嘉兴一带，与苏南地区同属于吴文化区；而现今浙南地区与福建省，在新石器时代就属于同一个瓯越文化区，两地的居民族属相同，语言相通，同风同俗。又如东汉时以钱塘江为界，将秦始皇设立的会稽郡一分为二，东为会稽，西为吴郡，而吴郡的范围已经远远越出现今浙江省的行政区范围。再如宋代时，浙江归属于两浙路，有关人口和经济的数据无法按现今浙江省的区划范围进行重新划分使用；一些发生在两浙但在现今浙江省境之外的事件，对浙江经济和文化都具有重要影响。凡此种种，都促使我们在编写《浙江通史》古代有关卷时，尽量放宽历史的时间和空间界限，大胆地超越浙江省境，以确保历史事件和史实的完整性。

《浙江通史》的学术性取向，要求每一卷的作者在具体研究和撰稿的过程中，既要充分地消化和吸收大量现有的研究成果，也要做深入的专题研究；对那些有较大争议的学术问题，既写出争论各方不同的观点，又要亮出作者的观点和取舍以充分体现百家争鸣和自由开放的学术精神。在行文上，则力求做到学术著作的严谨性，用语要准确，表述要科学。关于纪年，1840 年以前采用中国历史纪年，括注公元纪年；1840 年以后直接采用公元纪年，必要时括注历史纪年或民国纪年。

从通史的学术定位看，兼顾到当今科学机构量化评估的现实，我们在分配各卷的编撰任务时，也尝试进行了人员分工上的创新。全书由主编提出编写思路，并且拟定全书各卷的编写大纲，保证全书的整体性、统一性和完整性。与此同时，为了确保全书的学术质量，由主编分别指定一位专家负责一卷。各卷的撰稿工作，可以由指定的专家一人独立承担，也允许该专家组织几位专家合作完成。因此，《浙江通史》12 卷，分而言之是各卷作者独立完成的学术专著，合起来则是一部思路统一、体例统一、内容连贯、有一定学术深度和品位的通史著作，一部集体项目与个人专著相统一的历史著作。但是，这种分工有时就像一把双刃剑，在确保全书学术品位、体现各卷作者学术风格和特色的同时，由于出自不同的作者之手，通史 12 卷在理论架构的磨合、前后各卷的衔接方面，以及对一些理论的理解和具体史实的把握上，难免存在一些不尽如人意的地方，我们谨代表本书的全体作者，真诚地欢迎国内外历史学家和读者朋友批评指正。

后　记

我生于浙东，长于浙东，学于浙东、浙西。对“文物之邦”“鱼米之乡”的浙东这片神奇、富饶而又平凡的土地上的一山一水、一草一木，池塘江河、石桥炊烟、名优特产，对这里的父老乡亲、祖宗前辈，都有着深厚的感情。故乡物产丰富，名人辈出。长年累月深受浙东优秀历史文化的浸泡和熏陶的我，对宗泽、郑刚中、吕祖谦、唐仲友、陈亮、乔行简、金履祥、许谦、朱丹溪等难以胜数的名人耳熟能详，如数家珍。因此，1958 年 8 月，当考取杭州师范学院（今浙江师范大学前身）历史系时，我就立志要研究浙江的传统文化，大到浙江的政治、经济、文化、历史名人、名物、典故，小至传统名产，要让故乡的历史文化彰显于全国乃至世界。

因此，在读大学期间及毕业后到 1966 年“文化大革命”前的八年时间里，由于对家乡的热爱，对专业的执着，抱着初生牛犊不怕虎的精神，先后在《浙江日报》《杭州日报》上发表了《火器制造家戴梓》《农学家张履祥》《民间医学家刘均美》《纸》等。1960 年读大二时，我又和兄长合作撰写了《金华火腿》书稿。

在十年动乱期间，由于受到时代和环境的影响，无法从事正常的学术研究，但我仍然没有放弃成为一流学者的梦想，抓住一切机会，如饥似渴地发奋读书和研究，奠定了日后宋史研究的基础。在那样的环境下，我还是写出了《论曹操唯才是举的法家组织路线》《试论太平天国在意识形态领域对地主阶级实行的革命专政》《评青年陈亮成名之作〈酌古论〉四则》等学术论文，同时还在《浙江日报》等报刊上发表了《陈胜吴广擎义旗》《太平天国在金华地区的反封建斗争》《近代中国妇女反帝反封建斗争》等多篇史学文章，在社会上引起了较大反响，这是对我学术研究取得一定成绩的肯定。

十年动乱结束后，迎来学术研究的春天，我先后发表了《论钱镠》《宋代明州与高丽的贸易关系及友好往来》《南宋临安的都市经济》（以上三篇论文与倪士毅老师合作）和《试论元代谣谚的社会内容和时代色彩》等学术论文。如何能在学术研究上有所建树，争取成为一流的学者，光闭门造车显然是难有成就的，必须拜名师深造。1982 年上半年，我拜宋史研究名家徐规教授为师，以访问学者身份进入杭州大学（今浙江大学前身）进修宋史，开始了学术研究的新阶段。根据自己的爱好、特点、基础及自身的实际情况，最后确定了自己的研究方向，把陈亮研究、南宋浙东学派研究、浙江地方史侧重宋代两浙社会经济文化作为研究重点。经过五六十年的顽强拼搏，先后出版了《陈亮与南宋浙东学派研究》《陈亮研究论稿》《宋代两浙社会经济文化史论》等学术专著，以及百余篇学术论文。其中，以《宋代两浙路的粮食生产及流通》《陈亮研究十大误区考论》《陈亮“农商相藉”的重商思想及经商自救活动》为代表性论文。由于对上述问题的研究有所建树及在社会上的影响，美国哈佛大学东亚语言文明系包弼德教授（他是专门从事宋代婺州研究的）于 1998 年前来浙江师范大学与我合作研究宋代婺州的历史，于 2001 年 10 月共同签订了“浙江金华地区地形、古建筑、古村落及地方历史文化研究”的协议。2003 年 11 月，美方特邀请我前往贵校进行学术交流及讲学活动。此项目的签订及实践，在美国学术界产生了不小的影响，随后以美国亚利桑那大学田浩教授为代表的作为异国他乡的美国学者对中国的古婺州及浙东学派产生了浓厚的兴趣和研究热情，不远万里，漂洋过海来到金华，进行考察研究。这对我是极大的触动，促使我不遗余力、全身心投入研究。

浙江古代史从五万年前“建德人”开辟草莱之功到一万年前金华浦江上山文化再到七千年前河姆渡文化，是迄今为止世界上发现最早、最丰富的史前农业遗存，改写了长江流域的历史和中华民族历史。继河姆渡文化之后，浙江历史进入良渚文化，这是浙江历史发展的第二个高潮，是中国历史的一个重要转折时期，是中华文明和国家从萌生到崛起的伟大历史时期，从自然到文明的转折时期。浙江历史的第三次高潮出现在春秋战国时期，吴、越两国的相继崛起和先后称霸，浙江的地域文明开始摆脱了青铜时期的衰弱不振，重新夺回了全国的领先地位。秦汉时期是浙江文明史进程发生根本变化的历史转折时期，江南社会经济发展，全国经济重心的南移，浙江社会经济得到了空前的大发展，大大有利于浙江与中原地区政治、经济和文化的交流。隋唐五代是江南社会经济与全国经济重心进一步南移的重要时期。吴越国纳土归宋，浙江大地重新回归大一统王朝的版图中。南北两宋是浙江文明史上的一座高峰。两宋经济文化的发展，使浙江成为全国的首富之区，人文之盛冠于全国，永嘉学派、永康学派和金华学派先后崛起。到了元代，浙江经济出现了百年的繁华。由元而至明、清，是浙江古代文明最后的辉煌，也出现了现代化的彷徨和艰难曲折的起步。

浙江古代史是浙江人与自然环境互动，同时也是对自然资源的开发史，更是一部浙江文明和文化发展、演化的地域文明史。

浙江人从“建德人”的原始人群到金华上山文化、河姆渡文化、良渚文化，再到南宋浙东学派时期浙江经济文化的全面繁荣发展，直至今天的工业文明，世世代代前赴后继，以自己的生命和无穷的创造力，为浙江文化和浙江文明独特的无与伦比的地域特色，为浙江乃至全国的繁荣发展，做出了巨大的贡献，谱写了一部辉煌无比的不朽篇章。而拙著近五十余万字，对宋代两浙路乃至浙江古代物质文明和精神文明而言仅是沧海一粟。著者虽然倾毕生精力致力于宋代两浙路乃至浙江古代史的探索和研究，但时至今日已至耄耋之年，虽然夕阳无限好，但毕竟已黄昏，已为精力不济所困，这就需要当今年轻一代、下一代、下下一代……子子孙孙、千秋万代的学人不断努力谱写千卷万卷。数以千万、亿万文字的宏伟巨著，才能全面系统地反映浙江古代的光辉灿烂，才能无愧于浙江的先人。

本书的撰写和出版，得到了师友、同道、门生的多方支持与帮助。著名历史学家、十二卷本巨著《浙江通史》主编金普森教授（浙江大学人文学院前院长、浙江历史学会前会长）已经八十五岁高龄，在身体欠佳和繁忙工作的情况下，抽出宝贵时间为拙著写序，充分体现了老师对学生的鞭策、鼓励和关爱。还有陈剑峰、赵瑶丹、胡彩娟、金晓刚、朱光明、黄宗海、墨雨、张静柔等门生、故友为本书打印、查找资料、出处页码及校对文字等，在此一并致谢！最后，感谢河北大学宋史研究中心、河北大学出版社对本书出版的支持，感谢本书责任编辑在出版过程中高度负责的精神和付出的辛勤劳动。